宣統 新修固原直隸州志

寧夏珍稀方志叢刊

[清] 王學伊 修 [清] 錫麒 纂 韓超 校注

主編 胡玉冰

圖書在版編目(CIP)數據

〔宣統〕新修固原直隸州志 /(清)王學伊修,(清)
錫麒纂;韓超校注. —上海:上海古籍出版社,2018.8
(寧夏珍稀方志叢刊)
ISBN 978-7-5325-8886-2

Ⅰ.①宣… Ⅱ.①王… ②韓… Ⅲ.①固原—地方志
—清代 Ⅳ.①K294.33

中國版本圖書館 CIP 數據核字(2018)第 129269 號

寧夏珍稀方志叢刊

〔宣統〕新修固原直隸州志

(清)王學伊 修 (清)錫麒 纂 韓超 校注
上海古籍出版社出版發行
(上海瑞金二路 272 號 郵政編碼 200020)

(1) 網址:www.guji.com.cn

(2) E-mail:guji1@guji.com.cn

(3) 易文網網址:www.ewen.co
啓東市人民印刷有限公司印刷
開本 710×1000 1/16 印張 27 插頁 3 字數 485,000
2018 年 8 月第 1 版 2018 年 8 月第 1 次印刷
ISBN 978-7-5325-8886-2
K·2500 定價:138.00 元
如有質量問題,請與承印公司聯繫

國家社科基金重大項目（批准號：17ZDA268）成果

國家社科基金重點項目（批准號：12AZD081）成果

寧夏大學哲學社會科學重大創新項目（項目編號：SKZD2017002）成果

總　序

胡玉冰

　　地方舊志在中國傳統的古籍"四分法"中屬於史部地理類,但它所記載的内容遠遠超出了歷史學、地理學範疇,舉凡政治、經濟、語言、文學等亦多有涉及,故舊志往往被稱爲一地之全史,其學術研究價值也就不言而喻。對舊志進行規範整理與研究,既有助於準確理解其内容,也有助於客觀分析其價值,從而達到古爲今用、推陳出新的目的。規範的舊志整理會爲今人研究提供極大的便利,否則就會有誣古人,貽誤後人。開展陝甘寧三省地方舊志整理與研究工作,是以筆者爲學術帶頭人的學術團隊長期堅持的學術方向。2012 年,筆者著《寧夏地方志研究》由中國社會科學出版社正式出版。2018 年,該書修訂後改名《寧夏舊志研究》,由上海古籍出版社正式出版。該書首次對寧夏舊志進行了系統全面的研究,基本摸清了寧夏舊志的家底,尤其梳理清楚了寧夏舊志的版本情況。2012年,筆者主持的"寧夏地方文獻整理與研究"獲批爲國家社科基金重點項目。以此爲契機,筆者提出了全面整理寧夏舊志的科研設想,計劃用二年(2015—2018)時間,將傳世的寧夏舊志全部規範整理,成果分批出版,匯編爲叢書《寧夏珍稀方志叢刊》,首批 8 部成果由中國社會科學出版社 2015 年正式出版。

　　自元迄清,嚴格意義上的寧夏舊志有 38 種,傳世的寧夏舊志有 33 種,其中9 種爲孤本。寧夏舊志中,元代《開成志》成書時代最早,惜已亡佚;完整傳世者最早編修於明代;清代編成者傳世數量最多。傳世舊志中,成於明代者 6 種,成於清代者 20 種,成於民國者 7 種。從舊志編纂類型看,有通志 7 種,分志(州志、縣志)26 種。除中國外,日本、美國等也藏有寧夏舊志。日藏數量最多,種類較全,8 家藏書機構共藏有 13 種原版舊志,其中兩種爲孤本。日本主要通過商貿活動與軍事掠奪這兩種方式輸入寧夏舊志。寧夏舊志整理研究工作主要始於20 世紀 80 年代,在文獻著録、綜合或專題研究、文本整理刊佈等方面取得了一定的成就,爲寧夏文史研究奠定了資料基礎。但也要實事求是地認識到,隨着各種與寧夏有關的新資料不斷發現,尤其是多學科研究視角的創新,已有成果中存在的諸多不足越來越明顯。如在文獻著録時因部分舊志未能目驗,或者學術見解不同,致使著録内容存在分歧甚至錯誤。研究成果多爲概括性、提要式介紹,多角度、多學科深入分析的成果缺乏。整理成果只是部分解决了舊志存在的文字或内容問題,整理方法不規範、質量不高的現象較爲突出。學術發展的需要,要求舊志整理要更加規範化,整體質量要進一步提高。整理研究寧夏舊志,需要科學的理論與方法來指導。在充分吸收他人學術經驗的基礎上,通過整理研究實踐工作,我們也形成了一些自己的認識,在此想總結出來,與大家一起交流探討。

一、整理前的準備工作

整理舊志,前期需要全面了解整理對象,對其編修者、編修經過、主要内容、文本的語言風格、版本傳世情況等要深入研究。規範整理舊志,要以扎實的研究成果爲基礎,以便選擇最佳底本,準備合適的參校文獻,制定規範的整理方法。

(一) 確定整理對象

爲保證舊志整理工作的順利開展,提高工作效率,確定整理對象是正式開始舊志整理前首先要做的,也是必須要做的工作。確定整理對象時,要綜合分析其學術價值、史料價值、傳世情況及今人閱讀理解該對象的困難程度等,一方面要認真通讀原作,另一方面,要同步查檢古今目録文獻對原作的著録情況。

通讀原作,有助於全面了解志書的内容及其史源、結構體例及其語言特點等情況。對内容及其史源的了解,可以幫助我們確定該志有無整理的必要。如傳世的民國十四年(1925)朱恩昭修纂6卷本《豫旺縣志》一直被學界當作寧夏同心縣重要的地方文獻在利用。實際上,這部舊志是撮抄之作,並非編者獨立編修。編纂者直接把《〔民國〕朔方道志》中與同心縣前身鎮戎縣有關的内容撮抄出來,參考《朔方道志》的體例,再雜以《〔光緒〕平遠縣志》的部分内容,把資料匯爲一編,取名《豫旺縣志》行世。在明晰了《朔方道志》與《豫旺縣志》的關係後,我們認爲没有必要再整理《豫旺縣志》,只需將《朔方道志》整理出來即可。

對舊志結構體例的了解有助於對舊志存真復原。如天津古籍出版社1988年版《寧夏歷代方志萃編》、海南出版社2001年版《故宫珍本叢刊》等叢書都影印出版了明朝楊壽等纂修的《〔萬曆〕朔方新志》,所據底本原有補版現象,某些版面的内容重複,特別在卷二有幾處嚴重的錯頁、錯版現象,天津、海南的影印本都未能給予糾正。這些問題若不能發現,整理成果就會出現内容錯亂現象。

每種舊志的編修都有其具體的時代背景,舊志的語言與内容一樣具有時代性,通讀舊志,了解其語言特點,掌握其語言規律,有助於更好地開展標點、分段工作。凡古籍,遣詞造句都有一定的時代風格和特點,只要其内容或文字無誤,就不能按當代行文習慣或理解對原文進行增、删、改等,否則就是替古人寫書。有些舊志語句原本就是通順的,符合特定時代的語言規範,若整理者在原志語句中隨意增加"之""於""以"等字,看似符合當代人的閱讀習慣了,實則畫蛇添足。

同步查檢古今目録文獻對舊志原作的著録情況,將著録内容與通讀舊志時了解的情況相對照,一方面,可以加深對舊志基本情況的了解,使得對舊志的了解更具條理性。另一方面,可以驗證著録是否準確,糾正存在的問題,以求對舊志基本信息的了解更符合實際。如朱栴編修的《寧夏志》,明朝周弘祖編《古今書刻》上編中就有著録,這是目録學著作中最早著録《寧夏志》的。張維 1932 年編《隴右方志録》時,據《〔乾隆〕寧夏府志》所載内容著録《寧夏志》,由於他未經眼《寧夏志》,以爲該書已佚,故著録其爲佚書,且將書名誤著録爲《永樂寧夏志》,《寧夏地方志存佚目録》《稀見地方志提要》等,都沿襲了張維的錯誤。較早披露日藏《寧夏志》信息的是《日本主要圖書館研究所所藏中國地方志總合目録》,但將"朱栴"誤作"朱楄"。《中國地方志聯合目録》《寧夏地方文獻聯合目録》《甘肅省圖書館藏地方志目録》《中國地方志總目提要》等對《寧夏志》也作了著録或提要。其中《中國地方志聯合目録》以《寧夏志》重刻時間定其書名爲《萬曆寧夏志》,巴兆祥《中國地方志流播日本研究》下編《東傳方志總目》沿襲此説。

(二) 了解整理對象的研究現狀

確定整理對象,並對其有基本的認識和了解後,還需要梳理、分析整理對象的學術研究現狀,主要包括目録著録、研究論著、整理成果等三方面的信息。

1. 目録著録

查檢古今目録的著録内容,可以對舊志修纂者、卷數、流傳、内容、館藏、版本等情況有基本的了解。對著録的每一條信息,都要結合原志進行核查,發現問題,一定要深入研究。如《中國地方志聯合目録》《甘肅省圖書館藏地方志目録》均著録了一部《〔乾隆〕平凉府志》,爲"清乾隆間修,光緒增修,抄本"。[①] 此書孤本傳世,原抄本藏於南京圖書館。甘肅省圖書館有傳抄本,筆者在開展陝甘舊志中寧夏史料輯校工作時,最初設想把此志作爲重要的參校文獻。國家圖書館出版社 2012 年版《南京圖書館藏稀見方志叢刊》第十五和第十六册即爲《平凉府

---

①　中國科學院北京天文臺編:《中國地方志聯合目録》,中華書局 1985 年版,第 212 頁。

志》。筆者通過研究發現，古代目錄書中沒有著錄過乾隆時期編修的《平涼府志》，且乾隆以後的平涼各舊志的編纂者也未曾提到過乾隆時期編修《平涼府志》一事，通過對比發現，南圖藏本實際上是撮抄《〔乾隆〕甘肅通志》中的平涼府部分而成，且成書時間不會早於同治十三年(1874)，故其雖爲孤本，但無校勘整理價值，所以我們放棄了以此書做參校本的最初設想。

2. 研究論著

充分梳理、分析他人對整理對象的研究成果，一方面，可以使我們清晰地看到學界對整理對象研究的角度及深入程度，避免重複勞動。另一方面，發現已有成果中存在的問題，結合自己的研究糾正這些問題，提高對整理對象的研究水準。如現藏於日本東洋文庫的海內外孤本《〔光緒〕寧靈廳志草》是研究寧靈廳的一手材料，張京生最早撰文研究，[①]巴兆祥研究最爲詳實，[②]胡建東、張京生提供了整理文本。[③] 各家整理研究各有優長，部分整理研究成果亦多值得商榷之處。通過研究，我們的結論是：該本係編纂者稿本，正文內容有 67 頁。是書類目設置上全同《甘肅通志》，撰寫方法及輯錄內容則多同《〔嘉慶〕靈州志迹》。因其非定稿，故編修體例、內容、文字等方面尚需進一步完善、充實、修訂，但其在研究寧靈廳歷史、地理、經濟、教育、語言等方面的價值還是應該值得肯定。

3. 整理成果

充分重視研讀已有的整理成果，可以幫助我們了解目前整理所達到的水準，明確重新整理所要達到的目標。如《寧靈廳志草》出版過兩種整理本，通過比較研究，我們發現，兩整理本在整理體例、整理方式、整理結論等方面都存在缺憾。兩書出現多處標點錯誤，誤識原抄本文字，任意剪接原書內容，變亂原書體例，校勘粗糙，原稿中的多處錯誤未能校出，注釋不嚴謹，出現多處誤注現象，等等。有鑒於此，儘管《志草》已出版了兩種整理本，但我們決定還是要重新整理它。

（三）確定底本，選擇參校本及其他參考文獻

通過查檢目錄著錄，實地開展館藏調查，將目驗的各本進行分析比較，梳理出舊志的版本系統後，最終確定一種爲工作底本。原則上，底本當刊刻或抄錄質量較優，內容最全。底本確定後，還要確定一批參校本和他校資料。一般而言，若舊志版本系統不複雜，建議將傳世各本都列爲參校本，以最大限度地發現底本

---

① 張京生：《〈寧靈廳志草〉考述》，《圖書館理論與實踐》1992 年第 1 期；《歷史的見證——日本藏清稿本〈寧靈廳志草〉的學術價值探析》，《圖書館理論與實踐》2008 年第 6 期。

② 巴兆祥：《日本藏孤本寧夏〈寧靈廳志草〉考述》，《寧夏社會科學》2002 年第 5 期。

③ 寧夏人民出版社 2008 年版胡建東整理本《光緒寧靈廳志》，陽光出版社 2010 年版張京生整理本《光緒寧靈廳志草》。

中存在的問題，整理出最優的文本。

　　他校資料的選擇，在通讀舊志時就開始着手進行。整理者可在通讀原本的基礎上，將舊志中明確提到的他書文獻進行梳理，列爲基本參考文獻，並在其後的整理實踐中不斷充實、完善。他校資料的確定，有的可以根據舊志本身提供的信息來選擇。如《〔弘治〕寧夏新志·凡例》言：“宦迹在前代者據正史，在國朝者序其時之先後而不遺其人，備參考也。”這就提示我們，校勘《〔弘治〕寧夏新志》的《人物志》《宦迹》時，一定要以正史如《史記》《漢書》等爲他校材料。《凡例》又說：“沿革、赫連、拓跋三《考證》，悉據經史及朱子《通鑑綱目》、本朝《續綱目》摘編。”這提示我們，《〔弘治〕寧夏新志》的三卷考證內容，必須要以宋朝朱熹、趙師淵撰《資治通鑑綱目》、明朝商輅撰《續資治通鑑綱目》爲基本的對校資料。《凡例》之後的《引用書目》列舉了編修《〔弘治〕寧夏新志》所引的 42 種文獻，基本按引書成書時代排序。這些文獻，只要有傳世，就一定要將其列入參考文獻之中，因爲它們都是《〔弘治〕寧夏新志》最直接的史料來源。

　　選擇他校資料時，切不可畫地爲牢，只關注某一地區，而是要結合一地的地理沿革情況，擴大他校資料的搜集範圍。歷史上，西北地方陝甘寧三地的地緣關係和政治、文化等關係都非常密切。寧夏在明朝隸屬陝西布政使司管轄，在清朝則隸屬甘肅省管轄，成於明清時期的陝西、甘肅地方文獻特別是舊地方志中，散見有非常豐富且重要的寧夏歷史資料。《〔嘉靖〕陝西通志》《〔萬曆〕陝西通志》《〔康熙〕陝西通志》等三志是陝西舊通志中寧夏史料最豐富者。《〔嘉靖〕平涼府志》所載明朝固原州、隆德縣史料非常系統、豐富。《〔乾隆〕甘肅通志》《〔宣統〕甘肅新通志》是甘肅舊通志中寧夏史料最豐富者。上述六種陝甘舊志中的寧夏史料，爲明清寧夏舊志編纂提供了最豐富、最系統的基本史料。明清寧夏舊志多因襲陝甘通志的材料和編纂體例。如寧夏《〔萬曆〕朔方新志》自《〔嘉靖〕陝西通志》取材，嘉靖、萬曆《固原州志》自《〔嘉靖〕平涼府志》取材，《〔光緒〕花馬池志迹》自《〔嘉慶〕定邊縣志》取材，《〔乾隆〕寧夏府志》《〔民國〕朔方道志》從體例到內容分別受《〔乾隆〕甘肅通志》《〔宣統〕甘肅新通志》的影響，等等。同時，明清時期的寧夏舊志也是研究陝甘文史、整理陝甘舊志的重要資料，如明朝正德、弘治、嘉靖三朝《寧夏志》成書時間均早於《〔嘉靖〕陝西通志》，都可爲整理後者提供重要的參校資料。所以，整理陝、甘、寧任何一省的舊志，尤其是通志及相鄰地區的舊志，確定他校資料時一定要同時關注另外兩省的舊志資料。

　　另外，出土文獻和檔案材料也是重要的他校資料，過去的研究者均未予重視。如慶靖王朱㮵之名，文獻中還出現過“朱栴”“朱㫬”等兩種寫法，筆者據出土於寧夏同心縣的《慶王壙志》，結合明清傳世文獻，考證認爲，慶王之名當爲“朱

栿”而非“朱栳”，更非“朱斾”。① 再如，《寧夏府志》卷十三《人物》載，寧夏鄉賢謝
王寵“壽七十三卒”，而據寧夏靈武出土的《清通義大夫謝觀齋墓志銘》載，謝王寵
生於康熙十年(1671)，卒於雍正十一年(1733)，享年六十三(虛歲)，故可據以改
正《寧夏府志》記載的錯誤。②

(四) 編寫整理説明

整理説明的主要作用有二，一是規範整理方法，二是方便利用整理成果。整
理説明要扼要、準確，方法力求易於操作，切忌繁瑣。一篇規範的整理説明是需
要反復完善的。舊志正式整理之前，可先據常規的古籍整理規範，就標點、注釋、
校勘等工作草擬出基本的整理要求，選擇部分舊志内容先開展預備性整理工作。
再結合遇到的具體問題，對整理説明不斷完善。凡多人合作開展舊志整理工作，
或在相對固定的時間内整理多部舊志時，整理説明的這些完善步驟尤其重要。
必要時，可選擇典型問題，集體討論，形成統一意見。待整理方法合乎規範、易於
操作之後，再最後定稿整理説明，讓它成爲大家都要遵守的原則要求，不能輕易
改變。

二、整理的具體環節及方法

整理的前期準備工作結束後，就進入到具體的整理環節了。下面主要從“録
文”“標點”“校勘”“注釋”等幾方面談談具體的整理方法。

(一) 録文、標點

具體整理舊志的第一個環節就是録文。高質量地將底本文字轉録爲可以編
輯的文檔，可以有效減少由出版機構照原手稿重新録排造成的錯誤。一般來説，
録文要求在内容上一仍底本原貌(包括卷帙、卷次、文字、分段等)，不改編，以保
持内容的原始性、完整性和獨立性，便於整理者與底本對校。將以繁體字出版的
舊志，特別需要重視底本存在的異體字、俗體字、通假字、古今字等用字現象，除
因特殊的出版要求外，志書原字形不當以意輕改。如有的整理者改“昏”爲“婚”，
改“禽”爲“擒”，改“地里”爲“地理”，等等，均顯係誤改。利用軟件進行繁簡字轉
換時，要注意其識別率。有些簡體字，軟件無法將其轉換成繁體字，有些甚至會

---

① 參見胡玉冰：《寧夏舊志研究》，上海古籍出版社 2018 年版，第二章第一節。
② 參見胡玉冰、韓超：《清代寧夏人謝王寵生平及其〈愚齋反經録〉考略》，《圖書館理論與實踐》2015
年第 2 期，第 105—108 頁。

轉換錯誤,如動詞"云"誤轉作"雲",地支"丑"誤轉作"醜",職官名"御史"誤轉作"禦史",表示距離的"里"誤轉作"裏"。因出版要求,還要注意新舊字形問題,如"戶""呂""吳""黃""彥"等爲舊字形,相對應的新字形則是"户""吕""吴""黄""彦"。舊志用字,常有字形前後不一現象,如"强、彊、強""蹟、跡、迹""敕、勑、勅""爲、為"等幾組字,可能會在同一部舊志中交替出現,這類字的字形統一當慎重。整理時原則上遵從舊志原版的用字習慣,盡量用原書字形(俗字或異體字)。多種字形混用者,可統一爲出現頻次較多的字形。但有的整理者將"並、并、竝、併""采、彩、綵、採""升、陞、昇"三組字分別統改爲"並""采""升",就很值得商榷了。

　　不同的字形,若有其特殊的用途或意義,就不能隨意地合并統改。特別是地名用字,一定不能以今律古。如寧夏平羅縣之"平羅"係清朝開始使用的地名用字,《〔萬曆〕朔方新志》卷一《地理》中作"平虜",《〔康熙〕陝西通志》卷二《疆域·寧夏衛》避清朝諱改作"平羅"。整理時不能將《朔方新志》的"平虜"改爲"平羅",因爲明朝原本就叫"平虜",清朝因避諱而改,因此不能因其今名而改動明朝舊志的地名用字。同樣,整理清朝舊志,就需要把明朝的地名回改爲當時的用字。如《〔乾隆〕寧夏府志》卷二《地里·疆域·邊界》"北長城"條"雖有平虜城""以故於平虜城北十里許"兩句,"平虜"原均作"平羅",當據《〔萬曆〕朔方新志》卷二《外威·邊防》回改爲"平虜"。

　　整理者録文時對文稿要做一定的文檔編輯工作,認真閱讀原志,合理區別內容層次及隸屬關係,規範標注各級標題。舊志常用不同的版式風格和大小字體來區分不同類型的內容,録文時要給了充分的考慮。舊志常用不同類型的符號來標示內容的層級隸屬關係,充分理解了這一點,有助於録文時對內容進行分段。舊志原版中多雙行小字,有的雙行小字是補充説明性質的文字,有的雙行小字是解釋性文字。録文排版舊志原版中的雙行小字,若字體、字號同正文文字,就有可能使讀者不能正確判斷原志內容的隸屬關係,有的還可能造成標點符號的混亂,影響對文意的理解。故録文時,最好以不同的字體、字號把舊志原版雙行小字與正文區別開來。

　　處理舊志中的地圖等圖像文獻時要注意,舊志往往不用一整幅版面來呈現完整的圖像,而是分兩個半版來呈現,今人整理時最好能將其合二爲一。合成後的圖像文獻盡可能保持版面清晰,必要時可將原版中模糊不清的字迹、綫條等修飾清晰,以便他人的正確利用,但有一個原則,那就是不能以意亂改。不要改變原字體,不能改變原綫條走向等,盡量保持原版原貌。有些整理者會請專業的繪圖人員照舊圖另外繪制新圖,上述原則也應該遵守。修飾原版中模糊不清的文字時,盡量結合正文中的相應內容如《疆域》《城池》等內容,避免出錯。

舊志標點，可根據現行標點符號的用法，結合古籍整理的通例，進行規範化標點，具體可參考中華書局編寫的《古籍校點釋例（初稿）》（原載《書品》1991年第4期）。爲統一舊志的標點工作，某些要求可以細化。如整理寧夏舊志時統一規定，凡原書中用以注明具體史料出處的"通志""府志""郡志""縣志""新志""舊志"之類，能考證確定所指文獻者，在正文中均加書名號，標點作《通志》《府志》《郡志》《縣志》《新志》《舊志》，並脚注説明具體所指文獻。如："府志：指《〔乾隆〕寧夏府志》。"凡不能確定具體所指者，則不加書名號，亦脚注説明。如："縣志：具體所指文獻不詳。"

（二）注釋

以往舊志整理，多注重對疑難字詞、典故、人名、地名等的注解，爲進一步提高舊志的利用價值，還應加强以下幾方面内容的注釋工作：

1. 史料出處的注釋

舊志於行文中有時會注明史料出處，但無定制，如朱栴《寧夏志》卷上《河渠》所引史料出處包括："酈道元水經""周禮""西羌傳""唐吐蕃傳""李聽傳""地理志""會要""元和志""元世祖紀""張文謙傳""郭守敬傳"等，考其諸文，分別指酈道元《水經注》、《周禮·地官司徒·遂人》、《後漢書》卷八七《西羌傳》、《新唐書》卷二一六下《吐蕃傳》、《新唐書》卷一五四《李晟傳附李聽傳》、《新唐書》卷三七《地理志》、《唐會要》、《元和郡縣圖志》、《元史》卷五《世祖本紀》、《元史》卷一五七《張文謙傳》、《元史》卷一六四《郭守敬傳》，如果整理者不對其引文細加考究並給予注明，讀者恐怕很難判斷引文的具體出處。

2. 原文體例中資料互見者的注釋

地方舊志行文時，常常會出現"見前""見《進士》""見《藝文》""詳見《人物》""詳見《鄉賢》"等字樣，對這些内容進行注釋，一方面可以驗證原志記載是否可信，另一方面，省去讀者查檢之勞。

3. 干支紀年及缺省内容的注釋

舊志紀年多以干支爲主，有的會承前省略帝王年號，有些行文中常常不出現人物全名，只稱某公，或只稱其職官名，具體年代及人物在原文中没有交代，故整理者當結合上下文來注釋，以幫助讀者正確理解。如多種寧夏舊志中均收録有唐朝楊炎《靈武受命宫頌并序》一文，記載了唐肅宗李亨至德元年（756）至靈武即皇帝位事，其中有"丁卯，廣平王俶、太尉光弼、司徒子儀、尚書左僕射冕、兵部尚書輔國"句。"丁卯"指何時，廣平王等具體指何人，若不熟悉該序寫作時間及歷史背景的話，很難搞清楚。有關唐肅宗李亨至靈武即皇帝位事，《舊唐書》卷十

《肅宗本紀》、《新唐書》卷六《肅宗本紀》、《資治通鑒》卷二一八《唐紀三十四》、《通鑒紀事本末》卷三一中《安史之亂二》等有記載，有的記載相同，有的則相異。如肅宗李亨至靈武和即位的時間，四書記載一致，均記載他於七月辛酉（七月初九）至靈武，甲子（七月十二）即位。而大臣奏請李亨即皇帝位的上奏時間，《舊唐書》記載在七月辛酉，即李亨到達靈武的當天。《新唐書》記載在七月壬戌，是李亨到達靈武的第二天。《資治通鑒》《通鑒紀事本末》記載在七月甲子，是李亨到達靈武的第四天，也就是他即皇帝位的當天。而《靈武受命宮頌》記載的時間“丁卯”（七月十五）則是李亨到達靈武的第七天，是他即位後的第三天了，《資治通鑒》《通鑒紀事本末》都載，這天，上皇制以太子亨充天下兵馬元帥，領朔方、河東、河北、平盧節度都使，南取長安、洛陽。很明顯，楊炎所記時間與事實不符。關於上奏人，《舊唐書》《資治通鑒》《通鑒紀事本末》都記爲“裴冕、杜鴻漸等”，《新唐書》記爲“裴冕等”。而《靈武受命宮頌》所提及的李光弼、郭子儀此時均不在靈武。因此，整理者通過梳理文獻當注明，人物分別指廣平王李俶、太尉李光弼、司徒郭子儀、尚書左僕射裴冕、兵部尚書李輔國，但李光弼、郭子儀此時均不在靈武。所記上奏時間史書記載不一，楊炎所記“丁卯”疑誤。

（三）校勘

　　以往寧夏舊志的整理本中，有價值的校勘成果非常少見，更説明舊志整理一定要加强校勘工作。校勘的方法，常用的是校勘四法，即對校、本校、他校、理校，此四法往往需要綜合運用，不能只是簡單地運用其中的某一種方法。筆者校勘《寧夏志》卷上《祥異》“永樂甲戌歲金波湖産合歡蓮一”句，查明成祖“永樂”年號紀年干支名（自癸未至甲辰，1403　1424）中無“甲戌”。《寧夏志》卷下《題詠》録有凝真（朱㮵之號）七律《戊戌歲金波湖合歡蓮》一首，所詠即爲永樂年間金波湖出“祥瑞”合歡蓮一事。故知“永樂甲戌歲金波湖産合歡蓮一”句中“甲戌”當作“戊戌”，永樂戊戌歲即永樂十六年（1418）。

　　古籍整理要充分吸收已有研究成果，以最大限度地減少原始文本中存在的錯誤，避免利用者以訛傳訛。朱㮵編修《寧夏志》卷下録有兩篇重要的西夏文獻，其中《大夏國葬舍利碣銘》有“大夏天慶三年八月十日建”句，朱㮵考證後認爲，葬舍利時間“乃夏桓宗純祐天慶三年、宋寧宗慶元二年丙辰也”。寧夏舊志編者甚至許多當代學者都認同這一結論。據牛達生先生考證，[①]“天慶三年”句當作“大

---

　　①　參見牛達生：《〈嘉靖寧夏新志〉中的兩篇西夏佚文》，《寧夏大學學報》1980 年第 4 期，第 44—49 頁。

慶三年",故朱栖的考證結論當改作"乃夏景宗元昊大慶三年、宋仁宗景祐五年戊寅也"。

校勘所用他校資料不能失之過簡,亦不能失之過濫,某些關係明確的他書資料當作爲重要的他校資料重點利用,如《〔乾隆〕寧夏府志》大量內容來自《〔萬曆〕朔方新志》和《〔乾隆〕甘肅通志》,我們就要將這兩種舊志作爲《寧夏府志》最主要的他校資料。關於這一點,可以結合整理前要進行參校文獻篩選工作來理解。校勘成果的表達要規範、簡練,術語使用要準確。校勘時凡改必注,改動一定要有堅實的證據,否則只出異文即可。

三、整理研究舊志規範

(一) 整理力求存真復原

整理舊志,不能變亂舊式,隨意在原文中增加原本没有的文字內容,切忌以今律古。舊志,特別是明清舊志,都有一定的編修體式,不應隨意去變亂它。如許多舊志每條凡例之前都會有"一"這一符號,以使凡例眉目清晰,可有的整理者誤認爲其爲序號,將其改成阿拉伯數字或漢語數目字等。有舊志整理者爲便於讀者統計,往往在山名、河名、人名、詩題、文題等之前添加序數詞,看似眉目清晰了,實則違反了古籍整理的原則。實際上,古人在刻舊志時,往往有一套符號系統表示層次及隸屬關係,今人隨意增加,實在有畫蛇添足之嫌。更有甚者,會調整原書內容的次序、位置,任意刪並原志,這就完全變成是當代整理者編修的地方志了。宋人彭叔夏在其《文苑英華辨證自序》中記載:"叔夏嘗聞太師益公先生(指宋人周必大)之言曰:'校書之法:實事是正,多聞闕疑。'"舊志整理要力求做到存真復原,按照一定的整理原則對舊志進行規範的整理。

(二) 研究需要實事求是

評價舊志,一定要實事求是,充分了解舊志編纂的時代性特點,不可苛求古人、求全責備。評價一部舊志的價值,常常從體例、內容兩方面着手,而內容猶重。譚其驤先生曾説過:"舊方志之所以具有保存價值,主要在於它們或多或少保留了一些不見於其他記載的原始史料。"[①]這實際上要求我們,在評價舊志內容價值時,要區別看待,只有獨見於志書的內容價值才更高些,而那些因襲其他

---

① 譚其驤:《地方史志不可偏廢,舊志資料不可輕信》,載《中國地方史志論叢》,中華書局 1984 年,第 12 頁。

志書，或者自其他史書中摘抄的内容，其價值就要另當別論了。如寧夏舊志，其科舉、賦税、公署、學校、藝文等資料多獨見於志書者，而人物類資料多自他志承襲，評價内容價值時，就要慎言人物類資料的價值。另外，寧夏舊志承襲前代史料時多未加以辨别考證，致使其中的錯誤也被承襲，甚至錯上加錯。如隋朝人柳彧徙配地在"朔方懷遠鎮"，自明朝《〔弘治〕寧夏新志》始，一直被作爲流寓寧夏的歷史名人而載之史册。明朝胡侍《真珠船》"懷遠鎮"條考證認爲，柳彧徙配地"朔方懷遠鎮"在遼東，與今寧夏無關。《〔弘治〕寧夏新志》《〔嘉靖〕寧夏新志》《〔嘉靖〕陝西通志》《〔萬曆〕朔方新志》等均誤以爲柳彧流放在今寧夏故地，故載柳彧爲寧夏流寓者。《〔乾隆〕甘肅通志》亦襲其説。過去研究寧夏舊志者都僅限於舊志本身談其價值，没能從史料流傳上分析其價值。如評價《〔乾隆〕銀川小志》内容及學術價值時，有學者認爲該志幾乎將與寧夏有關的歷代詩文全部輯録在志書中，所輯録的水利、學校、風俗等資料都很有研究價值，等等，這些觀點值得進一步商榷。實際上，《〔乾隆〕銀川小志》相當多的内容都是照録明朝人所編寧夏舊志，並非汪繹辰的獨創。從内容的完整性和全面性來看，該志尚不能與明朝所編的寧夏舊志相比。[1] 有學者認爲，寧夏舊志中以資料而論有三條最爲珍貴，其中的一條就是《〔乾隆〕寧夏府志》中的《恩綸記》。可事實上此段史料最早出自《平定朔漠方略》，《〔乾隆〕寧夏府志》還將左翼額駙"尚之隆"誤抄作"尚之龍"。[2]

　　加强舊志的比較研究，會有助於提升舊志的研究水準。比如，以往從事西北古代文史研究特别是寧夏古代文史研究者常將寧夏舊志當作第一手資料來利用，而從史源學角度看，這些資料實際上並非"一手"，而多是從陝甘地方志中輯録的。從現有的寧夏舊志整理成果看，學者也多没有把陝甘方志資料當作必需的參校資料來利用，致使寧夏舊志沿襲自陝甘方志的文字錯訛衍倒、内容遺漏及新增的文字、内容錯誤問題都没有得到糾正，使後人以訛傳訛。同時，從事陝甘古代文史研究、開展陝甘舊方志整理研究，也要注意借鑒寧夏舊志的整理研究成果。辨明史料正誤，以避免以訛傳訛。

（三）成果確保完整呈現

　　一部完整的舊志整理之作，至少要包括五部分内容：第一，前言。主要介紹舊志的整理研究現狀、編修始末、編修者、版本、内容、價值等方面。第二，校注説

---

① 參見胡玉冰：《寧夏舊志研究》，上海古籍出版社 2018 年版，第三章第一節。
② 參見韓超：《甘肅舊志中的寧夏史料述考》，寧夏大學 2014 屆碩士畢業論文，第 43 頁。

明。説明底本、校本等選擇情況,列舉標點、注釋、校勘等原則。第三,新編目録。舊志一般都有原編目録,但不便今人利用,故要據整理成果編輯眉目清晰、層次分明、使用方便的新目録。第四,舊志正文。第五,參考文獻。目前出版的舊志中,有些不列舉參考文獻,有些參考文獻或按文獻出版時間排序,或按在文中出現的順序排序,或按或書名、作者名首字的音序排序,這些都起不到指導學術研究的作用。參考文獻要便於按圖索驥,最好能分類編排。依四庫法進行排列,就是很好的選擇。某些舊志,可根據需要增加索引、附録等内容。編索引可方便使用者查找相關專題資料,附録可在一定程度上彌補舊志正文内容不足的缺點。如民國時期寧夏地區對土地、資源等進行過較爲詳細地調查,形成的調查報告是最原始的檔案資料,這些資料往往散見且不能單獨成書,但它們對有關舊志而言具有很好的補充作用,故應該在附録中予以保留。

目　　録

前　言

一、整理與研究現狀

　　清朝〔宣統〕《新修固原直隸州志》（下簡稱〔宣統〕《固志》）12 卷（其中卷十二爲《新修硝河城志》，楊修德纂），王學伊總纂，宣統元年（1909）排印。該志在《隴右方志録》《中國地方志聯合目録》《寧夏地方文獻聯合目録》《甘肅省圖書館藏地方志目録》《中國地方志總目提要》等方志目録中有著録。諸書對〔宣統〕《固志》的書名著録有異，而《新修固原直隸州志》當最準確（詳見後文）。

　　高樹榆《寧夏方志録》《寧夏方志評述》《寧夏回族自治區地方志述評》等論文，對〔宣統〕《固志》有著録或介紹。牛達生、牛春生《清代的〈固原州志〉》一文簡要介紹了〔宣統〕《固志》總纂修人王學伊的生平事蹟，并逐卷介紹、評析了該志的内容。陳明猷《清末固原輪廓——評介〈宣統固原直隸州志〉》一文揭示了〔宣統〕《固志》的學術價值，特别對其民族、地理、軍事、經濟、政治等方面的資料意義進行了深入的探討。胡迅雷《王學伊與固原》結合〔宣統〕《固志》梳理王學伊治政事蹟。薛正昌在《清代〈宣統固原州志〉與固原歷史文化集成》一文中談及〔宣統〕《固志》對於固原文化的研究意義，并在《地方志書與寧夏歷史文化（下）》一文中更申明了這一意義。余貴孝《清代"固原十景"詩話》從文學賞析的角度分析〔宣統〕《固志》所載"固原十景"的文學意義。余振貴《評寧夏舊志有關回族記述的史料價值》提及該志記載的與回族有關的史料價值。程雲霞《〈重修固原城碑記〉及其作者那彦成》介紹了固原地區出土的碑石原件及拓本資料，對碑文的作者生平作了簡介，并過録了《重修固原城碑記》原文。

　　〔宣統〕《固志》曾以點校整理或影印的方式出版過。整理本主要有：1992年陝西人民出版社陳明猷點校本，以標點、注釋、校勘等方式對志書進行整理；2003 年固原市地方志辦公室組織專家重新點校出版了《明清固原州志》，其中包括李作斌點校的《宣統固原州志》，另外，該書還附録了陳明猷撰《清末固原輪廓——論宣統〈固原直隸州志〉》一文。而 1967 年臺灣學生書局《新修方志叢刊·西北方志》，1970 年臺灣成文出版社《中國方志叢書》，1988 年天津古籍出版社《寧夏歷代方志萃編》、寧夏人民出版社《寧夏地方志叢刊》,2003 年學苑出版社《甘肅藏區及涉藏方志》,2008 年鳳凰出版社等《中國地方志集成・寧夏府縣志輯》,2015 年學苑出版社《寧夏舊方志集成》等都收入了本書的影印本。

二、編修者生平

(一) 王學伊

王學伊字平山,生卒年不詳,山西文水(今山西文水縣)人,光緒二十年(1894)甲午恩科進士,刑部奉天清吏司主事、固原直隸州知州兼學正,民國後任涇源道尹,〔宣統〕《固志》總纂。〔宣統〕《固志》卷三《官師志》載,光緒三十一年(1905)任固原知州,三十三年(1907)以知州兼攝學正。《藝文志》載其《勸種樹株示》《張觀察墓銘》《董少保墓銘》等文 6 篇,《抵海城》《過黃羊坪》等詩 8 首。

(二) "分纂" "襄校" 等其他人員

由〔宣統〕《州志・銜名》可知,除 "總纂" 王學伊外,另有 68 人參與志書的編纂活動。在寧夏舊志編修史上,〔宣統〕《固志》編纂隊伍人數最多。其中 "分纂" 者錫麒, "襄校" 者有王兆駿等 8 人, "校對" 者有劉樹聲等 6 人, "採訪" 者有姚旺等 20 人, "謄録" 者有張登甲等 8 人, "繪圖" 有王明森、溫聯奎 2 人, "監刊" 者有夏彭齡等 9 人, "正字" 者有王乃發等 14 人。

由編修者籍貫看,共 31 位固原當地人參與了志書的編修活動,其中負責搜集資料的 20 位 "採訪" 者全部都是固原人。從整個編修活動看,幾乎各個環節都有固原當地人參與,如張廷棟參與了 "襄校" 工作,劉及第參與了 "校對" 工作,姚旺等 20 人爲 "採訪" 者,張登甲等 4 人參與了 "謄録" 工作,梁鳳岐等 3 人參與了 "監刊" 工作,楊錦瑞、楊秉琦 2 人參與了 "正字" 工作。

三、編修始末及志書定名

(一) 編修始末

通過〔宣統〕《固志》各序所載,可以相對完整地了解該志的編修始末。張行志序稱,王學伊造訪他時,看到其案頭放置有《陝西通志》,便聯想起固原志書的編修情況,深以有清一代無人新修固原志書爲憾。張行志鼓勵王學伊創修新志,王學伊慨然視爲己任。經過 "三百六旬,其書積一十二册"。熙麟序稱,王學伊 "來官斯郡,適通志局札修志乘,而舊志止上、下兩卷,自明中葉失修,蓋數百年矣。同治初,復經回亂,州治淪陷,累歲大劫浩然。今雖瘡痍漸復,圖籍罕存,文獻奚考。矧國家百度維新,新令日至,有司方兼營并舉之未遑乎？平山蒞固以來,凡學堂、巡警、工藝諸要政,殫精竭慮,既莫不剋期畢舉,志乘且廣爲十二册,分以十總綱,繪圖三十六,①繫目九十五。詳而能賅,信而有徵,皆本其家藏史集及城鄉所採訪,較諸舊志,雖驟增數倍,然簡所必簡,非繁所不必繁,未嘗不撮凡舉要,一以《元和》《朝邑》兩志爲準的。而或失之附會誇飾,致有待後來《蕭山新志》刊誤之作,蓋其慎也"。熙麟對〔宣統〕《固志》的編修背景、志書體例特點、編修質量等,都有簡要的説明。由熙序可知,〔宣統〕《固志》與(光緒)《海城縣志》等志書一樣,最直接的編修動因是編修《甘肅通志》的需要。熙麟對王學伊的史學造詣非常推崇,甚至認爲王學伊的修史水準可以"與修國史,乃僅於一州志乘略見其才,亦微憾也"。

　　王學伊序對於州志的編修始末言之最詳。序文首先用答問的方式闡述編修原因、方法,回答了4個問題,即"志何爲而作也""志何昉乎""子之志固原者,詳乎簡乎""殆有所取法乎",然後對於州志立十類目之由,以及志書内容、結構作了簡要的闡述,最後談及修志書者需要具備"史學三長",即史才、史學、史識,王學伊謙稱自己"愧乏三長","無一焉,殆所謂陋且野、野且鑿也",以此説明新修志書的難度。

　　志書的正式刊行得益於當地人捐助。《人物志・賢淑》載,宣統元年(1909),《州志》即將付梓,但籌款萬分艱難,董福祥侍室趙氏獲知情況後,慷慨捐資500金允當刊版費用。固原富紳祁應興妻張氏、祁應魁妻潘氏得知刊刻經費拮据後,捐銀200兩充當刊版費用。《人物志・懿行》載,祁應興、應魁共同捐助500金充當刊費。正是在這些善款的支持下,〔宣統〕《固志》才得以順利刊行。

(二) 志書定名

　　〔宣統〕《固志》在多種方志目録中有著録,諸書對其書名著録有異:《隴右方志録》《甘肅省圖書館藏地方志目録》著録爲《宣統固原州志》,《寧夏地方文獻聯合目録》著録爲《宣統新修固原州志》,《中國地方志聯合目録》《中國地方志總目提要》著録爲《宣統新修固原直隸州志》。傳世本書名頁題名作《新修固原州志》。序題有作《新修固原州志序》者,有作《固原新志序》者。州志總纂人王學伊序題作《新修固原直隸州志序》,各卷端題名亦均作"新修固原直隸州志",根據古籍編目規則,依其卷端題名,王學伊宣統元年(1909)總纂完成的州志當定名爲《新修固原直隸州志》。又按方志目録著録慣例，可冠以成書年號，作〔宣統〕《新修固原直隸州志》。

〔宣統〕《固志》之所以稱"新修"，是相對於明朝劉敏寬修（萬曆）《固原州志》而言的，《新修固原直隸州志·凡例》第一條就對此進行了說明："固原舊志，爲前明總督劉公敏寬、兵備董公國光修於萬曆四十四年，計上、下二卷。其採録者皆明代故事，而萬曆以後寂然無傳，洎乎我朝龍興三百年來，從無纂本。今將歷朝掌故摭拾成帙，都爲十總綱，曰《天文》，曰《地輿》，曰《官師》，曰《貢賦》，曰《學校》，曰《兵防》，曰《人物》，曰《藝文》，曰《庶務》，曰《軼事》。每總綱各列細目，雖不免罣漏之譏，而聊盡蒐羅之力，顔曰'新修'者以此。"

四、志書版本特徵及内容

（一）版本特徵

〔宣統〕《固志》最早由官報書局於宣統元年（1909）排印出版。[①] 書名頁"分纂"者錫麒題書名爲《新修固原州志》，牌記有"光緒丁未開修宣統己酉告成"12字，即光緒三十三年（丁未，1907）始修，宣統元年（己酉，1909）修成。但考諸序文，州志真正編纂可能始於光緒三十四年（1908）。熙麟序稱，王學伊編修州志是在"通志局札修志乘"的大背景下進行的。據宣統元年（1909）陝甘總督巡撫長庚《甘肅新通志進呈表》稱，前陝甘總督升允於光緒三十四年（1908）二月十九日奉敕重修《甘肅通志》，爲收集各府縣最新資料，下令各府縣新修志書，（光緒）《海城縣志》即是這一命令的產物。也就是說，王學伊編纂固原州志書也應了這一"天時"。張行志序則稱，王學伊新修固原志書經過"三百六旬"，將近一年時間，張序落款爲宣統元年（1909），前推一年，是光緒三十四年（1908）。鄭錫鴻序亦稱，該志"甫經一載，彙爲全帙"。因此，〔宣統〕《固志》編纂進行可能是在光緒三十四年。

排印本四周雙邊，單黑魚尾，白口，版心自上而下依次題書名、卷次、類目名（大類及細目）、頁碼及出版機構。每半頁10行，行24字。所附各圖由寶文堂刊刻，文字由官報書局排印。全書分裝12冊，一卷一冊。每冊書衣有書名題簽"固原州志"，右側方簽紙上又印有冊次、志名及細目名，相當於分冊目録。卷端題"新修固原直隸州志"，次行爲一級標題，如"目録""凡例""天文志""地輿志"等。卷端不題卷次，卷次標注於版心。據各卷情況看，并没有嚴格按内容來分卷，張

---

① 李作斌點校本"點校說明"稱，該書爲木活字版，疑誤，當爲鉛字排印。

維已指出這一問題，他説："《官師志一》附卷二之後，《官師志二》居卷三之前，《人物志一》附卷四之後，志二、志三又各自爲卷。大率以紙幅多寡爲衡，非別有義例也。"①

（二）志書内容

〔宣統〕《固志》共 12 卷 12 册，其中卷十二爲楊修德總纂之《新修硝河城志》，故〔宣統〕《固志》實有 11 卷 614 頁，共 10 志 95 細目。卷一 61 頁，包括《目錄》、序言 6 篇、《銜名》②《凡例》《圖繪》34 幅、《圖説》；卷二 70 頁，包括《天文志》《地輿志》《官師志一》；③卷三 55 頁，包括《官師志二》《貢賦志》；卷四 56 頁，包括《學校志》《兵防志》《人物志一》；卷五 65 頁，《人物志二》；卷六 44 頁，《人物志三》；卷七至卷十分別爲《藝文志一》至《藝文志四》，卷七 60 頁，卷八 62 頁，卷九 59 頁，卷十 54 頁；卷十一 28 頁，包括《庶務志》《軼事志》。由於原書分卷不當，致使《官師志》《人物志》的内容被割裂開來，故下文自卷二開始，主要按十總綱的順序進行介紹。

《目錄》1 頁，爲二級標目，標注各大類名及其統隸的子目名。如大類名《天文志》，其下小字列出《分野》《經緯度》《氣候》3 個子目名稱。

序言 6 篇共 11 頁，均撰寫於宣統元年（1909），熙麟、張行志、于逴、夏彭齡 4 人序均題作《新修固原州志序》，鄭錫鴻序題《固原新志序》，王學伊序題《新修固原直隸州志序》。《銜名》共 4 頁，記錄了 69 位參與志書編修、刊行等工作的人員名單，按分工記人員職官、身份、籍貫、姓名等。其中分纂者錫麒爲排印本題寫了扉頁書名，監刊者夏彭齡爲州志撰寫了序言。

《凡例》共 4 頁 14 條，第一條説明州志編纂緣由及志書總綱名稱。第二條説明州志資料來源，主要包括《文獻通考》《大清會典》等大型政書，《方輿紀要》《大清一統志》等地理文獻，《史記》《御批通鑑》、7 種《紀事本末》等紀傳體、編年體、紀事本末體史書，《滿漢名臣傳》《全隴忠義錄》等人物傳記資料，《昭明文選》《漢魏百三家集》，唐、宋、元、明、清《別裁詩集》等集部文獻，以及各省奏議、各郡縣志、州府檔案公文等，還有實地的採訪調查資料，等等。直接提到的典籍就有 40 餘種。豐富的資料來源，保證了州志内容豐富，同時也儘量避免了主觀臆測。第三至第十二條分別就《天文志》《地輿志》等十綱目的編寫宗旨作了説明。第十三

---

① 張維：《隴右方志錄》，《中國西北文獻叢書》據北平大北印刷局 1934 年版影印，蘭州市古籍書店 1990 年版，第 77 册第 693 頁。

② 銜名，排印本第 1 册書衣及《目錄》均作"官銜"。

③ 據《官師志》類目小序，本部分内容當隸屬於卷三，方符合志書編修體例。但出版時卻將《官師志》内容割裂開來，《官師志一》在卷二，《官師志二》在卷三。

條説明對於原屬固原統轄的海城、平遠二縣及硝河城資料的處理辦法。因海城、平遠二縣已有專志,故州志不再併入,但對於二縣正式設縣之前的資料還是輯入州志中。硝河城因屬固原分州,故將硝河城志附入州志,即州志第十二卷。最後一條是編者的謙遜話語,指出州志編纂肯定會存在諸多問題,希望讀者能批評指正。

《圖繪》共 34 頁,繪有 34 幅圖,包括《井宿》《鬼宿》2 幅分野星躔圖,《固原疆界圖》《固原五屬總圖》《固城圖》3 幅地理圖,《文廟圖》《武廟圖》等 8 幅祠宇圖,《提署圖》《州署圖》等 11 幅官署圖,《東山秋月》《西海春波》等 10 幅固原風景圖。繪製工作由王明森、溫聯奎 2 人完成。各圖繪製水準都較爲精良。地理圖山、河、城、堡、界限等位置標注,較以前舊志地圖更加精確,圖形符號也較以前的地圖更加豐富。祠宇圖、官署圖均據實地情況繪製出平面分佈圖,可以爲清代官衙研究提供參考。風景圖顯示出繪圖者高超的繪畫技藝,圖畫很有層次感,山脈、建築、人物等比例相對較爲協調。《圖説》共 11 頁,詳細説明各圖繪製的主要內容。

《天文志》包括《分野》《經緯度》《氣候》3 個細目。與本志有關的天文圖 2 幅(《井宿》《鬼宿》)已見卷首,王學伊等以爲"亦以在天成象,而曜靈下應,足覘鍾毓云爾"。對待天文星圖有這樣的認識顯然是不科學的。

《地輿志》包括《建置》《疆域》等 12 細目。以往《資治通鑑》等對於安定、原州等地名的記載有不一致的地方,王學伊對於某些記載有異的地名主要依據《文獻通考》《天下郡國利病書》、古今《輿地韻編》等文獻略加考證,有所從違。《建置》梳理了自三代至清朝同治年間固原建置的歷史,還説明了海城縣、平遠縣的設立經過。《疆域》記載固原州的"四至八到"里數。《城池》記載固原州城興修歷史,還對其內、外 2 城及東、南、西、北 4 城的修築情況作了簡單説明。《山川》記六盤山等 33 座山、清水河等 19 條河、西海子等 19 處池泉的地理位置、距州城里數、長度及與山川有關的典故等。[①]《祠宇》記載文廟等 57 處廟、寺、宮、觀、祠等所處位置等情況。《官署》載固原直隸州知州署等 18 處文職官署、陝西固原提督署等 20 處武職官署在固原城內的位置等情況。《驛站》載永寧驛、瓦亭驛、三營驛 3 處驛站的馬匹、驛夫配備情況及與其他驛站的距離。《鋪司》記固原 12 處鋪司的名稱。《古蹟》載秦長城等 22 處古蹟所處位置及典故等,過去屬於固原州統轄但現在歸海城縣、平遠縣的古蹟,劉敏寬(萬曆)《固原州志》所載細腰葫蘆等遺址淪廢的古蹟都不再詳列。《户口》據光緒三十四年(1908)《户房丁糧紅册》的記載來統計,注明漢回户數,并對各地漢回比例加以説明,如東鄉所屬者"計漢七、回

---

① 　自卷二開始的統計資料,均采信李作斌的統計。參見李作斌點校:《宣統固原州志》,《明清固原州志》本,固原市地方志辦公室 2007 年內部發行(寧新出管字[2003]第 411 號)。

三之譜”，指當地總户中，漢民佔 70%，回民佔 30%。《村莊》記録了分佈於澗、坬、岔、溝，分屬於固原六里、五監、三堡、一屯的 600 多個村莊名。《塚墓》載明威將軍郭公墓等 16 處古墓所在位置，還對部分古墓殘存的碑石文字進行過録，考證其立石時間。對於舊志所載固原有劉表墓的説法，〔宣統〕《固志》不輕信，表示存疑。

《官師志》包括《歷朝名宦文武職官》《國朝名宦文武職官》等 2 細目，附《俸餉》。《歷朝名宦文武職官》載歷朝名臣 355 人，其中明朝達 283 人，佔總數的 80%，主要按官職高低録事蹟，總督事蹟較詳，兵備及以下官員主要録其姓名、籍貫、任職時間等。《國朝名宦文武職官》載清朝文武職官 684 人，其中文職官員 91 人，武職官員 593 人，武官人數是文官人數的 6.5 倍。詳見下表：

細　目	朝　代	人　數
歷代名宦文武職官（共 355 人）	漢　朝	5
	晋　朝	1
	南北朝	15
	隋　朝	6
	唐　朝	7
	後　晋	1
	宋　朝	36
	金　朝	1
	明　朝	283

細　目		官　職	人　數
清朝文武職官（共 684 人）	文　職（共 91 人）	知　州	44
		學　正	15
		吏　目	32
	武　職（共 593 人）	提　督	41
		參　將	35
		游　擊	146
		守　備	118
		千　總	116
		把　總	137

　　《貢賦志》包括《蠲恤》《額徵》等6細目。將《蠲恤》列爲第一細目,主要是體現所謂"聖恩之高厚,而使小民發感激之忱也"。主要記載順治二年至宣統元年(1645至1909)間,歷代皇帝45次下聖旨撫恤固原災荒的情況,今天可以把它們當作研究固原荒政史的資料來利用。《物産》也列入本志中,是爲了體現固原地利之長。固原植物分爲穀、豆、蔬、瓜、果、花、木、藥等8類記載,每類下羅列若干種植物名,藥類所屬物種最多,達57種,這也反映了固原當地盛産藥草的特點。州志記載,每年四川人到固原來採挖野藥草,致使當地資源利益外溢。固原動物分爲獸、禽、鱗、蟲等4類記載。雜類所記實爲固原當地特産,共載駝絨、羊毛、羊皮等11種,其中棉花是光緒三十四年(1908)、宣統元年(1909)春開始,在王學伊購地建修的固原試驗場種植,王學伊建這個試驗場的目的就是爲了"重農務,興物産"。

　　《學校志》包括《職官》《學額》等12細目。記載固原當地學校設置情況甚詳,小學堂中有官立者,也有民立者和當地鄉紳捐資自立者,體現出清朝末期,百姓對於教育重要性的認識有了很大的提高。本部分詳細記載了文廟供奉的賢儒謚號、崇祀年月,以及祭孔子的禮節、樂章、祝文等,過去有學者認爲,這些都是王學伊等思想陳腐的表現,筆者以爲這樣的看法有失偏頗。誠然,這裏記載的部分内容是有封建色彩,但在學校中紀念有學術造詣、品德高尚的賢者,對於後學修身養性是有很大激勵作用的,過去提倡祭孔,很大程度上是爲了强調禮樂對於社會和諧的重要性,故不能把這些内容一概斥之爲陳腐思想。而且從弘揚傳統文化的角度出發,書中所記禮節、樂章、祝文等材料,可以爲今天研究提供很重要的參考。

　　《兵防志》包括《營制》《防營》等5細目。最後列《紀戰》一目,記載了自周夷王三年至清光緒二十六年(約前883至1900)近2800年間發生在固原的大小76次戰争,主要是想强調固原自古以來就具有重要的戰略地位,王學伊等就是想通過梳理相關的戰争歷史來提醒後來者,一定要有防患於未然的憂患意識。

　　《人物志》包括《后妃》《歷朝鄉賢仕進》等14細目,其中《仙釋》《流寓》只列目,未載其人。入《人物志》者皆爲當時"正面"事蹟突出者。從具體内容來看,有相當多的鎮壓人民起義的劊子手也入傳,這反映了王學伊等人的封建立場,讀者對此自當明辨。具體人數情況詳見下表:

細　目	朝　代	人　數	
后妃(1 人)①	漢　朝	1	
歷朝鄉賢仕進 (178 人)	漢　朝	11	
	晋　朝	6	
	南北朝、隋朝	17	
	唐　朝	2	
	宋　朝	3	
	金　朝	2	
	明　朝	137	
國朝鄉賢仕進 (437 人)	文　職	87	
	武　職	350	
忠　義 (268 人,36 家)	漢　朝	2	
	晋　朝	2	
	南北朝、隋朝	3	
	唐　朝	2	
	宋　朝	10	
	明　朝	21	
	清　朝	65	
	附:同治間"殉難"者② (163 人,36 家)	貢、廩、附生	115
		武　生	25
		監　生	9
		各鄉團總③	14
		全家"殉難"者	36 家④

---

①　本表細目統計的人數及最後合計的人數,皆爲有姓氏或事蹟可考者。

②　清朝同治年間回民起義是一場轟轟烈烈的反民族壓迫鬥争,《新修固原直隸州志》編者站在封建統治者的立場上,敵視起義爲"回亂",誣衊起義者爲"逆""賊",讀者對此當明辨。"在這場大規模的戰争中,有多少可歌可泣的回族起義英雄,《州志》中没有任何正面記載。但對鎮壓起義軍的清朝將佐,《州志》卻吹捧備至。"(陳明猷:《清末固原輪廓——論宣統〈固原直隸州志〉》,附載於《明清固原州志》之李作斌點校《宣統固原州志》,固原市地方志辦公室 2007 年内部發行,第 570 頁)

③　據《新修固原直隸州志》記載,14 位團總率團丁打仗,共有 2 400 多人戰死。

④　據《新修固原直隸州志》記載,36 家共死亡 500 人左右。

續　表

細　　目	朝　　代	人　　數
孝　子 （13 人）	南北朝	1
	隋　朝	1
	明　朝	1
	清　朝	10
節　烈 （156 人）	漢　朝	1
	明　朝	13
	清　朝	142
貞女（2 人）	清　朝	2
賢淑（11 人）	清　朝	11
隱　逸 （5 人）	漢　朝	2
	晋　朝	2
	南北朝	1
懿　行 （42 人）	明　朝	1
	清　朝	41
仙釋（闕）		
流　寓①		
方　伎 （7 人）	上　古	1
	漢　朝	2
	晋　朝	1
	清　朝	3
耆瑞（23 人）	清　朝	23
		合計：1 143 人

《藝文志》包括《綸音》《表》等 21 細目，共録藝文 286 篇（首/副）。首列《綸音》，録皇帝御製詩文 27 篇，是想突出皇帝的恩典，“以勵軍民忠愛之忱”。《表》《對》《奏疏》等 25 篇緊承其後，是爲了强調封建官員所謂的“政績”。此後依文體

---

① 《新修固原直隸州志》載：“固原自兵燹後，川、楚、皖、陝民人，多有寄籍。而求如工部之草堂、摩詰之輞川，文名卓然者，億不獲一，因省之。”

進行編排,録《古今體詩》最多,達 88 首,其次爲《碑碣》,達 58 篇。從作者情況看,録清人藝文最多,共 158 篇(首/副),佔本志所録藝文總數的 55%。其次是明代藝文,達 95 篇(首),佔本志所録藝文總數的 33%。明、清兩朝藝文佔本志所録藝文總數的 88%。詳見下表:

體　裁	朝　代	數　量
御製文詩敕諭①(27 篇)	清　朝	27
奏　疏 (包括表、對、奏疏,25 篇)	漢　朝	6
	唐　朝	1
	宋　朝	2
	明　朝	1
	清　朝	15
策(1 篇)	漢　朝	1
論 (3 篇)	晋　朝	1
	明　朝	2
序 (3 篇)	晋　朝	1
	明　朝	1
	清　朝	1
傳(1 篇)	晋　朝	1
誡(1 篇)	漢　朝	1
記 (39 篇)	元　朝	1
	明　朝	27
	清　朝	11
祝文(1 篇)	清　朝	1
賦 (2 篇)	漢　朝	1
	明　朝	1
頌(3 篇)	明　朝	3
跋(7 篇)	明　朝	7
示(2 篇)	清　朝	2

① 《新修固原直隸州志》版心題名"綸音"。

體　裁	朝　代	數　量
批(1篇)	清　朝	1
稟牘(3篇)	清　朝	3
墓志① (11篇)	南北朝	1
	唐　朝	1
	清　朝	9
碑碣 (58篇)	明　朝	13
	清　朝	45
古今體詩 (88首)	漢　朝	1
	南北朝	6
	隋　朝	1
	唐　朝	7
	明　朝	40
	清　朝	33
楹聯(10副)	清　朝	10
		合計：286

　　《庶務志》包括《統計》《選舉》等15細目。所謂“庶務”，即指各種政務，州志所載庶務的内容都與“新政”有關，州志中編寫這類内容，是想“志之以見政令日新，而風化所趨，有推行無已者”。《統計》調查内容主要側重於外交、民政、財政、教育、軍務、司法、實業、交通等8類内容，每類只有分項名稱，無具體内容。如民政包括境域、户口、巡警、工程、善舉、災賑、選舉、自治8項，實業包括農業、墾務、森林、畜牧、鹽業、漁業、工藝、商業、礦務、物産10項，等等。《選舉》記載了與選舉有關的25個重要的專門用語，如選舉資格、當選人額數、選舉無效等。《郵政》記載了與郵政有關的24個重要術語，如明信片、無法投遞郵件等。同仁局、戒煙局、試驗場、習藝所等，均爲王學伊在任時設立，同仁局主要爲百姓傳送善書、施散丸藥、備舍棺木、散發寒衣、保全孤貧、敬惜字紙等。已送善書2 600多部，包括《朱子家訓》《孝經》《弟子規》《勸戒録》《陰騭文》《教子訓女歌》及一些有關風俗之書。清朝末期，鴉片流毒中國，故“新政”强調，力圖自强，首以禁食鴉片爲宗

---

　　① 《新修固原直隸州志·目録》載作“墓銘”。

旨。王學伊就任固原知州後,於光緒三十三年(1907)設戒煙局,他捐廉銀 500
兩,配製方藥,每 5 天向煙民散發一次,每 10 天通報一次領藥者姓名,對於固原
百姓戒食鴉片起到了一定的作用。

　　《軼事志》包括《祥異》《風俗》等 5 細目。《祥異》記載自西漢至清朝宣統元年
(1909)發生於固原的自然災異(如地震、乾旱等)、祥瑞變化等共 38 條。[①]《風
俗》主要記載固原各廟祀神、祈雨、祈晴禮儀及春、夏、秋、冬四季主要的節日禮儀
制度。對固原當地百姓冠、婚、喪、祭等禮俗的介紹,分回族、漢族分別記録。志
書對當地回民冠禮、婚禮、喪葬禮、日常習俗、社會用語和宗教儀式等内容的記載
比較詳實,是非常珍貴的民俗資料。如記載回族婚禮,議婚"先請媒妁通姓氏,惟
不避同姓。……婚之夕,先告上天,必請阿訇念回經,然後合巹。次日,子、婦均
先盥沐,用水壺自頂至足以水直盥。畢,見翁姑、尊長、鄰佑以揖,吃筵喜、油香,
并分送戚黨"。當地回族"門宦有四:曰虎飛,曰苦布,曰尕的任,曰直黑任。是
以誦經時,有端躬長跪兩掌合舉者,有搖頭擺身兩掌分舉者,亦各有信從耳"。
《雜録》主要摘引《文獻通考》《讀史方輿紀要》《廿一史約編》《天下郡國利病書》
《固原州行軍輿圖説》等 5 種文獻中述及固原地理之内容,爲考證固原地理沿革
等提供較爲可信的資料。特别是摘引的《固原州行軍輿圖説》資料,爲了解光緒
末年甘肅省繪製各地山川、河流等地圖的要求及過程提供了難得的資料。

五、編修質量及文獻價值

　　〔宣統〕《固志》是清代固原唯一一部志書,也是固原府州級舊志中内容最豐
富的一部,子目達到 95 目,涉及固原的歷史沿革、山川地理、社會經濟、政治軍
事、文化教育等各個方面,與其他舊志相比,又增加了能反映"新政迭興"的"庶務
志",可以説,志書相對完整地勾勒出 19 世紀末固原的全貌。卷首多幅地圖及風
景圖,非常形象地描繪出固原的自然地貌、疆域城池和秀美風光等。《天文志》記
載了與自然地理相關的氣候,《地輿志》記載固原的歷史地理、人文地理和自然地
理,包括建置沿革、疆域、山川、村莊、驛站、户口、古蹟等内容。經濟地理、軍事地
理等方面的資料,則散見於《貢賦志》《兵防志》等内容中。

　　本志所載民族、民俗方面的資料彌足珍貴。從《地輿志·户口》對固原轄境
回漢人口比例的記載可以看出,固原州城内以漢族爲主,在南關和四鄉都是回漢

---

　　①　《新修固原直隸州志·軼事志·祥異》載,王瓊於明世宗嘉靖六年(1527)奏固原甘露降。據(嘉
靖)《固原州志》卷二載王瓊《甘露降固原奏議》稱,甘露降固原事在嘉靖十年(1531)閏六月下旬。故知,
《新修固原直隸州志·軼事志·祥異》所載誤。

兩族人共居。西鄉回族人口最多，佔當地人口總數的 60%；東鄉最少，佔 30%；而南鄉、北鄉回漢族人各佔 50%。《軼事志》對清朝末年固原地區回族人民冠禮、婚禮、喪葬禮、日常習俗、社會用語和宗教儀式等内容的記載，至今仍有研究價值。

特別需要注意的是州志中有關清末同治年間回民起義的記載及議論。《人物志》中記載了多名參與殘酷鎮壓起義的清朝武官的事蹟，《藝文志》中録有多篇與此次起義有關的文獻，對此我們要有正確的認識態度。陳明猷指出："同治年間的西北回民起義波瀾壯闊，遍及陝甘青新，歷時 11 年(1860—1871)，是緊接太平天國之後給清王朝的又一沉重打擊。固原是這次起義中發動最早和戰鬥最激烈的地區之一。清軍對這次起義的殘酷鎮壓，給本地帶來了巨大災難和深遠影響。……因此大量輯録有關清軍鎮壓這次起義的史料，以致《州志》幾乎成爲這次戰爭的一個地區的專史。但《州志》對回族起義没有任何正面記載；對鎮壓起義的清朝將佐，《州志》卻連篇累牘。卷七人物志記載以董福祥、張俊和李雙梁等'董字三營'首領爲主的清末固原籍將領 100 多人。卷八藝文志收録了爲他們歌功頌德的傳記、墓志銘之類多篇。……藝文志中還收録了當年陝甘總督左宗棠和固原提督雷正綰等人關於鎮壓這次起義的一批奏摺。其中左宗棠的多達 11 件，内容都很詳細。《州志》卷七中設所謂'忠義''殉難'和'節烈'等節，僅記載當年死於此役的清朝文官武將和男女百姓 300 多人的姓名和事蹟，顯然是非常片面的。……應該强調指出的是，《州志》中有關人民起義的記載和議論，包括所輯録的有關文獻，都是堅持歧視和敵視少數民族的觀點，并誣衊起義者爲'逆'、爲'匪'，等等。但作爲反面材料，《州志》畢竟記載了同治年間回民起義這一重大歷史事件的大量資料，值得我們批判參考和認真研究。"[①]

州志所載固原農林牧業、手工業、商業、交通郵電業等方面的資料儘管較爲簡略，但由於他書記載較少，故這些資料也成爲研究清末固原相關歷史難得的史料。另外，這些記載也爲研究清末"新政"提供了新的思考角度，即通過這些資料，從一個側面考察清末"新政"的實施内容及其效果，可以看出，清朝的覆亡已經是不可逆轉的結果了。

① 陳明猷：《賀蘭集》，寧夏人民出版社 1994 年版，第 178—179 頁。

整理說明

一、本書主要以標點、校勘、注釋等方式對〔宣統〕《新修固原直隸州志》進行整理，以南京圖書館藏官報書局宣統元年(1909)排印本爲底本，以〔宣統〕《甘肅新通志》爲參校本，部分成果參考陝西人民出版社 1992 年版陳明猷點校本。《新修固原直隸州志》卷十二爲楊修德總纂之《新修硝河城志》，因另有整理本，爲避免重複，本志僅存目。

二、附録《固原州憲綱事宜册》，以甘肅省圖書館藏抄本(簡稱甘圖《事宜册》)爲底本；以中國國家圖書館藏抄本(簡稱國圖《事宜册》)爲對校本。校勘記以校異文爲主，若底本有而甘圖《事宜册》失載者則不出校。

三、整理成果以繁體橫排形式出版。注釋均以當頁脚注形式注明，用圈碼①②③之類排序。校勘以[1][2][3]之類排序，放在卷末。正文中以"〔　〕"符號括注的文字，均係整理者增加。

四、校勘以校異文爲主，因用字習慣不同而出現人名、地名、族名等同名異寫現象，均出校説明。底木中存在明顯的誤、脱、衍、倒等現象，於正文中校改後出校説明。雖有異文但意可兩通者，不改正文，僅在校記中説明。除特殊需要外，校本有誤，一般不出校。

五、《新修固原直隸州志》在刊刻時明顯誤刻之字，如"戊""戌"誤作"戍"，"己""已""巳"及"曰""日"互混，或"征伐"之"征"誤作"徵"，等等，校勘時徑改，不一一出校説明。

六、〔宣統〕《固志》刊刻或引用他書文獻時，因避當朝名諱而改前朝文字者，如"宏治""崇正""元宗"之類，均據原字或原書徑改爲"弘治""崇禎""玄宗"等，不出校記。又如書中"丘"多作"邱"，今據原字回改爲"丘"，除人名於首見處出校説明，餘皆徑改，不再一一出校。

七、底本中存在的異體字、俗體字、通假字、古今字等，如"渭""関""誌"之類，或同一地名、人名、篇名而前後用字不一者，均按出版要求適當統改成規範、統一的字體，不出校記。本志轉引他書文字內容，若與該書通行版本文字不同，除引文確實有誤，如誤録人名、地名、時間等需要出校説明外，凡不影響文意理解者一般不改動引文。

八、當頁脚注内容主要包括：原文易致惑者（如文獻簡稱或省稱、干支紀年等）、原文提及的詩文或史料出處、原文體例中資料互見者、整理者對輯補史料的出處説明和整理者的補充文字等。

九、脚注中，凡言“本志”者，均指《新修固原直隸州志》。凡言“本志書例”者，均指《新修固原直隸州志》編修體例。徵引文獻之版本，凡“中華書局點校本”簡稱“中華本”，“文淵閣《四庫全書》本”簡稱“四庫本”。書名較長者沿用習慣簡稱，具體簡稱參見《參考文獻》。

十、脚注中，凡引古代文獻，均只注明書名、卷次、篇名等，其作者、版本等詳見《參考文獻・古代文獻》。凡引現當代文獻，均只注明作者、書名或論文篇名、頁碼等，其出版社、刊物名、發表時間等詳見《參考文獻・現當代文獻》。若被引用的古代文獻已有整理成果，一般直接吸收其合理意見，不再重複敘述校注理由，注明“參見××”字樣。引文出處、他校資料或他人校勘、考證成果，亦注明“參見××”字樣。

十一、《參考文獻》分《古代文獻》和《現當代文獻》分別著録。其中，《古代文獻》分陝甘寧舊志、經部、史部、子部、集部等五類著録，《現當代文獻》分著作、論文兩類著録。

新修固原直隸州志附硝河城志目錄

新修固原州志序

　　志猶史也，而史有專官，志則無之，故重有賴於官斯土之才且賢者。固原直牧文水王平山，名進士也。來官斯郡，適通志局札修志乘，而舊志止上、下兩卷，自明中葉失修，蓋數百年矣。同治初，復經回亂，州治淪陷，累歲大劫浩然。今雖瘡痍漸復，圖籍罕存，文獻奚考。矧國家百度維新，新令日至，有司方兼營并舉之未遑乎？平山莅固以來，凡學堂、巡警、工藝諸要政，殫精竭慮，既莫不剋期畢舉。志乘且廣爲十二冊，分以十總綱，繪圖三十六，繫目九十五。詳而能賅，信而有徵，皆本其家藏史集及城鄉所採訪，較諸舊志，雖驟增數倍，然簡所必簡，非繁所不必繁，未嘗不撮凡舉要，一以《元和》《朝邑》兩志爲準的。而或失之附會誇飾，致有待後來《蕭山新志》刊誤之作，蓋其慎也。

　　平山誠賢矣乎，抑才尤有過人者。雖然，志猶史也，以平山之才，既成進士，竟未獲簪筆木天，與修國史，乃僅於一州志乘略見其才，亦微憾也。所期宏此遠謨，事必責實。即此力修志乘，畢舉要政之一心，推而至於事上，使民兢兢業業，無或第以才見，則賢勞所積，于以副民望，登上考，屹然蔚爲國家異日柱石，而名宦中又增一宏濟時艱之偉人，實有厚望焉。平山其勉之。

　　宣統建元己酉立秋後二日，長白筱舫熙麟序於隴東道署之崆峒山館。

新修固原州志序

余髫年受書，壯懷投筆，勞勞戎馬，閱數十稔矣。光緒丙午以西寧總兵恭膺簡命，[①]提督全秦，駐節斯邦，時以不才滋懼。惟幸運值隆平，邊庭臥鼓，治軍之暇，更得稍理舊編，亦樂事也。一日，刺史王公平山詣余署，見案頭置《陝西通志》，因相討論。王公慨然曰："《陝志》誠善矣。若我固原，據七關之形勝，爲九塞之咽喉，洵稱重鎮。而我朝鼎興三百餘年，州志闕如，良可憾耳。"余謂王公曰："徵文考獻，史家之長；闡幽發微，守令之責。子盍承纂，以成此三百餘年未有之創舉乎?"王公欣諾。於是朝繙乙史，暮校丙函，樹型道德之林，選言文章之府。舉所謂天文、地輿、民風、物產、名宦、鄉賢、孝子、節婦、仁人、耆耇，一碑碣，一詩歌，莫不搜括而表章之。其時閱三百六旬，其書積一十二冊，削青既竟，問序於余。余紬繹再四，遂大言於王公曰："子之志，余知之矣，凡志學校者，曰尚選舉也，曰重徵辟也。而子則恭錄廙典，兢兢於賢儒之從祀，殆承先而迪後歟！凡志兵防者，曰嚴卡隘也，曰慎軍械也。而子則遠稽戰事，睟睟於夷夏之交攻，殆居安而思危歟！人所略，子詳之；人所輕，子重之。作者苦心，百世不泯。至其宏篇巨製，蒐羅廣博，有非徒以七關形勝、九塞咽喉爲斯郡稱者。且固原有舊志焉，前明劉總制所作也。採錄明代事實爲上下卷，積紙不能盈寸。今子驟爲增輯，於古今典要，歷歷如數家珍，而猶慮有遺軼，以補纂望來者。謙謙君子，惟子頌焉。余雖武人，而於子之志，其視《陝志》爲何如? 視劉《志》爲何如? 固有心藏心寫，爲之拱服贊嘆，而不能自已者在也。"清夜淪茗，焚香静讀，覺几案間有金石聲。噫，異哉！用書此以爲固原億萬姓告。

宣統紀元歲在屠維作噩，月次終相哉生明日，蒲城張行志雲亭甫序蕭關提廨之鎮邊樓。

---

① 光緒丙午：光緒三十二年(1906)。

新修固原州志序

　　州縣之有志，猶歷代之有史也。史則綜古今治亂之由，志則備太史輶軒之採。體例雖殊，而借鑒則一也。然非燕許之大，文章以討論而潤色之，則譾陋無文，幾何不貽羞於大雅。

　　固原舊志，區區者僅兩卷耳。自前明失修以來，數百年凋零磨滅，文獻舉付之闕如誰歟！其宏此遠謨，以成一代人文之盛，此考古者每不勝杞宋之憂也。今我同鄉平山王公，以名進士而官斯土，又值新政迭興之日，國計民生無不振刷精神，以仰副朝廷力求進步之宗旨。夙夜從公，其用心亦幾勞勞矣。不謂案牘之暇，復慨然以修志自任，謂國家當百度惟新，其政體已日進於文明，獨一州之志而不爲之改良，悠忽孰甚焉。於是即其舊志，詳加披覽，凡建置、賦役、文教、武衛，以及風土、人物，舉前志之未及綱羅者，別類分門，無不採擇精詳，焕然而改觀。於以知此書之成，其名雖因，其實則創也。彼王公博考旁稽，絕不辭蒐輯之勞，而殷殷以期成完璧者，夫豈徒藻采繽紛，和聲而鳴盛哉。蓋以爲夷惠之風，猶奮乎百世之下，況此志之所表章者，非乃祖即乃父，若子若孫，苟睹先世之流風，未必不歡欣鼓舞，油然而動。其慨慕之忱，將若者爲藎臣焉，若者爲孝子焉，若者爲義夫、貞婦焉。進化之速，不必董之以威，而稱仁説義，有較從前而習俗愈形其厚者。異日採風使者犸焉庋止，見其揖讓雍容，彬彬合度，將銘之金石，播之聲詩。懿鑠哉，此不獨此邦之人之榮，亦足以爲一代之光已！於以嘆王公之所見者大，所期者遠，於彼都人士，誠有撫之殷而望之切者。至此編之綱舉目張，有條不紊，猶其事之末焉者爾。

　　宣統紀元歲在己酉中秋月，山右東敬儀翰鴻于遠氏序於金城三晋會館。

新修固原州志序

　　志者記也，記一郡之土地人民，而爲政事之施。然非文簡事賅，去取得當，何以垂久遠，昭炯戒耶？郡志修自萬曆朝，閱三百餘年，事蹟闕如。復屢遭兵燹，文獻無徵。故事遺蹟，再閱數十年，恐無有能道之者。今讀平山直刺新纂郡志凡十二卷，其義法、文筆，諸序已詳言之，茲不贅。獨至戎事一則，紀同治朝殉難忠節烈女，痛定思痛，直令人恨當日柄政者，以無識貽誤事機，郡城數百萬生靈付之一燼也。前代人物尚矣，紀至國朝中興諸名將，其戰蹟真有磊磊軒天地者。語云"關西出將"，不誠然乎！斯志之作，使一郡人民忠君愛國之忱，油油然有不可遏止之勢焉。直刺之有造於斯郡，豈曰小補之哉。

　　宣統紀元秋八月，補用府經歷關中夏彭齡松山甫謹序於蘭州官報書局差次。

固原新志序

　　大凡事之出於因者則易，而出於創者則難。知其難而必爲之，將毋爲後起之人示所據依，踵實增華，不逾軌轍歟。然非有軼羣之才與過人之識，慨然自任，不憚咨諏詢度之勞，分編合纂之苦，積日成月，積月成歲，丹鉛在握，考古稽今，不能從事於茲。讀《固原新志》，心怦怦焉。蕭關昔號重鎮，鎖鑰隴東，南達高平，往來鞏道，瓦亭扼其吭；北通銀夏沙漠之區，賀蘭負其背；西指金城，接伊涼而度玉門，揆厥全局，氣勢所吞吐也。故勝朝以總邊制之，地居上游，防戍爲重。國家承平數百年矣，橐弓脫劍，示不用兵。同治初，肘腋變生，城陷於寇。鋒鏑之餘，文獻不足。越十稔，文襄左公駐節涇原，移師剿撫，嗷鴻澤集，是以改州爲直隷，佐以硝河，立平、海二邑，設同心城巡司、打拉池邑丞屬之，亦一大郡會也。唯民俗喬樸，其間文武輩出，忠孝節烈，豪俠任義，狷潔自好之士，後先相望。使其事蹟不筆於書，代遠年湮，無從徵信。況舊志闕如，統散無紀，守土者與有責焉。平山直刺來莅是邦，亟新斯志。竭淵博之才識，不憚勤勞；恐掛漏之貽譏，殫心蒐輯。甫經一載，彙爲全帙，創局也，而因之理寓焉。彼都人士異口徵文考獻得所持循，爲力似易。斯亦拳拳不已，知難而必爲難之苦心也，則以是書爲嚆矢之引云爾。

　　宣統元年八月中秋後日，甘肅徽縣典史皖南鄭錫鴻甫雲賓識於薇垣稭所差次。

新修固原直隸州志序

　　或問予曰：志何爲而作也？予應之曰：人與人積而爲郡邑，必然之勢也；政與政發而爲風俗，自然之理也。夫既有郡邑矣、風俗矣，則所謂世運之興衰、國法之隆替、人民之智愚、物産之良窳、山陵川澤之變遷，與夫一人一事、一言一藝，莫不有可作、可述、可法戒、可勸懲而不可敝者，以昭示於來兹，此志之所以作也。曰：然則志何昉乎？曰：《周禮》大司徒掌土地之圖，小史掌邦國之志。而志郡縣者，詳莫詳於《元和》，簡莫簡於《武功》，①要皆史乘遺意。後之人雖欲則傚之、仿佛之，而不能得其萬一者也。曰：然則子之志固原者，詳乎簡乎？殆有所取法乎？曰：固原當三代之際，猶居戎狄。秦、漢而下，迺隸版圖。歷唐、宋、元、明，累阨於蕃虜，誠干戈戎馬之場也。迭置爲邊塞，亦野曠游牧之所也。雖其間人材代興，文明大啟，屹然稱重鎮，而禦邊之策、防秋之舉，幾於史不絶書。洎乎國朝，德威遠曁，分建陝、甘行省，遂移三邊總制於蘭州，而仍以提督駐此，此實衝要地也。同治紀元，花門構亂，兵燹連年，人民簸蕩，圖籍淪湮。於此而欲徵文考獻，戛戛乎難之。予之志，惟以耳所聞、目所見、採訪所及者，實事求是焉耳，未敢邃言取法也。建國分野，上應躔宿，故志“天文”。分封列縣，閱世沿革，故志“地輿”。治安撥亂，以重職守也，故志“官師”。任土作貢，以邑實業也，故志“貢賦”。同風一道，則基於膠庠，故志“學校”。奮武削難，則資於袍澤，故志“兵防”。縉紳之選，忠節之操，足光簡籍者，故志“人物”。方策所存，謳吟所發，足被弦誦者，故志“藝文”。而復綜之以庶務，搜之以軼事，冠以圖説，列以例言，是即予之所志也。猥云詳乎！猥云簡乎！古人云：志者，史也。無史才則陋，無史學則野，無史識則鑿。三者予無一焉，殆所謂陋且野、野且鑿也。江文通有作志最難之嘆，其信然歟！曰：子知其難，吾又何説。予曰唯唯。志既成，爰自敘之如此。

　　聖清宣統紀元屠維作噩閏花朝終病日，文水王學伊平山甫敘於蕭關補春樹。

---

① 武功：指明康海撰《武功縣志》。

新修固原直隸州志銜名

總纂

賜進士出身、刑部奉天清吏司主事、賞戴花翎、候選道、奏保最優等員　　固原直隸州王學伊

分纂

賞戴花翎、鹽提舉銜、分省遇缺先補用知縣　　襄平錫麒

襄校

花翎五品銜、候選縣丞　　皋蘭王兆駿

花翎五品銜、候選縣丞　　湘鄉金希聲

五品銜、固原直隸州學正　　撫彝韓國棟

五品銜、固原直隸州吏目　　咸寧韓慶文

花翎五品銜、辦理固原電報總局、候選通判　　皋蘭梁濟西

花翎五品銜、提標文案處、甘肅遇缺先縣丞　　湘鄉歐陽震

花翎鹽提舉銜、平涼統捐局、甘肅補用縣丞　　浙江徐宗鐸

花翎四品銜、管帶固原巡警兵隊、儘先守備　　邑人張廷棟

校對

候選州吏目　　揚州劉樹聲

候選鹽大使　　皋蘭廖萬福

候選府經歷　　皋蘭李毓驤

候選州吏目　　文水王學洛

候選按經歷　　皋蘭劉繼銘

廩膳生　　邑人劉及第

採訪

花翎頭品頂戴、前鎮守甘肅涼州掛印總兵　　邑人姚旺

癸卯科副舉人、候選州判　　邑人徐步升

五品銜、候選訓導、貢生　　邑人鄭大俊

五品銜、候選訓導、貢生　　邑人鄭席珍

五品銜、考授巡檢、貢生　　邑人趙克敏

固原高等小學師範貢生　　邑人王金堂

固原初等回學師範廩生　　邑人張纘緒

翰林院待詔銜、太學生　　邑人祁應興

花翎都司銜、儘先守備　邑人盧有奇

花翎游擊銜、儘先守備　邑人彭元貴

花翎都司銜、儘先守備　邑人白應泰

花翎游擊銜、儘先守備　邑人馮克勤

花翎四品銜、候補守備　邑人李廷楨

花翎四品銜、候補守備　邑人楊葆瑞

花翎五品銜、提標後營把總兼固原巡警隊　　邑人祁元清

藍翎五品銜、候選府經歷　邑人楊承銓

廩膳生　邑人陳學孔

廩膳生　邑人雅同文

廩膳生　邑人虎繼召

廩膳生　邑人李桐

謄錄

固原州中學堂肄業生　　邑人張登甲

固原州中學堂肄業生　　海城解咸熙

候選縣丞　邑人馮燕翼

候選從九　邑人吳應科

候選吏目　竹溪司世銘

候選吏目　平遙梁福保

候選吏目　邑人李鳳岐

候選吏目　商州姚秉喆

繪圖

文童　咸寧王明森

文童　涇州溫聯奎

監刊

五品銜、甘肅官書局收發委員、補用府經歷　　長安夏彭齡

候選訓導　揚州錢萬選

候選縣丞　臯蘭張吉泰

候選縣丞　文水王昌桂

文童　　長武李鑑堂
文童　　中衛鄒國勝
文童　　邑人梁鳳岐
文童　　邑人殷秉鈞
文童　　邑人張興元
正字
三品銜、甘肅新疆候補知府、前度支部郎中　　文水王乃發
五品銜、甘肅補用縣丞　　武陵王乃達
五品銜、分省補用縣丞　　富平張增齡
候選縣丞、貢生　　邑人楊錦瑞
候選訓導　　皋蘭張文明
候選訓導　　静寧馬如麟
候選訓導　　皋蘭劉之翰
候選布理問　　北平孫榮達
候選教諭、優貢　　文水王俊卿
候選庫大使　　邑人楊秉琦
分省鹽大使　　汾陽馮業順
六品銜耆賓　　泰州陳鵬元
指分甘肅典史　　長洲吳馨
試用從九　　文水王乃襄

新修固原直隸州志凡例

一、固原舊志，爲前明總督劉公敏寬、兵備董公國光修於萬曆四十四年，計上、下二卷。其採録者皆明代故事，而萬曆以後寂然無傳，洎乎我朝龍興三百年來，從無纂本。今將歷朝掌故撦拾成帙，都爲十總綱，曰《天文》，曰《地輿》，曰《官師》，曰《貢賦》，曰《學校》，曰《兵防》，曰《人物》，曰《藝文》，曰《庶務》，曰《軼事》。每總綱各列細目，雖不免罣漏之譏，而聊盡蒐羅之力，顏曰"新修"者以此。

一、採輯書籍，悉遵《御批通鑑》《大清會典》《一統志》，以及《史記》《漢書》、新舊《唐書》《五代》、宋元明《史》《資治綱目》《昭明文選》《文獻通考》《漢魏百三家集》《郡國利病書》《方輿紀要》《滿漢名臣傳》《名臣言行録》《先正事略》、古今《輿地韻編》《尚友録》《忠孝節義録》、七種《紀事本末》《西學大成》、歷代沿革《輿圖考》、王氏《紀政録》、各省奏議、郡縣志、《全隴忠義録》《古詩源》、唐宋元明國朝《別裁詩集》，并州檔公牘、各鄉採訪瑣報，逐一訂證，未敢稍有臆度，致涉杜撰。

一、《天文志》井、鬼二宿躔度所隸者，遠原非專屬固境。兹仍列圖卷首，亦以在天成象，而曜靈下應，足覘鍾毓云爾。

一、《地輿志》按《通鑑》諸書所注，安定、原州各地名互有異同，且有以六盤山屬鎮原縣者，未敢折衷。今悉據馬氏《通考》、顧氏《利病書》、李氏《輿地韻編》爲定本。而地名之下，輒加標注，俾閱者知承纂者考證從違之意。

一、《官師志》如南北朝、五代及歷朝隆替，丁此際者，不無朝此暮彼之憾。惟考其行事，於地方深有利賴，誠不敢過加訾議。其無事實者，則僅以"某年任某官"志之，略示區別。

一、《貢賦志》首列《蠲恤》，所以闡揚皇仁；末列《物産》，所以研究地利。而《額徵》《義倉》《估撥》并舉者，亦以見食爲民天，而兵民相衛之宗旨。

一、《學校志》於書院、學堂外，恭載兩廡賢儒謚號、崇祀年月者，良以固原地居邊鄙，每晤諸生，詢及祀典，率皆茫然。因備志之，使後進學人，仰止景行於焉不墜，非僭録也。次載《禮節》，次載《樂章》，亦以禮樂爲學校根本，而毋敢怠忽耳。化民成俗，必先興學，願與諸生共維持之。

一、《兵防志》卷末另列《紀戰》一節，所以重邊事也。自漢迄今，固原累陁兵爕，而以同治間爲最大劫運。兹擇要志之，生斯土者，庶有所觸目驚心，而思患預防歟。

一、《人物志》節孝諸人，有已請旌表者，有未及呈請者，今據採訪所報，一律登録，俾潛德幽光，先彰邑乘，都人士自能真知灼見。至於《懿行》，不憚詳述，亦以十室必有忠信，而使後之人知一德片長，皆足取法，非承纂者有所濫諛也。

一、《藝文志》恭録御製文詩爲冠，亦以地介邊方，仰沐綸音，流芳久遠，志之以勵軍民忠愛之忱。餘則先之以《奏疏》，重政績也。其《論》《策》《傳》《記》《頌》《序》《賦》《跋》《批答》《志銘》《碑碣》《詩》《聯》，有僅得數篇者，有僅存一藝者，有廖廖衹片言者，則按文體編次之，不計年代先後而統名之曰各文類，閱者自能參考。

一、《庶務志》如統計、選舉、郵政、商礦、電政、鹽釐、農林、巡警、同仁、試驗、習藝、戒煙、養濟、監獄各公所，均與地方深有關係，未敢缺如，志之以見政令日新，而風化所趨，有推行無已者。

一、《軼事志》首列《祥異》，次列《風俗》《漢回冠婚喪祭》《社會》，末列《雜録》，俾閱者知輶軒之採，雖一言一物，未可疏略，而統以軼事括之。

一、海、平二縣，已均有專志，兹不併入，以歸簡易。惟二縣係同治中奏設，而同治以前之事實，亦有兼採者，誠轄境所限耳。至硝河城爲分州，今附入州志，俾知建置兼轄之意。

一、古今之載籍靡窮，一人之知識有限。矧斯郡迭經烽火，復乘同治浩劫之後，其四鄉村落亦多遷徙紛更。有昔漢而今回者，有昔回而今漢者，有昔爲漢回叢居而今仍曠土者。某莊某坬，名稱錯出，採訪尤難措手，碩德畸行，不無淪没，邦之哲士，當共諒之。即以譾陋誚，亦余所不辭也。徵文考獻，請再俟諸君子。

萧關覽勝

宣統元年

文水王學曾署簽

新修固原直隸州志圖説①

分野星躔　已詳見《天文志》。②

————————

① 原志各圖集中刷印，爲閲讀方便，整理者將其分別列於各圖説之下。
② 參見本志卷一《天文志·分野》。

固原疆域　　已詳見《地輿志》。①

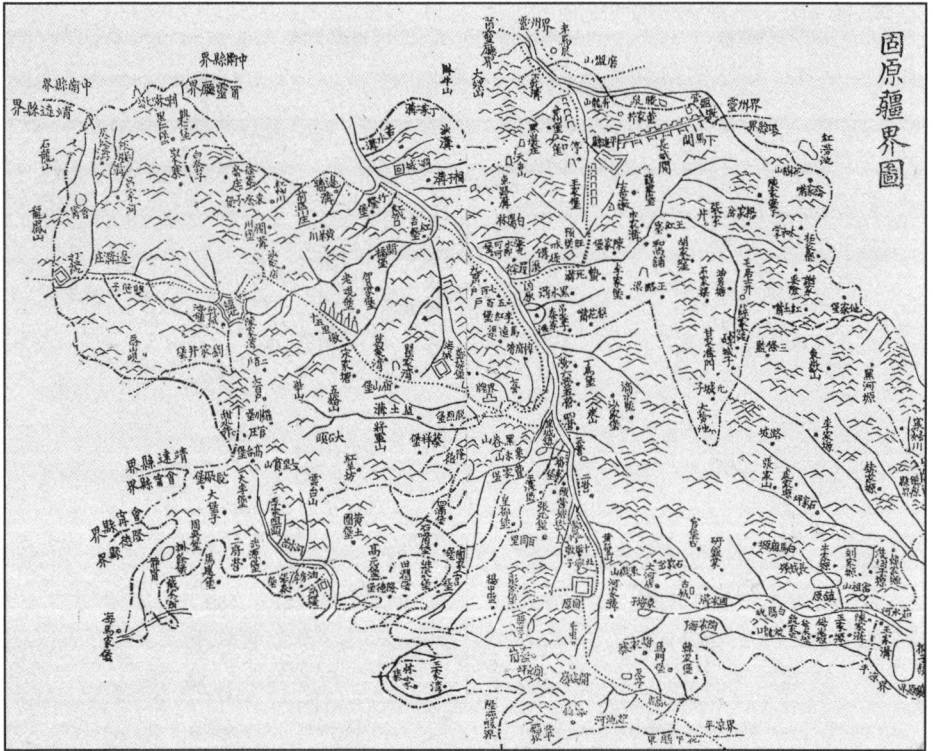

五城方位　　已詳見《地輿志》。①

固原城垣　　已詳見《地興志》。①

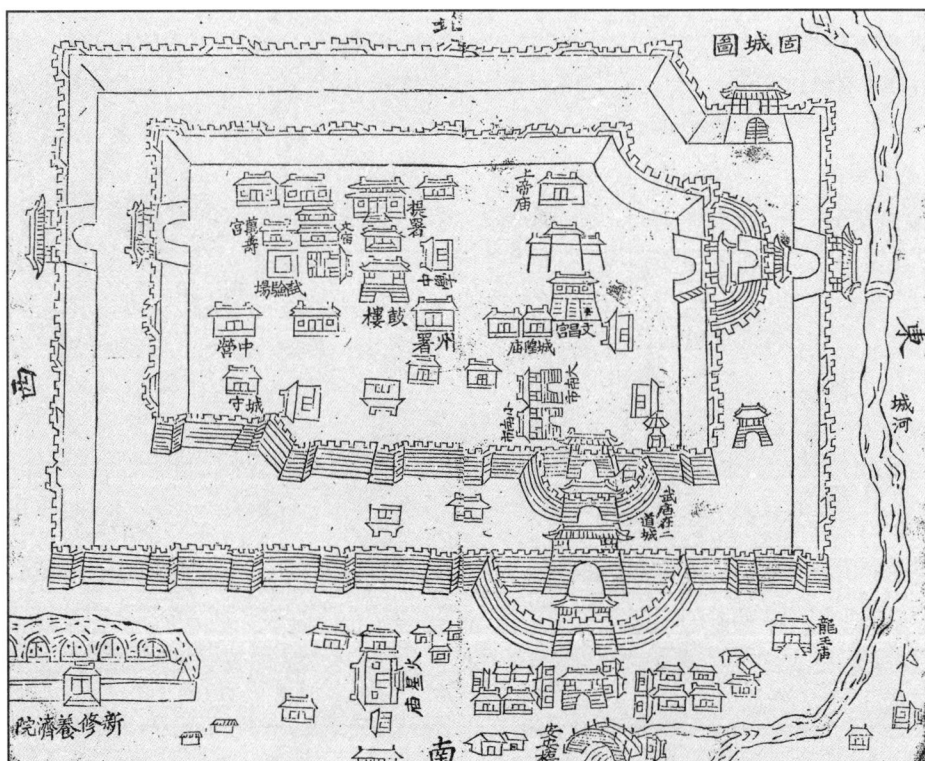

文廟

　　謹按：各府州縣之文廟，率居東南巽宮，或正東震宮，以主文明，惟固原自前明迄今數百年來，崇祀文廟方位，直居城之兌宮，[①]受納金氣，故地方人材武功發達，而文學蹇滯也。惟廟制從同治軍興，經魏公光燾重事修理，尚見寬閎。東角門曰"禮門"，西角門曰"義路"。第一級中建牌坊、泮池，左右以忠孝、節烈祠翼之。第二級中建欞星門，左右以名宦、鄉賢祠翼之，而文武官廳亦兼隸焉。第三級中建大成殿，配位龕墀，均稱高廣，左右以兩廡翼之，而神厨、牲所則建於兩廡之次殿後。第四級為學正署。廟之左側，則尊經閣暨崇聖祠在焉。原日結構整飭，今歲久未修，致有外觀徒耀之慨。至於琴瑟諸樂器、羽佾諸舞容，是在司牧者振興之、維持之，庶以光昭文治歟。

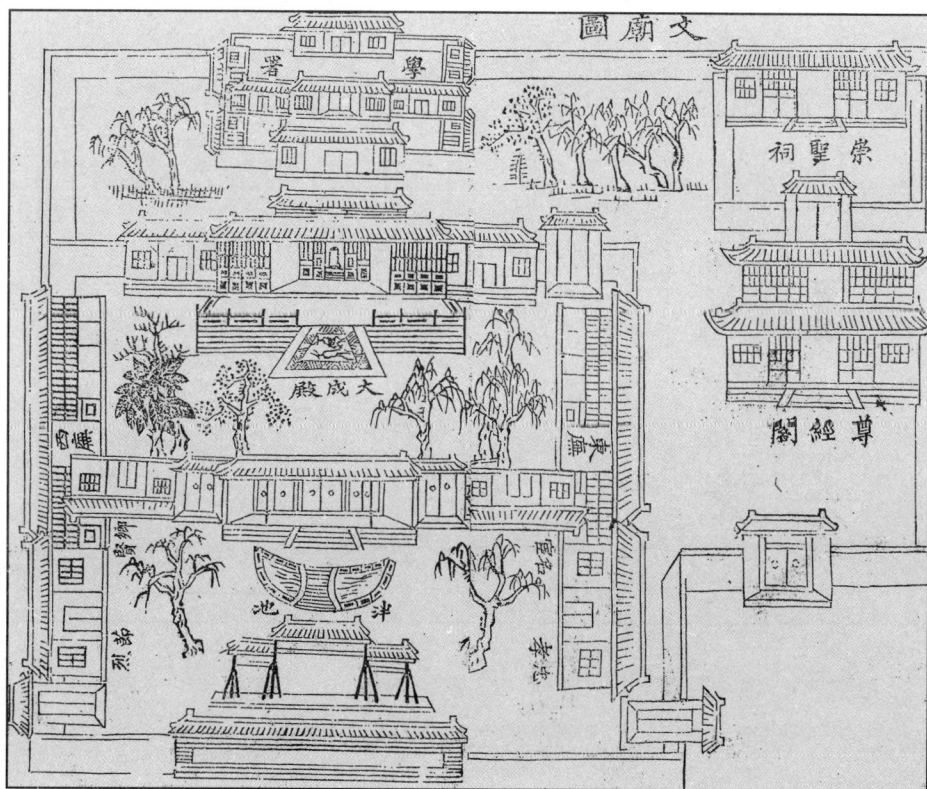

　　① 兌宮：西方，屬金。

武廟

　　謹按：武廟在州城南閱城之巽宮，①門受兌氣，拾級可登，循門進，坐離爲樂樓，②坐坎則正殿在焉。③ 殿外立獻殿三楹，左右兩廈翼之。獻殿院中有鐵旂杆二，以壯觀瞻。殿東北原建三義祠，今爲天王宮，亦未詳所始。有井一欄，井半有洞，立泉神座，土人指爲"廟中井，井中廟"也。

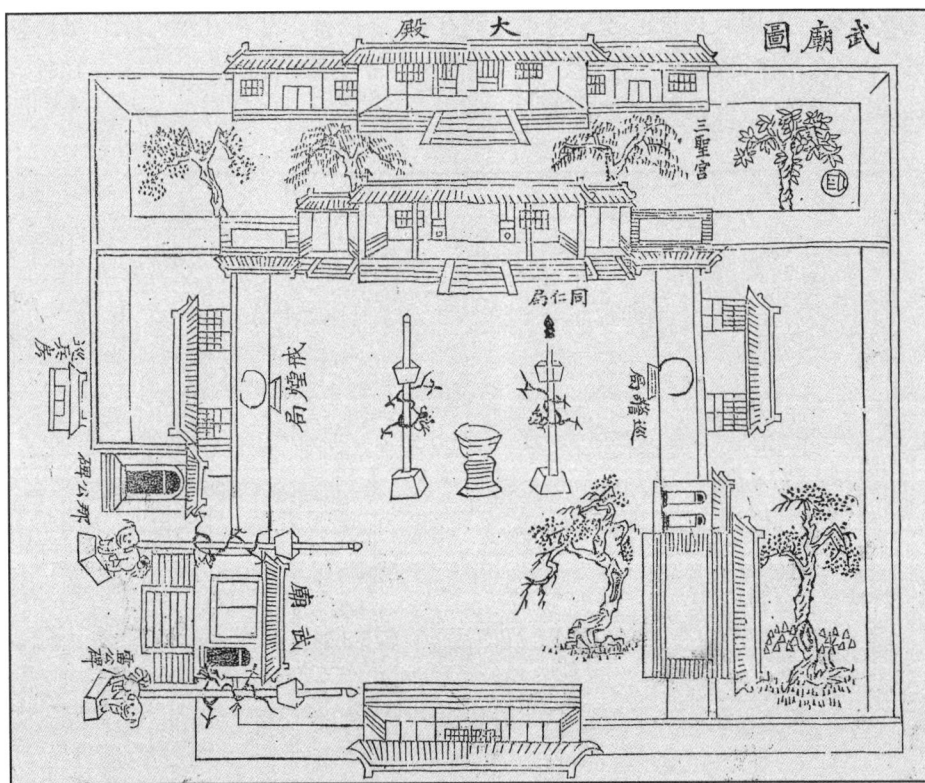

---

① 巽宮：東南方。
② 離：南方。
③ 坎：北方。

慶祝宮

　　謹按：宮居州之西城，與文廟毗界焉。第一級宮門三，左右翼以耳門，爲百官趨進之階。第二級爲序班亭，左右角門，文武官廳分列兩厦。第三級中建御牌殿，凡三楹，案幔如禮。至序班亭前，紫薇兩樹，每當春光絢爛，大可詠聯步分曹之句。宮門石額曰“萬壽無疆”。聯曰“九天閶闔開宮殿，萬國衣冠拜冕旒”，自是承平雅頌也。

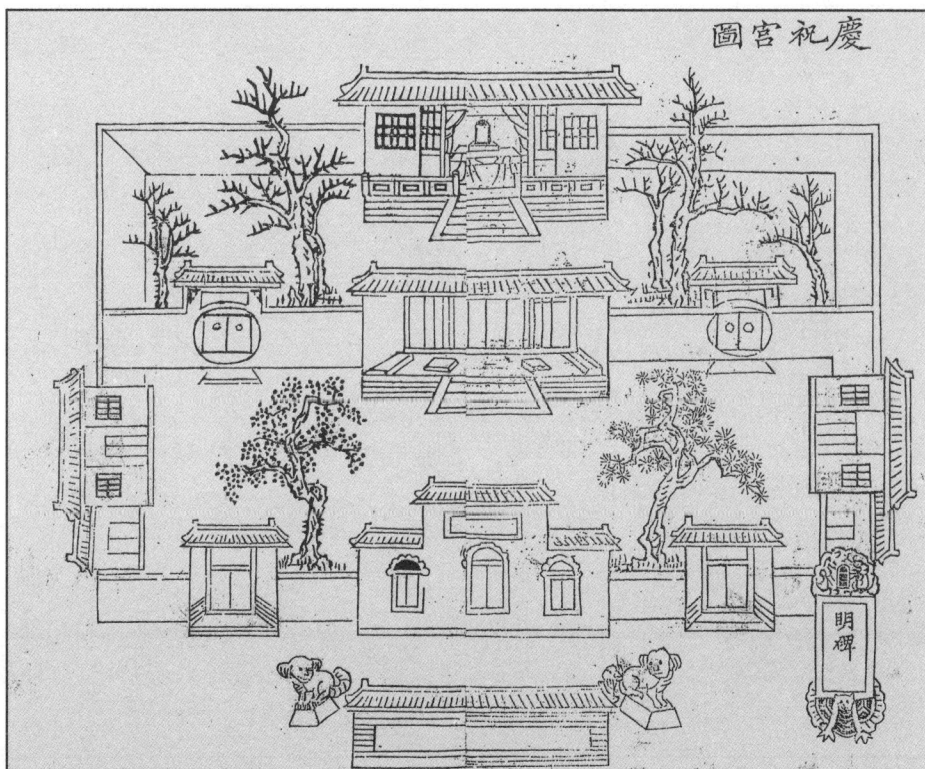

文昌宮

　　謹按：文昌宮在前明時爲屹嶝寺，在州城中央偏東，與南門對峙，同治中改建之。門前層臺百級，甕門静鎖，奎樓崔巍，上鑴石額曰"凌雲閣"。右有臺階數十級，循門進，院落井然。中建高臺，計三楹，傑宇屹屹，爲崇祀神位之所。東西以兩臺翼之，高十餘級。官廳、神厨分設於兩厦間，院有井，水甘可飲。每當雨後晴初，登臺縱觀，覺太白、馬髦排闥而來，亦勝概也。

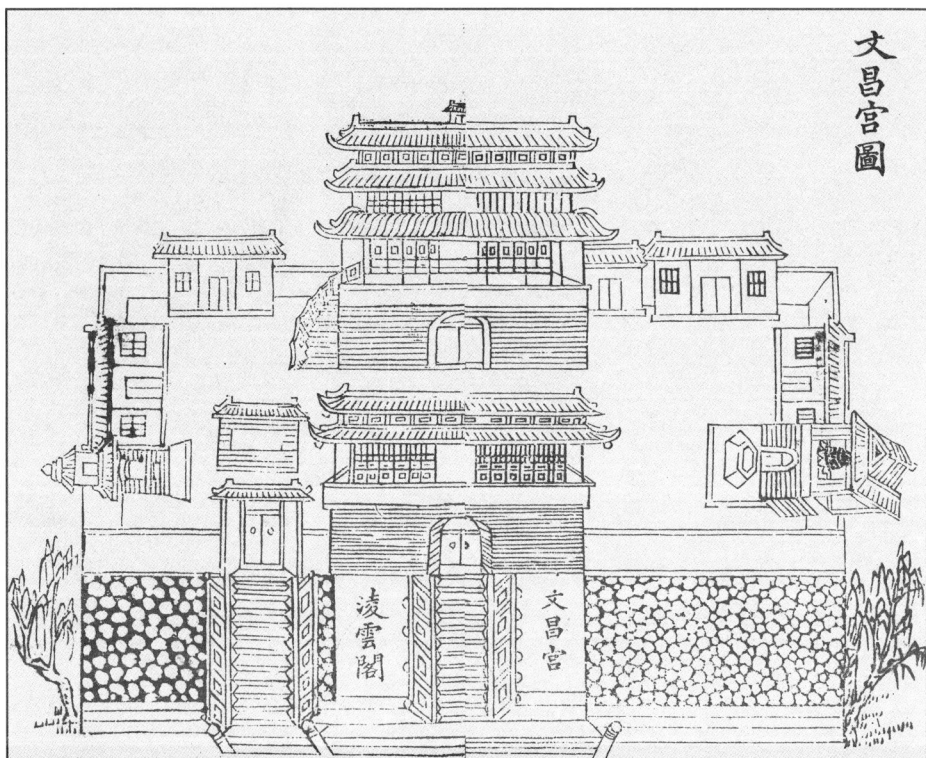

隍廟

　　謹按：隍廟於同治兵燹後已成荒墟。迨承平，邑紳張國禎、鄭席珍等籌勸興修，始壯厥觀。第一級門前鐵鑄二獅對蹲於道，右者負銅猊，土人有"鐵獅銅猊"之説，以爲奇蹟。廟門左右設二大偶像，峥崚有生氣。循門進，第二級中建樂樓、鐘鼓樓；再進，建牌坊一座。第三級獻殿三楹，左右以海、平二縣隍神配之。又左又右，以閻羅群像配之。配殿中鬼卒森厲，情狀畢肖，望而多怖，足儆愚頑。第四級爲寢宮、爲道院，雖非峻宇雕墙，而亦自樸固不飾也。

城隍廟圖

列祀壇

　　謹按：州境各壇廟，同治軍興後，未經建修，如社稷、神祇、先農春秋祭典，多借隍廟成禮，不足以昭妥侑。而北郊舊有屬壇，已爲蒿萊瓦礫之場。光緒戊申春，[①]知州王學伊倡議捐廉，益以紳民籌助，始克興工，積七閱月而告成。因斟酌禮典於一壇壝間，恭奉社稷、神祇、先農、城隍諸神牌座，庶靈爽式憑，歆享得有專地，爰名之曰"列祀壇"。是壇也，戌山辰向，與東嶽山爲對峙。背倚一峰，直如玉几橫琴。計建壇門一座，正殿三楹，獻殿三楹，文武官廳、神厨、樂所，均如制。

列祀壇圖

---

① 　光緒戊申：光緒三十四年(1908)。

關帝立馬祠

　　謹按：祠址在北郊外半里許，創建年久。兵燹時傾圮，僅留頹壁。光緒中，提督鄧公增與金協戎恒林、陳協戎正魁、梁參將正坤，以禱雨感應，倡議捐廉重修。祠門一座、樂樓一座，文武官廳分設兩厦中，建獻殿三楹，正殿三楹，供俸聖帝神像，銅甲鐵馬，冠盔揮刀，金身丈六，儼然巍然，望之令人肅敬。馬腹下有靈泉一眼，清流有聲，味甘如醴，遇旱必淘。斯泉祈禱累應，土人云像爲前明修城時掘地得之，又云以泉水洋溢，由泉湧出。今兩説均存之，而名之曰立馬靈泉。

熊公祠

　　按：祠即昭忠祠，已見碑碣志。[①]

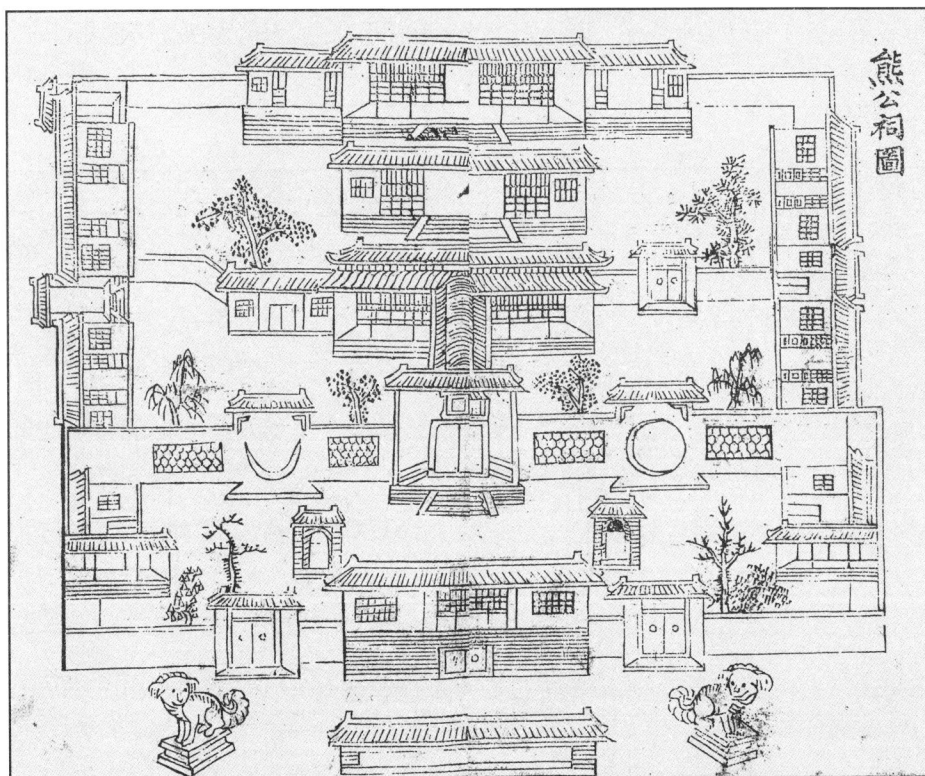

---

①　參見本志卷十《藝文志四·碑碣·建修昭忠祠碑》。

提署

　　按：提署爲前明三邊總督署舊址也，同治兵燹時圮於烽火。中江雷少保秉節於此，始請帑重修，今則巍然煥然。署前有賞門，爲犒賞三軍之所。有橋如圖，橋式下通西海渠水，柳蔭成圍。有坊，顏曰"節制四鎮"。巽方有奎星樓，高聳壯觀。門堂廳事崇閎，中懸御書匾額，備稱典重。署東側有三聖祠，爲標防酬神公地。至西院，花木繁盛，是治軍之暇，亦可爲怡情悅性之一境也。

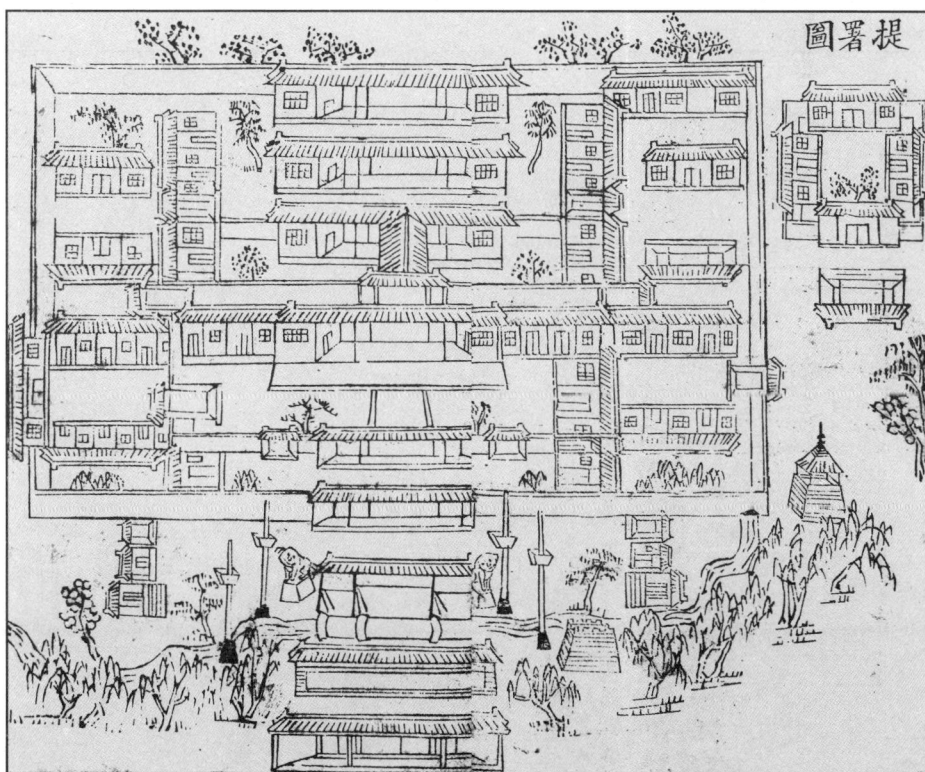

提署圖

州署

　　按：州署建於前明，爲都指揮使署舊址。同治軍興，傾圮殆盡，前知州廖公溥明迺重修之。東爲福神祠，西爲獄所。又東爲永寧驛，又西爲吏目署。門堂廳院，僅蔽風雨。西廳吳學使大澂篆額，名曰"補春樹"。其對峙者爲書室，顏曰"且住南樓"。今東院設有習藝所，以資藝徒工作。至堂前之柳數十株，亦知州王學伊所手植也。惟壯快、廳屯、捕皂諸班居堂之左，吏、户、工、倉、禮、兵、刑、承各科居堂之右，此伊亟思改建之，而終以籌款維艱，尚待措置者也。

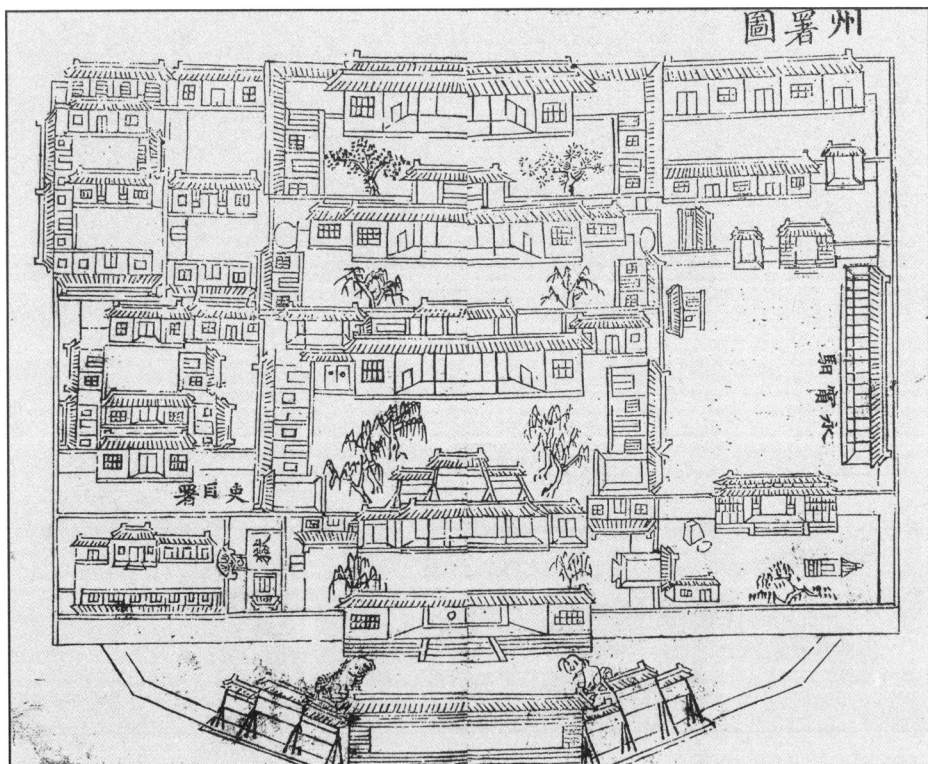

中營

按：中營署在城西南隅，居高阜上，同治軍興後所建。其西有渠通西海，水環流如帶，渠繞署而北，經提署復注於東，居民汲食恒賴之。門堂廳院，僅堪容膝。惟東圃柳蔭茂密，後有隙地，可爲菜畦。今列中營於圖，重其爲標軍之領袖也。而左、右、前、後各營之衙署，規模未極壯闊者，亦可舉一而例其餘耳。

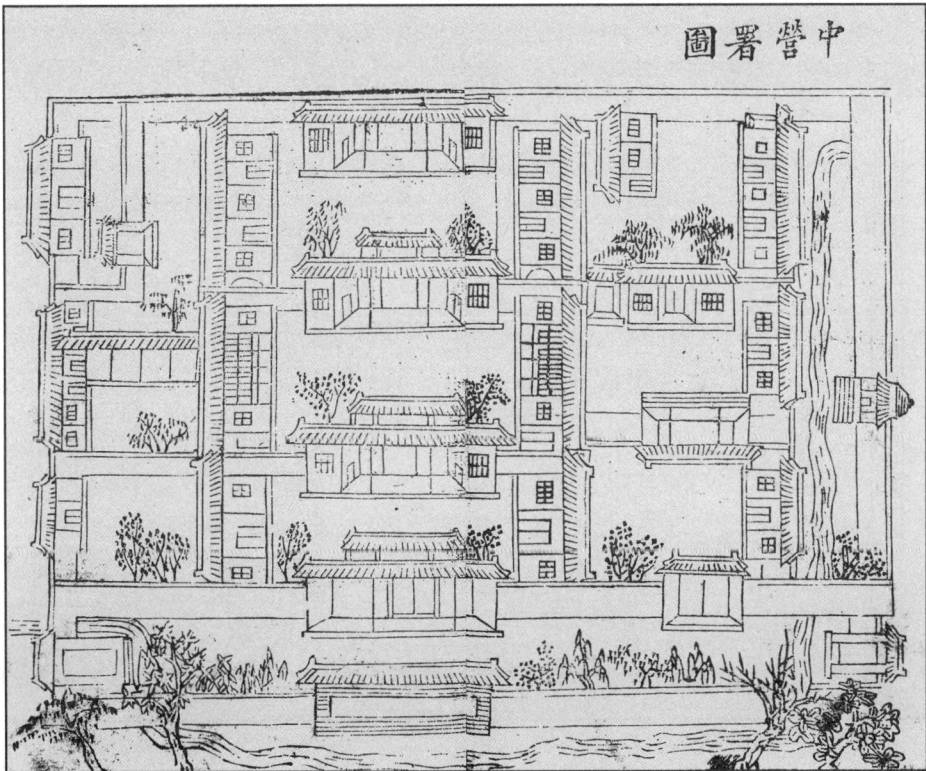

中營署圖

城守營

　　按：城守營署在城之西南隅，同治軍興後所建。其門堂廳院，亦非崇閎，操練之暇，聊資憩息而已。今習游戎斌於光緒三十四年擇署之前後隙地遍栽楊柳，想不數年間，依依成蔭，亦可作細柳營觀也。

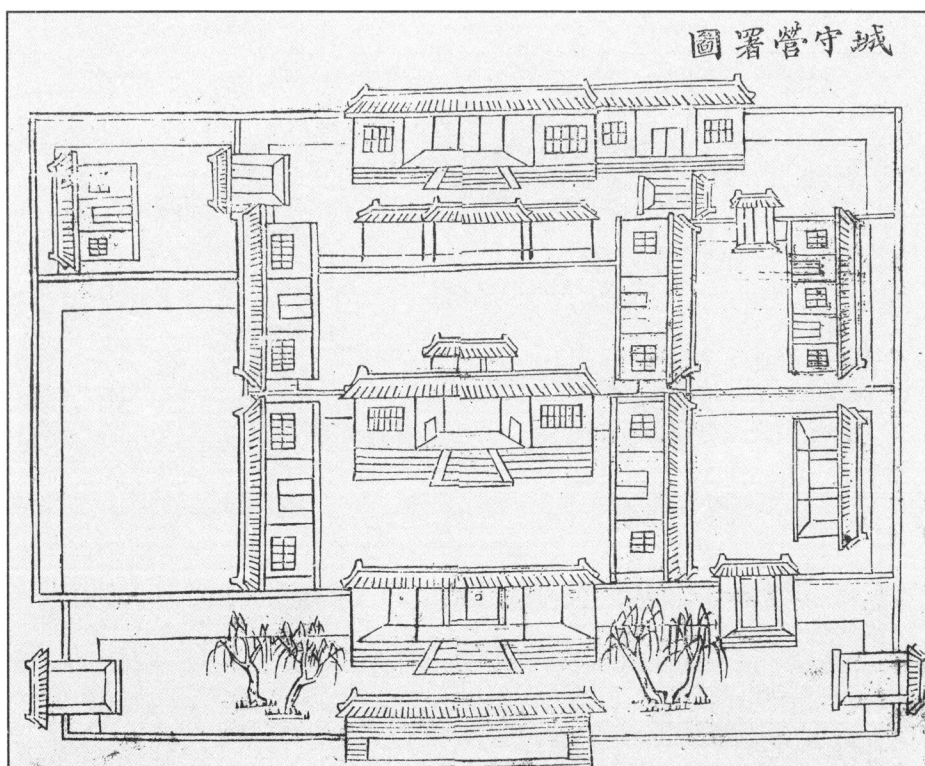

城守營署圖

宣講勸學公所

　　按：宣講勸學公所在州城南閱城内，係舊時保甲局基址。光緒三十二年，知州王學伊捐廉重修。門立以柵，柵中建宣講堂三楹，中奉聖諭牌座。東西爲講生憩所。後有儲書室，收藏各種善書，并以資勸學，紳民聊爲休息。每講期，鄉民環而聽者，亦尚濟濟可觀也。

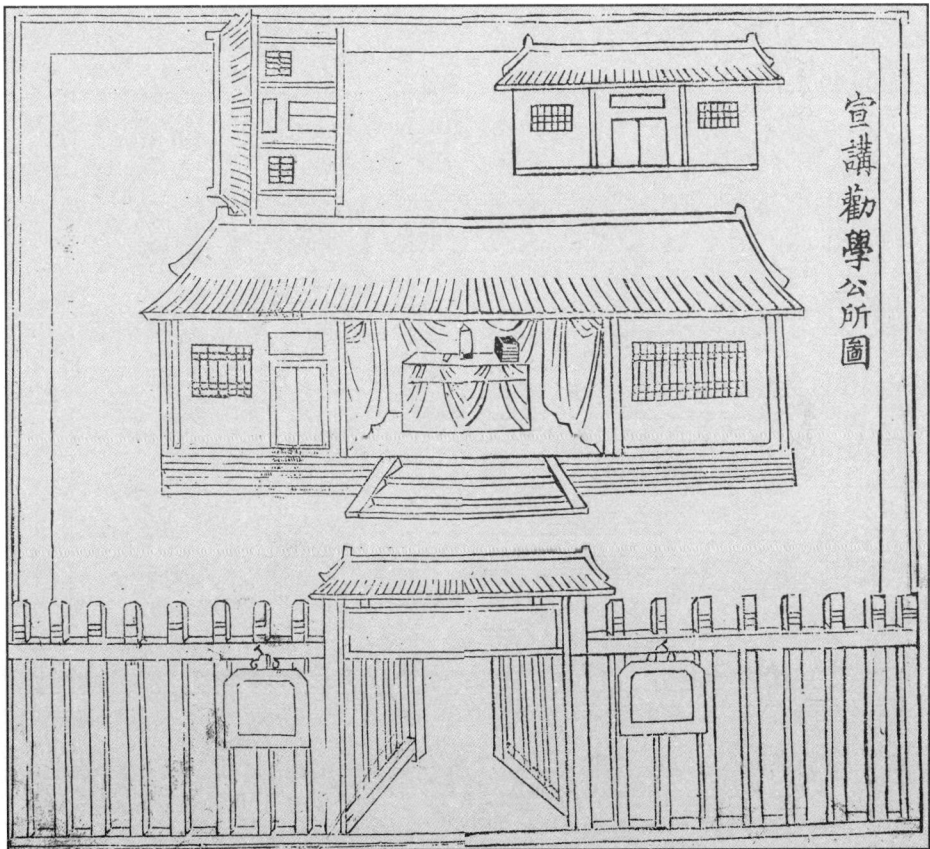

宣講勸學公所圖

中學堂

　　按：固原爲一郡地，例建中學，以資本郡及海、平生童肄業。惟從前書院已極傾圮，光緒三十三年，知州王學伊因擇購提署街郎姓舊址，一律平築，并請領銀一千五百兩，而以廉俸作抵，始克興修。建大門爲東向，以東嶽山爲對映。門堂三楹、講堂三楹，左右分列傳習、研究所各五間，內外厨房六間，中列屏門，內建禮堂、書庫、教習、憩所凡五楹。左右齋舍各十間。迤北爲操場，今於宣統元年季春已告成矣。

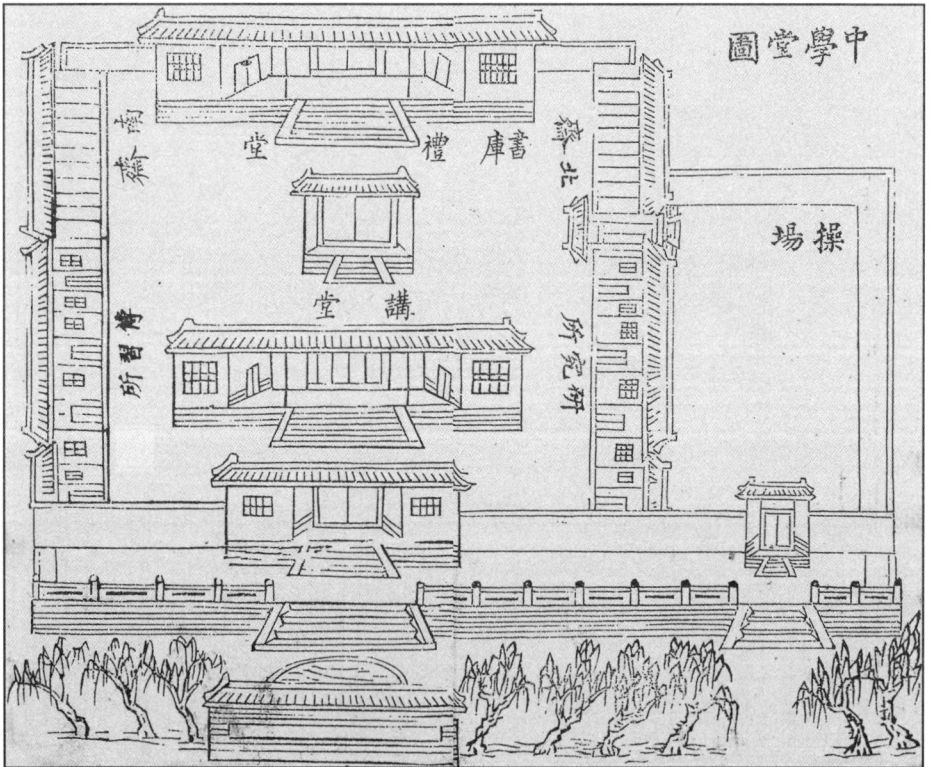

中學堂圖

操場

書庫　禮堂　藏書

講堂

傳習所　研究所　迤北齋

高等小學堂

　　按：高等小學暫設文昌宮內。茲擬於中學堂前隙地開拓基址，如圖式建
修之。

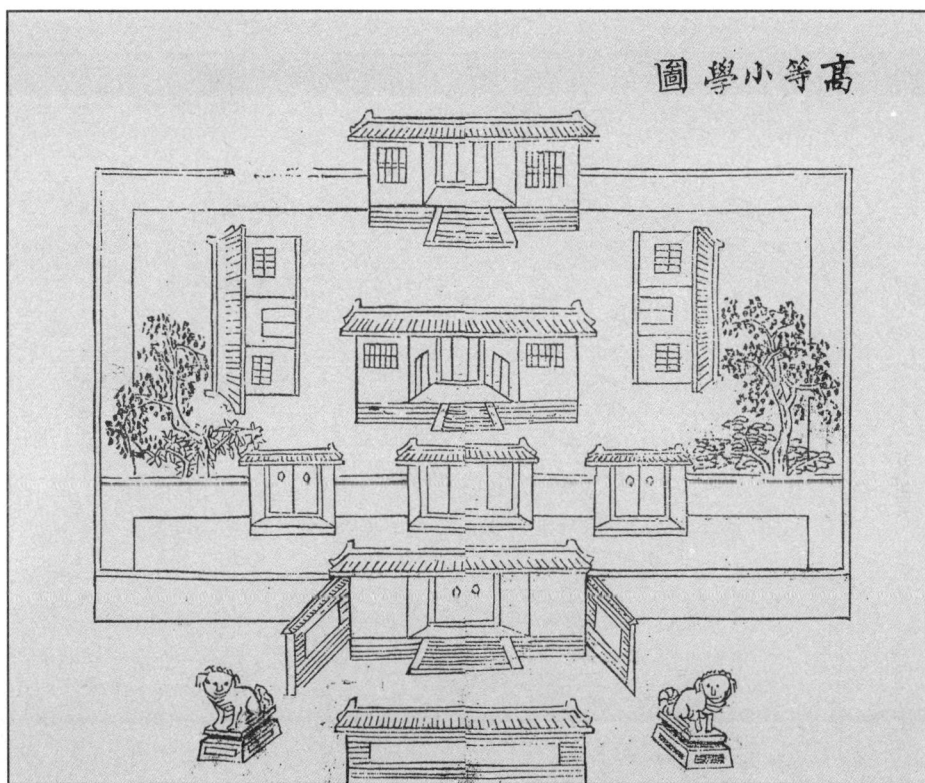

大校場

　　按：大校場在州城東南郊太白山下，地極宏闊。下環清水河，縈抱如帶。營門屹立，中建演武廳五楹，并閱射樓一座，樓稱高峻，拾級以登，每當春操，楊柳菁葱，如開畫本。而其將臺、箭道，鼇然如制。

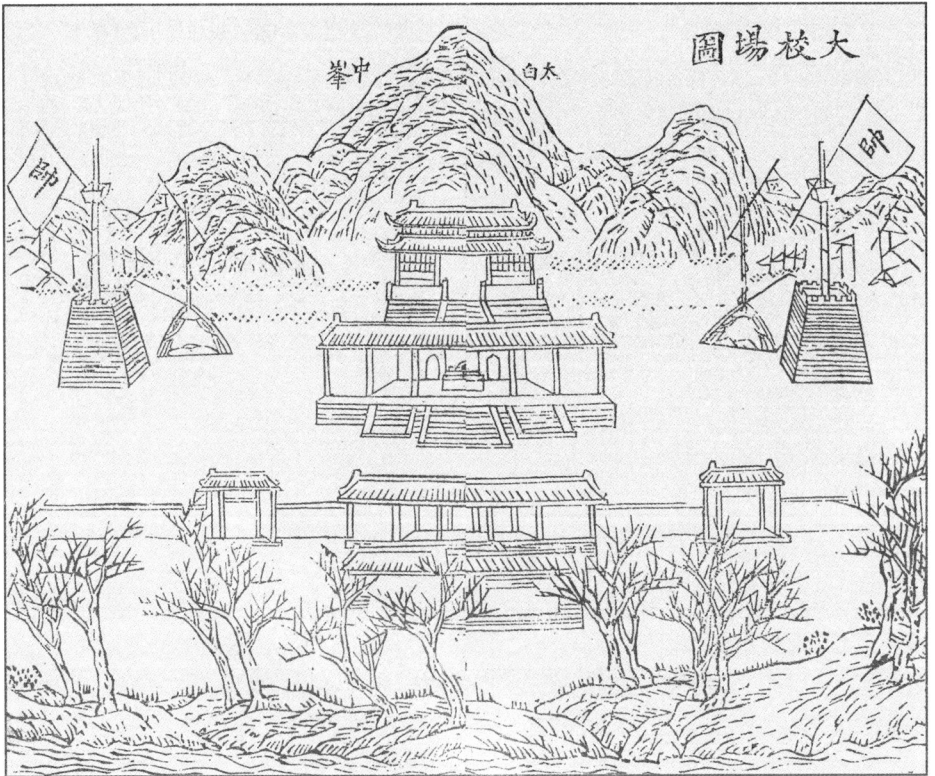

小校場

　　按：小校場在提署迤西，爲標防隨時教練之所。中建閱武亭，倚城巍然。四面新柳古槐，與旌斾相輝映。諸將輕裘款馬，悠揚有風，典軍使坐而觀之，亦可忘鼓角之勞人矣。

試驗場

按：試驗場所以重農務、興物産也。在州城西南隅、中營之側。光緒三十三年，知州王學伊購地建修，次年復行開拓。今分爲內場、外場，僱丁承種。場通西海渠水，以資灌溉。木棉、葡萄及一切嘉植，均羅致焉。至蟠桃一種，由金塔購運而來，倘結實有時，未始非園林風物也。更名斯場曰"勸耕新墅"。

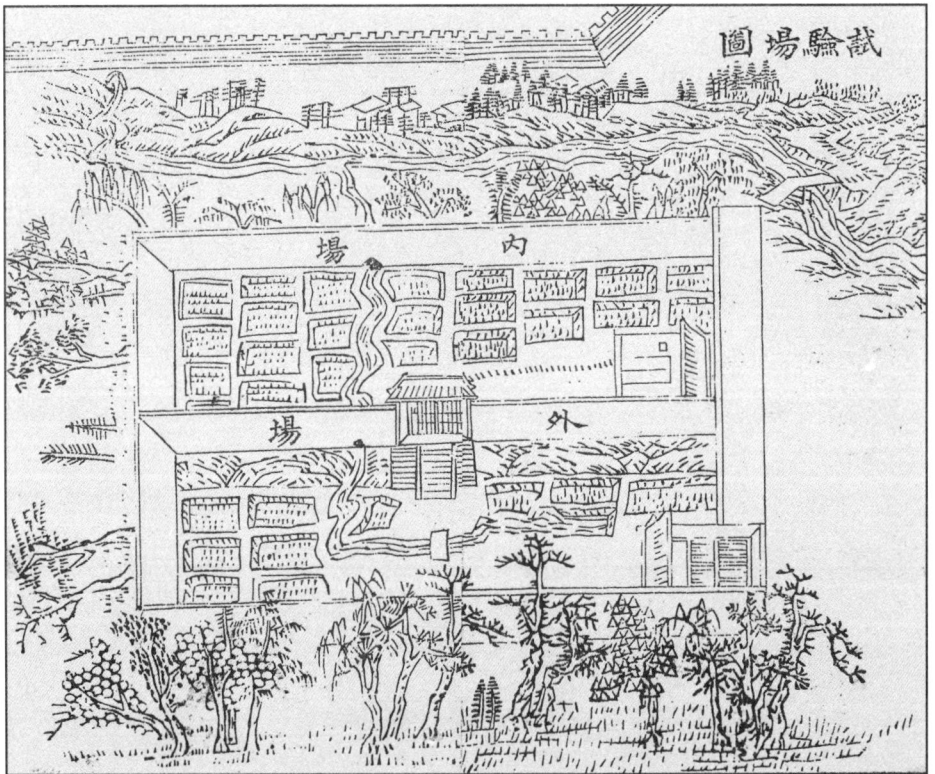

習藝所

　　按：習藝一事，所以恤獄囚而宏實業也。在州署東偏院，光緒三十二年，知州王學伊捐廉開辦。內設織絨氈、織褐布各機架，製寬窄花帶、鬃網各手機，造得勝袋機床，舉凡軍流皆得肄業於其間。所出物產，迭經分別等次，賫省考驗。前平涼道憲胡公玉疇，特頒獎勵以董勸之。

東山秋月

　　東山距城東四里許，祀泰嶽神，爲州鎮前明總制王公以旂創修。其嶺曰鐵繩嶺，上有玉皇、達摩、韋陀、如來諸殿，孟公生祠。南折有碧雲洞，祀孫真人。下有石坊，題曰"宏開覺路"，又曰"引伸有藉"，其巖勢尊峻，遙而望之，如金鐘懸紐，巍然卓然。承平時，樹木森森，俗名爲"楊柳巷道"，自兵燹不免彫零矣。惟秋來月色橫空，風景清朗，洮邊地佳境也。

西海春波

　　西海子峽，古朝那湫也。顧氏指爲秦王投文詛楚處。距城西北四十餘里，近大灣店。群峰環抱，形如掌立，中有石隙，浸滴成潭。圍闊數畝，激湍清冽。有二旋洞，土人謂爲東、西龍口。水入洞由地中行，復出峽上流，依崖爲渠，曲折入西城，東匯注於河，即前明景公佐、趙公文開鑿之所。晴波映帶，花草紛披，如世外境。山建龍王祠，前牧蕭公承恩，以祈禱有應，製額曰"霖雨蒼生"。

雲根雨穴

　　雨穴爲太白山後峽也,距城東南五里。蜿蜒聳拔,必攀藤葛而上。寺居絕頂,山陰有泉,曰"大太白""二太白""三太白"。崖側立坊,署曰"尋雨穴"及"躡足雲根"石額。有茅庵,祀泉神。三泉水色瑩碧,澄澈坳深。遇旱,官民汲湫以驗,尤有奇應。戊申夏,[①]余步禱於此,得雨逾尺,足徵信云。

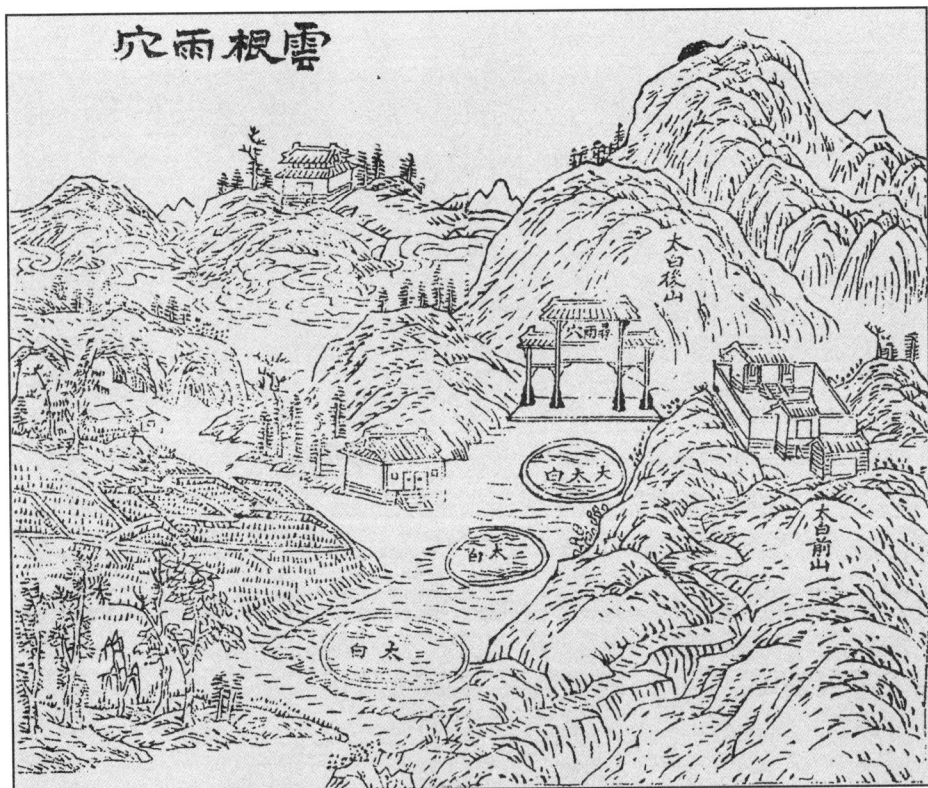

---

① 戊申:光緒三十四年(1908)。

瓦亭煙嵐

　　瓦亭古名鐵瓦亭，或云彈箏峽，距城南九十里。東瞰三關口，西傍六盤山，爲度隴咽喉，重巒拱衛。南門外有暖泉，有大渠，足資灌牧。余與守備張廷棟合力，闢其東南荒地，種楊柳數千株。築有平杠，以便往來。每當雨至，煙雲蓊鬱，試倚堞樓眺之，亦可作一幅徐熙《煙雨圖》觀也。

營川麥浪

營川即大營川,地勢平曠,山峰展列,俗呼爲"糧食川",言茂沃也。距城西二十里。每當麥熟,夏則碧浪勻勻,秋則黄雲靄靄。岩腰山角,村落環居,而農歌上下,犢叱鳥催,致聞者怡然,若忘其爲塞上高寒者。前明楊總制一清屯軍於此,或以名其川。

須彌松濤

　　須彌山，古石門關也，距城北九十里。元時敕建圓光寺，梵宇叢聚，今雖多圮，而重垣峭壁，静可參禪。山作迴抱勢，崖有釋迦像二，一坐一立，依石雕鑿，生面別開，望之宛然。至其松柏葱蔚，根枝磐石如龍蛇狀。風聲謖謖，四時清幽。春日野桃花發，掩映其間，亦足點綴邊關景物也。

六盤鳥道

　　六盤或云即《漢書》"洛畔""絡盤"之沿說也,余以爲古高山。是山崚嶒奧曲,跋涉恒艱,洵爲天塹。腰峴有廟兒坪,廟以關帝祀,行人至此,可以聊憩。而山雨欲來,必先作雲,即晴亦多霧,是以輪聲鞭影,從雲霧中出,亦風塵景色也。謂爲鳥道,識奇耳。距城西南一百一十餘里。山有隆固界碑,並有歧徑,名曰"舊六盤"。

七營駝鳴

七營者，亦楊總制一清分屯軍馬之所，或云穆藩牧苑也。其地爲寧夏、中衛孔道，今設塘汛以防禦之。當秋冬際，運鹽裹糧者率用駝載，以致毳帳羌旄，絡繹不絶。每值永夜，風聲蕭瑟，更柝丁當，而駝鈴鏊鏊然遠近雜起。昔人涼秋出塞，動爲牢騷悲壯之歌，自必類此。距城西北一百三十里。

禹塔牧羊

　　禹塔,城東三里禹王宫之鐵塔也。創建於前明總制唐公龍,至乾隆戊寅,[1]邑人高義補葺之。今烽火迭經,蘭若頹廢,屹然古碑存焉。碑字惜多剥落,而塔勢凌虛,矗立蓮花峰側,有摇風干雲之致。下環泉流,左闢蔬圃,可耕可汲,宜雨宜晴。當庶草繁蕪時,牧童樵子游唱而來,偶一縱觀,亦自有荒景之可寫也。

_____

①　乾隆戊寅:乾隆二十三年(1758)。

蓬沼聽鶯

　　沼闊數十畝，深丈許，距城北五里，俗呼"北海子"。四圍清流，中起小阜，亭軒井然。青柳碧蒲，葱鬱可愛，前明總督石公茂華所建樂溥堂也。兵燹後，提督鄧公增再葺之。每際春莫夏初，流鶯睍睆，載好其音，聊適泳游之趣。古詩云"山深四月始聞鶯"，足方斯境。渭山謝太守威鳳顏曰"小蓬萊"，余因以"蓬沼"名之。

新修固原直隸州志〔卷一〕①

天 文 志

翹瞻蒼穹,瑞應列壤。燦爛星衢,垂光騰晃。秦雍連躔,鶉火次上。輿鬼耿然,穀成秋朗。矧有老人,九霄式仰。金木之精,璇璣可象。寒暑推遷,經緯無爽。演泰占豐,鴻濛蕩蕩。爰志《天文》,列卷第一。

分野

固原宿分井、鬼,疆屬秦、雍。

《史記》云:秦地,於天官東井、輿鬼之分野。其界自弘農故關以西,京兆、馮翊、扶風、北地、上郡、西河、安定、天水、隴西。②

《天官書》云:"東井爲水事。"③注:東井八星,主水衡也。④"輿鬼,鬼祠事,中白者爲質。"注:輿鬼四星,主祠事,天目也,主視,明察奸謀。⑤東北星主積馬,東南星主積兵,西南星主積布帛,西北星主積金玉,隨其變占之。中一星爲積尸,一名質,主喪死祠祀。占:鬼星明大,穀成;不明,百姓散。質欲其旮旯不明,[1]明則兵起。

《管窺輯要》云:"井鬼,秦之分。雍州、岐隴、秦城、梁、益、邠、涇等州,皆屬秦分。"⑥

東井八星:一曰天府,一曰東陵,一曰天井,一曰天關,一曰天門,一曰天梁,

---

① 卷一:本志卷端題名原未標卷次,版心卷次也有凌亂、割裂之敝,如《天文志》《官師志一》版心都爲"卷二",整理者現據各卷類目小序糾正,將《天文志》列爲卷一,《官師志一》歸入卷三。以下各卷卷端所題卷數,均依小序糾正,并補入卷端。

② 參見《史記正義·列國分野》。

③ 參見《史記》卷二七《天官書》。

④ 《史記索隱》引《春秋元命包》文,參見《史記》卷二七《天官書》。

⑤ 《史記正義》文,參見《史記》卷二七《天官書》。

⑥ 參見《管窺輯要》卷十《列宿分占分野》。

一曰天亭,一曰天侯,一曰天齊,一曰天平,天之南門也。宋《志》:^①距西扇北第一星去極六十九度。[2]赤道三十三度三十分,自九度十八分四十一秒入未。黃道三十一度三分,自八度三十四分九十四秒入未。《井宿歌》云:"八星橫列河中净,一星名鈇井邊安,兩河各三南北正。天樽三星井上頭,樽上橫列五諸侯。侯上北河西積水,欲覓積薪東畔是。鈇下四星名水府,水位東邊四星序。四瀆橫列南河裏,南河下頭是軍市。軍市團圓十三星,中有一個野雞精。孫子丈人市下列,各位兩星從東說。闕丘二個南河東,其下一狼光蒙茸,[3]左畔九個彎弧矢,一矢擬射頑狼胸。有個老人南極中,春秋出入壽無窮。"[4]

鬼宿四星,曰輿鬼,一曰天目,主視,明察奸,爲朱雀頭眼。一曰天廟,主祀事。一曰天松,[5]一曰天櫃,一曰天壙,主疾病死喪,土星也。其中央色白如粉絮者,謂之積尸氣,一曰質,一曰鈇鑕。鬼四星,宋《志》:距西南星去極六十九度半。[6]赤道二度二十分,黃道二度二十一分。《鬼宿歌》云:"四星冊方似木櫃,中央白者積尸氣。鬼上四星是爟位,天狗七星鬼下是。外厨六間柳星次,天社六個弧東倚。社東一星是天紀。"

井、鬼爲鶉首,於辰爲未,於州爲雍。

經緯度

甘肅《輿地志》云:^②固原州距省八百六里。[7]在省治度偏南一度三十八分。經度:偏京師中綫四十度十分四十九秒。緯度:北極出地二十六度二分。距省城中綫東鳥道三百八十六里。距省城橫綫南鳥道十四里。斜距三百八十六里又十分里之二。冬至日出辰初,初刻十四分四十八秒,日入申正三刻十二秒。夏至日出寅正三刻十二秒,日入戌初,初刻十四分四十八秒。

氣候

固原居萬山中,天氣高寒。時當春仲,河崖尚結堅冰;令遇秋中,林木已多落葉。至夏猶被褐,冬必氊裘,居斯土者視爲固然。若農家者流,佈種麥、豆,率於春分之後、清明之前;遍植蘩、蕎,又在立夏之初、小滿之際。所有氣候,較平涼則寒甚。近年亦有試種冬麥者,惟願十雨五風,收如崇如塯之效,使吾民永慶豐年耳。

---

① 宋《志》:即《宋兩朝天文志》,引文參見《文獻通考》卷二七九《象緯考二》及《圖書編》卷十七《二十八宿總敍》。

② 參見(宣統)《甘志》卷五《輿地志》。

【校勘記】

[1] 舀舀：《史記正義》作“没”。

[2] 扄：原作“南”，據《文獻通考》卷二七九《象緯考二》、《圖書編》卷十七《二十八宿總敘》改。

[3] 其：《通志》卷三八《天文略》、《玉海》卷三《天文書》、嘉慶抄本《步天歌》均作“丘”。蒙茸：此同《通志》卷三八《天文略》、嘉慶抄本《步天歌》，《玉海》卷三《天文書》作“蓬茸”。《中國恒星觀測史》五章一節《校訂〈步天歌〉》又言“一本作‘丘下一狼光熊熊’”。

[4] 入：此同《通志》卷三八《天文略》，嘉慶抄本《步天歌》作“没”，《玉海》卷三《天文書》作“來”。

[5] 天松：原作“天訟”，據（雍正）《陝志》卷一《星野》、《圖書編》卷十七《鬼宿總敘》改。

[6] 西南星：“星”字原脱，據《靈臺秘苑》卷十四《南方七宿》、《文獻通考》卷二七九《象緯考二》補。

[7] 八百六里：（宣統）《甘志》卷五《輿地志·疆域》作“八百六十里”。

新修固原直隸州志〔卷二〕

地 輿 志

茫茫隴上，古稱雍州。維茲一郡，安定崇陬。驅戎負版，種落巢鳩。屹然重鎮，使節防秋。金湯鞏奠，建隍置郵。幅幀遼闊，防衛充周。漢回錯聚，耕鑿無尤。食毛踐土，善爲民謀。爰志《地輿》，列卷第二。

建置

唐、虞、夏、商：戎狄種落。《禹貢》屬雍州地，居羌部。

周：雍州涇北，以地居涇水之北。春秋時爲朝那，正屬斯境。

秦：義渠、烏戎，昭工滅之，置北地郡。

漢：北地郡。武帝時分置安定郡烏氏縣，又爲朝那縣，又爲高平縣，又爲烏枝縣，又爲廉縣，又爲三水縣。

晋：雍州。又爲安定郡烏氏縣，又屬新平郡。

南北：魏置原州、高平郡高平縣，又爲長城郡。北周築原州城。

隋：平凉郡，雍州，又爲平高縣。

唐：原州，關内道，又爲武州。貞元初，吐蕃據城。旋爲故原州，復置蕭關縣、高平縣、平凉縣、百泉縣、他樓縣，旋改治。

五代：武州，又爲原州。

宋：陝西秦鳳路鎮戎軍，又爲西安州，又爲靈平砦，又爲古高平堡，又爲天都砦，又爲開遠堡，又爲懷遠堡，又爲惠民堡，又爲鎮羌堡，又爲勝羌砦，又爲盪羌砦，又爲硤口堡，又爲平夏城，又爲張義堡。其時懷德軍、德順軍亦兼隸州境，又爲彭陽縣，又爲龍泉堡。

金：鳳翔路鎮戎州開遠縣，又爲懷遠寨、德順州，又爲張義寨，又爲靈平寨，又爲彭陽堡，又爲東山縣。

元：陝西省開城州，[1]又爲開城府，又爲開城縣，又爲廣安縣，又爲安西王行都。

明：陝西省平涼府開成縣，又爲固原衛。景泰初，築固原州城。州北境、西境有肅、楚、韓、穆四藩牧地，弘治間廢開成縣，徙民置州城，即今治。

國朝：順治初，屬陝西省平涼府，名爲固原州。康熙四年，分隸甘肅，仍屬平涼府治。同治中，奏升爲直隸州，領縣二：曰海城，曰平遠。州判一，駐硝河城；縣丞一，駐打拉池；巡檢一，駐同心城。其餘學正一員，吏目一員，各縣訓導、典史，均如例。

按：順治初，三邊總督與固原道、鹽茶同知均駐州城，陝西提督駐平涼。武職與州同城者，有固原總兵、固原衛各員。康熙初，總督遷駐蘭州，建甘肅省，州始隸於甘。旋以大將軍圖海奏，遷陝西提督駐固原，而總兵亦以廷臣議遷河州。雍正初，以巡撫石文焯疏請裁固原衛。乾隆初，以固原道爲平慶涇道駐於此，鹽茶同知移於海喇都，即今海城縣治。同治中，升州爲直隸州；改道爲平慶涇固化道，移駐平涼；改鹽茶同知爲縣，曰海城；改下馬關爲縣，曰平遠。

疆域

《皇朝一統志》：①固原，東界鎮原，西界靖遠，南界化平，北界靈州。此係統一州二縣交界而言。至京師三千四百八十里，此專指州距京而言。至省七百六十里，此從前六盤山路未開，由平涼、瓦亭、州城、西海子峽，出靜寧達省城而言。均陸程。

光緒十八年，前州匡公翼之《履界清冊》云：固原州，東至鎮原縣界二百五十里，[2]環縣界二百七十五里；西至硝河城州判界一百三十里；小路百里。南至化平廳界一百一十七里，[3]隆德縣界一百一十五里；北至海城縣界一百四十里，平遠縣界一百四十三里；東南至平涼縣界一百一十三里；西南至隆德縣界一百二里；東北至環縣界二百五十二里；[4]西北至海城縣界一百四十五里。[5]

城池

固原州城北周始築之。明景泰時重修，成化時增設堞樓，弘治時挑成壕塹。萬曆三年，總督石公茂華以土築不能垂遠，乃甃以磚。

---

① 此所載內容與《大清一統志》不符，未詳何書。

洎乎國朝嘉慶十六年,陝甘總督那文毅公因年歲荒旱,^①人民飢困,而城垣傾圮,難資防禦,奏請以工代賑,奉旨允行。遂發帑五萬餘兩,役工二萬餘人。閱一載,始藏厥事,益稱完善。迨後提督雷公正綰、鄧公增、知州張公元瀗在任時,遇有坍塌者,均隨時修葺之。光緒丙午,^②東門南隅圮三十餘丈,外城垛口殘缺者計四百餘座,工程浩繁。知州王學伊商請提督張公行志,飭金協戎恒林興築,垛口亦賴嚴整,惟堞樓尚待補葺耳。

一、内城周圍九里三分,高三丈五尺,垛口壹千四十六座,炮臺一十八座。

一,外城周圍一十三里七分,高三丈六尺,垛口一千五百七十三座,炮臺三十一座,壕深、闊各二丈。

一、東城三道,萬曆時建。有名者二:曰安邊,曰保寧。

一、南城四道,萬曆時建。有名者二:曰鎮秦,曰興德。

一、西城二道,萬曆時建。有名者一:曰威遠。

一、北城一道,萬曆時建,曰靖朔。同治兵亂後封閉。

山川

按:山川沿革,古今異名,原難一致。且分列海、平二縣後,已有載入縣志者。兹就採訪所及備録之。

六盤山,在州西南一百一十五里,^[6]爲境内最高之山。北向與香爐、馬髦、大關、張家等山相連,至禪塔山止。

香爐山,在州南五十里。登南城望之,作筆架形,三峰高聳,當爲州城南方來脈處也。

馬髦山,在州西南二十里。^[7]峻聳獨尊,爲州境西南屏蔽。

大關山,在州南二十里,^[8]形勢綿亘,如龍如虬。

張家山,在州西北八十里。

禪塔山,^[9]在州西北九十里。

白雲山,在州南一百二十里。

黄髦山,在州東南十五里,綿亘百餘里,遠抵鎮原、化平界内。早年崖塌,聞有人得宋時古錢一甕。

文昌山,在州東南五里許。兵燹前,梵宇甚多,今半圮矣。與東嶽爲對峙。

---

① 那文毅公:即那彦成。
② 光緒丙午:光緒三十二年(1906)。

東嶽山，在州東叁里許，已見前。[10]

太白山，在州東叁里許，已見前。①

蓮花山，[11]在州東四里許，與東嶽、太白相連。

陽窪寺山，在州東北一百二十里。其東有炭山産煤，不旺。

娘娘廟西山，在州東南九十五里之彭陽城，城即唐時義豐縣，宋改爲彭陽，明建爲堡。

雷祖山，在州東南六十里之古城川。

二郎山，在州東二百四十里之三岔河北岸。

雷神山，在州東南一百六十里之楊家坪。

須彌山，在州西北一百里之寺口子。[12]元時建圓光寺。已見前。②

雷祖山，在州東二百四十里之三岔河南岸。

東岳山，在州東北二百一十五里之萬安監。

石廟山，在州西南海子峽内，距城四十里。

南石窰寺山，在州西南七十五里。上多石洞，樹木叢雜。

北石窰寺山，在州西南七十里，與南石窰相對。石洞尤多，稱奇境焉。屬張義堡。

鳳皇山，在州東一百里之彭陽驛。明萬曆時建有八卦亭。其北有鰲山，其下有太陽湫，土人稱爲勝地。

青石峽，在州東南二十里。其下有渠，或又名爲彈筝峽。

大聖山，一名五指山。在州東一百五十里之韓家寨。山勢聳秀，中分五指，土人相其形，因以“五指”名之。

萬鳳山，在州東一百五十里，上建有國圓寺。

炮架山，在州西北一百二十里。四壁峭立，形極險峻。明逆滿四據此以叛，即史稱石城堡也。

照壁山，在州西北一百二十餘里，與炮架山相連。

印子山，在州西，山頂有印文，如篆刻狀。已入《海城志》。③

掃竹嶺，在州西北一百餘里。峰勢陡峻，危橋深洞。明時建有真武祠，或又稱爲“西武當”云。

分水嶺，即開城嶺，在州東南四十里，或云爲東朝那湫分水處。

花石崖，在州西北西海子峽界内。其石斑斕有致。

---

① 參見本志《圖説・雲根雨穴》。
② 參見本志《圖説・須彌松濤》。
③ 參見《海城縣志》卷二《疆域志・山川》。

清水河,即蔚茹水,又名葫蘆河。其源二:一出州西南四十里之西海子,北流繞城西,與關山水合,至城北五十里冬至河;一出州南四十五里之香爐山下,流過開城,北向繞城東,在北與西海子水合流,七十里過黑城鎮,又三十五里八營坡出境,入海城、平遠二縣界。

須滅都河,在州西北一百二十里。[13]其水源:一出海城縣將軍山,一出南泉,一出固、海兩屬之石山裏,一出本境西方鴉兒溝。合流過寺口子石峽,向東偏北流至黑城鎮南,入清水河。

白家堖及虎狼溝山水,均西北流七八十里不等匯合,入清水河。

橫河水,源出州南六盤山下,東流過瓦亭、蒿店五十里,至莧麻灣出境,入平涼縣界,歸涇河。

洪河川水,[14]源出州東南張化兒山及陶家海子,合流,東向八九十里及百里不等,至張佛堡出境,入鎮原縣界。

古城川水,源出州南關山下李家堡,流過牛營子,向東北,與打火店山水、[15]東海子水合,東流至白楊城,又與禮拜寺川及官堡臺山水合,[16]東流七八十里及百里不等,至鐵陳堡出境,入鎮原縣西界。

白家川水,源出固原、平遠兩界之元城子一帶山水,東南流入州境,過三角城、馬家河百數十里不等,至三岔河與安家川水合,再東南流近百里出境,入鎮原縣西北界。

核桃川水,出州東北一百二十里之老抓掌,東南流,過胡家臺九十里,至唐家界牌出境,入環縣界。

馬蓮川河,在州西九十里,屬硝河境。其源二:一出紅莊,一出張義堡。西南流至單家集,入靜寧州界。

什字路河,在州西九十里。其源出觀音殿,西南流,與馬蓮川合,入靜寧界。

大黑水,在州北一百一十里。流入清水河。

小黑水,在州北八十里。流入大黑水。

硝河,在州西北一百里。流入須滅都河。

飲馬河,在州西五里。就本境發源,流至臨洮營,[17]與清水河合流。

冬至河,在州北五十里。其源二:一自西鄉紅泉,一自大營川黑泉。合流過碾子頭、楊郎莊,入清水河。

黑城鎮中河,在州北一百里。其源二:一出西山高家岩灣,一出西南山雙羊套。合流於滿四堡,達於黑城。

黑城鎮北河,在州北一百二十里。其源出海城之鄭旂堡吳家灣水溝。

三叉河,在州北一百五里。[18]合清水河及黑城中河、北河三水,匯歸同流而下，故名曰三叉河。流至中衛縣所屬寧安堡，併入於黄河。

天河，在州東鄉，上有三石橋。橋輒因風而鳴，聲清亮則主多雨，聲宏大則主多風，土人以爲奇異，故識之。

西海子，在州西南四十里，①即西朝那湫。已見前。②

東海子，在州東南四十里，流入清水河。或云爲東朝那。顧氏指爲固原有東、西兩湫，當屬斯境。③

北海子，在城北五里。或名爲暖泉，隆冬不凍，已見前。④

太白三湫，在太白山，已見前。⑤

立馬靈泉，在北關關帝廟正殿，已見前。⑥

菩薩湫，在州東馬家河朝陽庵前，廣二十餘畝。所祀神像，土人謂從湫中水湧而上。亦靈境也。

丹泉，在州西沙漠耳莊北，距城約三十里，水色澄碧。

大黑泉，在州西沙漠耳莊北，圍闊十餘丈，屢著奇蹟。

小黑泉，在州西沙漠耳莊北，闊四五丈。

鴛鴦池，在州北侯家磨，距城四十里。圍闊二十餘丈，深不見底，水澄波净，令人神爽，爲北鄉靈區。

暖泉，在州東陳家坪。其水冬溫夏涼，源流浩浩，潦不見盈，旱不見涸，土人異之。

太陽池，在州西疊疊溝，距城五十里。鄉人禱雨有應。

白鷺池，在州西南八十里，池佔隆德縣界爲多。山極高峻，池居半山中，闊約十五六畝。水流有絲竹聲，清泠可聽。瀑布時飛，橫如白練。遇旱禱雨，屢著靈應。

石洞，在州西馬家新莊。洞在懸崖峭壁間，出泉至甘，能瘳疾。洞後有石，如窗欞狀，寒風穿隙，人不敢進。

三眼泉，在州西南五里羊坊莊南，山下平列三泉，水色澄瑩，四圍柳蔭茂密。

　　①　朝那湫與固原州的方位及距離，諸書記載互異。《水經注》卷二載，高平縣西南二十六里有湫淵。《讀史方輿紀要》卷五八《陝西七》載，一在舊縣東十五里，一在舊縣東北三十里。（康熙）《陝志》卷三《山川·平涼府》記載，在“東南四十里”“西南四十里”，同書卷二七下《古蹟》又記在“東十五里”“東北三十里”。（乾隆）《甘志》卷五《山川》記載爲“東南十五里”“西南四十里”，同書卷十五《水利》又記載爲“東十五里”“西三十里”。
　　②　參見本志《圖説·西海春波》。
　　③　顧祖禹《讀史方輿紀要》卷五八《陝西七》載：“朝那湫有二：一在舊縣東十五里，一在舊縣東北三十里。俱出山間，土人謂之東海、西海。”
　　④　參見本志《圖説·蓬沼聽鶯》
　　⑤　參見本志《圖説·雲根雨穴》。
　　⑥　參見本志《圖説·關帝立馬祠》。

每旱禱之,感應尤著。

臨洮泉,在州北十里臨洮營上。[19]有龍王廟,水甘可飲。

一清泉,在瓦亭西城外坎下。開鑿年遠,發水處如珠跳,民間汲食者甚衆。土人無以名,余以其清可鑒影也,因名之曰"一清"。

百家泉,在開城東里許崖側。其水每一斗較他處水稱之多五斤,味甘可飲。

海家溝腦,泉在海家溝。闊約畝許,其色晶瑩。

按:明《志》尚有養魚池二處:一在開城,爲元安西王蓮花池;一在州城南,爲唐總制後樂亭。① 今再四訪查,二池遺址已淪没於烽煙榛莽間,不禁爲之撫卷三嘆也。

祠宇

文廟。

崇聖祠,在州城西隅,見《圖説》。②

武廟,在州城南關城,見《圖説》。

萬壽宫,在州城西隅,見《圖説》。③

文昌宫,在州城中布店街,見《圖説》。

奎星閣,在文昌宫前門。

列祀壇,在州城北郊,見《圖説》。

關帝立馬祠,在州城北郊,見《圖説》。

城隍廟,在州城州署街,見《圖説》。

閻羅殿,在隍廟兩廊。

上帝廟,在州城東北隅。光緒三十四年五月,因祈雨靈應,文武會議,朔望行香,并捐資重修。

贊化宫,一名"白雲觀",在州城中孟家什字迤南。

菩薩殿,一名"觀音閣",在州城西隅西淨霭。

觀音堂,在州城南關城迤西鹽局巷口。

三清宫,在州城州署街,與隍廟毗界。

三聖宫,在州城北隅提署東偏。

---

① 參見(嘉靖)《固志》卷一《山川》、(萬曆)《固志》卷上《地理志第一·山川》。又,在州城南者名"魚池",非"養魚池"。

② 參見本志《圖説》相應所載,下同。

③ 即本志《圖説》所載"慶祝宫"。

六營馬王廟，在州城米糧市迤西，前營守備署東側。

磨針觀，在州城北關內。

熊公祠，即昭忠祠，在州城王字街。有圖，見《碑碣》。[1]

福神閣，在州城中央。計閣有二：一爲大南市巷，一爲小南市巷。

財神樓，在州城南門外安安橋。

雷祖殿，在州城東南郊，距城里許。

火神廟，在州城南門外迤西廟灘。

龍王廟，在州城南門外迤東河沿。

東嶽廟，在州城東郊東嶽山頂。

太白祠，在州城北郊，距城二里許。

太白廟，在州城東郊太白山頂。

奎星樓，在州城東南城角。又一在提署東南角。

天王宮，在州城南閱城武廟內東院。

聖母宮，一名子孫宮，在州城隍廟內東院。

土地祠，在州署大門東院。

獄神祠，在州署大門西院。

三驛馬王廟，在州署東永寧驛院。

羅祖殿，在州城大南市巷内。

長生祠，在州城昭忠祠後院。内祀雷少保長生禄位。

秦晉會館，在州城米糧市直西，前營守備署西側。

四川會館，在州城大南市巷。

四鄉祠宇。按：四鄉祠宇甚多，兹録其最著者，以存崇奉之意云。

文昌閣，在文昌山頂。

玉皇閣，在黑城鎮。

大佛寺，在黑城寺口子須彌山頂，即圓光寺。

玉皇宮，在西山掃竹嶺。

無量殿，在新營鳳皇山頂。

王母宮，在余家套。

關帝廟，在三關口。其像銅身鐵甲，前明天啟時鑄。今漢中鎮程鼎、防軍劉尚忠捐資重修，廟貌焕然。

---

① 　參見本志卷十《藝文志四·碑碣·建修昭忠祠碑》。

　　三忠祠，在和尚鋪。以吳公璘、吳公玠、劉公錡祀之。有祝文，見《藝文志》。①

　　大佛寺，在夏家寨，又名林崗寺。

　　瓦亭城隍廟，在瓦亭城内。

　　東嶽廟，在三營東嶽山頂。

　　關帝廟，在六盤山廟兒坪。

　　玉皇閣，在楊郎莊。

　　三官廟，在沈家河。

　　龍王宮，在西海子峽山頂。又一在花石崖峽内。

　　大佛寺，在張義堡，又名静安寺。有鐵佛三尊，高八尺許。惜乎寺已傾圮，而佛像望之若有生氣也。

　　純陽閣，在古城堡雲台山，又名祖師殿。

　　關帝廟，在張家崖雲霧山，以雷神附祀之。

　　玉皇閣，在香爐山頂。

官署

　　查固原當前明時有制府、即總督署。總府、即總兵署。中察院、西察院、副總兵府、西分司、行司、固原道、監收廳、即鹽茶同知署。固原衛、固原州、神機營、廣寧監、即監軍署。坐營、左營、右營、儒學、雜運局、草場、糧倉等官署。

　　洎乎國朝，制府遷蘭州，總兵遷河州，監收廳遷海喇都。察院、衛、司等官，節次裁撤，而道署又遷平涼，於是官署更爲佈置矣。兹載其現設各署及公局如左。

文職

　　固原直隸州知州署，在州門街。同治初年知州廖公溥明建。

　　固原直隸州學正署，在城西隅文廟後。同治初年建。

　　固原直隸州吏目署，在州署二門西偏。同治初年建。

　　固原州糧倉，分東、西兩處，東在常平倉街路西首，西在提署前街西首。

　　固原州城義倉，在常平倉街東巷内。

　　固原州中學堂，在提署街，坐西向東。光緒三十二年知州王學伊創修。

　　高等小學堂，擬將書院改修。

---

① 　參見本志卷九《藝文志》載左孝成撰《三忠祠祝文》。

漢、回各初等小學堂,均暫借廟宇設立。

宣講勸學公所,在南門閱城。

巡警總局、同仁公局、戒煙施藥公局,在武廟內。

農業試驗場,在西淨靆。

軍流習藝所,在州署東院及吏目署內。

養濟院、棲流所,在南關外宋家巷道。均知州王學伊任內創建。

鹽釐統捐局,在南關。

電報局,今在提署街路東,係賃民房。

武職

陝西固原提督署,在州城中央近北。同治初年提督雷公正縮建。署前立賞門一座,有樓,極爲宏闊。據云前明犒賞軍士,均在此樓上,因名"賞門"。

提標中營參將署,在白米市直西。

左營游擊署,在小南市巷。

右營游擊署,在王字街熊公祠東。

前營游擊署,在小南市巷。

後營游擊署,在南關。

城守營游擊署,在城西南隅。

中營守備署,在城中鼓樓北。

左營守備署,在大南市巷。

右營守備署,在城守游擊署西首。

前營守備署,在白米市秦晉會館左首。

後營守備署,在白米市秦晉會館對過。

城守營守備署,在小南市巷前營游擊署間壁。均同治初年建修。

固標常備軍步隊第二標第一營,在提署西首小校場。

軍儲庫,在提署內。同治初年提督雷公正縮創建。

修炮局,在提署內。光緒三十二年提督張公行志創建。

火藥局,在北城磨針觀崖上面。光緒三十三年提督張公行志重修。

各營軍庫,在各營內。

各營堆房,在各街什字口。

火藥分儲所,在州城鼓樓上。

查以上文武官署、各公局,均指本城而言。惟千、把、經、額各官均未建署,故不備列。至轄境如瓦亭守備、硝河千總、嵩店千總、八營千總、黑城把總、各汛外委,有建署者,有賃民房者,兹一律省録之。

驛站

查固原本城名曰永寧驛,額設馬十匹、夫五名。南距瓦亭驛九十里,北距三營驛七十五里。

南路名曰瓦亭驛,額設馬四十五匹、夫二十二名半。新增馬二十五匹、夫一十二名半。北距永寧驛九十里,東通平涼安國驛五十里,西通隆德隆城驛五十里。

北路名曰三營驛,額設馬十匹、夫五名。南距永寧驛七十五里,西通海城鄭旂驛六十里,北通海城李旺驛九十里。

鋪司

固原額設鋪司共一十二處,曰在城鋪、曰十里鋪、曰二十里鋪、曰三十里鋪、曰四十里鋪、曰平泉鋪、曰鳴陽鋪、曰瓦亭鋪、曰紅沙鋪、曰蒿店鋪、曰清橋鋪、曰和尚鋪,并額設夫六十五名。

古蹟

按:固原迭遭兵燹,古蹟淪湮。今就《方輿紀要》及現時採訪,互爲引證,擇要録之。

秦長城。按《綱目》:①秦滅義渠,築長城以禦邊。[20]即此地。在州西北十里,有遺址。

開城廢縣。按:開城,漢安定郡高平縣地,唐屬原州,宋置開遠堡,屬鎮戎軍。元置開城路及開城縣。明徙民於今之州城,縣地因廢。在州西南四十里。

瓦亭關。按:瓦亭已見前,②兹復紀其事。後漢隗囂使牛邯守瓦亭。唐肅宗幸靈武,牧馬於瓦亭。宋,金人陷涇原,劉錡退屯於瓦亭。明設巡司戍守之。均屬斯境。國朝乾隆初,菠華亭縣。有驛丞經理驛務,旋裁,今有守備駐焉。在州南九十里。

---

① 參見《通鑑綱目》第一"周赧王四十五年"條。
② 參見本志《圖説·瓦亭煙嵐》。

　　古蕭關。按：關建於漢。當文帝時，匈奴寇朝那，入蕭關。唐高宗時，屬原州，置蕭關縣，後陷於吐蕃，旋復置武州。五代時廢。明曰牛營山，在州南七十里。或云硝河有古城垣，上泐"蕭關"二字，距城一百二十餘里。

　　牛營子。按：漢隗囂使牛邯屯瓦亭，此爲邯牧馬所，因至今名曰牛營，在州南七十里。

　　彭陽城。按：城漢屬安定郡，唐爲豐義縣，[21]宋爲彭陽縣，[22]明改爲堡。今仍名曰彭陽城。在州東北一百二十里，與鎮原交界。

　　廣安舊城。按：城在州東南四十里。宋咸平中，置東山砦，金爲東山縣，屬鎮戎州。元爲廣安縣，旋升爲州，屬開城路。明廢爲東山寨，即今所云東山堡。

　　石城。按：古有是城，莫知所創。在亂山中，四面峭峻，惟一路可通，亦險甚。周圍有石壁，疑爲避兵之地。明成化初，逆匪滿四踞此爲巢穴。逆既平，遂毀其城，名曰滿四堡，距城一百二十餘里。今遺址杳然，而山勢之峻險如故也。

　　六盤山。按：六盤已列十景，惟考之於史，猶有可紀。唐建六盤關，地屬原州，爲木峽、制勝等七關之一，以衝要稱。宋紹聖三年，蒙古主鐵木真殂於六盤。寶祐六年，蒙古主蒙哥侵宋，軍於六盤。元安西王就其巔建有清暑樓。明徐達屢敗敵兵於此。曲折險峻，蓋形勝也。

　　張義堡。按：堡，《宋志》本名"安邊堡"，①又改爲開遠堡，屬鎮戎軍。明爲張義砦，今復名爲張義堡。在州西南六十里。

　　原州舊城。按：城在州東鄉，唐時所建。今尚有遺址可循，距城一百餘里。

　　南川。按：南川有二：一在州東六十里，[23]曰大南川；一在州東南五十里，[24]曰小南川。又有乾川，在州東北一百六十里。[25]

　　李俊堡。按：堡一名李俊溝，又名酸棗溝。明成化中討滿四，分道進兵處也。在州西北一百七十里。

　　羊房堡。按：堡一名驢母川，明成化中討滿四，由此分道進兵。在州西北一百七十里。今硝河有楊芳城，或云羊房、楊芳，音同而字訛也。

　　金佛峽。按：峽在瓦亭東二十里，距州城一百一十餘里。又名彈箏峽，以流水聲如彈箏也。唐、宋戍守要地，今俗呼爲"三關口"。

　　紅城子。按：城在州西北一百里。[26]或云即黑城鎮。[27]明成化中討滿四，爲進兵之要隘。今爲州境巨鎮。

　　圓城兒堡。按：堡在州東鄉一百餘里，與白馬城相近。明時僅存遺址，未詳何代所建，今俗呼爲"元城子"。

―――――――――――

　　①　參見《宋史》卷八三《地理志》。

白馬城堡。按：堡爲古撒都地，周圍土城五里。明嘉靖時總制楊公一清建，分設墩臺一十九座。今已頹廢，尚有遺蹟可考。在州東一百餘里。

大灣川堡。按：堡爲明肅藩牧地，在州西鄉三十餘里。明萬曆時設防守官，以靖盜賊。今俗呼爲“大灣店”。

昭威臺。按：臺在州城東南城上，明總督石公茂華所建。環甃以磚，有階可循，蓋築以望烽堠也。今臺雖漸圮，而登高一觀，覺固境山川盡在吾目中已。

安安橋。按：橋在州城南門外，明時所建。橋上廛市林立，下有甕洞，遙而望之，形勢凌虛。土人以“南橋、北壇”爲兵燹前之佳境，今橋則巍然，而壇僅圮壁，當亦有今昔之感歟。

鐘抱榆。按：鐘在東鄉，爲古寺遺器，寺之興廢，遠不可稽。土人云，鐘覆落山麓間，下生榆樹一株，枝幹從鐘之乳隙穿出，將鐘拱抱於樹頂，樹圍圓二丈許。有扣鐘以占時節者，其聲亮則晴，闇則雨，狂則雹，亦可謂靈氣所鍾已。

以上古蹟，悉按古今地勢參考志之。至《方輿紀要》列有海剌都堡、天聖寨、天都山、西安千戶所等處，今已歸海城界；下馬關、平遠所、鎮戎所、甜水堡等處，今已歸平遠界。若明《志》中所列細腰葫蘆峽、群牧監、耳朵城等處，今再三採訪，遺址淪廢，或亦沿革所致，故略之。其餘如朝那湫、大營川、七營等處已見前，茲不贅。

户口

按：光緒三十四年户房丁糧紅册，備列於後。

一、本城漢民共七百八十五户。内有弁兵、商民，茲統列之。按：本城及南關，均屬廣寧監地。

一、南關漢、回共四百七十五户。内有商民，茲統列之。

一、東鄉所屬者，計漢七、回三之譜。興上里漢、回共四百六十五户。興下里漢、回共六百六十三户。固原里漢、回共三百八十一户。清平監漢、回共九百七十户。東昌里漢、回共三百二十七户。萬安監漢民共六百二十一户。

一、南鄉所屬者，計漢五、回五之譜。縣歸州堡漢、回共一千三百二十六户。永豐里漢、回共三百五十九户。

一、西鄉所屬者，計漢四、回六之譜。廳川堡漢、回共一千三百二十四户。廳山堡漢、回共一千零四十三户。在城里漢、回共六百一十三户。固原屯漢、回共九百七十户。

一、北鄉所屬者，計漢五、回五之譜。黑水監漢、回共一千二百五十七户。

開城監漢、回共一千八百六十一户。廣寧監漢、回共一千四百七十二户。統計城鄉共一萬四千九百一十二户。

村莊

　　固原轄境遼闊,地廣人稀,大寨巨堡寥寥可指。其四鄉中,有十餘家爲一村者,有三五家爲一村者,甚至一家一村,而彼此相隔數里、十數里不等者。

　　同治兵燹後,計分六里,曰興上,曰興下,曰固原,曰東昌,曰永豐,曰在城。又分五監,曰清平,曰萬安,曰黑水,曰開城,曰廣寧。又分三堡,曰縣歸州,曰廳川,曰廳山。又分一屯,曰固原。至其澗、垌、岔、溝,實爲繁瑣,筆難罄述。兹就丁册所載村莊名目,仍以里、監屬之,逐一備録,以便稽考。惟漢、回叢居,司牧者所當留意也。

　　一、興上里所屬者: 蛟龍口、段家官莊、文家大莊、白草坡、上王家、姚家河、馬家垴、景家灣、張佛堡、常家溝、高家河、王家溝、冶王家、文家山莊、馬家河、劉家河、尹家河、張家河、談家溝、寬家坪、張家溝、田家什字、蘇什堡、羊蹄河、李家團莊、楊氏明家、太史家、上下峴子、栢樹莊、曾家灣、廟溝子、張家莊、何莊塬、李家灣、張家崾峴、高家灣、夏家塬、徐家溝、秦家溝、山底下、王家南溝、大路河、文家高莊、下馬家。

　　一、興下里所屬者: 打石溝、曹家溝、姬家山、米家溝、孔家垴、黄家溝、吳家川口、上崖窰、下崖窰、陳子楊家、陳家莊、虎家溝、徐家塬、秦家塬、韓家寨子、王家莊、劉家莊、陳家塬、韓家塬、祁家垴、楊家坪、楊家塬、麥草渠、時家溝、鄭家溝、路家嘴、黄家灣、方家溝、王家溝、陳家溝、邊山堡、鐵城堡、陳家坪、棗樹渠、三岔、菜子溝、佛殿莊、陳家灣、丁家莊、黄家垴、王家南溝、莊門上、新安莊、石家河、何家莊、楊兒莊、向西坡、馬銀山、王家山根、郭家岔、魏家塬、新莊岔、槐樹灣、小岔渠、虎家草灘、盧家河、鄭家元灣、鄭家莊、侯家岔、高家溝、大石頭灘、何家台、胡家坪、石頭崾峴、大莊坪、穆家河、鄭家小河、袁家老莊、海家河、李家灣、槐溝裏、沙家河、曹家河、趙家崾峴、牡丹垴、何家山、郭家塬、高家塬、李家垴、閆家老莊、唐家塬、趙家寨子、拓家垴、馬家岔、劉家渠、張家塬畔、席積岔、堡子灣、魏家甘川、陽防兒、何家峴、新莊子、亂家垴、石家岔、楊家河、東垴台、槐溝山、寺灣、水家坪、虎家山莊、安家川、白家溝圈、楊家北塬、虎家方溝、彭陽城、羅家灣、梁家後溝、赫家園子、蘇家楊垴、井溝裏、甘溝岔、虎家東嘴、張家溝圈、土橋子、山伙莊、馬五十莊、虎家小灣、廟兒灣、陳家溝、李家溝、石家岔、王家塬、甘岔裏、何家岔、紅崖山、楊家垴、雙嘴山、玉門溝、高家岔、梁家岔、虎家石嘴、何家塌山、杏樹溝、上溝灣、上坬裏、下畔莊、安家高莊、趙家嘴、蘇喇城、官母杜家、虎家七方、余李家坬、白家下溝、米家溝門、朱家陽坬、李家岔、袁家灣、山虎岔、海家坡、羊毛嶺、麻花坬、楊家溝畔、吳家岔、白家陽坬、高家塬、虎家廟渠、泉兒坬、艾蒿岔、何家塌坬、臧家溝、馬家溝。

　　一、固原里所屬者：海家坪、撒門兒、陝家莊、苟家堡、楊家川、明家川、母家溝、寺底堡、馬家溝、古家溝、陳家灣、黑馬堡、石窰溝、馬東山、奈家河、孫家店子、拓家坪、下黃家河、郭家坬、上黃家河、董家灣、劉家溝門、野狐家、馬家灣、王家川口、古家溝門、阿家莊、楊家莊、白楊樹莊、王大户、深溝瑠、田家寺臺、後溝裏、黑泉灣、羊捲灣、沙岡子、楊家寨窠、楊家大莊、白家臺、榆樹灣、張家嶺峴、槐溝、馬剛堡、喬家坬、孕喇家、白家園子、田武溝、劉家灣瑠、莊窠嘴、酸刺溝、東海嶺峴、石家岔、陽坬台、李家墩、大溝門、賈家溝、駝水溝、葉家大莊、腰巴莊、丁剛堡、楊家後坬、甘海子、蘆芝溝、花磨灣、趙字井子、禮拜寺川、海子口、苟家岔、甕家山、王家臺、石家坬。

　　一、清平監所屬者：官堡臺、鸚箇岔、官廳、李家寨子、張家磨、白陽城、魏家莊、趙家河、史家莊、海家磨、打石溝、雙樹子、山莊坬、洞子埨、李家新莊、後溝裏、張虎家溝、關口川、馬家旋窩、李家寺臺、羅家堡、張家溝、蔡家川、小灣兒、上陳兒山、草廟子、長流水、梁家川、曹家川、何家後莊、下陳兒山、堡子溝、風家台、鏡兒岔、龐家坬、景兒坬、産蛟頭、姬家陽坬、范家新莊、王家坬、夏家坬、路家寨窠、姬家山、崔家溝、蒿兒川、菜子溝、鴨兒川、尚家台、米家塬、劉家寺塬、火廉溝、喬家坬、馬家寨窠、白家岔、孫楊家、斗溝子、天喬兒、路家堡子、任家灣、馬家坬、董家坬、許家溝、蘇家老莊、王卜羅岔、李家坬、魏家坬、何家前莊、萬家寨窠、李家寨子、趙葉家嶺、李家嘴兒、施家坪、馬車塬、馬家山畔、撒花嘴、樊家塬、党家岔、權家岔、王家河、牛家灣、周家溝、趙家嶺峴、高家槐溝、張高家、李家河、余家溝、花路灘、馮家逃途、楊家灣、鄧家岔、美子溝、團豬灣、錦溝、李家鋪、桃嶺坡、郭家岔、唐家川、張家逃途、王家堡、高家灣、花豹灣、菜子臺、石家莊、陽坬裏、米家溝、蒲家莊、周家莊、尚家泉、馬跑泉、孫家川口、姬家大岔、梁家山、馬家山、虎家岔、虎家峴、靳家溝、趙家溝、馬泉山、張打溝。

　　一、東昌里所屬者：任三河、杏兒溝、溫家溝、康家寨子、打石溝、劉家莊、王家溝、白莊坬、白家坬、古城川、黃家寺、曹家溝、海家磨、重溝溝、晁家坡、何劉兒、馮馬兒、鸚箇嘴、奈家河、張家溝、嶺峴口、柯家莊、林家莊、丁家山、張家塌山、王担溝、王家溝。

　　一、萬安監所屬者：滴水岩、丁馬堡、老莊台、苦水掌、王家莊、雙廟子、楊家高莊、大堡條、喬家渠、宋家莊、沿路掌、西溝堡、道發坬、磚金堡、趙家臺、豆家臺、王家背畔、錦溝門、甘城子、胡家莊、肖邊溝、沙葱溝、古家溝、高岩子溝、楊家嶷峴、劉家渠莊、孫家高莊、清川掌、常家㘭、朱家河、劉家寨窠、趙家渠、古窰岔、孫家莊、雙井台、朵洛溝、白家寺山、白家西山、徐家園子、虎家溝、野狐坡、耳朵城、丁家渠、蘆草溝、劉家莊、鄭家莊、蘇家大灣、張家新莊、李家寨子、王家莊、趙家掌、馬家台子、新莊子、李家新莊、張家西山、三角城、馬家河、劉家吊掌、小岔、李家河、楊家掌、段家園子、楊家溝、孫家寺堝、賀家山莊、馬家槐溝、王家井、馮家溝、王家掌、前山裏、桃胡岔。

一、縣歸州堡所屬者：石家溝口、秦家溝、吳家陽㘭、南牛營、開城堡、潘家川口、瓦亭鎮、和尚鋪、楊家磨、下清水溝、郭家大莊、興隆莊、高長堡、青石嘴、蘇家堡、張家新莊、上清水溝、何大堡、趙家莊、何忠堡、大灣店、張家堡、蒿店鎮、喻家莊、巴豆溝、楊家小莊、劉家溝、東山堡、棋家溝、纖麻溝、張家灣、白家河、神豁峴、石家㘭、陶家海子、廟兒溝、韓家堡、王家㘭、苟家岔、大火家、鄭家堡、小火家、陳兒溝、謝家寨子、馬門堡、白土口子、秦家大莊、倪家溝、斗陡河、海子口、奈家河、小岔溝、五里山、潘家堡、斐家堡、施家磨、楊家灣、張家莊、楊家嶺、臥耳朵、田家㘭、康家莊、楊家水灘、杜小堡、施家莊、中莊裏、馬家㘭、李家堡、曾馬家莊、郭家莊、楊家溝、黃家堡、王家山、中川子、掛馬溝瑙、馬宿坡、李家莊、胡家莊、頓家川、扁坡溝、黃土崗子、桃樹㘭、海口子、茨坡溝、喇喇家、辛家莊、店子溝、掛馬溝嘴、周家溝、廟溝山、皮家堡、統家河、杜家灣、張家高山、陽㘭台、文家山、王家溝、蔡家莊、宋家溝、卯家堡、永豐堡、王家溝、細溝裏、花兒岔、墓家古莊、三道溝、蔴子溝瑙。

一、永豐里所屬者：開城馮家、屯子鎮、灣兒李、馬家寨窠、馬家莊、哈喇溝、張家莊、郭家廟、馮家大莊、劉家老莊、張化兒、花羊溝、黃土崗子、郭家莊、小莊子、劉家小莊、苟家岔、楊家岔、細溝灣、馬家大莊、張家堡、鄭家溝、小岔兒、馬門堡、毛甘堡、胡家莊、何劉兒、蘇家川、掛馬溝、石家㘭、喇喇寨、王家溝、卯家堡、謝家寨子、劉家溝、大路河、馬黃溝、白家灣、頓家川、臥耳朵、石家溝口、韓家堡、王㘭兒、王德明家莊、馬蓮灘、張家高莊、蔡家莊、麻地溝、范家溝、豆家山莊、海家中川、青土坡、上蔡家、大紅堡、蔡家川、鄭家堡、黃土圈、李家鋪、馬家山莊。

一、廳川堡所屬者：羊坊、潘家堡、麻家莊、陸家莊、閆家莊、閆家堡、白陽溝、徐家坡、黃家莊、高家坡、邢家莊、廟兒溝、中水河、姚家磨、郎家灣、侯家磨、石河堡、張家磨、蕭家深溝、李家深溝、藍家深溝、彭敳堡、野雞灣、錢營堡、沈家河、碾子頭、興隆莊、孫家莊、母家莊、油房溝、大沙井、豐家堡、上店子、紅岩堡、忠營堡、楊忠堡、安民堡、硝口、南牛營、蘇家堡、店子上、廳利堡、王家莊、陳家磨、申家莊、趙家溝沿、王家後溝、吳家莊、潘家莊、包家堡、李家新莊、曹家河、客民堡、黃土橋、蔣家口子、後堡子、隔城子、趙家嶺、劉家溝、疊疊溝、郭家莊、西廟兒溝、王明莊、九牌溝、阿家莊、馬家套子、安隆莊、張家河、侯家溝、紅土溝。

一、廳山堡所屬者：駱駝巷、什字路、葉家溝、觀音殿、姚家套子、生地灣、沈家新莊、馬七溝、黃家堡、西來堡、紅峴子、高套子、腰巴莊、花龍頭、李子溝、魏家套、偏城堡、陸家堡、黃家澇子、西牛營堡、六箇羊圈、鹽泥溝、陳兒溝、大灣店子、紅莊子、樊家莊、劉家莊、卜家莊、爛泥灘、豆家套子、郭家圿、黃河灣、花兒岔、石廟子、榆樹灣、販馬溝、吳謝家莊、楊家莊、席家圿、倪家套子、魏家灣、紅泉上、沙豁峴、傅家高岩、石嘴子、老官灣、大中莊、黎家套子、羊圈溝、趙千户、麻地溝、黃家腦、張家新莊、上套子、二林溝、毛家套子、大路溝、沈家嘴。

一、在城裏所屬者：新莊塌、羊路溝口、地溝灘、紅鏡川、岩窰上、屠家莊、陜家莊、車路溝、黃蒿灣、黑山林、馬圈溝、墳灣、南山上、三道溝、路渠溝、風兑溝、井兒溝、古城溝、葛堂山、黑英灣、小中嘴、地灣、楊家老莊、馬家莊子、碌碡溝、楊建堡、阿馬溝、張家山、張家河、石山裏、荷苞灣、海家坪、官馬套、遼坡、開城堡、翟家灣、羅家莊、王家莊、打火店子、母家溝、妥家山。

一、固原屯所屬者：鐵家溝、楊家溝、方家堡、馬家新莊、萬岩子、臭水溝、碾子頭、新堡子、張家磨、墩子河、陳家泉、胡大堡、北屯裏、大圪塔、王家後溝、深溝兒、謝家寨子、温家溝、韓家寨子、李家寨子、李家新莊、高建堡、祁家圿、八營、秦家灘、張易堡、王家套子、西來堡、上中山、中中山、下中山、二百户、楊麻山、蒿内、五百户、李俊堡、桃抱裏、大地溝、東西沙溝、臭水河、楊莊、杜家河、滿泗堡、[28]晁家坡、毛家莊、梁家莊、王家大莊、岩堡子、大寨堡、辛家莊、葉家大莊、賀家套子、大灣糟、任家灣、劉家高莊、土橋子、紅岩河、九百户。

一、黑水監所屬者：黑城鎮、上黃鐸堡、下黃鐸堡、柯家泉、褚家灣、余家灣、半路溝、姚家堡、後山堡、曹家堡、江家堡、殷家堡、甘溝店子、上甘溝、代家堡、陸家堡、唐家堡、潘家堡、金家堡、太平莊、連家堡、邱家堡、平灘墩、中河沿、李家堡、陳家堡、水車溝、倪家河、了坡、何家莊、王家莊、石家套子、撒家台、唐家灣、路家山、煙家莊、大路川、油房溝、李家套子、牛家大臺、牛家新莊、馮家糟子、杜家河、楊麻子山、加三塌、三百户、荷苞灣、窰兒灣、踏板溝、水泉溝、白家莊、黑窰洞、黃土圈、馬家新莊、馬家西溝、水磨灣、紅灣、崗子山、南莊、申家河、滴水岩、岩窰山、火石寨、黃家莊、窰兒底、官馬套、閑蔴溝、大東川、白家河、張家河、井兒溝、曾家灣、鐸尖上、大草圪塔、韭菜坪、黃蒿灣、楊家老莊、周家溝、北溝沿、黃家灣、原套子、九百户、中平塌。

一、開城監所屬者：頭營、窰洞溝、馬家園子、劉家堡、石橋子、毛家溝、二營、馬家圿、張家堡、胡大堡、小峴子、大白山、蔣家溝、高家渠、楊家溝、墩子河、黎蔣家河、杜家馬路、陳家圾、吳家馬路、馬家店子、閻家馬路、張家河、叭喇灣、三營、趙家寺、陳家堡、黃家堡、楊家河、紅城子、藍家堡、孫家紅城、六箇窯、四營、五營、李家河、郭家河、梁韓家堡、張家堡、小河子、李家莊、張家紅河、延家崗子、七營、趙家畔、倪家台、雙井子、張家溝、保家溝、王家後溝、鹽土溝、申家莊、滿家堡、馬家溝、韭菜坪、磚窯塌、喬家團莊、海家塌、新莊子、車路溝、紅溝、張家岩、石羊子、韓家莊、梁家堡、岩套子、楊家崾峴、石井子河、白澇子、白家塌、馬家台、沙家堡、何家莊、南溝沿、武家溝門、丁家寨窠、唐家灣、蔡家川、王家岔、楊家堡、甘城子、北屯裏、蘇家堡、碾子頭、代家堡、盤路溝。

一、廣寧監所屬者：清營、飲馬河、雷家磨、閻家墩、沙窩、臨洮營、陳兒溝、趙家圾、清净溝、沈家河、薛家莊、周家河、常家河、喬家圾、長城梁、高方坪、張家莊、小馬家莊、羊坊、王家河、何家溝、馬營子、王家莊、田家圾、青石硤、教場角、頭道岔、四道溝、招營、麻家莊、鴨兒溝、西門店子、耿家莊、孔營、惠忠堡、小川子、歸源堡、明家莊、吕家高莊、炭窩子、萬岩子、羊圈溝、楊家山、張家莊、魯家新莊、殷家溝、石蠟村、廟平圾、教化莊、銀沙溝、宋家巷道、哈喇溝、海家坪、柳溝、彭家莊、二十里鋪、馮家莊、乙甲溝、深溝腦、姚家山、穆家莊、李家西溝、印子溝、王家後溝、賀家套子、李宣溝、王家圾、後溝裏、張家新莊。

塚墓

明威將軍郭公墓，在南郊，明嘉靖丙申年立石。[①]

武略將軍俞公墓，在封家堡。明嘉靖二十六年丁未立石。上有"賜同進士出身整飭延綏巡撫號惟德"十五字，惜其名不傳耳。

黃都督墓，在北郊。明嘉靖中立石。

督兵大臣墓，在蒿店向北六里許老楊溝。四峰環抱，其塚隆然。或謂爲番王墳，今詢其地主，始知順治初某大臣督兵使北庭，駐蒿店，殁而葬之。光緒中，有新疆城守尉過此，猶泣奠一次。惜姓氏未詳。

光禄大夫謝公墓，在東鄉。康熙乙丑年立，[②]碑上有"加授光禄大夫陝西寧夏西路中衛等處左都督給一拖沙喇哈番總兵副管"官銜，其名不傳。

懷遠將軍錢公墓，在西郊，雍正六年立石。

驍騎將軍張公墓，在南郊，乾隆二年立石。

① 嘉靖丙申：嘉靖十五年(1536)。
② 康熙乙丑：康熙二十四年(1685)。

王恭恪公墓,在南鄉十里墩。

豆壯節公墓,在北郊六里許。

驍騎將軍錢公墓,在西郊,乾隆十年立石。

武翼大夫吳公墓,在西北郊,乾隆中立石。

榮禄大夫崔公墓,在西郊,乾隆十三年立石。

馬公墓,在北郊,碑刻"授昭武都尉鼓勇巴圖魯"官銜,惜軼其名。或云乾隆中立石。武義都尉米公墓,在西郊,咸豐六年立石。

武略將軍徐公墓,在西南郊。

驃騎將軍裴公墓,在東南郊。上刻"御前侍衛驃騎將軍裴公之墓"十四字,或云乾隆時人。

查固原名塚累累,殊艱楮述,舉凡長銘短志,已列《藝文》。至其屹立殘碑,年世就湮者,兹備録之。庶幾遺蹟猶存,瞻眺而來,當不忘西山片石也。若夫《一統志》内載"漢劉表墓,在固原州西",[29]又云"劉表塚在高平郡",①今詳細考之,固境并無劉表遺墓,或纂《一統志》者爲高平郡名所沿誤耳。姑記之。

【校勘記】

[1]開城:《元史》卷六〇《地理志》、《大明一統志》卷三五《平涼府》作"開成"。

[2]二百五十里:(宣統)《甘志》卷五《輿地志·疆域》作"九十五里"。

[3]一百一十七里:(宣統)《甘志》卷五《輿地志·疆域》作"六十五里"。

[4]二百五十二里:(宣統)《甘志》卷五《輿地志·疆域》作"一百五十六里"。

[5]一百四十五里:(宣統)《甘志》卷五《輿地志·疆域》作"二百一十里"。

[6]一百一十五里:(嘉靖)《固志》卷一《山川》、(萬曆)《固志》卷上《地理志第　·山川》均作"一百一十里",(乾隆)《甘志》卷五《山川》作"七十里",《讀史方輿紀要》卷五八《陝西七·平涼府·固原州》作"三十里"。

[7]二十里:(嘉靖)《固志》卷一《山川》、(萬曆)《固志》卷上《地理志第一·山川》、(乾隆)《甘志》卷五《山川》均作"四十里"。

[8]二十里:(宣統)《甘志》卷六《輿地志·山川上》作"八十里"。

[9]禪塔山:(宣統)《甘志》卷六《輿地志·山川上》作"禪塌山"。

[10]前并未見"東嶽山"。《圖説》載"東山秋月",或即指此。又,東山距城東四里許。

[11]山:此字原脱,據(宣統)《甘志》卷六《輿地志·山川上》及前文書例補。

[12]西北一百里:此同(宣統)《甘志》卷六《輿地志·山川上》,(乾隆)《甘志》卷五《山川》作

---

①　參見《大清一統志》卷二〇二《平涼府二·陵墓》和《嘉慶重修一統志》卷二六〇《平涼府二·陵墓》。

"北九十里".

[13] 西北一百二十里：(嘉靖)《固志》卷一《山川》、(萬曆)《固志》卷上《地理志第一·山川》均作"北九十里".

[14] 洪河川水：(宣統)《甘志》卷六《輿地志·山川上》作"洪水川河".

[15] 打火店山水：(宣統)《甘志》卷六《輿地志·山川上》作"打火店水".

[16] 官堡臺山水：(宣統)《甘志》卷六《輿地志·山川上》作"官堡臺水".

[17] 臨洮營：原作"臨桃營",據(宣統)《甘志》卷六《輿地志·山川上》及本志卷二《地輿志·村莊》改.

[18] 一百五里：(宣統)《甘志》卷六《輿地志·山川上》作"一百里".

[19] 臨洮泉、臨洮營：原作臨桃泉、臨桃營,據本志卷二《地輿志·村莊》改.

[20] 禦邊：《通鑑綱目》第一"周報王四十五年"條作"禦胡".

[21] 豐義縣：原作"義豐縣",據《舊唐書》卷三八《地理志》和《讀史方輿紀要》卷五八《陝西七》等改.此豐義縣爲鎮原之彭陽縣,非固原之彭陽,舊志均誤.參見韓超《甘肅舊志中的寧夏史料述考》.

[22] 彭陽縣：宋代屬固原者當作"彭陽城","彭陽縣"爲鎮原所屬.參見《宋史》卷八七《地理志》、韓超《甘肅舊志中的寧夏史料述考》.

[23] 東六十里：此同《讀史方輿紀要》卷五八《陝西七》,(嘉靖)《陝志》卷三《山川中·平涼府·固原州》作"東南六十里",(嘉靖)《固志》卷一《山川》、(萬曆)《固志》卷上《地理志第一·山川》、(康熙)《陝志》卷三《山川·平涼府·固原州》均作"東南七十里".

[24] 五十里：此同(嘉靖)《陝志》卷三《山川中·平涼府·固原州》、《讀史方輿紀要》卷五八《陝西七》.(嘉靖)《固志》卷一《山川》、(萬曆)《固志》卷上《地理志第一·山川》、(康熙)《陝志》卷三《山川·平涼府·固原州》均作"六十里".

[25] 東北：原作"東南",據(嘉靖)《固志》卷一《山川》、(萬曆)《固志》卷上《地理志第一·山川》等改.

[26] 西北一百里：《大清一統志》卷二〇一《平涼府一·古蹟》和《嘉慶重修一統志》卷二五九《平涼府二·古蹟》均作"北七十里".

[27] 黑城鎮：《讀史方輿紀要》卷五八《陝西七》作"黑城子".

[28] 滿泗堡：本志卷一《地輿志·古蹟》載"逆既平,遂毀其城,名曰滿四堡",疑即此,當作"滿四堡".

[29] 西：此字原脱,據《大清一統志》卷二〇二《平涼府二·陵墓》、《嘉慶重修一统志》卷二六〇《平涼府二·陵墓》補.

新修固原直隸州志〔卷三〕

官師志一[1]

建官分職，搓奮文武。以綏烝黎，而遏戎虜。屹屹蕭關，漢回并撫。允展大猷，萬民斯覩。六計尚廉，庶事師古。行惠除苛，瞀鴻猛虎。教養兼施，迺作良輔。誦烈詠芬，旂常鐘鼓。爰志《官師》，列卷第三。

〔歷朝名宦文武職官〕

漢朝

王尊，字子贛，涿郡高陽人，安定太守。出教告屬縣："令長丞尉正身率下。故行貪鄙，能變更者與爲治。明慎所職，毋以身試法。"又敕掾功曹，各砥厲助治，其不中用，趣自避退，毋久妨賢。五官掾張輔貪污不軌，捕繫獄，數日死，盡得其奸臟。威震郡中，盜賊分散。

蕭由，字子驕，杜陵人，前將軍望之子。爲丞相西曹掾，舉賢良，累遷安定太守。治郡有聲，公卿多稱薦之。

馬援，字文淵，茂陵人。隗囂起兵，帝西征至漆。援於帝前，聚米爲山谷，指畫形勢，開示行軍道路。遂進兵至高平第一城，囂衆大潰。授大中大夫。

馮異，字公孫，潁川人。通《左氏》《孫子兵法》，號"大樹將軍"。隗囂來降，領北地太守，更拜安定太守。

張奐，字然明，敦煌酒泉人。[2]以賢良第一拜議郎，遷安定屬國都尉。南匈奴合羌入寇，奐勒兵出，屯長城，擊降之，郡界以安。羌豪帥感其恩德，上馬二十匹，先零酋長又遺金鐻八枚。奐召主簿於諸羌前，以酒酬地曰："使馬如羊，不以入厩；使金如粟，不以入懷。"悉以金馬還之。羌服其清正廉潔，威化盛行。武威郡民多爲立祠祀焉。

晋朝

賈疋,[3]字彦度,武威人。勇略有志節。初辟公府,歷顯職,遷安定太守,以匡復晋室爲己任。愍帝以疋爲驃騎將軍,封酒泉公。

南北朝

宇文泰,代郡武川人。孝昌中,平万俟醜奴,上首功,以直閣將軍行原州事。時關隴寇亂,百姓凋殘,撫以恩信,民皆悦服。後爲周太祖。

宇文遵,泰兄子也。泰上表請討侯莫陳悦,留遵爲都督,鎮原州。泰軍出木硤關,令遵至牽屯山,追悦而斬之。

王盟,其先樂浪人,以父鎮武川,家焉。万俟醜奴叛,從賀拔岳爲先鋒,平秦隴,拜征西將軍、平秦郡守。宇文泰將討侯莫陳悦,徵盟赴原州,以爲留後大都督,鎮高平。尋爲原州刺史。

李弼,遼東襄平人。少有大志。當魏室喪亂,語所親曰:“大丈夫當安社稷以取功名,安能依階資以取榮位乎?”及宇文泰之討侯莫陳悦也,弼勒所部歸泰。悦既平,因以爲大都督,鎮原州。

侯莫陳崇,代郡武川人。年十五,從賀拔岳,屢立戰功。万俟醜奴圍岐州,崇力戰破敵。醜奴奔,崇單騎追至涇州,生擒焉。及岳爲侯莫陳悦所害,崇迎宇文泰。泰至軍,原州刺史史歸爲悦守,泰遣崇擒歸,斬之。以崇行原州事,屢封至梁國公。

李賢,字賢和,隴西成紀人。永安中,万俟醜奴叛,尒朱天光擊破之。万俟道洛猶據原州,天光密使賢圖之。已而万俟阿寶敗,歸賢。賢令阿寶紿道洛出走,遂剋焉。旋爲原州都督,屢遷威烈、殿中兩將軍。大統二年,州民豆盧狼據城叛,賢率敢死士擊敗,斬狼首,復授原州刺史。四年,茹茹掠州境,賢發兵,斬俘十餘級,[4]賴以安堵。賢雖少從軍旅,而頗嫺政事,撫導鄉里,甚得民和。宇文泰奉魏太子至原州,幸賢第,行鄉飲酒禮,後進爵西河郡公。卒諡曰桓。

李遠,字萬歲,賢弟也。幼有器局。尒朱天光西伐,以精兵使遠爲鄉導,除原州大中正。後從征寶泰,復弘農,授都督、原州刺史。宇文泰謂遠曰:“孤之有卿,若身之有臂,豈可暫輟,本州之榮乃私事耳。”令居麾下。卒諡曰忠。

長孫邪利,永安中,行原州事。

田弘,原州長城人。少慷慨,有志略,膂力過人。魏永安中,陷於万俟醜奴。尒朱天光入關,弘自原州歸順,授都督。宇文泰嘗授以所服鐵甲,云:“天下定,此甲仍還孤也。”既而以戰功賜姓紇干氏,授原州刺史。

竇熾,字光成,扶風平陵人。大統中,除原州刺史。抑挫豪右,申理幽滯,在州十載,勸民耕桑,甚有政績。嘗游城北泉,因自酌曰:"吾在此州,惟當飲水而已。"後人每至此泉,感其遺惠,莫不懷之。

王諧,太原晋陽人。爲原州刺史,有治聲。

蔡祐,其先陳留圉人,[5]曾祖鎮夏州,徙家高平。事母以孝聞。有膂力,便騎射。宇文泰在原州,召爲帳下親信,屢立大功。著光明鐵鎧,時人呼爲"鐵猛獸"。授平東將軍,轉原州刺史,尋除大都督,賜姓大利稽氏。

達奚震,代郡人。父武,謚桓子。震襲爵鄭國公。數戰,有奇功。累從高祖東伐,進柱國。宣政中,爲原州總管、三州二鎮諸軍事、原州刺史。

李穆,賢、遠之弟也。嘗自云"漢騎都尉陵之裔"。後家高平。穆初從周,封永平縣伯,以功授原州刺史,辭不拜。建德初,拜太保,尋出爲原州刺史。[6]

賀若誼,河南洛陽人,有能名。以誘降茹茹,累拜車騎將軍,封霸城縣子,加開府,爲原州總管。

隋朝

元褒,河南洛陽人。性友悌,家多金,悉給諸兄,無所受。開皇初爲原州總管,有商人失金,疑同宿者所盜,爭訟。褒察其冤,捨之。商人詣闕,訟褒受略縱賊。文帝遣使詰治,乃引咎免官。盜尋發他所,帝謂褒曰:"卿何自誣?"對曰:"臣受委一州,不能息盜,罪一;百姓爲人所誣,不付法司,即放免,罪二;牽及愚誠,至爲物議,罪三。臣如不言受略,恐使者以縲紲橫及良善,益重臣辠,是以自誣。"帝嘆服,稱爲長者。

龐晃,榆林人。知隋文帝非常人,深自結納。嘗與帝射雉,以中穀爲他日驗。及帝受禪,進晃公爵。從河間王擊突厥,斬首千餘級。宿衛十餘年,遷原州總管。

獨孤楷,少謹厚,善馬槊。仁壽初,爲原州總管。

趙軌,河南洛陽人。清苦好學。爲齊州別駕時,東鄰有桑葚落其家,軌遣人悉拾還之,誡諸子曰:"吾非以此求名,惟非己物,不願侵人耳。"及徵入朝,齊民揮涕曰:"別駕在官,誠清若水。今以杯水餞,請受而飲之。"比至京,與牛弘定律令。旋授原州總管司馬,佐衛王爽,行州事。中途夜行,其左右馬逸入民田,踐暴田禾。軌駐馬待明,訪知種禾者,酬其值而去。原州吏民,聞之感頌。

崔弘度,博陵安平人。開皇初,突厥入寇,弘度以行軍總管出原州拒之。御下嚴峻,所至令行禁止,盜賊屏息。長安奸民爲之謠曰:"寧飲三斗醋,莫遇崔弘度。"後檢校原州事,仍領行軍總管。

韋洸,字世穆,杜陵人。性剛毅,習弓馬。文帝時,擊尉遲迥於相州。[7]旋突厥寇邊，洮出兵原州，擊破之。卒謚曰敬，加上柱國。

唐朝

裴行儉，字守約，太原聞喜人。貞觀中，舉明經，累遷侍郎，有知人之明。擊虜多剋捷。永隆間，溫傅部迎頡利子伏念，立為可汗，諸部響應，乃寇原州。召行儉為原州總管，溫傅畏其威，遂降。執送京師，斬之。① 後拜禮部尚書。卒謚曰憲。

婁師德，鄭州原武人。第進士，為監察御史。使吐蕃，虜為畏悅。證聖中，與王孝傑拒吐蕃於洮州，貶為原州司馬。後同鳳閣鸞臺平章事。

渤海敬王，名奉慈，高祖兄，蜀王湛之次子。顯慶時，為原州都督。

李孝斌，范陽王孝協弟也，以宗戚為原州都督府長史。

王晙，滄州景城人。擢明經，屢受節度。開元二年，吐番寇臨洮，與薛訥夾擊，大破之，俘獲無算。以功加光禄大夫、清源縣男、原州都督。

郝玼，貞元中，鎮臨涇。善戰，屢破吐蕃。以臨涇洛口地沃衍，宜畜牧，獻策於節度段佑，佑嘉之。元和三年，詔城臨涇，行原州刺史，重防戍也。在邊三十年，吐蕃大畏，嘗稱其名以怖啼兒。嗣封保定郡王。

路嗣恭，字懿範，三原人。開元時為蕭關令，考績為天下最。玄宗以其政教與漢魯恭相等，因賜名曰嗣恭。後官至兵部尚書，封冀國公。

五代朝

王殷，大名人。事母至孝。以軍功累遷靈武馬軍都指揮使。晉天福中，授原州刺史，在官多善政。

宋朝

王彥昇，蜀郡人。善擊劍，從太祖為佐命。乾德初，遷申州團練使。開寶二年，改防州防御史，旋移原州。適羌人有犯律者，彥昇不加刑，召僚屬飲宴，引所犯，以手捽斷其耳，大嚼，厄酒下之，羌人皆恐懼。

許均，開封人。端拱初，補指揮使。從石普擊賊於原州牛欄砦，俘獲甚眾。上其功。至咸平中，知鎮戎軍。

李繼隆，字霸圖，潞州上黨人。至道二年，為靈環十州都部署。初，饋餉靈州必由旱海，逾冬及春，芻粟始集。繼隆排眾議，堅請取道古原州蔚茹河，太宗許

---

① 據《新唐書》卷一〇八、《舊唐書》卷八四《裴行儉傳》載，伏念與溫傅均被斬於都市。

之。遂率師進壁古原州，令如京使胡守澄城之，始爲鎮戎軍。

李繼和，隆弟也。性剛嚴，涉書史，喜談兵略，常從隆力戰。隆請城鎮戎，未議行。咸平中，和再請，遂命知鎮戎軍，兼渭原等處巡檢使，復築城焉。加領平州刺史，建議募貧民及弓箭手，墾田積粟，且益兵。召兼涇原等處鈐轄。嗣以繼遷叛，上命張齊賢、梁顥爲經略，因以邊事訪和，和上言曰：“鎮戎軍爲涇原環慶諸路北面屏蔽，當回鶻、西凉、六谷、[8]吐蕃、咩逋、[9]賤遇、馬臧、梁家諸族之要，誠用步騎五千守之。涇、原、渭州有急，會此併力戰守，則賊不敢越。而邊民熟户俱安堵矣。”五年，率兵破衞埋族於天麻川。自是蕃族悉懼，願於要害樹砦柵，爲戍守計。和因請移涇原部署於鎮戎，開道環、延爲應援，真宗嘉納。夏人伺間，夜填塞壕，越長城來攻，和與都監史重貴破走，大獲甲騎。召賜良藥、縑帛、牢酒，以嘉獎之。

劉綜，字居正，虞鄉人。咸平中，夏人擾西邊，綜建議於鎮戎軍置屯田務。

柴禹錫，字元圭，大名人。爲鎮戎軍節度使，寬厚愛民，凡土産諸物，循例歲貢，不入橐。卒贈太尉。

陳興，澶州衞南人。咸平三年，知鎮戎軍。上言：“鎮戎軍南去渭州瓦亭砦七十餘里，中有二堡，請留兵三百人戍之。”遂與曹瑋、秦翰等領兵，抵鎮戎西北掩擊，擒斬甚衆，詔賜有加。

張守恩，棣州人。景德初，知原州，加西上閤門使。

曹瑋，字寶臣，真定靈壽人。武惠王彬之子，精通《左氏》。李繼遷叛，太宗問彬堪爲將者，彬以瑋對。遂知渭州，治軍賞罰嚴明。旋知鎮戎軍，率師邀擊繼遷及西蕃於石門川，大捷。以鎮戎軍據平地，便於騎射，非中國利，請自隴山以東，循古長城塹以爲限。又以弓箭手皆土人，習障塞蹊隧，曉羌語，耐寒苦，官未嘗與軍械資糧，而每戰輒使先拒賊，恐無以責死力，遂給以境内閑田，春秋耕斂，盡蠲其租。繼遷死，其子德明請命於朝。瑋請擒德明，復河西郡縣。不報。既而西延家、妙俄、熟魏諸大族拔帳來歸，諸將不敢應。瑋曰：“德明野心，不急折其翮，且颺去。”即日，率將士薄天都山，令受降者内徙。德明不敢拒。旋遷涇原路都鈐轄，兼知渭州。時隴山諸族皆來獻地築堡，因成隴干城，募土兵守之，曰“異時秦渭有警，此必争之地也”。後授彰武軍節度使。卒謚武穆，配享仁宗廟庭。

韓琦，字稚圭，相州人。元昊反，琦爲陝西安撫使，因奏增土兵以代戍。建德順軍以蔽蕭關。

王仲寶，字器之，高密人。天聖初知鎮戎軍，有戰功，爲涇原總管、安撫副使。與西羌戰於六盤山，俘馘數百級。會任福敗於好水川，別將朱觀被圍於姚家堡，仲寶往援，得還。

范仲淹,吳縣人。元昊犯鎮戎軍,召爲招討使,因奏築細腰葫蘆峽諸砦,以斷賊路,所以防羌月珠、滅臧二族也。卒諡文正。

范祥,字晋公,三水人,第進士。慶曆時,爲鎮戎軍通判。元昊侵城,率士卒擊退。請築劉蟠堡、定川砦,從之。

曹英,慶曆初,知鎮戎軍。

劉滬,字子濬,保塞人。仁宗時爲渭州瓦亭砦監押,擊破党留等族,獲牛馬萬計。屢有戰功,贈忠烈侯。

王珪,開封人。仁宗時,元昊犯鎮戎軍,自瓦亭至獅子堡均被圍。珪以三千騎衝鋒破敵,獲首級爲多,詔暴其功。

張亢,字公壽,臨濮人。輕財尚義,人樂爲用,爲鎮戎軍通判。因論西北攻守之計,仁宗欲用之,會以憂去。後以元昊叛,屢立大功。

楊文廣,祖業,父延昭,均戰没。范仲淹宣撫陝西,與語,奇其才,置麾下。英宗以爲名將裔,且善戰,累官秦鳳副都總管。韓琦使築篳篥城,有奇功。詔賜裘馬,知鎮戎軍,遷副都總管、[10]都虞侯。

折可適,關中人。少時驍勇,郭逵見之,曰:"真將種也。"以功遷皇城使,知鎮戎軍。羌夏入寇,可適深知敵情,僞稱夏酋視軍,盡斬守候者。因潛師疾趨,先破之於尾丁磴,結陣以待,而分騎據西山,曰:"使夏不得躪吾後夾攻也。"夏果來攻,可適以部兵八千,轉戰至高嶺,迺從間道截其歸路,[11]焚其輜重。夏人畏之。

盧鑑,字正臣,金陵人。以提點河東路刑獄,知原州。

康德輿,河南洛陽人。以父功蔭三班奉職,遷右班殿直、涇原路走馬承受,知原州。

景泰,普州人。進士,知原州。元昊亂,犯劉璠堡及彭陽城,葛懷敏等戰敗。泰率兵五千間道赴援,先鋒張迥逗遛,[12]泰斬之。遇敵彭陽西,裨將夏侯觀欲卻守彭陽,泰弗許。乃以三百騎分左右翼爲疑兵,而以精兵搜山,斬敵千餘。遷西上閤門使,知鎮戎軍。

劉兼濟,善騎射,擢兵馬都監。破夏兵於黑松林。屬其兄平戰没三川口,[13]特授內殿崇班,知原州,固辭之。仁宗戒曰:"國耻家仇未報,不可不力也。"屬戶明珠族叛,諸將欲亟討,兼濟惟日縱飲、擊踘以疑之,叛者自潰。乃襲殺其酋長,收其衆。遂知鎮戎軍,改知原州。

趙滋,開封人。父士隆戰没,蔭三班奉職,勇敢有智。范仲淹經略陝西時,舉之爲鎮戎軍西路都巡檢。

石曦,并州太原人。知原州,遷右龍武軍大將軍。

張綸,字公信,汝陰人。仁恕有才略,知鎮戎軍,後知秦州。

張守約，[14]字希參，濮州人。以蔭襲守原州截原砦，招降羌酋水令逋等十七族萬一千帳。擢知鎮戎軍。

田京，滄州人。進士，精曆算，知兵法。元昊入寇，制官李仲容薦之，召試中書，擢鎮戎軍通判。

安俊，太原人。以功遷內殿崇班，歷知數州，爲都虞侯。上《禦戎十三策》，授原州刺史。在邊年久，羌人識之。种世衡偶執羌人，問曰：“若屬孰畏乎？”曰：“畏安太保。”

劉鈞，開封人。慶曆中，監鎮戎軍兵馬。

劉舜卿，字希元，鈞子也。年十餘歲，録爲供奉官。神宗經略西邊，近臣薦其能，命訓京東將兵，因教以無忘敵仇，勉思忠孝，舜卿泣謝。詔援環慶，遂單騎往，以善料敵也，乃知原州，改秦鳳路鈐轄。

种古，字大質，洛陽人，世衡子也。爲天興尉，遷西京左藏庫副使、涇原路都監，知原州。羌人犯塞，古擊卻之，并築禦戎城於鎮戎軍之北，以據要害。

李之儀，滄州無棣人。能爲文，尤工尺牘。從蘇軾於定州幕府，歷樞密院編修，官通判原州。

种師道，字彝叔，洛陽人。少從張載游，有遠識，嫻於將略。爲原州通判，累官涇原都鈐轄，知懷德軍及西安州。夏人侵定邊，築佛口峽禦之。夏國遣焦彥堅來畫界，必欲得故地。師道曰：“若求故地，當以漢、唐爲正，則君家疆土益蹙矣。”彥堅無以對。故天下論將材者，稱爲老种。

姚雄，字毅大，平原人。勇鷙有謀，知鎮戎軍。

章楶，字質夫，浦城人。知渭州時，合熙河、秦鳳、環慶兵力，築靈平砦。

金朝

蕭貢，字真卿，咸陽人。好學不倦，讀書注史。大定中進士，任鎮戎州判官，擢監察御史。以文學薦，除翰林修撰，遷國子祭酒、户部尚書。

明朝

按：前明時特設三邊總制，駐節固原。其時同城者，兵備道一員、總兵一員、監收同知一員、衛官一員，因並登録之。其知州、吏目、學正等官，與今同。

王越，字世昌，直隸濬縣人，進士。成化五年，河套寇亂，詔越往討，專治西邊。值滿都魯、孛羅忽等復襲秦州、安定等處，率總兵許寧、游擊周玉，設奇計平之，西陲靜謐。刑部主事張鼎奏設總制府於固原，控制延綏、寧夏、甘肅三邊，總兵、巡撫并受節制，以越任之，三邊總制自此始。越屢加至太保。卒贈太傅，謚襄敏。

項忠，字藎臣，浙江嘉興人。正統進士，累官左副都御史。成化初，固原土兵滿俊，即滿四，叛據石城堡，詔忠與巡撫馬文升分軍七道兜剿之，[15]生擒滿俊，計大小三百餘戰，斬獲萬餘。升右都御史，入掌院，兵部尚書。卒贈太保，謚襄毅。

馬文升，字負圖，河南鈞州人，景泰進士。滿四倡亂起，文升爲陝西巡撫，與總制項忠、都督劉玉討之，亂即平。整邊備，修馬政，功績甚偉。適孛羅忽、滿都魯、癿加思蘭犯境，乃駐兵韋州，設伏諸堡以待，寇皆畏焉。遷升總制三邊軍務、兵部尚書，進少師。卒贈太師，謚端肅。按《通鑑注》："字羅忽、滿都魯、癿加思蘭"又作"頗羅肅、㕹都埒、伽嘉色凌"。

劉玉，字仲璽，磁州人。成化初官都督，與總制項忠討叛酋滿俊於石城堡，封平虜副將軍。石城四壁削立，最險固，玉勇進，中流矢，忠力救之。滿俊既擒，乃毀其堡。

秦紘，[16]字世纓，山東單縣人，景泰進士。先知秦州，歷官參政岷州。番亂，提兵破之。成化間，寇入花馬池，以紘總制三邊軍務。比至固原，褒忠劾奸，練將興屯，軍聲大振。固原爲平、慶、臨、鞏門户，而孛來住牧於此，益爲險衝。乃請改固原爲州，闢城郭，招商賈，通鹽利，講馬政，又以固原迤北延袤千餘里，閑田數十萬頃，并無村落，於花馬池迤西至小鹽池築堡寨，又於花馬池至固原設墩臺，計城堡一萬四千一百所，垣塹三千七百餘里。更造戰車，名曰"全勝車"，詔頒其式於諸鎮。卒贈少保，謚襄毅。

余子俊，字世英，青神人。以巡撫兼攝總制，奏設守禦千户所，蒞固原衛。

楊一清，字應寧，雲南安寧人，寄居湖南巴陵。幼舉神童，成進士，歷官左都御史。弘治初，火篩寇固原。授總制，旋遷。正德、嘉靖中，復授三邊總制，先後履任者三，治邊廿載有餘。請以蜀茶易番馬，以資軍用。創修平虜、紅古二城，以爲固原外障。於花馬池立興武營千户所，請塞定邊迄橫城三百餘里。值逆監劉瑾亂政，以勞費蹙境毀之。遂致仕，一清單輿雙騾而歸。安化王寅鐇叛，復起治軍，討平之。詔拜户部尚書、少保、武英殿大學士，進左柱國，加吏部尚書、華蓋殿大學士。卒贈太保，謚文襄。

才寬，字汝栗，直隸遷安人，進士。正德初，任總制。

張泰，直隸肅寧人，進士。累升至三邊總制。

鄧璋，涿州人，進士。歷官總制。

彭澤，字濟物，陝西蘭州衛人，進士。正德九年，以太保左都御史任總制。卒謚襄毅。

楊宏，字希仁，海州人。正德初，以都指揮僉事領兵固原，好學有謀，士皆感恩。時楊一清總制三邊，宏獻策：以紅古城乃北方必由之路，宜築城鑿池，募衆屯田。甫閱月，軍士雲集，築邊墻數百里。

李鉞，河南祥符人。弘治丙辰進士，[①]剛正廉潔。嘉靖初歷官總制。初至固原，寇由花馬池犯境，鉞令大開營門，敵疑怯，不敢進。旋炮擊之，乃退。未幾，寇復擾平涼、涇州等處，因密令游擊周尚文等截其歸路，斬虜級百餘，獲牛馬萬計。更檄延綏諸將雕剿之，大捷。尋召爲兵部尚書。

王憲，山東東平人，進士。嘉靖五年任總制，套虜千餘由花馬池侵黑水苑，乃遣師戰敗之，獲甲三百有奇。奏設下馬關參將，增築墩塘一十四座，以爲總兵防秋駐師之所。卓有政績，加太保。

王瓊，字德華，山西太原人。成化甲辰進士，[②]嘉靖初官總制。時吐魯番據哈密已四載，至是，番將牙木蘭率十國求通貢，沙州番人帖木哥等亦乞撫，西域復定。旋北寇犯莊浪，西羌掠鞏昌，均以兵擊退之。又置下馬關門，修邊墻一百八十餘里，起甜水堡至蘭州，挑壕塹八百餘里，戎備整飭，時人以楊一清比之。卒贈太師，謚恭襄。

唐龍，字虞佐，浙江蘭谿人。正德進士，以監察御史授陝西提學副史，屢官三邊總制。其涖任時，陝方大饑，吉囊、俺答等復擾河套境。龍上救荒十四事，賑禦兼籌，并以總兵梁震、王效等分擊於興武、乾溝、花馬池等處，均報捷。繪三邊形勢圖於座側，料敵如神。在邊四年，朝廷倚重。公餘在州城南三里開魚池，建後樂亭，以通流泉焉。加太保、刑部尚書，蔭子入監。謚文襄。

姚鏌，浙江慈谿人，進士，有文望。嘉靖中任總制，僅月餘。後授兵部尚書。

劉天和，字養和，麻城人，進士。嘉靖中，以兵部右侍郎授總督。十九年秋，濟農寇固原，戰於黑水苑，斬其子賜沙王，後以邊地耕牧，奏當興革者十事，屯政大舉。築乾溝、乾澗幾三百里，以捍東城鐵柱泉以備西，造獨輪兵車以施火器。虜犯硝河城，力救之。旋虜東出乾溝，乃遣任傑等截後路，斬二百餘級，獲其小酋長，梟示以儆。論功屢加兵部尚書、太保。卒謚莊襄。按《續文獻通考》云：總督原稱總制，自嘉靖中廷議以制非臣子所宜，總乃改稱總督。

楊守禮，字秉節，山西蒲州人。正德辛未進士，[③]專尚武功。嘉靖中，以寧夏巡撫授總督。寇犯固原，力戰獲捷。每防秋，必親登塞垣，籌探敵路，使寇不敢潛入。更遣勇士任勇數人，舟渡套河，取道偏關而還，獲虜酋甚衆，納降者以數千計。在任二載，最有功，加太子太保。

---

① 弘治丙辰：弘治九年（1496）。
② 成化甲辰：成化二十年（1484）。
③ 正德辛未：正德六年（1511）。

寇天敍,字子惇,山西榆次人。嘉靖中任巡撫,適寇犯固原,調兵擊退,有奇功,邊民愛戴。居官清廉,卒時至貧不能殮。歷升兵部侍郎。

張珩,山西石州人,正德進士。嘉靖二十三年,以兵部右侍郎任總督,凡兩載。增修敵臺、墩塘,教民以戰,大破韃靼於河西,斬四百級,邊功稱最。被讒謫罷,後再起用,任南京兵部侍郎。

曾銑,字子重,揚州人。嘉靖進士,以兵部侍郎任總督,善用兵。於除夕聞烏噪聲,即遣兵迎拒,諸將不得已,被甲走擊,獲勝。或問"何以知之",銑曰:"烏鵲噪非時耳。"疏《請復河套八議》及《禦寇方略十二事》,均不報。套寇兒啼,輒呼其名以怖之,啼即止。後爲嚴嵩所諆,遠近悼惜。既歿,家無餘資。隆慶初,科道白其冤。諡襄愍,邊民咸祠祀之。

王以旂,字士招,應天江寧人,正德進士。嘉靖中,以兵部尚書任總督,安靜不擾,邊番翕服。加太保,諡襄敏。卒於固原,士商哀泣者遍塗道焉。

賈應春,真定人。進士,歷官至總督。在任四年,獲番虜千餘級,論功稱最。加户部尚書,蔭二子入監。

王夢弼,山西代州人。嘉靖進士,以兵部右侍郎任總督,番虜憚服。後以議罷職。

霍冀,字堯封,山西孝義人。進士,以巡撫任總督。修演武校場,建書院,葺城垣,治奸宄,政績甚著,威洽化行。隆慶元年,升兵部尚書。

魏謙吉,直隸柏鄉人。嘉靖戊戌進士,[①]以兵部右侍郎任總督。在任懲番虜四百餘匪,稱首功。移固原守備於鎮戎,以守葫蘆峽,改河州守備爲參將。民多頌之。

郭乾,直隸任丘人,進士。嘉靖中任總督。

程軏,山東臨清人,嘉靖戊戌進士。歷升至總督。

喻時,河南光州人,嘉靖進士。以副都御史任總督,廉介自持,激勵將士。吉囊入寇固原,遣總兵趙岢迎擊,斬五百餘級,獲馬駝牛羊無算,虜人不敢近邊。上賜白金文綺以獎之。後升兵部右侍郎、南户部侍郎。

陳其學,山東登州人,進士。嘉靖四十年任總督。

王崇古,字學圃,山西蒲州人,進士。隆慶元年,以兵部右侍郎任總督,凡三年。花馬池防秋,遣將兜剿,大獲奇捷。歷兵、刑二部尚書。諡襄毅。

王之誥,湖南石首人,進士。隆慶四年任總督。

戴才,字子需,直隸滄州人。隆慶五年,升都察院右都御史、總督。在任時以

---

① 嘉靖戊戌:嘉靖十七年(1538)。

墾荒田、簡將士、修書院爲先務，民皆感頌。萬曆初，掌南京都察院事。

石茂華，山東益都人，進士。萬曆二年授總督，屢有遷調，凡三履斯任。奏甃磚城，建尊經閣、城南書院，置學田。設昭威臺於東城，以望邊烽。開城北暖泉入清水河，濟民汲食，州人頌德弗衰，申請入名宦祠。

董世彥，河南禹州人，進士。萬曆五年任總督。

郜光先，山西長治人，進士。萬曆六年，以右僉都御史任總督，旋奉諱去官。十一年復任，升兵部尚書，加少保。

高文薦，四川成都人，進士。萬曆九年任總督。

梅友松，四川内江人，進士。萬曆十七年任總督。

葉夢熊，字男兆，廣東歸善人，進士。萬曆二十二年，以甘肅巡撫討寧夏逆寇有功，升總督。巴拜之變，[1]力戰平之，旋升兵部尚書，改南工部尚書。

魏學曾，字惟貫，涇陽人，進士。萬曆二十九年任總督，以功加太保。直亮清正，有古大臣風。巴拜叛，設謀保城，乃以被誣逮職，時論深惜之。

鄭洛，萬曆中爲總督。撫恤回番，邊功有效。

李汶，字次谿，直隸任丘人，進士。有文名，清廉自守。萬曆中任總督，適寇擾南川，遣兵大勝，獲頭目把都爾恰。與兵備使劉敏寬議撫番之策，番以氈、皮、牛、羊易我米穀，民利賴之。升兵部尚書、左柱國，加少傅兼太子太師。

徐三畏，直隸任丘人，進士。萬曆三十四年任總督，以功加少保。

顧其志，長洲人，進士。萬曆間任總督。

黃嘉善，山東即墨人，進士。萬曆三十九年任總督。創修學宮，以振文風。禦寇屢捷，回番詟服。在邊陲十五載，俘獲甚衆，加太保。

劉敏寬，山西安邑人，進士。萬曆中以延綏巡撫官總督，所至簡兵蒐乘，備儲糈，善成堡，料敵如神，有奇勝者三十餘戰。與諸將推心置腹，與諸生譚道論文。陝民爲立生祠以祀之。在總督任，與兵備董國光修志，分上、下二卷，[2]以餉後人。

楊應聘，南直隸懷遠人。萬曆間任總督。

李起元，直隸南和人。萬曆間任總督。

李從心，直隸南樂人。萬曆間任總督。

王之采，山西蒲州人。萬曆間任總督。

史永安，山東武定人。萬曆間任總督。

①　巴拜：即哱拜，本志均譯作"巴拜"。
②　此志即（萬曆）《固原州志》，劉敏寬纂次，董國光校，萬曆四十四年（1616）刊刻。《八千卷樓書目》卷六《史部·地理類》有著録。

武之望,陝西臨潼人。泰昌初任總督。

楊鶴,字修齡,湖廣武陵人。崇禎初任總督。

陳奇瑜,山西保德人,進士。崇禎初延綏巡撫,官總督,清介有守。當其爲陝西布政使時,有羨金二萬,適陝西大饑,瑜盡出所積以賑濟,全活無算。歷治陝西、山西、河南、湖廣、四川軍務,旋以治邊稍懈,奉命以洪承疇代之。

丁啟睿,河南永城人。崇禎初任總督。

傅宗龍,字仲綸,雲南昆明人。崇禎初任總督。

汪喬年,字歲星,浙江遂安人。崇禎初任總督。

孫傳庭,字伯雅,山西代州人。崇禎時任總督。

楊勉,四川安岳人,進士。成化初任兵備道。創建鼓樓、永寧驛、草場、西安守禦千户所倉庫、官署,更開鎮夷、安邊二門,城堞巍然,具有條理,民稱其功。

嚴憲,河南扶溝人,進士。成化十一年任兵備道。

邊完,河南杞縣人,進士。成化十三年任兵備道。

翟廷蕙,河南洛陽人,進士。成化十五年任兵備道。

王繼,河南祥符人,進士。成化十八年任兵備道。

孫逢吉,山西渾源人,舉人。成化二十年任兵備道,撫恤窮民,賑濟有方,人多德之。

李經,山西陽城人,進士。弘治初任兵備道。

陶琰,字廷信,山西絳州人,進士。弘治初任兵備道,歷官太保。謚恭襄。

胡倬,廣西桂林人,進士。弘治十四年任兵備道。

陳珍,遼東廣寧人,進士。弘治十五年任兵備道。

胡經,山東濱州人,進士。弘治十五年任兵備道。

高崇熙,山西石州人,進士。弘治十七年任兵備道。歷官巡撫四川、右副都御史。

王凱,直隸蠡縣人,進士。正德四年任兵備道。

黃繡,江西清江人,進士。正德五年任兵備道。

景佐,山西蒲州人,進士。正德六年任兵備道。固城井水苦鹹,人病於飲,因與總兵趙文用兵力引西海水,依山成渠,經西城入泮池,出東門而注之,其利於民,誠溥也。

羅玹,河南扶溝人,進士。正德十一年任兵備道。

許諫,河南洛陽人,進士。正德十二年任兵備道。

毛思義,山東陽信人,進士。嘉靖元年任兵備道。歷官漕運總督、右副都御史。

成文,山西文水人,進士。嘉靖二年任兵備道,歷升遼東巡撫、右副都御史。

桑溥,山東濮州人,進士。嘉靖四年任兵備道,升浙江按察使。

郭鳳翔,河南祥符人,進士。嘉靖七年任兵備道。

沈圻,浙江平湖人,進士。嘉靖十年任兵備道。創修東嶽山行祠道路,去後民不能忘。

樊鵬,河南信陽人,進士。嘉靖十四年任兵備道。

王邦瑞,河南宜陽人,進士。嘉靖十七年任兵備道。歷升兵部尚書,協理戎政。

李文中,雲南臨安人,舉人。嘉靖十八年任兵備道。

紀繡,山東利津人,進士。嘉靖二十年任兵備道。

曹邁,四川榮縣人,進士。嘉靖二十一年任兵備道。

江東,山東朝城人,進士。嘉靖二十四年任兵備道。歷遼東巡撫、都御史、南兵部尚書。

李磐,河南固始人,進士。嘉靖二十六年任兵備道,升湖廣布政使。

李世芳,山西黎城人,進士。嘉靖二十九年任兵備道。居官清正,矜恤貧寡,民懷其惠。

張松,河南洛陽人,進士。嘉靖三十一年任兵備道,升宣大總督、副都御史。

崔官,四川閬中人,進士。嘉靖三十四年任兵備道。

許天倫,山西振武衛人,進士。嘉靖三十五年任兵備道。

李臨陽,四川江津人,進士。嘉靖三十六年任兵備道。

焦璉,順天涿州人,進士。嘉靖三十七年任兵備道,升山西行太僕寺卿。

王之臣,四川南充人,進士。嘉靖三十七年任兵備道。

李廷儀,山西霍州人,進士。萬曆初任兵備道,十六年升都察院右僉都御史、甘肅巡撫。

楊時寧,河南祥符人,進士。萬曆十八年任兵備道。後升貴州巡撫、寧夏巡撫、宣大總督。政績稱最,人服其廉。

楊楫,河南商丘人,進士。萬曆中任兵備道。

吳鴻功,山東萊蕪人,進士。萬曆中任兵備道,愛士興學,捐貲補葺書院,卓然民表,時以宿儒推之。升布政使。

劉廣業,河南洛陽人,進士。萬曆中任兵備道,升按察使。

徐雲逵,直隸遷安人,進士。萬曆三十三年任兵備道。在官四載,重士恤貧,去後民思。升按察使。

張舜命,河南商城人,進士。萬曆三十八年任兵備道。

劉尚朴,河南信陽人,進士。萬曆三十九年任兵備道。籌畫邊防,恩威交孚,而尤善於治盜,人多稱頌。

董國光,山東滕縣人,進士。萬曆四十一年任兵備道。重視學校,捐廉補修櫺星門、泮池、牌坊三座,廡殿煥然。與總督劉敏寬分輯《州志》上下二卷。政績有足徵者。

李春光,山西解州人,進士。天啟中任兵備道。

馮舜漁,山西蒲州人,進士。天啟中任兵備道。

馮從龍,四川人,舉人。任兵備道。

徐節,山西臨汾人,進士。任兵備道。

党馨,山東益都人,進士。任兵備道。

陸夢龍,崇禎中任兵備道。

朱珪,天順初苑馬寺正卿、中順大夫。

邵進,天順初苑馬寺少卿、亞中大夫。

曹雄,西安左衛人。驍勇敢戰,累官都督同知、固原總兵。寘鐇反,雄約諸鎮渡河討之。後拜鎮西將軍。按:總兵係弘治初年由陝西移固原。

鄧玉,固原總兵兼都督僉事。

楊英,固原總兵兼都督僉事。

侯勳,固原總兵兼都督同知。

趙文,平涼衛人,固原總兵。與兵備景佐議開西海水渠,依山入城,以便民食,至今猶享其利。

劉淮,宣府衛人,固原總兵。

鄭卿,寧夏衛人,固原總兵。

張鳳,榆林衛人,固原總兵。

魯經,莊浪衛人,固原總兵。

劉文,慶陽衛人,固原總兵。

梁震,榆林衛人。嘉靖中任固原總兵,十二年冬,虜犯鎮遠關,總制唐龍遣與王效擊之,虜多溺死。既而復犯花馬池,大捷於乾溝。歷遷延綏、大同總兵。謚武壯。

王效,延綏人。嘉靖中任總兵,與梁震擊虜有功。

任傑,西安左衛人。嘉靖中任總兵。時濟農侵黑水苑,入固原摽掠。總制劉天和飭傑往戰。前總兵周尚文盡銳奮擊,遂與傑共斬小王子。更築鐵柱泉於靈州境。

張鎮,宣府人,嘉靖中任總兵。

魏時，慶陽衛人，嘉靖中任固原總兵。

王緯，西安左衛人，以指揮僉事戰清水河。初官固原守備，升右參將，擢副總兵，拜征西將軍。

張達，涼州衛人，固原總兵。

成勳，三屯營人，固原總兵。

孫臏，綏德衛人，固原副總兵。

袁正，太原人，固原總兵。

曹世忠，綏德衛人。嘉靖三十六年官固原總兵，加都督僉事。在任捐廉，與兵備道沈圻合修東嶽山行祠道路，俾崎嶇者以平坦，民思利便，刊碑頌之。

許經，廬州府無爲州人，固原副總兵。

徐仁，延綏人，固原右副總兵。

郭江，延綏人，以指揮歷官固原總兵。

郭震，寧夏人，任總兵。

張剛，榆林衛人。多謀善戰，料敵無遺策，邊寇畏之。以世襲指揮，歷升固原總兵。

呂經，寧夏人，固原副總兵。

孫國臣，大同人，固原右副總兵。

李真，延綏人，固原副總兵。

王撫民，延安衛人，指揮使。嵩山逋寇爲亂，甫至境，撲滅之。火篩寇聞其威令，不敢犯邊者數年。以固原總兵遷右軍都督同知。

張臣，榆林衛人，固原副總兵。

劉承嗣，山西振武衛人。任固原總兵，先後兩次。

尤繼先，榆林衛人，善騎射，愛士卒。任固原總兵時，北虜不敢犯界。卒，加太保，軍中咸哭，西向而祭。

李昫，固原衛人。任副總兵，鄉里榮之。

董一魁，宣化人，任總兵。

楊濬，莊浪衛人，任總兵。

黃明臣，宣化府人，任固原副總兵。

蕭如薰，延安衛人。好義潔己，敬士恤民。任總兵、署都督同知。其祖漢、父守奎，兄如芷、如蘭、如蕙，均官總兵，有政績。一門名將，當時艷羨，亦古今所罕有已。

管一方，山西中屯衛人，任總兵。潔己恤貧，民頌其惠。

柴國柱，西寧衛人，任副總兵。

鄧鳳，榆林衛人，歷升總兵。

姚國忠,宣化府人,任總兵。

尤世禄,榆林衛人,以世職歷任固原總兵。

祁繼祖,山西蔚州衛人,任副總兵。

楊騏,崇禎初任固原總兵。

劉國棟,甘州衛人,任固原副將。

高從龍,榆林人,任固原參將。

李芳,綏德衛指揮,任固原游擊。

吳繼祖,靖虜衛指揮,中軍副總兵,加都督。

薛永壽,直隸錦衣衛人,左營游擊。

王世欽,榆林人,右營游擊。

保國祚,平涼衛人,坐營都司。

余德榮,西安衛人,下馬關參將。

鄧榮武,甘州衛人。萬曆四十四年官西安州游擊。

岳思忠,河南人,官知州。

洪恩,四川成都人,舉人,官知州。

石堅,山西介休人,監生,官知州。

張洪,山東曹縣人,舉人,官知州。

嚴玘,河南陳州人,舉人,官知州。

張經,山東濱州人,舉人,官知州。

王龍,直隸束鹿人,舉人,官知州。

趙承祖,山西介休人,舉人,官知州。

范昂,雲南太和人,舉人,官知州。

孫紹卿,山西代州人,恩貢,官知州。

郭三仁,山西蒲州人,舉人,官知州。

丁永嶸,山東范縣人,舉人,官知州。

丁律,直隸保定人,恩貢,官知州。

倪雲鴻,直隸阜城人,舉人。嘉靖二十八年官知州,時延、慶、平、固沿邊一帶苦旱,套虜亦乘間竊發,餓莩盈野。總督王公以旂、副使李公磬偕雲鴻,步禱兩閱月,弗應。雲鴻每夜焚香自責,忽聞空際人語曰:"盍禱之東嶽山。"於是竭誠薰沐齋戒,跣足而往。越三日,大雨如注,轉歉爲豐。其被虜侵掠之户,悉發賑,俾無失所,一時以循良稱之。

胡光,四川雅州人,舉人,官知州。

任企賢,四川閬中人,舉人,官知州。

陳遺,遼東信陽衛人,監生,官知州。

阮師瞻,山西臨汾人,舉人,官知州。

王榮,山西文水人,舉人,官知州。

鄭璉,直隸人,舉人,官知州。

陳謨,山西寧縣人,舉人,官知州。

范岡,直隸廣平人,舉人,官知州。

江化鰲,直隸霸州人,監生,官知州。

牛希尹,山西長治人,舉人,官知州。

吳從周,山西安邑人,舉人,官知州。

邢汝龍,四川銅梁人,監生,官知州。

景登第,山西安邑人,舉人。萬曆初官知州,在任十一載,振興學校。凡民間聰穎子弟無力讀書者備選之,專設一義塾,得受培植。每獲竊賊,必多方勸導,使莠者爲良,治績稱最。至其持己儉約,尤有古循吏風。

徐昌會,字際卿,別號五管,廣西臨桂人,舉人。萬曆二十三年官知州。有文名,長兵略,治聲播於鄰郡。在任興利除弊,吏胥憚服。創修州庫,悉捐廉爲之,不擾不累。公餘著《握機橐鑰》,[17]四鎮邊防,封關一丸,河西囊括諸書。至於決獄嚴明,尤有神君之頌。

成己,山東人,舉人,官知州。

龔應祥,遼東人,舉人。萬曆中官知州。善能治盜,具幹濟才。鄉民有魏姓弟兄相訴一事,積數年不能決。應祥甫下車,鞫之,援古人孝友典實,反覆勸喻。訟者皆泣下,各自引咎,遂解,復共爨焉。由是治聲卓然。

張栯,山西安邑人,舉人,官知州。

王汝爲,山西河津人,舉人。萬曆中官知州。廉潔自持,好學重士。嘗召諸生於庭,示以程朱宗派,有龍門講學之致,被教澤者,稱濟濟焉。

陳鳴熙,福建晉江人,舉人,官知州。

儲至俊,湖廣靖州人,拔貢。萬曆中官知州,有政績。

劉汝桂,直隸昌黎人,舉人。萬曆四十四年官知州。在任捐廉,刊修《州志》上下二卷。①

康守虛,崇禎初官知州。創修東山菩薩院,捐廉助工,并置茶庵十餘所,使登山者渴而飲之。邑紳陳舜典爲文泐石,惜其石已殘剝矣。

盧應麟,崇禎初官知州。在任捐廉,修太白祠,遺碣猶存。

---

① 州志:指(萬曆)《固原州志》。

李永芳,山東人,舉人,官監收同知。

李承宣,山東人,監生,官監收同知。

孫爵,山西壽陽人,吏員,官監收同知。

范守義,河南汲縣人,監生,官監收同知。

孫守直,山東登州人,監生,官監收同知。

龔天騏,南直隸廬州人,監生,官監收同知。

劉棟,直隸任丘人,進士。嘉靖二十八年官監收同知。因祈雨有應,捐廉助修東嶽山道,立有遺碣。

陳永壽,直隸獻縣人,監生,官監收同知。

李冒,南直隸宜興人,監生,官監收同知。

劉漢卿,四川人,監生,官監收同知。

盧汝元,江西人,監生,官監收同知。

畢拱極,直隸人,監生,官監收同知。

沈雲霈,浙江人,監生,官監收同知。

張赤心,山西絳縣人,監生,萬曆四十四年官監收同知。善楷法,爲東山書佈施碑,秀整有致。惜其石已剝落,然偶露點畫,精采猶存。

吳國士,四川人,拔貢,官監收同知。

顏似葵,四川巴縣人,監生,官監收同知。

張拱立,河南閿鄉人,監生,官監收同知。

郭英、直隸宣化。張㫤、山西朔州。盛景、山東萊州。李逢陽、山西石州。李玉、山東歷城。馬昺、山東濟寧。王一鳳、山西太原。侯康國、山西文水。吳希賢、江西南昌。羅應時、直隸通州。蔡如薺、直隸薊州。張朝志。山西曲沃。以上均監生,官固原州吏目。

李佐、四川成都。周价、四川巴縣。丁琰、山西聞喜。李鵬、四川茂州。申一鸞、山西臨汾。蕭元圭、四川納溪。魏繼武、山西河津。劉賢、山西山陰。陳吉、四川成都。陳永弼、陝西長安。王鶴齡、山西忻州。張問行、陝西延安。劉永明、陝西朝邑。劉肇、陝西鳳翔。方本淳、河南洛陽。李應㳺、山西萬泉。蒲守仁、秦州衛。張雲鴻、陝西漢陰。胡雲鵬、陝西扶風。侯屏。陝西同官。以上均歲貢,官固原州學正。

劉謨、山西太原。符節、湖廣均州。陳滿、河南閿鄉。劉智、山西河曲。蔣倫、河南原武。李澄、四川鹽亭。胡貫、四川巴縣。李宗義、山西陽曲。羅袞、四川宜賓。馬元、四川華陽。武威、山東樂陵。毛鳳起、四川宜賓。魏世弘、河南睢陽。朱崇義、四川新寧。王相、山西文水。陳界、山西太原。張國用、山西汾陽。李敘、山西屯留。張田、四川漢州。賈上策、山西交城。張質、山西保德。楊熠、隴西縣。袁自强、鞏昌府。張丕植、隴西縣。劉汝性、莊浪衛。王三聘、真寧縣。吳遂、甘州衛。王學曾、陝西岐山。馮翊、陝西米脂。趙士達、陝西永壽。王家士。陝西華陰。以上均歲貢，官固原州訓導。

查固原在前明弘治十五年始，徙開城縣民置州城。今明《志》中僅列知州，而開城縣令竟無可稽，亦缺事也。所有知州銜名，係從弘治年起，至其事實，亦悉按余所考得者增録之。

官師志二

國朝文職

按：固原文職，當順治、康熙時，三邊總督駐節於此，輔治者尚有參議副使、固原道、知州、鹽茶廳同知等官。自總督移駐蘭州，參議各缺量裁，廳道亦先後移廨。今志文職，本擬由總督以下依次序之，第《通志》《平涼志》業已備載，而海、平兩縣均另有志，自應省録。至於知州、學正、吏目，其在同治以前諸公，以迭經兵燹，檔册無存，僅於殘碑斷簡中稽其姓氏，採其政績，以爲紀實。同治以後，則仍按部就班，用俟諸徵文考獻者。

知州

遲士玉，進士，順治四年選授知州。在任時，捐廉百金，與都督李公茂合力修理南閱城武廟。

潘雲程，舉人，順治五年選授知州。在任五年之久，政績卓然。捐廉修理白雲觀等處，與都督李公茂共襄盛舉。

郭之培，直隸任丘進士。順治九年授知州。愛士恤民，甄録殉難節孝，以振習俗。

唐納欽，廣西灌陽舉人。康熙十五年，由渭南知縣卓異，升授知州。持心平恕，民有愷悌之歌。

吳季芳，康熙初進士，於三十一年選授知州。以東嶽山道路崎嶇，與都督何公傅捐廉，率隊開鑿平整，至今拾級來游者咸稱利便。

胡昌國，雍正八年，由鹽茶廳同知兼署知州，以慈惠稱。

賈聖檜，乾隆十三年選授知州，有文名。

周克開，字梅圃，湖南長沙人。乾隆十二年舉人，選授隴西寧朔知縣。二十五年,卓異,升授知州,擢貴陽知府、江南糧道。在固時,禁私錢、興書院,民僉德之。生平無私蓄,故當時稱廉吏者,必曰周梅圃云。

郭昌泰,湖北襄陽人。乾隆三十八年選授知州。在任時,捐廉修理太白山祠,民不爲擾。

翟方震,浙江錢塘人。嘉慶五年補授知州。十二年,卓異加級。在任八年之久,捐廉創修城隍行宮。

趙宜暄,字霽園,江西人。嘉慶二十一年選授知州,道光三年卸任。撫治八載,與民相安,能文善書,士林望之。

程棟,安徽休寧人。道光六年署知州,九年再署,嗣升補斯缺。計前後履任三次,凡七載,并兼署鹽茶廳同知。籌修上帝廟,捐廉三百金以助之,民懷其惠。

羅文楷,道光八年由渭南知縣升署知州。捐廉三百金助修上帝廟工程,有潔己樂善之譽。

陳伊言,道光十三年,由靜寧知州調署斯缺。籌修上帝廟,民款支絀,因捐廉以助,工賴告成。治民簡約。

鈕大紳,浙江山陰舉人。道光十五年選授知州,旋以卓異加級。二十年復任,計先後在任十載。籌修義學,培植書院,生徒濟濟,大振文風。至其聽訟如神,民到于今稱之。

琦齡,滿州人。道光二十四年選授知州。在任七載,吏畏民懷,卓有政聲。

劉錫禹,直隸通州人。道光三十年署知州,旋升授。在任七載,爲政清平,遺愛在民。後其子湛官知縣,權靈州,殉於陣。時人以"父廉子忠"稱之,洵宦鄉盛美也。

托克清阿,字凝如,滿洲正藍旂山西駐防舉人,以知縣分甘。歷署撫彝、巴燕戎格、皋蘭各廳縣。咸豐六年署知州,在任二載,日坐堂皇,負者稱平,一時有"托青天"之頌。旋授秦州,會賊犯蓮花城,乃自率團勇以禦。賊炮發,中右目,殉陣。特旨優恤,予謚剛烈。秦州建專祠祀之。

賈元濤,山東進士,咸豐九年署知州。在任二載,有幹濟才,書役畏服。其時回匪漸有蠢動,潛行煽惑,因集城鄉漢民籌辦保甲團防,悉合機宜。回匪以逞謀不便,觀察萬金鏞亦與之忤,因解組而檄回籍馬維岳陝回馬百林之姪。代其事,自此匪焰鴟張,致釀浩劫。時人以賈之去也,深惋惜焉。古人所謂得一賢令尹,勝於十萬軍,吾於賈公亦云。

蔣方直,同治初任知州。其時回氛遍野,日瀕於危。標兵又復空虛,迨官軍抵境,而城局已糜爛矣。八年,舉辦善後,頗費經營。其幕友萬家詩爲賊戕害,已於《忠義錄》表揚之。

魏高騫,湖南人,同治九年代理知州。

蕭明才,湖南安化人,同治十年代理知州。

左壽崑,湖南人,同治十一年代理知州。

廖溥明,字曉東,四川富順附生。同治十一年授知州,光緒三年卸篆。在任六載,修建衙署,辦理墾荒,其撫輯招徠,行政一以寬和爲本。至新設海、平兩縣,硝河分州,安民劃界,佈置尤極周詳。蓋同治十三年始升州爲直隸州也。

喻長銘,湖南寧鄉人,光緒三年署任,五年卸篆。

聶堃,湖南邵陽人,光緒五年署任,六年卸篆。

葉恩沛,安徽人,光緒六年署任,七年卸篆。

談定基,湖南人,光緒七年署任,八年卸篆。

裕曾,漢軍旂舉人。光緒八年署任,九年卸篆。採訪忠義,表揚節孝,計數十事,是亦振興風化之良規也。至行政一切,不苛不擾,當時多以廉平稱之。

羅鎮嵩,字穆倩,湖南湘鄉附生。光緒九年授任,十六年卸篆。在官數載,訟理政成,撫馭漢回,亦寬嚴有法。

趙人龍,山東歷城人,光緒十六年代理,未及一月。

李瀛,字松舟,湖南巴陵人。光緒十六年署任,十七年卸篆。籌修書院,定文社章程,有政績可考,後以権務逮職,良用惋然。

匡翼之,字策吾,湖南湘潭舉人。光緒十七年授任,二十一年卸篆。在任時,與雷少保經營書院,好學重士,學校感之。其治事也,悉除苛累,政成民和,旋以道員筮仕廣東。

尹翊湯,字聘三,湖北穀城人。光緒二十一年代理。

程敏達,字穎齋,安徽阜陽人。光緒二十一年署任,二十二年卸篆。精於戰略,足備邊防。

張祥會,字文堂,河南洛陽優貢。光緒二十二年由臯蘭縣升授,二十五年卸篆。居官行事,寬宏有度,撫漢馭回,恩威交濟。後以道員筮仕山西,權雁平兵備道。

蕭承恩,字錫三,湖北鍾祥人。光緒二十五年署任,二十六年卸篆。决獄精詳,漢回翕服。在任時,適有旱災,徒步祈禱,尤極誠肅。嘗祝神以自責曰:"災眚者,天意也;挽回災眚者,牧令之心也。願减壽籙,毋使民罹此殃。"其愛民如此。

張元溙,字曉山,陝西涇陽進士。光緒二十六年由武威縣調署斯任,二十七年卸篆。持躬謹飭,善能治盜,民頌之曰"明察如神"。

劉至順,字讓木,江蘇上海舉人。歷任秦安、張掖、寧夏等縣,光緒二十七年由山丹縣升授,未莅任,旋告歸。至其學問品行,隴右士夫咸所欽仰,今秦安縣猶有生祠在焉。

王開斌，字獻章，湖南湘鄉人。光緒二十七年署任，二十八年卸篆。

宋之章，字少谷，陝西咸寧人。光緒二十八年署任，旋以疾卒於官。

金承蔭，字少逸，安徽桐城人。光緒二十九年署任，三十年卸篆。政稱平恕，民多德之。

張元濂，光緒三十年復署，三十一年卸篆。

王學伊，字平山，山西文水進士。由刑部主事改官分甘。光緒三十一年授任，三十二三兩年，蒙保最優等員。嘗自書聯於座右曰：“民事不可緩，吾斯未能信。”

學正

趙楫，陝西人，順治五年任固原州學正。善書能文，有撰記、碑銘，爲邑人所傳誦。

唐順祖，字誦芬，陝西渭南舉人，嘉慶間任學正。性至孝友，愛士好學。嘗召生徒課試，捐廉爲膏火。有學田數百畝，久爲豪猾所據，乃逐一清釐收租，以贍寒畯，士林德之。

孟星河，甘肅皋蘭貢生，道光二十九年任學正。性極好學，手不釋卷。至持躬之謹飭，尤足爲士民矜式也。

岳鎮東，武威人，咸豐十年任學正。

慕璋，鎮原舉人，同治十三年代理學正。

王炳麟，皋蘭廩生，同治十三年署學正，光緒三年卸任。

馬佩珂，鞏昌舉人，光緒三年署學正，四年卒於官。

孫國棟，皋蘭舉人，光緒五年代理學正。

王偉，皋蘭舉人，光緒五年任學正，十年卒於官。好學能文，課士制藝，以清真雅正爲法。

徐東璧，皋蘭貢生，光緒十一年署學正。

俞鏡淵，皋蘭舉人，光緒十一年任學正，二十三年卸任。訓迪維勤，後進生徒至今猶能道之。

周宗濂，狄道貢生，光緒二十三年署學正。

謝錫圭，伏羌舉人，光緒二十三年任學正，三十三年升授寧靈廳教授。在任時，兼固原書院山長，課士甚勤。

王學伊，山西進士，光緒三十三年以知州兼攝學正。

韓國棟，甘州撫彝廳廩貢生，光緒三十四年任學正。勸學不倦，和靄可風，兼充固原中學堂校長。

吏目

王維系,直隸容城人,道光二十年任吏目。

王志楓,咸豐五年任吏目。

戴承恩,浙江山陰人,咸豐中任吏目。

黃承荃,湖南益陽人,同治十年署吏目。

吳鼎,陝西興安人,同治十一年署吏目。

龍泰階,湖南人,同治十二年署吏目。

羅登綽,四川人,光緒元年署吏目。

陳慶麟,光緒二年署吏目,四年卸篆。

傅丙琛,湖南湘陰人,光緒四年署吏目。

高敬昌,湖南善化人,光緒五年署吏目。

王立中,四川越雋廳人,光緒六年任吏目。

查德朗,安徽涇縣人,光緒八年署吏目。

閻志誠,陝西藍田人,光緒九年署吏目。

張廷煥,陝西長安人,光緒十年署吏目。

王立中,光緒十一年復任吏目。

張繼芳,江蘇甘泉人,光緒十二年署吏目。

石栖,順天大興人。光緒十四年任吏目,兼辦保甲,二十·年卒於官。

陳寅,四川人,光緒二十一年代理吏目。

汪燦章,安徽無爲州人,光緒二十一年署吏目。

宋承恩,山西平遥人,光緒二十三年署吏目。

祥啟,正黄旂人,光緒二十三年代理吏目。

周紹蓮,順天大興人,光緒二十三年署吏目。

張延祺,湖南長沙人,光緒二十三年署吏目,兼辦保甲。

劉鑑,陝西安康人,光緒二十五年署吏目,二十七年卸篆,兼辦保甲。紳民製額曰“勞怨不辭”。

任建勳,四川南充人,光緒二十七年任吏目。

黃榮甲,湖南寧鄉人,光緒二十八年署吏目。

胡廷佐,安徽桐城人,光緒二十九年署吏目。

周宗濂,四川新繁人,光緒三十年任吏目。

李華清,湖北利川人,光緒三十一年署吏目。

錢作楨,順天宛平人,原籍浙江。光緒三十二年任吏目,三十四年篆卸。紳民製額曰"恩惠感孚"。

陳光在,四川人,光緒三十四年代理吏目。

韓慶文,陝西咸寧人,光緒三十四年署吏目。

國朝武職

按:固原武職,前明陝西右提督駐節平涼,而固原以總兵駐之。迨國朝康熙間,既平王輔臣之亂,廷臣建議移總督於蘭州,移提督於此,併移總兵於河州,兵制益稱嚴備。至今提標俸餉雖由甘藩庫支領,而其帑仍由陝藩庫撥濟者,職是故耳。因備志之。

提督

王進寶,字顯吾,甘肅靖遠人,以行伍起家。順治初,隨征湖南、貴州、西羌等處,戰功稱偉,累擢至西寧總兵。康熙十四年,討叛將王輔臣之亂,出奇制勝,授固原提督,兼攝固原總兵,領西寧印務,加二等男,晋一等男、奮威將軍。勇略冠群臣,西陲資爲砥柱。十九年晋子爵,二十三年以疾乞歸。特命太醫診治之,并調其子用予爲甘肅總兵,以便侍養。二十四年卒,賜諡忠勇,加太保,世襲子爵,祀賢良祠,祭葬如例。提督移駐固原,自將軍始,因首列焉。

何傅,福建福清人,康熙二十五年授固原提督,署都督同知。在任七年之久,謀勇兼備。治軍之暇,嘗登東嶽山,以嶺路崎嶇,民艱跋涉,與知州吳季芳慨然捐廉,開鑿平垣,俾行者無傾扑之患。其餘如茸城垣,嚴塘汛,迄今猶多追念遺功者。

李林隆,奉天鐵嶺衛人,康熙三十一年授固原提督。治軍嚴峻,聲震西陲。在任七載。其弟林盛於三十七年繼其任,待士卒以寬。弟兄先後專閫齊名,亦可爲柳營盛事已。

潘育龍,甘肅靖遠人。初以隨征湖廣茅麓山匪有功,補把總。康熙十四年,剿叛將王輔臣於平涼及三水、淳化、慶陽,諸路匪悉平。復轉戰四川大竹等縣,防剿噶爾丹,積功擢肅州副將、天津總兵。以中炮傷,奉召遣醫診視。四十年,擢固原提督,會聖駕西巡,駐渭南,調閱固原標兵弓馬,加鎮綏將軍。五十八年卒,賜諡襄勇,加少保,祭葬如例。至其在官時,特賞匾額、裘馬、綢緞諸事,猶例典耳。

馬見伯,甘肅寧夏人,康熙三十年武進士。隨征噶爾丹至洪敦羅阿濟爾罕,敘功累擢至太原總兵。疏請禁藏鳥槍、武闈試策等事,均如議行。調天津總兵,適策妄阿喇布坦叛,奉命督師協剿。五十八年,擢固原提督。次年隨貝子延信率兵進藏。既凱還,行至打箭爐病卒,賜祭葬如例。

金國正,甘肅寧夏人,以行伍積功,官花馬池副將、大同總兵。康熙五十九年,署固原提督。

李麟,陝西咸陽人。始隨勇略將軍趙良棟征四川、雲南等省,繼隨振武將軍孫思克征噶爾丹,終隨平逆將軍延信征策妄阿喇布坦,并護送第六世達賴喇嘛進藏,積功至登州總兵。康熙六十年,授固原提督,加右都督,授騎都尉。

楊盡信,貴州威寧人,雍正元年署固原提督。

噶爾弼,滿洲廂紅旗人,以前鋒參領歷任各旗都統。康熙五十八年征準噶爾,授定西將軍。雍正元年,署固原提督。

素丹,滿洲正黃旗人,三等男斐雅斯哈之子也。康熙十年,以襲爵授護軍參領。二十九年,隨裕親王征噶爾丹於烏蘭布通,中箭傷,復駐防寧夏、蘭州等處。雍正元年,隨撫遠大將軍年羹堯征青海羅卜藏丹津,與岳鍾琪會剿於哈拉濟滿,斬獲甚眾。二年,授正黃旗都統,兼署固原提督。七年,卒於涼州,賜諡勤僖,祭葬如例。按:乾隆時《通志》作"蘇丹",[1]正白旗人,今依《名臣傳》改正。[2]

楊啟元,甘肅寧夏人,雍正三年署固原提督。

馬煥,固原州人,雍正三年署固原提督。

姚文玉,正藍旗人,雍正三年署固原提督。

路振揚,陝西長安人,雍正四年署固原提督。

紀成斌,甘肅平番人,雍正七年署固原提督。

張善,甘肅寧夏人,雍正七年署固原提督。

潘之善,甘肅靖遠人,襄勇公從孫也。初隨任於肅州軍次,康熙三十五年從征噶爾丹於昭莫多,中火器傷,召來京醫治,授藍翎侍衛。旋駐防哈密,復擊準噶爾於烏魯木齊。雍正元年,青海台吉羅卜藏丹津叛,與孫繼宗等會剿於布隆吉爾。積功署四川提督,授安西鎮總兵。七年二月,以目疾乞歸,不許。八月,署固原提督。諭曰:"此任乃汝叔祖潘育龍之所整理,爲天下第一營伍,其流風餘韻,至今可觀。"并特遣太醫隨時調治之。旋解任。十一年卒,賜祭葬如例。

范時捷,鑲黃旗人,雍正九年署固原提督。

樊廷,甘肅涼州人,雍正九年署固原提督。

李繩武,正黃旗人,雍正十年署固原提督。

---

① 參見(乾隆)《甘志》卷二九《提督固原總兵》。
② 參見《滿漢名臣傳》卷十六《素丹列傳》。

楊珧,固原州人,乾隆初署固原提督。

傅清,鑲黃旗人,以藍翎侍衛擢副都統。雍正五年授天津總兵。十四年,由古北口提督調固原提督,尋赴西藏會辦珠爾墨特木札勒與達賴喇嘛起釁事,乃與拉布敦決議剪除。召珠爾墨特木札勒至公署,數其罪狀,手刃之。旋被害。賜謚襄烈,祀賢良、昭忠二祠,祭葬如例。

許仕盛,乾隆中授固原提督。

豆斌,固原州人,乾隆中,兩任固原提督。

哈攀龍,直隸河間人,乾隆二年武狀元。授花翎侍衛,旋授興化城守,擢南陽、松潘各鎮總兵。調征金川,隨大學士傅恒夜攻色爾力嶺石卡,殺番賊甚衆。凱還,擢署固原提督,授湖廣提督,調貴州提督。以病留京,旋卒,賜祭葬如例。

楊遇春,四川重慶人。乾隆中領武鄉薦,隨征石峰堡、臺灣、廓爾喀有功,累官至甘州提督。嘉慶七年,調固原提督,以丁憂去官。十三年,復擢固原提督。滑縣亂,率師平之,加二等男,旋剿賊於三才峽,俘獲甚衆,晋一等男,加少保。道光五年,署陝甘總督。六年,回酋張格爾叛,督兵往討,設奇制勝。既凱還,加太保,嗣以張逆就擒,詔封果勇侯,授陝甘總督,加一等昭勇侯,紫光閣繪像。十八年卒,賜謚忠武,加太傅、兵部尚書,祀賢良祠,祭葬如例。至如御賜匾額、紫韁、雙眼花翎、白金玉皿諸品,洵酬庸之懋典也。

楊芳,字誠村,貴州松桃廳人。有偉略,通經史,入伍充書記,爲楊忠武公所知,拔把總,隨征川楚匪,俘獲稱最。嘉慶初,復征賊酋冷天禄於岳池、包正洪於大竹,追剿張漢潮餘黨,盡殲之。積功擢廣西副將,誠勇巴圖魯。既度隴,剿成縣、階州賊,冒雨力進。而其剋平利,攻廣元,收復漢南諸戰事,尤著奇績。十年,由寧陝總兵擢固原提督,旋戍伊犁。復用歷仕至甘肅提督,以擒張格爾功,加太保、果勇侯,晋太傅,調湖南提督。道光二十六年卒,賜謚勤勇,發白金五百兩治喪,祭葬如例。至其在軍時,著書十餘種,則尤允文允武者已。

胡超,以侍衛歷官總兵,加勁勇、捷勇巴圖魯,爲楊勤勇公諸軍將領。道光中署固原提督。在任時以捐廉修理上帝廟,民多感之。

石生玉,字蘊山,陝西澄城人。以武童入固標,楊忠武公目爲奇士。嘉慶中隨征滑縣賊,力戰於道口司寨,歷擢千總。適喀什噶爾逆起,率隊往剿,迭著奇功。入覲,授張家口副將,擢宣化鎮總兵。二十四年,授湖南提督,復調烏魯木齊提督。道光中,調固原提督,旋以疾乞歸。

索文,固原州人,咸豐初署固原提督。

經文岱,滿洲鑲紅旗人,咸豐中任固原提督。當十一年回匪蠢動時,適赴蘭州與制府籌商邊計,護篆者爲中軍參將景文。禍變之來,非經提督所能預料也。

雷正綰,字緯堂,四川中江人。行伍以弓馬擅勝,拔把總,隨征江、皖髮逆及山東捻匪,敘功升梁萬營都司。旋帶隊秦、隴,進剿逆回,設奇決戰,迭著偉績,洊至副將,加直勇巴圖魯,授陝安鎮總兵。同治元年,擢固原提督,留辦陝西軍務,既而率師進攻涇州、平凉、固原東西山及金積堡,俘獲巨酋,旋剋之。十年,加達春巴圖魯。蒞提督任,整練防軍,籌辦善後事宜。光緒十年,奉召來京,特賞如意、綢緞各珍品。旋統馬步十一營,防禁奉天鳳凰城、邊門九連城各要轄。十二年,回固原任。復以恭逢萬壽慶典,加少保,晋尚書銜。二十一年,循化撒回爭教,以孤軍失利,開缺回籍,計先後握提篆者二十餘年。其治軍嚴肅,固所宜然,至其捐廉培植書院,禮賢厚士,尤合古儒將風,紳民立去思碑也有以夫。

恒泰,滿洲人,同治四年,以陝西參將代理提督印務。

阿拉金,滿洲人,同治九年,以中營參將代理提督印務。

沈玉遂,字翰青,湖南湘鄉人。咸豐初,以武童從征江西陰岡嶺、羅坊、太平墟等處,峽江、宜黃、崇仁、信豐,并廣西井研等縣,所戰有功,洊守備。同治初,帶隊援蜀,解眉州、綿州各城圍,累晋總兵。左文襄公奏調治河湟軍,剿太子寺各匪巢,授河州鎮總兵、喀爾莽阿巴圖魯。光緒十年,署固原提督,在任三載,修理城堞暨慶祝官工程。軍政嚴肅,民多頌之,附祀昭忠祠。

成光裕,字吉甫,湖南寧鄉人。光緒十年,以中營參將護提督印務。

鄧增,字景亭,廣東新會人。咸豐中,以武童從征英德縣藍山嶺等處,金華、諸暨、龍游、桐鄉、富陽等縣,并全閩髮逆肅清,積功洊游擊,擢副將。同治中,左文襄公奏調來甘,領開花炮隊,攻金積堡匪巢,解西寧、肅州城圍,加總兵、伊博德恩巴圖魯。進剿烏魯木齊、昌吉、呼圖壁、瑪納斯諸路匪。光緒十一年,授伊犁鎮總兵,調西寧鎮總兵。二十二年授固原提督,旋平海城之變。二十六年奉召入衛,二十八年復任。三十一年卒於官,附祀昭忠祠。

盛喜,字雨亭,湖北荊州駐防。光緒二十六年,以中營參將護提督印務。

賈鴻增,字子猷,江蘇人。光緒二十六年,以中營參將護提督印務。

陳正魁,光緒三十一年護理提督印務。

張行志,字雲亭,陝西蒲城人。同治八年,以武童從左文襄公軍征新疆南北兩路有功,拔把總。光緒初,董少保檄帶兵隊防戍邊疆,勞勩卓然,進擢守備。二十一年甘肅回亂,與董少保治軍河湟。督開花炮營,百發無一虛者,立解河州太子寺各城圍,洊副將、勵勇巴圖魯。二十三年,協統甘軍馬步各營,加總兵。旋以奉召入衛,領武衛軍營務處。二十六年,隨兩宮西狩,授九江鎮總兵,領志勝軍,特頒白金六百兩以犒軍士。旋調西寧鎮總兵,辦理古哇要案,漢番悅服。三十一年,擢固原提督,領常備軍。在任建修火藥局、六營小學、東南城垣、上帝廟,允為文武兼資。至其駐防直隸時，迭蒙恩賜克食、如意、綢緞、香茗、貢米各珍品，洵足爲諸軍之冠。《書》曰“德懋懋官，功懋懋賞”，[①]殆信然歟。

提標中營參將

按：固提將弁，當順治初，官制未定，有沿用督標副將爲中軍者，有暫用鎮標游擊爲中軍者。至康熙三十六年裁定，始以參將爲中軍，而左、右、前、後以游擊任之。惟同治兵燹後，檔册無存，銜名率多遺軼。兹録其可記者如左。

劉國寧，順治間任中軍副將。

竇應時，順治間任中營游擊。

李錫貞，順治間任中營游擊。

王朝海，甘肅臨洮人，康熙十五年任參將。

王萬祥，甘肅臨洮人，康熙十九年任參將。

楊宗道，陝西人，康熙二十四年任參將。

吳起鵬，固原人，康熙三十二年任參將。

張岳，陝西延川人，康熙三十六年任參將。

羅得勝，順天人，康熙三十七年任參將。

王朝輔，甘肅甘州人，康熙四十年任參將。

路振聲，西安人，康熙四十三年任參將。

鄭明，甘肅寧夏人，康熙四十五年任參將。

談象鼎，甘肅渭源人，康熙四十九年任參將。

陳俊，鑲藍旂漢軍，康熙五十三年任參將。

馬自忠，甘肅鞏昌人，康熙六十一年任參將。

馬紀勳，甘肅寧夏人，雍正二年任參將。

曹勸，直隸河間人，雍正三年任參將。

王緒級，固原人，雍正四年任參將。

賀鼎臣，陝西興安人，雍正五年任參將。

豆斌，固原人，雍正十年任參將。

馮天禄，乾隆間任參將。

張文魁，道光間任參將。

景文，滿洲人，咸豐中任參將。

阿拉金，鑲紅旂人。同治八年升任參將，十二年卸篆。

---

① 參見《尚書·商書·仲虺之誥》。

丹金札普,正藍旗人。同治十二年授參將,未履任,歿。

常守仁,甘肅甘州人,由行伍歷保提督、勵勇巴圖魯。同治二年借補固標前營游擊,十二年署參將。

成光裕,字吉甫,湖南寧鄉人。由行伍歷保提督、直勇巴圖魯。光緒三年借補參將,十年卸篆,十一年復任,十八年卒於官。計先後在任十六載,兼帶練軍中旂步隊,整厘戎政,明幹有爲。嘗與各營合力種樹,以興地利。

朱桐,字晴軒,陝西人。由行伍累保副將,借補涇州都司,歷署固原各營游擊。光緒十年調署參將,十一年卸篆。

穆振鐸,字木天,陝西長安人。世襲雲騎尉,歷保副將,借補平凉營游擊。光緒十八年署參將,兼帶練軍中旂步隊,十九年卸篆。其治軍處友,有幹濟才,戎幄中以能將目之。

俞陞科,字冰壺,湖北咸寧人。由行伍歷保副將。光緒二十年借補參將,兼帶練軍中旂步隊,二十四年卸篆。調寧陝營參將,擢靖遠營副將。

盛喜,字雨亭,湖北駐防鑲藍旗人。光緒二十四年,以右營游擊升署參將,兼帶練軍中旂步隊,二十五年卸篆。

賈鴻增,字子猷,江蘇上海人。以軍功歷保總兵。光緒二十六年,由秦州營游擊調署參將,兼帶達春精選各旂練軍中旂,護理提督印務,授中衛營副將。其器宇從容,有緩帶輕裘之致,殆儒將歟。

陳正魁,字西亭,湖北鄖陽人。以行伍歷保副將、舒勇巴圖魯。光緒三十年署參將,二十一年冬護理提督印務。旋授城守營游擊,署靖遠、潼關各營副將。其遇敵也,驍勇敢戰,奮不顧身。前在西寧,隨鄧提督進剿撒回,搜巢搗穴,厥功稱最焉。

韓謙,字益三,陝西咸寧人。世襲雲騎尉,歷保副將,官靈州營參將。光緒三十三年署參將。其平日縱觀經史,手不釋卷。每論兵略,上下古今,有"焦遂高談,四座皆驚"之概。

周斌,字鼎臣,甘肅循化廳人。由行伍歷保總兵,加提督銜、籌勇巴圖魯,借補靈州營參將。光緒三十三年調授參將。其偉貌雄軀,每當縱獵、觀操之際,執纛指揮,洵足爲兜鍪生色也。

提標左營游擊

祖澤厚,順治間任左營參將。

閻潤,順治間任游擊。

王萬祥,康熙初任游擊,旋擢左營副將、左都督。

王珍，甘肅臨洮人，康熙十五年任游擊。

林永泰，福建漳浦人，康熙二十二年任游擊。

王成智，甘肅靖遠人，康熙三十二年任游擊。

徐英，甘肅平凉人，康熙三十六年任游擊。

杜汝嵓，山西澤州府人，康熙三十九年任游擊。

唐汝穎，江南人，康熙四十年任游擊。

張洪義，山西澤州府人，康熙四十一年任游擊。

曹栻，江蘇通州人，康熙四十五年任游擊。

程巨勝，西安人，康熙五十二年任游擊。

翁承祖，西安人，康熙五十三年任游擊。

馬紀勳，甘肅寧夏人，康熙五十九年任游擊。

張存孝，太原人，雍正二年任游擊。

王能愛，固原人，雍正七年任游擊。

鄭廷試，咸寧人，雍正七年任游擊。

任舉，山西大同人，雍正二年武進士。署延綏柏林堡守備，調赴巴里坤駐防，應援有功。乾隆七年，累擢提標左營游擊。十一年冬，中營兵童文耀、賈世忠等以索餉謀叛，夜劫提轅。舉聞警，登鼓樓，傳隊搜捕，手刃十餘級，生擒四十餘賊，亂以平。嗣授西鳳營參將、重慶鎮總兵。後殉於石城，賜諡勇烈，祀昭忠祠，照提督議恤，祭葬如例。

塔思哈，滿洲人，同治九年署游擊。

烏納什，滿洲正白旗人，歷保副將。光緒二年任游擊，十二年卸篆。

鍾本起，湖南人。以提標後營於光緒十三年調署游擊。

顏咸吉，湖南湘潭人，以行伍歷保副將。光緒十三年任游擊，迭有遷調，計先後官斯任者十餘載。

牟春陽，歷保總兵，光緒十四年署游擊。

黃光謙，歷保副將，光緒十九年署游擊。

康達，甘肅狄道人，歷保總兵。光緒二十二年署游擊。

蔣占元，湖北鄖陽人，寄籍長安。歷保參將。光緒二十三年借補游擊，旋調宜君營參將。

陳正魁，光緒二十八年署游擊。

劉作銘，直隸天津人，歷保副將。光緒二十九年借補游擊，以管帶巡防馬隊，未履任。

高福林，字海山，固原人。光緒三十年署游擊。

劉玉,字堃山,固原人。光緒三十一年署游擊。

王仁福,字壽山,靜寧人,寄籍固原。光緒三十三年署游擊。

提標右營游擊

郭俊,順治間任右營參將。

范可法,順治間任游擊。

李敬御,順治間任游擊,加左都督。

劉廷傑,甘肅甘州人,康熙十六年任游擊。

吳起鵬,固原人,康熙二十二年任游擊,旋擢副將。

楊麒,陝西榆林人,康熙三十三年任游擊。

張自興,山西平陽府人,康熙四十一年任游擊。

談象鼎,甘肅渭源人,康熙四十三年任游擊。

趙弘基,陝西咸寧人,康熙四十六年任游擊。

楊明,甘肅寧夏人,康熙四十九年任游擊。

汪建侯,西安人,康熙六十一年任游擊。

李質粹,正白旂漢軍,雍正三年任游擊。

沙亮,山東冠縣人,雍正七年任游擊。

鐵保,滿洲人,乾隆十一年任游擊。適中營兵童文耀等以索糧謀叛,乃與任舉聞警,夜間傳隊搜捕,賊奔逸出西門,遂力堵之,發手槍轟擊,俘賊甚衆,是亂以靖,洵可爲應變有方已。

馬虎,甘肅武威人,乾隆二十六年任游擊。累洊湖北襄陽鎮總兵,後殉難於達爾圖山梁大碉,祀昭忠祠。

高人傑,甘肅西寧人,武進士,授藍翎侍衛。乾隆四十八年歷官至游擊,擢蘭州城守營參將。

富克德額,滿洲人,咸豐間任游擊。

劉宗璋,湖北黃陂人,由行伍歷保總兵、加提督銜。同治八年借補游擊。光緒二年蒞任,迭有調遷。

余魁龍,字星垣,陝西長安人。由武童歷保總兵、禦勇巴圖魯。光緒八年署游擊。

蔣復勝,湖南寧鄉人,由軍功歷保副將,加總兵銜。光緒初署游擊。

盛喜,光緒二十四年補授游擊。

劉玉,光緒三十一年署游擊。

潘洪順,湖北人,由行伍歷保總兵、壯勇巴圖魯。光緒三十二年署游擊。

劉堃，甘肅涇州人，由行伍歷保參將。光緒三十二年補授游擊，涖任甫三月，因事逮職。

譚榮興，湖南衡州人，副將。光緒三十二年署游擊。

梁正坤，字世誠，湖南寧鄉人，由軍功歷保游擊。光緒三十三年署游擊，前帶防軍右旂。在固十餘載，先後監修城垣、上帝廟、立馬祠，開通靈臺縣山路，其勞勩亦稱卓然，有表可見。

張振邦，江蘇海州人，以弓馬擅勝。中光緒癸未科武進士，[①]藍翎侍衛，三十四年升授游擊。

提標前營游擊

郝全善，滿洲人，康熙十六年任游擊。

王一爵，甘肅靖遠人，康熙十九年任游擊。

馬玉，山東濟寧人，康熙二十二年任游擊。

張林，甘肅寧夏人，康熙二十六年任游擊。

孫文標，江南江寧人，康熙三十六年任游擊。

宋之瀛，甘肅臨洮人，康熙四十五年任游擊。

張世奇，陝西榆林人，康熙五十三年任游擊。

曹勷，直隸河間人，康熙五十九年任游擊。

席國芳，直隸大名人，雍正四年任游擊。

徐文舉，陝西長安人，雍正九年任游擊，調征西域。

姜大經，甘肅寧朔人，雍正九年任游擊。

鄭廷試，咸寧人，雍正十年任游擊。

田霙，三原縣人，武進士，乾隆間任游擊。

常守仁，甘肅甘州人，歷保提督，同治二年借補游擊。歷署中營參將、靖遠營副將、西鳳營參將、馬營游擊，迭見遷職，計先後補斯任者二十餘載。其處事一切精明練達，迄今寅僚中多稱許之。

楊德明，湖南人，由行伍歷保副將。同治九年署游擊。

左宗泰，湖南人，歷保總兵。同治十一年署游擊。

陳義，安徽人，由軍功歷保提督。同治十三年署游擊。

郅文明，河南人，光緒四年署游擊。

朱桐，陝西人，光緒九年署游擊。

---

① 光緒癸未：光緒九年(1883)。

董寬,字厚庵,固原人,光緒十一年署游擊。

顏咸吉,湖南人,光緒十三年署游擊。

尹東峰,山東人,光緒十六年以邠州都司升署游擊。

張志春,字融和,安徽合肥人。由軍功歷保總兵、鼓勇巴圖魯。光緒十八年借補游擊,二十六年署西鳳營參將,三十年署固原城守營游擊,旋回本任。其年少時抱負不凡,轉戰於蘇皖秦隴間,料敵如神,威聲最著。而言論謙冲,性情和藹,尤得儒將風流。今年登七秩,精神矍鑠,觀變沈幾,有超然自得之概,蓋其涵養者深也。

習斌,字文卿,陝西蒲城人。由軍功歷保游擊。光緒二十六年署游擊。能文札,善行楷,而其言論舉止,尤有好整以暇之致。

劉玉,固原人,光緒二十八年署游擊。

文海,蒙古正藍旂人,歷保游擊。光緒三十年署游擊。

提標後營游擊

白際昌,順治間任游擊。

李國鑑,陝西榆林人,康熙十五年任游擊。

李日榮,甘肅臨洮人,康熙十九年任游擊,擢副將,以功加右都督。

李進御,順天人,康熙二十三年任游擊。

王順,福建漳浦人,康熙三十四年任游擊。

李學時,甘肅臨洮人,康熙四十三年任游擊。

王瑞,甘肅靖遠人,康熙四十四年任游擊。

葉蘭蕙,固原人,康熙四十七年任游擊。

佘起蛟,甘肅肅州人,康熙五十年任游擊。

紀廷樞,陝西人,康熙五十三年任游擊。

王緒級,固原人,雍正元年任游擊。

楊玉,甘肅西寧人,雍正四年任游擊。

鍾柱石,湖廣人,雍正九年任游擊。

甘文玉,安邊人,雍正九年任游擊。

莫爾庚布,滿洲人,同治二年任游擊。

李輔清,陝西長安人,光緒二年以孝義營都司署游擊。

楊德明,湖北人,歷保總兵。光緒三年署游擊。

程興發,安徽潛山人。同治初隨征廬州襄河,陝西高陵、盩厔大峪山等處,迭破賊巢。轉戰山東、直隸捻土各匪,積功洊副將,雷少保重其材勇。檄攻金積堡、寧靈、巴燕戎格諸路,手擒巨酋。左文襄公薦之,特恩晋總兵、力勇巴圖魯。光緒二年借補游擊。在任整頓標務,訓練勤能。十七年,權靖遠協副將。二十一年,禦變於海城,民賴以安。旋復任,二十七年卒於官。

牟春陽,歷保副將,光緒十七年署游擊。

首成乾,光緒二十五年以都司署游擊。

高福林,光緒二十七年署游擊。

譚榮興,光緒二十九年署游擊。

文海,光緒三十年署游擊。

韓正德,字笏臣,四川人。歷保參將,光緒三十年署游擊,三十三年卸篆。在任時,修葺營房各工程,頗著勞勘。

廖靜庵,字曉村,湖南寧鄉人。由行伍歷保參將,加副將銜。光緒三十三年授游擊。至其診疾濟難,嘉惠貧民,以針灸符法著名,是亦一藝之長也。軍醫在望,殆其選歟。

固原城守營游擊

按：城守營原設參將,後改設游擊。

曹志,陝西榆林人,順治七年任城守參將兼副將。十三年復任。

黄洲,宣化府人,順治十一年任參將。

王國柱,甘肅秦州人,順治十四年任參將。

蘇木代,廣寧人,順治十七年任參將。

潘繼賢,康熙初任參將。

鄭榮,康熙初任參將,加左都督,世襲拖沙喇哈番。

惠占春,直隸永平人,康熙八年任參將。

陸元文,京衛人,康熙十三年任參將。

尚宣,陝西長武人,康熙十五年任參將。

沈揚,福建人,康熙二十二年任參將。

莊名亮,江西饒州人,康熙二十三年任參將。

鄭雲,福建人,康熙二十六年任參將。

池朋進,山西人,康熙三十五年任參將。

楊麒,陝西榆林人,康熙四十一年任參將。

談象鼎,甘肅臨洮人,康熙四十六年任參將。

趙弘基,陝西咸寧人,康熙四十九年任參將。

馬英,甘肅寧夏人,康熙五十一年任參將。

姚大成，甘肅甘州人，康熙五十六年任參將。

高金，陝西長安人，康熙六十年任參將。

何文琦，浙江嚴州人，雍正元年任參將。

彭云隆，甘肅寧夏人，雍正六年任參將。

鍾維嶽，江蘇江陰人，雍正七年任參將。

王翰京，陝西榆林人，雍正八年任參將。

任舉，山西大同人，乾隆間署參將。

郅文明，河南人，歷保游擊，同治九年署游擊。

劉璞，字連城，陝西洵陽人，歷保總兵、爽勇巴圖魯。同治十一年借補游擊，光緒四年卸篆，後升涼州鎮總兵。

俞兆魁，湖南人，歷保總兵。光緒四年署游擊。

朱桐，陝西人，光緒五年署游擊。

陳廷龍，四川人，武進士，花翎侍衛。光緒七年授游擊，十四年署延安營參將，十五年復任。旋卒於官。

袁宗安，陝西人。光緒十四年以本營守備署游擊。

首成乾，湖南人。光緒十八年以右營守備署游擊。

吳飛鳳，四川順慶人。光緒丙戌科會試武探花及第，[①]花翎侍衛。十八年授游擊，管帶寧夏武毅後營。三十年署慶陽營游擊，三十二年升補督標右營參將。

車允輗，湖南人，光緒二十一年以中營守備署游擊。

張志春，光緒二十年署游擊。

朱燾，固原人，世襲騎都尉。光緒三十二年署游擊。

陳正魁，光緒三十二年任游擊。

習斌，光緒三十四年署游擊。

提標中營守備

姚積興，順治間任中營旂鼓守備，兼左右營旂鼓事。

王懋德，順治間任監營都司。

王登魁，順治間任監營都司。

王芝秀，康熙間任左都督、中營守備。

王永清，甘肅河州人，歷保副將。同治十二年借補守備，光緒中升鹽茶營都司。

---

① 光緒丙戌：光緒十二年(1886)。

袁宗安,光緒十一年署守備。

沙占魁,光緒十一年由蘆塘營千總署守備。

車允輓,湖南善化人,歷保游擊。光緒十一年借補守備。

韓謙,光緒十八年以雲騎尉署守備。

習斌,光緒二十年以同州千總署守備。

雷洪春,四川人。光緒二十二年以右營千總署守備。

党樹槐,光緒二十六年以中營千總署守備。

富貴,字春圃,蒙古正黃旂人。由親軍校,於光緒二十八年選授守備。三十二年,署靖遠營都司,卒於官。

吳連升,字静圃,陝西人,歷保都司。光緒三十二年署守備,旋管帶巡防馬隊,駐紮黑城鎮。

邵岳年,字崧齡,陝西咸寧人。歷保守備,加都司銜。光緒三十三年署守備。

馬騰漢,河州人。歷保守備,加都司銜。宣統元年署守備。

提標左營守備

王成香,康熙間任左都督、左營守備。

姚長清,陝西長安人,歷保都司。光緒三年授守備,迭次遷調。七年署右營守備。十二年署三要司守備。十七年署邠州都司。

吳雲伍,固原人,光緒三年署守備。

余魁龍,光緒四年署守備。

沙占魁,光緒七年署守備。

侯松齡,光緒九年署守備。

韓謙,光緒十二年署守備。

張琳,光緒十四年署守備。

王玉貴,歷保都司,光緒二十四年署守備。

張兆慶,陝西渭南人,武進士。光緒二十五年授守備,三十三年調紅德城營守備,卒於官。

徐百麟,固原人,世襲雲騎尉。光緒三十三年署守備。

傅文治,陝西長安人,世襲雲騎尉。光緒三十四年補授守備,宣統元年正月蒞任。

提標右營守備

朱殿雄,同治二年任守備。

雷豫勳,四川南江人,由行伍歷保游擊。同治十年借補守備,旋蒞任。

李長富,四川中江人,歷保守備。光緒十八年署守備。

首成乾,湖南長沙人,由武童歷保參將。光緒二十三年借補守備,歷署各營守備。

慕維成,固原人。光緒二十四年由後營千總署守備。

靈寬,字芝田,滿洲鑲藍旗人。光緒二十六年,由步軍統領衙門軍校選授守備。三十二年調督標。

安永恭,光緒三十二年署守備。

党樹槐,光緒三十三年由中營千總署守備。

陳興邦,甘肅安化人。光緒辛卯科武舉人,①歷保都司,加游擊銜。於三十四年署守備。

提標前營守備

吳果,康熙間任左都督、前營守備。

袁建業,甘肅中衛人,同治中補守備,未蒞任。

王永清,甘肅河州人,同治十二年署守備。

余興,陝西人,光緒元年署守備。

余魁龍,陝西人,歷保都司,光緒四年署守備。

周文勳,湖南人,歷保游擊,光緒五年署守備。

聶鴻筴,秦州人,歷保都司,光緒六年署守備。

程鼎,字翰臣,陝西長安人,由軍功歷保游擊。光緒八年借補守備蒞任,十一年奉調赴直隸協防,積功於二十九年授陝西漢中鎮總兵,時管帶巡防步隊,駐平涼。

韓謙,光緒十一年署守備。

侯松齡,陝西長安人,歷保游擊,借補秦安汛千總。光緒十三年由長武營調署守備。

鄭開發,湖北人,歷保副將,借補利橋營都司。光緒十六年調署守備。

沙占魁,光緒十七年由宜君營調署守備。

潘廣湘,湖北人,歷保都司。光緒十八年署守備。

王生吉,字藹臣,陝西高陵人。光緒十九年由隆德營調署守備,後升涇州營都司。

① 光緒辛卯：光緒十七年(1891)。

李雲漢,陝西長安人。世襲雲騎尉,補陽平關千總。光緒二十一年署守備。

羅天德,四川三台人,硝河千總。光緒二十三年署守備。

劉玉魁,光緒二十三年由清水汛把總署守備。

韓正德,光緒二十六年署守備。

劉文炳,涇州人,神道嶺千總。光緒二十七年署守備。

李殿梁,河南人,歷保都司。光緒二十八年署守備,三十年復任。計先後權篆三載。

蘇金傳,江蘇人,歷保都司。光緒二十九年署守備。

劉承基,甘肅伏羌人,武舉人,歷保都司。光緒三十二年由沙州營千總升補守備。

白榆,字星海,陝西長安人,歷保都司。宣統元年以清水汛把總調署守備。

提標後營守備

郭友德,康熙間任左都督、後營守備。

郎兆龍,河南人,雍正初武狀元,改藍翎侍衛。任後營中軍守備。平日能文,有爲邑紳撰銘可考。

張文魁,固原人,歷保都司。光緒三年署守備。

潘廣湘,光緒六年署守備。

李長富,四川人,歷保參將。光緒十年署守備。

侯松齡,光緒十三年由秦安汛千總升補守備。

習斌,光緒二十二年由秦州營調署守備。

李士貞,字吉安,陝西長安人。歷保游擊,借補督標中軍都司。光緒二十五年署守備。有幹才,能文牘,每談兵事,侃侃不倦,而丰神尤極清峻。

赫全升,四川人,光緒二十五年署守備。

沙兆麟,甘肅靜寧人,光緒二十七署守備。

譚文魁,甘肅寧州人,武舉人,光緒二十九署守備。

王得元,陝西長安人。光緒三十年由蓥屋營調署守備。

党樹槐,光緒三十一年署守備。

魏學仲,甘肅皋蘭人,歷保都司。光緒三十二年補守備。

李維典,字清和,陝西咸寧人。光緒三十三年以雞頭關千總調署守備。

王鼎三,字鑄九,甘肅皋蘭人,歷保都司。光緒三十四年署守備。性沈靜,能文札,治軍有暇,恒讀書以自娛。

固原城守營守備

王用佐,順治間任固原城守信官。

張鵬翮,順治間任固原衛掌印守備。

楊岱,康熙間任城守營都司,管中軍守備。

吳伯,康熙間任固原衛掌印守備。

潘繼賢,康熙間兼署掌印守備。

虎友志,乾隆間任守備。

張鈺,嘉慶間任守備。

王昇,道光五年任守備。

呂興周,咸豐中任守備。

常志,滿洲人,同治元年授守備,未蒞任。

董寬,固原人,同治十二年任守備。

文輝祥,江西人,歷保游擊。光緒二年署守備。

張世和,湖北人。以安定守備,光緒七年調署守備。

許國棟,四川人。由行伍歷保參將、綽克綽歡巴圖魯。光緒八年署守備。

王永清,甘肅河州人,歷保副將。光緒八年署守備。

沙占魁,甘肅靜寧人。以馬營千總,光緒九年署守備。

袁宗安,陝西人,歷保游擊,借補守備。光緒十年蒞任,歷署潼關都司、本營游擊,計補斯缺者九載。

姚旺,固原人,光緒十一年署守備。

唐寶臣,四川人,世襲雲騎尉。光緒十四年署守備。

雷天祿,四川人,歷保游擊。光緒十五年署守備。

丁際清,伏羌人,千總。光緒十六、十九年兩次署守備。

黃玉芳,四川人。以中營千總,光緒十七年署守備。

段彥彪,陝西人,武進士。光緒十九年推補守備,蒞任。二十五年,升定邊營都司。

劉玉魁,固原人,光緒二十六年署守備。

張潤德,陝西人。以右營千總,光緒二十六年署守備。

朱燾,固原人,世襲騎都尉。光緒二十七年署守備。

劉尚忠,陝西人,歷保游擊。光緒二十八年署守備。

安永恭,字敬亭,甘肅西寧人,武庠生。以辦理貴德番案,拔補乩思觀堡把總,署永安營千總。嗣以進剿札什巴堡、哆吧各撒回,裹創力戰,敘功擢固原城守營守備,加都司銜。光緒三十年蒞任,旋調署安定等處守備,謀勇兼優。

韓孝忠,陝西人,秦州千總。光緒三十一年署守備。

党樹槐,字蔭軒,固原人,歷保都司,補固標中營千總。光緒三十二年署守備。能文札,善籌策,手不釋卷,儉樸自持。其處事安詳,從無疾言遽色,戎幄後進,咸以老成碩德推重之。至精神之强固,尤涵養之可徵也。

安永恭,光緒三十三年復任。

固原城守營兼轄瓦亭營守備

唐滋生,四川內江人。由武童隨剿董志塬等處賊巢,歷保游擊。光緒元年借補八營守備,八年移駐瓦亭,以資防禦,計在任十五載。

高崇山,江南吳縣人。由行伍歷保副將。光緒十五年任守備。

周洪橋,湖南長沙人,由軍功歷保游擊。光緒十六年任守備。

党志振,甘肅靜寧人,武進士。光緒十七年任守備。

蘇金傳,江蘇人,歷保都司。光緒十九年任守備。

馬驌,陝西鄜州人,由軍功歷保游擊。光緒二十一年任守備。

袁鑑臣,湖南寧鄉人,由軍功歷保參將。光緒二十三年任守備。

袁純,陝西長安人,由行伍歷保都司。光緒二十五年任守備。

沙兆麟,甘肅靜寧人,由行伍歷保都司。光緒二十九年任守備。

張廷棟,固原人,由武童歷保守備。光緒三十年任守備。在任三載,勸立學堂,嚴儆盜賊,是以兵畏其威,民懷其誠,而種樹開渠,猶餘事耳。

楊春和,甘肅靜寧人,由武童歷保游擊。光緒三十三年任守備,兵民安謐,防衛攸資。至其增築橋梁,行旅尤愛戴焉。

提標中營正署任千總

雷天祿、邵德、王生吉、張雲霄、黃玉芳、党成富、許占魁、趙占魁、李開裕、張守璽、朱炳、牛玉林、秦玉、張少祺、李兆元、党樹槐、徐百麟。

提標左營正署任千總

趙吉祥、余魁龍、丁際清、董寬、金芳明、邵得、蕭文光、何兆熊、趙寶善、黃惠亭、曹萬昌、韓旺溪、馮慶雲、蘇金傳、吳國士。

提標右營正署任千總

彭永清、朱科舉、金芳雲、楊明德、張潤德、李向榮、常瑛、張宋魁、党遇春、沙兆麟、雷鴻春、牛玉林、白應泰、曹萬昌、黃國柄。

提標前營正署任千總

鄭廉魁、李萬貴、沙占魁、潘迎春、朱得勝、邵德、洪占魁、金芳明、陳國楨、趙燕昌、董陞官、王桂森、王德元、陳念玆、惠鈞、王之佐、白榆、李兆元、曹萬昌。

提標後營正署任千總

徐登甲、袁守安、邵德、劉天祥、白有耀、慕維成。

固原城守營正署任千總

陸希正、袁熙、朱世爵、劉玉清、聶鴻笶、謝鳳貴、白有耀、尹玉、金芳明、黃惠亭、李桂林、沙兆麟、姚旺、白尚珍、劉尚忠、韓孝忠、張潤德、張宋魁、朱炳、梁國棟。

分防蒿店汛正署任千總

陳銘、董寬、蕭興榜、秋安邦、朱學義、潘昌、余珍、謝錦堂、王雙武、馮葆芳、白尚珍、鄖清林、包吉元、羅三畏、蘇得勝。

分防八營汛正署任千總

沙兆麟、雷雨瑞、雷天成、杜永年、吳國上、張宋魁、喬富才、白有耀、馬成功。

提標中營正署任把總

張榮福、董寬、趙治、易得智、牛玉林、楊春、王運升、趙占魁、馮占魁、秦玉、李三才、雷天順、韓讓、趙福、牛樹屏、張玉成、王正福、王得元、李潼元、曾萬明、陳念玆、錢萬德、常瑞、韓旺溪、王福奎、李永勝、車沛霖、王生貴、陳新照、謝逢恩、岳步彤。

提標左營正署任把總

潘昌、李鳴貴、李友貴、張崇德、王雙武、蔡兆魁、劉玉魁、蔡兆甲、李寅、李潼元、馬成彪、王謙、劉成志、金芳雲、朱匡輝、李兆元、董威、秦喜、王印臣、曹思敬、汪滿川、李世斌。

提標右營正署任把總

周家應、李世斌、王錫禄、高得福、敖思恭、陳孝、蕭樹勳、侯鵬程、李兆元、楊宋清、宋玉、包吉元、王之佐、馬文魁、劉仲元。

提標前營正署任把總

張崇德、張廷鳳、劉尚忠、王嗣藩、方璽、陳珍、程振甲、李占魁、汪滿川、曾萬明、戴振鎬、高玉清、郇清林、李滋、劉振聲、李長年、党殿甲、何玉、賈鴻德、韓繼祖、寇平、馬鈞、孟永吉、喬福才、王喜、王成棟、錢萬德、田森榮、李有貴、張新安、張蔚林、王生貴。

提標後營正署任把總

康有禄、唐明新、吳國士、師玉衡、張輔清、荊太昌、李長年、張潤德、雷鳳鳴、常瑛、何占魁、敖思恭、惠全、王志榜、韋生花、王宏發、程廷獻、韓慶紀、王桂森、楊鎮江、祁元清。

分防黑城汛正署任把總

李澍、姚旺、王雙武、張三成、李守貞、牛玉林、鄧有盛、雷天盛、雷鴻恩、梁廷、張繩祖、秦玉、張宋魁、惠全、姚玉林、權振齋。

查以上各營千總正署員名,自同治元年起,至宣統元年止,悉照營檔備載。至如硝河千總、鎮原汛經制、海城新營堡經制員名,各廳縣另有專志,茲不贅,以昭劃一。

附文武官弁俸餉

文職

知州一員,每年舊額養廉銀六百兩,新增養廉銀六百兩。俸銀四十七兩三錢二分,公費銀三百六十兩。各役工食均如例。

學正一員,每年俸銀四十兩。門斗工食如例。

吏目一員,每年養廉銀六十兩。俸銀三十一兩五錢二分。各役工食均如例。

武職

提督一員,每年例支養廉銀二千兩,俸銀九十五兩八錢一分二厘,薪銀一百四十四兩,蔬菜燭炭銀一百零八兩,辛紅紙張銀二百兩。又坐馬二十匹,春季每匹每月支料折銀九錢,草折銀六錢。夏、秋二季每匹每月支干銀九錢。冬季每匹每月支本色料九斗,草折銀六錢。

　　參將一員,每年例支養廉銀五百兩,俸銀三十九兩三錢四分,薪銀一百二十兩,蔬菜燭炭銀四十八兩,辛紅紙張銀三十六兩。又坐馬八匹,如例支。

　　游擊一員,每年例支養廉銀四百兩,俸銀三十九兩三錢四分,薪銀一百二十兩,蔬菜燭炭銀三十六兩,辛紅紙張銀三十六兩。又坐馬六匹,如例支。

　　守備一員,每年例支養廉銀二百兩,俸銀一十八兩七錢五厘九毫六絲,薪銀四十八兩,蔬菜燭炭銀一十二兩,辛紅紙張銀一十二兩。坐馬四匹,如例支。

　　千總一員,每年例支養廉銀一百二十兩,俸銀一十四兩九錢六分四厘八毫,薪銀三十三兩三分五厘二毫。又坐馬二匹,如例支。

　　把總一員,每年例支養廉銀九十兩,俸銀一十二兩四錢六分八厘,薪銀二十三兩五錢三分二厘。又坐馬二匹,如例支。

　　經制外委一員,每年例支養廉銀一十八兩,又支馬糧一分。

　　馬步守兵丁。按:各營無論馬、步、守兵,每年每名例支餉銀一十二兩。又每年馬兵每名例支口糧八石,步兵每名支口糧六石,守兵每名支口糧四石。均照新章,每石由司折發銀一兩,分給支領。惟城守營兵丁口糧,春季由司折發銀兩,夏、秋、冬三季由固倉發給糧石。

【校勘記】

［1］官師志一:此即"歷朝名宦文武職官",原書版心卷數刻作"卷二",疑誤。據類目小序中"爰志《官師》,列卷第三"可知,《官師志一》當隸屬於卷三。茲將《官師志一》內容併入卷三。

［2］酒泉:《後漢書》卷六五《張奐傳》作"淵泉"。

［3］賈疋:原作"賈雅",據《晋書》卷六〇《賈疋傳》、《册府元龜》卷七二六《幕府部・辟署》等改。下同。

［4］十:原作"千",據《周書》卷二五《李賢傳》改。

［5］圉:此字原脱,據《周書》卷二七、《北史》卷六五《蔡祐傳》補。

［6］刺史:《周書》卷三〇《李穆傳》作"總管"。

［7］尉遲迥:原作"尉遲迴",據《隋書》卷四七、《北史》卷六四《韋洸傳》改。

［8］六谷:"谷"字原脱,據《宋史》卷二五七《李繼和傳》補。

［9］遄:原作"甫",據《宋史》卷二五七《李繼和傳》改。

［10］副都總管:原作"都總管",《宋史》卷二七二《楊文廣傳》載"爲定州路副都總管",據改。

［11］迺:原作"西",據《宋史》卷二五三《折可適傳》改。

［12］張迥:原作"張迴",據《宋史》卷三二六《景泰傳》改。

[13] 三川口："口"字原脱,據《宋史》卷三二五《劉兼濟傳》補。

[14] 張守約：原作"張字約",據《宋史》卷三五〇《張守約傳》改。

[15] 馬文升：原作"馬文昇",據《明史》卷一八二《馬文升傳》改。下同。

[16] 秦紘：原作"秦絋",據《明史》卷一七八《秦紘傳》改。下同。

[17] 握機橐鑰：原作"握機橐籥",據《千頃堂書目》卷十三《兵家類》、《明史》卷九八《藝文志》改。

新修固原直隸州志〔卷四〕

貢　賦　志

神禹治雍，厥賦中下。漢武四郡，富饒西夏。惟兹高平，蕪原曠野。正供匪殷，穋秸何寡。黍稷穫秋，是爲農社。游畜蕃滋，氂牛犖馬。樹木十年，柳榆槐檟。利用厚生，在牧民者。爰志《貢賦》，列卷第四。

蠲恤

按：民有常供，國有常恤，今列蠲恤爲貢賦之冠，所以記聖恩之高厚，而使小民發感激之忱也。謹分年節録於左。

順治二年四月奉恩詔：陝西通省地畝錢糧，自順治二年正月爲始，止徵正額，凡加派遼餉、新餉、練餉、召買等項，悉行蠲免等因，固原與焉。固原當順治初，仍隸陝西省。自康熙五年始歸甘肅布政司。

順治七年奉恩詔：豁免固原荒地一千四百六十五頃三十五畝有奇，糧草盡蠲。

順治十一年奉恩詔：順治六、七兩年，直省地丁本折錢糧，拖欠在民者，悉與豁免。固原與焉。

順治十三年奉恩詔：順治八、九兩年，直省地丁本折錢糧，拖欠在民者，悉與豁免。固原與焉。

康熙二年奉恩詔：直省順治十五年以前拖欠各項銀米、藥材、綢絹、布疋等項錢糧，概行豁免。固原與焉。

康熙四年奉恩詔：直省順治十八年以前拖欠各項錢糧，概行蠲免。固原與焉。

康熙十年奉恩詔：蠲免直省康熙四、五、六年舊欠地丁等項錢糧。固原與焉。

康熙三十五年奉恩詔：各省漕賦宿逋，以軍興悉免。固原與焉。

康熙三十六年奉恩詔：免山西、甘肅兩省逋租。固原與焉。

康熙三十九年奉恩詔：免湖廣、甘肅等省租銀各一年。固原與焉。

康熙四十年奉恩詔：免江蘇、甘肅兩省地丁。固原與焉。

康熙四十二年奉恩詔：陝、甘兩省四十二年以前積欠銀數、草束，盡行蠲免。固原與焉。

康熙四十九年奉恩詔：朕省方已閱七省，民俗靡不周知。而民所以未盡殷阜者，良由承平日久，户口殷繁，地不加增，産不加益，食用不給，理有固然。明年爲康熙五十年，原欲將天下錢糧一概蠲免，廷臣集議，恐各處兵餉撥解，驛遞煩苦。自明年始，三年免一周，俾遠近均沾恩澤等因。計三年共免天下地丁、糧賦新舊三千八百餘萬。固原與焉。

康熙五十二年奉恩詔：免天下明年房地租税一年，兼除逋欠。固原與焉。

康熙五十五年奉恩詔：免次年沿邊一帶銀糧、穀米逋租。固原與焉。

康熙五十六年奉恩詔：免各省屯衛帶徵銀二百三十九萬。固原與焉。

康熙五十七年奉恩詔：以西邊軍興，征澤旺阿喇布坦，免陝、甘兩省地丁一百八十餘萬。固原與焉。按：王氏《政紀》或作"策妄阿喇坦布"。[1]

康熙五十八年奉恩詔：仍以西邊軍興，蠲免陝、甘六十八州、縣、衛、所、堡明年錢糧、米豆、草束等項。固原與焉。

康熙五十九年奉恩詔：陝西、甘肅各州、縣、衛、所，除應徵米豆、草束外，所有康熙六十年地丁、銀兩，盡行蠲免。固原與焉。

雍正元年奉恩詔：普免天下康熙五十年以前宿逋。固原與焉。

雍正七年奉恩詔：以西藏、苗疆甫平，免甘肅等省明年租課。固原與焉。

雍正七年又奉恩詔：甘肅地瘠，又值軍興，應免八、九兩年地丁，并次年糧草。又次年免額賦二十七萬以贍之。固原與焉。

乾隆元年奉恩詔：免天下田租，及雍正十三年以前各省逋賦。固原與焉。

乾隆二年奉恩詔：全免甘肅錢糧，陝西半之。固原與焉。

乾隆十年奉恩詔：北方五省，甘肅尤爲瘠貧，特將十一年直省錢糧通行豁免。固原與焉。

乾隆三十一年奉恩詔：以京通倉儲有餘，遵康熙三十年慶典，次第免各省錢糧，五年而遍。固原與焉。

---

① 王氏《政紀》：不詳何文。

　　乾隆三十五年奉恩詔：以萬壽慶典，著將各省錢糧通行蠲免一次。固原與焉。

　　乾隆四十二年奉恩詔：推廣仁慈，普免天下錢糧，仍分三年輪免。固原與焉。

　　乾隆四十四年奉恩詔：以七旬萬壽，普免天下錢糧一次，仍七年輪免。固原與焉。

　　乾隆四十九年奉恩詔：甘肅逆回滋事，豁除今年租課并歷年積欠糧草。固原與焉。

　　嘉慶元年奉恩詔：普免各直省地丁、錢糧。固原與焉。

　　嘉慶四年奉恩詔：免各省積欠、緩徵各款。固原與焉。

　　嘉慶二十三年奉恩詔：萬壽慶典，應蠲除各省欠糧，俾免追呼。固原與焉。

　　道光元年奉恩詔：各省積欠錢糧一律免徵。固原與焉。

　　道光十七年奉恩詔：固原旱災，將錢糧、草束分別蠲緩。

　　道光中迭次奉恩詔：豁除固原安設馬廠、城堡，并高山峻嶺、懸崖石坎，水衝沙壓，不能耕種地畝共一十二萬三千餘頃，應令芻牧爲生。查其時海、平兩縣未設，固境袤廣將八九百里。此項地畝，當兼包州、縣各境而言。附記之。

　　咸豐元年奉恩詔：免各省歷年積逋。固原與焉。

　　同治元年奉恩詔：免各省丁銀、糧草歷年民欠。固原與焉。

　　光緒元年奉恩詔：免各省民欠錢糧及歷年帶徵。固原與焉。

　　光緒十五年奉恩詔：免各省歷年雹、旱、偏災積欠銀糧。固原與焉。

　　光緒二十一年奉恩詔：固原禾苗被災，銀糧分別緩徵。

　　光緒二十三年奉恩詔：固原人民被難，銀糧、草束分別緩徵。

　　光緒二十五年奉恩詔：固原禾苗被雹，兼有回畔，銀糧分別緩徵。

　　光緒二十六年奉恩詔：固原旱災，銀糧各款分別緩徵。

　　宣統元年奉恩詔：各省民欠歷年帶徵銀糧，應行豁免。固原與焉。

額徵

　　按：光緒三十四年奏銷册落，備列於後。

　　一、原額民屯、更監、養廉租等項地，共一萬二千一百零九頃二十八畝一分。除荒蕪外，實墾熟地七千三百零六頃二十二畝零三釐。

　　一、原額應徵起存銀一萬零七百八十七兩九錢五分二釐。除荒蕪外，實徵銀六千二百九十四兩五錢三分一釐。

一、原額應徵耗羨銀一千六百一十六兩五錢七分九釐。除荒蕪外,實徵銀九百四十三兩二錢六分八釐。

一、原額應徵起存糧五千三百四十一石六斗二升六合六勺。除荒蕪外,實徵糧一千六百八十石零七勺。

一、原額應徵耗羨糧八百零一石二斗四升四合。除荒蕪外,實徵糧二百五十二石零二勺。

一、原額應徵本色草五千七百三十一束二分二釐。除荒蕪外,實徵草一千五百六十六束三分五釐。

一、原額應解鹽課銀二千三百八十四兩七錢六分六釐一毫。除荒蕪外,實解銀一千三百九十兩零一錢一分五釐。

查鹽課一項,固原向不產鹽,所設課章,在前明時徵自鹽販,有割引、臥引之分,屢經裁改。國朝道光中,課銀仍由商民自赴鹽茶廳交納,然已成弩末。其後復改爲以城關房屋地址徵租作抵。同治兵燹後,民舍灰燼,無從徵稽,遂裁房租,將鹽課歸併地丁項下,鎔納提解,而鹽釐又另設局抽收,是此項課章竟成有解無徵之款,其實商困未之紓也。

一、原額朝覲銀四兩五錢五分。除荒蕪外,實徵銀二兩六錢五分五釐。

一、原額課程銀二十一兩二錢八分。除荒蕪外,實徵銀一十二兩四錢一分七釐。

一、原額地稅銀九兩。除荒蕪外,實徵銀五兩二錢五分二釐。

一、原額當稅銀一百二十兩。除歇業無存外,實照新章徵收下則當稅銀二十五兩。

一、原額磨課銀七十二兩六錢四分。除歇業無存外,實照新章徵銀二十二兩一錢六分。

一、原額牙帖銀一十二兩九錢八分。除歇業外,實照新章徵銀八兩八錢四分。

一、新額應徵煤稅銀四兩。

一、原額商稅銀一百三十兩三錢八分。

一、原額畜稅銀一百一十五兩六錢二分。

一、新增商稅銀九百二十九兩六錢二分。

一、新增畜稅銀八百二十四兩三錢八分。

查固原近年商務異常減色,而稅額數倍於曩昔,計解至二千兩之多,又不得不勉力撙拄。當事者宜如何振興商界,而有以善其後也。

倉儲

查固原每年額徵倉斗正糧一千六百八十石零七勺,耗糧二百五十二石零二勺,已載明額徵項下。每年除估撥標汛糧料外,存儲無多。而歷年有收有發,難志確數,茲特另志估撥,以備稽核。

估撥

查固原提標五營、城守營,每年兵糧,常年例撥三千二百四十九石,有閏之年例撥三千五百六十五石一斗二升八合。以固倉不敷供支,因將標五營兵糧,撥歸秦州、西和、禮縣等處,由營自行領運。惟標五營料豆、城守營汛糧料,每年均在固倉支發。茲將由司估撥數目,照列如左。

一、每年估撥提標五營倉斗料豆四百零五石,遇閏加增。

一、每年估撥固原城守營,并所轄瓦亭營、古城川汛、即蒿店汛。黑城子汛兵糧,倉斗小麥共九百三十四石五斗,又撥支城守營汛倉斗料豆共一百零八石,遇閏加增。

義倉

查義倉之設,所以備荒歉也。固原從光緒四年州牧喻公長銘奉文勸辦,計分倉五所,原捐各鄉,共倉斗六千八百餘石。由城、鄉各倉公舉社正、社副各一人,悉心經理。鄉民或借籽種,或借食糧,按斗取息,春借秋還。社正、副處均存有簿據。惟當時舉行良法美意,相沿日久,弊患滋生矣。現除歷年民欠外,據各社正、副報,存共四千九百餘石。是在司倉政者有以維持之、催收之,而使善政得以久遠,實厚望焉。茲列義倉處所如左。

一、本城義倉一所,在東南隅常平倉巷內,附白楊城、官廳堡二社倉。

一、東鄉上王家莊義倉一所。

一、東鄉白家埫義倉一所。

一、南鄉瓦亭鎮義倉一所。

一、北鄉黑城鎮義倉一所。

物產

穀類：大麥、小麥、蕎麥、蔗麥、莜麥、糜子、粟穀、包穀。

豆類：大豆、小豆、扁豆、豌豆、黑豆、黃豆、刀豆、十里香豆。

蔬類：白菜、菠菜、蔓青、伽蓮、萵苣、芹菜、白葱、紅葱、韭菜、蒜頭、蘿蔔、苜蓿、苦苣、羊芋、芥菜、芫荽、蕨菜、莧菜、甜菜、胡蘿蔔、蓮花、白菜、地蔓。芹菜最肥美，當爲蔬中佳品，且能辟蠅。

瓜類：西瓜、番瓜、金瓜、梨瓜、香瓜、王瓜。

果類：櫻桃、小杏、毛桃、松子、百合、葡萄、野玫梨、蟠桃。蟠桃一種，係余由肅州運來，發試驗場。

花類：牡丹、芍藥、萱草、石竹、蓼花、鳳仙、桃花、杏花、菊花、牽牛、玫瑰、薔薇、荼蘼、紫荊、林檎、胡蜓花、金絲蓮、金盞花、荷包花、萬壽菊、雁來紅、野茉莉、葵花、馬蘭花。

木類：松、柏、青楊、白楊、槐、柳、榆、檮、樺、青楜。山中有毛竹，可爲帚。又有對節木一種，其葉能染皂青，葉形三角式，附記之。

藥類：黨參、黃芪、黃精、秦艽、貝母、赤芍、柴胡、知母、防風、大黃、麻黃、蒼术、菠蓉、遠志、瑣陽、茵陳、半夏、川芎、薄荷、蒼耳、黃芩、烏藥、首烏、苦參、紫蘇、沙參、荊芥、甘草、桔梗、蕤仁、柏實、羌活、獨活、細辛、地椒、蒺藜、大戟、地榆、馬勃、續斷、南星、蓍艾、車前子、龍鬚草、蒲公英、金銀花、五加皮、金櫻子、天門冬、旋覆花、地骨皮、馬鞭草、款冬花、牛蒡子、馬兜鈴、透骨草、穀精草。山中野藥甚多，每年蜀人採獲，其利外溢，茲將能識者録之。

獸類：虎、豹、狐、鹿、兔、狼、豺、牛、綿羊、羖羪羊、馬、驢、騾、犬、貓、獐、駝、黃羊、刺蝟、野猪、貛猪、狗熊、猪、熊鼠、燥鼠、跳鼠、鼹鼠、黃鼠。鄉民至冬令，捉黃鼠者甚多，據云肥美可食。

禽類：雕、鷹、鶯、雉、鴉、鵲、鳩、雀、鴿、鷺、鶩、雞、鵝、鴨、布穀、沙雞、鷗鶿、啄木、山雞、禽吉了。沙雞群飛，俗以爲不祥。

鱗類：鯽魚、黃鱔、甲魚。出北海子，其甲魚一種，係近年有人放生者。

蟲類：蜜蜂、胡蜓、蟋蟀、促織、俗呼秋蟬。蜘蛛、流螢、蝦蟇、蛾、蠅、蟻。山中有蛇，不輕見。

雜類：駝絨、羊毛、羊皮、蜂蜜、胡麻油子、野茶、蘆葦、牛乳、酸棗、牛油、棉花。光緒三十四年及本年春，勸種棉花，均捐廉購籽，發試驗場。

新修固原直隸州志〔卷五〕

學 校 志

夏校殷序,惟周曰庠。尼山鄒嶧,俎豆煌煌。明倫講學,道德文章。澤窮廉類,峨冠博裳。淹貫漢宋,宗風以昌。名儒名吏,令聞孔彰。朝弦夕歌,上國之光。後生是勖,先覺景行。爰志《學校》,列卷第五。

職官

固原直隸州學正一員。詳見《官師志》。[①]

學額

查固原學額,國朝從順治迄同治十三年,固原州與鹽茶廳併取,每歲考十五名,科考十五名,文武生同額。廩生三十二名,貢生、增生如例。今自同治十三年固原升直隸州後,州學每歲考十二名,科考十二名,文武生同額。廩生三十二名,貢生、增生如例。

書院

在本城王字街,今傾圮,擬改修。查院制,向設山長一員、齋長二員。

光緒十七年,提督雷公正綰字緯堂,四川人,加少保。捐貲創修,名曰五原書院。闔郡生童,按月應試。提督、知州官課各一次,堂課隨時酌定。

---

① 參見本志卷三《官師志二·國朝文職·學正》。

山長

安維峻,字曉峰,秦安翰林,官御史。

易鋬,湖南貢生。

焦國理,鎮原進士。

孫尚仁,字仲輔,皋蘭進士,官刑部主事。

王源翰,静寧進士。

吴鈞,字秉臣,貴德廳翰林。

蘇炳南,邑人,副貢。

王瑋,皋蘭舉人。

李宗瀚,皋蘭舉人。

謝錫圭,字介卿,伏羌人,官學正。

學堂

在本城提署街,詳見《圖説》。① 其資産、書籍、功課表另有檔册存堂,兹不備載。

光緒三十二年,知州王學伊捐廉創修,名曰固原中學堂。爲本州、海城、平遠、硝河生童升學之階。月課、季課、歲終課均如例。

教習一員,監堂一員,兼稽查各學功課。校長一員,兼司會計。

教習

周文炳,字仲彪,秦安人。光緒癸卯科舉人,②官新疆道庫大使。

楊泰,字遇清,通渭人。光緒癸卯科舉人。

王惟勤,字海觀,静寧人,廩生。

司輔民,字保臣,秦安人。光緒戊子科舉人。③

高等小學堂

本城中坊、東坊、南坊、西坊、北坊、南關回坊各初等小學。

六營公立小學。

---

① 參見本志《圖説·中學堂》。
② 光緒癸卯:光緒二十九年(1903)。
③ 光緒戊子:光緒十四年(1888)。

四鄉瓦亭、蒿店、大灣、和尚鋪、白楊城、青石堡、開城堡、頭營、陳家坪、以上官立。韓家寨、程家澇莊、楊家坪、什字路、盤龍坡、丹樹莊、郭家莊、馬家莊、黑城鎮、七營堡、楊郎莊、三營、禮拜寺川、蔣家河、五營、褚家灣、莧麻灣、萬家堡、李家堡、李家園以上民立。各初等小學。

祁氏自立初等小學，係祁應興、應魁捐資自行創辦。李氏自立初等小學，係李廣玉、李三才捐資自行創辦。

查六營公立小學，係提督張公行志創設。兵民兼收，異日將領能文，是爲基礎，誠惠政也。至四鄉漢回各學，以經費維艱，風氣初開，科學未備，應如何畫一垂遠，以期久道化成，是尤望於後之勸學者。

宣講勸學公所[1]

在南門閱城，詳見《圖説》。①

文廟祀典[2]

謹按：自光緒三十四年升列大祀，所有祝文、祭品、禮節，理合專志，以昭慎重。

崇聖祠

自光緒三十四年薦用太牢。

謹按：明嘉靖九年，於大成殿後立啟聖祠，祀叔梁公。國朝雍正元年，詔封孔子先世王爵，合祀五代，更名爲崇聖祠。肇聖王木金父公、裕聖王祈父公、詒聖王防叔公、昌聖王伯夏公、啟聖王叔梁公。

東配位

先賢孔氏孟皮，國朝咸豐七年配饗。

先賢顏氏，名無繇，唐開元二十七年從祀，明嘉靖九年升配。

先賢孔氏，名鯉，宋咸淳三年從祀，明嘉靖九年升配。

西配位

先賢曾氏，名晳，唐開元二十七年從祀，明嘉靖九年升配。

先賢孟孫氏，名激，明嘉靖九年配饗。

---

①　參見本志《圖説·宣講勸學公所》。

東廡先儒位

先儒周氏,名輔成,明萬曆二十三年從祀。

先儒程氏,名珦,宋景德三年生,元祐五年卒。明嘉靖九年從祀。

先儒蔡氏,名元定,宋紹興五年生,慶元四年卒。明嘉靖九年從祀。

西廡先儒位

先儒張氏,名迪,國朝雍正二年從祀。

先儒朱氏,名松,宋紹聖四年生,紹興十三年卒。明嘉靖九年從祀。

大成殿

大成至聖先師孔子。

東配位

復聖顏子,漢、魏、晉、唐諸朝祀七十二弟子,均以顏子位第一配饗。元至順元年,封兗國復聖公。

述聖子思子,宋大觀二年從祀,端平三年升哲位,咸淳三年配饗。元至順元年,封沂國述聖公。

西配位

宗聖曾子,唐開元八年從祀,宋咸淳三年配饗。元至順元年封郕國宗聖公。

亞聖孟子,宋元豐七年配饗。元至順元年封鄒國亞聖公。

謹按:以上配位,宋以前皆稱封爵。元稱公。明嘉靖九年改稱某聖某子。國朝因之。

東哲位

先賢閔子,唐開元八年從祀。

先賢冉子,唐開元八年從祀。

先賢端木子,唐開元八年從祀。

先賢仲子,唐開元八年從祀。

先賢卜子,唐貞觀二十一年以經師從祀。開元八年升哲位。

先賢有子,唐開元八年從祀。國朝乾隆三年升哲位。

西哲位

先賢冉子,唐開元八年從祀。

先賢宰子,唐開元八年從祀。

先賢冉子,唐開元八年從祀。

先賢言子,唐開元八年從祀。

先賢顓孫子,唐開元八年從祀,宋咸淳三年升哲位。

先賢朱子,宋建炎四年生,慶元六年卒。淳祐元年從祀,國朝康熙五十一年升哲位。

東廡先賢位

先賢公孫僑,《左傳》魯襄公八年始見,昭公八年卒,國朝咸豐七年從祀。

先賢林放,唐開元二十七年從祀。明嘉靖九年改祀於鄉。國朝雍正二年復祀。

先賢原憲,唐開元二十七年從祀。

先賢南宮适,唐開元二十七年從祀。

先賢商瞿,唐開元二十七年從祀。

先賢漆雕開,唐開元二十七年從祀。

先賢司馬耕,唐開元二十七年從祀。

先賢梁鱣,唐開元二十七年從祀。

先賢冉孺,唐開元二十七年從祀。

先賢伯虔,唐開元二十七年從祀。

先賢冉季,唐開元二十七年從祀。

先賢漆雕徒父,唐開元二十七年從祀。

先賢漆雕哆,唐開元二十七年從祀。

先賢公西赤,唐開元二十七年從祀。

先賢任不齊,唐開元二十七年從祀。

先賢公良孺,唐開元二十七年從祀。

先賢公肩定,唐開元二十七年從祀。

先賢鄡單,唐開元二十七年從祀。

先賢罕父黑,唐開元二十七年從祀。

先賢榮旂,唐開元二十七年從祀。

先賢左人郢,唐開元二十七年從祀。

先賢鄭國,唐開元二十七年從祀。

先賢原亢,唐開元二十七年從祀。

先賢廉潔,唐開元二十七年從祀。

先賢叔仲會,唐開元二十七年從祀。

先賢公西輿如,唐開元二十七年從祀。

先賢邦巽,唐開元二十七年從祀。

先賢陳亢,唐開元二十七年從祀。

先賢琴張,唐開元二十七年從祀。

先賢步叔乘,唐開元二十七年從祀。

先賢秦非,唐開元二十七年從祀。

先賢顏噲,唐開元二十七年從祀。

先賢顏何,唐開元二十七年從祀。明嘉靖九年罷,國朝雍正二年復祀。

先賢縣亶,國朝雍正二年從祀。

先賢牧皮,國朝雍正二年從祀。

先賢樂正克,國朝雍正二年從祀。

先賢萬章,國朝雍正二年從祀。

先賢周敦頤,宋天禧元年生,熙寧六年卒,淳祐元年從祀。

先賢程顥,宋前道元年生,[3]元豐八年卒,淳祐元年從祀。

先賢邵雍,宋大中祥符四年生,熙寧十年卒,咸淳三年從祀。

西廡先賢位

先賢蘧瑗,唐開元二十七年從祀,明嘉靖九年改祀於鄉,國朝雍正二年復祀。

先賢澹臺滅明,唐開元二十七年從祀。

先賢宓不齊,唐開元二十七年從祀。

先賢公冶長,唐開元二十七年從祀。

先賢公皙哀,唐開元二十七年從祀。

先賢高柴,唐開元二十七年從祀。

先賢樊須,唐開元二十七年從祀。

先賢商澤,唐開元二十七年從祀。

先賢巫馬施,唐開元二十七年從祀。

先賢顏辛,唐開元二十七年從祀。

先賢曹邮,唐開元二十七年從祀。

先賢公孫龍,唐開元二十七年從祀。

先賢秦商,唐開元二十七年從祀。

先賢顏高,唐開元二十七年從祀。

先賢壤駟赤,唐開元二十七年從祀。

先賢石作蜀,唐開元二十七年從祀。

先賢公夏首,唐開元二十七年從祀。

先賢后處,唐開元二十七年從祀。

先賢奚容藏,唐開元二十七年從祀。

先賢顏祖,唐開元二十七年從祀。

先賢句井疆,唐開元二十七年從祀。

先賢秦祖,唐開元二十七年從祀。

先賢縣成,唐開元二十七年從祀。

先賢公祖句玆,唐開元二十七年從祀。

先賢燕伋,唐開元二十七年從祀。

先賢樂欬,唐開元二十七年從祀。

先賢狄黑,唐開元二十七年從祀。

先賢孔忠,唐開元二十七年從祀。

先賢公西藏,唐開元二十七年從祀。

先賢顏之僕,唐開元二十七年從祀。

先賢施之常,唐開元二十七年從祀。

先賢申根,唐開元二十七年從祀。

先賢左丘明,[4]唐貞觀二十一年以經師從祀。

先賢秦冉,唐開元二十七年從祀,明嘉靖九年罷。國朝雍正二年復祀。

先賢公明儀,國朝咸豐三年從祀。

先賢公都子,國朝雍正二年從祀。

先賢公孫丑,國朝雍正二年從祀。

先賢張載,宋天禧四年生,熙寧十年卒,淳祐元年從祀。

先賢程頤,宋明道二年生,大觀元年卒,淳祐元年從祀。

謹按:以上先賢位,宋以前從祀者,皆稱封爵。明嘉靖九年改稱先賢某子。周、張、二程、邵五子,嘉靖時稱先儒,崇禎十五年改稱先賢,位在七十子之下,漢唐諸儒之上。國朝俱稱先賢,不稱子。

東廡先儒位

先儒公羊高,子夏弟子,唐貞觀二十一年從祀。

先儒伏勝,秦博士,唐貞觀二十一年從祀。

先儒毛亨,秦漢間人,國朝同治二年從祀。

先儒孔安國,漢武帝時爲侍中、博士。唐貞觀二十一年從祀。

先儒后蒼,漢宣帝時爲博士。明嘉靖九年從祀。

先儒許慎,漢桓帝時人,著《說文》諸書。國朝光緒三年從祀。

先儒鄭康成,漢永建二年生,建安五年卒。唐貞觀二十一年從祀。明嘉靖改祀於鄉。國朝雍正二年復祀。

先儒范寧,晉咸康五年生,隆安五年卒。唐貞觀二十一年從祀。明嘉靖九年改祀於鄉。國朝雍正二年復祀。[5]

先儒陸贄,唐天寶十三年生,永貞元年卒。國朝道光六年從祀。

先儒范仲淹,宋端拱二年生,皇祐四年卒。國朝康熙五十四年從祀。

先儒歐陽修,宋景德四年生,熙寧五年卒。明嘉靖九年從祀。

先儒司馬光,宋天禧三年生,元祐元年卒。咸淳三年從祀。

先儒謝良佐,宋皇祐十年生,崇寧二年卒。國朝道光二十九年從祀。

先儒呂大臨,宋元祐中爲秘書正字,從學於程子。國朝光緒二十一年從祀。

先儒羅從彥,宋熙寧五年生,紹興五年卒。明萬曆四十二年從祀。

先儒李綱,宋元豐六年生,紹興十年卒。國朝咸豐元年從祀。

先儒張栻,宋紹興三年生,淳熙七年卒。景定二年從祀。

先儒陸九淵,宋紹興九年生,紹熙三年卒。明嘉靖九年從祀。

先儒陳淳,宋紹興二十三年生,嘉定十年卒。國朝雍正二年從祀。

先儒真德秀,宋淳熙五年生,端平二年卒。明正統二年從祀。

先儒何基,宋淳熙十五年生,咸淳四年卒。國朝雍正二年從祀。

先儒文天祥,宋端平三年生,元至元十九年卒。國朝道光二十三年從祀。

先儒趙復,宋理宗時人。國朝雍正二年從祀。

先儒金履祥,宋紹定五年生,元大德七年卒。國朝雍正二年從祀。

先儒陳澔,宋景定二年生,元至正元年卒。國朝雍正二年從祀。

先儒方孝孺,元至正十七年生,明建文四年卒。國朝同治二年從祀。

先儒薛瑄,明洪武二十二年生,天順八年卒。隆慶五年從祀。

先儒胡居仁,明宣德九年生,成化二十年卒。萬曆十二年從祀。

先儒羅欽順,明成化元年生,嘉靖二十六年卒。國朝雍正二年從祀。

先儒呂柟,明成化十五年生,嘉靖二十一年卒。國朝同治二年從祀。

先儒劉宗周,明萬曆六年生,國朝順治二年卒。道光二年從祀。

先儒孫奇逢,明萬曆十二年生,國朝康熙十四年卒。道光八年從祀。

先儒黃宗羲,明萬曆四十七年生,國朝康熙三十四年卒。光緒三十四年從祀。

先儒張履祥,明萬曆三十九年生,國朝康熙十三年卒。同治十年從祀。

先儒王夫之,明天啟時人,國朝康熙中卒,光緒三十四年從祀。

先儒陸隴其,明崇禎三年生,國朝康熙三十一年卒。雍正二年從祀。

先儒張伯行,國朝順治八年生,雍正四年卒。光緒四年從祀。

西廡先儒位

先儒穀梁赤,子夏弟子。唐貞觀二十一年從祀。

先儒高堂生,秦末漢初人。唐貞觀二十一年從祀。

先儒董仲舒,漢武帝初年對策,爲江都相。元至順元年從祀。

先儒劉德,漢景帝子,與兄榮、弟閼同出於栗姬。國朝光緒三年從祀。

先儒毛萇,漢武帝時爲河間獻王博士。唐貞觀二十一年從祀。

先儒杜子春,漢元帝時人。唐貞觀二十一年從祀。

先儒諸葛亮,漢光和四年生,建興十二年卒。國朝雍正二年從祀。

先儒王通,隋開皇四年生,大業十三年卒。明嘉靖九年從祀。

先儒韓愈,唐大曆三年生,長慶三年卒。宋元豐七年從祀。

先儒胡瑗,宋淳化四年生,嘉祐四年卒。明嘉靖九年從祀。

先儒韓琦,宋大中祥符元年生,熙寧八年卒。國朝咸豐二年從祀。

先儒楊時,宋皇祐五年生,紹興五年卒。明弘治八年從祀。

先儒游酢,宋人,從學於程子,與楊時、謝良佐、呂大臨并稱。國朝光緒十八年從祀。

先儒尹焞,宋熙寧四年生,紹興十二年卒。國朝雍正二年從祀。

先儒胡安國,宋熙寧七年生,紹興八年卒。明正統二年從祀。

先儒李侗,宋元祐八年生,隆興元年卒。明萬曆四十二年從祀。

先儒呂祖謙,宋紹興七年生,淳熙八年卒。景定二年從祀。

先儒袁燮,宋紹興十五年生,嘉定十七年卒。國朝同治七年從祀。

先儒黃榦,宋紹興二十二年生,嘉定十四年卒。國朝雍正二年從祀。

先儒輔廣,師事朱子,與黃榦爲友,且齊名。魏了翁其徒也。國朝光緒五年從祀。

先儒蔡沈,宋乾道三年生,紹定三年卒。明正統二年從祀。

先儒魏了翁,宋淳熙五年生,嘉熙元年卒。國朝雍正二年從祀。

先儒王柏,宋慶元三年生,咸淳十年卒。國朝雍正二年從祀。

先儒陸秀夫,宋端平三年生,元至元十六年卒。國朝咸豐九年從祀。

先儒許衡,宋嘉定二年生,元至元十八年卒。皇慶二年從祀。

先儒吳澄,宋淳祐九年生,元元統元年卒。明正統八年從祀,嘉靖九年罷。國朝乾隆二年復祀。

先儒許謙,元至元七年生,後至元三年卒。國朝雍正二年從祀。

先儒曹端,明洪武九年生,宣德九年卒。國朝咸豐十年從祀。

先儒陳獻章,明宣德三年生,弘治十三年卒。萬曆十二年從祀。

先儒蔡清,明景泰四年生,正德三年卒。國朝雍正二年從祀。

先儒王守仁,明成化八年生,嘉靖七年卒。萬曆十二年從祀。

先儒呂坤,明嘉靖十五年生,萬曆四十六年卒。國朝道光六年從祀。

先儒黃道周,明萬曆十三年生,國朝順治三年卒。道光五年從祀。

先儒陸世儀,明萬曆時人,國朝光緒元年從祀。

先儒顧炎武,明萬曆四十二年生,國朝康熙二十年卒。光緒三十四年從祀。

先儒湯斌,明天啟七年生,國朝康熙二十六年卒。道光三年從祀。

謹按:以上先儒位,明嘉靖以前從祀者,皆稱封爵。嘉靖九年改稱先儒某子,國朝稱先儒,不稱子。

禮節

謹按:光緒三十三年奉文升列大祀,飲福受胙禮,惟皇上親詣致祭時行之,其餘直省各官致祭者,應將飲福受胙禮裁節,以示尊崇。兹謹省録。又各官至下馬牌,均由西右門進。行禮時,亦由右階上下,不得擅行東左門及東階。特專記之,俾無隕越。

大成殿釋奠禮 遵部頒禮節開録

通贊行釋奠禮,內外肅靜。執事者各執其事。鳴鐘、擊磬、發鼓。鼓初嚴,鼓再嚴,鼓三嚴。典贊麾生進,陪典贊旌生進,典贊樂生序立,陪典贊舞生序立,通贊主祭官就位,與陪祭官均就位,分獻官就位。

正引贊行盥洗禮。引贊詣盥洗所,酌水盥洗、授巾。盥畢,復位。通贊啟宮門,瘞毛血,迎神。典贊舉迎神樂。陪典贊奏《昭平之章》。

通贊行上香禮。正引贊主祭官詣至聖先師香案前,跪,三上香,叩首,興;次詣復聖位前,跪,三上香,叩首,興;次詣宗聖位前,跪,三上香,叩首,興;次詣述聖位前,跪,三上香,叩首,興;次詣亞聖位前,跪,三上香,叩首,興;復位。分引候主祭官詣復聖位時,贊分獻官詣東、西哲位前,跪,三上香,叩首,興;以次降階,分詣東、西廡位前,跪,三上香,叩首,興;畢,皆復位。陪通贊跪,叩首,叩首,叩首,興;跪,叩首,叩首,叩首,興;跪,叩首,叩首,叩首,興。

通贊奠帛爵,行初獻禮。典贊舉初獻樂。陪典贊奏《宣平之章》,起宣平之舞。俟樂作,正引贊主祭官行初獻禮,詣酒尊所,司爵者舉冪酌酒,詣至聖先師位前,跪,奠帛,初獻爵,叩首,興;詣讀祝位前,跪。通贊皆跪。典俟歌二句,則以"玉振金聲"句贊止;歌四句,則以"展也大成"句贊止。樂止,陪典贊舞止。正引贊讀祝,讀祝生跪,俟讀畢,贊叩首,叩首,叩首,興。典贊樂起,陪典贊舞起。通贊行分獻禮。正引贊詣復聖位前,跪,奠帛,初獻爵,叩首,興;次詣宗聖位前,跪,奠帛,初獻爵,叩首,興;次詣述聖位前,跪,奠帛,初獻爵,叩首,興;次詣亞聖位前,跪,奠帛,初獻爵,叩首,興;復位。分引俟主祭官詣復聖位時,贊分獻官詣東、西哲位前,跪,奠帛,初獻爵,叩首,興;次詣東、西廡位前,跪,奠帛,初獻爵,叩首,興;皆復位。

通贊行亞獻禮,典贊舉亞獻樂,陪典贊奏《秩平之章》,起秩平之舞。俟樂作,正引贊主祭官行亞獻禮,詣酒尊所,司爵者舉冪酌酒,詣至聖先師位前,跪,亞獻爵,叩首,興。通贊行分獻禮,正引贊詣復聖位前,跪,亞獻爵,叩首,興;次詣宗聖位前,跪,亞獻爵,叩首,興;次詣述聖位前,跪,亞獻爵,叩首,興;次詣亞聖位前,跪,亞獻爵,叩首,興;復位。分引俟詣復聖位時,贊分獻官詣東、西哲位前,跪,亞獻爵,叩首,興;次詣東、西廡位前,跪,亞獻爵,叩首,興;皆復位。

通贊行終獻禮,典贊舉終獻樂,陪典贊奏《敘平之章》,起敘平之舞。俟樂作,正引贊主祭官行終獻禮,詣酒尊所,司爵者舉冪酌酒,詣至聖先師位前,跪,終獻爵,叩首,興。通贊行分獻禮。正引贊詣復聖位前,跪,終獻爵,叩首,興;次詣宗聖位前,跪,終獻爵,叩首,興;次詣述聖位前,跪,終獻爵,叩首,興;次詣亞聖位前,跪,終獻爵,叩首,興;復位。分引俟詣復聖位時,贊分獻官詣東、西哲位前,跪,終獻爵,叩首,興;次詣東、西廡位前,跪,終獻爵,叩首,興;皆復位。俟樂正典贊文德之舞,退。

通贊徹饌,典贊舉徹饌樂,陪典贊奏《懿平之章》。畢。

通贊送神,典贊舉送神樂,陪典贊奏《德平之章》,陪通贊跪,叩首,叩首,叩首,興;跪,叩首,叩首,叩首,興;跪,叩首,叩首,叩首,興;典俟歌第六句"祀事孔明"句,贊樂止。

通贊司祝者奉祝,司帛者奉帛,司香者奉香,司饌者奉饌,恭送燎所望燎。正引、分引引各官詣燎所望燎。典贊樂起,畢,通贊禮成,闔宮門,捲班。

謹按:崇聖祠正獻官詣五聖王各位前行禮,其四配、兩廡均係分獻行禮,亦無飲福受胙。所有迎神、上香、初獻、奠帛、亞獻、終獻、徹饌、送神、望燎禮節,俱如正殿。

樂章

《欽定文廟樂譜》

迎神《昭平之章》:"大哉孔子,先覺先知,與天地參,萬世之師。祥徵麟紱,韻答金絲。日月既揭,乾坤清夷。"

奠帛初獻《宣平之章》:"予懷明德,玉振金聲。生民未有,展也大成。俎豆千秋,春秋上丁。清酒既載,其香始升。"

亞獻《秩平之章》:"式禮莫愆,升堂再獻。響協鼜鏞,誠孚罍甒。肅肅雍雍,譽髦斯彥。禮陶樂淑,相觀而善。"

終獻《敘平之章》：“自古在昔，先民有作。皮弁祭菜，於論思樂。惟天牖民，惟聖時若。彝倫攸敘，至今木鐸。”

徹饌《懿平之章》：“先師有言，祭則受福。四海黌宮，疇敢不肅。禮成告徹，毋疏毋瀆。樂所自生，中原有菽。”

送神《德平之章》：“鳧繹峨峨，洙泗洋洋。景行行止，流澤無疆。聿昭祀事，祀事孔明。化我蒸民，育我膠庠。”

謹按：祭器、樂律、樂器、舞容，均載《皇朝祭器樂舞錄》，茲不備述。

祝文

維年月日，主祭官某與陪祭官某，暨闔邑紳庶人等，謹以太牢、剛鬣、柔毛、香帛、庶饈之禮，致祭於至聖先師孔子之神，曰：

聖由天縱，緬萬世師表之尊；道協時中，繼三代明倫之治。學校遍乎鄉國，秩祀著在彝章。仰維先師孔子，教範古今，德彌宇宙。達天盡性，淵源集群聖之成；守道遵經，文軌洽大同之盛。稽崇儒之巨典，先朝久重明禋；擴興學之鴻規，懿訓特升上祀。風聲所樹，承矩矱於三雍；教澤無垠，廣甄陶於百代。大義炳如日月，馨香永以春秋。於戲！玉振金聲，億代猶存。夫憬慕麟祥，鳳德八方，莫外於尊親。文治恢昭，苾芬歆格。以復聖顏子、宗聖曾子、述聖子思子、亞聖孟子配。尚饗。

文武諸生

李資桂、趙大健、蔡芝仲、吳先、王遵先、何源、張國彩、卜兆吉、黃勳、陳起鳳，以上順治、康熙年貢、廩生。

徐應元、劉文輝、陳可、貴陽、謝福、蔡兆佳、賈永福、錢銘、徐重道、趙賓、張廷棟、皇勇、李璋、何天佐、崔三畏、康治明、張瑗、周建統、胡濬德、徐鼎、趙之昌、王經、張烈宿、吳尚謙、李芝士、李世愷、盛積德、賈世英、馮際康、賈岑、朱啟述、蔡一慶、陸維略、賈岱、崔廷相、崔廷機、賈世繪、賈世盛，以上雍正、乾隆、嘉慶年貢、廩生。

吳元鼎、孫步月、吳亨瑞、閻淳仁、李輔弼、唐紹鼎、徐登甲、王佐清、張逢源、高鳶飛、陳榮光、潘錫周、閻迥涵、張春華、米爲山、趙武穀、劉繼穆、胡照鑫、王連登、韓岐、許太岳、鄭師湜、陳生秀、倪延俊、左耀祖、張錦幃、楊務滋、蘇生香、范廉政、安含章、惠元中、白石鄰、陳九疇、馬斯作、房攀桂、劉際虞、王因周、陳乃文、郝舒錦、楊春暄、賀拜颺、李爭艷、劉照藜、郭喬雲、郭樹藩、唐虞世、李維翰、裴鳳鬶、郭登瀛、朱筆點、張西銘、李發甲、梁嘉亭、馬衍芳、趙昌業、郝居邦、柳合甲、高廣颺、吳作樞、劉漢杓、郝居正、潘舒錦、史廷珍、劉際虞、王成績、韓士修、柳占春、曹儼、劉映藜、馬鎮綏、王酉一、薛施博、裴束帶、牛光斗、吳光前、楊承昀、席贊勳、馮步雲、穆清風、王如圍、韓塹、王者友、張鐸、常懋勳、張鵬飛、胡冲霄、陸尊孔、李鍾岳、王汝梅、曹必成、馬驥德、張漢星、馬應選、姜希聖、李俊、李質文、李日昇、韓文華、韓維新、周際達、曹仕籍、高折桂、陳大咸、何寶善、張登霄、王化洽、田見龍、任本源、施廷弼、張榜蕊、魏作霖、魏楷、保永熙、李永貞、張翰儒、拓善述、劉西漢、周步瀛、劉乙青、方生貴、劉懷遠、陶鎔、韓育英、施毓秀、姜希友、張鳳翮、馬凌雲、傅來和、賀萬中、張束雲、米蓄山、保中聯、梁雲亭、謝翰華、虎尚志、羅永清、余殿甲、楊開甲、張士英、夏啟、裴鳳翔、姜廷傑、黃庭芝、牛訒言、姬達道、王銳、李翠、丁映南、田九疇、張書紳、李爾玉、羅萬象、姜廷俊、張純書、耿保真、朱映南、段仿梧、趙之藺、武承文、呂文華、汪瀛洲、員凌雲、楊振鐸、虎態雲、虎榜魁、張景銘、何攀桂、李毓秀、杭一葦、陸正業、唐起運、甄永和、閆登甲、王謨、段經邦、白清佐、吳丙申、汪澄清、馮昌繡、龐耀祖、周攀桂、劉得仁、劉淳謹、范鍾靈、姜仕顯、楊統元、方堅、李華穆、武錫齡、劉維漢、楊向榮、劉炳藜、安爾勇、張鷺翰、張九如、火文烈、李廷楨、吳士元、劉邦佐、張士傑、劉昇、任仰伊、鄒香雲、姜輔周、張芳華、東誥祖、孟登高、屈自伸、孔耀祖、常振春、任愛文、張景風、吳含章、苟映南、羅永泰，以上道光、咸豐年貢、廩、增、附生。

　　王夢渭、薛炳文、李映蓮、劉振魁、薛定邦、錢萬選、高振魁、楊逢時、張騰蛟、王霖、施仁風、陳彥龍、樊作賓、米緒祖、宋建邦、馬駿、馮錦繡、阿永祺、陸士龍、陳三甲、樊耀祖、李桂林、陳三多、樊作新、何克章、田生敏、曾耀祖、鄧步蟾、馬殿魁、韓廷佐、李儒林、虎鳳祥、周夢熊、石登魁、劉琛、紀簉、金連升、高兆祥、周萬善、鄧聯升、李逢元、吳漢章、李占魁、夏起鳳、何奮武、王者作、汪堪雄、張鳳鳴、杜月桂、謝國榮、楊清華、夏日課、馬秉乾、劉兆麟、孫連魁、胡發鼇、米澍、李榮林、劉其昌、陳廷舉、胡建甲、彭光耀、王尚忠、白鳳鳴、李發春、陳占魁、邱鳳舞、張孔英、王登甲、陸作舟、陸行舟、夏鼎、吳廷弼、李廷弼、朱全友、魁傑、惠世普、米玥、張進才、蘇忠、趙殿弼、陳炳南、曾魯麟、蘇永春、強惠蘭、陳鳳鳴、郭世新、彭俊、劉勤、崔鳳鳴、吳元印、田占魁、常凝瑞、常立功、常敬事、常際甲、陳占鼇、勒承謨、梁冀、馬兆雄、王占鼇、王藎臣、王進吉、王武臣、賀貢珍、鄧福五、楊啟甲、張殿魁、鄧乃武、馬緒、王茂才、馬河圖、陸通舟、馬正科、羅存、殷佐裕、米玉、馮占魁、趙汝祥、夏寅，以上道光、咸豐年武生。

　　陳生秀、楊國佐、趙德滋、包蘊英、吳周章、李琇、陳文馨，貢生。

韓信潮、曾志沂、張炳泰、王猷、李茂、岳凌漢、楊燦塾、袁炘、李文政、常效民、趙德潤、郭凌雲、張榜蕊、王昶，廩生。

王家玫、張鳴玉、袁錦、常立五、楊昌林、李植第、王家珆、趙德一、蘇繼勳、馬崇德、顧文元、侯汝梅、虎亞魏、姬法周、張士傑、邵希儒、李如蓮，增生。

張國禎、楊官懋、岳凌漢、余先暢、羅廣業、官永箴、張耀、楊舒甲、張星耀、胡奎、王鑑堂、呂振清、趙汝爲、陸冲霄、陳炳照、胡鏞、馬負圖、蘇傑蓮、高仰山、蘇煥章、蘇文達、馬翠章、安經邦、海涵、李逢春、程文炳、賀安邦、梁棟材、張希仲、孫天岳、張炳奎、路騰霄、張振、王天錫、黃熙元、馬定邦、趙銘鼎、王定清、蘇梁棟、劉先泰、李新蕊、陳濟生、柳長生、常中興、楊昌緒、韓晋輔、徐克吉、韓瑞清、尹效曾、韓信海、高折桂、韓敏、張文英、常傑、王鳳儀、戴永清、李甲寅、楊增垍、李東垣、楊逢春、楊景清、楊兆桐、李耀川、張清彦、楊錦堂、唐毓林、柴升，附生。

趙德車、韓作松、楊鵬登、張國佐、汪德麟、殷東福、常繼五、蘇金城、馬殿熊、梁玉成、殷守忠、常世勳、楊國棟、馬中榜、劉效琦、李向元、時永繼、楊克福、杜映旗、趙萬才、陳釗、石占魁、高海泗、王通元、蘇萬鎰、趙萬春、蘇玉和、郭邦彦、展秀清、呂振世、劉昆玉、袁中連、馬成驤、張其祥、時澤萬、梁占揚、方聯魁、石有德、貝華堂、祁相唐、雷天相、李維均、苗澤霖、常作舟、楊仲魁、何守祥，武生。

以上均同治年甇案。

邵慕儒、閻丙辰、邵仲堯、王銘、張雲飛、白瑩、龔爲良、房延齡、楊可相、王家璠、鄭大俊、王翰、孟作霖、潘榮藻、楊藩、白天佐、馬庶蕃、王執中、張兆南、馬負圖、景蘊華、曹兆魁、牛泮芹、牛丕烈、白玉堂、李蓬峰、路三捷、李維新、趙邦卿、王德宣、羅文炳、蘇增慶、蘇連升、張國棟、鄭席珍、陳戒德、何殿甲、李桐、黃獻廷、毛豫豐、劉紹基、柳生直、劉玉成、杜重華、王自新、王金堂、王如用，貢生。

鄭佐清、王照文、孟廣涵、陳昌緒、王道平、張全真、王化行、劉傳綸、郭峻、秦仰源、張效齡、王大綏、陳景藩、唐正杰、趙天恩、劉及第、李暢、計定清、虎繼召、趙天佑、劉永福、劉貞、徐效儒、馬安邦、姬作棟、殷士敏、韓興邦、陳希賢、朱煥文、何敬修、陳學孔、吳玉堂、彭育賢、陳士俊、郭翰臣、王鳳翔、高凌雲、周治岐、韓晋昌、任國佐、王世清、馮尚德、張束帛、王振清、趙生新、楊蔚起、雅同文、李時發、趙天錫、張纘緒，廩生。

何煥然、李耀川、王炳文、劉杖輝、趙光璧、張竟成、李楷、蘇德隆、馬德駿、甄秉乾、路含章、鄭圭璋、劉建章、張舍棠、馬振驛、翟用儀、白良弼、魏克明、劉品第、盧燮、趙師普、王佐、劉基煥、劉文敏、張士珍、王懋德、王占魁、段承基、馬楷臣、胡國泰、王懷清、鄭有綸、鄭有經、馮明新、劉安輯、耿秉壬、陳士傑、孫守魁、酆登瀛、陳維範、陸榮，增生。

嚴炳先、張道善、何顯廷、段維城、趙光駿、段維岳、余化龍、席衡巨、文淵、楊輝廷、雷預揚、張復振、蘇文焕、葉樹楨、趙紀元、趙德潤、張開基、李明倫、羅崇德、余登瀛、王惟一、郭凌雲、楊春森、王瑚、馬雲衢、白鳴鳳、吴折桂、吴鏞、楊芳林、李連登、虎揚休、陳出新、牛熙穀、張文翰、蘇萬鍾、韓述、王嘉禄、蘇遴廷、蘇傚泉、范應元、馬躍龍、李生泮、張好義、蘇玉廷、陳大禄、郭燦章、蘇自省、馬騰龍、楊爲邦、周錫爵、賈澍濡、員能顯、尹相湯、王作新、潘耀祖、蘇自通、金汝礪、梁作楨、單毓秀、徐萬基、唐崇曦、李桂清、趙櫛、潘耀南、湯聘彦、李楝、張崇德、王成德、張文華、趙夢筆、劉兆甲、景瑞雲、李迎旭、范希賢、王萬傑、師守崇、王瑞清、楊乃文、曹登科、王培基、韓久安、韓史靖、尹金鏞、杜友蘭、馮敬業、談尊聖、閻承彬、張學孔、陳邦瑞、楊鐸、曹志賢、蘇勷、陳慕學、陶文斌、張明彩、房嗣泰、王珍儒、何連科、鄭瑞麟、戴善述、楊蔚文、姜瑞清、楊清、龐鳳翔、何步霄、錢治清、謝文炳、高凌霄、閻維漢、喬鍾崙、楊雨潤、田澍、劉得亮、李楹、蕭治彬、張問達、陳國藩、李如蘭、楊震東、金楠、陳維範、祁兆文、馬繼洵、賈國棟、唐克讓、王鏡清、夏際文、陳榮祖、杜友仁、張惟明、馬繼祖、韓良弼、陳宗聖、陳國棟、屈自伸、劉俊傑，附生。

楊振英、楊泮林、楊震秀、田復禮、雷天升、蘇國藩、虎昌業、雷鴻章、張三級、冶仿長、湯彦勝、龍焕坤、王貫一、賴占魁、潘仲明、楊震甲、楊定、潘榮祖、晏廷金、馬登魁、張中魁、貴孝恭、王福、王殿甲、馬登第、楊昌隆、李正舉、白尚喜、張玉堂、李秉林、馮得勝、李述堂、張貴、杜涵霖、劉平、王萬禄、惠愛深、馮國治、張文俊、郭聯魁、韓戰魁、虎維召、沈廣全、韓玉銘、鄭儒珍、余輔治、楊國藩、田樹德、梁生鼇、海建雲、趙天德、蘇兆林、海起元、王作賓、房益壽、楊芝俊、馬天鑣、虎屏功、虎屏科、虎名召、馮榜魁、蘇玉珍、喬世禄、李廷楨、苟逢春、馬毓秀、馬正魁、王兆魁、扈連陞、馮毓麟、魏永平、董定清、梁國泰、王世魁、高步月、馬有德、宋憲章、王國祥、哈永廷、楊濟魁、韓佐邦、潘守清、金啟明、王守元、馬占魁、趙濟賢、卜登麒、梁作棟、虎向魁、張橋、米登魁、馬禎祥、馬成武、馬如麟、海起鵬、韓國昌、馬毓清、張文焕、張連邦、蘇桂籍、劉瑞祥、楊自得，武生。

以上均光緒年黌案。

按：文武諸生本難列志，惟多士沐浴文瀾，亦雲程發軔之基。且自光緒二十七年停武科，三十一年停文科，創辦各級學堂、陸軍學堂，以爲取士之道，誠風氣之轉移也。兹備録之，略示存古之意。第自國初至嘉慶，學檔無存，均從殘碑斷碣中考之，不免遺軼。閲志者當共識之。

【校勘記】

[1] 宣講勸學公所：本志《目録》作"講所"。

[2] 文廟祀典：本志《目録》作"祀典"。

[3] 前道：疑當作"明道"。程顥生於宋仁宗明道元年(1032)。

[4] 左丘明：原避孔子諱作"左邱明"，今回改。下同。

[5] 雍正：原倒作"正雍"，據清世宗胤禛年號乙正。

新修固原直隸州志〔卷六〕

兵 防 志

　　聲伐致討，自古爲然。有備無患，兵策所先。築砦設險，保障三邊。士馬騰飽，執銳披堅。狼烽誓掃，天弧高懸。襃鄂之選，孫吳之篇。防秋歲歲，厲乃戈鋌。敬告元戎，毋敢忽焉。爰志《兵防》，列卷第六。

營制 內列兵額，悉照現存營章登録。

　　陝西固原提督一員。按：提督在前明時爲陝西右提督，駐平凉，而固原以總兵鎮守之。國朝詔移總督於蘭州，總兵於河州，而以提督駐此，營制益見秩然。今提督領四鎮，曰河州、口陝安、口漢中、口延綏，其餘副、參、游等官均如例。
　　提標中軍：參將一員、守備一員、千總二員、把總四員、經制外委七員、額外外委及馬兵共一百二名、步兵二十四名。
　　提標左營：游擊一員、守備一員、千總二員、把總三員、經制外委六員、額外外委及馬兵六十名、步兵二十七名、守兵一名。
　　提標右營：游擊一員、守備一員、千總二員、把總三員、經制外委七員、額外外委及馬兵六十名、步兵二十七名、守兵一名。
　　提標前營：游擊一員、守備一員、千總一員、把總三員、經制外委五員、額外外委及馬兵六十名、步兵二十七名、守兵二名。
　　提標後營：游擊一員、守備一員、千總一員、把總三員、經制外委五員、額外外委及馬兵六十名、步兵二十七名、守兵二名。
　　固原城守營：游擊一員、守備一員、千總一員、經制外委三員、額外外委及馬兵六十名、步兵二十七名、守兵一名。
　　固原城守營分防蒿店汛：千總一員，額外外委及馬、步、守兵共十六名。

固原城守營分防硝河城汛：千總一員，馬、步、守兵共一百四名。

固原城守營分防黑城汛：把總一員，馬、步、守兵共二十名。

固原城守營分防鎮原汛：經制一員，馬、步、守兵共二十名。

固原城守營分防新營汛：經制一員，馬、步、守兵共八名。

固原城守營兼轄瓦亭營：守備一員，係由八營移駐。

分防八營汛：千總一員、經制外委一員。

瓦亭營：額外外委及馬、步、守兵共四十八名。

八營汛：額外外委及馬、步、守兵共三十二名。

校場二處。已見《圖説》。[①]

防營

按：固原自同治兵燹以來，疆臣經畫邊防，以兵衛民。其隸於雷少保部下者，有達春馬隊、精選步隊；其隸於鄧提督部下者，有景字馬步各營旂，并固原提標馬步防軍各旂。均係分紮防守，惟營制迭有更調，自難按册而稽。兹將光緒三十二年遵奉改設常備各軍，凡駐紮固原轄境者，登録如左。

甘肅常備軍步隊第二標第一營：駐紮州城内提署街西及小校場。

固原巡防左旂步隊：駐紮平涼府城，及分巡固界之瓦亭、三關口、廟兒坪等處。

固原巡防後旂步隊：駐紮海城，并分巡平遠一帶。

固原巡防馬隊二旂：一駐紮北鄉黑城鎮，一駐紮州城南門外。

附列管帶銜名 自光緒三十二年改設常備軍起，至宣統元年止。

金恒林，字福祥，湖南湘鄉縣人。記名總兵，金塔協副將、籌勇巴圖魯。光緒三十二年管帶常備軍。

馬泰臨，字輯五，甘肅慶陽人。記名總兵，管帶左旂步隊。光緒三十四年春調委管帶常備軍。

王甲三，字士臣，陝西蒲城人。記名總兵。光緒三十四年冬管帶常備軍。

劉尚忠，字枚臣，陝西人。儘先游擊，光緒三十二年管帶巡防左旂步隊。

習斌，字文卿，陝西人。儘先游擊，光緒三十二年管帶巡防後旂步隊。

馬國仁，字相臣，河州人。儘先游擊，光緒三十二年管帶巡防馬隊。

---

① 參見本志《圖説·大校場》《小校場》。

吴燦昭,字鳴梧,湖南人。儘先游擊,光緒三十二年管帶巡防馬隊。

劉玉魁,字獻廷,固原人。儘先游擊,光緒三十三年管帶巡防後旂步隊。

吴連升,字靜圃,陝西人。儘先游擊,光緒三十三年管帶巡防馬隊。

馬福壽,字眉山,河州人。儘先游擊,光緒三十三年管帶巡防馬隊。

塘汛

按:塘汛例歸城守營游擊管轄。查道光、咸豐間《憲綱册》,共載有二十三處。同治軍興後,分設海、平兩縣,因即裁改。兹就現存者,備録如左。

一、南路塘汛,曰十里鋪、曰二十里鋪、曰三十里鋪、曰開城、曰蒿店汛、曰莧麻灣。

一、北路塘汛,曰臨洮營、[1]曰沈家河、曰頭營、曰閻家馬路、曰黑城汛、曰南五里、曰北五里、曰西十里。查閻家馬路原設馬塘,軍興後并未請修。

一、分防鎮原汛,查該汛駐鎮原縣,距城守營二百七十里,沿途未設塘墩。

一、分防新營汛,查該汛駐新營堡,距城守營二百一十里,沿途未設塘墩。

一、分防硝河城汛,查該汛駐硝河,距城守營一百二十里,沿途未設塘墩。

馬廠

按:馬廠以實邊圉也。固原山深草豐,本游牧所。至豆壯節公任提督時,疏請建置,於是大爲蕃息。兵燹後,僅存故址。當軸者其加意講求,庶有以實邊圉歟!

一、提標中營參將馬廠在土窰子,距城二十五里。東至馬髦山,西至龍鼻子灘,南至猴兒牙岔,北至石寺兒爲界。

一、提標左營游擊馬廠在王家套子,距城七十里。東至關山頂,西至田家堡子,南至馬家後新莊子,北至賀家套子爲界。

一、提標右營游擊馬廠在東山坡,距城一百二十里。東至大莊,西至關山,南至化平界,北至青土坡爲界。又右營小馬廠在白鷺池,距城五十里。東至皮家堡,西至關山,南至楊家嶺,北至黑砦溝爲界。

一、提標前營游擊馬廠在鹽泥溝,距城七十里。東至關山,西至毛家莊,南至左營馬廠,北至鹽泥溝爲界。

一、提標後營游擊馬廠在磨河莊,距城二十二里。東至中營馬廠,西至大山,南至紅莊子,北至磨河莊爲界。

一、提標城守營游擊馬廠在二壕,距城四十里。東至乃家河,西至九品灣,南至田家坻,北至黃茅山爲界。

紀戰

周夷王三年,命虢公伐太原之戎,至於俞泉,獲馬千匹。

周宣王元年,命秦仲征西戎,命尹吉甫北伐玁狁,逐之太原而歸,于是有《六月》之詩。[①]

四十年,[2] 料民於太原。仲山甫諫曰:“民不可料也。”按《後漢書·西羌傳》:穆王遷戎于太原。[②] 即山西太原。顧氏炎武云:在今州治。[③] 而李氏兆洛云:太原屬山西。[④] 并未引爲州境,兹姑存之。《地輿志》仍未列太原名稱。[⑤]

周考王八年,秦伐義渠。按《通鑑注》云:義渠屬安定。[⑥]《後漢書·西羌傳》:涇北有義渠之戎。[⑦] 考之劉《志》,[⑧]直指義渠故城爲今州治。用并録之。

周顯王四十二年,秦縣義渠,屬北地郡。按:顧氏云,北地爲今州境。

周赧王四十五年,秦滅義渠,築長城以備邊。今城北十五里,有遺址。

秦始皇三十三年,使蒙恬築長城。

漢文帝十四年,匈奴入寇,以十四萬騎入朝那、蕭關。注:在固原州東南。殺北地都尉卬。卬,孫姓,見《功臣表》。[⑨]

漢武帝元鼎五年冬,帝獵新秦中,西登崆峒,北出蕭關,以勒邊兵。

元封四年,帝祠五畤,遂出蕭關。時匈奴寇邊,遣郭昌屯朔方。

漢光武帝建武元年,盧芳據安定,自稱西平王,匈奴迎之。二年,赤眉西掠安定、北地。鄧禹入長安。六年,馮異擊盧芳、匈奴兵,破之,北地、上郡、安定皆降。按:顧氏云,地屬州境。李氏云:安定爲州治城。八年,遣中郎將來歙伐隗囂。囂使牛邯屯瓦亭。先是,高峻據高平,久不拔。帝西征之。馬援因説囂有土崩之勢,聚米爲山谷形,遂進軍至高平第一城。按《後漢書·郡國志》:安定郡高平有第一城,今甘

---

① 參見《詩經·小雅·六月》。
② 參見《後漢書》卷八七《西羌傳》。
③ 參見《日知録》卷三“大原”條。
④ 參見《歷代地理志韻編今釋》卷四《十三元·原》。
⑤ 地輿志:疑指(宣統)《甘志》卷四《輿地志》。
⑥ 據《後漢書》卷八七《西羌傳》載,秦滅義渠置北地郡,則義渠當屬北地郡。查《資治通鑑》胡三省注亦不見有“義渠屬安定”之説,不知此説何據。
⑦ 參見《後漢書》卷八七《西羌傳》。
⑧ 參見(萬曆)《固志》卷上《地理志第一》。
⑨ 參見《漢書》卷十六《高惠高后文功臣表》“餅侯孫單”條。

蕭平涼府固原州是。①

漢和帝永元十四年，安定羌燒何種反，郡兵擊滅之。

漢順帝永建四年，詔復安定、北地、上郡。

永和六年，馬賢與羌戰，敗没。東、西羌遂大合。十月，徙安定、北地郡。按：羌居安定、北地、上郡、西河者爲東；居隴西、開陽、金城、靈州者爲西。

漢桓帝永壽元年，南匈奴左奧鍵臺耆等反，東羌應之。安定屬國都尉張奐擊降，遂屯長城。

漢靈帝建寧二年秋七月，段熲大破東羌，將兵萬人，齎十五日糧，從彭陽直指高平，與先零諸種戰勝於逢義山。按注：今固原州有須彌山，又云即逢義山。彭陽城在州東鄉。

漢獻帝建安十六年，馬超、韓遂等據潼關，曹操自將兵擊破之。超奔涼州，操追至安定而還。

漢後主建興六年，丞相亮伐魏，戰於街亭。天水、南安、安定，皆舉兵應亮，關中響震。

晋孝武帝太元十三年，秦主登軍朝那。十四年八月，秦主登擊安定，後秦主萇襲破其輜重。十六年十二月，秦主登攻安定，後秦主萇擊敗之。十七年七月，秦主登引兵逼安定，後秦主萇拒卻之。十八年，[3]秦主登聞後秦主萇卒，舉兵逼安定，萇子興使尹緯與戰。大敗，衆潰，登單騎奔平涼，收衆入馬毛山。按注云：馬毛山在固原州西南，亦曰馬�髦嶺，或作馬屯山。十九年七月，後秦主興自安定如涇陽，與秦主登戰於南山。按注云：馬毛山之南。

晋安帝義熙七年，夏攻秦杏城，斬其守將姚詳，遂攻安定東鄉，皆剋之。十二年，夏攻秦，剋上邽、陰密、安定、雍城。秦遣兵擊卻之，復取安定。十三年春正月，秦安定守將姚恢反，伏誅。十三年，夏人進踞安定，嶺北郡縣皆降之。

南北朝魏太武帝始光四年夏，安定降魏。神麚元年，魏將軍尉眷攻上邽。夏主退屯平涼。奚斤進軍安定。三年，魏主襲平涼，使將軍古弼等將兵趣安定。夏主自安定北救平涼。夏主及魏人戰，敗走上邽。魏取安定、隴西。

魏孝明帝正光五年夏四月，敕勒酋長胡琛據高平，自稱高平王。魏將盧祖遷擊破之。旋秦州莫折大提反，陷高平。大提死，子念生領其衆。魏遣兵討之。

魏主曄建明元年，遣都督爾朱天光討万俟醜奴，夏四月獲之。高平獲蕭寶寅。皆誅之。復以宇文泰爲征西將軍，行原州事。

唐代宗廣德八年，元載奏請城原州事，未行。

---

① 參見《後漢書》志二三《郡國五·安定郡》。

唐德宗建中元年，楊炎將城原州，劉文喜據涇州以叛。令李懷光等討之。而原州竟不果城。

興元元年四月，涇原牙將田希鑑殺其節度使馮河清。

貞元三年十月，吐蕃陷連雲堡，堡屬涇州。遂城故原州而屯之。

唐宣宗大中三年二月，吐蕃以三州七關來降。按三州：秦、原、安樂也。七關：石門、驛藏、制勝、木峽、石峽、六盤、蕭關也。當吐蕃降時，詔諸道出兵應接。由是涇原節度使康季榮取原州及六關，邠寧節度使張君諸取蕭關。詔墾土田，免五年租。

宋仁宗慶曆元年二月，元昊寇渭州。韓琦趨鎮戎軍，命任福戰元昊於好水川。西行出六盤山，福敗死。按：鎮戎軍，宋置，今固原州是。好水川又名甜水河，源出六盤山，與瓦亭水合流。二年，元昊寇鎮戎軍。副總管葛懷敏會兵禦之。馳至長城敗死。元昊遂大掠渭州。

宋神宗元豐四年，詔李憲會兵討夏。憲總師東上，營於天都山下。在固原州西北。追襲其統軍新都喇卜丹，敗之，次於葫蘆河。即蔚水河。

宋哲宗元符二年夏五月，置西安州。按注云：即寧摩奎新城，從經略章棻請也。考之李氏云：西安州在固原州西北。

宋徽宗崇寧四年，夏人寇涇原，入鎮戎，略數萬口。與羌酋希卜薩羅桑合兵，逼宣威城。

政和六年，王厚等攻夏藏底河城，敗績。夏人遂大掠蕭關。

宋欽宗靖康元年秋，夏人陷西安州。

宋高宗建炎四年冬十一月，金人復陷涇原諸州、軍，遂取渭州、鎮戎軍。環慶叛將慕洧復引金兵陷環慶。

紹興三十二年，吳璘遣兵復河源州、積石、鎮戎軍，遂復大散關。

宋理宗景定元年四月，蒙古阿拉克岱爾及六盤守將渾塔噶，舉兵應和林。廉希憲等擊敗，斬之。

元成宗元貞二年，自六盤至黃河，立屯田戌兵萬人。

明太祖洪武二年，徐達剋慶陽，自臨洮下蘭州，襲走元豫王，盡收其部落輜重。還出蕭關，剋平涼，擒張良臣，斬之。

明憲宗成化三年，敵犯固原，官軍拒於甘州郡牧所，不剋。遂陷開城縣，殺掠甚衆。按：甘州郡牧所，在州西北。四年冬十一月，都督劉玉與項忠等，討開城叛酋滿俊，平之。按：開城縣在今固原州南四十里。滿俊據石城叛，即今滿四堡。

明武宗正德二年六月，總制楊一清奏以花馬池至靈州地勢平衍，寇每從此入固原、平涼，請修牆塹，增衛所以禦之。

明世宗嘉靖十九年秋，濟農寇邊，總督劉天和、總兵周尚文與戰於黑水苑。

斬濟農子錫沙王。按：黑水苑在固原州境。四十五年冬，寇犯固原，總兵郭江敗死之。

明莊烈帝崇禎二年三月，固原逃兵周大旺等肆掠。以楊鶴總督三邊軍務，捕流賊。三年六月，流賊陷府谷。以總兵杜文煥親督固原兵，便宜討賊。七年冬，流賊聚陝西至二十餘萬，蹂躪鞏昌、平涼諸府數十州、縣，敗賀人龍、張天禮軍。固原道陸夢龍被圍，爲賊所殺。

國朝順治五年，涼州回丁國棟、米喇印，奉故明延長王朱識錞起兵，涼州、洮、岷盡陷，固原擾動。旋爲官軍所敗，於蘭州乞撫。未兩月，據甘州復叛。勾結參將蔣國泰等，以議和請，計誘甘肅巡撫張文衡至米喇印家，群賊以矢射死，總督孟喬芳、總兵張勇剿之。

康熙十三年，固原逆將王輔臣叛於寧羌，踞平涼。次年，固原逆員陳彭定勾結土匪，與輔臣相應，踞城以叛，隴東盡陷。提督趙良棟率兵由寧夏先平固原，大將軍圖海由西安督師以進，奪虎墩山，環攻撫慰。輔臣乃獻吳三桂所授印札以降。

乾隆十一年冬，固原中營兵童文耀、賈世忠等，糾各營兵以索糧叛，右營兵張文才等爲內應。參將任舉手刃十餘級，擒四十餘賊。賊攻東門，舉力禦之。游擊鐵保以手銃轟賊散，事遂寢。四十六年，循化逆回蘇四十三叛。固屬鴉兒灣回目馬四阿訇糾衆亂掠，積三年之久。官軍追剿至鹽關，始就撫，而其教酋馬明心伏誅。四十九年，逆回田五、張阿訇等叛，由隆德、靜寧起釁，固原因之蹂躪。大學士阿桂先破田五於通渭之石峰堡，回亂節次肅清。

咸豐十一年，逆回某阿訇等，以陝回肆亂，迭次蠢動，焚殺擄掠，時有所聞。秋季遂圍攻七營堡，時固原道萬金鏞一意祖回，不爲備禦，乃召同治初年之浩劫，悲哉。

同治元年，蓮花城逆回納三、雲南人。馬兆沅、王阿訇、馬拉拉子，亂於固原北鄉一帶，肆行焚擄。其時東鄉白家台楊自秀集漢團二千餘人以接仗，失利。標中軍官以調征髮逆，未及歸伍，故城郭空虛也。二年正月初一日，逆回穆三、平涼人。納三、花三、馬喜太、馬蹶子、馬狡云率匪三百餘人，於前一夕潛伏南門外之雷壇。甫黎明，暗賄門兵妥貴，由南門進，襲破固城，焚殺慘烈，屍骸盈野。穆三、納三復犯平涼。三年春，河回張保龍自詣雷少保大營投效。少保令其獲賊。保龍乃至固城，邀妥貴、花三、馬喜太、馬蹶子、馬狡云等飲，誘縛以獻少保營次，均置之法。八月，渭南逆回孫義保來撲西鄉之張義堡，旋奪西城，踞猪羊市巷計姓院以居，自稱僞號曰"大漢鎮西王"。其僞帥名目，指不勝屈。而鹽茶廳、下馬關等處，迭次攻擾。是年冬，雷軍力戰，固城報剿，遂進剿北路。四年夏，回亂漸靖。乃官兵遠道來者，以餉絀糧盡，由七營譁潰，復擾固城，蹂躪倍至。五年，雷軍進攻董志原，時有收復。回民孫老五、黑明堂者，亦資官軍調遣，乃黑明堂執孫老五殺之。回酋白彥虎聞殺孫事，忿極，遂來撲城，由北門進，居民慘殺殆盡。復返至董志原老巢，終未伏法。六年、七年，有古城川回民穆仲元與漢民相約保城。正擬舉辦善後，乃八年八月，忽有豫王城逆目馬萬春來撲固境。計誘仲元出城脅之，仲元不許。而賊隊遂乘間入南門，復行殺掠。黃軍、雷軍、周軍鏖戰，始大定焉。

　　光緒二十一年，逆回馬筐筐子、趙伯祥、李倡發、車滿覆、馬海、趙七兒等叛於海城，戕官肆掠，延及七營等堡。旋伏誅。二十六年，逆回馬三水、馬可可、馮老八等叛於海城大溝門。提督鄧增派馬步練軍往擊，掩獲馬三水等正法以平。

【校勘記】

[1] 臨洮營：原作“臨桃營”，據本志卷二《地輿志·村莊》改。
[2] 四十年：此同《通鑑輯覽》卷三《周》，《史記》卷四《周本紀》作“三十九年”。
[3] 十八年：《資治通鑑》卷一〇八《晋紀三十》作“十九年”。

新修固原直隸州志〔卷七〕

人 物 志 一

乾坤清淑，鍾毓雋倫。言稽《爾雅》，空同武人。文學造士，采蘭披榛。孝或
刲股，忠則批鱗。敦崇節烈，冰蘗松筠。立功立德，可貴可珍。令聞不朽，歷萬斯
春。敢告後起，式景先民。爰志《人物》，列卷第七。

后妃

按：各省志，如周之豐鎬、漢之芒碭，均列帝后世係。今固邑僅梁后一人，自
應備述，以列簡端。

漢朝

順帝順烈梁皇后，大將軍梁商女也，少善組繡。永建三年，選入掖庭爲貴人，
嗣立爲后。德惠聰謙，不敢有驕專之心。每見日月蝕變，輒降服，自求其愆。居
嘗言曰："陽以博施爲德，陰以不專爲義。《易》序貫魚，《詩》美螽斯，此百福所由
興也。"順帝益加敬焉。生和帝。后晚年臨朝秉政。

歷朝鄉賢仕進

漢朝

傅燮，北地人。舉孝廉，官至漢陽太守。善恤民，叛羌懷其恩化，并來降附。
乃廣開屯田，列置四十餘營。後戰没，諡曰壯節侯。按：《通志》注爲靈州人。[1] 惟考

---

[1] 參見《通志》卷一一一上《傅燮傳》。

之《歷代沿革圖考》,北地建置在先,靈州在後。茲謹登列。

傅幹,字彥林,燮子也。官扶風太守。

公孫昆邪,北地義渠人。景帝時爲隴西守,以將軍擊吳楚有功,封平曲侯。著書十五篇,主陰陽五行之術。《漢書》“昆”或作“渾”。①

公孫賀,字子叔,昆邪子也。[1]少爲騎士,武帝時以軍術將軍,隨大將軍衛青出戰有功,封南窌侯,又封葛繹侯。

傅介子,北地義渠人。少時嘗自嘆曰:“大丈夫當立功異域,何能坐屋子下作老儒生。”後以從軍爲官。先是樓蘭、龜兹皆嘗遮殺漢使者,昭帝時,介子以使大宛至其國,斬樓蘭及龜兹王首,還詣闕下。以功封義陽侯,食邑七百户。

傅育,北地人。爲臨羌長,後拜武威太守,匈奴畏之。

梁統,字仲寧,安定烏氏人。剛毅好法律,更始二年補中郎將。使安集涼州,[2]拜酒泉太守。赤眉逐更始,陷長安,統與竇融及諸郡守起兵保境,咸推爲帥。固辭曰:“昔陳嬰辭王以老母也。今統內有親,德薄能寡,誠不敢當。”遂更爲武威太守。光武帝建武五年,加宣德將軍。八年,征隗囂,統與融等合五郡兵會討。封成義侯,更封高山侯,奉朝請,拜太中大夫,[3]四子爲郎。統上疏請重刑罰,不報。爲九江太守,定封陵鄉侯。其治武威、九江也,威行德洽,人畏愛之。兄巡、弟騰并爲關內侯。長子松尚光武公主。通經術,議修明堂、辟雍、郊祀、封禪禮,爲虎賁中郎。

梁扈,統孫也。性恭讓,敦《詩》《書》,以國戚永元中擢黃門侍郎。歷位卿、校。永初中爲長樂少府。

梁商,字伯夏,統曾孫也。順帝選其女爲后,拜大將軍。商自以戚屬居高位,每存謙柔,虛己進賢。辟巨覽、陳龜爲掾屬,李固、周舉爲從事中郎,京師翕然,稱爲良輔。遇饑饉,出穀賑貧,不宣己惠。卒諡忠侯。病篤時,猶以“耗費侈華,何益朽骨”爲子冀戒。

皇甫規,字威明,安定朝那人。祖棱,[4]度遼將軍。父旂,扶風都尉。永和間,西羌寇三輔,圍安定。郡將知規有兵略,乃命爲功曹,使率甲士八百,戰勝,斬羌級。舉上計掾。羌攻隴西,規上疏求自效。冲帝、質帝時,舉賢良方正,對策直言權貴。梁冀忿其刺己,下第,拜郎中。乃托疾歸,以《詩》《易》授徒三百餘人。屢徵不就。嗣以太山賊亂,[5]拜太山太守。規廣設方略,寇虜乃悉平。延熹中,叛羌零吾等與先零別種寇關中。規以素悉羌事復上疏,舉爲中郎將,持節監關西兵,討零吾,斬八百級,降十餘萬。復發騎討隴右,適軍中疫,規親爲巡視,三軍德

---

① 參見《漢書》卷三〇《藝文志》。

之。東羌乞降，涼州復通。旋爲中常侍徐璜所忌，論獄，復赦。更徵拜度遼將軍、中郎將，在事數年，北邊威服。永康元年，徵爲尚書，遷弘農太守，封壽成亭侯，邑二百户，規讓封不受。再轉爲護羌校尉。熹平三年，卒於穀城。著有賦、銘、碑、贊、禱文、弔、章表、教令、書、檄、箋記，凡二十七篇。

皇甫嵩，字義貞，規之兄子也。父節，雁門太守。嵩少好詩書，習弓馬。初舉孝廉、茂才，靈帝時徵爲議郎，遷北地太守。會張角亂起黄巾，帝召群臣議，嵩以解黨禁，益出中藏錢、西園厩馬以班軍士。帝從之。於是發精兵，選將帥，以嵩爲左中郎將，與朱儁共討潁川。儁敗，軍中皆恐。嵩召軍吏曰：“兵有奇變，不在衆寡。今賊依草結營，易風火，若因夜縱燒，出兵擊之，功可成也。”夕大風，嵩敕軍士束苣大呼，城上舉燎以應。自鼓入陳，斬賊數萬級。而汝南、陽翟、西華餘賊悉平。遂封都鄉侯。復討角弟張梁於廣宗、張寶於下曲陽，悉擒斬之。拜左車騎將軍，領冀州牧，封槐里侯，食邑八千户。黄巾平，嵩請以冀州一年田租贍飢民。民爲歌曰：“天下大亂兮市爲墟，母不保子兮妻失夫，賴得皇甫兮復安居。”其恤兵也，營幔立然後舍，軍士食已乃飯，甚得衆情。至其斥閹忠，拒張讓，不屈董卓，而上表陳諫，有補益者五百餘事，史以“愛慎盡勤，不居不伐”贊之，信哉。屢拜征西將軍、車騎將軍、太尉、光禄大夫。卒贈驃騎將軍。子堅壽，亦顯名，後授爲侍中，辭不拜。

晉朝

張軌，字士彦，安定烏氏人。好學有器望，除太了舍人，累遷散騎常侍。永寧初，出爲涼州刺史。鮮卑反，軌討破之。立學校，化行河右。及河間、成都二王之難，遣兵三千，東赴京師。永興中，鮮卑若羅拔能爲寇，斬俘甚衆，威名大振，加安西將軍。永嘉初，東羌校尉韓稚殺秦州刺史張輔，[6]軌往討，稚降。王彌寇洛陽，軌戰捷。又敗劉聰於河東。帝嘉其忠，進封西平郡公，不受。適京師饑匱，軌獻馬五百匹，毯布三百匹。拜鎮西將軍，都督隴右諸軍事。劉聰逼洛陽，軌遣兵入衛。及京師陷，軌馳檄關中，翼戴帝室。更拜驃騎大將軍，儀同三司，固辭。在州十三年。卒謚曰武公。[7]

張肅，軌弟，寔叔也。以功膺建威將軍。

張寔，軌子也，繼軌爲西涼刺史。初，惠帝失璽於蕩陰，涼州軍士得之，獻於寔。寔曰：“是非人臣所得留。”乃歸之於朝。詔拜寔都督陝西諸軍事。

張茂，軌子也。初辟從事中郎，官至涼州刺史。

皇甫重，字倫叔，安定朝那人。元康中，爲秦州刺史。

皇甫商，重弟也，爲長沙王乂參軍。

南北朝、隋朝

皇甫和，字長諧，安定朝那人。祖澄，秦、梁二州刺史。[8]父徽，安定、略陽二郡太守。和年十一而孤，母夏侯氏才明有禮，則授以經。及長，深沉有雅量，尤明禮儀，宗親凶吉，多相咨訪。終濟陰太守。

鄧彥海，安定人。祖羌，爲苻堅車騎將軍。父翼，爲河間相。彥海性貞素，[9]言行可復，博覽經書，[10]長於《易》筮。道武定中原，擢爲著作郎。彥海明解制度，多識故事，與尚書崔宏參定朝儀、律令、音樂，及軍國文記、詔策。謹於朝事，未嘗忤旨。

彭樂，安定人，驍勇善騎射，隨齊神武韓陵之役，樂先登陷陣，賊衆大潰，封樂城縣公。除肆州刺史。天平四年，從神武西討，與周文相距，樂請決戰。因醉入深，被刺腸出，内之不盡，截去復戰。芒山之役，樂以數千精騎爲右甄，衝西軍，所向奔退，遂馳入周文營。俄告捷，諸軍乘勝斬首三萬餘。西軍退，神武使樂追之，周文大窘而走，獲周文金帶一束以歸。神武雖喜其勝，且怒其失周文，令伏諸地，親按其頭連頓之。取絹三千匹壓樂，[11]因賜之。累遷司徒，封陳留王。

席固，字子堅，安定人。少有遠志。梁大同中，爲齊興郡守，士多附之。遷興州刺史。大統中，歸魏，周文甚禮遇之。拜豐州刺史，累封靜安郡公、昌州刺史。固居家孝友，蒞官頗有聲績。卒於州，謚曰肅。子雅，少以孝聞，位大將軍。

席法友，安定人。仕魏，爲豫州刺史，封苞信縣伯。[12]宣武末，刺濟州，以廉和著稱。終光禄大夫，謚曰襄侯。[13]

皇甫績，字功明，安定朝那人。祖穆，魏隴東太守。父道，周湖州刺史。績少孤，好學，略涉經史。周武帝爲魯公時，[14]引爲侍讀，轉宮尹中士。武帝避暑雲陽宮，衛刺王作亂，百僚多遁，績聞難赴之。遇太子於玄武門，太子執績手，悲喜交集。帝聞而嘉之。開皇初，拜都官尚書，出爲晉州刺史。言陳有三可滅，上嘉勞而遣之。及陳平，拜蘇州刺史。高智慧等作亂，破之。拜信州總管，徵還京師。卒謚曰安。

梁睿，字恃德，安定烏氏人。父禦，西魏太尉。睿沉敏有行檢。周太祖時，襲爵廣平郡公，進蔣國公。歷敷州刺史，凉、安二州總管，俱有惠政。後平王謙之亂，[15]睿爲行軍元帥，斬謙於市，劍南悉服。進上柱國，食邑千户，賚賜甚厚。時睿威震西川，惟南寧酋恃遠不馴，睿疏請決取。隋文帝深納之，用其策，擊定焉。隋既受周，顧待彌隆。復上平陳之策。又以突厥方强，疏陳鎮守十餘事。睿自以周代舊臣，久居重鎮，内不自安，請入朝。乃徵還京師，托疾自守，卒謚曰襄。隋大業初，詔追封戴公。子洋襲之，歷官嵩、徐二州刺史，武賁郎將。

梁士彦，字相如，安定烏氏人。少任俠，好讀兵書，頗涉經史。周武帝聞其勇果，自扶風郡守，除九曲鎮將，封建威縣公。從周武帝拔晋州，進封柱國，除使持節，晋、絳二州諸軍事、晋州刺史。及齊主總六軍圍孤城時，城堞危小，衆軍震懼。士彦慷慨自若，身先士卒，以短兵接戰，齊人憚之。復令其妻妾共軍民子女，晝夜修城，三日城完固。帝將班師，士彦叩馬諫，遂進兵平齊，封郕國公、上柱國。宣帝立，歷徐州總管、三十二州諸軍事，擒吳明徹於呂梁，破黃陵，定淮南地。尉迴亂，[16]以兵從韋孝寬，所戰皆捷，乘勝至草橋，大破之。除相州刺史，隋文忌而誅之。子操、剛、叔諧、志遠、務，凡五人，俱顯官。

梁默，安定烏氏人。士彦蒼頭。軍每征，稱驍勇有功。從楊素征突厥，加授柱國。隋大業中戰没，贈光禄大夫。

梁昕，字元明，安定烏氏人。少溫恭。魏文帝見其魁偉，[17]異之。授右前參軍、雍州刺史。昕撫以仁惠，蠻夷悦服。封安定縣子。卒贈大將軍。

梁榮，昕弟也。歷位下大夫、開府儀同三司。

蔡祐，安定人。父襲，平舒縣伯。祐少有大志，事母以孝。仕魏爲都督，累遷司馬，所得禄秩，盡散宗族。及卒，家無餘財。

田弘，安定長城人。[18]慷慨有謀略，仕周，封鶉陰子，累遷驃騎大將軍。嘗計平西羌及鳳州叛民。每臨陣，摧鋒直前，身被百餘箭，破骨者九。後拜大司空、少保。有墓銘傳於世。

田仁恭，字長貴，弘子也。仁恭寬厚有局度，舉明經，襲鶉陰子，拜開府。歷襄武縣、[19]淅陽郡公、幽州總管。宣帝時，進爵雁門郡公。隋文帝徵拜大將軍，破尉迴。拜柱國、太子太師。詔營廟社，進爵觀國公，[20]邑五千户。拜右武衛大將軍。卒贈司空，諡曰敬。

梁毗，字景和，烏氏人。祖越，魏涇、豫、洛三州刺史、郃陽縣公。父茂，周滄、兗二州刺史。毗性剛謇，舉明經，遷布憲下大夫。[21]平齊，爲行軍長史，剋并州，除別駕。宣政中，封易陽縣子，遷武藏大夫。隋進侯爵，尋以鯁正拜治書侍御史，遷雍州贊務。以直道忤權貴，左遷西寧刺史，改邯鄲縣侯。先是蠻酋皆金冠，侈金爲豪，相奪尋干戈，乃率金遺毗。毗對之慟曰：“汝曹以此無用物相遺，更欲殺我耶？”悉還之，皆感悟。徵爲大理卿，時稱平允。上開國府。[22]時楊素專橫，毗上書極論其罪，語甚剴至。帝怒，命有司禁止。親詰之，毗言曰：“素既擅權，寵作威福。太子、蜀王之廢，百僚震悚。素揚眉奮肘，喜見容色，利國家有事爲身幸。”帝不能屈。煬帝即位，遷刑部尚書，攝御史大夫。劾宇文述，忤旨，憂憤卒，帝遣吊賜縑焉。

梁彦光，字修芝，[23]烏氏人。祖茂，魏秦、華二州刺史。父顯，周荆州刺史。

彦光有至性。另見孝志。①　魏大統末,入太學,除秘書郎。周遷舍人上士。武帝
時,累遷小馭大夫、馭正下大夫。[24]以平齊功授開府、陽城縣公。歷華州刺史,進
華陰郡公,封一子。尋晋大將軍、上大夫,拜柱國、青州刺史。屬帝崩,隋文帝時,
爲岐州刺史,領宮監,邑二千戶。境産嘉禾連理,賜錢傘、粟帛。奏最,轉相州刺
史。相民變詐,作歌誚之,坐免。復拜趙州刺史。言於上曰:"臣前在相州,百姓
呼爲'戴帽餳'。請復相州。"從之。吏民聞狀,咸嗤笑。彦光甫下車,發摘如神
明,合境大駭。以民情險詖,聘山東大儒教之,非聖賢書不得授。季月親試,升勤
學者,設饌堂上。其好訟者,坐堂下,食以草具。民俗因以純良。有滏陽焦姓弟,
以酗酒不孝,訟其兄。彦光令詣孔廟,觀壁上韓伯瑜泣杖圖,遂感悟,化爲善士。
其德教多類此。卒諡曰襄。子二:文謙,雅有父風,時以錢米濟貧民,治行爲天
下最,歷上饒刺史、上柱國、戶部侍郎;文讓,鷹揚郎將,戰歿,贈通議大夫、陽城
縣公。

皇甫誕,字玄憲,安定朝那人。[25]始爲周倉曹參軍。隋興,爲兵部侍郎、比部
尚書。[26]卒贈柱國,封弘義公,諡曰明。

唐朝

皇甫無逸,隋弘義明公誕子也,爲淯陽太守,甚有政聲。高祖武德初,爲益州
大都督長史。嘗按巡行,偶止宿民家,燈炷盡,無逸抽刀斷帶爲炷,不索於民,
其廉介如此。封滑國公、平興侯,官至刑部侍郎、民部尚書、右武衛將軍。

皇甫鏞,原州人。[27]舉進士,累官河南少尹。兄鎛爲相,攬權太甚,每極言
之,鎛不悦。鏞時痛哭於家,知鎛必敗。後如其言,朝廷賢之。授國子祭酒、太子
少保。鏞寡言正色,不屑世務,所交皆知名士,著書數十篇。

宋朝

向寶,鎮戎軍人。善騎射,聞鄰郡有猛虎,百里斷人行,莫敢攖者。遂往覓虎
穴,一矢中虎額,殪之。歷官秦鳳路隊將,[28]皇城使帶御器械。歷真定、鄜延副
總管,四廂都指揮、嘉州團練使,當時號爲"飛將軍"。神宗稱其勇以比薛仁貴。

曲端,字正甫,鎮戎軍人。紹興中名將,善戰,得士卒心。歷秦鳳路隊將。夏
人入寇柏林堡,力戰擊退。金人萬户婁室與撒離曷等寇邠州,整隊大捷。官宣州
觀察使,知謂州。既歿,樹曲端旐,敵人猶望而卻之。

張達,鎮戎軍人。仕宋至太師,封慶國公。

---

① 　參見本志卷七《人物志三·孝子》。

金朝

張中孚,字信甫,鎮戎人。宋太師達子也。歷知渭州、參知政事,遷尚書左丞相,封南陽郡王。

張中彥,字才甫,中孚弟也。歷官至臨洮尹,兼秦鳳路兵馬都總管。[29] 鞏州賊劉海搆亂,戮其爲首者。至積石,豪長悉來降,事遂定。加儀同三司。

明朝

劉仲祥,固原人。永樂中,以人才薦官江蘇無錫縣知縣。蒞任,培植學校,勸民蠶桑,當時推爲經濟之選。

何居恭,一名居泰,[30] 固原人。永樂中舉人,官四川保寧府通判。

王旻,固原人。永樂中舉人,歷官通判。

楊可度,固原人。永樂中舉人,歷官訓導。

虎繼宗,固原人。正統中舉人。

章文,固原人。天順中舉人,官山西祁縣知縣。以廉自持,以寬御下,而能文好學,尤著政聲。

彭璘,固原人。弘治甲子科舉人,[①]官濼州知州、太平府同知、浙江按察司僉事。

楊應元,固原人。嘉靖庚子科舉人,[②]甲辰科進士。[③] 歷官河南開封府推官。持己謹飭,文章懿雅,有才名著於鄉。

張世祥,固原人。嘉靖癸卯科舉人,[④]官四川慶符縣知縣。

馬世臣,固原人。嘉靖丙午科舉人,[⑤]官山西太原府通判。

單濱,固原人。嘉靖戊午科舉人,[⑥]官山東高苑縣知縣。以保薦政績,授湖廣桂陽州知州。

王道濟,固原人。隆慶丁卯科舉人,[⑦]官直隸安州知州。

趙性粹,固原人。萬曆己卯科舉人,[⑧]官四川鹽亭縣知縣。以文學膺上考,升江南揚州府通判、直隸河間府同知。復行取政績,擢雲南府知府。

① 弘治甲子:弘治十七年(1504)。
② 嘉靖庚子:嘉靖十九年(1540)。
③ 甲辰:嘉靖二十三年(1544)。
④ 嘉靖癸卯:嘉靖二十二年(1543)。
⑤ 嘉靖丙午:嘉靖二十五年(1546)。
⑥ 嘉靖戊午:嘉靖三十七年(1558)。
⑦ 隆慶丁卯:隆慶元年(1567)。
⑧ 萬曆己卯:萬曆七年(1579)。

　　李廷訓,固原人。萬曆乙酉科舉人,[①]乙未科進士。[②]官直隸博野縣知縣,以政績行取,召對稱旨,升户部江西司主事,擢湖廣司員外郎、掌印郎中。京察列等,授河南驛傳道僉事。至其文章樸實,允爲西隴宿儒。

　　徐州儒,固原人。萬曆乙酉科舉人,官山東邱縣知縣,有文名,政績可稱。

　　王家相,固原人。萬曆乙酉科舉人,官河南知縣,其績學能文,一時有徐、王二才子之譽,而同榜報捷,亦士林佳話。

　　陳好學,固原人。萬曆辛卯科舉人,[③]官四川夾江縣知縣。

　　張天德,固原人。萬曆庚子科舉人,[④]官直隸通州學正。

　　陳舜典,固原人。萬曆庚子科舉人,官山西知縣。歷升山西雁平督糧道。博學能文,有碑銘傳於鄉。

　　樊士英,固原人。天啟甲子科舉人,[⑤]官知縣。

　　丁映章,固原人。崇禎己卯科舉人,[⑥]官通判。

　　李愷,固原人。拔貢,以知縣歷官四川忠州府通判。

　　翟琇,固原人。拔貢,官鈞州府通判。

　　王亨,固原人。拔貢,官山東邱縣知縣。

　　曾友直,固原人。拔貢,官山西太原縣知縣。

　　馬良,固原人。拔貢,官山西榆次縣知縣。

　　周希文,固原人。貢生,官雲南蒙自縣知縣。

　　王文秀,固原人。貢生,官直隸滄州知州。

　　曾讓,固原人。貢生,官高密縣縣丞,旋以政績洊知縣。

　　胥保,固原人。貢生,官直隸南宮縣知縣。

　　胥泰,固原人。貢生,官山西河津縣縣丞。

　　楊欽,固原人。貢生,官河南縣縣丞。

　　胡子旺,固原人。貢生,官山西孝義縣縣丞。

　　陳介,固原人。貢生,官湖南平江縣縣丞。

　　蘇文炳,固原人。貢生,官柏鄉縣縣丞。

　　康鑑,固原人。貢生,官淇縣縣丞。

　　史暐,固原人。貢生,官會川衛經歷。

①　萬曆乙酉:萬曆十三年(1585)。
②　乙未:萬曆二十三年(1595)。
③　萬曆辛卯:萬曆十九年(1591)。
④　萬曆庚子:萬曆二十八年(1600)。
⑤　天啟甲子:天啟四年(1624)。
⑥　崇禎己卯:崇禎十二年(1639)。

陳言,固原人。貢生,官江西按察司經歷。

何文郿,固原人。貢生,官保寧府照磨。

徐恒,固原人。貢生,官安徽廬州府檢校。

張恭,固原人。貢生,官江西九江府檢校。

白玉垣,固原人。貢生,官山西垣曲縣主簿。

張信,固原人。貢生,官河南舞陽縣主簿。

李恕,固原人。貢生,官河南太康縣主簿。

楊存,固原人。貢生,官山西沁水縣主簿。

馮泰,固原人。貢生,官山西榆次縣主簿。

陳寧,固原人。貢生,官北直隸大興縣主簿。

翟紳,固原人。貢生,官福建福山縣主簿。

馬恕,固原人。貢生,官南州主簿。

馬浩,固原人。貢生,官永川縣主簿。

陰廷鳳,固原人。貢生,官武隆縣主簿。

張錦,固原人。貢生,官南部縣主簿。

徐尚忠,固原人。貢生,官山西芮城縣主簿。

王英,固原人。貢生,官溫江縣主簿。

田福,固原人。貢生,官四川眉州吏目。

韓斌,固原人。貢生,官山東信陽州吏目。

陰順,固原人。貢生,官山西平定州吏目。

陳夔,固原人。貢生,官河南睢州吏目。

張洪,固原人。貢生,官鴻臚寺序班。

白文繪,固原人。貢生,官上林院錄事。

張寅,固原人。拔貢,官山東萊州府教授。

郭之屏,固原人。拔貢,官甘肅鎮番縣教授。

張翔,固原人。貢生,官直隸高苑縣教諭。

王璋,固原人。貢生,官泌陽縣教諭。

崔紀,固原人。貢生,官臨漳縣教諭。

李廷秀,固原人。貢生,官平山縣教諭。

袁瑾,固原人。貢生,官四川仁壽縣教諭。

胡秀,固原人。貢生,官四川雙流縣教諭。

丁煥,固原人。貢生,官甘肅金縣訓導。

黃汝楫,固原人。貢生,官陝西三原縣訓導。

張秉元,固原人。貢生,官西鄉縣訓導。

徐正己,固原人。貢生,官陝西西安縣訓導。

張思誠,固原人。貢生,官陝西潼關衛訓導。

翟璣、翟顯、白珪、馬訓、張善、施文、袁鎧、蘇勉、彭銳、楊獻之、劉綱、張正學、田宗禮、王國機、沈汝淵、王焕、宣九德,俱固原人,以貢生候選訓導。

黃成,譜名文原。固原人。洪武初,由小旗從征徐州衛、薊州、真定、遵化等處有功,授總旗。復以大寧鄭村壩獲勝,擢彭城衛右所百戶,加千戶,升指揮同知。既剋東阿、東平、汶上各縣城,授世襲指揮使。其子福襲職,官羽林前衛。孫慶襲職。曾孫鐸、海,均接襲,官固原衛。

黃振,成之元孫也。正德初以世襲指揮,禦匪於毛居士井,獲勝,斬匪級甚衆,加都指揮,行操固原。旋以太沙子、羊房堡等處報捷,升都指揮僉事、北路游擊將軍、寧夏東路參將、寧夏副總兵、都督僉事、右軍都督府,擢寧夏掛印總兵,領神機等營,加提督驃騎將軍。

馬養麟,固原人。以武功歷官總兵,加都督,晋寧武侯。

尹濂,固原人。嘉靖壬戌科武進士,[1]歷官副總兵。

盛琦,固原人。萬曆甲戌科武進士,[2]歷官守備。

陳天賜,固原人。萬曆乙未科武進士。[3]

張良賢,固原人。萬曆戊戌科武進士。[4] 歷官四川游擊,以戰功世襲副千戶。

武純文,固原人。萬曆丁未科武進士。[5]

楊信,固原人。以軍功歷官甘肅、寧夏鎮總兵。

曹進安,字龍泉,固原人。以軍功歷官督標奇兵營參將,加驃騎將軍。有墓銘。

施霖,固原人。以世襲指揮使歷官參將。

高節,固原人。以世襲指揮使歷官參將。

楊津,固原人。以世襲指揮使歷官參將。

孟棠,固原人。以世襲指揮使歷官參將。

徐勳,固原人。以世襲指揮使歷官參將。

李永芳,固原人。以指揮累升參將。

---

① 嘉靖壬戌：嘉靖四十一年(1562)。
② 萬曆甲戌：萬曆二年(1574)。
③ 萬曆乙未：萬曆二十三年(1595)。
④ 萬曆戊戌：萬曆二十六年(1598)。
⑤ 萬曆丁未：萬曆三十五年(1607)。

蕭韶成,固原人。以世襲指揮使歷官參將,加總兵秩。

吳宗堯,固原人。以世襲指揮使歷官參將,加驃騎將軍。

王爵,固原人。以指揮歷官游擊。

蕭鎮,固原人。以世襲指揮使歷官游擊。

方濟文,固原人。以世襲指揮使歷官游擊。

陳茂勳,固原人。以世襲指揮使歷官游擊。

馬夢麒,固原人。以世襲指揮使歷官游擊。

李國用,固原人。以百户所歷官游擊。

徐源,固原人。以指揮歷官都司。

張九功,固原人。以指揮歷官都司。

張守成,固原人。以指揮百户歷官都司。

張愷,固原人。以指揮歷官守備。

趙昶,固原人。以指揮歷官守備。

楊文學,固原人。以指揮歷官守備。

季臣,固原人。以指揮歷官守備。

張絃,固原人。以指揮歷官守備。

徐敏,固原人。以千户所歷官守備。

趙邦,固原人。以指揮歷官守備。

徐文顯,固原人。以百户所歷官守備。

蔣楹,固原人。以指揮歷官守備。

賀守義,固原人。以千户所歷官守備。

盧濟倉,固原人。以百户所歷官守備。

吳彦林,固原人。以千户所歷官守備。

王從誥,固原人。以指揮歷官守備。

張元勳,固原人。以指揮歷官守備。

黃瑷,固原人。以指揮歷官守備。

曹進忠,固原人。以軍功歷官守備。

李國徵,固原人。以百户所歷官守備。

王彪,固原人。以百户所歷官守備。

王用予,固原人。以百户所歷官守備。

滿濂,固原人。以百户所歷官守備。

人 物 志 二

國朝鄉賢仕進文職 謹按年代爲序。

馬從龍,歲貢生。順治間官工部屯田清吏司主事。性至孝友,非公事不入官署,有澹臺之風。里人思其遺範,彙請旌表,崇祀鄉賢。

石應譽,提督國璽之子也。康熙初以軍功官浙江武康縣知縣,以才能薦升知州。

石芝麟,應譽弟也。康熙中以蔭生官湖廣知州。

侯拱一,康熙中以軍功官浙江温州府知府。

何天相,康熙癸巳恩科舉人,①候選訓導。

陳王前,康熙中拔貢,歷官知府。

馬驪,雍正初貢生,歷官主事。

曹文挺,雍正初貢生,歷官郎中。

高昕,雍正癸卯科舉人,②候選知縣。

張繡,雍正甲辰恩科舉人,③候選州判。

馬迅,雍正己酉科舉人,④候選教諭。

劉統,雍正己酉科舉人,有文名,議敘知縣。

黄居香,乾隆制科孝廉方正,後中式舉人。

劉若椿,乾隆甲子科舉人,⑤歷官知縣。

劉自漢,乾隆中拔貢,官鎮安縣訓導。

年稺,乾隆中拔貢,候選訓導。

趙芮,乾隆中舉人,揀選知縣。

黎守成,乾隆中舉人,候選訓導。

錢世昱,貢生,嘉慶制科舉孝廉方正,官布政使理問。

錢大略,貢生,嘉慶中任靖遠縣訓導。

---

① 康熙癸巳:康熙五十二年(1713)。
② 雍正癸卯:雍正元年(1723)。
③ 雍正甲辰:雍正二年(1724)。
④ 雍正己酉:雍正七年(1729)。
⑤ 乾隆甲子:乾隆九年(1744)。

翟棽,嘉慶中舉人,^①候選教諭。

張鵬翼,嘉慶中舉人,^②揀選知縣。

東介,嘉慶中舉人,^③揀選知縣。

錢維祖,嘉慶中以議敘官知縣。

張光漢,^④道光辛巳恩科舉人。^⑤　其昆弟以議敘得職者:光先官直隸州州同;光序歲貢生,官齎奏廳;光清官州判;光第官布政使經歷。一門簪纓,洵盛美也。

蘇九疇,道光初舉人,^[31]候選訓導。

薛秉珪,道光中舉人,^⑥揀選知縣。

李蘊華,道光乙未科舉人,^⑦候選教諭,以議敘官知縣。

王嵩翰,道光中拔貢,候選直隸州州判。

李承昀,道光中拔貢,朝考二等,候選教諭。

白啟華,道光中恩貢,候選教諭。

杜煥緒,道光中以軍功保縣丞,以知縣升用。

張維,咸豐辛酉科舉人,^⑧候選知縣。

張鵬舉,咸豐辛酉科拔貢,同治庚午科舉人,^⑨甲戌科進士。^⑩湖北南漳縣知縣,調應山縣知縣。在官卓有文名,培植學校,爲諸生講解文字,士林以老師宿儒目之。而其堅苦惕勵,廉介自持,有非尋常俗吏所能及者。

馬驂,咸豐初拔貢,官陝西渭南縣訓導。性情耿介,操守廉潔。後進士子有不循理法者,必加面斥,既斥後必舉古人忠孝事實,以爲誘掖獎勸。渭人德之,稱爲直諒不苟。

李祥,咸豐中以議敘官四川德陽縣典史。在任緝捕勤能,民多畏之。

党樹德,貢生,咸豐中官陝西隴州吏目。

安煥章,貢生,咸豐中官陝西長安縣典史。

陳榮先,貢生,咸豐中署合水縣訓導。

---

① (宣統)《甘志》卷三九《學校志·選舉上》載,翟棽爲嘉慶十八年(1813)癸酉科舉人。
② (宣統)《甘志》卷三九《學校志·選舉上》載,張鵬翼爲嘉慶二十一年(1816)丙子科舉人。
③ (宣統)《甘志》卷三九《學校志·選舉上》載,東介爲嘉慶二十三年(1818)戊寅恩科舉人。
④ (宣統)《甘志》卷三九《學校志·選舉上》載,張光漢爲海城人。
⑤ 道光辛巳:道光元年(1821)。
⑥ (宣統)《甘志》卷三九《學校志·選舉上》載,薛秉珪爲道光十四年(1834)甲午科舉人。
⑦ 道光乙未:道光十五年(1835)。
⑧ 咸豐辛酉:咸豐十一年(1861)。
⑨ 同治庚午:同治九年(1870)。
⑩ 甲戌:同治十三年(1874)。

閻瑄,貢生,咸豐中任陝西潼關廳訓導。

閻煦塈,同治壬申年恩貢,官皋蘭縣教諭。

張樹勳,同治癸酉科舉人,①候選知縣。

蘇炳南,同治癸酉科拔貢,副舉人,候選訓導。充固原書院山長。教訓後進,樂育不倦。

閻禮堂,同治中隨征新疆,以軍功保候選知縣。

李廷楹,同治初以議敘官府經歷。

張焕文,貢生,同治中官山東東河縣典史。

梁廷棟,監生,以議敘官撫寧縣典史。

張儒珍,字雅軒,壯勤公子也。② 同治季年,以文童隨左文襄公治軍事,保縣丞,遂出關於瑪納斯、托克遜諸戰,運籌決勝。晋知縣。光緒間復爲劉襄勤公所知,③延入戎幕。天山瀚海間,畫策無遺。爰與富參贊交章保薦,擢直隸州,加知府。既而董少保督師河湟,④積功保道員,特賜花翎二品頂戴、武能依巴圖魯,軍機處存記。將大用,以舊傷觸發,遽卒。鄉人惜之,知州王學伊爲銘其墓。

張超,字幼升,壯勤公孫也。光緒初以蔭生官兵部郎中,爲人靜默,剋守祖訓。至其熟於戎略,亦邊徼之異材也。

李桂芳,光緒初廩貢生。官秦州訓導,授寧朔縣教諭,升平涼府教授,議敘知縣,加同知升銜。當其官秦州也,以籌勸賑務,膺翰林院待詔銜。任寧朔也,以督修學宮,大吏重之,累登上考。今年七十有三。

杜映斿,貢生,光緒制科舉孝廉方正,候選訓導。其居鄉也,設塾勸學,排難解紛,地方一切義舉,倡爲之,不辭勞怨。同治初避難慶陽,凡遇窮迫者,悉周濟不吝,里人稱焉。

李廣玉,貢生,光緒初官碾伯縣訓導。

吳周章,貢生,光緒初以議敘候選訓導。

馬德駿,字少雲,增生。提督進祥之子也。光緒中以二品蔭生授職通判,官廣西永寧州知州。卒於任,時人深惜焉。

王翰,貢生,光緒中候選訓導。

吳定邦,貢生,光緒中保候選訓導,寄居靈州。

南化行,光緒乙酉科拔貢,⑤候選州判。

---

① 同治癸酉:同治十二年(1873)。
② 壯勤公:即張俊,《清史稿》卷四五四有傳。
③ 劉襄勤公:即劉錦棠。
④ 董少保:即董福祥,《清史稿》卷四五四有傳。
⑤ 光緒乙酉:光緒十一年(1885)。

曾炳璜,光緒戊子科舉人,①改歸湖南原籍。

吳本植,字子幹,提督雲伍之子也。光緒中隨董少保營次襄理文牘,轉運餉糈,積功保知府,獎道員,加鹽運使銜。官湖北,督帶保商兵隊。少負大志,具幹濟才,鄂湘大吏咸倚重之。

吳本鈞,字羹梅,提督雲伍之次子也。光緒丁酉科拔貢、②舉人。官法部主事,加員外郎銜。少有才名,經籍淹貫,書法秀逸,得褚河南風致。

李乃菜,字馨齋,附生。光緒中佐鄧提督戎幕,籌畫機宜,料敵敏速。積功保知縣,加同知銜。現帶西寧常備軍隊。

楊作棟,附生,候選州判,加鹽提舉銜。

徐步升,字雲梯。光緒癸卯恩科副舉,③候選州判。

鄭大俊,字灼三,貢生,候選訓導。

鄭席珍,字聘卿,貢生,候選訓導。

雷慎修,廩生,候選縣丞。

張希仲,廩生,候選吏目。

徐漸逵,貢生,候選訓導。

董溫,少保福祥之侄孫也。光緒中隨營次襄文札,積功保知縣,加同知銜。

董恭,字敬齋,少保福祥之孫也。光緒甲辰皋蘭水災,④出金賑濟。議敍候選道,加二品銜,記名簡放。

趙克敏,字慧生,廩生。光緒丙午年考職列優等,授巡檢。

胡瀚,貢生,光緒中保縣丞。

王萬傑,貢生,光緒中保縣丞。

胡青海,貢生,光緒中保縣丞。

楊錦瑞,貢生,光緒中保縣丞。

王善述,貢生,光緒中保縣丞。

張輝,貢生,光緒中保吏目。

董升猷,光緒中隨甘軍營次,保知縣。

喬金綬,光緒中隨甘軍營次,保巡檢。

張維新,光緒中以吏員候選典史。

楊承銓,光緒中以吏員候選府經歷。其弟秉琦、秉栻,均以議敍得道庫大使。

---

①　光緒戊子:光緒十四年(1888)。
②　光緒丁酉:光緒二十三年(1897)。
③　光緒癸卯:光緒二十九年(1903)。
④　光緒甲辰:光緒三十年(1904)。

張國珍,廩生,光緒中保縣丞,加鹽提舉銜。

張宗,光緒中以文童歷保縣主簿。

祁兆文,貢生,光緒三十四年以勸辦江蘇賑務,獎花翎、候選同知。公舉宣統制科孝廉方正,候考驗錄用。

國朝鄉賢仕進武職 謹按年代爲序。

石國璽,順治初以行伍從征陝西、湖廣等省,迭著偉績。洊官鎮江右師,遷左師,授浙江温、金、衢等處地方總兵,官晋全浙提督,加三等阿達哈哈番。卒於官,賜祭葬,蔭襲如例。

馬蛟麟,順治初集回民鄉團以禦流賊,及大兵入關,遂隨征廣西、湖南等省,迭剋名城。洊職專閫,始任都督僉事,鎮守辰常等處總兵,擢右都督,晋左都督。調廣西總兵,加一等阿達哈哈番,又一拖夏喇哈番,授太傅、榮禄大夫。卒於官,賜祭葬,蔭襲如例。其子雄以襲職,官至廣西提督。

曹志,父進安,前明名將。志克承韜略,鋭意戎行。順治初官游擊,追捕流賊有功,總督孟喬芳因力薦之,授固原城守副總兵,其弟希亦同時任河州參將。

孫繼宗,以武功傳其家。康熙中隨征噶爾丹、厄魯特西域各回部,迭著奇勝。雍正二年擢神木營副將,擢安西鎮總兵、甘肅提督,授陝西延綏鎮總兵,加左都督。特賞福壽字、蟒袍、如意各珍品。七年卒於官,賜祭一壇,詔表其墓。

董大成,康熙中以武童從陝西軍征潼、鳳諸路匪,轉戰西域各回部,積功官蘆塘營游擊,擢定邊營副將,授甘肅涼州鎮總兵,權甘肅提督印務。

田峻,康熙中以行伍從征噶爾丹有功,歷官至陝西榆林鎮總兵,授都督同知、廣西提督。

王能愛,字恤山,以武童入固原提標充步兵。康熙中從征厄魯特、噶爾丹諸役,剋哈密、擒阿酋,均著奇功。雍正初官固標左營游擊,歷升山西大同鎮總兵、安西提督加都督僉事。邊防三十餘年,安危賴之。卒於官,賜謚恭恪,祭葬如例。

馬子雲,康熙中官漢中城守營副將。

吳起鵬,[32]康熙中官固標右營游擊,授中營參將。

馬登雲,康熙中官涼州右營游擊、阿壩營游擊。雍正初授莊浪城守營參將。

李梅,康熙中官陝西漢鳳營參將。

葉蘭惠,康熙中官固標後營游擊。

崔繼盛,康熙中官西安州營游擊。

滿瑞麟,康熙中官平涼營游擊。

何自禄,康熙中官延綏鎮標中營游擊。

韓三奇,康熙中官肅州中營游擊。

王緒級,康熙中官督標左營游擊。雍正初授固標後營游擊,升中營參將。

馬耀,康熙中官陝西紫陽營游擊。

王天爵,康熙中官黃甫營游擊。

馬進鳳,康熙中官略陽營游擊。

喬世德,康熙中官陝西舊縣關游擊。

陳經綸,康熙中官西寧鎮標前營游擊。雍正初授陝西神木營參將。

豆斌,雍正初以馬兵入固標,拔千總,擢肅州守備。調征準噶爾,受創力戰獲勝。賜白金四百兩醫治之。準逆平,敘功升神道營游擊、波羅營副將。歷任大通、河州、延綏、安西、肅州、武昌各鎮總兵。擢固原提督、廣西提督。疏請改造廣西各標鳥銃,開甘州、寧夏、固原、延綏、河州各標馬廠,以實邊備,均議行。調安西提督,領巴里坤軍事,以剿獲霍集占、嗎哈沁逆回奮勇,推功第一,兼充領隊大臣。旋因中炮傷發,卒於軍次。諭曰:“提督豆斌以負傷身故,甚屬可憫。著加恩照旂員一品大臣例議恤,襲雲騎尉、騎都尉職。賜諡壯節,祀昭忠祠,繪像紫光閣。”御製文詩以悼,祭葬如例。其子福魁以襲職,官雲南元江營參將。

楊琜,雍正初由把總歷官寧夏鎮標前營游擊。以從征準逆,敘功擢涼州鎮總兵、都督僉事。乾隆初任固原提督。其子世璋以襲職,特賞御前侍衛。

馬煥,雍正三年官固原提督。

衛國寧,雍正初官漢鳳營參將。

楊起鳳,雍正四年官涼州鎮標中營游擊。[33]

楊寅,雍正四年官涼州鎮標左營游擊。[34]

馬順,雍正六年官陝西白塔川營參將。[35]

孫緒宗,雍正初以武舉兵部,候推守備。官河州參將。

楊起龍,乾隆初官廣東惠州營副將,擢潮州鎮左翼總兵。

崔傑,乾隆初官貴州安龍鎮總兵,兼都督同知。

吳宗茂,乾隆初官督標蘭州城守營參將,調大同營副將,署永昌營副將、涼州鎮總兵。授四川重慶鎮總兵,以戰功加鏗色巴圖魯。

吳亨衍,乾隆中官靖遠營副將。歷任肅州、寧夏、漢中各鎮總兵,加提督銜。

張宏偉,乾隆中官陝西延綏鎮標中營都司,升游擊。

吳岱,乾隆中官涼州鎮標右營守備,署游擊。

王文建,恭恪公子也。乾隆辛酉科武舉人。[①] 官靖遠營守備,加參將銜,署陝西游擊。

馬維衍,字椒園。嘉慶丙子科武舉人,[②]丁丑進士。[③] 以刀石弓馬擅勝,授榜眼及第、花翎侍衛。擢太原撫標中軍參將,權大同鎮總兵。適趙城流匪肆亂,督隊剿撫之,旬日戡平,民爲立生祠以祀。轉浙江樂清營副將,時英夷擾海道,晝夜防堵,樂清全境賴以無恙。擢處州鎮總兵、湖北鄖陽鎮總兵、湖北提督,加振威將軍。卒於里。賜祭葬如例。

豆福魁,壯節公子也。[④] 嘉慶初以騎都尉官雲南元江營參將,歷升副將,升湖南鎮箪鎮總兵。其時鎮箪等處有新設州縣,苗民龐雜,以其熟於情形,而資其震懾之也。在官十餘載,卓有政績。

楊茂功,嘉慶初以軍功歷官四川松藩鎮標右營游擊,以功加副將,晋一品秩。

馬輔相,字燮堂。嘉慶初以固標馬兵隨征湖北孤山塘、陝西興安、川楚金莪寺、[36]虁州、巴州等處,以及王齊氏之亂,轉戰興、漢間,均以裹創力敵,迭破名城,積功洊守備,官寧夏左營守備。旋調赴滑、濬二縣之役,生擒李文臣、袁友才諸巨酋。復追剿麻大旂、龔貴等於柏陽嶺、大寧溝,獲而殲之。擢橫城堡都司。道光初調征張格爾,駐防都寄特臺,設奇制勝。迨張逆授首,擢階州營游擊,權督標中軍副將,授陝西撫標中軍參將、城守營副將,加提督銜。計從征百餘戰,在官卅餘年,所至有聲,兵民被德,洵有不可及者。道光中,卒於官。陝西巡撫陶廷杰爲銘其墓。

馬彪輔,相子也。嘉慶中以蔭生習於弓馬,考蔭授守備,後歷官陝西參將。

劉起鳳,嘉慶中以行伍積功,保都司。旋以擒獲海寇,迭次敘功,擢貴州古州鎮標游擊,署參將,加總兵銜。

田玉春,嘉慶中武舉人,聯捷武進士。授藍翎侍衛。

張世奇,[⑤]嘉慶中以軍功歷官下馬關參將。

吳亨楨,嘉慶中以世襲雲騎尉,官浙江嚴州協營中軍都司,升衢州鎮標左營游擊,保副將,加總兵銜。

韓世奇,嘉慶中武舉人,歷官都司。

賈遇隆,嘉慶中武舉人,歷官游擊。

吳亨佑,道光初以世襲雲騎尉,官陝西宜君營參將,加副將銜,洊保總兵。

---

① 乾隆辛酉:乾隆六年(1741)。
② 嘉慶丙子:嘉慶二十一年(1816)。
③ 丁丑:嘉慶二十二年(1817)。
④ 壯節公:即豆斌。
⑤ (乾隆)《甘志》卷二九《皇清武職官制‧下馬關營參將》載,張世奇爲榆林人。

馬福禹，道光初以軍功歷官督標中軍副將。

馬登雄，道光初以軍功官甘肅沙州營守備。

朱成貴，道光初以軍功官甘肅沙州營守備。

洪天喜，道光初以行伍官山東桃源營都司，以調征張格爾有功，授甘肅寧夏平羅營都司，加參將銜。

徐登科，道光初以世襲雲騎尉，歷官烏魯木齊提標中軍守備，調寧夏安定堡守備、靈州營守備，權陝西右營游擊。旋調防喀什噶爾、英吉沙爾、巴爾楚克城等處。適奎里鐵列木莊匪有變，督兵截堵，手刃強賊百餘級。論功稱最，升四川梁萬營都司，加參將銜。

劉福，武庠生。道光初以戰功洊職都司，加游擊銜。復以弓馬嫻熟，韜略宏通，爲隴東將弁之冠，迭經疆臣保薦，迺擢參將，晋總兵，授陝西定邊協營副將。在任數載，以定邊爲秦隴要塞，行旅絡繹，宵小易滋，乃整頓標汛，梭巡者寒暑無間。每獲一犯，雖狗偷鼠竊，必嚴懲之，而尤加意禁賭，以靖盜源，崔苻之風，爲之頓息。至其慷慨好施，憐恤貧乏，定邊之民，猶有身被其惠而不自知者。其子鼎勳官守備，孫玉銘官都司、玉魁官游擊，均以行伍克承其德，殆武功世家歟。

李福殿，道光中以武童入伍，善騎射，拔把總，推升千總。大吏遴其材，薦官都司。旋以捕盜有方，累擢陝西宜君營參將，權撫標城守營副將，歷保總兵。其賦性樂善，里黨有貧乏者，必周濟之，時人因推爲忠厚長者。子建喜、孫玉珍，均以行伍得官，亦可見積德之餘慶已。

馬如彪，道光中以標營步兵隨征廣東，歷保參將。

馬天佑，道光中以武庠生歷保都司。

王祥，道光中以武生投效山東撫標。善於捕盜，卓有勞勩，歷保游擊，加副將銜。

朱鳳來，道光中以提標左營馬兵，調征喀什噶爾有功，拔把總。咸豐、同治間，迭次轉戰商南、邠州、亭口髮捻各匪。剋復平涼、張家川、蓮花城等處。洊秦州營千總，升游擊，保參將。嗣以攻剋固原，擢副將，加總兵銜。

豆光保，壯節公孫也。道光中以世襲騎都尉兼雲騎尉，并職服官，歷升副將，授俄卜嶺營游擊。

吳元誠，道光中以世襲雲騎尉官涼州岔口營都司。

錢志祖，道光中由武舉拔千總，官陝西鳳翔營守備、湖南長沙營守備，升湖北應山營都司。

索文，道光中以軍功歷官副將。咸豐初署固原提督，旋授甘肅提督。

馬維玉，字昆山。咸豐初官涼州鎮標游擊。

慕寅,咸豐中以行伍從征湖廣、江南、山東、直隸各省,積功保參將,官陝西延綏鎮標右營游擊。嗣以其父慕天禧於同治初殉難,得兼襲雲騎尉世職。

董寬,字厚庵。咸豐中以行伍從征湖北、江南等省,保外委,洊守備。同治初回亂,率隊進剿金積堡,搏肉酣戰,首功報捷。歷保參將,加副將銜,勃勇巴圖魯,借補金鎖關都司。歷權涇州都司、提標前營游擊、西鳳營參將。所至整頓營務,威德并著,一時推爲鷹揚上選,至今虎賁將士,猶津津樂道之。後卒於官。陳孝廉學孔爲之銘壙,其文傳於世。

馬滿友,咸豐中馬兵,歷保參將、鼓勇巴圖魯。

朱起鴻,同治初以行伍歷官山東單縣營參將。嗣以其父鳳來殉難,得兼襲騎都尉世職。

孫登策,同治初以軍功官肅州鎮標中營游擊。

牛玉林,同治初以軍功歷官陝西榆林營守備,升延綏鎮標中營游擊,歷署西鳳營、神木營參將,加副將銜。

米世禄,同治初以世襲雲騎尉官守備。

滿庭芳,同治初以世襲雲騎尉官都司。

王登魁,同治初以世襲雲騎尉官守備。

白鳳奇,同治初以世襲雲騎尉官都司。

趙世芳,同治初以世襲雲騎尉官都司。

孫宗讓,同治初以世襲雲騎尉官守備。

張本,同治初以世襲雲騎尉官守備。

施崑,同治初以世襲雲騎尉官守備。

朱鈺,同治初以世襲雲騎尉官守備。

張榮福,同治初以世襲雲騎尉官瓦石坪營守備。

張鵬程,同治初以世襲雲騎尉官西鳳營守備。

彭順,同治初以世襲雲騎尉官寧夏鎮標守備。

滿禄,同治初以世襲雲騎尉官涇州營都司。

張應宿,同治初以世襲雲騎尉官邠州營都司。

張應魁,同治初以軍功官磚坪營都司。

徐詹,同治初以軍功官西鳳營守備。

李昌林,同治初以軍功官白土營守備。

哈恒昌,同治初以軍功官洵陽營守備。

安慶,同治初以軍功官潼關營都司。

江湧潮,寄籍固原。同治元年由武童入皖撫標,隨征髮捻於潁州正陽關,積功保千總，調征陝西同州、朝邑，甘肅平凉、張家川、蓮花城等處，洊升參將，加副將銜。後領馬隊剿寧夏，迭獲大勝，擢總兵。按：原籍江寧句容縣人。

趙德興，字懋齋，寄籍固原。咸豐初髪捻之變，以武童入伍，隨征武昌，得軍功。同治初秦隴回亂，進剿蓮花城、鹽關、金積堡等處。雷少保嘉其勇，檄領精選營隊，保守備。光緒中，移防奉天山海關、鳳凰城，積功擢游擊，加副將銜。其子克敏，有文名。按：原籍安徽合肥人。

李廣珠，寄籍固原。以武功世其家，始從金忠介公、①多忠勇公部下，②歷征髪捻諸匪於山東、河南等省，迭剋名城。同治初隸雷少保軍，稱健將，平凉白水驛之戰，固原黑城鎮之捷，北則金積堡，西則玉門關，靡不荷戈酣鬥，搴旂獲俘。積功保提督，奮勇巴圖魯，授河州鎮標右營游擊，擢靖遠協副將。至其領達春馬隊，巡防緝捕，以衛閭閻，猶餘烈耳。按：原籍河南人。

李三才，寄籍固原。同治初爲雷少保所見重，隨征捻回各匪。以行伍敘功，歷保參將，加副將銜。按：原籍河南人。

黃文友，寄籍固原。同治初以馬兵隨雷少保軍，攻剋金積堡。敘功拔把總。旋剋寧夏，保至守備。按：原籍廣東人。

徐明，同治初以武童入雷少保軍，充哨長，驍健善戰。時以其父士育、兄光被賊所戕，必滅此朝食爲心，故每戰輒獲俘。積功保守備，洊游擊。

吳得雲，以武童充糧固標，調征山東、江南髪捻各匪，轉戰武昌、商州，積功拔西鳳營把總。[37]同治初復隨雷少保進剿涇陽、渭南、平凉各處，領開花炮隊。升千總，保洊都司，歷官靜寧營千總。

程步堂，同治中以行伍歷保游擊，官陝西孝義廳都司。

張文魁，以武童充糧固標。調征髪捻有功，拔把總。同治初隨雷少保征金積堡，剋巴燕戎格各匪，裹創力戰，保千總。以陝西防堵，洊守備，擢都司，領固標練軍馬隊。歷官後營守備、化平營都司。

武起鳳，以武童充糧固標。同治初調征陝西及涇州等路，復隨雷少保攻剋蓮花城、張家川、平凉府城，積功保千總。以剿辦長武塬窠匪，升守備，洊都司，歷官陝西雞頭關汛千總。

王國佐，以武童充糧固標。同治初隨雷少保攻剋董志塬、長武塬等處，獲俘有功，保千總。迭領精選營馬步各旂隊，保守備，加都司銜。

米世爵，同治初歷保守備，官靜寧營、平凉營各千總。

---

① 金忠介公：即金順，《清史稿》卷四五四有傳。
② 多忠勇公：即多隆阿，《清史稿》卷四〇九有傳。

　　金芳明，同治初歷保都司，署平涼營、固原各標千總。

　　劉玉清，同治初歷保游擊，署固原城守營千總。

　　吳得魁、徐林、王鳳林、趙平、李玉、党成富、閻珍、傅文玉、慕義、王任傑、祁鐸、楊福勤，同治間以世襲恩騎尉均官千總。

　　董福祥，字星五，以行伍起家。同治初陝回亂，蔓延甘、新等省，乃倡集義團，保衛鄉里，與張壯勤公分理團衆。其時，環縣翟大令聞其軍聲甚壯，致書求援。遂前往，力解城圍，群回憚之。會劉忠壯公、①左文襄公先後督兵度隴，檄佐前敵，編其團丁，號曰"董字三營"。九年剋金積堡及寧夏各城寨三十餘所。十年進剿西寧，奪大小峽、卓子山諸要隘，逆酋馬化隆、馬貢沅等均授首。十三年河回米殿臣叛，復往截堵，絕敵糧道，累獲大勝，論功推第一，洊保提督。光緒元年隨劉襄勤公、左文襄公率師出關，治新疆伊犁軍務，一戰於天山，再戰於木里河，三戰於古牧地，所向皆捷。新疆西南猶告警，乃身先士卒，迭剋烏魯木齊、達阪城、托克遜、瑪納斯、吐魯番、阿克蘇等處，全境肅清。蓋其時已身經百餘戰，防邊十餘年矣。疏上，賞黃馬褂，免騎射，頭等軍功，阿爾杭阿巴圖魯，襲騎都尉兼雲騎尉職。文襄更舉湘楚恪靖馬步營隊，檄以留守葉爾羌南八城等，邊境漢番纏夷，僉爲畏服。十二年授阿克蘇鎮總兵。十六年擢喀什噶爾提督。二十年奉召來京，奏陳新、甘邊要情形，洞中肯綮。天子嘉之，晋尚書銜，統練甘軍。二十一年河回復叛，拜督師援剿之命。遂兼程行，力破康家崖、邊家灣、太子寺、河州城圍，分兵攻西寧。報捷，特恩晋少保，調甘肅提督，賜紫禁城騎馬、肩輿、帶嗉貂褂，及瓷玉、綢緞各珍品。二十三年領武衛後軍。[38]二十六年兩宮西狩，授隨扈大臣，節制滿、漢兵隊。旋於陝西行次，以疾乞歸，三十四年正月，卒於金積堡里第。至其助賑輸公各事，悉載志銘，行於世。

　　張俊，字傑三，武監生。同治紀元回亂，與董少保共舉鄉團爲保境計，以謀勇著名。督兵使劉忠壯公、左文襄公深爲倚重，編其軍部曰"董字左營"。九年進攻金積堡，擒逆酋馬化隆，始保都司。十年剋西寧，洊游擊。十二年剋肅州，擢參將，迭加果勇確勇巴圖魯。十三年剋河州，晋總兵，特予倭欣巴圖魯。光緒元年借補北川營都司。奉劉襄勤公檄，調征關外，於古牧地、烏魯木齊、瑪納斯、達阪城、托克遜、吐魯番諸戰事，累著奇功。生擒庫蜜爾賊目三十餘人，奪獲軍械、牛馬無算，而喀喇峽、庫爾勒、庫車、拜城、阿克蘇、烏什各城，節次肅清。復與湘軍提督余虎恩攻剿西四城，一鼓而捷。加提督，賞黃馬褂。以裹創酣戰，敘頭等軍功。遂統四城馬步各軍，移防英吉沙爾，權烏什協營副將。十二年授甘肅西寧鎮

---

　　①　劉忠壯公：即劉松山。

總兵,調伊犁鎮總兵。二十一年擢新疆喀什噶爾提督,仍駐阿克蘇,以資震懾。當其鎮伊犁也,捐廉銀七千兩,購馬千匹,爲邊軍游牧,而馬政大興。更相度地勢,於霍爾多斯築碉卡七座,俾通烽堠。至疏管道以利屯墾,禁賭博以清盜源,則特其功績顯著者耳。及治喀什也,其地與俄部毗界,强鄰窺伺,防不勝防。我軍餉運跋涉維艱,爰改練土著兵,堅修堡壘,出俸錢儲糧七萬石,以備緩急,兵民尤利賴之。二十二年逆回劉四伏擾邊,乃計擒置諸法,而各回部皆帖然。二十四年調署甘肅提督。奉召來京,并巡視沿邊營伍。既入覲奏對,井井有條理。乃領武衛全軍翼長,兼領中軍。賜紫禁城騎馬,巡閱北洋各軍,聖眷優崇,爲諸臣冠。二十六年卒於軍次。賜謚壯勤,祭葬如例。

李雙梁,少務農業,膂力過人,與董少保交,素善。同治初回匪擾境,少保舉義團,梁奮然應之。嗣以劉忠壯公檄少保赴前敵,遂領“董字右營”,每戰必先,所向皆捷,積功保提督,卓然稱上將焉。

張果,字錦亭,壯勤公弟也。同治初以武童奮蹟行伍,隸董少保部下,隨剿西寧、靈州、金積堡、大通、古牧地等處,搗巢俘馘,驍勇可風。積功洊提督,加一品秩,特予依博德恩巴圖魯。光緒初以母老乞歸,俾伸愛養。大吏器其材,檄帶寧夏防軍馬隊,重守禦也。其弟毅,以從征新疆有戰績,保游擊,加參將銜。

周天才,字厚庵。同治初以行伍隸張壯勤公團隊。旋充“董字中營”百長,從征靈州,剋金積堡,保千總。進剿大通,升都司。光緒初復隨大軍出關,烏魯木齊、瑪納斯、達阪城諸役,節次報捷。擢參將、佐勇巴圖魯。旋剋西四城,洊總兵,加芬誠巴圖魯。嗣以搜捕竄匪,論功晉提督。歷統定遠中、右各營,權庫車營游擊、喀什噶爾提標右營游擊。授英吉沙爾營參將,調提標中營參將,升回城協營副將。

吳連科,字捷軒。同治初以回匪構亂,憤志從戎,遂棄讀。隸張壯勤公團隊,襄理文牘。當進剿金積堡時,相度險要,決策運籌,悉中機宜。既而轉戰河湟、安肅、新疆南北兩路,靡役不從。積功保總兵、個勇巴圖魯。年甫五十而卒。

張銘新,驍將也。同治初隨董少保、張壯勤公,扶義練團,以禦群回。援戰環縣時,銘新奮身醋鬥,環城賴以保全。光緒初年從大軍出關,領董軍左路營隊。舉凡少保屯剿處所,悉出死力爲助,少保實倚重之。積功擢提督、法福凌阿巴圖魯,授河南南陽鎮總兵,加一品秩。

杜錫斌,字國英。其先世務農,自斌始就讀,喜孫、吳書。同治二年,董少保舉鄉團,遴其勇略,樂爲效用。左文襄公駐平涼,召與語,大悅,顧謂斌曰:“神光炯炯,勁氣內含,奇男子也。”檄攻金積堡,親冒矢石而弗爭能。旋進剿西寧、大小峽,峽極巉險,且悍逆盤踞,諸將卻之,僉以前敵讓。乃探捷徑,率死士,利刃、長矛,一鼓而奪七隘,賊驚潰,而卓子山等處,如破竹矣。西寧之剋,斌實功首。繼解河州城圍,銜枚乘勝,劉襄勤公益信服之,迭洊參將。既而大軍取肅州,出嘉峪。領董字左路營隊,於天山、木里河、古牧地、瑪納斯諸戰,冒鏑衝鋒,所向報捷。積功擢總兵、銳勇巴圖魯。復領蒙古馬隊,與張壯勤公治達阪城、托克遜、庫車、拜城、阿克蘇軍事。晋提督,加訥齊欣巴圖魯。嗣以邊境肅清,授喀喇沙爾營參將。奏補副將,未果,遂卒。當其在軍時,有"東南鮑春霆、西北杜國英"之歌。至今思之,一膺上爵,而一竟齎志以終也,悲夫! 子宗凱,現官硝河城千總。

胡登花,字筱園。同治八年以武童入伍,充董軍左營百長。剋靈州有功,拔把總。迭次收復金積堡、馬家灘、小峽、西寧府城,升都司。繼剋大通,安輯回番,擢游擊。光緒初奉劉襄勤公檄,領董字左營,保參將、雄勇巴圖魯。旋解迪化城圍,加副將。會剋吐魯番滿漢兩城,洊總兵,加錫林巴圖魯。嗣以擊散安夷,窮追陝回,剋烏什城,疏上論績,特恩晋提督,加一品秩,列三等軍功。奉召北上,兵部校試弓馬,冠場,賞給提督半俸,領陝西練軍撫標中、前、左、右、後馬步各營隊,以資捍衛。乃舊創觸發,卒於草灘行營,年五十有六,惜哉! 子二,沂,官守備;瀚,文生,官縣丞。

薛成德,以武童於同治初入張壯勤公伍。隨剿河湟,著戰績,領營哨。馬家灘之役論首功,歷保都司。光緒初隨董少保攻剋瑪納斯、寨里河、吐魯番各要隘,保副將。後隨入衛,駐防邦均,領甘軍親軍馬隊。洊提督、額騰額巴圖魯,加一品秩。

何美玉,同治九年以家貧棄農入伍。董少保重其樸實,與治團務,爲左文襄公所知。以攻剋河州、西寧著偉功,保守備,升參將。光緒元年復隨大軍進剿迪化州、伊犁各城,迭擢總兵,旋以久戰於外,乞歸,籌屯墾營里事,若將終焉。既而少保奉召北上,適有二十一年河回之變,檄美玉領營隊,荷戈酣戰,勇渡洮河。而康家崖、邊家灣匪巢直搗,城圍立解。加提督、穆經阿巴圖魯,簡授甘肅西寧鎮總兵。二十四年奉調入衛,領甘軍副中營,駐防正定。旋以舊傷發,卒於軍次。

張進昌,同治初從董少保攻金積堡,屢戰剋捷。歷保總兵,晋提督、喀拉春巴圖魯,加一品秩。

何有道,字志齋。同治八年從董少保軍,以驍健稱。河州之役,與杜錫斌分道夾擊,報剋,保都司。復進攻西寧、肅州有功,洊參將。光緒初隨大軍出關,分領董字左營,征天山。適晝晦,風沙迷目,乃鳴金直進,無稍懈。左文襄公益奇之,加副將、强勇巴圖魯,擢和闐營參將,領新軍馬步等營。二十一年河湟復叛,隨少保援剿,敍績記名提督,洵邊徼異材也。

田九福,字竹山。同治初激於回亂,棄農入伍。關內外諸戰事,屢著奇績。

領董字右營，防衛哈喇峽。軍律嚴肅，部下皆畏之。積功洊提督，加一品秩。

張天佑，字錫純。同治壬申以武童從張壯勤公部下，爲哨目。多謀善戰，屢獲奇功。復隨董少保進征木里河、達阪城等處。領中旂步隊，所向皆捷。左文襄公迭次薦奬，晋官總兵，加提督銜。

張玉林，字秀峰，武童生，有會計才。同治十年投董少保軍次，進征肅州。復隨大軍出關，檄管定遠各營糧臺。積勞洊保總兵，加提督銜。

趙鳳輅，字曜亭。同治、光緒間，隨董少保營隊，轉戰關內外，計二十餘年，屢著偉績。領董字中旂馬隊。劉襄勤公嘉其勇幹，歷保總兵，加提督銜。

白寬，性勇贛，熟於山川形勝。同治初入董少保營。每至一境，必指陳要隘，俾士卒知所向。軍中服之。光緒中，迭隨少保馳驅關內外。以故河湟諸戰事，皆著奇功。洊保總兵，晋提督，加揚勇巴圖魯。

吳雲伍，字雨舟，以軍功起家。咸豐中調征髮捻各逆，卓著戰績。歷官秦安經制、洛川把總、神道嶺千總。同治初雷少保督軍駐陝，遴其材，招致上幕，有運籌帷幄，決勝千里之致。先後洊保參將，加捍勇巴圖魯，旋借補西安城守右營守備，權宜君、固原各營守備。光緒十年復與雷少保視師奉天，防禦營口、山海關等處。既還，擢安西協營都司、西安城守左營都司、撫標右營游擊、中營參將。二十年狄河回叛，領永興軍駐安定，以資堵截。保總兵、訥爾登額巴圖魯，權商州營副將。旋爲董少保所倚任，檄理甘軍營務處，兼領馬步各營。奉召入衛，大學士榮文忠公以“隴東上將”目之。二十七年隨扈西狩，授漢中鎮總兵，晋提督銜。迭蒙恩賜珍品。三十年以舊創舉發，卒於官，士商兵民哭而祭者七日，其遺愛不忘有如此。

姚旺，字興齋。先世居於鄉，代有畸士。自旺始以行伍起家。同治初，雷少保進攻平涼，其兄魁方舉團練助戰，殉於陣。旺踵領之，爲少保充向導。編列炮隊，每戰，高下准測，彈無虛發。賊見姚字旂，即群呼曰：“老炮隊來矣，宜速退。”其威望如此。洊保游擊，歷權營弁。嗣以志在高尚，講樹藝，務屯墾，將藏器而待時焉。光緒三十一年河湟之變，董少保視師援剿，延訪宿將，敦促出山。乃募勁旅，急渡洮河，老酋聞其名，率驚怖。而太子寺、康家崖各要隘，剋日奏捷，河湟以安。迭晋總兵，加提督銜、博勇巴圖魯。三十三年少保凱還，入都督練甘軍，檄領左營馬步各軍，簡授甘肅涼州鎮總兵，蓋將以西陲保障屬之也。三十九年蒞鎮，凡數載，解組而歸，今年七十有六。

馬萬福，同治初充董少保中營哨長。進征肅州，奮勇名於時。光緒二年，劉襄勤公督大軍抵古牧地，所列營壘，與賊巢逼近。乃自奮效，領右營隊趨前敵，血肉相薄，鏖鬥數晝夜。賊懼而潰，遂剋之。故萬福身經百餘戰，此爲最著。他如瑪納斯、托克遜、塞里河諸役,靡役不從,亦卓有奇績。疊疏論功,由千總而守備、而都司、而游擊、而參將副將,加精勇巴圖魯。二十一年隨少保入關,更治河湟軍事,領甘軍正親軍。既奏捷,晋總兵,加提督銜。時人稱之曰"伏波再世",洵無愧已。

胡占魁,同治十年以武童入張壯勤公伍,充領旂,拔千總。隨征河州,善探敵情,設伏制勝。迭領馬步營隊。光緒初董少保率師出關,剋迪化滿、漢兩城。以占魁爲先鋒,歷奪要隘,斬馘獻捷,生擒不可以數計。洊職副將,巡防邊境最久。二十一年河湟回逆復叛,領甘軍正後營,隨少保進剿有功,晋總兵,加提督銜。

張得勝,同治十年以武童充李提督前哨長。樸實有戰略,左文襄公任重之。肅州之役,立功甚偉。光緒初董少保檄領右路馬步各軍,紀律嚴整。新疆伊犁諸戰既報捷,收撫回纏,必飭得勝籌善後事,而征車所至,士卒無敢秋毫犯者。二十一年入關,復隨少保轉戰河湟,尤稱驍勇。累功洊總兵,加提督銜。二十三年駐防薊州,領甘軍副前營。

馬進祥,字雲清。同治初以武童入雷少保營。剋平凉、固原、鹽茶廳有功,拔把總。遂率隊赴鞏昌,解城圍。平董家堡,收撫洮州,升都司,擢游擊。既而迭復郡縣,大著軍聲。擊退張家川、華亭、静寧、會寧竄匪,穆制軍深爲引重,保參將,加副將。復檄所部西行,攻肅州,力戰報捷,并襲破玉門、安西、敦煌各州縣匪巢。論功晋總兵,領健銳全軍營務。光緒九年特旨調赴廣西,歷權義寧協、平樂協、慶遠協副將。會南寧、柳潯、南丹土匪,武緣土司逞變,加意防堵,績奏肅清。借補義協副將,權右江鎮總兵、柳慶鎮總兵,領防練各軍,遷廣州城守協副將。旋疆臣以邊情熟悉,檄治廣東,權北海鎮總兵,兼領振字全軍。剿合浦縣積匪,調潮州鎮總兵。三十一年簡授四川川北鎮總兵。旋調甘肅西寧鎮總兵。奏署甘肅提督。今年六十有四,子孫林立,里人多頌之。

王仁福,字壽山,董軍部將。同治中積功保參將。光緒二十一年隨征西寧、河州,迭次報捷,保副將,加總兵銜、安勇巴圖魯。旋領甘軍副右營,駐防邦均。三十三年署固原提標左營游擊。其賦性沉毅,不輕言笑,而韜略素嫻。於《孫子》十三篇,極爲心得,洵老成之望也。前督修東山,出金助工,尤有樂善好施之概。

孫鳳福,董軍部將。同治中積功保副將,加一品秩。

米漢章,董軍部將。同治中積功保副將、勉勇巴圖魯,借補新疆喀什提標右營游擊。

趙鳳寅,董軍部將。同治中積功保副將,加總兵銜。領喀什提標中旂馬步全軍。

劉宗卿,董軍部將。同治中積功保副將,加總兵銜。

王維清,董軍部將。同治中積功保參將,加副將銜。

謝長盛,董軍部將。同治中積功保參將,加副將銜。

張世福,董軍部將。同治中積功保參將,加副將銜。

張啟雲,董軍部將。同治初積功保參將,加副將銜。光緒中河湟之役,分領甘軍副中營。

高天發,董軍部將。同治中積功保游擊。光緒二十一年攻剋河州,升參將,加副將銜。復以入衛,領武衛中軍中路左營步隊。

姚建仁,張軍部將。同治中領新疆定遠左營步隊,積功保游擊。光緒二十一年隨征西寧,保參將,加副將銜。

朱生翠,張軍部將。同治中積功保都司,升游擊。光緒二十一年隨征河湟,保參將,加副將銜。

樊學成,董軍部將。同治中積功保游擊。光緒二十一年西寧報捷,保參將,加副將銜。

石光賢,字希卿,董軍部將。同治中積功保游擊。光緒二十一年河州之役,勇渡洮河,保參將。旋以入衛,加副將銜,領武衛中軍中路步隊,兼領中營。大學士榮文忠公甚賞識之,將大用,力辭以歸。

高福林,字海山,董軍部將。同治中積功保游擊。光緒二十一年剋河州,加副將銜。

劉世禄,董軍部將。同治中積功保游擊,加副將銜。

折金貴,董軍部將。同治中積功保游擊,加副將銜。

柳作棟,董軍部將。同治中積功保都司,領新疆布魯台馬隊,以資巡緝游匪。光緒二十一年進征河州,保游擊,加副將銜。

牛貫斗,字星垣。同治中以行伍入楚軍,積功保都司。光緒中復隨董少保征河湟,洊游擊,歷官延綏鎮標、靖邊營都司、左營游擊。

張存福,董軍部將。同治中積功保都司,領新疆英吉沙爾營馬隊。光緒二十一年剋河州,保游擊。

楊大鵬,董軍部將。同治中隨征烏魯木齊、達坂城等處,積功保游擊,權新疆瑪納斯營都司。

張守祥,董軍部將。同治中隨征托克遜、木里河、伊犁、東四城等處,頗著奇功,保都司。光緒二十一年解河州城圍,拔幟登陴,論績保游擊,加副將銜。旋入衛,領甘軍副前營,駐防邦均。

趙輔清,董軍部將。同治中積功保游擊,加副將銜。

馮定邦,董軍部將。同治中積功保游擊,加副將銜。

段有清，董軍部將。同治中積功保都司。光緒二十一年攻剋太子寺等處，以奮勇稱，保游擊。旋入衛，領武衛中軍後營。三十二年，充甘肅固原第二標第一營常備軍督隊官。旋權利橋營都司。

孫得蔭，董軍部將。同治中隨征關外，積功保守備。光緒二十一年剋西寧米拉溝，保都司，加游擊銜。旋入衛，領甘軍親軍中旂馬隊。

劉顯財，董軍部將。以行伍積功保都司，加游擊銜。光緒二十一年進攻河州太子寺、康家崖等處，分領甘軍正後營步隊。

祁膺簡，董軍部將。同治中隨征關外，管理全軍糧餉、軍械事宜。積功保守備，加都司銜。

董陞官，字鳳墀，參將寬子也。光緒初以武童入董少保軍，充糧喀什提標，槍法准利，拔把總。邊防積勞，擢守備。二十一年河湟回叛，隨大軍入關，增募勁旅。於康家崖、邊家灣、太子寺諸役，輒步行逾重嶺，探群酋巢窟，為諸軍導。因乘夜鳴鉦前進，平毀敵壘，獲俘奏捷。屢洊總兵，加提督銜、喀勒春巴圖魯。復隨入衛，領甘軍正左營。三十年，陝撫曹中丞鴻勳遴其材，檄領陝西防軍，駐耀州，卒於軍。

喬兆福，字錫五。光緒初入董少保營，隸喀什防隊。邊戍有勞，洊都司。二十一年進征西寧，保參將，加副將銜、芬誠巴圖魯。復隨入衛，領甘軍副前營。

劉玉，字昆山。光緒初以武童投喀什提標，為董少保所拔識，保守備。旋隸固原提標，歷權營篆。二十一年少保督師河湟，檄募兵隊，遂趨前敵。康家崖之戰，薄肉迎堵，以矛刺其酋，一鼓而捷。保游擊，加副將銜。旋入衛，復調固標署左營游擊，遷靖遠協營都司。玉為人慷爽，多直言，每述邊塞山川要害，及番纏撒回各部落民情，洞達無遺，亦戎軒幹士也。

劉玉魁，字獻庭，世以武功著。光緒初棄讀入伍，雷少保遴其材藝，使襄戎幕。會以邊防重要，軍書旁午，積功洊守備，歷權固標各營篆務。復隨征奉天鳳皇城、九連城等處，保都司。二十一年進剿河州，為董少保所倚重，既肅清，擢游擊，加參將銜。更隸固標，鄧提督以人才薦，借補硝河城千總。三十三年領固標海城防隊，以資鎮懾，軍聲卓然。至其精岐黃術，作鍾王書，尤為有武備必兼文事者。子濬川，讀書太學。

姚兆祥，武童生。光緒中隨董少保戰於河州，積功保游擊，加副將銜。

侯鵬程，以世襲雲騎尉。光緒中隨董少保軍進攻西寧，積功保都司，加游擊銜。

李昌逢，武童生。光緒中隨董少保營進征河州，以奪康家崖有功，保都司，加游擊銜。

李席賢,武童生。光緒中隨董少保營轉戰西寧有功,保都司,加游擊銜。

杜宗凱,字仲武,總兵錫斌子也。光緒中以行伍入董少保軍,管餉糈,襄文檄。積功保都司,加游擊銜。三十三年權硝河城千總。其熟於兵事,饒有父風。

孫鳳翔,光緒中隨董少保征河州,保都司,加游擊銜。

梁國泰,光緒中隨董少保征河州,保都司,加游擊銜。

姚玉林,光緒中隨董少保征西寧,保都司,加游擊銜。

劉忠富,光緒中隨董少保征河州,保都司,加游擊銜。復隨入衛,分領甘軍副右營。

王志仁,光緒中隨張壯勤公營,保都司,加游擊銜。

毛冲霄,光緒中隨董少保征西寧,保都司,加游擊銜。

喻斌,光緒中隨董少保征河州,保都司,加游擊銜。復入衛,領甘軍親軍隊。部下多有懷其德惠者。

董漢章,光緒中隨董少保征河州,保都司,加游擊銜。

喬金瑞,光緒中隨董少保征西寧,保都司,加游擊銜。

李自正,光緒中隨董少保征河州、西寧,領簡練後營馬隊,力解城圍。奮往敢戰,雖露宿風餐,不辭勞瘁。積功保都司,加游擊銜,後隸督標,疆臣多器重之。

蘇生傑,光緒中隨董少保征西寧,保都司,加游擊銜。

喻升,字海樓。光緒中以千總入董少保軍,隨征河州,積功保都司,加參將銜,并給三代封典,里人榮之。知州王學伊額其堂曰"鶯書輯瑞"。

林生輝,光緒中隨董少保征河州,保都司,加游擊銜。

白應祥,光緒中以武童投董少保軍,隨征河州、西寧,屢立戰功。保守備,加都司銜。

王福全,光緒中隨董少保征河州,保守備,加都司銜。

張福存,光緒中隨董少保征河州,保守備,加都司銜。

胡沂,提督登花子也。光緒中隨董少保征河州,積功保守備,加都司銜。

張廷棟,光緒中入董少保軍,隨征河州,積功保守備,加都司銜。署瓦亭營守備,領固原巡警兵隊。

董升祿,參將寬子也。光緒中隨董少保征河州、西寧等處,保守備,加都司銜。

宋之序,光緒中隨董少保征河州,保守備,加都司銜。

劉進喜,光緒中隨董少保征河州,保守備,加都司銜。

馮占魁,光緒中隨董少保征西寧,保守備,加都司銜。

張慶年,光緒中隨董少保征河州,保守備,加都司銜。

錢玉琢,光緒中隨董少保征河州,保守備,加游擊銜。

党樹槐,光緒初以千總歷署守備,加都司銜。

鄭國珍,字棟臣,武庠生。光緒中隨董少保征西寧,保守備,加都司銜。

賀奏凱,光緒壬午科武舉人。二十一年隨董少保征河州,積功保守備,加都司銜。

朱熹,光緒中以世襲騎都尉、儘先都司,署固原城守營游擊,授陝西磚坪營都司。

盧有奇,字雲峰,武庠生。光緒中隨董少保征西寧,積功保守備,加都司銜。

彭元貴,字德一,武庠生。光緒中隨董少保征河州,積功保守備,加都司銜。

馮克勤,字浚明,武庠生。光緒中隨董少保征西寧,并隨鄧提督籌辦城防,積功保守備,加都司銜。

李守貞,光緒中以行伍歷保都司。

羅天德,光緒中以行伍歷保都司。

雷鴻春,光緒中以行伍歷保都司。

王桂森,光緒中以行伍歷保都司。

張崇德,光緒中以行伍歷保都司。

馬振,光緒中以行伍歷保守備。

閻禮成,光緒中以行伍歷保守備。

李遇春,光緒初以軍功歷保守備。

袁登甲,光緒中以世襲雲騎尉,歷官守備。

姚兆麟,光緒中隨董少保征河州,保守備。

張有福,光緒中隨董少保征河州,保守備。

陳俊芳,光緒中隨董少保征河州,保守備。

劉保成,光緒中隨董少保征西寧,保守備。

袁希賢,光緒中隨董少保征西寧,保守備。

沙玉珍,光緒中隨董少保征西寧,保守備。

杜宗牧,光緒中隨董少保征西寧,保守備。

鄭利泉,光緒中隨董少保征西寧,保守備。

王騰龍,光緒中以武童隨董少保征河州,積功保守備。

朱得才,光緒初隨董少保征河州、新疆等處,保守備。

哈輝武,光緒中以世襲雲騎尉,官陝西撫標中營守備。

徐百麟,光緒中以世襲雲騎尉補千總,歷署守備。

張宋魁,光緒中以行伍歷保守備,借補黑城汛把總。歷官固標城守營千總。

張永貴、新疆撫標。邵德、提標左營。田敦信、神道嶺。朱全綸、秦安營。王鳳林、乾州汛。徐林、蓮花城汛。吳得魁、商州協營。王廷、平涼營。王仲科、慶陽營。劉庭武、靖遠營。錢萬德、龍駒寨汛。慕維成、提標後營。吳國士、提標左營。段所仁、謝占鼇、王清平、軍功歷保。白應泰、張玉堂、李文祥、房學義、張祖柱、惠德、任秉忠、姚尊禮、文景坤、路鳳鳴、段長泰、董永德、胡啟和、別萬喜、路生文、張得全、馮天培、袁成林、田應發、楊秉鈺、王萬選，甘軍保案。以上均同治、光緒年間千總。

段吉祥、隴州汛。李玉、咸陽汛。馮占魁、提標中營。金芳雲、提標左營。李遇春、提標右營。張寅、提標左營。趙福、提標中營。惠鎮川、提標後營。李傑堂、提標後營。党成富、永安堡。白杰、提標中營。余通舟、定遠協營。傅文煜、周至汛。崔鳳鳴、徽縣汛。王重榮、涇州汛。余珍、靖遠協營。秦玉、提標中營。秦喜、提標左營。楊宋清、提標右營。曾萬明、提標前營。田森榮、提標前營。高玉龍、臨潼汛。朱秉鑑、西安協營。喬富才、商州協營。陳馨、馬家堡。羅三畏、利橋營。孫光裕、寧州汛。李永福、環縣汛。趙平、咸陽汛。惠全、黑城汛。權振齋、黑城汛。仵士龍、武關汛。祁元清、提標後營。南秉燊、陳得璽、董榮芳、高榮、毛興奎、王維財、董鴻鈞、高發、彭桂芳、袁如森、錢興、胡德厚、牛敘仁、盧宗明、王嘉善，甘軍保案。以上均同治、光緒年間把總。

劉自友、張文元，順治科。張學、龔明善、張大有、白友、杜滿倉，康熙科。崔廷樞、崔廷相，乾隆科。樊耀宗、寶光俊，道光科。胡殿魁、胡殿元、葉滋露，咸豐科。蕭相君、李生友、蘇芳連、張德才，同治科。馮葆芳、李正榮、劉應熊、侯定封、晏廷才、趙登弼、高鳳梧、魏師謙、袁生榜、蘇國珍、魏獻廷、李春華、胡定鎰、魏守貴、曹進祿、王聯鑣、李憲章，光緒科。以上均歷科武舉人。

查固原武功最盛，爲隴東之冠。從國初至今，以行伍歷顯秩者甚夥。惟有歷年已久，出仕遠省，及兵燹後族譜淪沒，爲編纂時所不能盡知，亦未免抱遺珠之撼。志此數語，以待補纂者。

忠義

按：忠義以效命疆場，致身王事爲宗旨。固原歷朝以來，累扼戎馬，而民風勁悍。在昔標兵，輒奉征調，有視師於此而殉陣者；有從役於外而誓節者。今統以忠義著其名稱，仍按朝代次序之，而以籍貫區別之。庶熱血一腔，爰死得所，丹心千古，閱世猶存也。惟余學殖荒落，考核疏遺，閱者匪不逮焉，則幸其。

漢朝

孫印，文帝十四年，官北地都尉。時匈奴老上單于以十四萬騎寇蕭關，力戰死事。帝憫之，封其子單爲鉼侯。

　　傅燮，字南容，北地人。少師事太尉劉寬。桓帝時，舉孝廉，爲護軍司馬，與皇甫嵩共討張角。燮素疾中官，因抗疏直言，爲宦者趙忠所嫉。後爲安定都尉，拜議郎。會西羌反，司徒崔烈議棄涼州，燮曰：“斬司徒，天下安。”因疏言涼州不可棄，帝從之。由是朝廷重其方略。遷漢陽太守，善恤人，叛羌懷其恩化，降服者衆。乃開屯田，置四十餘營。適漢陽賊起，糧乏兵單，賊有感其德者，於城外叩頭，大呼曰：“願護太守歸鄉里。”其子幹時勸之。燮慨然曰：“‘聖達節，次守節’，世亂不能養浩然之志，食禄又欲避其難，吾行何之，必死於此。”遂麾左右進兵，臨陣戰殁。謚曰壯節侯。

晉朝

　　皇甫重，字倫叔，安定朝那人。性沉果，有才用，爲司空張華所知。元康中，爲秦州刺史。重弟商爲長沙王乂參軍。河間王顒遣四郡兵攻之。商間行齎帝手詔，使四郡罷兵，令重進兵討顒。顒捕得商，殺之。乂既敗，重猶堅守，四郡兵築土山攻城，[39] 重輒以連弩射之。所在爲地窟，兵不得近城，將士爲之死戰。後知商爲顒所殺，無外援，遂遇害。

　　張肅，安定烏氏人，軌弟、寔叔也。以功膺建威將軍。時京師危逼，請爲先鋒擊劉曜。寔以肅年老，不許。肅曰：“受晉寵秩，剖符列位。今國運方艱，朝廷有難，不奮何以爲臣？”寔以軍旅非耆年所堪，終不用。既而肅聞京師陷，悲憤卒。

南北朝　隋朝

　　梁文讓，安定烏氏人，彦光子也。以鷹揚郎將討賊，衆軍潰亂，力戰而殁。贈通議大夫、陽城縣公。[40]

　　皇甫誕，字玄憲，安定朝那人。[41] 性剛毅，有氣節。周畢王引爲倉曹參將。隋代周，爲兵部侍郎，歷比部侍郎，俱稱能。遷治書侍御史，朝廷均憚之。時百姓流亡，以誕爲河南安撫大使。還奏，上大悦，判大理少卿。遷尚書右丞。以母憂，詔奪情。晉左漢王諒爲并州總管，時盛選僚佐，以誕方正，拜司馬，政事一以咨之。煬帝即位，諒作亂，誕數諫，不納。因流涕曰：“君臣位定，順逆勢殊。願王守臣子之節，不然求爲布衣不可得也，敢以死請。”諒怒因之。清源獄主簿豆盧毓出誕，相與抗節而死。隋帝嗟嘆之，贈柱國，封弘義公，謚曰明。

　　長孫邪利，永安中，行原州事，後爲寇所殺。

唐朝

　　王海賓，華州人。官太子右衛率、豐安軍使。開元二年，吐蕃寇隴右，詔隴右防御使薛訥等禦之,以海賓爲先鋒,殺蕃甚衆。進戰長城堡,諸將媢其功,按兵弗爲接應,海賓戰死。帝憐其忠,贈左金吾衛大將軍。[42]

馮河清,京兆人。初爲涇原判官,擢涇原兵馬使。數與吐蕃戰有功,寇憚之。姚令言犯闕,德宗幸奉天,河清與領州事姚況召諸將計議,東向而哭,相勵以忠義。即發鎧甲百乘獻行在,由是六軍得器械,威聲大振。遂拜爲涇原節度使、安定郡王。維時朱泚據涇州,數遣間諜,招河清來附。河清悉斬其諜者。乃牙將田希鑑與泚密通,而河清竟爲所殺。京師平,追贈尚書左僕射、太子少傅。

宋朝

任福,字佑之,開封人。仁宗初,元昊寇渭州,韓琦乃趣鎮戎軍盡出其兵。福爲環慶副總管,遂將焉,以涇原駐泊督監桑懌爲先鋒。[43]諜云敵兵甚少,福乃易之,深入六盤山,而不知元昊伏十萬衆以待也。福身被十餘矢,小校劉進勸福自免,福曰:“吾爲大將,兵敗以死報國。”竟力戰,槍中左頰,絶其喉而死。子懷亮同殉於陣。

桑懌,雍丘人。[44]景祐中,爲閣門祇候。會平蠻獠有功,以次及懌,不受。或譏其好名,懌曰:“若避名,則善皆不可爲矣。”慶曆初,元昊寇邊,時官涇原兵馬都監,[45]爲先鋒,與任福同戰事,循好水川,出六盤山下,距牧羊隆城五里,寇設伏兵待之。懌於道旁得銀泥合,封襲謹密,[46]中有動躍聲,疑莫敢發。福至發之,乃懸哨家鴿百餘自中起,盤飛軍上,寇聞之,伏兵四合。懌衝鋒酣戰,自辰至午,力竭而殉。

劉肅,慶曆初,官鎮戎西路巡檢。元昊寇邊,合任福軍遇於捺龍川,會戰於六盤山,與桑懌同殉陣焉。

葛懷敏,真定人。慶曆初,爲鎮戎軍副總管。元昊寇鎮戎,懷敏督諸寨兵禦之,分四路趨定川砦。寇毀橋,斷其歸道,四面圍攻。乃退守長城濠,路已爲寇所據,遂及將校十四人同死。

曹英,慶曆初,知鎮戎軍。時元昊入寇,從葛懷敏戰於定川砦,死於難。

劉鈞,開封人。監鎮戎軍兵馬,慶曆中,與子堯卿戰死於好水川。

高永年,徽宗時爲鄘州刺史,適夏人寇涇原,與吐蕃合圍攻鎮戎,略數萬口。永年禦之,行三十里,爲夏人所執。蕃酋都爾本謂其下曰:“此人奪我國,使吾宗族漂落無處。”探其心肝食之。竟不屈,爲蕃酋所殺。

楊政,字直夫,臨涇人。父忠,以裨將與金人戰,殉於陣。政少有至性,其母奇之,嘗曰:“此子當移孝作忠,以光大門楣。”後以拒虜有功,戰死於瓦亭。父子忠節,史册稱焉。[①]

張達,鎮戎人。歷官太師,封慶國公。金人攻太原,達督師力戰而死。後其子中孚率部下數十人,於軍中尋其骸以歸,遂禮葬之。

郭滸,德順中安堡人。宣和中從軍,積官至武經郎,爲涇原第八副將。金人犯陝西,渭帥以下叛降,獨滸不從,乃下之獄,脅使降。滸奮呼曰:"大丈夫今得死所矣。終不爲叛逆,爲天地所不容。吾死當訴爾地下。"衆惡其語,即殺之。建炎間,贈武翼大夫、忠州刺史。

明朝

陳宣,官百户,正統三年,隨駕北征,陣亡,優恤之。

高智,官百户,天順五年,禦虜陣亡,賜恤優加。

陳琮,宣孫也,河南衛指揮僉事。成化四年,領軍攻石城,討滿俊之亂,奮勇當先,爲流矢所中,死之,優恤焉。

陳鍾,蘭州衛左所正千户。成化初,滿俊叛,鍾以都督項忠檄治軍事,進兵於石城堡,圍攻卡隘,忍飢臨前敵者數日,奮擊戰死,優恤如禮。

李旺,副千户,與陳鍾同戰滿俊於石城,被創而死。今州北有李旺堡,或爲屯兵處,因以得名也。

毛忠,字允誠,扒里扒沙人。官甘肅副總兵,封伏羌伯。成化時,討滿俊,戰死於固原炮架山。賜鐵券,贈侯爵,後建祠祀,謚武勇。其孫鎧亦同時陣亡,立忠義坊以表之。

申澄,官都指揮,爲毛忠部將。成化初,共討滿俊,率衛軍捕流賊,戰於城下,力竭陷於陣。

妙齡,河州人,正千户。弘治十四年,督兵於固原。以禦虜戰死,贈指揮僉事。

張鳳,榆林衛人。弘治中,官固原總兵,禦虜戰亡於鵓鴿峪。建祠,蔭子,恤典至重。

才寬,字汝栗,直隸遷安人。成化中進士,正德初任總制。能駕馭將士,好野戰,不拘陣略。值火篩在套,率師由興武營擊之,斬數十級。狃勝深入,忽中流矢,卒。子孫以錦衣百户世襲焉。寬初任西安知府,時有民以失金於店來控者,

---

① 本段史料輯録有誤。據《宋史》卷三六七《楊政傳》載,崇寧三年(1104),夏人舉國大入,楊政父楊忠戰歿。故其父忠非與金人戰歿。又史載,楊政多次與金人戰,紹興十一年(1141)秋,遣裨將突出陣後,大敗金萬户通檢於寶雞。二十七年(1157)卒,年六十。史書未載楊政戰死於瓦亭。本志疑將楊氏父子二人事蹟誤混。

寬仰見鷹飛，又有蜘蛛墜於案，忽悟曰："店中必有姓朱名英者獲此金矣。"詰之，果然。民之爲謠曰"才寬斷朱英"，亦奇績也。

高鳳，[47]百户智子也。嘉靖間，以原任都司，領兵禦虜，戰殁。加升指揮僉事，世襲其職。

陳源，指揮琮子也。嘉靖間，禦虜陣亡。世宗以其累代武功，加指揮僉事，蔭襲優隆。

孫臏，綏德衛人。固原總兵，嘉靖中，禦流寇，戰殁。子傳楫、傳潛，萬曆中均陣亡。父子忠義，人樂道焉。

郭江，延綏人。以指揮歷官固原總兵。嘉靖中，以巡閱屯軍遇虜，戰於定邊，死之。賜祭葬，建愍忠祠，世襲指揮。

賀守義，固原衛人，副千户。萬曆十八年，禦虜於朱家山，奮勇酣戰，冒矢石而死，恤典優加。

張良賢，固原州人，萬曆戊戌科武進士。①官四川游擊，平播逆，力戰而殁。蔭副千户，世襲之。

劉國棟，甘州衛人。任固原副將，子燦任千總。崇禎初，流寇肆起，周大旺等掠殺倍至。國棟父子率親丁巷戰，斃賊甚衆，力盡，一門俱焚死。

陸夢龍，會稽人。崇禎七年，以右參政分守固原。援靜寧州，與都司石崇德領兵三百人。賊蜂擁而至，環圍數重。夢龍大呼奮擊之，手馘數賊，力竭陷於陣。

石崇德，字峻吾，狄道州人。以襲職官金鎖關守備，迭著戰功，升固原鎮左營都司。崇禎中，流賊擾隆德，固原震動。崇德隨兵備道陸夢龍出兵禦之。賊蝟集，官軍單寡不能敵，遂被圍，與陸兵備併力戰死。贈副總兵，以優恤之。

高從龍，榆林人。任固原參將，崇禎中，調征流寇。行至三水遇賊，力戰而殁，謚忠勇。

李芳、李如玉、劉子都、魏承勳、李國琦、何天衢、賀守、王官等，均固原標弁，隨總兵劉承嗣，累征於蘭州衛，迭勝迭挫，承嗣敗，芳等八人俱戰死，立祠祀之。

國朝

郝全善，滿洲人。康熙初，任固標前營游擊。從奮威將軍王進寶討吳逆，戰永寧，被執不屈，絕食六日而死。賜恤如例。

孫世禄，字寵吾，固原人。康熙初，入行伍，從征湖南茅蘢山匪。[48]山有險徑，諸將莫敢進，世禄先數日作樵夫狀，繞後山探路，匪不能識。比歸大營，籌思

---

① 萬曆戊戌：萬曆二十六年(1598)。

者再，詣幕府，指陳破敵所向，即以前敵自任。既列隊，連奪卡隘，匪已轍亂旂靡。世祿窮追之，忍飢力戰者三日，匪忽發伏兵，以中炮殉於陣，軍中咸爲灑淚。疏上，賜恤如例。後其子繼宗官提督，忠藎食報，信不爽已。

吳繡，寧夏人。康熙初，以千總隨總兵陳福出征，臨陣拔幟登陴，中飛石，墜死於固原城下。賜恤如例。

吳繼統，繡子也，承襲雲騎尉職。康熙中，寇擾固原，每戰必奮勇爭先，殉於北鄉之臨洮營，[①]賜恤如例。

文理，固原人。以行伍洊守備。雍正七年，調征巴里坤，身臨前敵，力奪賊卡，忽槍中胸膈，猶挺矛決戰。越一日，傷發而卒。賜恤如例。

豆斌，固原人。以行伍歷官提督。乾隆中，督兵新疆，進討霍占集、嗎哈沁諸匪，中炮傷，卒於軍。賜諡壯節，恤典至重。詳見人物志。[②]

楊殿原，固原人。乾隆二十四年，以把總隨征陝西回匪，中矛傷，死於難。賜恤恩騎尉世職。今北鄉有軍功楊葆瑞者，其後裔也。

楊文興，固原人。嘉慶初，以馬兵拔經制，調征陝西白河土匪，進剿湖北之龍潭寺、雙溝兒、張家集，湖南之馬頭山、平龍崗、滾泥坡等處有功。嗣於陝西南山復迭獲巨酋楊開甲、張漢潮等，而甘肅雞心梁、牛蹄灣諸役，厥績尤著。文興身經百餘戰，斬匪酋多級，敍功拔山西石樓營把總，加都司銜。是未克大展所用也，後調征陝西南山，以擒苟文明，接戰數日，歿於軍。賜恤如例。

吳亨佑，固原人。道光中，官宜君營參將，加副將銜。適張格爾之變，奉調出征，屢戰有功，洊總兵。英吉沙爾被圍，匪勢洶湧，乃冒險突圍，矛刺巨酋。忽馬驚縱，舍馬步戰，力竭殉於陣。疏上，賜恤雲騎尉世職。子元直，得襲官守備。

吳喜原，固原人。道光壬辰領武鄉薦，[③]入標署千總。張格爾之役，隨亨佑出征，同殉於英吉沙爾，敍恤如例。

宣德，固原人。道光中，以經制調征關外，戰歿於陣。

梁才，固原人。以武童拔經制。道光中，奉調葉爾羌防次。適賊匪來撲，才手銃轟擊，賊勢潰。才乘馬窮追，一日行五百餘里，[49]忽氣壅胸膈間，咯血而卒。賜恤如例。

袁崔，固原人。道光甲午領武鄉薦，[④]官渭南汛把總。咸豐二年，調征湖南長沙石馬鋪，奮勇奪隘，中炮陣亡。彙請賜恤雲騎尉世職，其子登榜襲之。

---

① 臨洮營：原作"臨桃營"，據本志卷二《地輿志・村莊》改。
② 參見本志卷七《人物志二・國朝鄉賢仕進武職》。
③ 道光壬辰：道光十二年（1832）。
④ 道光甲午：道光十四年（1834）。

吳得雲,固原人。以武童入標,拔經制。咸豐三年,髮逆擾山東,奉調出征,轉戰江南、湖北武昌、陝西商州等處,積功拔咸陽汛把總。同治初,剿渭南、涇陽、平涼回匪,驍勇無匹,爲左文襄公所倚重,擢静寧營千總,沴花翎都司。雷少保檄帶步隊攻金積堡賊巢,將設雲梯憑墙而上,賊潛窺之,飛石中額而死。賜雲騎尉世職。其妻梁氏,亦以城陷投井,夫忠婦烈,可謂令德一門矣。子國士,今官千總。

錢邦彦,固原人。拔補中營把總。咸豐四年,調征湖北,帶隊禦髮逆,轉戰山東捻匪,屢著奇功。後殉難於黄岡防次,時同殉者,尚有其族人千總錢開魁焉。

馬騰龍,固原人。以行伍歷保游擊。咸豐初,調征江南,同軍者以不習水土,悉多畏葸。騰龍慨然曰:"受國禄秩,敢戀家乎?"由是衆志奮興,荷戈偕往。旋以湖北武昌被圍,檄騰龍赴前敵。槍林彈雨中,鏖戰三日,忽炮中額顱而殉。時有固標八營汛守備單永福者,亦同陷於陣。賜恤均如例。

惠通,固原人。咸豐初,以經制從征江南,力戰而死。

張鳳麟,固原人。咸豐初,官秦安營千總,以調征捻匪於山東濟寧州東鄉,力戰,矛貫後肋,殉於陣。

侯緒,固原人。咸豐中,官下馬關守備,奉調出征,管帶靖遠營,進剿髮逆於金陵,得功。移隊於安徽,防堵土匪,廬州之役稱奇勝。乃轉戰舒城,身中炮傷者四,殉於陣。賜恤如例。

朱良升,固原人。咸豐初,以經制調征長沙,殉於難。

馬德順,字佑安,[50]河南洛陽人。咸豐初,以征髮捻各匪,稱爲名將。擢浙江處州鎮總兵、碩敦巴圖魯。同治初,左文襄公檄調來甘,以肅清回逆爲己任,每戰必先。進攻西安堡,即今海城西安州地。率馬隊擊敗賊衆,窮追數十里,平毁賊巢,諸將請收隊,弗許。復率四十騎,與副將張顯揚志益奮屬,行至劉家井,見一賊持矛來迎,一賊搴旂尾後,德順發槍,持矛賊落馬,旋躍起馳去。獲搴旂賊,詢之,知持矛者乃白彦虎也。乘勢猛追,乃伏賊突起,被亂矛所刺者七創,德順猶格殺數級,力竭殉於陣。賜謚武毅,建專祠,蔭襲如例。其幕友金部郎熙彬同遇害。

張顯揚,河南人。馬武毅公部弁也,歷保副將。同治初,隨攻西安堡,追賊至劉家井,殉於陣。同時死者,都司張成進、董萬清、熊天起、楊雪亮,把總楊大鵬、沈鴻、徐壽喜、李大榮、姚先成等九人。賜恤如例,并於馬公祠附祀之。

景文,滿洲廂黄旂人。定遠營游擊。同治元年,署中營參將。二年正月朔日,逆回猝起,内外游匪勾結,景文被執去,置暗室中,遂遇害。賜恤如例。時同殉者,中營把總周紹湯、張官揚、郭繼堂,經制蔣大勳、惠連魁,世職紀克昌、紀克耀、孫國柱、石麟、李朝剛、徐光道、朱玉鋒、鄔秉锋、龐在清諸人,亦附請例恤焉。

穆爾庚布,滿洲人。同治元年,以安遠營都司署提標左營游擊。二年元旦,回匪於南門驟變,時方由慶祝宮行禮畢,即公服迎戰,中矛傷,墜馬殉陣。而同時死者,如李長華、趙大升、祁永茂、陳孝、鄭玉城、陳廷弼、海明、朱世禄、劉明、王世禄、傅文和、傅永泰、李能、盧學、惠連登、陳起雲、韓元秀、白玉、孫科甲、孟言仁等二十人,均爲標弁。疏上,賜恤如例,并於昭忠祠附祀焉。或作"莫爾根布",姑并記之。

福長,滿洲人。同治元年臘月調後營游擊,將接篆,即遘二年正月朔日逆回之變。其時由慶祝宮獻歲禮成,未及歸署,而烽火已肆熾矣。福長上馬迎堵,槍中左額而殉。其標下弁兵護其遺骸,一時被殺者則有把總馬俊、王鳳林,經制何占魁,城守營把總蒙永福,後營馬兵王昌明、韓遇源、苟茂春、常逢春、吳珍、張宗魁、王丕林、高仕和、党成富、王永清等十餘人。事聞於朝,恤典優加。

戴承恩,浙江山陰人。官固原州吏目。同治二年正月朔日,承恩詣慶祝宮行賀禮畢,回逆忽由南門湧進,猖獗殺掠。承恩回署,擬挺刃率役出禦,乃朝衣未脫,血杵猝攖,被執不屈,罵賊而死。其子繼堂,僕朱福、趙二、李興并殉。疏上,賜恤如例。

萬家詩,浙江山陰人。佐固原州幕。同治二年元旦,賊既陷城,入州署,覓州官不得,執家詩,逼索州印及倉庫管鑰。家詩拍案痛詈,聲震屋瓦。賊怒,舉刀斫之,遂死。其妻、妾、幼子一、女三、婢一,皆罹於難。

萬青雲,家詩子也,官太子寺州判。同治二年,以解組來固省親,回匪既入城劫道署,青雲帶丁役往救。遇賊,遂巷戰,被戕而死。其妾亦自縊。

恒善,蒙古廂白旗人。候補縣丞。同治二年城陷時,僑寓於此,被戕而死。其眷屬亦同殉節焉。

岳鎮東,武威舉人。官固原州學正。同治元年六月,州屬回逆蠢動,鎮東上書兵備道萬金鏞,請乘其初發,急撲滅之,使迅雷不及掩耳,賊必鳥獸散,否則養癰遺患矣。又密啟護提督某謂:"標兵三千,回居其半。宜選驍健者千百人,以回弁領之。飭其堵禦鹽茶廳要路,以孤賊勢,而絕內訌。"乃其議均不果行,鎮東仰天大呼曰:"吾其逆回刀上肉哉!"二年元旦,回兵内叛,城竟陷,鎮東朝服,坐明倫堂,自刎而死。妻張氏及幼子、幼孫同殉。賜恤如例,祀昭忠祠。

劉甫田,字葭卓,湖南寧鄉人。總兵、赫勇巴圖魯。同治初,[1]隨提督周紹濂運餉,駐同心城。偵者忽報,逆首白彥虎率隊來撲,甫田亟迎頭擊之,斬酋數十

---

[1]　(宣統)《甘志》卷六二《職官志·將才·固原直隸州》載在同治八年(1869)。

級,以無應援者,殉於陣。賜恤如例。越一年,紹濂復至同心城,遇乘馬者,馬哀嘶不已,視之,乃甫田所乘馬也。知爲賊,鞫之,得甫田屍於枯井中。齒牙豁如,蓋遇害時罵賊被鑿也。遂磔是賊以祭之。

施鵬,陝西定邊人。撫標參將。同治初,因事逮職。雷少保檄領步隊五百人,屢戰有功,復原官。旋以鹽茶廳即今之海城縣。圍急,提督曹克忠遣鵬往援。乃至鴉兒灣,突遇群賊蜂擁而來,鵬奮擊之。忽炮中左臂,猶裹創血戰,手刃數級而歿。賜恤如例。或云爲鴉兒灣逆目田姓所害。

王有慶,湖南人。歷保副將。同治初,駐防隆德、固原境內,司餉運。以探賊巢路徑,與同軍李松林均被戕於野雞峴。其時隆德縣令周其俊亦與難焉。賜恤均如例。

賈洪順,歷保守備。同治初,禦回匪於打拉池,冒險衝鋒,忽中炮子穿貫胸膈,殉於陣。同軍守備胡應芳亦同時被戕。賜恤均如例。

熊觀國,四川人。以軍功保花翎副將。同治四年,隨雷少保正縮由開城進攻州城,取道西南城下。時逆回馬得力等猛鷙,飛石擊丸,聲動山谷。諸將如李廣珠、劉大貴等咸稱奮勇,惟觀國尤爲驍勁,語軍中曰:"今日之舉,背城一戰耳。"遂肉薄猱升,力奪卡隘,旋進步,旋被創,受矛刺者十餘傷,而觀國弗顧也。比登陴拔賊幟,忽炮中頭顱,隕於城下而死。同死者都司陳廷高、把總郭鳳林二弁。觀國既殉,李廣珠等忿不可遏,遂勇進,而固城報剋。疏上,奉旨恤贈觀國以總兵,建專祠。陳、郭二將附祀如禮。

張悅,甘肅循化廳人。有膽略,熟番情。咸豐中,調征髮逆,屢著戰功,擢安徽撫標右營游擊。其行軍也,好野戰,時人以李廣目之。擢大通營游擊。同治元年,陝回叛,固原由是蠕動。適平涼請兵,悅因暫駐於固,刀出匣,矢在弦,若待戰者。其聲威爲回族所憚,乃深嫉之,某當道得回賂,語之曰:"固原諸回,近已納款。君若久留此,恐壞撫局。盍速往?"悅不得已,從之。士卒縛械以行,悅持矛按轡,行九十里,經白土口,入瓦亭硤。忽伏賊數千從峽出,炮聲四發。悅倉卒無以應,竟爲賊所戕,而軍中三百人亦同殉。悅既死,漢民聞者,莫不流涕,惟回氛至此愈烈矣。事聞於朝,優恤如例,祀昭忠祠。

田景泰,河南人。同治初,卸任固原城守營游擊。六年冬,禦賊於五里鋪,鏖戰三晝夜,力竭而殉。千總張鵬飛,四川人,亦同陷於陣。賜恤如例,昭忠祠附祀之。

苗生有,固原人。同治初,[①]從劉襄勤公軍征西寧彥才溝、羊角溝等處,迭著

① (宣統)《甘志》卷七〇《人物志·忠節一》載在同治十一年(1872)。

奇勝。剋西寧、大通諸名城。尋出關攻古牧地、烏魯木齊，積功保都司。光緒二年九月，攻瑪納斯城不下，生有以大炮轟其城，急呼速進。乃賊隊蝟集，生有冒矢石，手刃賊目二名。忽飛石擲至，貫其胸而死於城下。奏請賜恤如例。

李祥，固原人。咸豐中，官四川德陽縣典史。解組歸里，日課子弟以自娛。乃猝遭同治二年回匪之變，時在正月元旦，祥方詣宗祠致祭，未及返舍，而鄰屋火起，殺聲四震，為賊戕死。

李廷楹，固原人。候選府經歷。同治二年，巷戰而死。

梁廷棟，固原人。官撫寧縣典史。同治二年城陷，殉於難。

朱鳳來，固原人。以兵馬調征喀什噶爾、托布拉克防邊有功，拔外委，擢秦州營千總。同治元年，調剿髮捻各匪，邠州、亭口一帶，資其防堵。敘績加花翎，升都司。旋剋平涼張家川、蓮花城、固原諸要隘，疊洊副將。四年，隨雷少保攻金積堡，拔幟先登，手刃回酋十餘級。有賊素識鳳來者，以石擊之未中，復以石擲其馬首，馬驚逸。鳳來短刀步戰，忍飢一晝夜，力盡殉於陣。疏上，奉旨贈總兵，襲騎都尉職，恩騎尉罔替，給葬銀七百兩。十一年，復奉旨賞恤，并祭銀十兩，祀京師及本籍昭忠祠，國史館立傳。其嗣起鴻，官單縣營參將，加總兵。忠藎門楣，迄今多稱頌焉。而其時同殉者，劉光學、劉光選、劉玉昌、劉玉傑、韓富、王俊、潘成、楊高、魏克昌、張玉祥、余典、余琳、余銘、[51] 韓應龍、韓應川、延希統、湯學正、褚丕珍、褚丕烈、王忠、郭芳、陳茂元、任萬有、計守保、計守成等二十六人。

錢開遂，固原人，素務農，有膂力。同治二年十月，回賊踞其錢英堡，蹂躪倍至。開遂日磨利刃，決意殺賊以洩其恨。一日，袖其刃潛入賊壘，賊疑為難民，不之防。既夜，乘間砍數級，割巨酋柯大元左耳、十指。賊驚，擁眾拘之，開遂大呼曰："未殺穆天海，吾仇猶未復也！"群賊剖其腹而卒。嗚呼！若開遂者，亦豪士哉。

錢志祖，固原人。道光初武舉人。歷官中營千總、西鳳營守備、湖南長沙營守備，升湖北應山營都司。咸豐中，解組歸田，將有賣刀買犢之致。乃同治二年回逆陷城，志祖忿氣填胸，召鄰里共圖堵禦。短衣長矛，奮身巷戰，力竭為賊所拘。志祖痛罵終日，不稍屈，遂被殺，而全家亦殉，僅其子萬德逸出，後官龍駒寨千總。

朱殿雄，固原人。同治元年，以靜寧營千總調署守備。二年元旦，由慶祝宮甫成禮，乃南城逆回猝變。殿雄行至鼓樓街，見烽火蔽天，殺聲震地，即詣小校場，揮旍召良民曰："隨我至軍庫，各持械以禦。"於是應者千餘人，親率之，至道西街堵截，賊少卻焉。殿雄益奮。惟烏合之下，眾志難齊，多有思避難者。殿雄厲聲大呼曰："今日之事，勝則可保全城，敗則或無噍類。"音悲壯，至腔血迸出。乃賊焰愈張，而民心愈散，殿雄知不可救，遂拔刀連砍數賊，攜誡立威，忍飢巷戰，被執，爲賊支解而斃。疏上，蒙賜恤以雲騎尉，世襲罔替。其一時同殉者，督標後營守備陳徽猷、寧州把總馬泳芝，本標外委談榮恩、郭林、李時清、何元潤、袁仲選、袁宗起、劉殿選、陶吉慶、李涵花、郭成珠、孫漢、馮有禄、曹得龍、王國元、朱忠、曹舉伏、高進善、王仲福、趙勝、范進喜，武舉張鵬舉，軍功馬兵保錦林、何玉、陳喜龍、馮侏、趙和祥、王鳳鳴、杜茂桂、張世功三十一人。嗚呼！雖曰人事，豈非天命哉。

鄭朝毓，固原人，左營把總，署城守千總。同治二年正月朔日，值宿南門兵房。天未黎明，忽夢驚，不安於枕。俄聞門鑰有震動聲，披衣往視。而不知守門回兵妥貴已得逆賂，暗啟鎖鑰也。比至門，妥貴尾之。而逆回楊達娃子忿甚，即舉木杵碎朝毓首，腦汁迸出，立殉城下。其母紀氏并其妻子五人，亦投井而卒。

劉玉銘，固原人。永豐汛外委，署把總。同治初，[1]城陷，持矛與匪巷戰，手刃數級。其弟附生玉祺、武生玉基，均協力助禦。忍飢一晝夜，意在滅此而朝食焉。乃衆寡不敵，致陷於陣。難兄難弟，爲國捐軀，亦偉績也。

王廷華，固原人。同治初，以武童隨雷少保進攻董志塬，截堵長武竄賊有功，領精選哨隊，拔靖遠營經制。嗣以護運糧芻，行至陝西峽口，遇賊，隻身挺刃，斫數級。賊忿戕之。賜恤如例。至今有知其斫賊情事者，猶嘖嘖稱之曰“王經制”。時同殉者，孫兆麟、王謨、劉光義、趙忠諸人。

楊成喜，固原人。同治初，拔八營汛經制。回逆既襲州城，遂擾掠村寨，成喜與衆議曰：“八營一彈丸地耳。賊隊若來，恐爲灰燼，當協力堵禦之。”衆壯所議，悉登陴爲固守計。無何，賊虜聚，相持數日。適糧盡衆懈，成喜被執，乃痛罵不絶口，爲賊支解而殉。

鄭玉琯，固原人，廩生。同治初回亂，與其弟玉琚、玉珩合力，出貲召練鄉團。賊掠村里，玉琯等率團丁以戰，殉於難。賜恤雲騎尉世職，并附祀昭忠祠焉。

徐吉，固原人。署平涼營千總，同治初回亂，城陷，與其子弟諸人，盡力巷戰而殉。賜恤如例。

房肯構，固原人，廩生，居澗濘霓堡。同治初回亂，肯構出糧石，召鄉中子弟，舉團爲保衛計。匪攻堡數次未下，旋以土匪、陝回合力來撲，始破。被執，誘其降，肯構罵不絶口，賊怒而寸磔之，全家亦殉。賜恤如例。

倪萬海，固原人。同治初，以把總調征陝西，戰死於寶雞縣南城之下。其驍勇强勁，時人猶有稱之者。

朱玉鐸，固原人，世襲雲騎尉。同治二年回亂，歿於陣。

---

① 　(宣統)《甘志》卷七〇《人物志・忠節一》載在同治二年(1863)。

康卿雲,固原人,世襲雲騎尉。同治四年回亂,巷戰殉陣。

徐光,固原人,太學生士育子、游擊明兄也。光有膂力,通拳技。同治初,回逆蜂起,明從征於外,光侍士育居於城。城既陷,賊撲其門。光與酣鬥,手斃數賊,銳不可當。無何,賊迴矛刺士育死,光乃棄械,撫父屍痛哭,血流眥裂。賊乘間縛而支解之,遂殉。後其子步升,領光緒癸卯鄉薦,[①]洵忠孝之食報也。

許獻德,固原人。以行伍歷保總兵,加提督銜。同治間,領兵隊迭次攻剿新疆、伊犁等處,卓著戰功。積勞,卒於軍。光緒初,大吏舉其事,賜恤如例。其弟獻鵬保游擊。

張永貴,固原人。新疆撫標千總。光緒初,隨董少保進軍古牧地、瑪納斯等處,屢戰有功。後殉難於伊犁。同時死事者,外委徐大才、傅之模、范士兆、余萬明、邱金榜、米大士、康玉林、李得勝、岳保善、張天福等十人,均固原人,彙請賜恤如例。

張進昌,固原人。少負大志,倜儻不羈。同治初,逆酋孫義保踞城,進昌憤然曰:“必手刃若輩而後快。”董少保時領鄉團,聞而嘉之,約入隊,每戰必斬馘以自豪。既而少保督兵關內外,進昌馳驅左右,搴旂奪隘,所向無前,稱爲董營上將。積功由守備洊保總兵,升提督、喀拉春巴圖魯,加一品秩。光緒庚子之變,[②]領甘軍正後營,殉於京師東華門。臨卒,猶大呼曰:“以身許國,吾志也。今雖死,可無憾!”嗚呼!豪已。同軍都司周克勝,亦以是日見殉。

高天發,固原人。同治中,隨董少保鄉團攻金積堡有功,保游擊。光緒二十一年,剋河州,升參將,加副將銜。復以入衛,領武衛中軍中路左營步隊。二十六年,堵截義和拳匪於京師之東郊,殉於陣。

張守祥,固原人,董少保部將也。同治中,隨征托克遜、木里河、伊犁、東四城等處,積功保都司。光緒二十一年,解河州城圍,勇渡洮河,洊游擊,加副將銜。旋入衛,領甘軍副前營,駐防邦均。二十六年,義和拳匪亂作,守祥盡力堵禦,遂殉於戰。

劉顯財,固原人。光緒二十一年,以都司隨董少保進攻河州太子寺、康家崖等處,分領甘軍正後營步隊,以爭渡洮河,冒險力竭陷於陣。

白應祥,固原人。光緒中,以武童投董少保軍,隨征河州,屢立戰功。少保嘉其勇敢,使任前敵,保守備,加都司銜。二十三年,復調入衛,旋以義和拳匪亂作,堵禦於京師南城,力擊而死。

王福全,固原人。光緒中,隨董少保征河州,保守備,加都司銜。二十六年,復隨入衛。適義和拳匪肆擾京師,福全指其團爲妖術,大呼痛罵,爲所戕而死。

---

① 光緒癸卯:光緒二十九年(1903)。
② 光緒庚子:光緒二十六年(1900)。

張福存，固原人。光緒中，入董少保軍，征河州，保守備。[52]復隨入衛，以堵截義和拳匪，陷於陣。

附同治間諸生、團總及全家殉難姓氏

一、貢、廩、附生

錢樹基、徐文達、趙玉、趙登瀛、韓大觀、薛維翰、白精粹、張錦、陳繼虞、李承喧、張養源、何天衢、王九如、陳生秀、王尚賢、常建勳、馬凌雲、韓榮祖、張九功、常惇五、李作棟、馬成驥、顧如皋、武觀德、韓文薈、李作楫、房肯構、王汝楨、羅覬榮、杜秀陵、王崇業、韓文英、楊春榮、康允亨、陳溶源、張鳳舞、宋文燦、田必發、劉校書、宋耀南、胡玉堂、韓文苞、唐夢龍、王憲章、李鍾山、高近顏、杜苐棠、陳邦彥、侯汝賢、韓文萃、康耀祖、張岳峰、蘇自新、張鳳翽、裴鳳至、黃琳、吳登甲、徐上林、李春魁、虎問德、白正儒、張文蔚、余觀我、李長春、包蘭香、康繼祖、侯作瑞、常保泰、張鵬程、鄭師濂、韓天、孫純嘏、虎揚休、尹善養、常昌泰、趙萬年、李逢春、施春風、李茹蔭、吳邦彥、楊鵬程、韓銘晉、陳學師、張文麟、韓文達、何連升、朱光煜、信中規、李自昌、田有年、趙廷璋、趙廷璣、楊國香、賀天魁、錢建基、錢萬裕、徐慶、徐祥、徐石麟、曾魯望、王猷、保承熙、劉爲霖、王夢彪、劉藻漢、胡紹定、李秀、宋沂、袁鐸、閻恒、尉作霖、張培厚、李生香、劉三故、劉懷遠。

一、武生

武光漢、馬步斗、韓文炳、韓文芳、馬向元、馬如龍、彭輔邦、王五端、王校、王霖、康鳳翔、田安邦、蘇兆南、張文傑、張鳳歧、阿永齡、阿永興、阿永成、阿永年、李含英、李念考、楊廷瑞、徐遐齡、張鳳鳴、劉三級。

一、監生

白天秩、姬大孝、馬獻圖、何彥邦、陳文瑞、李啟華、祁尚文、王丕謨、徐自學。

一、各鄉團總

陳實，率團丁二百餘陷陣。

辛俊傑，率團丁數十人同殉。

房肯構，率團丁三百餘同殉。

蘇兆南，率團丁百餘同殉。

姚魁，率團丁戰歿於涇州。

楊自秀，率團丁千餘人與賊接仗，屢勝屢敗，嗣全團陷於陣。

羅滿貴，率團丁六百餘同殉。

馬玉，率團丁殉於黑城鎮。

張增，率團丁百餘人殉於中河堡。

孫玉德,率團丁同殉。

高克昌、劉士時,率團丁殉於謝家堡,克昌死狀尤慘。

姚積壽,率團丁七百餘人殉於長安堡。

宋崇豹,性最勇,善殺賊,後以被賊逼圍,舉團同殉。

一、全家殉難者

唐瓚,居唐家堡,舉火自焚,全家死者六十餘丁口。

姚興旺,居孫家紅莊,全家投井,死者三十餘丁口。

戴漢,居金家堡,全家服毒,死者二十餘丁口。

王滿合,居北鄉,全家自盡,死者二十餘丁口。

李生枝,居黑城鎮,全家自盡,死者二十餘丁口。

李浩,居黑城鎮,全家自刎,死者十五丁口。

李龍,居黑城鎮,全家服毒,死者三十餘丁口。

馬存貴,家生地灣,在城避難,因罵賊不屈,全家被賊殺,死者二十餘丁口。

郭存全,家生地灣,賊拒之,索糧急,因罵賊不屈,闔家被賊殺,死者三十餘丁口。

楊成喜,家八營,被賊亂砍而死,全家同殉者十餘丁口。

武惠,家八營,禦賊受創,子侄等全家自縊者七丁口。

錢萬裕,家錢英堡,全家自焚而死者二十餘丁口。

錢志祖,家本城,城陷受創,全家同殉者十餘丁口。

錢緬祖,家本城,罵賊不屈,全家被賊殺,死者十餘丁口。

李祥,家東門坡,城陷,全家仰藥,同死者二十餘丁口。

劉玉基,家本城,賊踞境,基共鄰佑力戰死,其子女侄輩,全家同殉者十餘丁口。

王鑫,家本城,與其子、媳等全家同殉者六丁口。

唐瑾,家黑城,并子夢龍、妻、媳、女、侄等,賊圍其廬,瑾舉火自焚,全家死者十餘丁口。

韓大觀并子榮祖,均被賊執索財,以烙鐵熨背而死,其家同時縊殉者三十餘丁口。

錢開默,家錢英堡,與弟開安被賊所刺,全家同殉者十餘丁口。

錢邦彥、錢開魁,避難於城,全家自縊者三十餘丁口。

劉玉銘,家本城,巷戰殺賊,被戕。其妻陳氏、子九九兒、女萬青兒及其侄等,全家投井,死者十餘丁口。

王兆雲,家本城,禦回力戰,没。其妻劉氏自刎,其子侄等全家同殉者十餘丁口。

惠萬全妻萬氏、子世榮并侄等,避難於城,全家被賊虐拷、殺死者十餘丁口。

徐炳樞,家本城,回匪既破城,迺與其妻朱氏并子女等,共議自縊,全家殉者十餘丁口。

劉玉祺,家本城,城陷,與妻張氏、子德娃、媳朱氏、子全娃、女千紅等,全家投井及自縊者十餘丁口。

高良弼,家本城,與其母劉氏,孫招兒、萬全兒等,全家投井死者十餘丁口。

梁德妻黃氏,并弟才、弟媳楊氏,子滿庫、滿福、滿廐、滿棟,媳、女、侄等,在本城被賊戕斃及自縊者十五丁口。

賀余氏,武舉賀奏凱之祖母,并弟媳賁氏,媳鄭氏、王氏,女王賀氏,及其子侄等,避難流離,余氏觸崖而死,全家情急,同時自縊死者十餘丁口。

張天柱,家本城,賊攻城,天柱與子鳳翽、媳曹氏,孀媳翟氏、紀氏,孫玉德、團和、清和,孫女珍兒、舒兒、義貞等,舉火自焚,全家死者二十餘丁口。

錢萬鼇,家錢英堡,賊撲其堡,鼇與族人開裕、開敏、達文、多文、祿文等,巷戰傷斃,同時全家投井、自縊者五十餘丁口。

徐吉,家本城,城陷,與其弟慶祥,侄石麟、寶麟、景麟、甲麟、呈麟、遐齡,均盡力戰歿,并女、媳等全家自刎、投井死者四十餘丁口。

徐文達,家本城,與其妻劉氏,子廣道、廣興,媳某氏,孫新娃、順娃等,全家自焚死者十餘丁口。

慕天禧,家本城,與其妻杜氏、媳吳氏,并慕烈、慕林、慕魁、慕祥等,全家戰歿及投井死者二十餘丁口。

徐承綬,家本城,城破,承綬率其子榮華力戰,均歿。其妻李氏、媳張氏及女、侄等,全家自焚死者十餘丁口。

杜湧泉,家本城,與賊接仗不支,與其妻滿氏、子語應、女問兒、弟媳高氏,媳王氏、陳氏,孫女丁來、子來、慶兒等,全家服毒死者十餘丁口。

查固原同治時兵劫,全家遘難者奚止數什伯家,而隻身被創者,男婦又奚止千萬人。所幸《甘肅忠義錄》已備載之,尚得爲子遺吐氣耳。茲據採訪所及,約略登錄,不免掛漏,閱者取《忠義錄》讀之,當知全璧之無遺已。

人 物 志 三

孝子 凡已請旌表及未請者,均備錄之。

南北朝

梁彥光,字修芝,烏氏人。少有至性,七歲時,父疾篤,醫云須紫石英治之。

彥光遍求弗得，憂戚，倍形於色。忽至田畔，拾得一物，持歸以示醫。醫曰："即紫石英也。"投諸藥，果瘥，人稱爲孝感所致云。

隋朝

田德懋，高平人，仁恭次子也。以孝聞，開皇初，父歿，哀毀骨立。廬於墓側，以手掬土成墳。隋帝聞而嘉之，賜絹二百匹、米五百石，[53]旌獎其門。

明朝

胥恭，固原衛人。父亡，哭泣出血，勺水不入口者七日。母呂氏，年已七十，遘宿疾，衆醫弗敢治，藥餌莫效。恭齋沐籲天，乞以身代，割股肉和藥飲之，果愈。氏齒更生，髮轉黑，至八十七而卒。時人稱重，旌揚之。

國朝

馬從龍，另見《人物》。① 九歲喪父，事母尤孝。母病，衣不解帶，臥榻側，藥必親嘗而後進。及歿，廬墓三年。諸幼弟及侄，均教之成立，讓產共爨。非公事不入官署。雍正中，里人呈請旌表，列鄉賢祠祀之。

張伏璽，鹽茶廳人。乾隆十四年，其父孔正病篤，璽侍臥榻，目不交睫者三月，醫士皆束手。忽禱於神，示以當食雞肉，家貧無以供。乃忽悟曰：璽西相也。遂詣竈前，執刀刲左臂肉一片，長五寸，炊而進之，果瘥。里人具狀，請旌表如例。廳丞朱亨衍額其門曰"純孝格天"。

馬成，另見《人物》。② 字德齋。父自善，早年從軍，雙目侵寒風，致於盲。嗣成官潼關，迎養於廨，朝夕以舌吮之，并禱神藥。年餘，自善目復明，光采炯炯，僉稱純孝。

姬九疇，居姬家陽坬，附生發周祖也。咸豐初，其父卒，迺築茅椽止墓側，足不及家將三載，其妻具食往視，九疇棄所食，直叱之曰："若婦不敬！"由是，仍廬墓者三年，計先後六載。里人呈請旌表，列孝子祠以祀。

韓希天，廩生，居五營。幼喪父，其母邱氏撫之成立。事母至孝，以舌耕供甘旨。同治元年回亂，賊擄村人盡殺之，及獲希天，賊酋大呼曰："此韓孝子，不可殺也！"遂負母而遁，其孝行感人如此。三年，城陷，母子同殉，悲哉。

陳士學，附生，居唐家灣。咸豐時人，訓蒙爲業。事繼母至孝，己輒忍飢，而菽、水無闕。同治初回亂，賊酋戒於衆曰："此地有陳先生者，孝子也，不可犯其

---

① 參見本志卷七《人物志二·國朝鄉賢仕進文職》。
② 本志卷七《人物志二》未見"馬成"。

廬。"旋病卒,酋爲厚殮如禮。年六十二,積孝所感,弗可及已。

祁仲賢,居本城米糧市街。光緒中,其繼母韓氏病危,百藥弗痊,仲賢憂之。鄰人戲語曰:"汝母病,當食汝肉即起。"仲賢歸,焚香禱神,自割左臂肉三寸許,和藥進之,果瘳。時人稱頌弗衰。

吳居忠,居蒲條川。賦性至孝,其父母歿,繪遺像二軸,朝夕供饌,如定省禮。同治回亂,村人多挾貲財以逃,居忠惟負像奔於陝。中途遇賊,欲奪所負,居忠以實對曰:"此父母像也。"賊奇而釋之。後舉耆賓。

劉占川,家盤路坡。同治三年回亂,占川負其孀母宋氏避難奔走。宋氏曰:"我已老憊,死無足惜。汝力乏,其棄我以去,尚可存宗祀也。"占川抱母泣。賊忽至,將殺其母,占川哀號,求以身代,泣出血盈碗。有老酋奇其狀,併釋之。遂逃至鄜州,乞食供母養。後歸籍務農,事葬如禮。

景元吉,馬家河人。家有老母,素以孝聞。同治初回亂,元吉負母以行,中途遇賊,左臂被砍骨損,口不呼痛,猶負母至平涼。乞食侍養,而以草根自飽。亂既平,奉母歸,務農起家。後其母得壽七十有七,而元吉孺慕依依,尤極誠篤。鄉里頌之,額其門曰"慈孝兼優"。

節烈　凡已請旌表及未請者,均備錄之。

漢朝

皇甫規妻,軼其氏。善屬文,能草書,時爲規答札記。及規亡,董卓艷其美,欲騁焉。氏乃詣卓門痛罵,情詞酸愴。卓使群奴拔刀圍之,更屬色曰:"羌戎之種,毒害天下,猶未足耶? 皇甫奕世清德,爲漢忠臣,今敢欲行非禮耶?"卓乃懸其頭於車軛,遂死車下。後人圖其像,號曰"禮宗"云。

明朝

趙氏,馮宣妻。年二十三而寡,家貧,育幼子銘、鎮成立。壽八十四,有司表揚之。

楊氏,彭玨妻。[54]年二十四而寡,家貧,誓死自守。壽七十七,旌表攸嘉。

夏氏,黃淮妻。年二十四,生子未周月,淮亡。夏撫遺子,養舅姑。姑氏憫煢弱,欲嫁之,夏以死自誓,爲女工以給養。壽七十三,旌爲"貞壽之門"。

王氏,梁輔妻。年二十三,輔亡,有二子在襁褓。[55]備歷艱苦,勤女工以養姑育子,凡五十餘年,鄉人重之。壽八十三,有司旌其門。

葉氏,生員趙欽妻。年二十五,欽卒,遺二子廷璋、廷瑚,甫三歲。葉撫摩劬育,備諸艱辛,雖親戚邀請,亦不往。瑚爲學弟子員。壽六十二,旌揚之。

郭氏,百户長陳琮妻。琮戰没,郭年二十四,撫孤源,嗣官。壽八十三,旌表其門。

白氏,生員翟元妻。年二十五,元亡。貧苦,撫遺孤棟、楷,均成立。壽六十三,鄉里稱賢,旌之。

張氏,生員徐效妻。效死,張年二十七,鞠育二子,咸成立。壽八十有四,有司旌表。

温氏,李子友妻。子友殁,温慷慨以殉,時年二十四,旌表如例。

李氏,景可樂妻。可樂以疾卒,李哀傷死。旌之。

趙氏,單養棟妾也。養棟死,趙方十九歲,殉柩前。有司表揚。

徐氏,受應襲韓杞聘,未合卺而杞殤。徐聞之,潛自縊死。有司表揚。

唐氏,指揮蕭濂妻。濂死時,子韶成幼孤,唐撫之成立。以才勇官寧夏,遇哱、劉之變,全家被羈。唐教子以忠,堅不從逆。事平,嘉其"女中丈夫",顔其門。

國朝

柴氏,王弘綱妻。年二十二,夫亡,撫孤守節。歲遇荒歉,日不舉火,以死自守。守節三十一年,孝養翁姑,撫孤成立。康熙初,[①]具題旌表如例。

尚氏,趙國寧妻。夫亡,氏年二十八。孝事翁姑,後相繼逝,喪葬盡禮。撫子成立。壽九十三歲。康熙中,具題旌表如例。

李氏,馬志啓妻。啓故,氏年二十二,欲自絶,念翁姑在堂,堅志毀形守節。雍正三年,具題旌表如例。

馬氏,孫世禄妻。康熙初,世禄從征湖南茅麓山匪,[56]殉難。氏守節撫孤,子繼宗以武功顯,官甘肅提督。雍正五年,旌表如例。

段氏,軼其夫名。夫嘗讀書於外塾,有狂者窺氏姿艷,[②]猝入其室誘之。氏不從,狂者棍毆殞命,投屍井中。事發,將狂者置諸法,而有司嘉氏慘烈,具情以請。雍正九年,具題旌表如例。

薊氏,齊芝瑞妻,家紅城堡。康熙中,夫亡,氏年三十,守志不渝,計五十四載。卒於乾隆壬申,[③]壽八十四。請旌表焉。先是辛未歲,[④]恭逢萬壽慶典,蒙恩賜粟帛酒肉如例。

---

① 《乾隆》《甘志》卷四二《列女》載,事在康熙十六年(1677)。
② 《乾隆》《甘志》卷四二《列女》載,"狂者"爲氏夫兄陳大年。
③ 乾隆壬申:乾隆十七年(1752)。
④ 辛未:乾隆十六年(1751)。

　　錢氏,別景彝妻,居別家莊。康熙中,夫亡,氏年二十四,事姑以孝。家貧,子可池,侄可錦、可澶均幼,力撫之,悉稱成立。雍正甲寅卒。① 乾隆初旌表,賜額曰"孝義貞節"。

　　滿氏,二品蔭生黎守忠之母也,家大營川。康熙四十一年,夫亡,氏年十八。教子成名,堅苦自勵。乾隆二十年卒,壽七十一,計守節五十三載。呈請旌表如例。

　　柳氏,生員楊嘉玥妻。康熙間,玥疾篤,氏以死許。及卒,悲泣三日,潛自縊。年未滿二十,洵可風已。

　　吳氏,黎天禄妻。夫亡,氏年二十六,持刀自刎。官立石表之,曰"白刃明心,殺身成仁"。或云康熙時人。

　　王氏,守備文理妻。文理於雍正七年出征巴里坤,在營病故。氏聞訃悲號,投繯自盡。

　　高氏,庠生賈世繪母。乾隆初,夫亡,氏年二十,繪尚襁褓,撫之成立,守節十九年。鄉里爲銘其墓,得請旌表如例。

　　夏氏,祁貴有妻,居祁家堡。乾隆丁未,②夫亡,氏年二十四。孝事翁姑,撫嗣子秀如己出,門祚再興。守節六十三載,道光庚戌卒,③壽八十七。秀亦登大耄。里人稱爲貞德之門。

　　楊氏,庠生唐銳妻,居唐家堡。乾隆中,夫亡,氏年四十,事翁姑,濟貧乏,以孝慈稱。守節四十三載,卒於道光乙酉,④壽八十三。子紹鼎入州庠,氏教誨力也。請旌表如例。

　　趙陳氏,家於北鄉趙家寺。其墓碑存闕有差,夫與子俱無考。惟識其生於乾隆,卒於嘉慶庚午。⑤ 家貧,居孀,時上有翁姑,下有孩提,操勞數十載,子孫入庠。皇恩旌表數語,以是知氏之貞孝,洵可貴也。

　　張氏,包元貞母。嘉慶初,夫亡,子幼,氏年二十。堅心耐苦,門祚復興。守節二十六載,道光三年,旌表如例,族人以"霜露永懷"額其墓。

　　黃氏,王處士妻。嘉慶初,夫亡,氏年二十八,子尚賢甫周歲,撫以成立。守節三十一載,道光中,旌表如例。

　　吳氏,晏君瑞妻,家北關。嘉慶初,夫亡,氏年二十九,子志誠甫五齡,撫以成立。咸豐甲寅卒,[①]壽七十四,守節四十五載,時人稱之。

王氏,鄭如莪妻,家白澇池。嘉慶初,夫亡,氏年二十一。守節四十五載,[57]道光中卒,壽六十六。里人稱頌,請旌表如例。

朱氏,楊存娃之母也,家楊中堡。嘉慶十四年,夫亡,氏年十九,子尚乳脯。盡心撫育,誓志靡他,鄉鄰咸爲推重。同治元年,卒於難,壽七十三,計守節五十四載。

白氏,職員鄭如蘭妻,家白澇池。嘉慶中,夫亡,氏年二十八。撫孤耐貧,子玉瑄賴以成。同治元年,殉於難,壽七十四,守節四十六載。入《忠義録》表揚之。[②]

賀氏,鄭玉珉妻,家白澇池。嘉慶中,夫亡,氏年二十七,子大佑尚乳脯。誓志撫成,入太學。同治初,殉於難,壽七十二,守節四十五載。入《忠義録》表揚之。

周氏,錢萬慶妻,家錢營堡。嘉慶中適錢,既婚未三月,萬慶暴亡,氏哀痛靡極,絕食泣血而卒,年猶未及二十。里人彙請,旌表如例。

柯氏,提督馬進祥之祖母也,居沙漠耳莊。嘉慶十九年,夫亡,氏年二十九。堅苦自勵,孝謹嚴正,教子世芳成立。同治四年回亂,避難於州城。城陷,驚悸而卒。時年八十,計守節五十一載,呈請旌表如例。其同殉者媳柯氏、孫媳馬氏。

王氏,景萬禄妻,居馬家河。嘉慶二十年,夫亡,氏年三十,子儒通尚垂髫。家極貧,氏負薪刈禾,堅苦撫育,得以成立。道光三十年卒,壽六十五,計守節三十五載。

黃氏,馬會妻,家西北鄉。道光元年,夫亡,氏年十九,子萬福甫彌月,氏堅心撫成。福入伍,擢潼關把總,迎養於署。光緒十一年卒,壽八十四,計守節六十五載。寅僚頌之曰"母慈子孝",洵紀實也。

黃氏,王鈞妻,家本城。道光初,夫亡於關外,氏年二十七,翁姑垂暮,子仲科幼。氏仰事俯畜,孝慈兼盡。同治初卒,壽六十八,守節四十一載。仲科官慶陽千總,孫銘貢生、鈺經制,時人謂貞德所致。光緒中,請旌表如例。

祁氏,顧思道妻,居曹家堡。道光初,夫亡,氏年二十七,翁姑垂老,子在襁褓,凡殯葬教誨,以一身任之。守節三十四載,同治初,避難入城,舉家盡殉。氏壽六十一。《忠義録》載之。

余氏,貢生李輔弼母。道光十年,以苦節呈請旌表如例。其生卒年無考,所存者僅斷碑一角，可識其爲輔弼母，并建坊年月耳。

虎氏，張大德妻，家州城。道光初，適大德，甫二月，大德從戎，赴葉爾羌防禦，音訊杳然，不知所終。氏堅苦自守，侍翁姑疾，目不交睫者累月。祭葬如禮。教嗣子國楨成立，後入州庠，家道賴以復興。咸豐八年卒，計守節逾三十載，里人頌之曰“孝節兼隆”。

党氏，杜培梓母，家本城。道光中，夫亡，誓志撫孤。同治二年，回匪踞城，培梓巷戰不支。氏叱之曰：“毋退縮。”賊入廬，氏罵不絕口，仰藥死。時守節已二十五載。光緒初，旌表如例。

張氏，武生徐陞妻，家本城。道光中，夫亡，誓志不醮。同治二年，城陷，其翁承綬、弟榮華力戰，氏爲之餉食。賊隨其行，氏窘甚，見鄰屋火起，遂縱身撲火而死，時守節二十二載。光緒初，旌表如例。

孟氏，房若石妻，家潤澤霓堡。道光中，夫亡，氏年十八。孝奉重姑，子美輪、延齡均幼，竭力撫成。同治元年回亂，氏出貲，令夫弟肯構與二子召集鄉團，賊屢攻堡，未破。三年夏，陝回大股來撲，延齡入城求援，肯構、美輪俱戰殉。賊執氏及媳王氏、賀氏，女改香等，索糧急，遂指酋痛罵，賊怒，齊縛而寸磔之。時守節已二十七載。光緒初，均旌表如例。

欒氏，姚積慶妻，家長安堡。道光中，夫亡，氏年二十二，子玉蓮幼，備嘗艱苦。同治初，玉蓮從軍，於董志原陣亡，氏聞而悲之曰：“子死無生計。”遂投井而斃。時年四十五，守節二十三載。

陳氏，余興堯妻。道光中，夫亡，氏年三十二。雙親、二子，家貧乏養，以針黹糊口，不渝其志。同治初回亂，偕子奔陝，乞食得生，旋歸務農，家道漸裕。光緒己亥卒，[①]壽八十五，守節五十三載，里人頌之。

侯氏，宣德妻，家本城。道光中，夫從征西域，戰歿，氏年二十一。家貧子幼，劬育無間言。同治二年爲賊所殺，計其時守節已二十餘載。

侯氏，阿繼曾妻，居大營堡。道光中，夫亡，氏年十九，事翁盡禮。氏無出，以侄柱棟嗣，撫以成立。同治初回亂，賊掠其家，氏恐受辱，投井而死，年四十一，計守節已二十三載。媳洪氏、邵氏同殉。

褚氏，計滿統妻，家州城。道光中，夫亡，氏年十九。孝事翁姑，苦節自持。同治初，避難於平涼。城陷，翁姑逝，鬻衣珥以殮。氏痛急，投井而死，時守節已二十餘載。光緒中，甘肅學政吳公緯炳獎以額曰“節烈可風”，知州王學伊獎以額曰“慈竹風清”。

---

① 光緒己亥：光緒二十五年（1899）。

吳氏，賓居妻。道光中，夫亡，氏年二十四，子應愛尚褓褓，撫育備竭心力。同治二年回亂，攜其子與侄尕黑兒避難山谷間，尤極堅苦。乃以遇賊自殉，時守節已二十餘載。

單氏，馬寶祥妻，家沙漠耳莊。道光十九年，夫亡，氏年二十九，子蛟兒甫七齡。立志撫孤，備嘗艱苦，恒自忍飢以哺之，務農授室。同治四年卒，年五十六，計守節二十七載。

柯氏，馬世芳妻，提督進祥之母也，居沙漠耳莊。道光二十一年，夫亡，氏年三十。事姑以孝，撫子以慈，鄉里頌其和惠。同治四年，避難於城。姑死，氏泣血漬襟，悲號而卒。時年五十五，計守節二十五載。呈請旌表如例。

盧氏，王發妻，家王昭堡。道光二十一年，夫亡，氏年二十九，煢然孤處。子甲申、甲榮均幼，氏夏則芸田，冬則紉衣，爲糊口計。母家偶有津貼。既而母勸其嫁，氏力杜之，至此，雖一粥一縷，亦不受母憐者。二子賴以成室。光緒二十二卒，壽八十四，計守節五十五載。

劉氏，鄭天彩妻，家南關。道光二十二年，夫亡，氏年二十八，子國禎尚幼，[58]立志堅苦，撫以成室，後入武庠，保守備，皆氏訓誨所致。同治八年卒，年五十六，計守節已二十八載。光緒中，甘肅學政葉公昌熾額其門曰"歲寒松柏"，并請旌表如例。

楊氏，梁才妻，家州城。才有膂力，投提標充馬兵。道光間，奉調換防葉爾羌，以積勞卒於軍。氏教子有方，次子滿福保游擊。同治初回亂，氏囑其子曰："爲國盡忠，無貳心也。"乃自縊，時守節已十餘載。

柳氏，武生單秀妻，家州城。道光二十二年，夫亡，氏年二十二。事翁姑盡禮，子鵬雲甫周歲，氏誓志撫成。同治初，避難於李俊堡，鬻餅餌以資生活。母子相依，人稱慈愛。光緒二十九年卒，[59]壽八十四，計守節六十二載。

韓氏，王漢同妻，家白崖子。道光二十三年，夫亡，氏年二十七，貧無立錐。子起應尚在髫齡，氏撫之成室。同治六年，回匪擾堡，起應充團丁，遇賊被創死。氏痛哭曰："吾命休矣。"遂引刃自刎，年五十二，時守節已二十五載。

王氏，陳乃幹妻，居陳家坪。道光二十四年，夫亡，氏年二十七，家貧子幼，誓志靡他。子長生、孫經營婚娶，皆氏劬勞之力。嗣以子若孫俱逝，更撫曾孫，以耕讀爲業。存年九十三，計守節已六十六載。

翟氏，張鳳翔妻，家本城。咸豐元年，夫亡，氏年三十。子玉德甫九歲，誓志撫之。同治二年回亂，城陷，氏恐有侵辱，遂自縊於家祠。年四十三，計守節已十三載。

蘇氏，馬義林之母也，居黃家堡。咸豐元年，夫亡，氏年二十八。善理穡事，撫孤勤劬，鄉間稱之曰"馬姥"。存年八十六，計守節已五十八載。

陸氏，秦得越妻，家鹽泥溝。咸豐二年，夫亡，氏年二十九。子禄尚幼，撫之成立。同治初，避難通渭，母子相依，力田授室。光緒二十二年卒，壽七十四，計守節四十五載。

路氏，張天喜妻，家西門。咸豐初，夫亡，氏年二十九，家貧，篤敬翁姑。三子幼，以針黹爲生。同治初，全家殉難，攜其侄禄及族孫逃至靈臺，傭工糊口。旋歸，家業漸起。光緒戊申，①存年八十二，守節五十三載，爲請旌表如例。

高氏，杜培梓嬬母。咸豐初，夫亡。同治二年，城陷，與其嫂党氏同仰藥死，時守節十三載。光緒初，旌表如例。

張氏，惠通妻，家北關。咸豐初，通以馬兵從征江南陣亡，氏年二十五。孝翁姑，事葬如禮。同治初，城陷，氏與其妯娌劉氏、趙氏同投井而斃，守節七年，時人哀之。

符氏，鄭大觀妻，家州城。咸豐初，夫亡，氏堅苦自守。同治元年回亂，賊突至，執氏欲逼之。氏罵不絕口，聲色俱厲。賊知不可犯，遂以鐵捶擊其首，血迸裂而卒。時守節已十餘載，里人以勁烈頌之。

戴氏，李春芳妻，家毛居士井。咸豐四年，夫亡，氏年二十四。子昌林、昌祺均在乳哺，氏傭工撫之。同治初回亂，兵連歲歉。或勸之醮，氏曰："嫁而生，不如守而死也。"後二子悉務農於二營川。光緒二十一年卒，壽六十五，守節四十二載。

趙氏，閻盛元妻，家馬蓮川。咸豐五年，夫亡，氏年二十六。子三，如昌、如霖、如雲均幼，誓志撫鞠。同治初回亂，獲氏，以煅鐵烙其背，將逼之，氏大聲痛罵，絕未爲污。賊盡掠其貲糧而散。乃攜子逃於西馬營。時有勸醮者，氏曰："幸脫虎口，死無貳心矣。"嗣以行傭得歸。光緒三十年卒，壽七十四，計守節四十八載。子如霖入伍，洊都司。孫維漢入邑庠。論者謂苦節之報，信不爽也。

楊氏，郭守備妻，居閻家墩。咸豐六年，夫亡，氏年三十二。善事翁姑，子世清、世滿，劬勞撫鞠，均稱成立。光緒二十四年卒，壽七十四，計守節四十三載。

楊氏，盧彭生之母也，家二營堡。咸豐六年，夫亡，氏年四十一。力撫其子彭生、榮生，均成立，門祚賴以復起。存年九十五，計守節已五十四載。今彭生保千總，孫曾蕃衍，四世同堂，是可頌之曰"德門壽母"。

楊氏，郭世清之母也，居袁家墩。咸豐六年，夫亡，氏年三十一，決意殉夫。戚鄰以子幼爲勸，遂劬育世清，得以成立，務農興家。光緒二十五年卒，壽七十

---

① 光緒戊申：光緒三十四年（1908）。

五,計守節四十四載。

劉氏,張思雲之母也,家廣寧監。咸豐七年,夫亡,氏年二十九。家貧,食藜藿以自甘。撫三子,長、次早逝,惟思雲成立。同治初,避難涇州,備歷艱險,而節操彌堅。存年八十二,計守節已五十三載。

紀氏,秦安營千總張鳳麟妻,家本城。咸豐中,從征濟寧,戰歿。氏以子清和甫周歲,立志守之。同治二年,城陷,氏自縊於室,年二十三。

杭氏,苟世春之母也,居沈家河。咸豐八年,夫亡,氏年二十八,撫育三子,世春、占春、逢春均成立。存年八十,計守節已五十二載。

丁氏,馮祐妻,家南關。咸豐九年,夫亡,氏年三十。家貧子幼,誓志不移。同治初回亂,攜子避山谷間,飲冰茹蘗,艱苦異常,晏如也。亂平歸里,其子克勤習武事,得官守備,皆氏教育之力。光緒二十二年卒,年五十八,計守節二十八載。

馬氏,馬進瑞妻,居沙漠耳莊。咸豐九年,夫亡,氏年二十六。孝敬重慈,教子成立。同治四年,與其祖姑柯氏避亂,僑居州城。以祖姑死,氏仰天大呼曰:“吾其相從於地下乎?”撫棺痛哭而卒,時年三十二。

董氏,王榮之母也,居孟家溝。咸豐間,夫亡,氏年三十六。以農業教子,家道漸興。賦性尤好施與,鄰里多稱其惠。存年八十四,計守節已四十八載。

李氏,王贊襄之祖母也。同治元年回亂,夫亡,氏年十九。攜一子一侄,避難於秦州,中途遇賊,或勸之曰:“曷舍侄而存子乎?”氏曰:“子與侄,均宗祧所重也。雖死何敢分親疏。”竭力撫成,後歸里務農,備歷艱辛,誓志不渝。光緒三十二年卒,壽六十四,計守節四十五載。

陸氏,保德玉妻,家楊郎莊。同治元年,德玉集鄉團禦回,舉家殉難。氏年三十五,負其侄孫安民逃於外,備工撫養,得以成立。亂定歸農。光緒癸卯卒,[①]壽七十七,守節四十二載。甘肅學政葉公昌熾顏其門曰“天隨節裔”,并爲旌表如例。

張氏,武生邱鳳舞妻,家七營。同治元年,鳳舞殉於戰,氏攜其女逃山谷間。有亂黨謂曰:“爲室,免死。”氏抓面流血,大罵拒脫。復逃至杜姓門,將乞食,杜婦憐而與之。氏曰:“若有子,當以女爲若息。”杜允焉。氏旋出,及崖,呼天泣曰:“吾夫所遺者此女耳,今得所依,可無憾。”遂撞石而死。光緒初,旌表如例。

杜氏,貢生南化行妻,家七營。同治元年回亂,氏欲負其姑王氏逃,姑令其獨行,氏不可。姑復厲聲曰:“勿以我累而兩誤。”遂投井。應曰:“當從姑於地下。”

---

　①　光緒癸卯:光緒二十九年(1903)。

亦入井死。光緒初,旌表如例。

牛氏,楊生春妻。楊,太原籍,商於平遠所。同治元年,楊充團丁,戰亡。賊執氏,欲逼之,罵不絕口,終莫能屈,遂仰藥死。光緒初,旌表如例。

劉氏,姚積壽妻,家長安堡。同治元年回亂,積壽充團長,戰死。氏年三十三,褓負其子玉興,避難醴泉,撫孤成立。光緒乙巳卒,[①]壽七十七,守節四十四載。

江氏,邱輪妻,家後山堡。氏事翁姑惟謹。同治元年,輪中炮亡,有逆回阿訇勸之醮,拒罵得脫,遂飲鴆死,年二十二。

張氏,葉生長妻,居閻家馬路。同治元年回亂,避難於張家山。夫亡,氏經營喪殮如禮,哀毀泣血。既殯,氏自縊以殉,時年二十一。

許氏,閻積妻,家本城。同治元年,夫亡,氏年二十九。苦心孤詣,孑然自持。光緒二十八年卒,壽六十九,守節四十載。

海氏,馬義春妾,居馬家高莊。同治元年回亂,義春殉於陣。氏適歸寧,聞耗,遂引刃自刎,年二十餘。

高氏,倪萬海妻,家五里山。同治二年,夫戰歿於寶雞縣城,氏年三十六,子生發甫垂髫。撫育務農,家業漸裕。存年八十三,守節已四十七載。今孫五、曾孫二,同堂四世,尤足樂也,殆夫忠婦節之感應歟。

梁氏,陳茂懷妻,家四營里。同治四年回亂,有賊目慕其姿,使人紿之,許以相保而不相害,而其意實欲殺茂懷而奪氏也。微洩所謀,氏痛罵竟日,遂自縊死,年十九。茂懷亦逃,不知所終。

韓氏,李楨妻,家四營里。同治初,楨死於兵,有逆酋見氏少艾,將脅之,乃乘間跳崖投諸水,淹斃,年二十二。

張楊氏,軼其夫名,家州城。同治初,城陷,被賊獲。氏且泣且罵,眥血迸裂,撲井而死,年三十一。光緒初,旌表如例。

蔡氏,劉奇化母,家平遠所。同治初,回酋據堡,奇化負氏遁至下馬關。關復被圍,氏曰:“我老且憊,死亦何惜,汝應速逃。”奇化泣不忍行。賊隊忽蜂擁來,氏引刀自刎,奇化瘞其骸奔走。光緒初,旌表如例。

劉氏,龐某妻,家范馬溝。同治初,夫歿於難。氏素孝姑,遂偕姑同逃。中途遇賊,執氏曰:“若肯爲婦乎?”氏曰:“姑媳相依爲命,斷不忍舍姑而從賊也。”姑亦罵不絕口,賊遂殺其姑,氏即撲崖而卒。

盧氏,曾某妻,家東城。同治初回亂,氏偕翁姑避難硝河。中途,姑足疲不能

---

① 光緒乙巳:光緒三十一年(1905)。

前,氏負以行。忽遇賊,殺其翁姑,將逼氏,氏痛罵不絕,縱身撲崖,賊更以矛刺之而卒。

賈氏,劉用志妻,居劉家溝。同治六年,夫亡,氏年三十一。以侄得亮爲嗣,撫如己出,教養周至。亮入邑庠,鄉黨稱其賢德所致。光緒三十四年卒,壽七十二,計守節四十一載。

馬氏,陳德有妻,家黃土橋。同治八年,夫亡,氏年二十一,誓以身殉。族中爲之擇繼,乃撫如己出,耕讀傳其家。存年六十一,計守節已四十一載。

史氏,計如泰妻,家州城。同治中,夫亡,氏年二十九。家貧,以織紉度日,教其子定清讀,旋食廩餼,里人重其節。光緒庚子,①已守節三十二載。蒙甘肅學政夏公啟瑜以"柏舟高節"額其閭,旌表如例。今存年七十五。

席氏,貢生陳生秀妻,居陳家坪。同治中,夫亡,氏年四十。子昌續幼,力撫成名,食廩餼。子亡,復撫孫景蕃入邑庠,里人以慈姥稱。存年八十五,計守節已四十五載。

馮氏,軍功張占奇妻。同治間,夫亡,氏年二十五。子錫義尚褓襁,備受艱辛,得以成立,今保把總。氏存年六十五,計守節已四十載。

李氏,孝義廳都司程步堂妻,居黑城鎮。同治間,夫亡,氏年三十七。家甚貧,子萬春甫四歲,堅心撫之。賴縫紉爲糊口計,子以成立。光緒辛丑年卒,②壽六十七,計守節三十載。知州張公元澍以"志潔行芳"額其廬。

計氏,宋某妻,居南關宋家巷道。同治間回亂,舉家避於鄉,留二僕在城守其門。賊既踞城,知宋素豐,拘一僕,索藏金,并云:"金既未得,必赴鄉擄計氏,始甘心焉。"僕潛逃詣氏前,備述賊言,氏乃剪髮毀形,將議遠遁。賊忽至,執氏。氏厲聲痛罵,以首觸壁。賊覓繩欲縛以去,氏乘間狂奔,墜崖而死,時年二十四。

朱氏,甄滿科妻,居趙家嶺。同治間,夫亡,氏年三十二。子發俊、發運均髫齡,氏竭力撫成,教養周至,家道漸興,尤好施與。光緒三十二年卒,壽七十二,計守節四十載。

王氏,增生侯汝梅母。劉氏,汝梅妻,居侯家堡。同治間回亂,姑媳同避於城。賊至,王氏投井,劉大呼曰:"姑其與我同赴九泉乎!"亦縱身井中而死。井在西關城下,至今稱之曰"雙烈井"。

趙氏,廩生韓興邦之祖母也。同治間,孀居,撫子教孫,悉見成名。壽八十九。光緒中,甘肅學政葉公昌熾聞其事,顏其門曰"摩笄矢節"。

① 光緒庚子:光緒二十六年(1900)。
② 光緒辛丑:光緒二十七年(1901)。

馬氏，海成魚妻。同治十三年，夫亡，氏年三十一，子起雲甫二歲。家道素貧，艱辛備歷，撫成務農。存年六十七，計守節三十六載。

劉氏，王玉人妻，家桑樹溝。光緒元年，夫亡，氏年二十一。立志不醮，撫孤子幼女，均得婚嫁，人無間然。光緒三十四年卒，年五十五，計守節三十四載。

張氏，貢生趙邦卿妻，家州城。光緒元年，夫亡，氏年二十八，祖翁已逾八旬，子榮祖甫周歲。氏堅忍誓志，以養老撫孤爲己任，事葬婚娶，均一力經營如禮。今存年六十二，計守節已三十四載。

閻氏，趙克智妻，居楊家莊。光緒元年，夫亡，氏年二十九，子天錫、天瑞均幼。立志撫孤，備嘗艱苦，天錫食廩餼，家業丕興。存年六十三，計守節已三十四載，今猶四世同堂，洵衍慶之足徵也。

陸氏，雷生義妻，家蟠龍坡。光緒元年，夫亡，氏年三十八，子雲章幼。矢志撫孤，賴以成立。三十二年卒，壽七十，計守節三十二載。

牛氏，羅三福妻。光緒元年，夫亡，氏年三十，子文炳幼。氏備歷勤劬，教子力學，得貢明經。存年六十四，計守節已三十四載。

路氏，附生高折桂妻，居高家河。光緒四年，夫亡，氏年二十三，姑老子幼。立志堅苦，子凌雲入邑庠，皆氏教誨之力。二十八年卒，[60]年四十八，計守節二十五載。[61]甘肅學政葉公昌熾額其門曰“編蒲閨範”，并爲請旌表如例。

周氏，楊貴林妻，[62]家彭陽城。光緒四年，夫亡，氏年二十七。立志奉姑，撫子成室，人以慈孝稱之。存年五十七，計守節已三十載。[63]

楊氏，守備李遇春妻，家南關。光緒六年，夫亡，氏年二十九，子榮、森、麟均幼。氏撫孤成立，榮入伍，任秦州經制，森、麟亦領軍功，門楣復振。嗣於三十年卒，年五十三，計守節二十四載。甘肅學政葉公昌熾聞之，贈其額曰“節烈可風”。

王氏，楊海春妻，家東鄉。光緒六年，夫亡，氏年三十四。翁老子幼，家無恒產，氏堅心茹苦，事蓄兼資。存年六十三，計守節已二十九載。

宋氏，馬進樊妻，家西北鄉。光緒九年，夫亡，氏年三十九，子得倉甫九齡。其家極貧，無儋石儲，竟堅苦力撫之成，務農爲業。存年六十五，計守節已二十六載。

李氏，都司張漢清妻，湖北人，流寓於此。光緒十年，夫亡，氏立志撫孤，治家井然。存年六十，計守節已二十五載。

馬氏，[64]馬成祥妻，家西鄉。光緒十年，夫亡，氏年二十七。子山兒將周歲，立志撫成，自安耕鑿。存年五十三，計守節已二十六載。

楊氏，何玉璽妻，居楊家山。光緒十一年，夫亡，氏年十九。事姑以順，子尚乳哺，氏誓撫之，得以成立。存年四十四，計守節已二十五載。

何氏，附生梁育德妻，家彭陽城。光緒十二年，夫亡，氏年二十六，子三均幼。家本小康，誓不移志，教子以農，悉見成立。光緒庚子歲大歉，出粟濟貧，或勸之曰"毋太奢"，氏曰："我飽人飢，何以言奢乎？人貴粟賤，何以言太奢乎？特求吾心之所安耳。"由是鄉里益加推重。今孫男濟濟，誠積善之徵也。存年五十，計守節已二十四載。[65]

李氏，把總張席珍妻，家南關。光緒十三年，夫亡，氏年二十九。子纘緒甫七歲，竭力撫之，授讀成名。三十三年卒，年四十九，計守節已二十載。

韓氏，樂山海妻，家西南鄉。光緒十六年，夫亡，氏年三十七。有子三，均幼。家甚貧，氏備工撫成，今已薄田可耕，各授室矣。存年五十六，計守節已十九載。

雷氏，計元鵬妻，家本城。光緒十六年，夫亡，氏年三十一。教子成立，備極堅苦。存年五十一，計守節已二十載。前甘肅學政吳公緯炳獎以額曰"茹蘗飲冰"。

余氏，馮有娃妻，家彭陽城。光緒十七年，有娃出外傭工，音信杳然。或以嫁勸，百計不諾。迨二十九年，里人有見其夫死所者，實告之。氏曰："既無子，復無夫，何生爲？"祭哭七日，迺自縊，時年三十一。

張氏，劉以張妻，家青杠溝。光緒十七年，夫亡，氏年三十六。子文敏、光禄幼，實力撫育，教以義方，今一入州庠，一補經制，蓋榮甚。存年五十四，計守節已十八載。

郭氏，邢舉義妻。光緒二十年，夫亡，氏年二十二。子邦俊幼，立志撫之。存年三十七，計守節已十五載。

范氏，尚有存妻，居尚家溝，地隸平遠。光緒二十一年，回變於海城，侵掠其境。賊拘氏，將逼之，力拒不從，遂自縊，時年十七，可謂烈已。

陳氏，都司劉顯財妻，家東關。光緒二十一年，夫戰歿於河州，氏年二十四，侍姑疾甚虔。子玉珍尚襁褓，堅苦撫成。存年三十七，計守節已十三載。

王氏，附生吳鏞妻，家本城。光緒二十三年，夫亡，氏年四十。子應瑞、應科均幼，教誨成立。賦性勤儉，存年五十三，計守節已十三載。

高氏，徐某妻，居夏家塬。光緒二十四年，夫亡，氏年二十二。子尚襁褓，誓志撫孤。存年三十三，計守節已十二載。

党氏，段大章妻。光緒二十五年，夫亡，氏年二十八。教子有方，今已授室，全節自持，鄉里無間。存年三十八，計守節已十一載。

惠氏，參將喬兆福妾，家本城。光緒三十一年，夫亡，氏撫柩痛哭，血漬於襟，仰藥而死，年二十八。爲旌表如例，文武士庶製額式其門。

謝氏，鄭德妻，居樊家莊。光緒三十二年，[66]夫亡，氏誓以身殉，家人防之，氏勉意營殮。既葬，迺引刃死墓側，時年二十八，里人咸稱頌焉。

馬氏，樊宗賢妻，居徐家高莊。光緒三十三年，夫亡，家貧，質衣飾以殮。旋倚柩自刎，血淚凝地，年二十六。爲旌表如例，提督張公行志、知州王學伊製額式其廬。

里居及年月無考者：

謝氏，姚進文妻，守節五十二年。

楊氏，王自武妻，守節四十二年。

孫王氏，年二十九歲，夫亡，守節四十年。

楊氏，韓玉存妻，二十八歲而孀，守節二十餘載。

倪氏，陳大吉妻，家八營，守節三十餘載。

姚氏，陳世義妻，家八營，守節十餘載。

柴氏、吳氏、韓氏、蔡氏、王氏、劉氏、梅氏、常氏、陳氏、趙氏、郭氏、田氏、賈氏、段氏、黃氏。

按：以上節烈二十一名，夫家、里居、事實均無考。予僅於州署道光、咸豐時《憲綱冊》見之。[①] 未敢湮没。該氏等茹苦含辛，或十數載、或數十載，亟附錄之，以闡幽光。

貞女

張珍兒，[67]張鳳翔女，家本城。咸豐初，十六歲，字於邑人蕭姓。將聘，而蕭卒。女隨母翟氏往吊，哭甚哀，歸謂母曰：“當效母之持節以終也。”未幾，復有問字者，女聞之，面壁隱泣。母或勸慰，女則以死誓。遂終身依母而居焉。同治二年，城破，自縊於家祠。

王翠環，王秉堃女，家駒妹也。世居本城，年已待字，值同治二年回亂，城陷，相議仰藥。賊獲堃及駒，女呼救，賊視其美，欲挾之去。女曰：“必釋我父兄，當從所謀。”賊允焉。女又曰：“弱不能騎，應以輿隨行。”賊喜甚，牽輿載之。女於輿中，服所懷藥，未抵賊巢，毒發竟死。

賢淑

馬氏，馬元妻。元家貧，效力行伍。嘉慶初，川陝不靖，從征於外。氏承順姑嫜，自食藜藿，而奉饌必以甘旨，俾元無內顧憂。元在軍，身受矛傷而歸。氏求醫

---

① 參見本志附《固原州憲綱事宜冊》。

乞藥,洗創扶疾,目不交睫者數月,夜必禱天,願以身代,備極艱勞,鄰里爲之感動。

何氏,賈應太妻。嘉慶中適賈,賦性閒静,精習籌算,事翁姑以順,與妯娌無忤。鄉鄰有稱貸者,必竭貲助之。應太始而務農,繼而經商,氏佐其會計、出納,悉稱平允。教其子尚才,以商業興其家。

師氏,王萬貴妻,家羊坊莊。氏賦性誠樸,能耐勞苦。同治初回亂,氏不善走,未及逃,而懼爲賊擄,遂自匿古窖中。其族嬸雷氏伺隙饋食,自春徂夏,窖中蟲蛆雜起,濕穢薰蒸,氏亦自若。雷氏見其腰胲攣曲,無復人形,因勸之曰:"今而後,可無慮賊擄矣。"强援之出窖。一日,賊隊擾境,氏將決意投井,忽聞崖上有呼氏而哭之者,氏仰視之,乃其夫與弟也,始相與逃,得免難。光緒二十八年卒,[68]壽六十六。

孫氏,董寬妻,家牛營。樂善好施,侍姑以承順。生子升官,氏誡之曰:"汝父奮蹟武功,汝宜繼其志。"每談述古人忠孝事實,至宵分不倦。光緒中,徵甘軍入衛,升官以母老爲慮。氏嚴斥之曰:"吾家世受宦禄,今正圖報之日也。可速行,毋留戀。"升官洊總兵,皆氏教誨之力。皋蘭王世相爲銘其墓。

王氏,張壯勤公妻。性賢淑,重於里黨,事姑尤極孝誠。同治初,壯勤奮志戎伍,氏背負其子儒珍,避難山谷間,劚草刈藜,以爲乳哺,艱苦備嘗。嗣壯勤官喀什噶爾提督,氏至署,儉約自持,時織綢箔、褐布以自樂。部下婚喪有貧乏者,氏必周濟而矜全之,洵嘉德也。

張氏,董少保福祥妻。笄年而字,性情静淑。少保家素貧,輒不舉火,氏績紡針黹,得資助炊。以肥甘供翁姑養,而自食粗糲。姑疾篤,氏侍之,衣不解帶者數月,由是以純孝聞於鄉里。迨少保由軍功膺顯秩,氏蔬菜練裙,不染富貴氣。雖侍婢臚列,猶躬自灑掃,老而彌勤。光緒甲午黄河水災,[①]氏力勸少保出金萬兩,以助賑撫。大吏廉其事,欲以惠績歸於氏。氏堅辭之,而貤獎於其孫恭,議叙如例。存年七十。

陳氏,雅玉珍妻,居東鄉。玉珍家貧而好施,遇親串求貸者,氏質衣鬻珥以助,不違玉珍意。至於孝敬翁姑,尤極天授。翁姑既殁,氏與嬸同居,敦愛和睦,侍奉無缺。嘗曰:"人生在世時,得長者教訓之,趨承之,亦樂事也。"今存年六十六。

韓氏,吴承恩妻。事姑素孝,姑病,刲股和藥以進,疾竟瘥。至其秉性循謹,與鄉鄰婦孺,從無疾言遽色,兀有閨範。惜里居、年月無考。

---

　① 光緒甲午:光緒二十年(1894)。

潘氏，田厚祺妻也。祺官武職，家素貧，氏上事翁姑，以孝敬聞於里。祺遇調防時，餱糧、鎧甲，恒質簪珥以助。每冬令，縫寄冬衣，十指爲皴，而寒窗刀尺聲仍不輟也。同治初回亂，家人悉被戕，氏捆土瘞之，得免暴露。無何，爲賊所執，氏痛罵不絕口。賊忿，刃斷其右臂而死。嗚呼！如氏者，可謂賢且烈矣。

趙氏，董少保福祥侍室也。性敏慧，尤嚴正，操持内治，上下翕和。軍民有疾苦者，恒出資周恤，使無流離，洵惠且淑。宣統己酉，[①]《州志》付梓，籌款萬分維艱。氏慨然曰：“光緒中，先夫子勸修志書，曾出千金以爲提倡。乃書無片詞，而金竟虛擲。今郡侯王公獨力纂成，誠盛事也，豈可以款絀中止。”遂助朱提五百，爲剞劂資。魯《論》云“富而好禮”，[②]惟氏有焉。

張氏，祁應興妻；潘氏，祁應魁妻。其治家和睦，教子義方，均爲族黨所欽重。今以《州志》告成，經費拮据，遂相議曰：“《州志》者，一郡之光也，列名可以示不朽。吾輩雖居深閨，亦當贊助。”因共集針黹所餘，得銀貳百兩以付梓。民吁若二氏者，殆所謂能明大義、好行其德者歟！

隱逸

漢朝

梁竦，字叔敬，安定人，統次子也。少習《孟氏易》，嘗登高遠眺，嘆曰：“大丈夫處世，生當封侯，死當廟食。如其不然，閑居可以養志，詩書足以自娛。州郡之職，徒勞人耳。”著書名曰《七序》，班固見之曰：“孔子作《春秋》而亂臣賊子懼，梁竦作《七序》而竊位素餐者慚。”居九真時，作《悼騷賦》以吊子胥、屈原。明帝、章帝時，累辟不就，三子皆列侯。

石得林，安定人。建安初，客三輔，就學於宿儒樂文博，始精《詩》《書》。後好學靜默。關中亂，南入漢中，不治產業，不蓄妻孥。嘗讀《老子》，[69]晝夜吟詠。漢中破，還長安。清潔自守，一介不以取與。或問其姓氏，亦不言。

晋朝

皇甫謐，字士安，安定人，漢太尉嵩曾孫也。居貧，志高尚，以著述爲務，自號玄晏先生。雖痹疾，不釋卷。武帝屢征不仕，自表就帝借書，帝以一車書與之。撰《帝王世紀》《年曆》，《高士》《逸士》《列女》等傳，《玄晏春秋》，有詞章重於世。

---

① 宣統己酉：宣統元年(1909)。
② 參見《論語·學而第一》。

皇甫方回,玄晏先生之子也。少遵父操,兼有才文。永嘉初徵博士,不起。避亂荊州,閉戶閑居,未嘗入城府。蠶而後衣,耕而後食,先人後己,尊賢愛物,南中人士咸崇敬之。刺史陶侃禮之甚厚,每造之,著素士服,望門輒下而進。

南北朝

皇甫亮,字君翼,安定人。魏神武時,除司徒、東閣祭酒。後以母、兄在北,求還於梁,遂罷仕,無復宦情。入白鹿山,恣泉石之賞,賦詩超然自樂。後除任城太守,辭以疾,不之官,遂以隱終。

懿行

明朝

張侃,固原衛人,其家居七個山。嘉靖三十年春,有堪輿士過其莊,上下相度,謂侃曰:"此山若建塔,當主斯郡文風日進,科第聯翩。"侃應之曰:"若然,當勉從。"於是竭資鳩工,閱一年而告成。塔高五丈餘,至今猶巍然生色也。自題曰"瓔珞寶塔",後人謂爲"北山文筆"。

國朝

楊金玉,固原城守營兵。康熙十年,於道旁拾獲里民糧銀二十七兩五錢,還之。

陳大寅,固原州人。家道中裕,孝友和睦,治家以忍讓相尚。丁口蕃衍,稱爲巨族,而篤於本支,七世同爨。

陳蕣,邑監生,家西鄉趙千户所。乾隆中,稱巨姓。治家和讓,守其先代家訓,子孫不得析產,而竟十世同居焉。里人重其義,樂道弗已。

陳鈺,邑貢生,居陳家坪。嘉慶初,以教讀謀生計,而性極慷慨,遇鄉里中有聰穎子弟無力讀書者,鈺必召之來,書籍筆墨,悉解囊以助。由是賴以入庠食餼者三十餘士,里人至今稱之。

劉憲,字典章,居趙家池。嘉慶初,歲大旱,凡有積粟者,率昂其值以謀利。憲心鄙之,迺出己粟數十石,分給鄰里,賴以存活者衆。有侄曰三浩,少失怙恃,憲撫如己子。既長,分田百畝,教之耕,得成室焉。

王明理,字復之,附生,寄固原籍,居西鄉。嘉慶九年大旱,粟貴如金,明理出粟爲賑,活人甚衆。道光四年又大旱,仍施濟如前。刺史顏其門曰"惠我群黎",里人製額曰"積善之家"。享上壽而逝。彌留時戒其子孫曰:"吾家世代謹讀儒書可耳。"其後六子,貢成均者三:鴻緒、蘭香、桂香,亦德徵也。

鄭旭,字耀卿,家白澇池,舉鄉飲介賓。嘉慶初,歲大饑,民多流離。旭周行鄉里,按戶稽丁。遂出己粟,每丁月給一斗,鄰近十餘村,賴以全活者不下千人。里人思其德,爲立賑濟碑。前知州焦公過碑下,讀其文,稱之曰"忠厚長者"。

韓世貴,居韓家岔門,家稱中裕。道光癸巳歲大旱,[①]斗粟數千。貧民向其立券借貸者,累數百家,世貴悉給之。次年歲熟,亦不索還。旋抱病,世貴遣其子遍邀立券者至其家,對衆曰:"前歲歉時,吾實立志賑濟耳。以與諸君同井里,不敢博其名。今吾疾,恐不起,當取券同焚之。"未幾,卒。鄉人泐石以記,頌揚不輟。

杜芾棠,邑附生,居北關。先世以商業起家,樂善好施。咸豐十年,北城傾圮,而庫帑支絀,擬就地籌款興修。芾棠曰:"與其取於衆而民滋擾,莫若取於己而功易成。"於是出錢一萬緡,督工修理,城以完繕,里人稱頌弗衰。

鄭師湜,邑廩生,居張高集堡。同治元年回亂,師湜出糧二千餘石、錢一千餘串,[70]與羅滿貴、蘇存紅等舉辦鄉團,與賊接戰,斬賊級甚衆。後滿貴陣亡。

閻興量,字德涵,家本城。讀書穎異,慷慨樂施。凡立義倉、修城郭及學校、賑饑諸事,皆毅然以身任,雖巨萬無吝,邑人重之。同治二年回亂,城陷。興量年七十,猶扶杖督子弟巷戰,歿於陣。

保德玉,居保家溝。家素封,慷慨好施,鄉鄰借貸,悉力助之。同治初回亂,出資舉辦鄉團。團共五百人,皆食德玉粟,著德玉衣。旋遇戰,被賊執去。賊給以餅,德玉厲聲曰:"若啖賊一飯,我無以見先人於地下。"遂餓斃。

陳生秀,邑貢生,居陳家坪。同治初,兵連歲歉,民不能堪。生秀出積粟數百石,濟貧乏者。或以立券爲詞,生秀曰:"當此亂離,與其坐擁厚貲,爲寇所掠,莫若計口授食,猶得共免餓斃,何用立券爲也?"論者高之。

馬義春,東鄉馬家高莊回民也。性喜儒書,鄉里見重。同治初回亂,有逆目馬五淹等屢勸同叛,欲舉爲僞帥。義春堅執不允,曰:"爾等以亂可作耶? 大軍至,爾等恐無噍類矣。"逆目由是銜恨。義春避逆鋒,移家白草灣,與漢民同居。逆目聞之,率衆來逼。義春終不允,遂被群逆矛刺,受重傷。乃大呼曰:"吾子孫有逃出者,速入漢教。背吾言者,非吾子孫也。"至今其子生高居東鄉安家川,世爲漢民。嗚呼! 義春,弗可及已。

楊選,西鄉回民也。同治二年,逆酋孫義保踞城,誘其降附。選大言曰:"生爲大清良民,死爲大清良鬼,絕不從若輩亂謀也。"孫又以枷杖逼之。選曰:"若輩速投,誠可保首領,否則大軍既至,爾體支解矣。"孫欲杖斃之,氣將盡,忽大呼曰:"吾雖死,吾良回也!"言訖,瞑目而死。

杜映旌,邑貢生,舉制科。同治兵燹後,固原書院已成荒墟,生童無肄業之所。映旌與同學南化行、鄭大俊、張國楨、邵慕儒、[71]王銘、李維新、王化行、賀安邦、田生敏等,創立文社,籌款發商,增領學田,修房取租,經營數載,擘畫周至。迄今在學生童,猶蒙其惠,洵可謂嘉德昭著者已。

李承瀚,廩生,寄固原籍,居西鄉。性喜彈琴,手不釋卷,里人以爲迂叟。同治初回亂,村中紛紛避難者率挾貲財,承瀚負琴囊一具,書匣累累,奔走途中,既病且飢,死於道,枕其琴,而書猶在肩也,異哉。

李昌連,家北鄉。同治初,隨左文襄公大軍,採購兵糧,辦理善後,所至以公正稱。光緒二十一年,海城逆回李倡發亂。昌連召良回千餘,隨同營汛,晝夜梭防。并出積穀數十石,分濟逃亡,可謂急公好義已。

黃登甲,居本城,運鹽爲業,家道饒裕。同治初回亂,賊截斷餉路,兵需將匱,登甲出銀千兩以助之。城陷,乃藏漢民數百人於宅後,夜間潛使縋城以逃。賊聞之,執登甲去,刑逼索銀。登甲乘間,攜子星瑞遁於李俊堡,遂免難。

王漢周,居白崖堡,善舞拳。同治初回亂,漢周罄貲財,舉鄉團爲堡衛。遇賊必戰,屢獲勝,保全難民二千餘人。

陳布周,家西鄉,素有膂力。同治初,回匪犯境,布周共鄉民舉團,手持南陽刀,遇賊來,挺身接戰,能縱橫殺賊。賊憚之,稱之曰"陳大刀"。後爲逆目馬奇所戕。

王成龍,以良回稱。同治初,有逆目與謀,成龍善言開導之,逆目不信。亂起,成龍約良回千餘人,以漢回相保爲宗旨。遇貧乏必給米麵,賴以生活者衆。硝河逆目蘇三麻等在鄉殺掠,[72]成龍計誘之來,密戕之,硝河匪焰漸息。後穆三、納三踞城,聞成龍保全漢民,擒殺焉,時人深惜不置。

李文章,家東鄉。性剛直。同治中回亂,與鄉民舉團務,出己財置器械以爲備。左文襄公調其團丁閱之,推爲隴東勁旅。文章旋以疾卒。

金玉堯,居姚家堡。同治十三年正月,於州城大南市巷拾銀五十兩,不敢自私,遍詢諸友,知爲馮介貿易資,遣夥袁姓寄於家。袁誤遺,已潛逸至平涼。袁妻聞夫逸,亦自服鴆。玉堯得其情,即持銀詣袁室,出藥救袁妻得甦。并專足至平,尋袁歸,以銀還之。袁感其惠,因製額名其門。

張鴻業,戶科經書,家本城。性慷慨,好施與。光緒初,在署供書十餘年,凡有受羈押者,必給之食,以免瘐斃。每夏間,則換獄鋪新草;每冬令,則予囚人寒衣。至其周恤親鄰，借貸錢米，無稍吝，亦不索償。遇貧丐死者，即備棺木而瘞之。時人譽之曰"張善士"。

馮佐義，家彭陽城。光緒中歲偶歉，佐義出積粟，遇啼飢之户，必周濟之。被其惠者約六百餘人，亦可謂一時之好善尚德者，後舉耆賓。

馬元章，耆賓，居西沙溝。光緒二十六年歲旱，啼飢者踵於道。元章出積粟，贍貧乏者，衆稱其惠。平時喜讀儒書，備藥品散給鄉民。

楊國棟，邑武生，居東鄉。光緒二十六年旱災，民多菜色。國棟出積粟數十石，周濟鄉鄰貧乏者，村中賴以存活。前知州金公承蔭額其間曰"慈惠可風"。

計元鵬，家東關。幼失岵，[73]事母承順，先意無違。平日樂善好施，里人欽重。光緒二十七年，甘肅學政吳公緯炳額其門曰"閭里矜式"。

錢萬德，千總，居本城。光緒三十三年，以祖業五畝餘，捐助中學堂作爲操場，洵可謂潔己奉公，嘉惠士林已。

劉玉，字昆山，游擊，居本城。光緒三十四年，以新設試驗場擇地擴充，遂以自置地四畝捐助，俾外場得資開拓。留心時政，論者尚焉。

祁應興、應魁，居祁家堡。光緒三十四年，於該堡自立初等小學。蒙督帥升獎之曰"有功庠序"，知州王學伊名之曰"興魁小學堂"。今以《州志》告成，籌款維艱，興與魁乃共出五百金，以助剞劂貲。其急公好義，洵可爲一鄉之善士已。

李廣玉、李三才，居黑城鎮。光緒三十四年，於該莊自立初等小學，蒙提學陳公獎之曰"果行育德"，知州王學伊名之曰"廣才小學堂"。

馬海發，居南鄉大灣堡。光緒間，於門前拾一布裹，鄉人見之曰："此銀也，曷匿之？"海發不許，即邀畯約告白通衢。日晡，見有啼哭而來者，倉皇甚。海發曰："若何情急乃爾？"其人曰："晨過此失銀一裹。"海發詢其數，對衆悉還之。於是傳爲美談，是誠拾金不昧者。

馬海倉，居南鄉大灣堡。光緒間，海城有跳梁者，鄉人紛紛遷走，海倉曰："毋畏，如有警，當力禦。"鄉人弗聽，率避於空同，而將牛羊什物，有托海倉代牧者。迨鄉人歸堡，海倉按原數悉還之。其素性喜讀儒書，待塾師甚恭，論者尚焉。

梁厥，家本城。早年有相士謂曰："爾年不永，當行方便以延之。"厥因於光緒間，誓願以檢字紙、瘞枯骸爲事，由是風雨暑寒無間。今六旬餘，雖貧猶健。或亦一善之可録也。

杜朝棟，家本城。其祖某於嘉慶間，以獨力修城，得善人之名。朝棟守祖訓，樂善好施。同治初，賊圍城，迺出金數萬，散給貧民，作避難貲。并採購沙袋、木椿，以堵城闕。每夜擇鄉鄰老幼，乘間用布纏之縋城而下，賴以脫禍者不可數計，至今里人猶嘖嘖稱頌焉。

李福，家鴉兒溝，素以好善聞。光緒二十七年歲歉，出銀百兩、[74]粟數十石，以濟貧乏，就事而言，亦一德之可取也。

袁宗安，歷仕固標。當在任時，創修隍廟，輿衛東嶽山各偶像，時人稱之。余曰：“事雖佞佛，然亦慷慨好施之遺意也。”

王家楨，居本城。光緒丁未，①余創建固原中學堂，邑紳公舉家楨爲監工，經營一切，勤慎可嘉。竹屑木頭無侈費，而工程尤極堅固，其勞勩洵足尚已。

朱得才，居本城。保守備，不樂仕進，以樹藝自娛。光緒丁未，余飭城鄉種樹，得才開拓老圃，榆柳成行。笠雨簑風，辛勤無間，而尤能爲鄉民教導種樹之法。應志之，爲農業勸。

仙釋 闕

流寓

按：固原自兵燹後，川、楚、皖、陝民人，多有寄籍。而求如工部之草堂、摩詰之輞川，文名卓然者，億不獲一，因省之。

方伎

上古

岐伯，北地人。生而神明，精醫術，通脈理。黃帝時，以師事之，有《素問》《難經》行於世。

漢朝

公孫昆邪，義渠人。著書十五篇，主陰陽五行之術。已見前。②

嵩真，安定人。明推演，精占卜。成帝時，真常自算其年壽七十三，綏和元年正月二十五日晡時死，書其壁以記之。後於二十四日晡時死。其妻曰：“見其算時，長下一籌，欲告之，慮拂其意，今果信矣。”真又曰：“北村青隴山上，孤櫃以西有靈穴，鑿七尺，葬吾於此地中。”及真死，依其言往掘，得石槨空然，即以葬焉。

---

① 光緒丁未：光緒三十三年(1907)。
② 參見本志卷七《人物志一·歷朝鄉賢仕進》。

晉朝

戴洋，字周流，長城人。善風角，解占候。豫州刺史祖逖病篤，遣人問壽於洋。洋曰："祖豫州，九月當死。"果驗。以有妖星見於豫州之分也。

國朝

劉道士，軼其名。善祈雨，精遁甲。乾隆初，遇旱必延之入壇。能決雨至，時刻不爽，屢著奇應，時人爲之諺曰："劉道進壇廟，大雨如盆倒。"

蘇宏珍，回教善士也，教中稱蘇巴巴。"巴巴"係回經中語，猶儒書言"至誠"也。乾隆初，珍以天旱，誦回經，禱於黑泉。忽對衆曰："三日内，必降甘霖也。"果如其言。官吏以金酬之，珍曰："祈雨爲民耳，未敢言利。"力卻不受。今硝河風台山有遺蹟焉。

大脚雷師，不傳其名，北關關帝廟住持也。咸豐中，自云已百歲，精黄白術。日食紅棗三枚，清水一盂，從不舉火。禱雨尤應。忽自言，某日當化去。至期，端坐而逝。時有游於涇陽者，中途遇雷，雷授以鑰具，曰："請歸以付吾徒。"其人既至固，始知途遇之日，即雷坐化之日也。至今奉祀者，輒以巨屨獻之，稱曰"大脚雷師"。

耆瑞

謹按：國朝旌獎及現時採訪者，凡高年茂齒，孫、曾繞膝，均備録之，以重耆碩而彰人瑞云。

海伏棠，年九十九歲，五世同堂。乾隆中，呈請旌獎，給頂戴、粟帛如例。

魏洪德，三營堡人。年九十八歲，四世同堂。乾隆中，歲歉，復出粟濟貧。有司彙其事，呈請旌獎，給頂戴、粟帛如例。里人勒碑以頌德惠，惜其文剥落矣。

李生潮，乾陽河莊人。年一百一十六歲，五世同堂。宣統元年，知州王學伊呈請旌獎，給頂戴、粟帛如例，并顏其門曰"祜錫耆英"。

馮生道，清平監人。年一百三歲，三世同堂。其品行素端，人尤稱之。宣統元年，知州王學伊顏其門曰"康疆壽考"。

馬寅，開城堡人。年一百一歲，四世同堂。

王兆龍，本城人。藍翎五品軍功。年八十八歲，三世同堂。

楊永時，清平監人。年八十七歲，四世同堂。

馬爾午,大莊人。年八十四歲,四世同堂。

王才,范馬溝人。年八十三歲,三世同堂。

馮和長,本城人,原籍山西絳州。年八十三歲,四世同堂。

虎亞魁,東鄉人。事父母盡禮。年八十四歲,子孫衆多。光緒二十九年,甘肅學政葉公昌熾贈以額曰"積善延齡"。

郭世倉,寄籍本城。年八十六歲,務農爲業,鋤耨不倦。

虎建雲,東鄉人。年八十五歲,光緒三十年,紳民公舉爲鄉飲耆賓。

金福順,固原人。年八十一歲,三世同堂。

高彦林,飲馬河人。年七十九歲,三世同堂。

楊永秀,清平監人。年七十五歲,四世同堂。

顧得倉,瓦亭人。年七十九歲,精神强固,善於馳馬,能日行三百里。知州王學伊獎以額曰"矍鑠是翁"。

徐文友,本城人。年八十四歲,子孫耕讀爲業。文友不樂家居,遂僑蹟於崆峒之中臺,精神頤養,步履如少年,亦可謂佔得人間清福者。

馬良才,李旺堡人。年九十七歲,子孫濟濟,里人稱慶。

海成魁,後茂河人。年九十一歲,子孫林立,均務農事。

海成棋,傅家高崖人。年九十歲,里人以長者稱之。

馬有年,斗道溝人。年八十七歲,三世同堂。

楊福忠,年七十二歲。楊福雲,年六十二歲。胞兄弟也,南鄉郭家廟人。事其母海氏以承順稱,今氏年九十有九,知州王學伊獎以額曰"一門多壽"。

【校勘記】

〔1〕子:此同《史記》卷一一一《衛青傳附公孫賀傳》,《漢書》卷六六《公孫賀傳》載其爲昆邪孫。

〔2〕涼州:原作"梁州",據《後漢書》卷三四《梁統傳》改。

〔3〕太:原作"大",據《後漢書》卷三四《梁統傳》改。

〔4〕棱:原作"稜",據《後漢書》卷六五《皇甫規傳》改。

〔5〕太山:原作"泰山",據《後漢書》卷六五《皇甫規傳》改。

〔6〕韓稚:原作"韓雅",據《晉書》卷八六《張軌傳》、《册府元龜》卷二二一《僭僞部·勤伐》改。下同。

〔7〕武公:"公"字原脱,據《晉書》卷八六《張軌傳》補。

〔8〕梁:原作"凉",據《北齊書》卷三五、《北史》卷三八《皇甫和傳》改。

〔9〕貞素:原作"真素",據《魏書》卷二四《鄧淵傳》、《北史》卷二一《鄧彦海傳》改。

[10] 經書：原作"群書"，據《魏書》卷二四《鄧淵傳》、《北史》卷二一《鄧彦海傳》改。

[11] 三千：原作"二千"，據《北史》卷五三《彭樂傳》、《資治通鑑》卷一五八等改。

[12] 苞信縣伯：原作"苞興縣伯"，據《魏書》卷七一、《北史》卷四五《席法友傳》改。又，《魏書》卷七一《席法友傳》作"苞信縣開國伯"。

[13] 襄侯："侯"字原脱，據《魏書》卷七一、《北史》卷四五《席法友傳》補。

[14] 爲魯公：此三字原脱，據《隋書》卷三八、《北史》卷七四《皇甫績傳》補。

[15] 平王謙："平"後原衍"代"字，據《隋書》卷三七《梁睿傳》、《通志》卷一六〇《梁睿傳》等删。

[16] 尉迥：原作"尉迴"，據《隋書》卷四〇《梁士彦傳》改。下同。

[17] 魏文帝：《周書》卷三九、《北史》卷七〇《梁昕傳》作"周文帝"。

[18] 長城：此同《大周公師柱國大將軍雁門襄公（田弘）墓志銘》、（嘉靖）《陝志》卷二八《文獻十六·平涼府·鄉賢》、（嘉靖）《固志》卷二《前代原州人物》、《周書》卷二七《田弘傳》、（萬曆）《固志》卷上《官師志第六》均作"高平"。

[19] 襄武縣："縣"字原脱，據《隋書》卷五四《田仁恭傳》補。

[20] 觀國公：原作"輔國公"，據《隋書》卷五四《田仁恭傳》改。

[21] 布憲下大夫："下"字原脱，據《隋書》卷六二、《北史》卷七七《梁毗傳》補。

[22] 上開國府：《隋書》卷六二、《北史》卷七七《梁毗傳》作"進位上開府"。

[23] 修芝：原作"脩芝"，據《隋書》卷七三《梁彦光傳》改。下同。

[24] 馭正下大夫："下"字原脱，據《隋書》卷七三、《北史》卷八六《梁彦光傳》補。

[25] 朝那：《隋書》卷七一《皇甫誕傳》作"烏氏"。

[26] 比部尚書：《隋書》卷七一《皇甫誕傳》載，皇甫誕於"開皇中復入爲比部、刑部二曹侍郎"，未爲尚書。

[27] 原州人：《舊唐書》卷一三五《皇甫鎛傳》作"安定朝那人"，《新唐書》卷一六七《皇甫鎛傳》作"涇州臨涇人"。按：皇甫鎛爲鏞兄。

[28] 秦鳳路隊將：《宋史》卷三二三《向寶傳》未載此官，疑誤，當作"涇源秦鳳鈐轄"。

[29] 兵馬：此二字原脱，據《金史》卷七九《張中彦傳》補。

[30] 居泰：（嘉靖）《固志》卷一《人物》、（萬曆）《固志》卷下《人物志第七》等均作"何居恭"，（乾隆）《甘志》卷三三《選舉》始作"居泰"。

[31] 道光初：（宣統）《甘志》卷三九《學校志·選舉上》載，蘇九疇爲嘉慶二十四年（1819）己卯科舉人。

[32] 吳起鵬：（乾隆）《甘志》卷二九《皇清武職官制·固原提標中營參將》作"吳啓鵬"。

[33] 四年：（乾隆）《甘志》卷二九《皇清武職官制·涼州鎮標中營游擊》作"二年"。

[34] 四年：（乾隆）《甘志》卷二九《皇清武職官制·涼州鎮標左營游擊》作"二年"。

[35] 白塔川營：原作"白塔營"，據《大清一統志》卷一九七《甘肅統部》、（乾隆）《甘志》卷二九《清武職官制·白塔川營參將》改。

[36] 金莪寺：（宣統）《甘志》卷六四《人物志·鄉賢上》作"金峨寺"。

[37] 西鳳營：（宣統）《甘志》卷七〇《人物志·忠節一》作"咸陽汛"。

[38] 二十三年：原作“二十二年”，據（宣統）《甘志》卷六六《人物志・群材一》、《清史稿》卷四
　　五四《董福祥傳》改。

[39] 兵：此字原脱，據《晋書》卷六○《皇甫重傳》補。

[40] 陽城縣公：《隋書》卷七三《梁彦光傳》載：“少子文讓，初封陽城縣公，後爲鷹揚郎將。”則
　　卒贈通議大夫，未有陽城縣公。

[41] 朝那：《隋書》卷七一《皇甫誕傳》作“烏氏”。

[42] 左金吾衞：“衞”字原脱，據《舊唐書》卷九三《薛訥傳》補。

[43] 駐泊：此二字原脱，據《宋史》卷三二五《任福傳》補。

[44] 雍丘：原避孔子名諱作“雍邱”，據《宋史》卷三二五《桑懌傳》回改。

[45] 兵馬：此二字原脱，據《宋史》卷三二五《桑懌傳》補。

[46] 密：原作“蜜”，據《宋史》卷四八五《夏國傳》改。

[47] 高鳳：（萬曆）《固志》卷下《人物志・忠義》作“高嵐”。

[48] 湖南：《清史稿》卷二五四《莽依圖傳》作“湖北”。

[49] 五百里：（宣統）《甘志》卷七○《人物志・忠節一》作“三百里”。

[50] 佑安：（宣統）《甘志》卷六二《職官志・將才・固原直隸州》作“佑庵”。

[51] 余銘：（宣統）《甘志》卷七○《人物志・忠節一》作“余珞”。

[52] 守備：（宣統）《甘志》卷七○《人物志・忠節一》作“都司”。

[53] 五百石：《隋書》卷七二《田德懋傳》作“百石”。

[54] 彭玨：原作“彭鈺”，據《平涼府志》卷九《固原州・孝貞》、（康熙）《陝志》卷二二《列女》
　　等改。

[55] 二子：原作“三子”，據《平涼府志》卷九《固原州・孝貞》、（康熙）《陝志》卷二二《列女》
　　等改。

[56] 湖南：《清史稿》卷二五四《莽依圖傳》作“湖北”。

[57] 四十五：（宣統）《甘志》卷七八《人物志・列女三》作“四十一”。

[58] 國禎：（宣統）《甘志》卷七八《人物志・列女三》作“國楨”。

[59] 二十九年：（宣統）《甘志》卷七八《人物志・列女三》作“三十年”。

[60] 二十八年：（宣統）《甘志》卷七八《人物志・列女三》作“二十九年”。

[61] 二十五年：（宣統）《甘志》卷七八《人物志・列女三》作“二十六年”。

[62] 楊貴林：（宣統）《甘志》卷七八《人物志・列女三》作“楊桂林”。

[63] 三十：（宣統）《甘志》卷七八《人物志・列女三》作“三十一”。

[64] 馬氏：（宣統）《甘志》卷七八《人物志・列女三》作“馮氏”。

[65] 二十四：（宣統）《甘志》卷七八《人物志・列女三》作“二十五”。

[66] 三十二年：（宣統）《甘志》卷七八《人物志・列女三》作“三十一年”。

[67] 珍兒：（宣統）《甘志》卷七八《人物志・列女三》作“貞兒”。

[68] 二十八年：（宣統）《甘志》卷七八《人物志・列女三》作“二十九年”。

[69] 嘗：（乾隆）《甘志》卷三九《隱逸》作“常”。

［70］串：(宣統)《甘志》卷七三《人物志·孝義上》作“縉”。

［71］邵慕儒：(宣統)《甘志》卷七三《人物志·孝義上》作“邵慕孺”。

［72］蘇三麻：(宣統)《甘志》卷七三《人物志·孝義上》作“蘇之麻”。

［73］岵：疑當作“怙”。

［74］銀：(宣統)《甘志》卷七三《人物志·孝義上》作“白金”。

新修固原直隸州志〔卷八〕

藝文志一

義畫開天,文章鼻祖。俗易結繩,湯盤周鼓。漢博宋約,箋疏訓詁。金石有聲,圖書之府。序重《三都》,我思皇甫。載歌載吟,星雲風雨。殘闕是珍,吉光片羽。誦烈詠芬,信而好古。爰志《藝文》,列卷第八。

〔綸音〕

御製文詩敕諭

順治八年八月,賜廣西總兵官、左都督馬蛟麟諭,曰:國家思創業之隆,當崇報功之典;人臣建輔運之績,宜施錫爵之恩。爾原任隨征廣西總兵官、左都督馬蛟麟,爾能知時命,歸誠效用,馳驅王事,隨大兵征西於湖南等處,有闢土之功。再征粵西,收復郡邑,身經戰陣,備著勳勞。用錫殊榮,以昭激勸。茲以覃恩,特贈爾階太傅,特進榮禄大夫。爾尚益勤於篤棐,祗服朕命,勉盡乃心。

康熙十七年,賜固原提督王進寶諭,曰:王進寶,宿將重臣,矢心報國,兼以訓練士卒,忠義素孚,故能身先行陣,所向克捷,朕甚嘉焉。可從優加一等男,授奮武將軍,仍兼提督平凉諸路軍務。

康熙二十四年,聖駕西巡,閱固原標兵,賜提督潘育龍諭,曰:陝西提督潘育龍,久歷戎行,蔚建勞績,歷二重鎮,克殫謀猷。自擢任西秦以來,馭兵飭伍,有勇知方,邊境肅清,閭閻安堵。既威望之懋著,亦年齒之日增,宜加顯秩,用彰異數。著授爲鎮綏將軍,仍管提督事務,以示朕優眷老臣至意。賜提督潘育龍御書匾額曰"輸忠閫外",賜詩曰:"守土防邊賫將略,披堅敵陣表彤弓。"

康熙二十五年,渭南大閱,賜陝西固原鎮西鳳副將康泰御製詩曰:"南苑風高水潦收,旋催羽對肅貔貅。九天鼓吹鳴金鐲,萬乘旌旟擁翠虬。馬足過時殘雪盡，峰巒回處朔雲浮。[1]定威端在承平日，自昔經邦有大猷。"

康熙五十五年十月初七日諭戶部：朕統一寰宇，無分中外，皆欲久安長治，共樂昇平。宵旰孜孜，五十餘年未嘗頃刻去懷也。澤旺阿喇布坦前曾頻行請安，遣使來往，近忽狂悖，侵擾哈密。哈密係我編置佐領之部落，[2]與內地無異，若不遣發師旅，置之不問，斷乎不可。故特徵兵備邊，一切飛芻輓粟，悉支正供，毫無累及閭閻。然而行軍置驛及諸凡輓運，皆由邊境。今歲山西、陝西二省雖屬豐收，喜登大有，猶念邊民效力，[3]轉輸無誤，急公固其常分，而民勞亦所堪恤，若非格外施恩，何以昭示鼓舞。茲特大沛恩澤，[4]加意培養，著將沿邊一帶運糧地方，自山西大同府屬前衛、右衛、大同、懷仁、馬邑、朔州、保德等七州縣衛，直至陝西延安府屬府谷、神木、安塞、綏德、米脂、安定、吳堡、保安、榆林、保寧、常樂、雙山、魚河、歸德、響水、波羅、懷遠、威武、清平，甘肅屬山丹、高臺、古浪、莊浪、西寧、蕭鎮、寧夏、左屯、中屯、平羅、中衛、寧靈、平涼、固原、鎮戎、西安、慶陽、阜城、甜水、河州、歸德、[5]蘭州、洮州等四十二州縣衛所堡，康熙五十六年額徵銀八萬六千一百兩零、[6]糧米豆穀三十一萬七千七百二十五石零、草二百七十六萬五千九百束零，通行蠲免，并將從前積年逋欠銀糧草豆，亦悉與蠲除。諭旨到日，該督撫即便行張示，使遐陬僻壤，莫不周知。仍嚴飭所司，實心奉行，以副朕加厚邊民至意。其或陽奉陰違，澤不下究，該督撫題參，從重治罪。爾部即遵諭行。特諭，欽此。

康熙五十八年二月二十三日諭戶部：朕惟治天下之要，首以乂安民生為急。故自御極以來，於閭閻疾苦，無不博諮廣詢，渙敷麻澤。其有動用民力之處，尤孜孜塵念，刻不能忘，蓋六十年如一日也。比年因澤旺阿喇布坦狂逞跳梁，軍興征繕，遠歷邊陲。其沿邊數處，師旅屯駐，一切雖皆支用正項錢糧，而協辦轉輸，行齎居送之事，民力勞瘁，朕心時切軫念。曾將陝西、甘肅巡撫所屬康熙五十八年額徵地丁銀一百八十八萬兩零、歷年舊欠銀四萬兩零，特沛恩綸，悉行蠲免。而沿邊各州縣衛所，軍行既多飛輓之勞，[7]辦賦復滋催科之擾，若非格外加恩，黎民恐致失業。所有沿邊一帶，陝西延安府屬府谷、神木、安塞、綏德、米脂、安定、吳堡、保安、榆林、保寧、常樂、雙山、魚河、歸德、響水、波羅、懷遠、威武、清平、葭州、龍州、鎮靖、鎮羅、寧塞、靖邊、柳樹澗、安邊、磚井、定邊、饒陽水堡、高家堡，甘肅屬山丹、高臺、古浪、莊浪、西寧、蕭鎮、寧夏左屯、中屯、平羅、中衛、靈州、寧州、平涼衛、固原州、鎮戎、西安、阜城、甜水、河州、歸德、蘭州、洮州、寧夏前衛、平涼縣、固原衛、固原廳、河州衛、蘭州廳、慶陽、涼州衛、永昌衛、鎮番衛、甘州左衛、甘州右衛、蕭州衛、鎮彝所等六十八州縣衛所堡，康熙五十九年錢糧米豆草束，俱宜蠲免。但目今係有軍務之時，除米豆草束外，將康熙五十九年額徵銀九萬八千一百兩零，盡行蠲免。爾部移文該督撫，通行曉諭，實心奉行，務俾均沾德惠，以副朕曲軫邊民之至意。倘或借端徵派,澤不下究,該督撫嚴察指參,從重治罪。爾部即遵諭行。特諭。

雍正七年冬,賜祭總兵孫繼宗。皇帝諭祭陝西延綏總兵官、加一級孫繼宗之靈,曰:鞠躬盡瘁,臣子之芳蹤;賜卹報勤,國家之盛典。爾孫繼宗性行純良,才能稱職,方冀遐齡,忽聞長逝,朕用悼焉。特頒祭葬,以慰幽魂。嗚呼!寵錫重壚,庶沐匪躬之報;名垂信史,聿昭不朽之榮。爾如有知,尚克歆享。

乾隆十五年十二月初四日,賜謚、祭安西提督王能愛。皇帝諭曰:朕惟綏靖邊陲,允賴熊羆之將,褒揚偉略,聿垂琬琰之文。式考彝章,載申令典。爾原任安西提督、加贈都督僉事王能愛,秉性赳桓,賦資果毅。由偏裨而躋專閫,志勵從戎;統師旅而任邊防,心殷敵愾。揮戈奮勇前驅則捷奏天山,建節宣威坐鎮而塵清絕域。方資委寄,遽悼淪徂。既賜奠而薦芳筵,更加恩而頒全葬。謚之恭恪,錫以榮名。於戲!績著旂常,用紀壯猷於遠塞;寵昭綸綍,永垂渥澤於重泉。勖爾後人,敬承休命。

乾隆二十四年夏,賜祭甘肅安西提督豆斌。皇帝諭祭於原任甘肅安西提督豆斌之靈,曰:人臣矢靖共之節,勤王事以致身;國家崇報享之文,紀成勞於眷命。既酬庸於身後,宜追美於生前,緬念忠勤,重加寵卹。爾豆斌,生自西陲,習知邊事。早作千夫之長,拔自行間;旋膺再命之榮,屬諸軍府。秦關游徼,不聞枹鼓之鳴;渭水參戎,遍識吹笳之號。洊分閫寄,建虎節於綏延;晉握戎機,掌麟符於楚粵。自南天而旋軫,當西事之方殷。連騎千群,遠濟師於塞外;齎糧萬斛,時轉餉於天邊。雖干後至之期,每宥前軍之罰。銜恩效命,願追絕足於飛廉;感遇酬知,誓掃驚塵於大漠。身先士卒,寧知矢石之傷;氣作山河,忽返星辰之位。望龍沙於遠道,丹旐初歸;慰馬革於生平,素心尚在。封章既達,軫惻維殷,爰薦几筵,加之綸綍。嗚呼!啟封置於累驛,合中外為一家。九邊揚定遠之功,用彰死事;萬里傳郅支之首,式慰忠魂。惟爾有靈,祇承令典。

乾隆二十四年夏,賜謚甘肅安西提督豆斌。皇帝詔曰:朕惟國威遠震,雅思盡瘁之臣,卹典褒忠,用勵匪躬之節。故致身絕塞,壯氣上薄於雲霄;斯紀績豐碑,鴻烈永垂諸奕禩。爾原任甘肅安西提督豆斌,秉心果毅,賦性堅貞,奮身行伍之間,已備干城之選。分營秦隴,既嫻習乎戎韜;出守河湟,更進參乎軍幕。受重寄於玉關以外,列騎風嘶;駐勝兵於嘉峪以西,千屯月照。桂林象郡,識上將之旌旐;荊楚彝陵,奉中軍之號令。伊東南之坐鎮,易地皆良;屬西北之軍興,因時以使。封狼遠竄,指沙磧而前追;鼹鼠潛逃,建牙旐而直搗。一身轉戰,誓成掃穴之功;萬里長馳,倍激枕戈之志。氣臨危而益壯,傷在體而不知。惜大樹以風摧,見高原之星隕,是用《易》名"壯節",肖厥生平。肇錫封塋,臚諸祀典。嗚呼!亶開大漠,精靈克慰乎幽冥;塚象祁連,姓氏常垂於金石。欽茲懋典,貽爾後人。

乾隆二十四年夏,賜悼甘肅安西提督豆斌御製詩曰:"老將行間名久標,援師深入重驃姚。鋪敦早已占三捷,[8]虋鑠不及喪一朝。杜牧悲曾譏點筆,孟明壯詎肯回橈。最憐來歙臨終際,強起猶虞衆志搖。"

乾隆二十五年,命圖甘肅安西提督豆斌像於紫光閣,御製贊曰:"宿將行間,久矣宣力。所董綠旌,遵其律則。隊中獨喪,是有命焉。裹創慰衆,益塵哀憐。"

嘉慶十九年,敕恩騎尉楊福龍制曰:朕惟尚德崇功,國家之大典,輸忠盡職,人子之常經。古聖帝明王,戡亂以武,致治以文。朕欽承往制,甄進賢能,特設文武勳階,以昭激勸。受茲任者,必忠以立身,仁以撫衆,智以察微,防奸禦侮,機無暇時。能此則榮及前人,福延後嗣,而身家永康矣,敬之勿怠。楊福龍,爾祖楊殿,原係把總,乾隆二十四年,征逆回陣亡,欽奉特旨,賞給恩騎尉與爾承襲,世襲罔替。

同治四年二月十七日上諭:雷正綰奏"官軍攻剋固原州城"一摺,雷正綰等軍自攻剋瓦亭、開城後,分路進攻,疊破張義堡、硝河城等處賊巢,乘勝進逼固原。逆衆出城拼命抗拒,我軍縱橫蕩決,逆衆散退。揮軍掩殺,直薄城根,斃賊千餘。本月初一日,雷正綰親督各軍,分門攻打。提督譚玉龍、劉正高,帶兵衝冒矢石,肉薄登城。回衆內亂,巷戰逾時,守城之賊,斬殺净盡,當將固原州城剋復。共計斃賊四五千名,生擒逆目二百餘,奪獲器械無算,剿辦極爲得手。雷正綰入甘以來,所向克捷。此次督軍進攻固原,立拔堅城,調度有方,深堪嘉尚。所有尤爲出力之記名提督譚玉龍、劉正高,均著賞穿黃馬褂;總兵胡大貴、張在山,均著交軍機處記名,遇有提督缺出,請旨簡放;陳義、徐尚高均著賞加提督銜;劉效忠著賞給固勇巴圖魯名號;參將帥合勝著給協勇巴圖魯名號;副將彭忠國、鄧全忠、沈大興、周有貴,均著交軍機處記名,遇有總兵缺出,請旨簡放;提督銜總兵陳德隆,著賞還翎頂;參將王泰山,著免補參將,以副將儘先補用,并賞換花翎;游擊李高啟,著免補游擊,免升參將,以副將儘先補用;知府孫恕,著免補本班,以道員用;候選同知直隸州知州雷聲遠,著免選本班,以知府不論雙、單月遇缺前先選用;知縣奎璧,著俟選缺出,以同知直隸州知州補用;縣丞馮楨,著免補本班,以知縣仍留陝西,歸候補班前補用。其餘出力之員弁、兵勇,著雷正綰擇尤保獎,候旨施恩。儘先副將熊觀國,首先登城,裹創殺賊,力竭遇害,殊堪憫惻。著照總兵陣亡例,從優議恤,并准固原州城建立專祠,以慰忠魂。陣亡之都司陳廷高、把總郭鳳林等,雷正綰查明死事情形,奏請給與恤典。該部知道,欽此。

光緒二十一年六月初十日上諭:據楊昌濬奏"官軍剿辦海城逆回獲勝情形"一摺,[9]匪犯李倡發主謀,勾通河州逆回馬筐筐等,戕官劫獄,嘯聚千餘人,蹂躪海城等三州縣,漢民慘遭荼毒。經楊昌濬、提督李培榮督飭兵團,分道進攻,兼旬之内,即行撲滅,并獲首逆多名正法,地方漸就安謐,辦理尚爲妥速。在事出力文武員弁、紳團,著准其擇尤保獎,毋許冒濫。海城縣知縣惠福同妻富察氏及伊弟妻富察氏同時遇害,[10]情形可憫。并被害之幕友許茂梧、家丁孫喜,均著交部議恤,以慰忠魂。鹽茶都司劉繼仁、典史方傳宗有城守監獄之責,事前疏於防範,事後又未能迅速救護,咎無可辭。李旺堡移紮七營汛署千總雷雨瑞、平遠汛把總宋安,被匪撲入,放火燒殺,亦屬咎有應得。以上四員,均著交部議處。餘著照所議辦理。欽此。

光緒二十二年十月,諭甘肅提督董福祥。① 上諭:陶模、董福祥、奎順奏"甘肅關内外及青海回匪一律肅清"由五百里馳奏一摺。上年三月間,甘肅循化撒回滋事,河州逆回馬永琳等乘機煽亂,海城逆首復有聚衆戕官之事。由是碾伯、巴燕戎格各屬回匪聞風響應,全湟騷動。特派董福祥、魏光燾督師入隴,[11]認真剿辦。董福祥總統各營,[12]尤爲得力,九月間馳抵狄道,六戰皆捷,遂解河州之圍,誅逆回馬永琳等。旋由循化、米拉溝一帶,進剿西寧。彼時魏光燾已提師抵湟,與奎順會商,先剿西寧東三關踞逆,遂誅逆首韓永秀等,復蕩平北川,進攻哆巴,連解大通縣及喇課汛城圍。董福祥復派隊渡大通河,出達阪山,會同陶模所派副將焦大聚等軍,先後進攻北大通之賊。本年二月,克上、下五莊,復北大通城。哆巴之賊,斬其酋馬大頭、三三,詣湘軍乞降。惟時巴燕戎格之撒回馬成林等,勾串米拉溝逆目冶諸麻,糾合回衆擾及南川。逆目劉四伏等,從水峽竄出,由青海柴達木蔓延關外。董福祥等各派馬隊跟追,并由奎順飭青海蒙番各兵,合力堵擊,先後攻打諸賊巢,[13]捕誅馬成林、冶諸麻等。朝廷諭令,將鄧增一軍移紮肅州,復電飭饒應祺派道員潘效蘇各軍,嚴堵安西、敦煌、玉門、南山各隘路,分投截擊。擒劉四伏於羅布綽爾東南之和爾昂地方,[14]於是關内外及青海全境,一律肅清。此次逆回搆亂,哨聚數十萬人,蹂躪地方數千里,在事將帥,督飭諸軍,擒魁掃穴,[15]次第削平,實屬異常出力。董福祥運籌決策,調度有方,迅奏膚功,勳勞懋著,賞加太子少保銜,并賞給騎都尉世職。奎順防守西寧,并會剿青海等處竄匪,辦理迅速,著賞穿黃馬褂,并交部從優議敘。陶模徵兵籌餉,不遺餘力,著補授陝甘總督。饒應祺剿辦關外逸匪,不致蔓延,著補授新疆巡撫。魏光燾攻剋蘇家堡、哆巴等處賊巢,迭挫凶鋒,亦屬著有勤勞,著交部從優議敘,用示朝廷論功行賞之至意。欽此。

---

① 據《光緒宣統兩朝上諭檔》第 22 册,是諭發於光緒二十二年(1896)十月初五日。

光緒二十四年九月,諭甘肅提督董福祥。① 上諭:董福祥所部全軍,經奕劻認真校閱,各營弁勇一律精壯,隊伍亦甚整齊,一切分合進止,均能嫻熟。該提督治軍嚴整,教練有方,深堪嘉尚。著賞給白玉翎管一枝、白玉搬指一個、白玉柄小刀一把、火鐮一個,交董福祥祇領,以示優眷。并著賞給該軍兵勇銀一萬兩,由戶部給發。并發去小卷袍褂料二百卷,著董福祥分別賞給營哨各官。所有該提督所部甘軍,著休息數日,即行移赴駐紮處所,認真訓練,務期精益求精,以副朝廷整軍經武之至意。欽此。

光緒二十五年二月,諭甘肅提督董福祥。② 上諭:甘肅提督董福祥自調紮近畿以來,訓練隊伍具有條理。因念該提督從前在甘肅關內外征剿回匪,無役不從,戰功威望允爲諸將之冠。朝廷眷念成勞,深資倚畀,著賞穿帶膆貂大褂,[16]以示優異。欽此。

光緒二十六年,提督張俊故後,呈遞遺摺,恭奉硃批一道,旨:甘肅喀什噶爾提督張俊,自壯歲從戎,回疆、關隴無役不從。金積堡之捷,厥功甚偉。嗣後剋服肅州、烏魯木齊各城,迭著奇勳。由西寧鎮總兵,調補伊犁鎮總兵,改授喀什噶爾提督,綏輯兵士,控制邊疆,悉臻妥協。上年來京陛見,派充武衛全軍翼長,佈置習練,諸事認真。茲聞溘逝,軫念殊深。張俊著照提督軍營病故例,從優議恤。任內一切處分,悉予開復,加恩予謐"壯勤"。原籍及立功省分建立專祠,并將戰功事蹟,宣付國史館立傳。伊子記名道張儒珍,仍交軍機處記名。伊孫二品蔭生張超,著賞給員外郎,俟服闋後,分部行走。靈柩回籍時,著沿途地方官妥爲照料。該衙門知道。欽此。

光緒二十六年四月,賜祭喀什噶爾提督張俊。皇帝遣禮部右侍郎吳廷芬致祭於武衛全軍翼長、喀什噶爾提督張俊之靈,曰:朕惟居中樞而奮武,夙嘉忠勇之忱;昭優恤以薦馨,特備哀榮之典。鼓鼙增慨,俎豆爰陳。爾武衛全軍翼長、喀什噶爾提督張俊,韜略素嫻,戎機允協。練鄉軍以敵愾,值回族之跳梁,爰奉檄而移師,屢出奇以制勝。靈夏之檿槍迅掃,黎民之耕鑿常安。乃度玉關,進攻木壘,躡賊蹤而深入,群醜剋殲;鼓勇氣以先登,堅城疊復。西馳雪嶺,南越天山。奇捷時聞,奄有孫吳之略;偏師轉戰,贊成韓范之勳。名重邊陲,功留瀚海,爰殊恩之特沛,膺專閫而無慚。自烏什而鎮伊犁,疆圉實資其控制,由疏勒而移張掖,師徒亦賴以輯綏。屬當選將而厲兵,遂因來朝而錫命。鑒乃心之允篤,將汝翼之攸資。方期律整全軍,長城鞏固;詎意星沈上將,大樹飄零。於戲! 兩字褒崇,聞望

① 《光緒宣統兩朝上諭檔》第24冊載光緒二十四年九月二十四日上諭:"董福祥所部甘軍現在全隊調集南苑,著派慶親王奕劻前往認真校閱,欽此。"則本志所錄上諭當在此後。
② 據《光緒宣統兩朝上諭檔》第25冊載,此上諭發於光緒二十五年(1899)二月十一日。

常流於桑梓；千秋報饗，明禋永視此蘋蘩。靈其有知，尚克來享。

光緒二十六年，賜謚喀什噶爾提督張俊。詔曰：朕惟交趾建伏波之柱，奏殊績於極邊；峴山留羊祜之碑，繫去思於没世。永懷成績，合渤貞珉。爾武衞全軍翼長、喀什噶爾提督張俊，早歲能軍，歷官專閫。當花門之煽亂，突起煙氛；招梓里之流亡，誓同袍澤。遂拔一軍之幟，疊平悍賊之巢。靈武廓清，河湟進剿，重圍既解，勝算獨操。電掃而前，逆酋授首；風聲所至，列將傾心。壁上諸軍，望旌旟爲進止；釜中小醜，識刁斗之森嚴。既定桑邦，乃規榆塞。首攻北道，前後庭地，復車師；次下南畺，東西城人歸都尉，管領衞枚之衆。雪夜窮追，遂成破竹之形，天山永靖，紅旂報捷，紫禁頒恩。翠羽貴以殊榮，黄裳占夫元吉。三加勇號，再錫崇封。俾開府於烏孫，足當方面；尋提軍於疏勒，克著聲威。際整軍經武之時，選禦侮折衝之將，擢充翼長，俾佐中樞。既賞賚之頻頒，更褒嘉之備至。練兵責重，敵愾心雄，方圖日訓新軍，教成勁旅；何意星沈上將，光陰中霄。遽奪耆魁，良深悼惜。詔禮臣而議恤，飭史館以纂言。謚曰壯勤，光乎榮典。於戲！風高大樹，鷹揚之偉烈式昭；塚象祁連，蜦碣之榮光丕焕。欽兹異命，峙爾豐碑。

光緒二十六年十月，陝西行在，諭甘肅提督董福祥。硃筆手諭：董福祥知悉，爾忠勇性成，英資天挺，削平大難，功在西陲。近以國步艱難，事多掣肘，朝廷不得已之苦衷，諒爾自能曲體。現在朕方屈己以應變，爾亦當降志以待時，决不可以暫時屈抑，隳卻初心。他日國運中興，聽鼓聲而思舊，不朽之功，非爾又將誰屬也。尚其勉旃。

宣統元年閏二月二十五日，閣抄奉上諭：禮部奏"甘肅固原州回民李生潮，年逾百歲，覈與乾隆年間趙元寅之案相符，而年復較多，應如何優加賞賫，聲明請旨"一摺。李生潮，著照例旌表，并於例賞外，加恩多賞一倍，再行加賞御書匾額一方，用昭嘉惠耆民至意。[17]欽此。

宣統元年四月，由禮部發下，奉旨賜李生潮匾文曰"遐齡人瑞"。

明嘉靖二十八年，諭都督僉事黄振：今命爾掛征西將軍印，充總兵官，與副總兵一同鎮守寧夏地方。修理城池，操練兵勇，遇有賊寇，相機戰守。其副參等官，照舊協同分守，所統官軍，悉聽節制。如制奉行。

又敕諭署都督僉事黄振：今命爾掛印充總兵官，與巡撫都御史及副總兵等官，一同鎮守寧夏地方。操練軍馬，修理城池，撫安商民，保障邊方。遇有賊寇侵犯，即便督同副將等官，相機戰守，以除邊患。凡軍中一應事務，與巡撫等官試議而行，不許偏私執拗，乖方誤事。爾受朝廷重寄，尤須持廉秉公，正己率下，撫恤士卒，蓄養銳氣，毋或貪黷貨利，科剋官人，致生嗟怨。如違，罪有攸歸，爾其慎之。故諭。

又諭：昔者聖王之治天下也，必資威德，以安黔黎，未有專修文事，不尚武功。朕特效古制，設武職以衛置圉。受斯任者，立身撫衆，必仁必寬；禦侮防奸，毋逸毋縱。能此則榮及前人，福延後嗣矣。爾其敬之，勿怠。

表對奏疏類[18]

薦皇甫規表　漢　蔡邕

臣聞唐虞以師師成熙，[19]周文以濟濟爲寧。區區之楚，猶用賢臣爲寶，衛多君子，季札知其不危。由此言之，忠臣賢士，國家之元龜，社稷之楨固也。昔孝文慍匈奴之生事，[20]思李牧於前代；孝宣忿奸邪之不散，舉張敞於亡命。況在於當時，謙虛爲罪，而可遺棄。

臣伏見護羌校尉皇甫規，少明經術，道爲儒宗，修身力行，[21]忠亮闡著。出處抱義，皎然不污，藏器林藪之中，以辭徵召之寵。先帝嘉之，群公歸德。盜發東嶽，莫能攖討，即起家拜爲太山太守，屠斬桀黠，綏撫煢弱，青兗之郊，迄用康乂。自是以來，方外有事，戎狄猾華，進簡前勳，連見委任。仗節舉麾，[22]威靈盛行，演化凶悍，使爲懇愿。愛財省穡，[23]每有餘資，養士御衆，悅以亡死。

論其勢武，則漢室之干城；課其文德，則皇家之腹心。誠宜試用，以廣振鷺西廱之美。臣以頑愚，忝污顯列，輒流汗墨不堪之責，不勝區區，執心所見，越職瞽言，罪當殊死。[24]唯陛下留神省察。臣邕頓首頓首！

請重刑罰以遵舊典疏①　漢　梁統

臣竊見元、哀二帝，輕殊死之刑以一百二十三事，手殺人者減死一等。自是以後，著爲常準，故人輕犯法，吏易殺人。

臣聞立君之道，仁義爲主。仁者愛人，義者政理。愛人以除殘爲務，政理以去亂爲心。刑罰在衷，無取於輕。是以五帝有流、殛、放、殺之誅，三王有大辟、刻肌之法。故孔子稱“仁者必有勇”，又曰：“理財正辭，禁民爲非曰義。”

高帝受命誅暴，平蕩天下，約令定律，誠得其宜。文帝寬惠柔克，遭世康平，唯除省肉刑、相坐之法，他皆率由，無革舊章。武帝值中國隆盛，財力有餘，征伐遠方，軍役數興，豪桀犯禁，奸吏弄法，故重首匿之科，著知從之律，以破朋黨，以懲隱匿。宣帝聰明正直，總御海內，臣下奉憲，無所失墜，因循先典，天下稱理。至哀、平繼體，而即位日淺，[25]聽斷尚寡，丞相王嘉輕爲穿鑿，虧除先帝舊約成

---

① 請重刑罰以遵舊典疏：《東漢文紀》卷七題作《上光武論宜重刑書》。

律，數年之間，百有餘事，或不便於理，或不厭民心，謹表其尤害於體者傅奏於左。伏惟陛下包元履德，權時撥亂，功逾文、武，德侔高皇，誠不宜因循季末衰微之軌。回神明察，考量得失，宣詔有司，詳擇其善，定不易之典，施無窮之法，天下幸甚。

飭問重刑狀對[①]　　漢　梁統

對曰：聞聖帝明王，制立刑罰，故雖堯舜之盛，猶誅四凶。經曰：“天討有罪，五刑五庸哉。”[②]又曰：“爰制百姓於刑之衷。”[③]孔子曰：“刑罰不衷，則民無所厝手足。”衷之爲言，不輕不重之謂也。《春秋》之誅，不避親戚，所以防患救亂，坐安衆庶。[26]豈無仁愛之恩，貴絶殊賊之路也。

自高祖之興，至於孝、宣，君明臣忠，謀謨深博，猶因循舊章，不輕改革，海內稱理，斷獄益少。至初元、建平，所減刑罰百有餘條，而盜賊浸多，歲以萬數。間者三輔從橫，群輩并起，至燔燒茂陵，火見未央。其後隴西、北地、西河之賊，越州度郡，萬里交結，攻取庫兵，劫略吏人，詔書討捕，連年不獲。是時以天下無難，百姓安平，而狂狡之勢，猶至於此，皆刑罰不衷，愚人易犯之所致也。由此觀之，則輕刑之作，反生大患；惠加奸軌，而害及良善也。故臣統願陛下采擇賢臣孔光、師丹等議。

請屯禦羌疏[④]　　漢　皇甫規

臣比年以來，數陳便宜。羌戎未動，策其將反。馬賢始出，頗知必敗。誤中之言，在可考校。臣每惟賢等擁衆四年，未有成功，懸師之費且百億計。出於平人，回入奸吏。故江湖之人，群爲盜賊，青、徐荒饑，褫負流散。夫羌戎潰叛，不由承平，皆由邊將失於綏御。乘常守安，則加侵暴，苟競小利，則致大害。微勝則虛張首級，軍敗則隱匿不言。軍士勞怨，困於猾吏，進不得快戰以徼功，退不得溫飽以全命。餓死溝渠，暴骨中原。徒見王師之出，不聞振旅之聲。酋豪泣血，驚懼生變。是以安不能久，敗則經年，臣所以搏手叩心而增嘆者也。願假臣兩營二郡，屯列坐食之兵五千，出其不意，與護羌校尉趙冲共相首尾。土地山谷，臣所曉習；兵勢巧便，臣已更之。可不煩方寸之印，尺帛之賜，高可以滌患，下可以納降。若謂臣年少官輕，不足用者，凡諸敗將，[27]非官爵之不高，年齒之不邁。臣不勝至誠，没死自陳。

---

① 飭問重刑狀對：《東漢文紀》卷七題作《對尚書狀》。
② 參見《尚書·虞書·皋繇謨》。
③ 參見《尚書·周書·呂刑》。
④ 請屯禦羌疏：《東漢文紀》卷十五題作《上順帝求自效疏》。

求自奮效疏[28]　　漢　皇甫規

自臣受任，志竭愚鈍，實賴兗州刺史牟顥之清猛，中郎將宗資之信義，得承節度，幸無咎譽。今猾賊就滅，太山略平，復聞群羌并皆反逆。臣生長邠岐，年五十有九，昔爲郡吏，再更叛羌，預籌其事，有誤中之言。臣素有固疾，恐犬馬齒窮，不報大恩，願乞冗官，備單車一介之使，勞來三輔，宣國威澤，以所習地形兵勢，佐助諸軍。臣窮居孤危之中，坐觀郡將，已數十年矣。自鳥鼠至於東岱，其病一也。力求猛敵，不如清平。勤明吳、孫，未若奉法。前變未遠，臣誠戚之。是以越職，盡其區區。

自訟疏　　漢　皇甫規

四年之秋，戎醜蠢戾，爰自西州，侵及涇陽，舊都懼駭，朝廷西顧。明詔不以臣愚駑，急使軍就道。幸蒙威靈，遂振國命，羌戎諸種，大小稽首，輒移書營郡，以訪誅納，所省之費，一億以上。以爲忠臣之義，不敢告勞，故恥以片言自及微效。然比方先事，庶免罪悔。

前踐州界，先奏郡守孫儁，次及屬國都尉李翕、督軍御史張稟。旋師南征，又上涼州刺史郭閎、漢陽太守趙熹，陳其過惡，執據大辟。凡此五臣，支黨半國，其餘墨綬，下至小吏，所連及者，復有百餘。吏托報將之怨，子思復父之恥，載贄馳車，懷糧步走，交搆豪門，競流謗讟，云臣私報諸羌，謝其錢貨。若臣以私財，則家無擔石；如物出於官，則文簿易考。就臣愚惑，信如言者，前世尚遺匈奴以宮姬，鎮烏孫以公主。今臣但費千萬，以懷叛羌，則良臣之才略，兵家之所貴，將有何罪，負義違理乎？

自永初以來，將出不少，覆軍有五，動資巨億。有旋車完封，寫之權門，而名成功立，厚加爵封。今臣還督本土，糾舉諸郡，絕交離親，戮辱舊故，衆謗陰害，固其宜也。臣雖污濊，廉潔無聞，今見覆沒，恥痛實深。傳稱"鹿死不擇音"，謹冒昧略上。

請城原州疏略　　唐　元載

四鎮、北庭既治，涇州無險要可守。隴山高峻，南連秦嶺，北抵大河。今國家西境盡潘原，而吐蕃戍摧沙堡，原州居其中間，當隴山之口，其西皆監牧故地，草肥水美，平涼在其東，獨耕一縣，可給軍食。故壘尚存，吐蕃棄而不居。每歲夏，[29]吐蕃畜牧青海，去塞甚遠。若乘間築之，二旬可畢。移京西軍戍原州，移郭子儀軍戍涇州，爲之根本。分兵守石門、木峽，漸開隴右，進達安西，據吐蕃腹心，則朝廷可高枕矣。

議攻疏　　宋　范仲淹

臣謂進討未利,則又何攻? 臣竊見延安之西,慶州之東,有賊界百餘里,侵入漢地。中有金湯、白豹、後橋三寨,阻延、慶二州徑過道路,使兵勢不接,策應迂遠。自來雖曾攻取,無招降之恩、據守之謀,漢兵纔回,邊患如舊。

臣謂西賊更有大舉,朝廷必令牽制,則可攻之地其在於此。可用步兵三萬、騎兵五千,鄜延路步兵一萬二千,騎兵三千,涇原路步兵九千,騎兵一千,環慶自選馬步一萬八千,軍外番兵更可得七八千人。軍行入界,當先佈號令:生降者賞,殺降者斬;得精强者賞,害老幼婦女者斬。拒者併兵以戮之,服者厚利以安之。遁者勿追,疑有質也;居者勿遷,俾安土也。乃大爲城寨,以據其地。如舊城已險,因而增修。非守地,則別擇要害之處,以錢召帶甲之兵、熟户强壯,兼其土役。昨奉朝旨,令修緣邊城寨。臣以民方稼事,將係官閑雜錢,并勸令近上人户,以顧夫錢,散與助功兵士克食錢。其帶甲兵士,翕然情願,諸寨并已畢功。俟城寨堅完,當留土兵以守之,方諸舊寨,必倍其數。使范全、趙明以按撫之,范全今爲騏驥副使、慶州北都巡檢。趙明今爲東頭供奉官、柔遠寨蕃部巡檢。必嚴其戒曰:賊大至則明斥候,[30]召援兵,金湯東去德靖寨四十里,西去東谷寨八十里,西南去柔遠八十里。白豹西去柔懷五十里,南至慶州一百五十里。堅壁清野以困之;小至則扼險設伏以待之;居常高估入中及置營田以助之。如此則可分彼賊勢,振此兵威,通得延、慶兩路軍馬,易於應援。所用主兵官員,使勇決身先者居其前,王信、狄青、劉極、劉貽孫、[31]張建侯、范全。可用策應者居其次,任守臣、王達、王遇、張宗武、譚嘉震、王文恩、王文。使臣中可當一隊者參於前後,張信、王遇、張忠、郭逵、張懷寶。有心力幹事者營立城寨。周美、張璨、劉兼濟、李緯、張繼勳、楊麟。

臣觀後漢段紀明,以騎五千、步萬人、車三千輛、錢五十四億,三冬二夏,大破諸羌。又觀唐馬燧造戰車,行則載甲兵,止則爲營陣,或塞險以遏奔衝。臣以此路山坡,大車難進,當用小車二十兩,銀絹錢二十萬,以賞有功將吏及歸降番部,并就糴芻粟,亦稍足用。

其環州之西,鎮戎之東,復有葫蘆泉一帶番部,與明珠、滅臧相接,阻環州、鎮戎經過道路。明珠、滅臧之居,北接賊疆,多懷觀望。又延州、南安去故綏州四十里,在銀夏川口。今延州兵馬東渡黄河,北入嵐、石,卻西渡黄河,倒來麟州策應,蓋以故綏州一帶,賊界阻斷徑過道路。已上三處,内麟府一路,臣不曾到彼,乞下本處訪問及畫圖,即可見山川道路次第。如取下一處,城寨平定,則更圖一處,爲據守之策。比之朝去暮還,此稍爲便。

攻守方略疏　　宋　陳執中

元昊乘中國久不用兵,竊發西陲,以游兵困勁卒,甘言悦守臣,一旦連犯亭障,延安幾至不保。此蓋范雍納詭説,失於戒嚴;劉平輕躁,喪其所部。上下紛攘,遠近震駭。自金明李士彬族破,而并邊籬落皆大壞。塞門、金明相距二百里,宜列修三城,城屯兵千人,[32]益募弓箭手。寇大至則退保,小至則出鬥。選閤門祗候以上爲寨主、都監,以諸司使爲盧關一路都巡檢,以兵二千屬之,使爲三砦之援。熟羌居漢地久者,委邊臣拊存之;反覆者,破逐之。至於新附點羌,如涇原康奴、滅臧、大蟲族,久居内地,常有叛心,不肆剪除,終恐爲患。今軍需之出,民已愁嘆,復欲遍修城池如河北之制,及夏須成,使神運之猶恐不能,民力其堪此乎?陝西地險,非如河北,惟涇州、鎮戎軍勢稍平易,若不責外守而勞内營,非策之上也。宜修并邊城池,[33]其次如延州之廊、同,環慶之邠、寧,不過五七處,量爲營葺,則科率減、民力蘇矣。今賊勢方張,宜靜守以驕其志,蓄鋭以挫其鋒,增土兵以備守禦,省騎卒以減轉餉。然後徐議蕩平,改張制度,更須主張,將臣橫議不入,則忠臣盡節而捐軀矣。

救荒弭患疏　　明　張倫

竊見陝西三年雨雪愆期,赤地千里,饑窘枕藉,流移亡數。賑貸罄倉廩之儲,勸借竭富家之積,誠可痛哭流涕。且外控三邊,内制番夷,自古用武之地,俗多强悍,軍民雜處,有回回、土達、河西西番、委兀兒、囉哩諸種族,雖係附籍當差,狼子野心終不能保。成化四年,開城縣土達滿四相聚爲盜,據險石城,特勞大軍剿滅,費出萬計。即今之患,又非滿四之比。況虜賊猖獗,各邊防禦,誠恐風聞山西饑饉,倉廩空虛,謀大舉深入,動調邊民截殺,則軍餉何以備之,轉輸何以處之? 此可慮者一也。平、慶地方,盜賊蜂起,誠恐勢至燎焰,不可撲滅,此可慮者二也。流民俱在漢中、荊襄萬山,患出不測,又非劉千斤比,此可慮者三也。王府禄米不足,啼飢號寒,此可慮者四也。故曰"思患預防,有備無患"。臣有一得之愚,非身家利,上爲朝廷,下爲民命,内防激變,外防邊患,昧死規畫條陳:

一曰救荒無善政,興水利而已。臣見河南客船,俱從黃河達淮,直抵南京,新河水利,莫此爲便。照得南京常平倉、烏龍潭等倉,糧米不下數百餘萬,且近年歲頗豐稔,乞敕内外守備、南京户部、總督糧儲等官會議,將前項倉糧借撥五千餘萬石,於南京江淮、濟川二衛馬快船撥一千,駕船軍人給口糧盤纏。查取應天府官銀,雇民船一千,載運至河南孟津縣等處水次收貯。仍敕户部將南方折糧銀、太倉銀,運至孟津縣,督有司雇騾車二千,運至潼關倉,并合空閑處,如法堆放,以賑陝西、山西、河南。各司、府、州、縣官,斟酌緩急難易,設法運賑,務在盡心殫力,俾民得實惠,庶幾人心安,而外患可防也。

二曰浙、淮、長蘆存積官鹽及所獲私鹽通賣銀,運至南直隸蘇、松等府。又各府庫銀，督令有司，以禮召積粟之家，依時估給米價、船腳，令其自行載運至前項水次。有能仗義輸米五百石者，給與七品散官；三百石者，冠帶榮身。庶官民兩利。

三曰慶陽、靈州鹽課司池鹽，敕陝西巡、鎮等官，召商納米於缺糧處上納，斟酌米、鹽低昂定價。如米貴糴買無出，依時價納銀，別行區處糴賑。

四曰河州、西寧等處官茶并獲私茶，許客商於缺糧去處納米，領茶備賑。

五曰陝西司、府、州、縣官隸銀免徵，以贓罰銀物，減半支給，以蘇民困，待豐年簽補。

六曰加意招撫復業，將官銀易牛犋、種子，給招流亡。將拖欠糧草、官物及一應不急之務，暫令寬免。有司體詢民瘼，曲加撫字。

七曰專委布政司官，督有司修理預備倉，多方蓄積。行問刑衙門，贖罪納米備賑。

八曰終南、華、吳山一帶深谷之中，多有無籍，假以僧道潛住，或聚衆爲盜，或造爲妖言，煽惑人心。今饑民流移，誠恐被其誆誘，謀爲不軌，宜出榜嚴加禁約。

密陳防邊要務疏　　國朝總督　白如梅

邊垣爲内外之防，部議通行修葺，奉有俞旨。凡屬臣工，敢不祗遵，立督告成，以仰副我皇上綢繆未雨之至計。臣接准部咨，隨即備行各該鎮將等官，各照該管疆界，作速修舉。并移各該巡撫及各邊道就近督催，務期早竣，聽候特遣重臣巡閱。仍行飭催，間除坍塌無多，已報鳩工者不計外，其餘有稱年遠頹圮已盡，物料無資可動者；有稱邊長工程甚大，操作無人可役者；甚至有稱沙土埋没，隨扒隨積，山水衝塌，基址無存，萬難施力者。臣思封疆重務，豈容借詞推諉，復嚴飭舉行，而各鎮道之呈請如故，不得不行令估議批據，藩司彙詳。統計秦境邊垣，自延綏而寧夏，而固原，而甘肅西寧，延袤五千餘里，并要隘、敵樓、墩臺、鋪舍等項，傾廢應修者，大率過半。

在昔葺補之制，雖無案可稽，而明季按汛各有屯軍，更班應役，專力邊墻。迨天啟年間，班軍裁撤。暨我朝定鼎迄今，已共四十餘載，修葺之舉，缺焉不講。今一旦而欲修數十年之未修，葺千百里之未葺，良非易易。往日設有專工，何憂不舉，今則軍已盡裁矣。往日有坍即築，不難爲力，今則坍者數多矣。往日年年興工，人心相安，今則無事日久，一經督責，共駭聽睹矣。且各鎮邊垣，依山傍水，地峻則工料難前，流急則衝激可慮，加之風沙不測，落成爲艱。況舊例小修則動支部額，大修則并發帑金，當此軍興費繁之際，時絀恐難舉贏。將專責之兵修，而各鎮營士卒，已經抽調赴楚會剿，以及分汛設防，存營者無多。抑或濟以民力，而此嚴疆殘黎,久罹寇虐,蕩析無遺。加之饑荒疫死,見在者幾何。雖驅全陜之兵民以供版築,竭三秦之賦稅以備物料,責功於旦夕,亦必不得之數也。

臣思時已及春,遣員不遠,催舉則不能,議停則不敢。茲據該司册,估約用人夫七千八百七十五萬五千一百有奇,需費銀米五百三十餘萬,此外未據報到估計者尚不與焉。工大費繁,臣不敢不據實直陳,以俟睿裁。

分道進剿佈置聯絡情形疏[①]　　　國朝總督　左宗棠

奏爲敬陳分道進剿佈置聯絡情形,仰祈聖鑒事。

竊兵事有一定之規模,有自然之次第,其先後緩急之節,則必審賊勢軍情應之。臣自進駐涇州以來,熟察甘肅全局,北自花馬池而南少西爲靈州,迤南少東爲環縣,又東南爲慶陽,爲寧州、正寧,折而西南爲涇州、爲靈臺,迤而西包陝西汧陽、隴州北境,逾山而西爲清水,又西爲秦州。清水之南爲兩當與徽縣、成縣,東連陝境,南界蜀境,而甘肅東路自北而南之路始盡。以地理家飛鳥之數計之,不過一千三百餘里,以人行之數司之,[34]則幾二千餘里。此甘肅自北而南之地勢也。

由花馬池而西少北爲寧夏,又北爲平羅。由寧夏而西南爲中衛,又西爲古浪,古浪西北爲涼州。[35]涼州北爲鎮番,西北爲永昌、山丹,又西北爲甘州、高臺、肅州,迤西而南則嘉峪關矣。此爲甘肅之北路。

由慶陽而西爲鎮原、爲固原州。由涇州而西爲崇信,西北爲平涼府。又西爲隆德、爲靜寧州,又西爲會寧、爲安定,又西北達蘭州。蘭州之西北爲碾伯縣、爲西寧府。此爲甘肅之中路。

由秦州而西爲伏羌、寧遠,西北爲鞏昌府,又西北爲渭源,又西北爲狄道州,二百三十里達蘭州。秦州南爲徽、成,東爲清水,東南爲兩當,西南爲西和、禮縣,又南爲階州。鞏昌之西南爲岷州、洮州及各土司地。此爲甘肅之南路。

以現在賊勢而言之,陝西逆回,萃於寧夏所屬平羅、靈州、中衛一帶。其東竄纏金之賊,經張曜擊之沙金托海、磴口,速解阿拉善、定邊重圍,[36]窮追至廣宗寺,復進賀蘭山,距寧夏不遠。宋慶又擊退鄂爾多斯及五勝札薩等旀之賊。據張曜報,金順等馬步各營又已行近磴口,似邊外漸可肅清。劉松山全軍,七月十二日已由清澗馳抵鎮靖堡,將糧運後路節節佈置,攜十二日之糧向花馬池前進,計此時已抵花馬池,進剿寧、靈之賊。北路兵力已厚,似邊內亦漸可肅清。南路秦州一帶河州竄回,自李輝武、吳士邁兩軍擊敗後,六月十九日又經甘軍記名提督

---

① 《左宗棠全集·奏稿四》題作《敬陳分道進剿佈置聯絡情形摺》。

梅開泰擊之伏羌縣北六十里馬家峴,擒斬頗多,餘賊全遁歸巢。蘭州運道漸已疏通,穆圖善前此停運之餉,均已悉數提去。昨接藩司崇保來緘,每月官商搭幫往來馱騾,或五六百,或七八百,甚有轉機。河州踞逆近無大股出竄。穆圖善所派記名提督、涼州鎮總兵傅先宗,總統喻正祥、敖天印、彭忠國之二十四營,臣飭其分駐徽縣榆樹壩、高橋、李子園、娘娘壩、皂角鋪,以護完善之區,通餉運之道,俾吳士邁、李耀南、湯聘珍得隨時往來雕剿,以速戎機,似南路亦漸有肅清之望。

其中路平涼府屬固原以北陝回之畸零小户,多有赴營求撫者。臣飭各地方官指荒絕地畝隨時安插。馬朝清續稟陝回有急於就撫者,有頑梗如故者,臣仍以分別剿撫之意示之。一面調道員魏光燾進駐慶陽,提督劉端冕進駐合水,[37]以防環縣之竄賊。[38]總兵張福齊進駐董志原之蕭金鎮,分駐屯子鎮、西峰鎮。提督丁賢發由正寧進駐鎮原之驛馬關,以遏寧、靈橫溢之賊。一面調陝西提督雷正綰由平涼進駐固原之古城川,提督周蘭亭由蕭金鎮進駐瓦亭,以扼南北之衝。

惟中路平涼一府,古稱雄鎮。自回逆肇釁以來,府城三次失陷,官軍頻年未遑剿辦。守令多寄居村落,[39]力不能制土匪,甚且藉土匪自固,假以義旅之名,任其蠶食村堡,茹柔吐剛,不辨良匪。有鹽茶廳民張貴即剛八者,因忿其兄剛五枉殺之事,糾聚黨夥,迫脅良民,竊踞静寧州莊浪縣丞轄境威戎鎮、[40]水洛城等堡,攻破静、莊兩屬民堡五十餘處。其黨侯得應,攻破會寧、通渭縣黄家窰各堡十七處,[41]又攻破會寧縣東北鄉民堡四處,[42]秦安縣民堡被攻破者未知其數。聚衆至二十八營,仿官軍營制,[43]旂幟器械居然齊整,與鎮原匪首孫百萬遥相勾結,拷掠之慘甚於逆回,爲平涼、秦州一大患。臣前以驛馬關有賊騎至,[44]檄黄鼎派隊剿之,路過鎮原縣時,出不意擒孫百萬解營,代理鎮原知縣廖溥明亦獲其弟孫百智解審。臣親提孫百萬、孫百智,訊明攻破寨堡百餘,殺人不計數。當即斬決,傳首犯事地方示衆,以伸國法而快人心。張貴聞知,與其黨謀變益急。

臣前次欽奉寄諭:"都察院奏,工部員外郎王夢熊遣抱以賊圍緊急等詞,赴該衙門呈訴。左宗棠度師入隴,著即查明,該處如有賊匪竄擾,即行派兵剿洗,以靖地方。原呈著抄給閲看。欽此。"臣欽奉之下,詳察張貴罪狀,尚有王夢熊所未及者。此賊不除,各屬殘黎難堪毒害。且所擾之静、莊、會寧各境,本蘭州中大道,秦安又蘭州東南孔道,[45]均未容稍有梗阻。其地居甘肅南北之中,寧、靈之回與河、狄之回往來勾結,不由莊、静,即出秦安。將欲南北分馳,掃除餘孽,而土匪從中作梗,餉道堪虞。若待駐軍防剿,徒分兵力。臣現調黄鼎率所部八成隊伍,由崆峒、化平川徑搗莊浪所轄威戎鎮賊巢,并調營務處、[46]前衢州鎮總兵簡敬臨,由靈臺出崇信,經馬頰口,以搗水洛城賊巢。調駐秦州之員外郎衛中書吳士邁,道員李耀南、湯聘珍等,撥所部進秦安、清水會剿,防賊南竄,并搜剿踞秦安神峪河另股回逆。如能迅速蒇事,則蘭州東西一律肅清。省垣僅防河州之賊,無須重兵。其黃鼎仍回軍平涼,進固原,會同雷正綰進剿寧、靈一帶回逆,秦州之軍進剿河、狄逆回,而甘肅大局可期復振。此微臣度隴規畫調度,由東而西之大略也。

穆圖善前催臣進涇州接篆,奉有諭旨,昨復欽奉諭旨,飭臣進紮秦州接篆。比准穆圖善緘咨,又已具摺請旨。竊維臣由關度隴必由中路,本一定之局。以形勢言之,北可聯絡寧、靈、慶、固,南可聯絡鞏、秦,東可屏蔽秦川,西可直達皋蘭也。以兵事言之,北路劉松山定邊、花馬池之軍,距涇州雖僅數百里,然兵燹之後,郵傳不通,文報往來必須從延安繞遞,已非兼旬不能達。臣接劉松山緘牘,又須酌量調度,行知北路、中路諸軍,展轉遷回,[47]已虞貽誤。若再移駐秦州,則山谷間隔,往返更多千有餘里,尤覺聲息難通。況當剿撫兼施之際,隨宜因應,事變未可預知。臣駐軍適中之地,尚可就近料量,相機應之。若移駐秦州,偏於南路,不但北路阻隔,即中路亦運掉不靈,似於大局所關非小。且隴中頻年軍事之誤,由於置平、慶、涇一道不顧,專就秦安一綫餉道爲苟安之計,致匪回縱橫,生民荼毒如此,夫豈不曰餉絀時艱,宜緩匪而急回也?又豈不曰宜先固根本、通運道,暫支危局也?而其效已可睹。[48]臣若舍涇州而進秦州,局勢何以異此。人之議臣者,必且謂知有穆圖善而不知有國事,知有蘭州而不知有陝甘。臣雖百喙,何能辭咎。此臣所爲反覆籌維,罔知攸措者也。且以地里遠近言之,由涇州至蘭州一千零二十里,由涇州繞秦州至蘭州一千一百六十里,本無庸舍近而道遠。而以賊勢言之,秦州無賊,靜寧、莊浪有賊,臣未可避勞而就逸。如果北路事機順利,臣當由涇州大道進平涼以赴蘭州,縱或蘭州有急,臣檄南路秦州各營爲迎剿之師,檄中路平涼各營爲橫擊之師,似亦易有把握。是否如斯之處,伏候訓示。至督篆交卸遲速之宜,一聽穆圖善酌量陳奏。要之,甘肅兵事,臣斷不敢居功,如有疏失,亦斷不以未接督篆,諉過穆圖善。合併聲明。謹據實馳陳,伏乞聖鑒施行。

奏固原回衆自相戕害片　　國朝總督　左宗棠

再准固原提臣雷正綰咨稱,降回孫義章徒黨,因從前孫義章謀殺降回赫明堂,赫明堂之黨曾爲復仇,謀殺孫義章,彼此積嫌械鬥,時相仇殺。本年十月三十日,孫義章之黨復殺傷赫明堂徒衆十數人,聲言尚欲逐户搜殺。固原城中人心驚惶。黑城子回民李正雲、馬得忠、馬得興等,排解息事,居民得以無恐。據固原州知州蔣方直稟報,并請派弁彈壓前來,當即派委妥弁前往彈壓等語。查固原城中漢民甚少,回衆尋仇械鬥,已非一次。此次勢尤洶洶,正恐別滋事端。茲據雷正綰咨報,實祇回衆自相戕害,旋經勸息。除咨復雷正綰,并行文武印委各員妥爲鎮壓外,謹附片具奏,伏乞聖鑒施行。

進剿北路逆回連獲大捷疏[49]　　　國朝總督　左宗棠

奏爲官軍進剿北路逆回，連獲大捷，現籌剿辦情形恭摺馳報，仰祈聖鑒事。

竊臣於八月二十九日馳報剿辦中路土匪，迅就肅清。現籌會剿北路回逆情形後，諜報固原回民母仲元等被陝回白彥虎等所脅，挈眷北徙金積堡。陝回白彥虎及甘回李正榮等各股，復由預望城、黑城子竄入固原州。揣賊意在阻截官軍北行，而以全力抗劉松山也。維時固原提督雷正綰駐軍古城川、石家溝，八月二十四日，陝回白彥虎、甘回李正榮突撲官軍營壘，適題奏提督周蘭亭自瓦亭馳至，會同雷正綰擊敗之。賊復嗾預望城、半角城、李旺堡各處之賊，紛來抗拒。臣已調提督銜前衢州鎮總兵簡敬臨、二品頂戴按察使銜陝安道黃鼎自中路馳至。二十八日，簡敬臨、周蘭亭、黃鼎出隊，辰刻抵二十里鋪。偵賊由平川兩路衝來，官軍分三路迎擊。賊衆蜂至，氣殊驕甚。官軍嚴陣卻之，槍炮對施，斃悍賊數十名。鏖戰逾時，雷正綰隊伍由黃毛嶺壓下。簡敬臨、周蘭亭、黃鼎麾軍猛進，奮威衝殺，賊不能支。各營馬步乘勢壓擊，斃賊二三百名。城中賊復護老弱衝出，官軍分途橫截，將賊衝爲數段，各賊及固原敗賊均向黑城子敗遁。各軍躡蹤緊追，至固原北三十里頭營地方，沿途斬殺無算。計共斃賊一千有奇，生擒十餘名，[50]分別斬釋。奪獲騾馬千餘匹，刀矛槍炮數百件。此二十八日官軍會剿逆回獲勝，肅清固原之情形也。

訊據賊供，劉松山自八月初三日郭家橋大捷後，旬內又疊獲大捷。馬化漋嗾寧安、四百戶、同心、預望各堡回衆再與劉松山決戰，因恐固原各軍并進，遣馬萬春等嗾陝甘回衆力抗南路之師。臣當飛催固原各軍乘勝速進，期與劉松山收夾擊之效。雷正綰、簡敬臨、周蘭亭等詗黑城子踞逆因官軍進固原，白彥虎、李正榮敗後，一日數驚，各回衆紛紛北徙。九月初三日四鼓，各軍秣馬蓐食，整隊前進。行距黑城子四里許，瞭見賊衆蟻聚平川，騎賊佈滿東西兩岸。官軍步隊從中路排進，馬隊張左右翼徐行。賊見官軍至，正分股上川抵禦，馬隊疾馳繞出黑城子之後，賊衆大亂。步隊乘勢薄之，賊不及歸巢，冒死北竄。步軍力破黑城子回堡，[51]擒斬多名。馬隊躡至界牌，沿途殺斃數百名，獲騾馬百餘匹，仍收隊回固原。

適三百戶地方良回穆進善報稱，白彥虎等被創後，糾合禹得彥、楊文治，由黑城子旁出胡家廖坡，大股屯踞距固原六十里之三營地方。雷正綰、簡敬臨、周蘭亭約黃鼎出隊，自率所部於初八日進剿。偵賊已到頭營，伏各破堡中。步隊遂密結方陣，整隊徐行。騎兵張兩翼前進，遇賊即擊，均有擒斬。連日賊且堵且退，似引官軍深入者。

初十日黎明，周蘭亭、簡敬臨留兩成隊護輜重於楊老莊，各率八成隊進剿。行未數里，該逆大股風馳雨驟而來。簡敬臨飭總兵姚連升、譚正明、彭壽山牽隊進左路，[52]周蘭亭飭總兵趙玉亭、劉明泰，知州黃立鼇，率隊進右路，親率所部及廣東高州鎮總兵徐文秀、縣丞吴恩枼居中，參將桂錫楨領馬隊出左路之左，參將李廣珠領馬隊出右路之右。分佈甫定，該逆以大股猛撲中路，另股從左右兩路抄來，凶悍殊常。各營屹立不動，俟其漸逼漸進，乃以綫槍、洋槍連環轟擊，夾以劈山炮。賊中人馬應聲而倒，勢漸不支。周蘭亭、簡敬臨麾左右兩路馬隊飛馳陷陣，步隊繼之。賊衆潰走，官軍追至三營地方。敗寇入堡死拒，左右破堡内伏賊齊起。周蘭亭、簡敬臨飭姚連升、趙玉亭等兩路出隊擊之，馬隊斜抄賊前，各營愈戰愈奮，鋭不可當。該逆越堡而逃，堡外之賊亦奪路狂奔。是處坂峻溝深，賊中人馬自相蹂籍，墮斃無數。官軍分途扼截，斃賊八百有奇，生擒百餘名，奪獲戰馬百餘匹，敗賊向洪溝逸出。當據賊供，甘回馬萬春嗾白彦虎、禹得彦、楊文治圖與官軍力戰，今日擊敗之賊，即馬萬春所統也。訊畢斬之。令彭壽山、黃立鼇率所部憑堡扼駐，以防黑城子、何家溝抄襲之賊。周蘭亭、簡敬臨仍率各營前進。甫行數里，後路探騎飛報，何家溝突出一枝騎賊，圍撲彭壽山等營，周蘭亭、簡敬臨亟麾軍回援。時該逆正與彭壽山等相持，適雷正綰亦率所部各營馳至，賊駭而奔。各軍仍會合追剿，將抵黑城子，瞥見紅衣賊首率騎賊飛奔前來，勒敗賊力鬥。官軍整隊迎之，馬隊亦下馬挺矛接戰，力斃悍賊數十名，賊勢稍卻。忽紅衣賊首領數百騎飛馬突陣，勢甚凶悍。官軍分隊截之，立將賊首戳傷墜馬，餘賊亡命搶護。復經官軍格斃多名，賊仍敗退。訊據賊首乃陝回僞元帥楊文治，狡悍異常，屢以撫誤官軍者也。立斬其首以狥。又追數里，始收隊回營。計是役共斃悍賊千餘，獲騎馬近千，生擒百數十名。此初十日各軍獲勝，擒斬逆首情形也。逆首楊文治首級解營，臣令傳示受害各地方，以昭天討而快人心。驗視楊文治所用鐵矛，重十七斤，其悍可想。

十一日，雷正綰、馬德順、周蘭亭、簡敬臨、黃鼎，各留一營駐黑城子，防海城、鹽茶廳、預望城來犯之賊，率所部馬步各隊進攻李旺堡。十二日五鼓，各軍齊由八營地方進發，行近李旺堡，詗賊正挈眷而逃，馬步各賊列堡外思抗官軍。雷正綰等商令分兵三路齊進，馬先步後。賊望風而潰。陣斬數十名，乘勢衝殺，立將李旺堡賊巢攻毁。賊向半角城竄走，官軍馬隊猛躡之，步隊兩路夾擊。賊遇溝坎，頓旋死拒。官軍追之急，逆騎擁擠不前，自相蹂籍，死者無數。猛追三十餘里，至永家莊，沿途斃賊近千名，得逸去者僅數騎耳。

訊之生擒賊，知李旺堡賊首李應春，綽號“野賊”，老巢尚在李旺堡前五里，地名穆家潭。各軍立派步隊圍之。是處堡小而固，賊見官軍至，憑堡穩抗。官軍以炸彈、劈山炮仰攻之，肉薄而登，立將賊巢攻破。巢內悍賊數百名，無一漏網。生擒偽副元帥楊輝雲，訊知賊首李應春赴預望城求援未回。楊輝雲本陝回偽元帥李經舉之副也，當斬以徇。其漢民婦女幼孩則縱之。是役斃賊千餘名，獲騾馬千餘頭，生擒百數十名。此雷正綰、周蘭亭、簡敬臨各軍攻剿李旺堡、穆家潭情形也。

自楊文治伏誅後，陝甘各回震懼益甚，而金積堡馬化漋已屢爲劉松山剿敗，詭謀盡露，且愧且悚，不得不令各堡甘回迅速求撫，[53] 以掩其勾結之奸。馬化漋新教各回堡以預望城即禹王城、半角城即同心堡爲最大。諸回目既受馬化漋指使，就官軍求撫，陝回心更不安。於是陝回禹得彥、白彥虎、李經舉等之在預望城者，潛率各部眾由鹽茶廳西竄，約踞寧安、四百戶之崔三、馬生彥及馬正和部眾，金積堡所留之陝回陳林等悉數西趨，圖由長流水、打拉城出會寧、安定一帶，南合河州之回，暫延喘息。黃鼎得各土回密報，即商馬德順收隊黑城子，會師追之。臣所遣總理營務處、四川候補道曾傳理適至黑城子，共商一切。

十四日，兩軍由黑城子冒雪巡行六十里，抵黃楊坪。詢之土回，知禹得彥等三日前尚盤踞鹽茶廳一帶，迨官軍攻剿李旺堡，始移家小、輜重於西安堡。李經舉、白彥虎仍在黃家園。黃鼎、馬德順會商，十六日馬隊先行，步隊繼之，爲犁巢掃穴之舉。追六十里，至鹽茶廳，見炊爨尚燃，知賊去未遠。馬德順督馬隊又猛追四十里，至西安堡。一望平川，延袤三四十里，[54] 四面賊帳佈滿。見官軍馬隊馳至，老弱婦女號哭紛竄，悍賊數千吹角齊出，力拒官軍。馬德順令馬軍分半下馬，挺矛衝殺，一半縱馬開槍，縱橫蕩抉，立斃悍賊五六百名。賊勢大敗，分向黃家園及西山一帶奔竄。馬德順及黃鼎，呼敦馬隊營官胡應芳、黃虎臣整隊追殺，見賊即斫，沿途又斃賊千數百名，賊中頭目死亡者多，不復成列。馬德順見前面山岔紛岐，急督各營分三路搜剿，分統提督張會元向南山一路；留陝補用副將崇志率吉林馬隊，胡應芳、黃虎臣率呼敦馬隊，向北山一路；自率黃旂及親兵小隊由中路黃家園進。復追殺十五六里，至劉家井，路隘不容方駕，兩旁皆深溝。馬德順率親兵十餘策馬前行，察看地勢，忽兩旁馬步伏賊數百齊出，刀矛攢刺。山上賊眾拋石雨下，馬德順身帶刀矛傷七處，猶與黃旂哨官、副將張顯揚各手刃數賊，力竭而殞。張會元受矛傷三處，吉林馬隊哨官全德受矛傷五處，呼敦馬隊哨官劉治均受刀矛傷七處，經各營搶護上馬折回。計各營馬隊弁丁力戰陣亡者，共三十餘名。黃鼎隨率步隊馳至，督隊勒馬回擊，飛催步隊分路向前衝殺，始將逆賊擊退。因路狹不能施展，收隊還駐黃家園。

是夜，黃鼎與張會元等面商，飭黃旂小隊及副白旂護送馬德順、張顯揚忠骸回固原州，而仍率所部馬步各營，會同張會元所部副四旂馬隊、崇志所部吉林馬隊,於十七日由西安堡出乾鹽池,向打拉城前進。行六十里,至乾鹽池,探報打拉城見有大股逆回盤踞,炊煙綿亙數十里。黃鼎詢之降回,知是寧安、四百户等處陝西回逆由長流水西竄者。是夜四鼓,馬步各軍急起躡之。行近打拉城二十里,即見東北山梁一帶煙塵滾滾西去,知逆賊已由打拉城竄動。黃鼎飭左營押護輜重緩行,飭參將林定遠、總兵黃有忠、參將朱蘭亭率所部步隊,副將胡應芳率左營馬隊,循右路山梁進,張會元、崇志率所部馬隊,循左路平川斜襲打拉城之後,副將黃虎臣率所部馬隊循中路徑搗打拉城,黃鼎自牽副將李玉春、副將何玉超等步隊繼之。

比抵打拉城,見兩山開豁,地勢寬平,當飭馬步聯絡徐行。賊見官軍馬步各隊,誤爲鹽茶廳、西安堡前來會合之賊,適然不驚。官軍亦不動聲色,迨逼近賊前,號鼓齊鳴,聲震山谷。賊出不意,狂號亂竄。黃鼎揮軍橫衝直突,立將賊眾截爲三段,一向打拉城,一向東北山,一向北面亂山狂竄。李玉春、何玉超各率親兵及洋炮隊分路截殺,斃賊數百,墜崖跌斃者不可勝計。於是呼敦右營馬隊逼近打拉城,逆眾憑街口抗拒,弁丁下馬開槍轟擊,刀矛手猱騰而上,立將堡城攻破,逆眷、騾駝、糧料、輜重塞滿街衢。黃虎臣帶隊從人畜堆中衝出街口,逆回馬步數千拼命返鬥。黃虎臣督勇下馬步戰,李玉春、何玉超等所部步隊適至,結成方營,橫貫賊陣。張會元、崇志所部馬隊適從左路平川抄出賊後,前後夾攻,斃賊無算。騎賊先奔,步賊則圍殺殆盡矣。

馬隊各營仍向西追殺,其右路馬隊各營,進攻東北山梁之賊。甫上第一重山梁,賊之馬步已嘯聚一處,由上壓下,力抗官軍。胡應芳督馬隊繞上山梁之左,林定遠督步隊繞上山梁之右,後兩營步隊又從中路整隊齊進,[55]立斃悍賊數十名,賊眾紛潰。各營三面併進,搶上山梁,齊壓而下,追殺十餘里,斃賊約四五百名,收隊回打拉城。行十餘里,忽山口突有紅旗馬賊數百飛馳而來,林定遠、黃有忠、朱蘭亭督隊截殺。花翎守備賈洪順衝入賊中,炮子穿胸陣亡。胡應芳怒馬陷陣,步隊繼之,立斃悍賊百數十名,奪獲戰馬數十匹。敗賊飛奪上山而逸。[56]比各營收隊回打拉城,則夜半矣。是役斃賊二千餘名,[57]墜崖死者不計,獲駱駝一千二百餘頭,騾馬牛驢共二千餘頭,獲賊糧器械無數,生擒二百餘名,擇其凶悍者百餘名軍前正法,餘仍釋之。此九月十六、十八兩日黃鼎、馬德順馬步各營獲勝情形也。

臣維馬德順、黃鼎馬步兩軍十六日擊敗之賊,是由預望等堡竄出之陝回白彥虎、禹得彥、李經舉等股。十八日所擊之賊,是由寧安堡、四百户等處竄出之馬生彥、陳林、顏阿洪、擺萬海、冶阿洪及馬正和餘黨。是陝回悉數西竄,寧夏、靈州已無陝回踪蹟矣。賊之西竄,意在會合河州逆回。此次雷正綰、周蘭亭、簡敬臨、黃鼎諸軍擊之固原黑城子、李旺堡，連獲大捷，甘回不敢容留陝回以干剿辦，預望城、半角城、韋州堡各甘回均已款營求撫，臣已飭總理營務處道員曾傳理察其誠僞，分別辦理。其陝回之竄至西安堡、打拉城者，又經馬德順擊之西安堡以西，黃鼎擊之打拉城以北，計共殺悍賊數千，賊之糧食、輜重、軍械、牲畜實已抛棄過半，似甘肅北路肅清可期。

臣現檄雷正綰由半角城進長流水、新堡子，周蘭亭、簡敬臨繼之，期與黃鼎馬步諸軍收夾擊之效。其先竄一股，黃鼎所部升用提督徐占彪步隊三營，已於十七日由静寧州赴會寧截剿。臣所調提督楊世俊正四旆馬隊，亦於二十二日馳抵静寧州，二十三日馳往會寧合隊。賊如由會寧出安定，黃鼎一軍及張會元、崇志馬隊當先顧蘭州省會，然後追剿向河州之賊。諸軍西趨，其固原黑城子、李旺堡一帶新復之區不可無軍填紮。現檄記名總兵張福齊率所部五營分駐黑城子、李旺堡，記名提督周紹濂率所部四營分駐瓦亭、固原州，以重北路之防，而通諸軍之氣。臣拜摺後，料理後路糧運事宜，即進軍平涼，佈置一切。將來或由中路，或由南路前進，或緩或急，屆時惟當審度機宜，慎以圖之。

所有此次連獲大捷，在事將士戰功卓著，及各營弁兵勇尤爲出力者，合無仰懇天恩，俯准彙案保奬，不勝感激待命之至。謹將官軍會剿北路逆回連獲大捷情形，會同署陝甘總督臣穆善圖、幫辦軍務署陝西巡撫臣劉典，合詞馳陳，伏乞聖鑒，訓示施行。

節次剿辦固原鹽茶廳客土逆回片[58]　　國朝總督　左宗棠

再，固原、鹽茶廳土回種落蕃衍，良莠羼雜，上年官軍北進，剿撫兼施，均經臣隨時陳奏。而東、西兩山土著回匪，仍假息山谷，糾黨劫掠，糧運多梗。其金積藏匿各回，因飢四處掠食，[59] 并嘯聚土回分起恣擾。臣比飭平涼、固原、慶陽諸軍嚴密搜捕。

二月初，西山李野賊、李存昇、李兒步讀、[60] 馬百長、楊茂林五六百衆，[61] 蜂至馬騾掌、楊家溝、羅家嶺峴等處。初七日，提督周紹濂飭總兵張大雄、副將周玉林自李旺堡進剿，令回目馬益順爲向導，黎明抵楊家溝。賊見官軍，即紛紛潰散。周玉林縱馬追之，手刃悍賊數名，乘勢攻馬騾掌及羅家嶺峴之賊。張大雄、周玉林令各哨夾滿家山疾走進，[62] 斃賊數十名，奪槍械十餘件、騾馬數十頭。勇丁受傷一名、陣亡一名。初九日，賊復聚楊家莊。初十日四鼓，張大雄督五成隊襲之，斬馘二十餘名，餘賊越山狂遁。官軍在賊巢內搜獲驛遞失去文報并大米數百斤，擒生賊二名，正法軍前。同時，匪目明先行即明七十子股衆盤踞劉家臺子，距白家堖五十餘里。臣比令道員黃鼎派提督徐占彪領馬步四營由固原拔進。初九日,襲賊於劉家臺,斬悍賊百四五十名,生擒二十餘名。初十日,徐占彪詗母仲元、明先行等逆踞劉家臺東北狼兒溝、元城子、黃鼠鑽爲巢,飭總兵陳春萬、趙興隆,副將劉心灼,分馬步三路搗之,共搜殺百數十名,餘匪散而復聚教場川。

十二日,[63]官軍掩至。賊已聞風宵遁,僅斬落後尾賊數名。其時,李野賊之黨楊滿林、馬宗祥股衆二百數十人,乘間竊發於西山,虜踞圓圪塔、紅麻川。良回軍功王益萬自王家團莊飛報,提督丁賢發比派副將吳啟雲、守備張玉梁整隊馳剿。二十八日辰刻,王益萬引官軍圍圓圪塔山下賊巢,賊冒死衝突。官軍陣斬二十餘名,生擒楊滿志、馬環環子、李七餘子、馬割臍子等十一名。匪目楊滿林單騎搶上山口,適經官軍轟斃,群賊墮崖墊死者甚衆。官軍搜獲旂幟、槍矛、糧袋多件。

三月初一日,天甫曙,分駐固原楊家老莊之參將于維槐,詗步賊百餘圍攻鐵家溝民堡,率隊救之。適良回穆進善率旌善營馬隊從碾子頭壓追而南,于維槐復截其去路,陣斬逆回四五十名,生擒匪目馬宗祥。訊供李野賊自預望城嗉之前來,途遇陝回數十人,夥出西山掠食,經官軍擒斬殆盡矣。

是日,東山匪目剡仲禄復擾及固原三關口一帶。申刻,副將盛照魁率所部行隊自蒿店護糧過三關口,遇賊步騎五六百名,劫去糧馱。哨弁楊雪亮躍馬斫陣,力戰而亡。盛照魁詗知,率隊進剿,斃賊二十餘名,奪回騾馬數十頭。初四日,[64]提督陳廣發自瓦亭率良營八成隊護糧行抵海口子地方,偵知明七十子之黨騎賊數十、步賊二百餘絡繹出巢。陳廣發伏山溝左右,以待賊至。伏發,斃賊百二十餘人,拾旂幟器械多件,奪獲騾馬二十九頭。餘賊奔固原。適黃鼎所部副將黃虎臣護糧適至,揮馬隊迎頭截之,斃賊三十餘名,生擒四名。

初九日,總兵趙興隆、副將何玉超護餉至高崖子。參將林定遠、守備黃錦團并騎先驅,偵探賊蹤,遇賊零騎被害。趙興隆、何玉超等十三日由黑子山溝進剿,斃賊十餘名。賊目海滿寬仍據險抗拒,擲石擊傷官軍。官軍冒險急攻,良回楊如雨將逆目海滿寬縛獻軍前正法,降其餘衆。十四日,抵老陽莊,賊目丁保中乞撫,受之。

旋據探報,賊目單貴、馬生江等竄至李家店。何玉超令楊如雨即夜掩擊,斃賊七八十名,獲騾馬五十餘匹。窮追至虎狼口,詗餘賊已合明先行、剡仲禄一股踞狼兒溝、蒲家墩一帶。十五夜,趙興隆、何玉超潛師襲之。四鼓,分路抄截,立將狼兒溝、蒲家墩賊巢攻破,斃賊三百餘名,獲馬二百餘頭,[65]軍火器械甚多。旋據楊如雨報,逆首剡仲禄受傷,藏匿狼窩溝,[66]已爲官軍亂刀砍斃,獲其屍呈驗。其明七十子、單貴兩賊則隻身逃竄荒谷,黃鼎已飭楊如雨捕之。餘賊投誠,免死安插。

其竄入環慶一路者,賊目爲李化魁、蘇進萬、李良友、張義全,均由金積堡竄出。或百餘人爲一起,或數十人爲一起,意圖蠚越陝境。經署平慶涇道魏光燾、署慶陽府知府謝大舒、代理環縣知縣余甫勳派隊截剿,陣斬蘇進萬、李良友、張義全,生擒多名,餘賊得脱者,實亦無幾。此固原、鹽茶廳及環慶各處剿辦客、土各逆回,連獲勝仗實在情形也。

臣維東、西兩山,廣袤數百里,山谷盤亙,漢民少而回民多。其間良愿守分回民雖復不少,而種族既繁,氣類亦別。良回每爲匪回所劫,特難於自拔。馬化漋故得以其新教煽惑而勾結之。自官軍分駐中路,剿撫兼施,又録用諸良回爲之鄉導,誅其莠乃宥其良,腹地伏莽乃漸有肅清之望。雖陝甘逆回或由金積南來,或由陝境北竄,而諸營聯絡佈置,地網四張,良回復爲偵探導引,每得掩其不備而殲之。

除各軍截剿陝回禹得彥、河州回米阿渾等逆獲勝情形另疏據實馳陳外,所有節次剿辦客、土逆回情形,謹會同幫辦陝甘軍務、前署陝西撫臣劉典附片馳報,伏乞聖鑒,訓示施行。

剿辦固原東山土回各匪擒斬巨逆疏　　國朝總督　左宗棠

奏爲官軍剿辦固原東山土回各匪情形,擒斬積年巨逆,恭摺馳陳,仰祈聖鑒事。

竊平凉之固原、涇州之鎮原、慶陽之環縣,壤地相連,周千餘里。其近固原東境者,俗呼東山。收復以後,招輯災黎,安撫良回,散賑墾荒,粗有頭緒。而地形遼遠,山勢叢錯,兵燹之後,人物凋殘。土回各匪,乘間出没,聚散靡常,伺便劫殺。自陝西提督雷正綰、題奏提督周蘭亭、總兵張福齊、徐文秀各軍前進金積堡西南秦渠一帶,臣比飭提督周紹濂率所部五營,分佈固原以北之黑城子、李旺堡、半角城,副將桂錫楨扼四百户,提督丁賢發自鎮原出,固原道員魏光燾、提督劉端冕由慶陽合水步步前進,遥爲犄角。靖後路游匪,護中路轉輸,爲控制北路之計。

上年十月二十二日,回民王益萬報,賊騎擾及半角城三十里之西陶家。維時桂錫楨在半角城,聞信急督馬隊掩之,斬殺六七十騎,餘逆倉皇敗遁,生擒劉鳳才、丁鳳至、馬生財、馬四兒等四名,奪獲騾馬二百餘匹、雜糧三十餘石。訊據賊供,逆目明先行,即明七十子,嗾逆回馬子英、馬新明、馬升老等千餘騎,自固原東北之下馬關竄來,圖截官軍糧道。訊畢,斬於軍前,收隊回防。詗該逆嘯聚殘黨,折竄西陶家,復圖抗拒。周紹濂派總兵張大雄自李旺堡擊其東,桂錫楨馬隊自半角城擊其西。二十三日四鼓,各營乘月色微茫,銜枚急進,齊抵西陶家。逆騎方排山口而陣,瞥見官軍馬步兩路衝殺直前,賊即越澗翻山,紛紛鼠竄。官軍乘勢抄擊,斃賊二千餘名,帶刀矛槍炮傷者無算,奪騾馬三十餘匹,收隊回馬家墻子。

山谷中橫出悍賊百餘騎，張大雄嚴陣猛撲，斬馘十餘名。該逆仍奪路東竄。此十月二十二、二十三日，桂錫楨、張大雄剿辦土回獲勝情形也。

二十三日，魏光燾率隊抵環縣。二十四日黎明，詗逆騎夜襲環縣迤北六十里之紅德城。比督隊馳救，賊已向西川一路遁去。魏光燾麾軍緊躡二十里，及尾賊百餘正率牛驢緣峻坂而上，下臨環水。提督左日升、總兵夏奉朝率馬步隊斜出山右，搶過賊前，魏光燾督各營從後蹙之。該逆自相蹂籍，官軍乘而殲之，其跳崖兔水得脫者十數賊而已。收隊回紅德城休息。以奪獲賊中糧畜，散給堡民。二十六日，進紅德城六十里之山城地方，沿途乏水，士卒負冰以行。二十七日，直抵萌城，已去慶陽四百一十里，去環縣二百餘里矣。魏光燾正揮隊圍攻該寨，指索擾害紅德城之賊回目羅復章、馬柏森等出寨。羅拜訴日前竄擾紅德城賊目係明七十子，架名萌城，實則萌城良回未預逆謀，且願備馬械聽調遣。維時預望城已撫回目馬添發、黑城子把總馬文昭，亦來具保萌城良回永無反覆。魏光燾察其情詞真切，慰諭之，率師由紅德城回慶陽。忽接署鎮原知縣廖溥明報，明七十子一股，又竄至固原東北，嗉元城子、三角城土回海生春、馬正榮、海滿相等出白家墻關堡台，攻掠鎮原縣東北姜家坬堡。固原古城川、鎮原南山洞土匪亦乘間竊發。臣比飭親軍副將銜儘先參將劉錦臣、留閩儘先補用參將馮南斌橫出鎮、固之交，節節搜薙。檄魏光燾自環縣而西，丁賢發自固原而東，兩路抄截。該逆伺官軍分道掩至，循環、固、鎮交界之三岔地方，宵遁元城子、盧家灣河，北趨預望、韋州，以達金積堡。魏光燾先期約劉端冕分派隊伍，合力搗巢。十五日，官軍先後出抵三岔道，出三角城，派候選州判朱寶常，都司龔福祥、彭桂馥，千總李松泉，誘擒土匪頭目吳成章，斬之。十七日，行八十里止馬家河，距賊巢六十里，魏光燾傳令各營，潛師夜起，出賊不意。提督甘大有、參將譚楚光由左路進攻盧家灣，左日升步隊繼之；魏光燾親率參將于維槐、夏奉朝馬步，由右路進攻元城子，知縣范廷棟副之。十八日五鼓，抵白家灣，近元城子，土窯鱗次，逆眾會聚其間，不虞官軍驟至也。比各營擂鼓，發號齊進，該逆倉皇出窯，向元城子狂竄。魏光燾催隊緊躡，甫近元城子土城，城上角螺齊鳴，賊眾馬步千餘，開城迎敵。白家灣敗逆亦回頭吶喊而來。魏光燾分枝以應援賊，自督步隊緊結方陣，橫搗中堅。馬隊張兩翼而進，夏奉朝、于維槐策馬衝突，立斬悍賊十餘名，賊眾大敗，有飛馬東奔者，有折回土城者。官軍躡蹤猛擊，立將元城子及附近之磚城子、楊坬等堡，掃蕩一空。追至白家墺，適甘大有、譚楚光亦將盧家灣、沈家莊各處賊巢掃蕩來會，賊分道狂奔，一西竄白家墻，一北竄預望城。官軍仍收隊回元城子。計是役共斃賊五百餘名，生擒回目海生春之兄海生獻及餘黨六十餘名，分別斬釋。拔出男婦老弱難民三百餘名。奪獲牲畜二百餘頭。官軍勇丁陣亡十餘名。此十一月十八日，魏光燾會合劉端冕所部兩營，攻破元城子、盧家灣賊巢獲勝之情形也。

方魏光燾之會師搗巢也，丁賢發已率所部，出固原之古城川、大石溝，搜剿土匪。十九日，越大石溝，近關堡台，偵賊數百自白家墻竄來。官軍預伏山側，伺賊近前，揮隊奮擊，陣斬十餘名，墮崖落澗者二三十名。餘逆越山狂遁，不復成列。生擒馬福有、馬正海、閔起費、海恭起、海金江，收隊回關堡台。忽諜報明七十子敗黨，復由預望竄距元城子迤西五十里之道蓮寺。馬得中零騎逃逸，望南界下河川，距驛馬關不遠。二十一日，魏光燾挑壯士，乘月夜襲道蓮之賊，四鼓抵賊巢。甘大有、夏奉朝瞥見窰內火光閃爍，知賊踞其中。下馬挺矛，首先殺入，勇士繼之，擒斬極多，零星逸出者不過二十餘騎。擒逆目苟幹台，供明先行帶十餘騎，於二十日早過道蓮寺，不知去向。訊畢斬之。二十三日，魏光燾分營扼驛馬關，會同留防各營，偵緝殘匪，自率馬步進白家墻。良回楊如雨迎候道側，稱海生春數創之後，懾伏兵威，現距此不遠，求准其收撫，貸其一死。魏光燾即以楊如雨爲向導，派副將舒萬勝、都司范潮海單騎前往，提海生春及其眷屬到營。訊係被明七十子逼脅入夥，實非甘心從逆。魏光燾勒限悉繳馬械，捆獻要犯贖罪。隨據海生春率同馬得中、剡文興、海滿和、海維、海江等款營待罪，呈繳戰馬八十匹，軍械六十件。楊如雨亦具連坐甘結，保其永不滋事。魏光燾比將"海生春等交楊如雨管押，以其餘衆八百餘口，安置白家土墻附近地方"，請示前來。

臣查固原東山土回種落繁衍，門戶各別，回衆中自相推擇，有總事，有頭目。北五營總事即楊如雨，丁有旺副之。東四營總事海生春，頭目則海滿和、海起舞、馬三科、海義泗也。南五營總事馬得中、剡文興二人，明先行即明七十子、馬正榮、馬興貴、穆仲元皆頭目也。楊如雨本屬良回，海生春、馬得中等，向與穆仲元同居固原州城。上年八月內，被陝回裹脅出城，逃竄元城子、三角城一帶。此次明先行劫衆跳梁，海生春等尚知及早歸順，情有可原。當發去良民門牌，交魏光燾轉給該降回，予其自新，以昭朝廷寬大之德。同時固原州城守營千總陸希正，緝獲逆目馬歲兒子、海苟苟子各犯，由丁賢發派游擊黃義勝押解臣營，訊係糾黨在平涼安國鎮劫殺者，斬之。在逃之著名首惡明先行即明七十子、剡仲禄、海彥虎、海興和、海揚昌、海上彩、馬如意、明集成、馬占全、馬正榮等，仍勒限海生春捆獻丁賢發。陣擒在押之馬福有等五犯，已飭分別斬首。此官軍辦理固原東山土回，剿撫兼施之大略也。

鎮、固土匪自安家山寨惠常魁、孫家窩孫百萬等伏誅之後，續據代理鎮原知縣廖溥明、鎮原千總劉定洲拏解鎮原匪目惠文魁、固原匪目黃登舉到營，訊係疊攻民堡要犯，斬之。嗣十一月十四日，劉錦臣、馮南斌道出鎮原，向南山洞搜捕而進，協同廖溥明、劉定洲、都司封虎臣購綫，擒何秀義、何秀儒、何世落到案。代理平凉知縣、留陝府經歷縣丞王啟春,亦先後弋獲扈尚勤、蘇老五、雷益發各犯,皆籍隸固原。其平凉之杜大福、張文緒二犯,亦經王啟春緝獲。臣按名提訊,均積年劫眾攻堡,肆行殺掠。巨惡扈尚勤曾攻破華亭縣城,杜大福、張文緒入平凉城,戕害城守營外委孟姓、邊姓,擄佔其妻,均經分別斬梟,傳首犯事地方,以申國法而快人心。所有官軍剿辦東山土回各匪,擒斬巨逆情形,謹會同幫辦甘肅軍務、署陝西撫臣劉典恭摺,據實馳陳,伏乞聖鑒,訓示施行。

搜剿竄賊疊勝疏[①]　　國朝總督　左宗棠

奏爲各軍搜剿鹽茶、固原東西兩山竄賊,疊獲勝仗,現在辦理情形,恭摺馳陳,仰祈聖鑒事。

竊平凉府屬鹽茶廳、固原州所轄東、西兩山,界連寧夏、鞏昌、慶陽、涇州各府州地,方千餘里,岩壑複沓,漢回雜處,素爲藏奸淵藪。臣疊飭各軍窮搜遍緝,以護餉道而靖地方,擒斬首要各匪,疊經馳報。而賊計愈猾,往往守孥於河州各賊巢,[67]勾結外匪,每起數百騎或數十騎,剽掠兩山間。見官軍至則避匿無蹤,兵退復出,倏東倏西,飆忽狎至,與北方馬賊、梟匪同。而此間地廣人稀,山谷盤亘,驅除尤爲不易。疊據署平慶涇道魏光燾稟:二月初三日,所部前營副將魏紀鋆剿馬聾子股匪於紅羊坊一帶,陣斬六十餘名。初五日,追及王家堡,沿途斬賊七八十名。初八日,復擒賊十八名,斫斃九名。[68]適新營副將蕭玉光,[69]後營副將鄭連拔由硝河城運糧回防,行過天中溝,遇賊騎二十餘狂竄而西,遂追之,擒斬略盡。訊據賊供,逆首馬聾子已帶重傷,伏鞍竄匿矣。記名提督周紹濂派隊攻羅山、謝家段頭各賊巢,斬馘數十,生擒十餘名。內有僞元帥袁希孟、王添發兩名,皆金積未破之先,馬化漋遣其出外求援未及歸巢者。袁希孟即閻希孟,凶悍尤著,曾爲馬化漋守陝甘以抗官軍者也。[70]

東山此段以預望堡地勢最爲險要,[71]向爲回目馬添發所據。馬添發伏誅後,旌善營營官都司銜馬柏森收用其夥馬彥漋、李萬海,嗣因其不服調遣,革逐之。馬彥漋、李萬海心懷觖望,三月初七日夜刺殺馬柏森,脅其黨以叛。周紹濂、魏光燾聞變,率隊圍剿。賊知大兵將至,向毛居士井、元城子一帶紛竄。魏光燾派總兵于奇泮、副將蕭玉光追之,遇賊下馬關,陣斬賊騎七十餘名,生擒五名。副將魏紀鋆追至元城子地方,斬步賊十餘名。提督徐文秀自白墩追至,[72]十六夜三鼓,襲賊於梨花嘴山溝,斬賊七八十名,生擒二十餘名。二十六日,提督戴奉聘由鎮原搜剿至楊家莊一帶,斃賊六十餘名,副將李瑞林、吳啟雲搜剿下馬關迤東

---

① 《左宗棠全集·奏稿五》題作《搜剿鹽茶固原東西兩山竄賊迭勝片》。

一帶深山，陣斬賊黨十數名，擒賊目楊金潮、寨宗丁阿渾及陝回四十餘名。而馬彥灑、李萬海遂遠竄西山深處百草原、中灘一帶，踞險爲巢，與西山要逆馬聾子、李百寬、馬才棕潛相勾結。李百寬者，鹽茶廳屬賀家堡回首，舊與逆回馬忠海通。馬忠海伏誅後，李百寬與其弟李百申、李文虎藏留馬忠海餘黨李文魁、楊保祿及馬化灑之戚屬田如貴，懼官軍搜捕，夥謀竄附河州賊巢。三月二十九日夜，勾河州賊數百，挈眷潛逃。適周紹濂預遣游擊周曙良率右營馳抵鹽茶廳，[73]同知范廷梁潛師夜起襲之。[74]

四月初一日黎明，馳抵澗溝堡，正值該逆蜂擁前來。周曙良突起奮擊，賊駭而奔。官軍分起追殺，斃賊百餘名，生擒李生雲、馬五十二、馬六個子，奪獲騾馬百餘頭，將李百寬眷屬截轉賀家堡。訊據賊供，李百寬同另股伏紅羊坊，防官軍由前面截剿，不虞後路官軍驟至也。十二日，魏光燾飭所部前營副將魏紀鑾搜捕雅牙兒灣一帶匪匪。適逆目馬彥灑由關門山竄至，擊敗之。賊折由鹽土溝一路東竄，良回都司銜穆進善率旌善二起馬隊拒之，少卻，收駐南窰洞。賊仍東竄。穆進善馳報魏紀鑾，出官馬套截剿，行至黑溝口，賊已由沙臺堡竄出。魏紀鑾突起奮擊，敗之。賊由柯家寮向崖窰南竄，適提督左日升、總兵于奇泮、朱上林由黑城子出隊截。朱上林率馬隊衝入賊中，斬先鋒悍賊十餘名而奪其馬。步隊繼至，賊敗折西竄。是夜四鼓，魏紀鑾追賊至崖窰，詢之堡民，知有敗賊百餘騎在黃蒿灣，急起掩之，擒賊過半。[75]十四日黎明，追至楊明堡收隊。

十六日，詗知河州賊匪另股馬步二三百竄踞條子溝。[76]李百寬復帶騎賊百餘徑赴賀家堡接取眷屬。適大雨如注，咫尺莫辨行徑。魏紀鑾揣條子溝之賊必李百寬要約而來，意在阻官軍截剿，以便接取逆眷，宜先進賀家堡截賊出路。比發號疾馳，行十數里，至張家原，則李百寬已奪取逆眷，避雨窰洞，燎火作炊，馬鞍盡卸矣。見官軍驟至，紛紛出窰列拒。魏紀鑾率親兵、馬隊衝入，立斃執李字旂悍賊兩名。馬步各隊分途齊至，都司強占魁、馬隊哨長劉義縱橫蕩抉，斃賊遂多。李百寬退入窰洞，嗾黨死拒。勇丁何來福、差弁張貴元、張吉飛及馬隊軍功馬生德，躍馬向前，生擒李百寬。比飭右、後兩哨押犯赴堡子臺，而餘賊已護逆眷逸去。魏紀鑾率馬步隊迅追逸賊，馳八十餘里，沿途斃賊約百餘。并將李百寬、李文虎眷屬奪獲，收隊回條子溝，時已戌刻矣。忽聞堡子臺炮聲不絕，料必有事。魏紀鑾仍率所部由條子溝截去，見堡子臺來賊百餘，與右、後兩哨相持，即躍馬衝入，擒斬數十名，騎賊四五十向種田溝敗竄。詢之生賊，蓋聞李百寬就擒，相約來此劫犯也。正擬追逐間，適參將宋南山、守備徐有禮由小溝收隊歸，與此起竄賊遇，奮威截殺，誅滅殆盡。又行數里，至劉家井，見各廢窰中火光騰灼，知敗賊悉踞此間。遂派隊圍定溝口，督隊衝入，盡數殲之。此四月十六日魏光燾所部副將魏紀鋆剿辦逆回李百寬一起實在情形也。

　　同日據隆德轉運局員、通判張潤飛報：署隆德縣知縣周其俊約駐十里鋪護運馬隊營哨，[77]十六日輕騎赴北路履勘形勢，總兵銜副將王有慶、李松林隨身小隊同往，行至距縣城四十里野雞峴，突遇大股騎賊千餘從山後突出，衆寡莫敵，王有慶、李松林、周其俊同日陣亡，馬勇戰歿者數名。臣於十七日午刻得信，疑西山一帶向無千餘騎成股之賊，其時未知李百寬業已就擒，意其糾合馬彥瀅等要逆及河州匪黨同來窺劫糧運也。立調步隊三營、馬隊三營，由瓦亭逾六盤山向北追剿。又飭親兵左、後兩哨，逾崆峒山繞化平川出龍江峽口而南，出底店、門扇岔抵隆德，冀得痛剿以盡根株。

　　二十六日，[78]得管帶副藍旂馬隊副將尤成章飛報：十七日由高堡臺搜山到新營川，據探馬馳報，不知何路突來賊百餘、[79]步賊二百餘，由硝河城南三十五里巴斗溝，假充官軍，攻破良回王家堡，肆掠逸去。尤成章立即拔隊，五鼓馳抵三岔口。土人告知，對面嶺畔窨洞，微露火光，即攻堡之賊住宿處也。尤成章即挑壯士，傳口號，夜破賊巢。比逾溝登嶺，猶未覺。壯士徑指火光明滅處，大呼殺賊。賊驚慌亂竄，昏黑中斃於亂刀者約數十名，奪獲牛、馬、驢二十餘匹。黎明，躡蹤追剿，行五十餘里，至雙樹地方。賊見追軍無多，列陣抗拒。尤成章率游擊喻永勝、千總孫成德下馬挺矛衝入賊陣，手斬黃衣賊目一名而奪其馬，砍斃手執方白旂賊目一名。喻永勝肩受炮子傷一處，胸脅受刀矛傷四處，孫成德面受刀傷，尤成章衣被槍子穿透數處，猶奮威督隊力戰，斃悍賊數十，賊始大奔。將士躡追猛速，賊之擠墮澗壑，自相踐藉，死者無數。奪獲大小洋炮十餘桿，戰馬牛驢共八十餘匹，并奪回五起馬隊先鋒旂一豎，生擒回逆數名，斬首軍前。

　　訊據新裹回民馬福海及活賊口供，所斬黃衣賊目爲馬才棕，十六日野雞峴戕王有慶、李松林、周其俊者即此賊也，人馬約共三百有奇。始知隆德所報賊騎千餘不足信。臣前疑李百寬糾合馬彥瀅等伺斬劫糧運者，[80]亦非也。二十四日，靜寧防軍記名總兵吳隆海，訥賊擾州西北八十餘里王家溝，急起擊斬賊四名。[81]二十五日，追至焦家河上王家一帶，擒斬二十餘名，拔出隴西鎮被裹漢民十四名，收隊回防。所擊者即此起敗賊，凶鋒已挫，不能爲隆、靜北路之患矣。

　　竊惟鹽、固東西兩山首要各逆，均已陸續擒斬。臣於正月二十五日附片陳明，并聲敘未獲逆目惟狗齒牙子、靖遠聾子、馬才棕、馬母驢、閻希孟、金添妄等數犯。續據該提督周紹濂報，捕斬閻希孟、金添妄。近復據報，靖遠聾子帶傷後，異至乾鹽池身死。馬母驢即沙母驢子，已經提督楊世俊陣斬。茲馬才棕復經尤成章陣斬，除狗齒牙子聞已逃赴河州，[82]尚無確耗，此外著名各逆均已伏誅，而李百寬一股又已殲滅。俟搜捕馬彥瀅、李萬海等竣事，東、西兩山周千餘里間伏莽盡除,運道無虞梗滯矣。

　　所有此次搜剿最爲出力之湖廣補用副將、剛勇巴圖魯魏紀鋆,儘先補用副將、堅勇巴圖魯尤成章,勇敢耐勞,赴機迅速,均請賞換清字勇號。都司銜穆進善、王益萬,本係良回,從征奮勉,斬馘甚多,應請以都司補用,并賞加游擊銜。陣亡之總兵銜補用副將王有慶、李松林,署隆德縣知縣、留甘補用同知周其俊,均請飭部照例議給恤典,以示激勵。伏乞聖鑒,訓示施行。

藝　文　志　二

奏疏類

截剿南竄逆回疊勝首逆伏誅疏[83]　　　國朝總督　左宗棠

　　奏爲官軍截剿南竄逆回疊次獲勝,首逆伏誅,恭摺馳陳,仰祈聖鑒事。

　　竊陝甘各回虜聚金積堡,近因乏食,四出竄擾。臣前因固原、鹽茶廳所屬東、西兩山,南界平凉,北界靈州,周數百里,回民居其大半,中間良匪雜糅,亟宜分別剿撫,以規久遠,遂擬設旌善營,令已革壽春鎮總兵蘇如松督之。擇良回軍功馬柏森、穆進善、李百寬等爲營官,各帶土著馬勇,分起駐紮,給以薪糧、馬乾,隨官軍剿捕土匪、客匪。

　　馬柏森本萌城回目,上年官兵由平凉掃蕩而北,固原州黑城子、李旺堡、預望城等處回目經官軍剿敗,各挈其黨遁歸金積堡,蓋舊奉馬化漋爲宗主者也。預望城地勢,北接韋州堡,賊由金積南竄,必經韋州堡以達預望。一過預望則道路紛歧,防剿均費兵力。馬柏森者本萌城之良回,於時畛預望回目馬萬春投入金積堡,遂至萌城徙居之,斬通逆小回目,而輸誠於官軍,截殺逆騎八十餘,馬化漋、穆生花恨其倍己,又以預望城爲逆回南竄要路,必欲陷之。嗾馬正和率陝回,馬萬春、楊達娃率甘回併圍預望城。二月十三日,馬柏森飛稟告急。記名提督周紹濂及蘇如松由半角城率馬步隊急起援之,十五日抵李旺堡。十六日黎明,由李旺前進,甫三十里,至馱騾腰嶺地方,[84]遇賊三四百騎。周紹濂既督隊分路猛撲,斃賊五十餘,奪獲騾馬四十餘匹,賊奪路狂奔。蘇如松率馬隊先抵預望城,賊聞官軍大至,翻山竄走。十七日,周紹濂抵預望城,則賊竄已遠。忽回民走報,是夜二鼓,有賊千餘將阿布條回堡攻陷,殺傷良回李萬梗等,現猶居堡搬運糧物。周紹濂急率所部擊之。十八日馳抵楊家灣,見賊踞對山,齊施槍炮。周紹濂督隊下山梟水而前，飭副將周玉林由中路，參將毛正明由左，都司周曙良由右，三路并進。蘇如松率馬柏森及李百寬等旌善馬隊亦到，分兩路抄擊。官軍衝上山梁，賊亦由山梁下撲，槍炮對轟。官軍自下仰攻，槍無虛發，連斃執旆悍賊三名、紅衣騎馬賊一名，賊勢稍卻。官軍一齊搶上山梁，槍矛并進，斃賊無數，賊紛由山旁亂竄，適旌善馬隊飛馳而至，截斬悍賊數十，奪獲賊馬十餘。賊向阿布條狂奔，官軍躡追及之，堡中賊紛出迎拒，官軍悉銳衝殺，斃賊八九十名，生擒二名。賊棄堡下溝，向老虎灣狂竄，馬牛、糧食拋棄滿地。官軍進至老虎灣，始收隊阿布條堡，將所獲糧畜給還難民。

訊生擒賊目馬生香、馬柏壽等知，馬正和等圖破預望、阿布條等處，以擾李旺、黑城子官軍運道。因官軍速到預望城，適賊裹糧已盡，遂先陷阿布條，擬飽掠後，仍回攻預望也。[85]周紹濂令馬柏森馳回預望城籌守禦，與蘇如松各率所部追賊。十九日，由欠溝門一帶搜剿而來，沿途頗有擒斬。賊由王家團莊過河南，竄李旺堡。是日黎明，攻圍李旺堡官營。副將李光賓飭存營隊兀立垛口，靜以待之。賊欺官軍單薄，併力猛撲數次，李光賓俟其逼近，測準轟擊，槍無虛發，賊每猛撲一次，必傷斃數人，乃解圍潰竄。李光賓開壁縱擊，連斃悍賊二十餘名，斃紅衣騎馬賊目二名。訊生擒馬八兒、馬元娃供稱，賊目一白姓、一帥姓，皆馬正和所帶東弁悍黨也。是夜三鼓，賊分股竄至黑城子南三十里，攻破何家溝良回何家位寨。二十日黎明，李良穆率所部馳擊。甫近何家溝，接總兵張大雄、都司周曙良報，賊之大股經李旺擊敗，并竄黑城。李良穆急掣隊回剿，行十餘里，見賊已越黑城十餘里而來，似圖與何家溝賊合隊。李良穆帶所部由山橫截而出，奮威衝殺，賊駭懼失措，紛紛潰走。官軍乘勢壓擊，斃賊甚多。其何家溝一股自後衝出，敗賊復回其抗拒。[86]李良穆率部搶入土堡，一紅衣賊衝進堡門，揮刀斬之。又有紅衣騎賊領悍賊繼至，經排炮轟斃，賊始大潰。官軍乘勢掩殺，收隊回黑城子。一面飛馬邀總兵張大雄、都司周曙良前來會剿。是夜三更，賊折回北竄，一股仍竄回東山。二十二日子刻，[87]張大雄、周曙良自李旺堡馳至，中途遇賊。賊見官軍至，紛紛潰竄，擒斬數十名，昏夜未便窮追。天明，李良穆帶隊繼至，則賊蹤已遠，搜獲落後賊李來娃子及趙三庚等。僉供馬正和於二十日接仗時猝中炮子，自鼻梁穿入腦後透出，當經賊夥用綢旗裹抬，逾時氣絕，其弟偽元帥馬魁同時轟斃。良回柯大有等所報亦同。提督徐占彪在韋州花子台一帶截剿馬正和敗回一股，生擒逆賊馬世英等，均供馬正和頭受槍傷氣絕。臣昨提訊李來娃子，供詞尤為確鑿，是逆首馬正和伏誅已無疑義。此周紹濂所部五營急援預望城，保固要地，截剿陝甘南竄逆回，疊獲勝仗，逆回馬正和伏誅實在情形也。

當賊之圖預望也，臣檄黃鼎所部升用提督徐占彪步隊三營、馬隊一營馳往援

剿,黃鼎更以步隊兩營益之,二月十六日由固原拔行,十九日抵預望城。是日午
刻,馬柏森報:有賊目李花喜、馬有全、蘇文舉、李德隆率賊千餘由金積堡竄出韋
州,過下馬關,盤踞距預望城四十里之吳家腦。徐占彪等即於是夜蓐食,潛師夜
起,黎明行近吳家腦。見該處峰高路狹,非用衆之地,總兵陳玉春、趙興隆,參將
林定遠等,飭馬柏森前行引路,由王家山、黑溝繞道抵虎家山、麻兒灣設伏以待,
徐占彪率兩營逕捕吳家腦。[88]賊甫驚覺,徐占彪麾軍縱擊,斃賊百餘名,擒賊六
十餘名,賊紛向虎家山敗遁。徐占彪率陳春萬猛躡之,甫抵虎家山,陳玉春自山
後截出,林定遠由左,趙興隆由右,兩面抄來,將全股賊衆裹在中央。各營縱橫蕩
決,馬柏森亦下馬步戰,立將賊目蘇文舉擊斃,生擒賊目李花喜、馬有全,并擒賊
目鎖保鳳、蘇成功、馬海望、李保成、馬有保、李有俊、蘇成明、馬得印等及悍賊七
十餘名,轟斃餘賊二百餘名,墜巖死者無數,奪獲騾馬五百餘匹。是夜派隊搜山,
復獲賊四十餘名,斬之。二十一日收隊回預望城。

　　訊據賊目李花喜、馬有全等供,奉馬化漋、穆生花命,率領五營於十六日由金
積堡竄出,走韋州、下馬關至預望,圍攻堡寨并探路徑,如無大兵阻截,即率股分
途赴陝擄糧。現飭解營審訊。此股賊目祇李德隆一犯漏網,餘賊逸出者亦無幾
矣。二十二日,馬柏森報稱:馬正和一股經官軍痛剿,敗歸金積堡,已竄近下馬
關。二十三日,徐占彪督步隊五營追之,巳刻抵下馬關,見地勢平衍,即結方陣前
進。行十餘里,遇賊,各營奮威衝殺,賊不能當,紛向韋州敗遁。追近韋州六七
里,殺悍賊五十餘名,奪獲騾馬七八十頭。是夜,訵賊廝聚花子台。徐占彪以三
營扼韋州堡,自率兩營及馬柏森旌善馬隊潛起襲之,賊倉卒不知所爲,駭懼紛竄。
官軍乘勢掩殺,斃賊無數,生擒悍賊十二名,奪獲騾馬六十餘頭。此徐占彪截剿
金積堡南竄甘回殲除殆盡,及截剿馬正和敗殘陝回獲勝實在情形也。其定邊、環
慶兩路竄擾陝西各股,近由慶陽、鎮原、預望一帶北竄歸巢,均經各軍各營隨時隨
地次第截剿,斬獲頗多,容俟確切察明,再行馳報。

　　所有此次截剿金積堡南竄陝甘各回,殲除首逆,最爲出力之記名提督、法什
尚阿巴圖魯周紹濂,應請旨交部從優議敘。督帶旌善馬隊、已革安徽壽春鎮總
兵、捷勇巴圖魯蘇如松,請旨開復原官,留於甘肅補用。升用提督、哈西巴巴圖魯
徐占彪,擒斬賊目多名,力保預望城要地,厥功甚偉,應請以提督記名,遇有提督、
總兵缺出,儘先開列,請旨簡放。記名總兵李良穆,陝西肅清案內擬請勇號,續於
迎剿崔禹等逆竄擾擾半角城時,護糧赴營,中途遇賊堵擊一晝夜,克獲大捷,身受重
傷,茲復以寡擊衆,陣斃首逆馬正和,實屬異常出力,應請旨賞給清字勇號,并賞
加提督銜。其餘出力將弁勇丁,可否由臣核明,擇優保獎,出自天恩。此次出力
回目軍功馬柏森、穆進善、李百寬、王益萬等,確偵賊蹤,導引官軍,克獲全勝,助

剿殺賊，勞績卓著，本應隨摺請獎，因從前疊經領兵大員賞給功牌職衙，均未敘奏，容俟查明核奏，請旨破格優獎，以示激勸。謹據實馳陳，伏乞聖鑒，訓示施行。

各軍追剿零賊平慶鹽固一帶肅清片　　國朝總督　左宗棠

再，中路各軍剿捕西北逸賊獲勝情形，臣已於七月十二日馳報，并聲明馬彥溁、狗齒牙尚未就殲，仍飭確探追捕在案。嗣據固原提督雷正綰牘稱，據管帶旌善營都司穆進善稟報：八月初四日，突有賊竄入北山，穆進善會同民團乘夜擊之，斬馘多名，賊敗走三營。雷正綰查係馬彥溁逆股，當派左營提督陳義馳赴東山，繞前截擊。親率馬隊向北路追剿，副將郎永清、總兵李廣珠各率馬步繼之。初十日，追至毛渠井，揮軍急擊，陣斃悍賊二十餘名，奪獲馬十餘匹。正收隊間，忽有另股步賊從山溝衝出。郎永清挺身抵拒，鏖戰半時，李廣珠、陳義趕到，併力夾攻，賊受重傷而逃。

十三日，據參將李積慶稟：同心城附近之李家岡有馬賊百餘，竄過丁家二溝，强營總兵易元壽率隊迎剿，詗賊至亢家灣。是夜三更，乘賊睡熟，直前撲入，殺十數人。賊驚起格拒，混戰逾時。賊敗潰，竄投山澗。計殺賊五十餘名，落岩死者不計其數，奪獲騾馬五十餘頭，刀矛器械百餘件。官軍陣亡一名，受傷十名而已。據擒賊馬五娃供，首逆金明忠、楊百成由河州分出，欲在米包山盤踞，再竄東山等情。訊畢斬之。此雷正綰一軍進剿竄賊實在情形也。

賊敗後，潛與馬、狗二逆合投，賊黨復添。十三日，由馬房川竄環縣之二十里溝，環捷營副將王楚仁聞報，恐賊內竄，不及調隊，即率親兵百餘人敗賊於途，乘勝追殺六十餘里，至紅德城時已初更。王楚仁聞賊大隊尚在火焰山，徑往襲之，賊倉猝失措，紛紛鼠竄。官軍尋蹤躪追，殺傷過當，賊拼死回拒。王楚仁身先陷敵，連斃十數賊，忽頭中槍子，登時陣殞。弁勇憤主將之死，攘臂奮呼，爭先殺賊，雖互有傷亡而士氣彌厲。時前路提督甘大有派左、前兩營由野狐關來援，賊聞追軍大至，分途四竄。其竄入合水者數十人，經總兵張福齊派隊會合防勇兜擊於北谷廟岔，頗有擒斬。大股向靈州、定邊狂竄，因官軍截剿，復由靖遠、打喇堡、乾鹽池適中之地潛逋，雷正綰派精選各營追之，二十五、六等日，疊有擒斬。賊逆入荒山，搜覓無蹤。

臣度賊不能東趨鹽、固，必西竄會寧，急派前福建藩司王德榜、提督王衍慶率親兵兩哨、馬勇一旗，入山搜捕。九月初十日，詗日賊由車道嶺向好麥川竄走，躪追及之，槍炮齊轟，斃賊無數。賊回馬拒抗，我軍再接再厲。賊勢不支，馬隊乘勝逐之，賊紛紛墮崖而死。追殺數十里，不見賊蹤而還。是役，計斃賊百餘人，奪獲馬、械甚多。我軍僅陣亡勇丁一名。旋據後路提督徐文秀報稱：水泉洪濟橋夜間有賊偷渡,當派馬隊追捕,至新店子,遇賊百餘。總兵沈玉遂、鄭守南分頭迎擊,槍斃紅衣賊目一名,殲斃步賊數十名,奪獲駱駝馬騾多匹,餘賊翻山竄去。

據擒賊朱二娃子供,逆目馬姓,由固原一帶回竄河州巢穴,當即馬彥瀜也。臣查馬彥瀜等逆不過二百餘騎,加以金明忠、楊百成一股屬入,亦不過數百騎,而往來飄忽,一擊即走。隴北荒山,廢堡極多,最易藏匿。然無食可掠,其必竄併河州無疑。現據提督雷正綰、平慶涇道魏光燾及靜寧、會寧護運各防營報,旬日以來,後路并無賊警,而河州大東鄉一帶,添有賊蹤。臣已飭渡洮諸軍,嚴密圍剿,聚而殲旃。所有各軍追剿零賊,平、慶、鹽、固一帶肅清各緣由,理合附陳。

同治十二年奏請升州設縣疏① 　國朝總督　左宗棠

奏爲鹽茶、固原接壤,地趾遼闊,政令難行,擬分別升裁,添設縣治,以便控馭而資治理,恭摺具陳,仰祈聖鑒事。

竊臣前因甘肅平涼迤北一帶與寧夏所屬靈州接界,中間廣袤八九百里,山谷複沓,素爲逋逃淵藪。原設固原州、鹽茶廳,形勢遼闊,治理難期周密。且回俗向重阿訇,雖以傳教爲名,實則暗侵官權。凡地方一切事務,均由阿訇把持,日久回族不復知有地方官吏。而鹽茶廳、固原州因轄地太寬,漢、回錯處,審理詞訟則人證難於拘傳,徵收錢糧則地丁無從按核。諸務叢脞,職此之由浸假,而回強漢弱,異患潛滋。巨逆馬化瀜倡亂寧、靈,而鹽、固各堡回目勾結響應十數起,節節抗拒官軍,重煩兵力者此也。是故欲籌平、慶、寧夏久遠之規,非添設縣治,更易建置不可。

臣熟察情形,飭藩、臬兩司移平慶涇道魏光燾履勘議詳。嗣據魏光燾復稱,勘得固原州北二百四十里,地名下馬關,東接環縣,南通固原,北達靈州,西連鹽茶廳各境,地當衝途,形勢最爲扼要。關城西倚羅山,西南甘泉出焉,流經城北,過韋州、惠安各堡,匯歸黃河。東、南、北三面,平原數十里,可耕可牧,向爲沃壤,若設縣於此,足資控制。考之圖牒,距元設豫王城,今稱預望城,僅三十里而遙。同爲要區,而土地饒沃,較預望爲勝。磚城周五里,高三丈,因之設縣,經始諸費亦可節省。其西一百一十里爲靈州屬之同心城,應設巡檢分駐於此,歸新設知縣管轄,司緝捕。同城設訓導、典史各一員,營汛別議。[89]此擬於下馬關改設知縣之大略也。

固原居平涼北、寧夏南,舊爲重鎮,陝西提督駐此。該州隸平涼府,距府城一百七十里,北距寧夏府靈州界二百餘里,山谷盤亘,聲息中隔。應將平涼府屬固原州升爲直隸州,仍隸平慶涇道管轄。其州城西南硝河城要隘,應設固原直隸州判,分駐於此。仿照隆德縣莊浪鄉縣丞例,劃明界趾,專城分治。所轄命盜、詞

---

① 《左宗棠全集·奏稿五》題作《升固原州爲直隸州添設下馬關知縣并改鹽茶廳同知爲知縣摺》。

訟、錢糧、賦役，分由新設州判就近驗勘徵收，而固原州總其成。州東北路與新設下馬關知縣劃分地趾相連，仍隸固原直隸州統轄。是州判分治於西南，知縣分駐於東北，固原州升直隸州，居中控馭，既於形勢攸宜，而退僻地方均有官司治理，庶期教令易行，奸宄匿蹟，良善亦可相庇以安。州屬學正、吏目員缺照常，營汛亦無庸別議。此擬升固原州爲直隸州之大略也。

平涼同知分駐海城，仍以鹽茶名其官，而所轄地方訟獄、錢糧，向均歸其經理。[90]按鹽茶同知所駐之地，東距平涼府城三百九十里，而鹽茶轄境西北一帶地勢闊遠，距靖遠縣交界各處又百數十里，漢回雜處，平涼府既難兼轄，即鹽茶同知亦每有鞭長莫及之虞。且銜繫鹽茶而職司民社，名實殊不相符。應撤平涼府鹽茶同知一缺，改爲知縣，撤所屬照磨一缺，改爲典史，并添設訓導一員，專司教化。而於鹽茶同知轄境迤西打拉池地方，添設縣丞一員，劃分界趾，將所轄命盜、詞訟、錢糧、賦役由縣丞勘驗徵收，統歸新升固原直隸州管轄。庶彈壓撫綏，均可就近經理，而政教宣達，戎索秩然，邊荒長治久安之方，無以逾此。此擬改平涼同知爲縣，分隸新設固原直隸州之大略也。

案據甘肅藩、臬兩司及平慶涇道會詳前來，臣覆核無異。

竊維甘肅自乾隆年間肇建行省，控制遐荒，規模闊遠。維時北路烽燧無驚，西疆開拓日廣，往代所視爲邊荒者，久已等諸腹地。經畫之詳於關外而略於關內，固其宜也。關外增一缺，關內即裁一缺。平涼、寧夏所屬文武營汛各缺額，視元、明裁省爲多。而花門種族雜處邊隅者，皆震於天威，罔敢自爲，風氣浸假。而新教蔓入中土，潛相勾煽，雖均旋就誅夷，而邪說流傳，餘風未殄。始猶晝伏夜動，未敢妄肆披猖，繼則居穴構兵，公爲叛逆。揆厥由來，實緣邊地建置太疏，多留罅隙，民間堡、團、莊距州縣治所近者百數十里，遠或數百里，又且犬牙交錯，經界難明，漢與回既氣類攸殊，回與回亦良匪互異，治理乏員，鎮壓無具，奸宄萌蘖，莫折其邪，[91]遂爾變亂滋生，浸淫彌廣也。近幸皇威遠播，關隴漸就澄清，亟宜申畫井疆，綢繆未雨。審度情形，固原應升直隸州，而添設下馬關知縣，改鹽茶同知爲知縣，一併歸固原直隸州兼轄。其添改縣屬教佐、典史，歸各該縣董率，以資治理而專責成，庶期長治久安，漢回得所。伏懇皇上天恩，飭部核覆，俾有遵循。如蒙俯允，除固原升直隸州及新添州判無庸易名外，其下馬關距平遠驛不遠，新設縣缺可否即名平遠縣？其鹽茶同知治所本海城故地，改設縣缺，可否即名海城縣？併乞飭部核覆遵行。此外未盡事宜，容飭司道核勘議詳，陸續具奏。伏乞皇上聖鑒，訓示施行。

同治十三年六部會議固平海地界學額疏

奏爲遵旨會議具奏事，內閣抄出大學士陝甘總督左宗棠奏稱：前因平涼鹽固一帶位址毗連，形勢遼闊，治理難期周密，當經奏請將固原州改爲直隸州，下馬關添設平遠縣，鹽茶廳改爲海城縣，并於同心城等處添設縣丞、教佐各缺。嗣准部咨，查該督係爲控馭地方，彈壓撫綏起見，自應俯如所請。其新設分駐巡檢、縣丞應作何名，并添設、改設各缺應作何項之缺，及一切未盡事宜，應由該督陸續具奏，到日再行核辦等因。當即行知藩、臬兩司，妥議詳辦去後。兹據固原州知州廖溥明，會同委員陳日新稟稱：勘得平遠自南而東，擬由雁門口起，至九菜坪、校場川、郭家灣分界，向係固原管轄。自北而西，擬由崔家掌、大樹源、王化台、伍家河、同心城分界，向係環縣、靈州管轄。正西自東河沿、王家團、阿布條分界，向係鹽茶管轄。東西自黃鼠岔至東河沿止，約距二百五十里；南北自老君台至苦水河止，約距二百里。周約五百七十里。復移會鹽茶同知聶塈勘得，硝河城自東而北，擬由陸家莊起，至下哈馬溝、楊芳城、大岔山分界，向係鹽茶管轄。自西而南，擬由東崖窪起，至陳家堡、新店子、單家集分界，向係鹽茶、靜寧管轄。自南而東，擬由韓溝堡起，至馬家大岔、黑虎溝、馬家陽坳分界，向係隆德管轄。東西自黑虎溝至陳家堡止，約距九十里；南北自楊芳城至單家集止，約距六十五里。計四圍約二百五十里。

　　勘得打拉池自西而南，擬由石圈山、曲木山、楊稍莊分界。自西而北，擬由黃土峴、周賀家、地窖子溝分界，向均係會寧管轄。東自蒿子川、三岔溝、高峴分界，向係鹽茶、靖遠管轄。南北自炭山至曲木山止，約距一百三十里。東西自高峴至楊稍莊止，約距六十里。計四圍約二百二十里等情。

　　本司等核得固原州及各委員查勘地勢，若分撥環縣、隆德、靜寧、會寧等處轄地，計平遠縣四圍約五百七十里，州判、縣丞均轄二百數十里，轄境仍覺遼闊。擬將平遠縣地界東、西、南三面，即照該州所勘爲定。其東北之環縣地方，仍歸環縣管轄。北界之寧靈地方，因寧靈轄地較蹙，劃同心城北分界。同心城之新莊子集、韋州堡等處，均撥歸平遠縣管轄，餘均歸寧靈管轄。平遠轄境既劃撥明白，其平遠西鄉一帶，即令分駐同心城巡檢就近管理，仍歸平遠縣統轄。固原州判轄地以所撥之鹽茶地方歸州判管轄，擬撥之隆德、靜寧地方，仍歸隆德、靜寧照舊分管。海城分駐縣丞地界，即以所撥靖遠之地歸縣丞管。其所撥會寧之地，仍歸會寧管理。如此劃定疆界，則新設之區，轄境不慮綿長，即將來劃分錢糧，亦衹鹽、固、寧靈、靖遠四處會辦，不致牽混他處，別滋繆轕。再改設之知州，即名固原直隸州知州，仍照舊制，定爲衝、繁、難三項要缺。新設之州判，名固原直隸州州判，定爲要缺。新設之知縣，即爲甘肅平遠縣知縣，定爲繁、難二項中缺。新改之巡檢，即名甘肅平遠縣分駐同心城巡檢，定爲簡缺。改設之知縣，即名甘肅海城縣知縣。查海城縣係鹽茶同知改設，應仍照同知舊制，定爲繁、疲、難三項要缺。新設之縣丞,即名甘肅海城縣分駐縣丞,定爲要缺。固原州學正以及吏目,仍照舊制,惟添設之平遠、海城二縣訓導、典史,均宜爲簡缺。添設各缺,請頒印信,先行委員署理,經始一切。其學額,固原州向係十五名,仍照數。平遠縣并海城縣,各添學額八名。海城縣丞應試童生,歸海城縣學,毋庸再設鄉學,恐學額過多,轉致濫竽充數。至於修建衙署及各處應徵錢糧,請俟委署之員到任後,查看詳辦,以昭核實。所有會議添設各處界,并應頒印信,以及官役、俸工等項數目,相應逐款開單具奏。至未盡事宜,容俟查明辦理等因。

同治十三年六月十二日,奉硃批"該部議奏,欽此欽遵"抄出到部。吏部查前據該督奏請,將甘肅固原州改爲固原直隸州,仍隸平慶涇道管轄,并添設固原直隸州州判一缺,分駐硝河城。州屬學正、吏目員缺照常。固原州下馬關添設知縣一缺,名爲平遠縣,仍隸固原直隸州統轄。同心城添設巡檢一員,歸新設平遠縣管轄,并於平遠縣同城添設訓導、典史各一員。鹽茶同知改爲知縣,名爲海城縣。照磨一缺,改爲典史,并添設訓導一員。打拉池地方添設縣丞一員,統歸新改固原直隸州管轄。經臣部會同各部議准,并新設分駐巡檢、縣丞應作何名,并改設、添設各缺應作爲何項之缺,及一切未盡事宜,應由該督陸續具奏,到日再行核辦。於復奏後,行文知照在案。

今據該督奏稱:改設之知州即名固原直隸州知州,仍照舊制,定爲衝、繁、難三項要缺。新設之州判,名固原直隸州州判,定爲要缺。新設之知縣,即爲甘肅平遠縣知縣,定爲繁、難二項中缺。新設之巡檢,即名甘肅平遠縣分駐同心城巡檢,定爲簡缺。改設之知縣,即名甘肅海城縣知縣。查海城縣知縣,係鹽茶同知改設,仍照同知舊制,定爲繁、疲、難三項要缺。新設之縣丞,即名甘肅海城縣分駐縣丞,定爲要缺。固原州學正以及吏目,仍照舊制。惟添設之平遠、海城二縣訓導、典史,均定爲簡缺等因。臣部查改設、添設各缺,既經該督查明覆奏,自係體察情形,酌量核定,均應如該督所請辦理。其改設之固原直隸州知州,新設之固原直隸州州判,改設之海城縣知縣,新設之海城縣分駐縣丞各要缺,應由該督照例揀員調補。新設之平遠縣知縣中缺、平遠縣分駐同心城巡檢簡缺,添設之平遠縣典史、海城縣典史簡缺,均照例歸於月分銓選。至添設之平遠、海城二縣訓導,該督所奏均定爲簡缺,未據聲敘復設字樣,自應作爲經制、訓導,亦照例歸於月分銓選。

又據奏稱:固原州及各委員查勘地勢,若分撥環縣、隆德、静寧、會寧等處轄地,計平遠縣四圍約五百七十里,州判、縣丞均轄二百數十里,轄境仍覺遼闊,擬將平遠縣地界東、西、南三面,即照該州所勘爲定。其東北之環縣地方,仍歸環縣管轄。北界之寧靈地方,因寧靈轄境較蹙,劃同心城北分界,同心城、新莊子集、韋州堡等處,均撥歸平遠縣管轄,餘俱歸寧靈管轄。平遠轄境既劃撥明白,其平遠西鄉一帶,即令分駐同心城巡檢就近管理,仍歸平遠縣統轄。固原州判轄地,以所撥之鹽茶地方歸州判管轄。擬撥之隆德、靜寧地方,仍歸隆德、靜寧照舊分管。海城分駐縣丞地界,即以所撥靖遠之地歸縣丞管,其所撥會寧之地仍歸會寧管轄。如此劃定疆界,則新設之區轄境不慮綿長,即將來劃分錢糧,亦祗鹽、固、寧靈、靖遠四處會辦,不致牽混他處,別滋轇轕等語。

戶部查甘肅改設固原直隸州知州、州判、平遠縣知縣、海城縣知縣、海城縣縣丞、同心城巡檢,并州屬、縣屬學正、吏目、典史、訓導各官,每年應支俸廉、役食等項銀兩,現據該督逐款開單,咨部查核,應由臣部分別核明咨覆外,至原奏內稱平遠縣北界之寧靈地方,劃同心城北分界。同心城、新莊子集、韋州堡等處,均撥歸平遠縣管轄。平遠西鄉一帶,即令同心城巡檢管理。固原州州判轄地,以所撥之鹽茶地方歸州判管理。海城縣分駐縣丞地界,即以所撥靖遠之地歸縣丞管理。各節自係因地制宜起見,均應准如所議辦理。仍令該督督飭印委各員,將新設各該州縣轄境內,某縣劃歸地畝若干,每年額征地丁、正雜銀、糧各數目,逐一詳細查明,繪具圖說,咨報臣部,以憑查核。

刑部查前據該督奏請,將平涼府屬固原州改爲固原直隸州知州,并添設固原直隸州州判,該州下馬關添設知縣等官,及平涼府鹽茶同知改爲知縣,并添設縣丞等官,劃分界址,將所轄命盜、詞訟等案,分由新設之州判、縣丞勘驗,統歸固原直隸州管轄,經臣部會同議准在案。茲據該督奏稱:新設之州判,名固原直隸州州判;新設之知縣,即爲甘肅平遠縣知縣;新設之巡檢,即名平遠縣分駐同心城巡檢;改設之知縣,即名甘肅海城縣知縣;新設之縣丞,即名海城縣分駐縣丞。委員查勘地勢,劃定疆界,分定管理等語。臣等查平遠、海城等縣知縣及固原直隸州州判、海城縣分駐縣丞,既經該督奏請,劃定疆界,分令管理,所有各該處命盜、詞訟等案,應由新設之平遠、改設之海城等縣知縣,及新設之州判、縣丞勘驗,統歸固原直隸州知州管轄,以符體制。

又據奏稱,添設各缺,請頒印信,先行委員署理,經始一切。其學額,固原州向係十五名,仍照數。平遠縣并海城縣,各添學額八名。海城縣丞應試童生,歸海城縣學,毋庸再設鄉學,恐學額過多,轉致濫竽充數。

禮部查定例,文職官員印信由吏部撰擬字樣,送部鑄造等語。今陝甘總督左宗棠奏請改設、添設各缺,既經吏部議准,自應鑄給印信,俾昭信守。恭候命下,由吏部撰擬字樣送部,臣部即行照鑄頒發。又查甘肅固原州既經該督奏准,改爲固原直隸州,又於固原州、鹽茶廳、會寧縣、靈州、靖遠縣撥出之地,設立平遠、海城二縣,并設訓導各一員。除固原本有學額外,其平遠、海城二縣,應如所請,設立學額,以符定制。惟該督所請固原州學額,仍照原數十五名,平遠、海城二縣各添學額八名之處,查學額例有定數,不得輕議加增,向來新設州縣,皆查係由何州縣分出之地,即於各該州縣學額內抽撥。查固原州學額,向係十五名,鹽茶廳無學額,附固原州籠統取進。今既將固原、鹽茶所轄之地,分撥平遠、海城二縣,是該州學額亦應分撥,不得仍照原額十五名之數。至平遠、海城二縣,係由鹽茶、固原、會寧、靈州、靖遠各廳州縣分出,應設學額即應由各廳州縣學額內分撥。臣等公同商酌,擬請將固原州學額十五名內撥出三名,改爲十二名,平遠、海城二縣各定爲五名,除固原州所撥三名外,再於會寧、靈州及靖遠縣學額內共撥七名,以符每縣五名之數。如蒙俞允,應請旨飭下該督會同學政,查明各該州縣地勢文風,酌量抽撥,奏明辦理。其應否設立廩增額缺,亦應由該督酌量辦理。至所稱海城縣丞應試童生歸海城縣學,毋庸再設鄉學之處,應如所請辦理。

又據奏稱,修建衙署應俟委署之員到任後,查勘詳辦,以昭核實。工部查固原州改爲固原直隸州知州,并添、改縣治,應建衙署各事宜,前經吏部會同本部議覆,將應建各衙署行令該督委員查勘,奏明辦理在案。今據奏稱,修建衙署請俟委署之員到任後,查勘詳辦等語。應如所請,俟委員到任後,即行詳細查勘,據實確估。并將所需銀兩,作何籌款,專案奏報核辦,以昭慎重。其餘未盡事宜,應由該督分別奏咨辦理。謹將臣等遵旨會議緣由,繕摺具奏,伏乞皇上聖鑒,訓示遵行。謹奏。

十月二十日奉旨:"依議,欽此。"

剋復固原各情形疏　　國朝提督　雷正綰

奏爲官軍奪險,血戰剋服固原堅城,截捕餘匪,分別安插降衆,并進剿竄陝股逆獲勝各情形,恭摺由驛馳奏,仰慰聖懷事。

竊臣於正月十八日,曾將雕剿靜、固各巢及股逆竄陝,派隊繞出迎擊,暨攔剿另股逸匪各緣由,奏明在案。臣熟察固原逆勢,以瓦亭爲門户,開城爲咽喉,硝河城、張義堡爲西路老巢,此出彼入,呼吸旁通。自我軍連拔瓦亭、開城,已失險要,逆黨由硝河城、張義堡出擾隆、靜,牽綴西軍,而東竄各股,紛然踵至。總因攻剿嚴急,勢蹙計生,於數百里外防不及防之處,擾襲後路,阻遏糧運。去臘開城連捷之後,進迫乘時,乃因回顧陝疆,撥隊進剿。又復親帶勁旅往來游擊,遂致垂成之功,不無稽滯。

臣與張集馨往返函商,決計攻巢,而爲逆謀所牽,約期正月十六日,與曹克忠之軍分路進剿。提督沈懋貴、總兵胡大貴等十營,於是由六盤山北直搗張義堡。提督潭玉龍、劉正高等十二營,每日仍逼攻固原。十七、十八等日,沈懋貴等進至

張義堡。該逆因三路受敵,首尾不復相顧,一見我軍旂幟,負嵎驚匿。各軍銳進
猛攻,槍炮轟擊,詎逆內亂狂潰,奪路奔逃,并將該堡老巢及大小回莊踏平,斃賊
約七八百名。曹克忠亦將硝河城附近之馬家嘴、新店子、紅城子、將台堡、隆德堡
等處回巢攻毀,擒斬殆盡。其被脅土著回戶,據回目張保龍約集監生蘇上達等籲
懇,繳械投誠。各村漢民文生康英、張鐸、石獻璋、包蘭香,耆民金彥益、馬維翰、
趙增隆等復連名結保,該降衆永無反覆。隆、靜一帶,略就安帖。因商同張集馨、
曹克忠妥籌駕馭,以安反側。臣遂得專意窺取固原矣。

正月二十三、四等日,滾營直薄西南城隅,其東山城防亦飭移縶附郭。東、北
二路,則有回目張保龍率領降回扼要助戰,連破城外兩山逆壘十五座,斬馘千餘,
四面合圍,逆氛愈挫。偵悉孫逆凶鷙,黨羽屢被斬擒,孤立無依,復因糧盡援絕,
計圖一逞。臣乘其困憊、震懾之餘,晝夜環攻。二十五日,該逆出城死抗,馬步約
五六千名拼命抵戰。經我軍縱橫蕩決,槍斃僞元帥馬得力,逆勢稍卻。遂即揮軍
掩殺,直至城下,殲賊不下千餘,奪獲戰馬六十四匹,抬炮、抬槍三十六桿,軍械無
算。生擒逆目三十二名,訊明正法。此仗之後,賊膽益落,城內曾隨張保龍就撫
之良懦回民,陸續縋城,指營來歸。備悉陝回震恐已極,本處回類亦俱懾於兵威,
各思自全,願爲內應,約定日期行事。遂飭張保龍密約城內六坊阿渾,伺機開城,
擒捕孫逆。一面開挖地道,多造雲梯,面授各將領機宜,更番迭戰,略無休息。

本月初一日黎明,臣親督各軍於城外西南隅,豎梯登城。嚴飭總兵胡大貴,
副將饒得勝、沈大興,參將鄭天順等,攻撲東門,提督沈懋貴,副將徐尚高、譚玉
明、徐炳忠等攻撲西門。城上炮子如雨,我軍多被擊傷。提督譚玉龍、劉正高分
督各將衝冒矢石,肉薄猱升,內應回衆見官軍得手,果即乘機內變,倒戈相向。巷
戰逾時,守城之賊悉被我軍斬殺净盡。孫逆自殺,家小雜入稠衆之中。各陝逆亦
俱自相殘殺,僅剩馬賊二三千人,奪北門逃逸。我軍緊躡追殺,張保龍又帶北路
乞撫之李旺堡等處數十村降回,層層截剿,復斃五六百名。餘逆奪路,繞越東北
狂竄。恐其東犯鎮原,闌入陝境,遂撥馬步兼程截追。該逆路徑熟悉,折向黑城
鎮、鹽茶廳一帶逃避,隨飭各軍跟剿,務期悉數殲除。是役也,計斃賊四五千名,
斬首三百餘級。生擒逆黨楊花禄、馬得勝、花二、李自春、王有貴、海潮、蘇得名等
二百四十三名,立予正法。大炮、抬槍、刀矛、火藥不計其數。搜出固原道、州及
提標、參將等印信三顆。查點我軍受傷暨陣亡將弁、兵勇二百餘名。此二月初一
日我軍奪險苦戰,剋復固原州之大概情形也。

查固原爲蕭關重鎮,地控險阻,歷代邊防要區,帶山礪河,形勢四塞。我朝安
設提督、巡道,分佈重兵,以資鎮撫。城池本極高堅,同治二年爲逆回穆三叛踞,
復加修葺。上年五月,經降回張保龍設法收復,已革提督成瑞、副將穆隆阿、前署

臬司楊炳錕辦理安撫善後。旋因無兵彈壓，復被陝逆孫義保乘虛竄陷。該逆籍隸西安，窮凶極惡，與馬得力、赫明堂、鄒保和、任伍、馬生彥等蹂躪秦疆，焚殺慘毒。漏網來甘，狼奔豕突，竊據固城，妄圖久抗，僭稱大漢鎮西王，偽封節度、總制等官，蓄髮易服，極逞狂悖，恃其狙詐，屢拒官軍。前奉諭旨，敕令設法擒斬，毋使漏刃。今破城之際，誅戮逆目最多，孫逆是否已在誅數，尚未查明，現已嚴密兜剿，并飭張保龍傳諭各路投誠回村，如果該逆酋在逃，務令傳獻自首，以彰顯戮。

至甘省回族，於漢民中十居八九，雖曾附合該逆，究竟凶玩稍遜，尚知懷德畏威。六坊回民經張保龍潛約內應，與陝回操戈互鬥，傷亡頗多。城外西北遠近回村，向聽張保龍約束，保護漢民村落極多。此次執梃助戰，死亡亦復不少，由東路鎮原一帶追截餘匪，於初十日始返固城，是以捷報稍遲。現已入城，遴派大員，督同張保龍撫馭降眾，收繳馬匹、軍械等件。其如何安置，如何綏輯之處，由臣咨會張集馨，囑其即日來固，辦理安撫及善後事宜，與硝河城降眾一體妥為安置。與之悉心籌商，擬遵疊次恩旨，分別良莠，酌覈情形，妥籌佈置。務體皇上好生之仁，開誠布公，無枉無縱，與民休息。不敢苟且目前，草率了事，以貽後日之悔。惟熟察張保龍投誠之心，久而不渝，各降眾畏懼軍威，反戈殺賊，乞降亦似非虛偽。但使此後駕馭得宜，自不似陝回之旋撫旋叛。現派各軍由鹽茶廳一帶追剿，并飭魏添應嚴防環慶要隘，杜其竄逸。

查甘省內地逆勢，以平涼、固原為大宗，係乎全省關鍵。茲幸仰仗天威，固原既剋，硝河城亦經得手，聲威所播，各路逆勢當自浸衰，不難次第掃蕩。臣俟張集馨抵固後，審度軍情，何路吃重，即行馳往剿辦。至竄陝股逆，經副將雷恒等會合陝軍，在邠、長、白吉原、三水等縣夾擊，殄滅其續竄另股，復經提督周顯承，總兵劉效忠、趙德正、陳義，副將李高啟、張正黿等馬步各軍，於十九日至二十六、七等日，在寧州焦村、鎮原蕭鎮及正寧縣境內迎剿圍攻，連獲大捷，誅鋤略盡，現仍嚴飭痛剿，無任兔脫，容俟詳細查報。

此次各營將領，激勵飢軍，衝寒血戰，仰托皇仁，力拔堅城，西陲軍務，日有起色。所有此次尤為出力各員內，提督譚玉龍、劉正高二員，迭著戰功，保至記名簡放提督，渥荷恩命，職分較崇，應予如何獎敘之處，未敢擅擬，自應恭候聖裁。陣亡之花翎、儘先副將熊觀國，首先登城，身受多傷，猶復奮進，且手刃數賊，力竭遇害。請旨敕部，照總兵陣亡例，從優議恤，并請於死事之固原州城建立專祠，以彰忠烈。花翎游擊銜、儘先都司陳廷高等，容俟查明，再為奏請賜恤。其餘在事出力文武員弁兵勇，可否由臣酌保請獎，以示鼓勵，出自聖主鴻施。所有官軍血戰，剋復固原堅城，截剿餘匪，以安插降眾，并進軍夾攻竄陝股逆獲勝各緣由，恭摺由驛六百里馳奏，伏乞聖鑒訓示。謹奏。

請剿海城逆回情形疏　國朝總督　楊昌濬

奏爲海城回匪糾衆爲亂，戕官劫獄，現經派兵剿捕大概情形，恭摺仰祈聖鑒事。

竊臣於光緒二十一年五月初八日，據固原直隸州知州匡翼之曁平慶涇固化道祝維城先後電報：本月初七日夜，被回匪百餘人爬城進署，戕殺該縣知縣惠福同妻富察氏，其弟妻富察氏及女舒魯穆氏均受重傷，并殺斃幕友許茂梧、家丁孫喜，燒毀大堂，焚劫獄庫，奪去監犯李倡發，殺斃在押犯證暫革武生王定乾、要證馬剛明、流犯老黃。當經鹽茶營都司劉繼仁、典史方傳宗，同在城文武督同兵民擊拏，格殺首賊馬海即"紅頭髮"并無名賊匪一人，生獲龍二克等八名。匪等逞凶拒捕，兵役商民帶傷五人，又傷斃客民胡姓一名，登時擊退出城。并經該道祝維城就近移調駐紮黑城之陝提標達春馬隊馳往該縣，暨委前署鎮原縣知縣胡應奎前往代理縣事各等情。

臣以境內防練各軍，多調赴循、河，無營可撥，比即電請護理陝西撫臣張汝梅，飛派撫標馬隊二營來甘剿捕，并行司通飭各州縣文武，一體派撥兵役，督率民團合力兜捕。適甘肅提臣李培榮路過平涼，臣即咨請暫駐固原，馬步各營旆，由其就近調度。并因人心浮動，一面電飭匡翼之將獲匪八名，於訊明後即行正法。旋據該典史方傳宗等稟報，訊據獲匪龍二克、馬五十六、馬老三、馬亦思哈、馬文成、葉湉供，係河州回民；車滿海、田文亮供，係海城回民。又據同供，實係聽從已被格斃之河回馬海即"紅頭髮"爲首，暨不知姓名三十餘人，來到海城西鄉，勾結海回白慧菴等造反，約於五月初七日夜，殺官劫獄起事。馬海爲僞元帥，田伯連爲副元帥。遂於是夜四更時侯，約百餘人爬城進內，從後牆入署，殺官劫獄，焚燒衙門、監獄。即被官兵民役打敗拏獲等供，連日匪黨裹脅益衆，在鄉鎮焚掠，聲言後來攻城。恐有疏虞，即將該匪等八名，斬梟示衆，訖該縣印信未失。并據匡翼之電報，惠福弟妻及女，均因傷身死。該匪等分股竄匿，一股竄之平遠縣屬之預望堡一帶，西安馬隊已於十八日到固，同提標防練各兵分路追擊各等情。

臣查該監犯李倡發，係光緒十四年因盜犯馬一布拉等搶劫環縣客民標銀案內窩主，擬以永遠監禁之犯。茲該逆等膽敢因循撒未靖，起意謀叛，糾衆爬城，戕斃官眷及幕友、家丁人等至九命之多，并焚劫衙署、獄庫，奪去監犯李倡發，實屬凶暴已極。而該縣知縣惠福，平日居官謹飭，今一旦事起倉猝，同在署眷屬均被戕害，實堪憫惻。容俟事竣，再請恩恤。

該逆等分股四竄，而預望堡與寧靈廳及金積堡，遍地皆回民，深恐煽誘爲匪，已飛催馬步各營迅速追剿。并派寧夏右營游擊黃兆雄率新募鎮夏後旆，由靖遠一路前進，務將此股匪犯悉數殄除，以免蔓延。惟鹽茶營都司劉繼仁、典史方傳宗有城守監獄之責，今被匪犯越城戕官、焚署劫獄，該員等未能先事防備，雖登時將賊擊退，格斃首逆及餘賊二名，拿獲八名，而餘匪逃逸尚多，劫去監犯李倡發亦未弋獲。已將該員等先行摘去頂戴，勒令隨同官兵捕拿，有無就獲，再行核辦。除飭司派員查核詳細情形，至日另行呈報外，所有回匪糾眾為亂，戕官劫獄，現經派兵剿捕大概情形，理合由驛馳陳，伏乞聖鑒訓示。謹奏。

剿辦海城逆回獲勝疏　　國朝總督　楊昌濬

奏為官兵剿辦海城逆回獲勝，并獲首要各犯正法，地方漸就安謐情形，恭摺仰祈聖鑒事。

竊臣於光緒二十一年閏五月二十一日欽奉上諭："楊昌濬奏海城回匪糾眾為亂，現經派兵剿辦一案。該匪分股四竄，恐與預望城等處回民勾結煽惑，益形蔓延，著即嚴飭派出馬步各營，合力兜剿，務將此股匪犯，悉數殄除，毋任再行他竄。"又奉電旨，"海城逸匪，仍飭各營上緊捕拿，毋任漏網"各等因，當即欽遵，移行遵照。適甘肅提督臣李培榮由京前來，道出平涼，經臣派赴固原，以便調度一切。此股匪犯，由海城竄至平遠縣屬之預望城一帶，即係被劫出獄之李倡發及河州回匪馬筐筐、趙百祥為首，又平遠縣回目李萬梗、楊保山、馬幅各糾眾以應，并沿途誘脅，約計千餘人。攻破預望城堡，屠戮漢民多命，所過村莊、小堡，無不焚殺擄搶，殘毒已極。因聞官兵將到，又竄回海城李旺堡。適統帶陝西撫標左右兩翼馬隊守備張紹先、管帶劉廷貴，於五月十八日馳抵固原，十九日即開拔前進，會合提標練軍馬隊游擊顏咸吉，於二十日酉刻趕至李旺堡。該逆等正在焚燒民房，又分股撲攻附近新堡。維時練軍步隊幫帶陳舉林帶隊防守新堡，出堡與張紹先等各軍合擊，鏖戰兩時之久，斃賊五十餘名，賊敗遁上山。我軍陣亡什長一名、勇丁二名，帶傷十餘名。二十二日，賊竄至平遠屬阿布條。官軍追至，該逆又竄至長梁川一帶。該兩處均依山跨崖，地勢險峻。張紹先等馬隊不能攀崖，分紮倒洞子等處，堵其他竄。一面出示，解散脅從。二十五日，賊回竄海城屬之石峽口山內。二十六日，張紹先等與提標達春馬隊跟蹤追剿，斃賊數名，賊敗退踞險。二十七日四鼓，各軍齊力追剿，奔上張家山。上、下深溝數道，該逆憑險抗拒。張紹先等飭馬隊上前佯退，賊始出戰。張紹先等即令馬隊，以馬改步，連環轟擊，斃賊八九十名。我軍陣亡勇丁九名，帶傷哨官二員、勇丁十三名。因賊負嵎抗拒，我軍步隊無多，勢難入山搜剿。提臣李培榮以首逆未獲，密授機宜。於是副將馬彥春率都司李文道、四品藍翎李百重等，帶領民團防勇，會商陝、甘各軍扼紮要隘，遣素識李倡發之回民，誘以投誠免死。二十九日，馬彥春等設伏，待李倡發先令其子李二賽即李二僞帥。率悍賊列隊山邊,自領數賊詣降。經馬彥春等喝令左右,立將李倡發捆縛。山邊之賊蜂擁而至,該員等恐被奪去,即斬首軍前。諸賊撲救,經張紹先等揮隊抵殺,斃賊數十名。賊敗,追擊落崖者亦衆,拋棄軍械甚多,餘匪逃散。隨將李倡發首級解固,懸竿示衆。閏五月初一、二、三等日,經陝隊及固原防練各軍,并固原州派出員紳民團,分路追賊。除臨陣殺斃及投崖墜死者不計外,先後生擒李二賽、即李二僞帥。買生均、馬映伏、馬五十一、馬三十七、馬雙喜、馬木爾沙、馬伏隨、馬得伏、馬舍力伏、馬麻利克、馬六十三、張伏海、馬有得、馬魄舍子、馬三十八、馬腮兒低、楊歲保成、馬尕有兒、靳五十、馬有伏、馬孫的個、馬六十三、李萬青、買復保、張永祥,首逆李萬梗、楊保山、馬幅,共二十九名,暨首逆李倡發眷屬,解交提臣李培榮,發交固原州匡翼之提訊,供認謀反劫殺不諱,電請分別凌遲斬梟。内有買生均、馬伏隨、馬三十八、馬腮兒低、楊歲保成、馬六十三、馬復保七名,情有可疑,押候另辦。餘匪數十名,分路竄匿。准據甘肅提臣李培榮、平慶涇固化道祝維城、固原州匡翼之先後咨稟各情,并錄各犯供前來。

臣查此股逆匪,戕官劫獄,實係李倡發父子主謀,勾通已被格殺之河逆馬海"紅頭髮",及馬筐筐、趙百祥糾衆作亂。又有海回李萬梗、楊保山、馬幅聚衆以應,旬日之間,嘯聚至千餘人,蹂躪三州、縣,漢民遭其塗毒,不堪言狀。今幸仰賴皇上威福,將士用命,兼旬之内,即行剿滅,兼獲首逆多名正法,洵足以伸天討而快人心。

提臣李培榮調度有方,陝西撫標馬隊統帶張紹先最爲驍勇向先,管帶劉定貴陝提標練軍馬隊亦努力用命,剿辦迅速,副將馬彥春、都司李文道、四品藍翎李百重誘獲首逆,并追剿餘匪,以及在事文武員弁紳團,均異常出力,應請天恩,准臣擇優開單請獎,以昭激勸。海城縣知縣惠福同妻富察氏,伊弟妻富察氏同時遇害,情殊可憫,并被害之幕友許茂梧、家丁孫喜,應請飭部議恤,俾慰幽魂。其餘陣亡營兵郎登第等,俟各營報到陣亡兵勇花名,一併另辦。

鹽茶都司劉繼仁、典史方傳宗有城守監獄之責,事前疏於防範,事後未能迅速救護,雖督飭兵民奮勇擊退,究屬咎無可辭。李旺堡移駐七營汛署千總雷雨瑞、平遠汛把總宋安,二汛皆無城池,均被賊匪撲入,放火焚殺。賊雖即時遁去,未踞地方,該弁等均有汛守之責,咎由應得,應請旨交部議處。逆首李倡發妻媳照例緣坐,并其子李二賽初生幼子,一併監禁,俟年歲及時,再行核辦。除仍飭嚴拿逸匪馬筐筐等,務獲懲辦,以期盡絕根株外,所有官兵剿辦海城逆回獲勝,并獲首要各犯正法,地方漸就安謐情形,理合恭摺,由驛馳陳,伏乞聖鑒訓示。謹奏。

旌表耆民疏　　國朝總督　升允

奏爲耆民年逾百齡,懇恩旌表,以彰人瑞,恭摺仰祈聖鑒事。

竊據甘肅固原直隸州知州王學伊詳，據紳耆等稟稱：州屬西鄉回民李生潮，生於乾隆五十九年，屆今宣統元年，現已一百十有六歲，一子、四孫、曾孫五人、元孫二人，五世同堂等情，循例懇祈奏請建坊前來。臣覆查，該耆民李生潮，菽布安貧，松喬等壽。形神強固，計將花甲之重周，家慶延長，喜見萊衣之迭舞。茲當添到海籌之日，恰值歡迎恩詔之時，凡屬耄年，咸膺榮賜，況黃冠草笠，身已歷夫七朝，丹桂芝蘭，眼親看夫五代。擊壤而安耕鑿，不愧鄉里之善良；計年已過期頤，洵爲昇平之瑞應。合無仰懇天恩，俯准旌表，出自鴻施。除將册結咨送禮部查照外，謹恭摺具陳，伏乞皇上聖鑒。謹奏。

策論序傳誡記各文類

應舉賢良方正策　　漢　皇甫規

伏惟孝順皇帝，初勤王政，紀綱四方，幾以獲安。後遭奸僞，威分近習，畜貨聚馬，戲謔是聞。又因緣嬖倖，受賂賣爵，輕使賓客，交錯其間，天下擾擾，從亂如歸。故每有征戰，鮮不挫傷。官民并竭，上下窮虛。臣在關西，竊聽風聲，未聞國家有所先後，而威福之來，咸歸權倖。陛下體兼乾坤，聰哲純茂。攝政之初，拔用忠貞，其餘維綱，多所改正。遠近翕然，望見太平。而地震之後，霧氣白濁，日月不光，旱魃爲虐，大賊從橫，流血川野，[92]庶品不安，譴誡累至，殆以奸臣權重之所致也。其常侍尤無狀者，亟便黜遣，披埽凶黨，收入財賄，以塞痛怨，以答天誡。

今大將軍梁冀、河南尹不疑，處周、邵之任，爲社稷之鎮，加與王室世爲姻族。今日立號雖尊可也，實宜增修謙節，輔以儒術，省去游娛不急之務，割減廬第無益之飾。夫君者舟也，人者水也。群臣乘舟者也，將軍兄弟操楫者也。若能平志畢力，以度元元，所謂福也。如其怠弛，將淪波濤，可不慎乎！夫德不稱祿，猶鑿壙之趾，以益其高，豈量力審功安固之道哉？凡諸宿猾、酒徒、戲客，皆耳納邪聲，口出諂言，甘心逸游，唱造不義，亦宜貶斥，以懲不軌。令冀等深思得賢之福，失人之累。又在位素餐，尚書怠職，有司依違，莫肯糾察。故使陛下專受諂諛之言，不聞戶牖之外。

臣誠知阿諛有福，深言近禍，豈敢隱心以避誅責乎！臣生長邊遠，希涉紫庭，怖懾失守，言不盡心。

玄守論[93]　　晉　皇甫謐

或謂謐曰："富貴，人之所欲；貧賤，人之所惡。何故委形待於窮而不振乎？[94]且道之所貴者，理世也；人之所美者，及時也。先生年邁齒變，飢寒不贍，轉死溝壑，其誰知乎？"

謐曰："人之所至惜者，命也；道之所必全者，形也；性形所不可犯者，疾病也。若擾全道以損性命，安得去貧賤存所欲哉？吾聞食人之祿者懷人之憂。形强猶不堪，況吾之弱疾乎！且貧者士之常，賤者道之實。處常得實，没齒不憂，孰與富貴擾神耗精者乎！又生爲人所不知，死爲人所不惜，至矣！暗聾之徒，天下之有道者也。夫一人死而天下號者，以爲損也；一人生而四海笑者，以爲益也。然則號笑非益死損生也。是以至道不損，至德不益，何哉？體足也。如回天下之念以追損生之禍，連四海之心以廣非益之病，豈道德之至乎！夫惟無損，則至堅矣；夫惟無益，則至厚矣。堅故終不損，厚故終不薄。苟能體堅厚之實，居不薄之真，立乎損益之外，游乎形骸之表，則我道全矣。"

論西北備邊[95]　　前明　倪岳

往歲虜酋毛里孩、阿羅出、孛羅忽、乩加思蘭大爲邊患。蓋緣河套之中，水草甘肥，易於駐紮，腹裏之地道路曠遠，難於守禦。是以轄於榆林者若孤山、寧寨、安邊、定邊諸路，轄於寧夏者若花馬池、興武、高橋、萌城諸路，皆其入寇之所，迤東則延安、綏德、鄜州諸路，迤西則環慶、平涼、固原諸路，皆其騷掠之處。擁衆長驅，遠者逾千里，近者不下數十百里。沿邊諸將，或嬰城以自守，或擁兵以自衛。輕佻者以無謀而挫衄，[96]怯懦者以無勇而退避。既不能折其前鋒，又不能邀其歸路，所以任其源源而來，恣其洋洋而去。使之進獲重利，退無後憂。取於我者得衣食之原，屢起盜心；處於彼者得窟穴之固，遂無去志。

虜勢不輯，邊患不寧，上塵廟慮，遣將徂征。奈何四年三舉，一無寸功。或高臥而歸，或安行以返，乃析圭儋爵，優游朝行，輦帛輿金，充牣私室。且其軍旅一動，輒報捷音，賜予濫施，官爵輕受。殺傷我士卒，悉泯弗聞；掇拾彼器械，虛張勝勢。甚者至濫殺被虜平民，妄稱逆虜首級。未嘗致其敗北，輒以奔遁爲言；未嘗有所斬獲，輒以鈎搭爲解。考其功籍所載，賞格所加者，非私家之子弟，即權門之廝養。而骨委戰塵，血膏草野者，非什伍之卒，即征行之民，誰復知之？良可悼也！

況夫京營之兵，素爲冗怯，臨陣退縮，反豫邊兵之功；望敵奔潰，久爲虜人所侮。此宜留鎮京師以壯根本；[97]顧乃輕於出禦，以瀆天威。且延綏邊也，去京師遠。宣府、大同亦邊也，去京師近。於彼有門庭之喻，則此當爲陛楯之嚴矣。頃兵部建議，遂於宣府出兵五千，大同出兵一萬，併力以援延綏，而不計其相去既遠，往返不時，人心厭於轉移，馬力罷於奔軼。況聲東擊西，虜人之常；搗虛批亢，兵家之算。精銳既盡而西，老弱乃留於北，萬一此或有警，彼未可離，首尾受敵，遠近坐困，謂爲得計乎！

　　臣又聞軍旅之用，糧食爲先。今延綏之地，兵馬屯聚，芻粟之費，日賴資給。乃以山西、河南之民，任飛芻輓粟之役，仰關而西，徒步千里。夫運而妻供，父輓而子荷，道路愁怨，井落空虛。幸而至也，束芻百錢，斗粟倍直。[98]不幸遇賊，身已虜矣，他尚何計？輸將不足，則有輕齎；輕齎不足，又有預徵。嗚呼！水旱不可先知，豐歉未能逆卜。預徵也者，豈宜然哉！乃至立權宜之法，則令民輸芻粟以補官。然媚權貴、私親故者，或出空牒而授之，而倉庾無升合之入。立開中之法，則令民輸芻粟而給鹽。然恃豪右專請托者，率佔虛名而鬻之，而商賈費倍蓰之利。官級日濫，鹽法日沮，而邊儲所由不充也。

　　又朝廷出帑藏以給邊者，歲爲銀數十萬。山西、河南之民，輸輕齎於邊者，歲亦不下數十萬。銀日積而多，則銀益賤；粟日散而少，則粟益貴矣。而不知者，遂於養兵之中，寓其養狙之智，或以茶鹽，或以銀布，名爲准折糧價，實則侵剋軍儲。故朝廷有糜廩之虞，士卒無飽食之日。至於兵馬所經，例須應付，平居之時，一日之數，人米一升，馬草一束，此其常也。追逐所過，一日之間，或一二堡，或三四城，豈能俱給哉？而典守者陰懷竊取之計，巧爲影射之謀，凡其經歷之方，悉開支給之數，背公以營私，罔上而病下，莫此爲甚。

　　由是觀之，賊勢張而無弭之之道；兵力敝而無養之之實。徒委西顧之憂於陛下，誰果爲之盡心者乎？採之建白者之策，察之論議者之言，則又紛紛不一。故夫據指掌之圖，肆胸臆之見者，率謂復受降之故險，守東勝之舊城，則東西之聲援可通，彼此之犄角易制，是非不善也。第二城之廢棄既久，地形之險易不知。況欲復地於河北以爲之守，必須屯兵於塞外以爲之助。[99]然以孤遠之軍，涉荒漠之地，輜重爲累，饋餉爲艱。彼或佯爲遁逃，潛肆邀伏，或抄掠於前，躪襲於後，曠日持久，露行野宿，人心驚駭，軍食乏絕，進不可得而城，退不可得而歸，萬無所成，一敗塗地必矣。其有懷敵愾之心，馳伊吾之志者，率謂統十萬之衆，裹半月之糧，奮武揚威，掃蕩腥羶，使河套一空，邊陲永靖，是亦非不善也。然帝王之兵，以全取勝，孫吳之法，以逸待勞。今欲鼓勇前行，窮搜遠擊，乘危履險，徼幸萬一。運糧遠隨則重不及事，提兵深入則孤不可援，況其間地方千里，綿亘無際，既無城郭之居，亦無委積之守。彼或往來遷徙，以罷我於馳驅；或掩襲衝突，以撓我之困憊。擄酋安望於成擒，[100]中國復至於大創，失坐勝之機，蹈覆沒之轍必矣。

　　至有欲圖大舉以建奇功者，謂必東剪建州之衆，北除朵顏之徒，乘勝而西，遂平河套。夫祖宗之於建州、朵顏諸衛，不過羈縻保塞，以固吾圉耳。今若是，將使戎狄生心，藩籬頓壞，遺孽難盡，邊釁益多，是果何知，誠爲無策。甚者至謂昔以東勝不可守，既已棄東勝，今之延綏不易守，不若棄延綏，則兵民可以息肩，關陝得以安堵。夫一民尺土，皆受之於天與祖宗，不可忽也。向失東勝，故今日之害萃於延綏,而關陝騷動。今棄延綏,則他日之害鍾於關陝,而京師震驚。賊逾近而莫支,禍逾大而難救,此實寡謀,故爾大謬也。

嗚呼!一倡百和,牢不可移。甲是乙非,卒莫能合。成功既鮮,高談奚取焉。以臣論之,不若即古人已用而有成,及今日可行而未盡者,舉而措之,其為力也少,其致功也多。曰重將權,以一統制而責成功;曰增城堡,廣斥堠,以保眾而疑賊;曰募民壯,去客兵,以弭患而省費;曰明賞罰,嚴間諜,以立兵紀而覘賊情;曰實屯田,復漕運,以足兵食而紓民力。

馬政論　　前明　趙時春

天有天駟,天子有牧僕之職。自軒轅以來,墳典經史不絕書,逮周始詳。穆王征西戎,責以不享。在今平涼之域,而八駿皆是物也。

孝王命秦非養馬汧渭,大蕃息。宣王中興,比物閑,則北至太原,南平荊蠻,大蒐鄭圃,皆以車馬之盛為言。秦烏嬴谷量牛馬,即烏氏人。而漢文景時,阡陌成群,六郡良家,馳射是利。馬援之邊郡,田牧數年,得畜產數萬。

唐人養馬,亦于涇、渭,近及同、華,置八坊,其地止千二百三十頃。樹苜蓿、菁麥,用牧奚三千,官寮無幾,衣食皮毛是資,不取諸官。蓋合牧而散畜之,牧專其事,不雜以耕。而太僕張萬歲、王毛仲,官職雖尊,身本帝圉,生長北方,貫歷牧事,躬馳撫閱,無點集追呼之擾、科索之煩,順天因地,馬畜滋殖。萬歲至七十萬六千,毛仲至六十萬五千六百有奇。色別為群,號稱"雲錦"。地狹不容,增置河西,史贊其盛,圖傳至今,夫豈有它術哉?法簡而專、成而不二故也。玄宗既以嫌誅毛仲,後遂以付安祿山。祿山統北方三道,又使兼掌京西牧馬,地既隔越,而職守難專。重以匈胡叛逆,覆用蹂踐唐室,其餘存者猶足以資肅宗之中興。憲宗命張茂宗監牧。茂宗不能遠略,乃籍汧隴民田,人爭言其不便,牧事遂廢,唐亦喪亂。由此言之,人事得失,馬政盛衰,益昭然矣。

自宋以來,馬藏民間。涇原為邊重鎮,日不暇給,然頗貿易蕃馬以給戰士。金、元悉從民牧,兵興隨宜取用,官以無事。

皇朝遠稽周、唐,大振馬政,自大將軍得李思齊、李茂之騎,繼破王保保,擄馬駝雜畜數十萬。御史大夫丁玉、涼公藍玉,四征西番,部族悉服。乃製金牌合符,番人以馬充差,朝廷以茶為賚,體統正而名義嚴,馬日蕃庶,始置苑馬寺,聯以監苑,巡以御史。日久法弛,弘治末年,遂命都御史楊公一清董治之。公振肅紀綱,增置官屬,蒐括墾田,益市民馬,一時觀美。然三年二駒,其計利深矣。數年之後,所利不補所費,何哉?豈非官多牧擾,法煩弊生,縉紳衣錦,難禦邊塞之風霜,而肩輿驕從,點集追呼,非孕字重累之所能堪乎?且牧地十七萬七十餘頃,養馬一萬四千餘匹,牧軍才三千三百餘人,田重牧輕。皮肉收銀三兩有奇,公用銀三千餘兩,責之三千三百餘人,物輕輸重。每歲各各入賀督監,參謁不絕,遷代歲月繁促,南北習俗異宜,道路往來勞費,牧人之不支如此。州縣地不逾二萬頃,爲糧站徭二十餘萬,輕重之相懸如彼。

嘉靖三十七年,平凉通判嘉定陳應詳舉籍平固以北皆爲牧地,民村落室廬皆度爲牧,代之養馬償餉,遂號二稅。按制,先定州縣田稅,後以隙地爲牧,本自相間,安得齊一?應詳務虛名而民重被病,牧既少獲,種馬日削,責民市馬,吏緣爲奸,民不堪命矣。世之君子,其思有以善後哉?今粗舉其大端云。

三都賦序　　晋　皇甫謐

玄晏先生曰:古人稱不歌而頌謂之賦。然則賦也者,所以因物造端,敷弘體理,欲人不能加也。引而伸之,故文必極美;觸類而長之,故辭必盡麗。然則美麗之文,賦之作也。昔之爲文者,非苟尚辭而已,將以紐之王教,本乎勸戒也。

自夏殷以前,其文隱没,靡得而詳焉。周監二代,文質之體,百世可知。故孔子采萬國之風,正雅頌之名,集而謂之《詩》。詩人之作,雜有賦體。子夏序《詩》曰:一曰風,二曰賦。故知賦者,古詩之流也。

至於戰國,王道陵遲,風雅寢頓,於是賢人失志,詞賦作焉。是以孫卿、屈原之屬,遺文炳然,辭義可觀。存其所感,咸有古詩之意,皆因文以寄其心,托理以全其制,賦之首也。及宋玉之徒,淫文放發,言過於實,誇競之興,體失之漸,風雅之則,於是乎乖。

逮漢賈誼,頗節之以禮。自是厥後,[101]綴文之士,不率典言,并務恢張。其文博誕空類,大者罩天地之表,細者入毫纖之内,雖充車聯駟不足以載,廣夏接榱不容以居也。其中高者,至如相如《上林》、楊雄《甘泉》、班固《兩都》、張衡《二京》、馬融《廣成》、王生《靈光》,初極宏侈之辭,終以約簡之制,焕乎有文,蔚爾鱗集,皆近代辭賦之偉也。若夫土有常產,俗有舊風,方以類聚,物以群分。而長卿之儔,過以非方之物,寄以中域,虛張異類,托有於無。祖構之士,雷同影附,流宕忘反,非一時也。

曩者漢室内潰,四海圮裂,孫、劉二氏,割有交益;魏武撥亂,擁據函夏。故作者先爲吳蜀二客,盛稱其本土險阻瓌琦,可以偏王,而卻爲魏主述其都畿,弘敞豐麗,奄有諸華之意。言吳蜀以擒滅比亡國,而魏以交禪比唐虞,既以著逆順,且以爲鑒戒。蓋蜀包梁岷之資,吳割荆南之賦,魏跨中區之衍,考分次之多少,計殖物之衆寡,比風俗之清濁,課士人之優劣,亦不可同年而語矣。二國之士,各沐浴所聞,家自以爲我土樂,人自以爲我民良,皆非通方之論也。作者又因客主之辭,正之以魏都,折之以王道。其物土所出,可得披圖而校;體國經制,可得按記而驗。豈誣也哉!

固原州志序　　前明總督　劉敏寬

郡邑有志,仿古列史,備考鏡、垂勸戒也。固原舊志二種:一乃太微山人張氏治道所撰;一乃涇源中丞趙氏時春所撰者也。① 既各互有詳略,且時淹蹟幻,考據乖舛。況守土之官,屑越散逸,板籍無一存者。堂堂巨鎮,豈宜廢缺若此。因檄固原道方伯董君國光,諮詢參考,訂舊增新,余覆裁酌,撰次八篇。疆域、宅基,山川、古蹟,咸所附麗,作《地理》第一。設險奠居,城隍衙宇,保釐蓋藏,作《建置》第二。延禧燔崇,于神于靈,妥侑祈報,作《祠祀》第三。任土料民,作貢課力,惟正惟忠,作《田賦》第四。下甲詰戎,惠中綏外,鞏固金湯,作《兵制》第五。共主艾民,敦化襄理,僚吏是依,作《官師》第六。徽塵英軌,澣俗維風,前修仰止,作《人物》第七。白雪青錢,騰奇貢治,藻翰筌蹄,作《文藝》第八。篇贅數語,竊比韋弦,雖幽遐眇曖,不無掛漏,其顯暴臚列者,似亦略盡矣,有司者不復屑越散逸,使後之君子得所徵,以裨不逮,有深望焉。

雷少保興學紀事序②　　國朝御史　安維峻秦安人

蓋聞有非常之才,然後可肩非常之任,亦必有非常之德,乃能不矜非常之功。國家懸節鉞以待有功,功者才所見端也。而師保之職,則以崇有德,非若懋功懋賞之可以例獲也。

中江雷公,以大都督兼太子少保帥秦以來,垂三十年,盛烈著於旂常,[102]無庸縷述。獨其虛懷下士,樂育人才,有非尋常將帥所能及者。固原為督軍駐節所,回逆之變,城社為墟。公既膺簡命,蕩平醜類,慎固封守,民之逃亡歸故土者,視承平時才什一耳。懷鉛握槧之士,方奔走衣食,未遑專意文墨。[103]公以書院之設事屬草創,[104]乃與守土者分定課期,月出數十金作膏火費。每逢大比,必先期決科,厚其獎賞。又量赴試人數,優給斧資,俾有志觀光者,爭先踴躍。故雖亂離後,士之登賢書列甲榜者,癸酉、甲戌暨丙子等科,③尚不乏人。歲甲申,④公奉督師奉天之命,瀕行,[105]捐置千金產,令歲取息,[106]用充義學經費。[107]及凱旋,[108]復捐五百金發商生息,[109]以益書院獎賞之資。[110]所以為學校計者,何深

---

① 疑即趙時春撰《平涼府志》卷九《固原州》。
② 《望雲山房文集》卷上題作《固原學校感德序》。
③ 癸酉:同治十二年(1873);甲戌:同治十三年(1874);丙子:光緒二年(1876)。
④ 甲申:光緒十年(1884)。

且遠也。即此亦足見公之德矣。

憶隴上用兵之始，凡被儒服者，動爲帳下健兒所笑。即一時號稱名將，亦純尚武功，觀文士如秦越，[111]不少愛惜。公治兵之餘，即思課士，《詩》所稱“文武吉甫，萬邦爲憲”者，惟公有焉。抑又聞之：師也者，教之以事而喻諸德者也。保也者，慎其身以輔翼之而歸諸道者也。公以青宮師保之尊，留意邊方學校，爲之獎勸而培植者，[112]二十餘年如一日。行見人文蔚起，科第蟬聯，道德功名之士，安知不並出於其中。[113]大臣爲國儲才，[114]有相尋於其本者，如公之德，士林感且不朽。

余以壬辰應匡策吾刺史之聘，①來主講席，公之文孫之桐、之棣亦從余游，皆循循然一軌於禮。少陵詩有云：“將軍不好武，稚子總能文。”公之食報，其在斯乎？諸生謀勒石以銘公德，乞余一言紀其事，不敢以不文辭。因即公之德推本言之，以見養士即得人之券，豈僅分人以財謂之惠者哉。

酒泉龐烈女傳②　　晋　皇甫謐

酒泉烈女龐娥親者，表氏龐子夏之妻，祿福趙君安之女也。君安爲同縣李壽所殺，娥親有男弟三人，皆欲報仇，壽深以爲備。會遭災疫，三人皆死。壽聞大喜，請會宗族，共相慶賀，云：“趙氏强壯已盡，惟有女弱，何足復憂！”防備懈弛。娥親子淯出行，聞壽此言，還以啟娥親。娥親既素有報仇之心，及聞壽言，感激愈深，愴然隕涕曰：“李壽，汝莫喜也，終不活汝。戴履天地，爲吾門户、吾三弟之羞也。[115]焉知娥親不手刃殺汝，而自徼倖耶？”陰市名刀，挾長持短，晝夜哀酸，志在殺壽。

壽爲人凶豪，聞娥親之言，更乘馬帶刀，鄉人皆畏憚之。比鄰有徐氏婦，憂娥親不能制，恐反見中害，[116]每諫止之，曰：“李壽，男子也，凶惡有素，加今備衛在身。[117]爾雖有猛烈之志，[118]而强弱不敵。避近不制，則爲重受禍於壽，絶滅門户，痛辱不輕也。願詳舉動，爲門户之計。”娥親曰：“父母之仇，不同天地共日月者也。李壽不死，娥親視息世間，活復何求！今雖三弟早死，門户泯絶，而娥親猶在，豈可假手於人哉！若以卿心况我，則李壽不可得殺。論我之心，壽必爲我所殺明矣。”夜數磨礪所持刀訖，扼腕切齒，悲啼長嘆，家人及鄰里咸共笑之。娥親謂左右曰：“卿等笑我，直以我女弱不能殺壽故也。要當以壽頸血污此刀刃，令汝輩見之。”遂棄家事，乘鹿車伺壽。

至光和二年二月上旬，以白日清時，於都亭之前與壽相遇，便下車扣壽馬，叱

---

① 壬辰：光緒十八年(1892)。
② 《廣博物志》卷二三《閨壼》、《文章辨體彙選》卷五二八《傳一》均題作《龐娥親傳》。按：據《三國志》卷十八《龐淯傳》裴松之注，此爲皇甫謐《烈女傳》之文。

之。壽驚愕,回馬欲走。娥親奮刀砍之,[119]并傷其馬。馬驚,壽擠道邊溝中。娥親尋復就地砍之,深中樹闌,[120]折所持刀,壽被創未死,娥親因前,欲取壽所佩刀殺壽。壽護刀,瞋目大呼,跳梁而起。娥親乃挺身奮手,左抵其額,右捲其喉,反復盤旋,應手而倒。遂拔其刀以截壽頭,持詣都亭,歸罪有司,徐步詣獄,辭顏不變。時禄福長漢陽尹嘉不忍論娥親,即解印綬去官,弛法縱之。娥親曰:"仇塞身死,妾之明分也。治獄制刑,君之常典也。何敢貪生以枉官法。"鄉人聞之,傾城奔往,觀者如堵焉,莫不爲之悲喜慷慨嗟嘆也。守尉不敢公縱,陰語使去以便宜自匿。娥親抗聲大言,曰:"枉法逃死,非妾本心。今仇人已雪,死則妾分,乞得歸法以全國體。雖復萬死,於娥親已足,[121]不敢貪生爲明廷負也。"尉固不聽所執,娥親復言曰:"匹婦雖微,猶知憲制。殺人之罪,法所不縱。今既犯之,義無可逃。乞就刑戮,隕身朝市,肅明王法,娥親之願也。"辭氣愈屬,面無懼色。尉知其難奪,强載還家。

凉州刺史周洪、酒泉太守劉班等共表上,稱其烈義,[122]刊石立碑,顯其門閭。太常弘農張奐貴尚所履,[123]以束帛二十端禮之。海内聞之者,莫不改容贊善,高大其義。故黄門侍郎安定梁寬追述娥親,爲其作傳。玄晏先生曰:父母之仇,不與共天地,蓋男子之所爲也。而娥親以女弱之微,念父辱之酷痛,感仇黨之凶言,奮劍仇頸,人馬俱摧,塞亡父之怨魂,雪三弟之永恨,近古以來,未之有也。《詩》曰:"修我戈矛,與子同仇。"①娥親之謂也。按:酒泉,漢郡名,今肅州。表氏,漢縣名,今高臺縣。禄福,漢縣名,屬酒泉郡,今闕。

訓子勿厚殮誡　　漢　梁商

敕子冀等曰:吾以不德,享受多福。生無以輔益朝廷,死必耗費帑藏,衣衾飯唅、玉匣珠貝之屬,何益朽骨。百僚勞擾,紛華道路,祇增塵垢,雖云禮制,亦有權時。方今邊境不寧,盜賊未息,豈宜重爲國損! 氣絶之後,載至塚舍,即時殯殮。殮以時服,皆以故衣,無更裁製。殯已開塚,塚開即葬。祭食如存,無用三牲。孝子善述父志,不宜違我言也。

重修英濟王廟碑記②　　元　梁遺撰　李誠丹書

元統甲戌夏四月,③六盤山都提舉案牘張庸款門告遺曰:庸以延祐庚

---

①　參見《詩經·秦風·無衣》。
②　原碑題作《重修顯靈義勇武安英濟王廟三門記》,(嘉靖)《固志》卷二《記》題作《重修顯靈義勇武安王廟記》。此碑現藏寧夏固原博物館,碑高 187 釐米,寬 62 釐米,厚 20 釐米。參見《固原歷代碑刻選編》,第 132 頁。按:本志所載與(嘉靖)《固志》出入較大,若無意義上的出入,不一一出校。
③　元統甲戌:元統二年(1334)。

申，[①]蒙中政院委充提領所副提領，職掌催納糧租，歲辦貢稅千餘石，例投提舉司。庫使閻文彬收掌，驗數給付，歲終考較，官憑准。歲壬戌，[②]朝廷差官陳署丞弛驛，纂計本司上下，季分楮幣租稅，[124]詰庸出納數弊。庸齎所給收付爲照。丞曰："殊無印符，難爲憑准。"遂問庫使，閻文彬從而隱匿。丞曰："國朝有何負爾，敢如是耶。"令卒隸囹圄，責監承限通納。庸曰："冤甚，料無伸訴。"

越明日，庸禱於英濟王廟，跪拜未已，[125]鎖械自釋。監卒見怖以告，署丞大怒，命執廳下，督責益急，飭監卒重鎖固衛。言訖，[126]俄空中聞發矢聲，鎖械復隕於地。丞曰："若信兹而緩法，恐未宜。"仍飭監鎖。次日，推鞫官吏咸列左右，忽鎖械碎猶沙礫，觀者莫不震懼。官吏諫丞曰："此事不可測，莫若并庫使監鎖之。"丞如所諫。又一日，庸與文彬約誓於王廟，焚誓詞，倏有神雀翔至，集文彬首，用爪抓其髮，舉翼擊其面，鳴聲啾啾然，若指訴狀。文彬昏瞶如癡，良久方甦。自責曰："我等不合欺心，致召此報。"雀即飛去。既從其家搜得日收册照一卷，與給庸付數吻合。官吏白丞。丞乃釋庸而治文彬之誣。丞曰："至誠可以格天地，動鬼神，盟金石，殆信然歟。"庸追思感召，赫赫明明，若無毫髮爽者。爰罄俸錢，茸修祠宇，今將竣工矣，勒石志異，竊願有請。

遺聞之，悚然曰：孔子云"視之而弗見，聽之而弗聞，體物而不可遺者，爲鬼神之盛德"。今王之攝文彬也，儼然見，儼然聞，而民視民聽繫之。體物之功，直有以達於九霄，深於九淵，固洋洋乎如在其上，如在其左右矣。此而不志，惡乎用吾志？伏維王河東解人。臣事昭烈，挾其精忠浩氣，扶漢鼎於灰燼之餘。史册昭垂，焜燿今古。至於威靈顯著，覺世牖民，誠所謂大而化之之謂聖，聖而不可知之謂神。夫豈庸與文彬之一言一事，所能贊擬形容於萬一哉？神雀乎，神雀乎，其冥使乎？讀王之傳，拜王之祠，謹薰楮濡毫，爲之大書特書，以告後世之爲張庸、爲閻文彬者。按：此碑在開城嶺上，核其年代，爲元時故碣。文雖剝落，尚叮綴識。伊以事涉靈異，神道設教，録之可以儆頑醒奸，而并爲删易數行，以歸雅重。至所載英濟王封號，當爲關聖未晋帝位以前之尊謚。固原迭經兵火，此碑不設塵沙中，殆或有呵護之者。

創修固原城隍廟記[③]　　前明知府[④]　田賜[127]

景泰紀元，庚午之歲，[⑤]西戎犯邊，塵湧雲擾，朝廷憂之，召茸斯城。司馬韓公督勇興作，勇力弗給，更調協軍，洮、岷、靖、鞏，均襄厥事。同知榮福、指揮張

①　延祐庚申：延祐七年(1320)。
②　壬戌：至治二年(1322)。
③　本志所載，與(嘉靖)《固志》卷二《記·創建城隍廟碑記》文字有不同，疑經編者改寫。
④　指明平涼府知府。
⑤　庚午：景泰元年(1450)。

正,經營土木,殫慮竭精。城圍九里,屹然保障,三邊雄封,金湯乃固。自春徂秋,工用告成。

榮、張二公謀之司馬:料量磚石,均稱羨餘,以築祠宇,無慮觖乏。司馬曰"咨",當先城隍。城隍之祀,實輔社稷。神道設教,陰陽攸理,崇祀維誠,廟貌是壯。榮、張唯唯。周諮士民,士民稱便。諏吉力築,州城中央,廟址以定,坐坎面離,爽塏明敞。正殿五楹,金身丈六,棟梁栭榱,中繩直影。獻殿巍峨,櫺扉洞達。兩廡之間,羅刹森森。刀林劍池,蘗鏡如照。閻羅莊嚴,仿佛對簿。後拱寢宮,前列坊梲。鐵獅銅猊,斑斕奇致。美奂美輪,載歆載格。時閱一稔,役動億人。既核工費,白金萬鎰。司馬好施,不累民力。乃榮乃張,更助俸錢。凡在官者,捐廉佽之。深恤爾民,厥功甚偉。俎豆告馨,神人以和。邀天之麻,衆懷其惠。惟大司馬,蕭關砥柱。城堞千尋,爲萬民衛。廟食千古,爲萬民福。締造艱辛,鴻功駿績。榮張運籌,克明禋饗。俾神式憑,俾民安止。迺囑田賜,走筆爲文,鑴諸貞珉,以示不朽。賜也不才,誦芬詠烈,紀事以言,侑神以歌。歌曰:

神靈之來兮以風以雨,恍兮惚兮不知自何許。城垣鞏固兮實神所主,福善禍淫兮血食茲土。得司馬之愛民兮民受多祜,新廟巍然兮超越今古。備時物兮潔尊俎,鏗鏗其鐘兮坎坎其鼓。神之格兮錫純嘏,驅厲疫兮豐稷黍。吾民以寧萬物皆春兮,閟皇風於環宇。

增修文廟記[①]　　前明尚書　王恕

皇明奄有天下,統理萬邦。內而京都,外及郡邑與軍衛運司,咸設學校師儒,教育英才而賓興之,郅治之隆,媲三代盛時而無愧焉。

固原在平涼府西北,路當通衢。原有城隍,設千户所守禦其地,屬開城縣。成化間改爲衛,縣治舊在州南四十里,以虜寇肆侮,侵犯蹂躪,爰徙治城於此。弘治初,總制秦公因以駐節。公乃曲力殫慮,大展所蘊,凡百安內攘外之策,靡不具舉。奏升開城縣爲固原州,并令軍民願求外城地爲居室商市者,聽輸銀入官,授地有差等。民皆樂從。遂以廟學草創,狹陋弗稱,不可視爲傳舍。迺鳩工它材,[128]繪圖增修,謀所以恢宏之而開拓之,飭生員張正學董其事,易城中之地爲廟學之基。東至指揮王爵宅,西至守備署,南北均至官街。廣二十五丈,袤五十七丈。建大成殿八楹,崇五尋。戟門、櫺星門各三間,崇二尋。兩廡各二十五間,崇二尋。殿後建明倫堂五間,東西齋各六間。堂後作師舍四間,齋後作生徒舍四

---

①　(嘉靖)《固志》卷二《記》題作《固原增修廟學記》。按:固原增修廟學記碑1件,灰砂岩質,現藏寧夏固原博物館。碑高200釐米,寬92釐米,厚21.5釐米。原碑殘缺,現已修復,僅存部分碑文。楷書,共28行,行滿41字。參見《固原歷代碑刻選編》,第157頁。

十間。戟門左作神厨三間，右作神庫三間，生徒舍左作饌堂五間，右作廩庾三間。佈置周匝，已及九仞。適公奉召還京，瀕行，以未盡工囑副使高公，仍令張正學逐一而完之。殿宇覆以琉璃，施以丹漆，飾以金碧，户牖階陛，悉有款制。廉隅可啟可閉，可升可降，而不違則焉。像設儼然，足以使人之敬；堂闕森然，足以起人之恭。於鑠哉盛已。

是役也，始事於弘治十六年七月，告成於十八年九月。高公遣生員彭玹、段錦來謁，屬爲文以記。恕素孱譾，恐不勝事，二生堅請，勉爲之。言曰：大哉！吾夫子之道，乃二帝三王，繼天立極，明人倫，治萬世之大道也。凡有國家者，莫不建學立師，儲養人才，以待任用。是故師之所以爲教，弟子之所以爲學者，是道也。身之所以修，家之所以齊，國之所以治，天下之所以平，亦曷敢越於是道乎？立學有廟，釋奠有禮，正所以昌明文教，鼓舞士氣。將見俎豆莘莘，邊備整飭，蔚然焕然，有以固億萬年有道之長也，豈徒曰崇祀事云乎哉？總制秦公名紘，單縣人。兵備副使高公名崇熙，石州人。例得備書。

總督題名碑記[①] 前明尚書 楊守禮

弘治年來，火篩之變，復設總督大臣一員駐節固原，經略四鎮。先時名爲總制，嘉靖聖明，親定爲總督。任是職者，可謂榮且重矣。歷考先哲，有晋而爲冢宰者，爲南北司徒、司馬、司寇者，爲掌院左右都御史者，入内閣爲大學士者，匪人豈能勝此也耶。諸先哲敭歷中外，功在邊陲，自有太史氏直筆在。予景仰先哲，黽勉繼述，不敢以爲盡厥職，不敢以自償厥事，又不能不望於後之君子少恕焉。南澗子僭筆以爲記云。

兵備道題名碑記[②] 其文原闕。 前明提學 唐龍

嘉靖初，成君文闕。來攝其官，闕。布德揚武，闕。乃裒各姓氏勒於石而昭之。

開西海渠記[③] 前明修撰 吕柟

正德乙亥，[④]鎮守陝西等處右軍都督府都督僉事平凉趙公文，祗奉制敕駐紮於固原州。州井苦鹹，不可啖醎。汲河而爨，水價浮薪。朝那湫雙出於都盧

---

① （萬曆）《固志》卷下《文藝志第八·記》題作《總督題名記略》。

② 《唐漁石集》卷一《記·固原兵備題名記》、（嘉靖）《固志》卷二《記·兵備道題名記》均載此文。

③ 《涇野先生文集》卷十四《記》、（嘉靖）《固志》卷二《記》均題作《固原州行水記》。

④ 正德乙亥：正德十年（1515）。

山，[129]左流州境曰"東海"，右流州境曰"西海"。西海大於東海，湛澄且甘。公
及兵備副使景佐議導入州，[130]乃使都指揮陶文、指揮施範帥卒作渠，期月而
成。[131]襟街帶巷，出達南河，過入州學，匯入泮池。池以石甃，面起三梁。於是
農作於野，卒振於伍，士誦於庠，商賈奔藏於肆。學正李佐暨生員史暐諸人走狀
來謁，[132]因記之以昭後世。

石城記略　　前明總督　馬文升

殘元部落把丹者，仕平涼爲萬户。太祖兵至，歸附，授平涼衛正千户，部落散
處開城等縣。正統丁亥，[133]把丹孫滿四等倡謀從北虜叛，入石城。乃命右副都
御史嘉興項忠爲總督，鎮守陝西太監劉祥爲監督，涼州副總兵劉玉爲總兵，統京
營并甘、涼兵五萬往討。馬公文升以南京大理卿服闋升右副都御史，巡撫陝西協
剿。我軍奮勇，賊遂大敗，斬首七千六百有奇，俘獲二千六百，生擒滿四至軍前。
城中復立平涼衛達官火敬爲主，陽虎狸家口令認給還其生。擒賊千餘，斬八百
餘，擇留其滿四、馬驥、南斗、火鎮撫等二百名并滿四妻解京，俱伏誅。其未殄土
達，令其本分耕鑿。[134]石城北添所，固原千户所改衛，復添兵備僉事一員。

平虜碑記略　　前明修撰　康海

嘉靖十三年，兵部尚書唐公龍畫戰守之法。七月初，寧夏報吉囊結營于花馬
池。十四日，虜由定邊擁入鐵柱泉。二十三日，從青沙峴入寇安、會、金三縣。劉
文率所部參將霍璽、崔嵩、彭澮，守備吳瑛、崔天爵戰於會寧柳家岔及葛家山，斬
其桀者數十人，虜懼思遯。八月四日，虜合衆出青沙峴，文督戰當衝，復大敗虜
衆。而王緝於半箇城與指揮田國亦破零賊，前後斬首一百二十有七，所獲達馬一
百三十有二，甲冑、器械、衣物一千九百三十有七。梁震與參將吳吉、游擊徐淮、
守備戴經遇虜於乾溝，大戰破之，斬首一百八十有五，所獲達馬二百有四、器物四
千七百四十有七。王效與副將苗鑾、游擊鄭時、蔣存禮，又遇虜於興武營，大戰破
之。參將史經、劉潮分佈韋州。張年又從苗鑾擺邊，遇劉文驅虜結營北奔，各哨
奮勇而前，前後斬首一百三十，所獲達馬二百有二、器物二千一百六十有六。虜
幸得及老營，晝夜亟遯。

後樂亭記略　　前明總督　唐龍

原州城以南，其原昀昀，中有阜，紆餘而起，[135]長百餘步，闊半之。不識何
氏緣之爲臺，椽屋略具，下疏爲池，引渠流而注之，其北郡之勝概也哉。歲月滋
久，榛蕪并障，潢潦旁集，觀者病之。爰命有司，乘間而疏治之。構亭一楹，不雕

不績,以"後樂"名焉。

樂溥堂記略　　前明總督　石茂華

原州之北五里許,有泉焉,俗呼爲北魚池。冬不冰,中有魚,湛泓淵亭可數十畝,謂非一勝地哉。固原兵憲劉君伯變、總戎孫君國臣,請構數楹於上。方經營之,而劉君以陟去。憲副郭君崇嗣繼至,因協力成之。爲正堂三楹,後爲小亭。水中有洲,亦樹小亭於上,材木皆取諸見在者,而無所費。恭惟聖明御極,北虜款塞,軍無弗樂也。耕耘者得盡力於田畝,民無弗樂也。商賈不煩戒備,行旅無弗樂也。吾輩亦得乘一日之暇,顧軍民之樂而樂之,非徒適一己之情而已也,其樂也不亦溥乎!

固原鎮新修外城碑記略　　前明　馬自强

陝西西北部有鎮,曰固原,弘治中從守臣請增築内外城,宿重兵守之。軍民土著,城以内不能容,乃漸徙外城。外城又單薄,聚土爲垣,歲久多廢。萬曆二年,總督毅庵石公至,有增甃意。巡撫文川郜公以防秋至,見與毅庵公合,遂會議改築。兵備副使晋君應槐遂請以身任之。晋君以憂去,代者爲劉君伯變,督視二年,以遷去。亡何,郜公召還朝,而代者爲嵩河董公,代劉君者爲郭君崇嗣。董公復從中相繼調督察之。至五年秋八月,城成。城高三丈六尺,袤二千一百一十七丈,崇墉疊雉,鱗次上下,環以水馬二道各若干,而創角樓、敵臺、鋪房、牌坊各若干座表之。越歲,郜公復受命總督固原,并得理其未備,於是固原内外城屹然如金湯焉。

督府郜公撫禦俺酋碑記略　　前明修撰　王家屏

俺酋戴上天覆之恩,憬悔彌切,則請徙幕而西游祁連、青海間,求休屠王金人禮之,迎其弟子以歸。會套虜卜失兔諸部新仇於瓦剌,欲藉東虜釋憾,因數使役風俺酋盛兵自從,俺酋乃發其部三十萬衆以行。時萬曆丁丑秋九月也。事聞,天子乃咨廷臣,求可制陝以西籌邊者,咸謂無過郜公,於是公以大中丞受鉞往。虜既至張掖,以馬市請,公遣人諭之曰:"此非市所也。"虜又請茶市,公曰:"番之茶市猶若馬市也。"虜大慚沮已。又請西出嘉峪關以要哈密,公曰:"兹關天子所封,人臣安得擅啟。"虜頷謝。居歲餘,俺酋東歸問意始决,則己卯秋八月也。酋行抵寧夏赤木口,口直鎮西門,從此徑鎮之北鄂,循横城入套,可近四五百里。公策慮必窺之道,乃預檄鎮,决漢、唐兩壩水注郊原。虜至,果欲内走。公使使遮問虜:"若向從何方來,乃今謬縱不遵太師約,獨不畏朝廷禁乎?且前水澤,深者没牛馬,若能乘橇而濟,惟若所之耳。”虜竟引去,西陲用寧。公名光先,上黨人。

固原鼎建太白山神祠記略　　前明總督　郜光先

在歲甲申,①聖天子以故御史大夫、左司馬起光先松楸間,再督陝西三邊軍
務。光先車涉停口以往,則赤地極目。至則躬率文武,禱於城隍之神,七日弗得。
請已,忽思太白山神故稱靈應,盍往求之? 膏雨倏零,遂霽,不可畜。父老言於光
先曰:“幸爲元元請命。即再遣信使,竟當慰我蒼生。”乃更以耆民若而人往祈之。
光先以昧爽出禱,尊俎方陳,雨輒驟至,亡何而又霽。光先遂再肅牲帛,易詞以
祝。俄大雨如澍,三日夜乃已。原州父老願立廟,歲時展祀。乃卜地郭北乾方,
西負山陵,東面流水,以是歲九月經始,至丙戌十月告成。②　廟制築垣爲城,方二
里而羨,應門起高臺危觀,甃以磚石。門外豎四柱坊,近道豎二柱坊,中門亦作
閣,而鐘鼓樓左右翼之。正殿七楹,後寢五楹,左右各二十五楹。中爲馳道,露臺
兩墀爲碑記亭。北疏戶爲鼇宮,南疏戶爲精舍,又兩隅爲門房以樓,咸爲壯麗宏
偉,足可與華嶽、吳山相埒矣。

平定寧夏露布碑記略　　前明總督　葉夢熊

惟茲寧夏,建玉節以控臨,實祖宗制馭之成憲;衍天橫以彈壓,顧世代封守之
宏猷。近歷熙朝,稱爲樂土。詎意哱拜、哱承恩生長胡地,狼性難防,劉東暘、許
朝、土文秀結約陰謀,虺凶愈肆,殺憲臣以起難,奪敕印以憑陵。劫庫放囚,何所
顧忌;招夷納叛,共結誓盟。擅置職官,頒佈衛所要地;播傳諭檄,傾搖關隴愚民。
殘辱縉紳,拘囚世子。惟仗聖明剛斷,賜劍以震天威;廟畫淵微,決策以收全勝。
總督尚書魏學曾竭智殫忠,復回衛所四十餘處,因賊退虜安,[136]全堡寨幾萬餘
家。寧夏巡撫朱正色親冒矢石而展臂生風,監軍御史梅國弘身任戎行而揮戈起
日。提督總兵李如松與虜對敵,斬首一百二十級,虜謀絕而大勢成,始末皆其首
功。寧夏總兵蕭如薰固守平虜,相持者數月,賊氣沮而根本定,牽制尤多勝算。
副總兵麻貴城下、石溝之戰,先後出奇。總副參游牛秉忠、劉承嗣、李昫、王通、何
崇德、王國柱、楊文、馬孔英、李如樟、李寧等,轉戰防守之功,拮据極苦。藩臬監
司楊時寧、馬鳴鑾、蔡可賢、顧其志、張季思相與分猷之助,經理爲勞。兵部主事
趙夢麟倡始籌畫之方,先收奇策。遼晉宣大之驍將畢陳,浙湖川貴之健卒咸至,
隨於十六日群酋互殺,劫氣遂終。懸東暘、許、土之首於城隅,門哱拜、承恩於窟

內。救焚絕燼,芟草求根。承恩生擒,哮拜就戮,舉家百口,付之烈炬。真夷千衆,伏於鋼刃,勢如雷霆,功收漏刻。

少傅李公崇祀碑記略　　前明翰林　韓文煥

固原次第總戎事者,胥一時名卿碩輔。其在鎮久而事功最彪炳,無如我少傅李公汶來督四鎮。於時青海諸虜正屬跳梁,遂檄行四鎮剿平,恢復故土,計先後所斬捕首虜共七萬有奇。尋令各鎮亟圖繕葺,植頹築虛。邊垣延袤五百餘里,而要害城堡所在翼翼,時裁他費不經者給軍,[137]而又多出贖鍰,廣行犒賞。他如訓材官,斥奸宄,廣積貯,代逋稅,諸可以鞭撻膚懲之具靡不備。蓋公在鎮凡十餘歲,而居者如堵,行者如市,保全生命物產,直以億萬計,是公之大有造於此也。[138]而在鎮軍民,德公無已,共爲祠,伏臘奔走恐後,庶幾古《甘棠》之遺哉。

少傅李公少保田公紀績碑記略　　前明尚書　黃嘉善

嘉隆間,闕[139]千合沙諸處,[140]營爲三窟。所爲患最大者,闕[141]蟠踞松山咽喉爲梗,一綫幾絕。所賴前田公以萬曆壬辰渡河,①一意廓清。李公亦以乙未來,②相與密計機略,兵威震疊。松酋日夜皇皇,率驚且疑,謀糾衆趨青海,併力大逞。會兩公熟計密畫,調集將兵攻虜,大敗。統計斬虜首及死傷者無算,捷僅奏馘七百有奇,俘獲溢巨萬。而又設法招降番僧柴隆黃金榜什、虜首著什吉等萬餘人,虜僅僅餘殘孽,遂屏息賀蘭山後,而松疆空矣。又躬率諸道將,蓐食扒沙七晝夜,經畫邊垣。西起涼之泗水,東抵靖之黃河,廣袤一千餘里,移兵將戍守。祇今莊、紅無梗咽之虞,蘭、靖無剝膚之患,朔方無疥癬之疾,安、會、闕、隴無震鄰之恐。原文闕。

防秋定邊剿虜捷疏記略

萬曆四十三年秋,總督劉敏寬親提標兵,乘障駐防花馬池調度。於是節報合套大頭目吉能、火落赤等會事,因見順義三年併市,熱中乞討八年之賞。要挾未遂,聲言要東至黃甫川,西至鹽場堡一千二百餘里,各分定地方,沿邊圍城,掏墩、犯搶等情。隨經飛檄延、寧、陝三鎮撫鎮道將等官嚴加防範,間諸酋果傾巢勾虜,畫地入犯,延鎮兵馬,地廣力分,勢難敵衆。故自閏八月十九日以至九月初一日,三路受敵,警報時聞。敏寬義主討賊,裂眥搗心,恨不滅此而後朝食。初二日寅

---

① 萬曆壬辰:萬曆二十年(1592)。
② 乙未:萬曆二十三年(1595)。

時,忽報虜復擁衆四五千騎,從定邊西沙梁入犯。即簡各鎮精銳,屬其事於寧夏總兵官杜文煥與中軍副總兵吳繼祖,矢之曰:"勝衰存亡,在此一舉。有如縱虜,勿復相見。"二將亦以矢衆,忠義激發,奮迅以往,督率偏裨將士,與賊鏖戰。陝西總兵官祁繼祖等統兵從西,定邊副總兵蕭捷等統兵從東,各飛集夾擊剿殺,虜遂潰亂,披靡遁北。共計斬獲首級二百四十八顆,内恰首四顆,奪獲達馬三十三匹,坐纛三桿,盔甲六十一頂副,器械三千五百餘件。是役也,釋攻圍之擾,寢深入之謀,伸華夏之威,雪將士之恥,誠自來秋防所罕覯者。隨具捷書入告。是時飭戒兵、給芻餉,則固原道董國光、寧夏河東道張崇禮、河西道趙可教、靖邊道李維翰。是年九月,總督劉敏寬題。自是以至四十四年三月,屢獲捷功十次,共斬虜首二千一百九十有奇,零級不與焉,無非定邊之餘烈也。

【校勘記】

[1] 峰巒:(雍正)《陝志》卷八五《藝文一·御製詔誥》作"巒峰",《八旒通志》卷首《天章一·聖祖仁皇帝御製詩》、《聖祖文集》卷三七《古今體詩四十首》均作"巒聲"。

[2] 係我編置:《清聖祖實録》卷二七〇作"已經編置"。

[3] 猶念:《聖祖文集》第四集卷九作"獨念"。

[4] 恩澤:《聖祖文集》第四集卷九作"膏澤"。

[5] 歸德:《聖祖文集》第四集卷九、《清聖祖實録》卷二七〇無此二字。

[6] 兩:此字原脱,據《聖祖文集》第四集卷九、《清聖祖實録》卷二七〇補。

[7] 軍行:原作"軍興",據《平定準噶爾方略》前編卷七、《聖祖文集》第四集卷十三《敕諭》等改。

[8] 早已:《西域圖志》卷十八《疆域十一》、《御製詩集》三集卷四《古今體一百二首》均作"縱已"。

[9] 官軍:此二字原脱,據《光緒宣統兩朝上諭檔》第21冊"光緒二十一年六月初十日"上諭補。

[10] 伊:此字原脱,據《光緒宣統兩朝上諭檔》第21冊"光緒二十一年六月初十日"上諭補。

[11] 隴:《光緒宣統兩朝上諭檔》第22冊"光緒二十二年十月初五日"上諭作"甘"。

[12] 總:《光緒宣統兩朝上諭檔》第22冊"光緒二十二年十月初五日"上諭作"所"。

[13] 打:《光緒宣統兩朝上諭檔》第22冊"光緒二十二年十月初五日"上諭作"下"。

[14] 和爾昂:《光緒宣統兩朝上諭檔》第22冊"光緒二十二年十月初五日"上諭作"和兒昂"。

[15] 魁:《光緒宣統兩朝上諭檔》第22冊"光緒二十二年十月初五日"上諭作"渠"。

[16] 大褂:《光緒宣統兩朝上諭檔》第25冊"光緒二十五年二月十一日"上諭无"大"字。

[17] 嘉:原作"加",據《光緒宣統兩朝上諭檔》第35冊"宣統元年閏二月二十五日"上諭改。

[18] 表對:此二字原無,據本志原編《目録》補。

[19] 師師成熙：此同《漢魏百三家集》卷十八《漢蔡邕集》，《漢蔡中郎集》卷二《薦皇甫規表》作
"師師咸熙"。

[20] 生事：此同《漢魏百三家集》卷十八《漢蔡邕集》，《漢蔡中郎集》卷二《薦皇甫規表》無
"生"字。

[21] 力行：原作"立行"，據《漢魏百三家集》卷十八《漢蔡邕集》、《漢蔡中郎集》卷二《薦皇甫規
表》等改。

[22] 仗節：此同《漢魏百三家集》卷十八《漢蔡邕集》，《漢蔡中郎集》卷二《薦皇甫規表》作
"伏節"。

[23] 稽：原作"嗇"，據《漢魏百三家集》卷十八《漢蔡邕集》、《漢蔡中郎集》卷二《薦皇甫規表》
等改。

[24] 殊死：此同《漢魏百三家集》卷十八《漢蔡邕集》，《漢蔡中郎集》卷二《薦皇甫規表》無
"殊"字。

[25] 即位：原作"即世"，據《後漢書》卷三四《梁統傳》、《冊府元龜》卷六一四《刑法部·議讞》
等改。

[26] 坐安：此同四庫本《後漢書》卷六四《梁統傳》，中華本《後漢書》卷三四《梁統傳》、《冊府元
龜》卷六一四《刑法部·議讞》均作"安全"。

[27] 敗將：原作"攻將"，據《後漢書》卷六五《皇甫規傳》、《資治通鑑》卷五二等改。

[28] 求自奮效疏：《東漢文紀》卷十五題作《上桓帝論羌事求自效疏》。

[29] 每歲夏：此同《歷代名臣奏議》卷三二一《禦邊》，《資治通鑑》卷二四二作"每歲盛夏"。

[30] 斥候：原作"斥侯"，據《長編》卷一三四、《諸臣奏議》卷一三三《邊防門》等改。

[31] 劉貽孫：原作"劉貽蓀"，據《長編》卷一三四、《諸臣奏議》卷一三三《邊防門》等改。

[32] 屯兵："屯"字原脫，據《宋史》卷二八五《陳執中傳》、《歷代名臣奏議》卷三二三《禦邊》補。

[33] 修：原作"先"，據《宋史》卷二八五《陳執中傳》、《歷代名臣奏議》卷三二三《禦邊》改。

[34] 司：《左宗棠全集·奏稿四·敬陳分道進剿佈置聯絡情形摺》作"計"。

[35] 古浪：此二字原脫，據《左宗棠全集·奏稿四·敬陳分道進剿佈置聯絡情形摺》補。

[36] 速：原作"迗"，據《左宗棠全集·奏稿四·敬陳分道進剿佈置聯絡情形摺》改。

[37] 駐：《左宗棠全集·奏稿四·敬陳分道進剿佈置聯絡情形摺》無此字。

[38] 之竄賊：《左宗棠全集·奏稿四·敬陳分道進剿佈置聯絡情形摺》作"竄出之賊"。

[39] 村落：《左宗棠全集·奏稿四·敬陳分道進剿佈置聯絡情形摺》作"村堡"。

[40] 踞靜寧州莊浪縣丞轄境威戎鎮："踞"，原作"居"，據《左宗棠全集·奏稿四·敬陳分道進
剿佈置聯絡情形摺》改；"威戎鎮"，《左宗棠全集·奏稿四·敬陳分道進剿佈置聯絡情形
摺》作"威戎堡"。

[41] 通渭縣：《左宗棠全集·奏稿四·敬陳分道進剿佈置聯絡情形摺》此三字後有"所屬之"
三字。

[42] 又攻破：《左宗棠全集·奏稿四·敬陳分道進剿佈置聯絡情形摺》作"及"。

[43] 仿官軍營制：《左宗棠全集·奏稿四·敬陳分道進剿佈置聯絡情形摺》此五字後有"部勒

其衆"四字。

[44] 至：《左宗棠全集·奏稿四·敬陳分道進剿佈置聯絡情形摺》作"突至"。

[45] 東南：原作"南"，據《左宗棠全集·奏稿四·敬陳分道進剿佈置聯絡情形摺》改。

[46] 并調：《左宗棠全集·奏稿四·敬陳分道進剿佈置聯絡情形摺》作"調臣"。

[47] 邐回：《左宗棠全集·奏稿四·敬陳分道進剿佈置聯絡情形摺》作"迂回"。

[48] 睹：《左宗棠全集·奏稿四·敬陳分道進剿佈置聯絡情形摺》作"觀"。

[49] 《左宗棠全集·奏稿四》題作《進剿北路逆回連獲大捷摺》。

[50] 十：《左宗棠全集·奏稿四·進剿北路逆回連獲大捷摺》作"千"。

[51] 力：《左宗棠全集·奏稿四·進剿北路逆回連獲大捷摺》作"立"。

[52] 牽隊：《左宗棠全集·奏稿四·進剿北路逆回連獲大捷摺》作"率隊"。

[53] 求：《左宗棠全集·奏稿四·進剿北路逆回連獲大捷摺》作"來"。

[54] 三四十里：《左宗棠全集·奏稿四·進剿北路逆回連獲大捷摺》作"三數十里"。

[55] 後兩營：《左宗棠全集·奏稿四·進剿北路逆回連獲大捷摺》作"中後兩營"。

[56] 飛奪：《左宗棠全集·奏稿四·進剿北路逆回連獲大捷摺》作"飛奔"。

[57] 斃賊二千餘名：《左宗棠全集·奏稿四·進剿北路逆回連獲大捷摺》作"計共斃賊二千七
八百名"。

[58] 《左宗棠全集·奏稿四》題作《剿辦固原鹽茶廳客土逆回片》。

[59] 四處：《左宗棠全集·奏稿四·剿辦固原鹽茶廳客土逆回片》作"四出"。

[60] 李兒步讀：《左宗棠全集·奏稿四·剿辦固原鹽茶廳客土逆回片》作"李讀兒"。

[61] 五六百衆：《左宗棠全集·奏稿四·剿辦固原鹽茶廳客土逆回片》作"等聚衆五六百人"。

[62] 走：《左宗棠全集·奏稿四·剿辦固原鹽茶廳客土逆回片》無此字。

[63] 十二：《左宗棠全集·奏稿四·剿辦固原鹽茶廳客土逆回片》作"十一"。

[64] 初四：《左宗棠全集·奏稿四·剿辦固原鹽茶廳客土逆回片》作"初八"。

[65] 馬：《左宗棠全集·奏稿四·剿辦固原鹽茶廳客土逆回片》作"騾馬"。

[66] 狼窩溝：《左宗棠全集·奏稿四·剿辦固原鹽茶廳客土逆回片》作"狼兒溝"。

[67] 守：《左宗棠全集·奏稿五·搜剿鹽茶固原東西兩山竄賊迭勝片》作"寄"。

[68] 斫斃：《左宗棠全集·奏稿五·搜剿鹽茶固原東西兩山竄賊迭勝片》作"生擒"。

[69] 蕭玉光：《左宗棠全集·奏稿五·搜剿鹽茶固原東西兩山竄賊迭勝片》作"蕭玉元"。

[70] 陝甘：《左宗棠全集·奏稿五·搜剿鹽茶固原東西兩山竄賊迭勝片》作"峽口"。

[71] 此：《左宗棠全集·奏稿五·搜剿鹽茶固原東西兩山竄賊迭勝片》作"北"，疑是。

[72] 白堖：《左宗棠全集·奏稿五·搜剿鹽茶固原東西兩山竄賊迭勝片》作"白家鄆"。

[73] 預遣游擊：《左宗棠全集·奏稿五·搜剿鹽茶固原東西兩山竄賊迭勝片》作"遣所部
游擊"。

[74] 同知范廷梁潛師夜起襲之："同知"，《左宗棠全集·奏稿五·搜剿鹽茶固原東西兩山竄
賊迭勝片》此二字前有"得報會同署鹽茶廳"八字。"范廷梁"，《左宗棠全集·奏稿五·
搜剿鹽茶固原東西兩山竄賊迭勝片》作"范同梁"。"襲之"，《左宗棠全集·奏稿五·搜

剿鹽茶固原東西兩山竄賊迭勝片》作"截之"。

[75] 擒賊：《左宗棠全集·奏稿五·搜剿鹽茶固原東西兩山竄賊迭勝片》作"擒斬"。

[76] 賊匪另股：《左宗棠全集·奏稿五·搜剿鹽茶固原東西兩山竄賊迭勝片》作"另股賊匪"。

[77] 哨：《左宗棠全集·奏稿五·搜剿鹽茶固原東西兩山竄賊迭勝片》作"總"。

[78] 二十六日：《左宗棠全集·奏稿五·搜剿鹽茶固原東西兩山竄賊迭勝片》作"二十三日"。

[79] 賊：《左宗棠全集·奏稿五·搜剿鹽茶固原東西兩山竄賊迭勝片》作"騎賊"，疑是。

[80] 斬：《左宗棠全集·奏稿五·搜剿鹽茶固原東西兩山竄賊迭勝片》無此字。

[81] 賊：《左宗棠全集·奏稿五·搜剿鹽茶固原東西兩山竄賊迭勝片》作"悍賊"。

[82] 狗齒牙子：《左宗棠全集·奏稿五·搜剿鹽茶固原東西兩山竄賊迭勝片》此四字後有"一犯"二字。

[83] 《左宗棠全集·奏稿四》題作《截剿南竄逆回迭勝首逆馬正和伏誅摺》。

[84] 馱驟腰嶺：原作"馱驟腰綫"，據《左宗棠全集·奏稿四·截剿南竄逆回迭勝首逆馬正和伏誅摺》改。

[85] 也：《左宗棠全集·奏稿四·截剿南竄逆回迭勝首逆馬正和伏誅摺》此字後有"訊畢斬之"四字。

[86] 其：《左宗棠全集·奏稿四·截剿南竄逆回迭勝首逆馬正和伏誅摺》作"旂"。

[87] 二十二日：《左宗棠全集·奏稿四·截剿南竄逆回迭勝首逆馬正和伏誅摺》作"二十一日"。

[88] 捕：《左宗棠全集·奏稿四·截剿南竄逆回迭勝首逆馬正和伏誅摺》作"薄"，疑是。

[89] 營汛別議：《左宗棠全集·奏稿五·升固原州爲直隸州添設下馬關知縣并改鹽茶廳同知爲知縣摺》作"營汛則無庸別議"。

[90] 向：《左宗棠全集·奏稿五·升固原州爲直隸州添設下馬關知縣并改鹽茶廳同知爲知縣摺》作"餉"。

[91] 邪：《左宗棠全集·奏稿五·升固原州爲直隸州添設下馬關知縣并改鹽茶廳同知爲知縣摺》作"芽"。

[92] 川野：此同《册府元龜》卷六四七《貢舉部·對策》，《後漢書》卷六五《皇甫規傳》作"丹野"。

[93] 玄守論：原避清聖祖玄燁諱作"元守論"，據《晉書》卷五一《皇甫謐傳》回改。

[94] 振：《晉書》卷五一《皇甫謐傳》、《册府元龜》卷七七〇《總錄部·自述》等作"變"。

[95] 論西北備邊：《青谿漫稿》卷十三《奏議》題作《論西北備邊事宜狀一》。按：本志所載爲節錄，若無異義，不一一出校。

[96] 挫衂：原作"坐衂"，據《青谿漫稿》卷十三《奏議·論西北備邊事宜狀一》改。

[97] 壯：《青谿漫稿》卷十三《奏議·論西北備邊事宜狀一》作"杜"。

[98] 粟：《青谿漫稿》卷十三《奏議·論西北備邊事宜狀一》作"米"。

[99] 屯兵：《青谿漫稿》卷十三《奏議·論西北備邊事宜狀一》作"稱兵"。

[100] 擄酋：疑當作“虜酋”。四庫本《青谿漫稿》卷十三《奏議·論西北備邊事宜狀一》作“酋
　　　長”，蓋清人避“虜”諱也。

[101] 自是：此同《文章辨體彙選》卷二九五《序十五·三都賦序》，《文選》卷四五《序上·三都
　　　賦序》作“自時”。

[102] 盛烈：《望雲山房文集》卷上《固原學校感德序》作“懋績”。

[103] 專意：《望雲山房文集》卷上《固原學校感德序》作“措意”。

[104] 書院：《望雲山房文集》卷上《固原學校感德序》作“五原書院”。

[105] 瀕行：《望雲山房文集》卷上《固原學校感德序》作“臨行”。

[106] 令：《望雲山房文集》卷上《固原學校感德序》作“俾”。

[107] 義學：《望雲山房文集》卷上《固原學校感德序》作“書院”。

[108] 凱旋：《望雲山房文集》卷上《固原學校感德序》此二字後有“回署”二字。

[109] 捐：《望雲山房文集》卷上《固原學校感德序》作“捐助”。

[110] 發商生息以益書院獎賞之資：《望雲山房文集》卷上《固原學校感德序》作“以益膏火
　　　之資”。

[111] 觀：《望雲山房文集》卷上《固原學校感德序》作“視”。

[112] 爲之：《望雲山房文集》卷上《固原學校感德序》作“所以”。

[113] 道德功名之士安知不並出於其中：《望雲山房文集》卷上《固原學校感德序》作“安知公
　　　忠亮節之人不即出於其中”。

[114] 爲國儲才：《望雲山房文集》卷上《固原學校感德序》作“以人事君”。

[115] 弟：《三國志》卷十八《龐淯傳》裴松之注、《廣博物志》卷二三《閨壼》作“子”。

[116] 反：《三國志》卷十八《龐淯傳》裴松之注、《廣博物志》卷二三《閨壼》均作“逆”。

[117] 加：原作“如”，據《三國志》卷十八《龐淯傳》裴松之注、《廣博物志》卷二三《閨壼》改。

[118] 爾：《三國志》卷十八《龐淯傳》裴松之注、《廣博物志》卷二三《閨壼》作“趙”。

[119] 砍：《三國志》卷十八《龐淯傳》裴松之注、《廣博物志》卷二三《閨壼》均作“斫”。下“砍”
　　　字同。

[120] 深：《三國志》卷十八《龐淯傳》裴松之注、《廣博物志》卷二三《閨壼》作“探”。

[121] 已：《三國志》卷十八《龐淯傳》裴松之注、《廣博物志》卷二三《閨壼》均作“畢”。

[122] 烈義：原作“節義”，據《三國志》卷十八《龐淯傳》裴松之注、《廣博物志》卷二三《閨
　　　壼》改。

[123] 太常：原作“大昌”，據《三國志》卷十八《龐淯傳》裴松之注、《廣博物志》卷二三《閨
　　　壼》改。

[124] 季：(嘉靖)《固志》卷二《記·重修顯靈義勇武安王廟記》作“計”。

[125] 未已：(嘉靖)《固志》卷二《記·重修顯靈義勇武安王廟記》作“未語”。

[126] 言訖：(嘉靖)《固志》卷二《記·重修顯靈義勇武安王廟記》作“言未訖”。

[127] 田賜：(嘉靖)《固志》卷二《記·創建城隍廟碑記》作“田暘”。

[128] 它：疑當作“庀”。

[129] 都盧山：此同(嘉靖)《固志》卷二《記·固原州行水記》、(萬曆)《固志》卷下《文藝志第八·記·固原州行水記略》。《涇野先生文集》卷十四《記·固原州行水記》作"都虞山"。

[130] 景佐：《涇野先生文集》卷十四《記·固原州行水記》作"景左"。導：《涇野先生文集》卷十四《記·固原州行水記》作"道"。

[131] 月：原作"年"，據(嘉靖)《固志》卷二《記·固原州行水記》、(萬曆)《固志》卷下《文藝志第八·記·固原州行水記略》、《涇野先生文集》卷十四《記·固原州行水記》改。

[132] 史暐：《涇野先生文集》卷十四《記·固原州行水記》、(萬曆)《固志》卷下《文藝志第八·記·固原州行水記略》均作"史暐"；(嘉靖)《固志》卷二《記·固原州行水記》作"史瑋"。走狀來謁：(嘉靖)《固志》卷二《記·固原州行水記》、(萬曆)《固志》卷下《文藝志第八·記·固原州行水記略》、《涇野先生文集》卷十四《記·固原州行水記》均作"走狀謁記"。

[133] 正統：《西征石城記》和《明史紀事本末》卷四一《平固原盜》等均作"成化"，是。

[134] 耕鑿：(萬曆)《固志》卷下《文藝志第八·石城記略》作"耕牧"。

[135] 紓餘：(萬曆)《固志》卷下《文藝志第八·後樂亭記略》作"紆餘"。

[136] 因：原作"囚"，據(萬曆)《固志》卷下《文藝志第八·平定寧夏露布碑記略》改。

[137] 給：(萬曆)《固志》卷下《文藝志第八·少傅李公崇祀碑記略》作"唊"。

[138] 此：(萬曆)《固志》卷下《文藝志第八·少傅李公崇祀碑記略》作"陝"。

[139] 闕：(萬曆)《固志》卷下《文藝志第八·少傅節制李公少保大中丞田公松山記績碑記略》作"賓水、青火等酉，徙牧松山、青海"。

[140] 千：原作"于"，據(萬曆)《固志》卷下《文藝志第八·少傅節制李公少保大中丞田公松山記績碑記略》改。

[141] 闕：(萬曆)《固志》卷下《文藝志第八·少傅節制李公少保大中丞田公松山記績碑記略》作"惟銀歹諸"。

新修固原直隸州志〔卷九〕

藝 文 志 三

記祝賦頌跋示批牘銘各文類

總制秦公政績碑記[①]　　前明檢討　王九思

戶部尚書山東秦公紘，弘治中嘗總制三邊。公去二十餘年，邊人思之不置，欲立祠於固原以祀。於是監生馬文輝等請於今總制邃庵楊公，公諾之，命兵備副使桑君溥董祠事。卜地得州城之南郊三畝許，[1]坐坎面離，[2]經營逾年，而祠告成。享室軒爽，龕扉洞達，啟以重門，環以周垣，堂之正位，則遺像設焉，懍懍然有生氣，有令人之愛戴景行一至於此。乃遣介告九思曰：子其記之。是豈徒邊人之慰也，實九思之大願遂矣。

公之籌邊備也，惟戰與守。戰則軍聲所至，師行以律；守則條教所被，比戶不驚。以故無老若幼，無漢若番，莫不鼓舞之讋服之。而且推衍古法，深算獨操，創兵車，[3]造火器，爲諸鎮式。已乃修預望城、[4]修石陝口、修雙峰臺三城，更於金佛峽、海子口七堡，甃石爲垣，裹鐵爲門，凡以爲絕虜道、衛居民計耳。

公始任二載，旋入京師，嗣復蒞此，迺更與邊庭將校勵精圖治。奏移批驗所以通鹽賈，而公家自富矣；籌建內外城以扼敵路，而烽火無虞矣。至於沿邊一帶，開隍築堡，以處計凡萬四千一百九；鏟崖通道者，以里計凡三千七百五十。[5]洵非苟且補苴者企萬一也。而尤有可貴者，當其時干戈甫靖，禮樂未隆，公慨然以養士興學爲己任。由是捐俸錢，廣齋舍，崇修孔廟，校試生徒，將詩書之化，俎豆之文，人才彬彬，雷動飆舉，然後知公之教澤爲孔長也。

----

① 《渼陂集》卷十《記》題作《陝西固原州新建總制秦公祠堂記》。按：《渼陂集》所載與本志文字有異，若無意義上的差異，不一一出校。

古人有言曰:"太上貴德,其次立功,其次立言,舍是無以建不朽之業。"如公者德修一己,而政貽千古,其功在社稷,其言炳日星。宜乎民不能忘,馨香禱祀,俾與崆峒、黄瀆同爲不朽也。懿歟休哉,有令人之愛戴景行一至於此。

固原書院置祠堂記　　前明　趙時春

固原州城之南,有室翼然,距闤闠之下,左右兩廡相比後先雁鶩立。[6]問其守者,則對曰:"往爲兵備副使山東桑君溥所建,欲龕之而祠民之所尸可以匹社者。會桑君代去,而法宜待報,故久未絎牲。"於是兵備僉事信陽樊子曰:"是鵬職也,不可以徂已。然紀大僚之勳德而輒祠焉,非鵬之所得爲也。若以爲書院而置祠堂焉,乃有司之所以勵後學而崇先獻,其可夫。"乃斥閑田三百畝,以業生徒,儲用俎豆,咸稱其式。[7]命學官率其弟子之髦弁者,序而升。不約而稱曰:"昔都御史平湖項公、鈞陽馬公過亂石城,能捍大患,則宜祠。總制侍郎某郡才公,志清沙漠,奮不顧身,以勤死事,則宜祠。總制尚書單秦公肇創軍府,世號福將,荆山王公斬獲名酋,晉溪王公保固邊圉,以勞定國,法施於民,則皆宜祀。少師遂庵楊公之法備於秦,尚書漁石唐公之功光於荆山,而又吾師也,則又宜皆祀。"樊子以爲然,爰請於總制尚書浙東姚公,設其生者荆山王公、漁石唐公位如衙制,而諸公壇焉神之也。

儀既成舉,[8]士固興躍。樊子涖於講堂而誨之曰:"夫先獻巨公,本皆儒士耳。而蜚聲宣烈,烜耀今昔,謂非諸生之所當爲乎?《詩》曰'文武吉甫,萬邦爲憲'。又曰'吉甫燕喜,飲御諸友。侯誰在矣,張仲孝友'。[①] 吾意諸公之所準,無逾吉甫,而諸生之所當爲者,亦不殊乎是。其務修爾孝,馨爾友,允文允武。噫!斯無玷於古之人。"

朝那廟碑記　　前明巡撫　趙時春

朝那,秦肇縣。惠文王使張儀陰謀伐楚,獻文於湫神曰:"敢昭告於巫咸大神,以底楚王熊相之多罪。"是時楚方强,三閭多賢能謀,熊相昏不用,自陷囚執,兵敗國削,非神褫其魄者,殆不至是也。但湫神之爲巫咸,豈商之賢相與?或列子所述與?抑自爲一人,莫可徵矣。而神之名爲巫咸,則可據也,相傳爲朝那縣令。令者,邑萬户、秩千石之官。秦以朝那北距義渠,西制戎,而萬户之民半多戎狄,以一令柔遠能邇,卒兼義渠,塞河南。史雖失其名,而其令之才且賢,亦可想見。豈非足以嗣周公之功,爲聖人之徒者與?但朝那地界故廣,而湫則所在有之。唯華亭縣西北五十里湫頭山,山最高,池淵泓莫測,旱澇無所增損。且北麓

---

① 參見《詩經・小雅・六月》。

爲涇之源,南趾爲汭之源,[9]神靈所棲,莫宜於斯。而境内千百泉湫,咸朝宗涇、汭,在湫頭實涇、汭之源。禮祭河必先源而後委,則朝那之廟,食於華亭,又其宜也。但湫去縣至遠,香牢乏薦。舊傳於縣西北十里,湫頭之支之下,原去縣近,而山平曠,有泉錯出,下爲兩亭溝,民咸仰惠澤,故遂立祠。屢圮必修,稱曰“蓋國大王”,則無所據而名不正。

時春生於朝那數千載之後,每誦經史,窮治亂,覽山川,美禹績,思古聖賢之風烈,以爲拯否定傾,必代有哲人,而文獻莫徵,於修郡志,蓋喟然三嘆焉。自童子鄉舉,躬睹胡馬飲涇,憤莫或續神與禹周之緒也,顧四十餘年,力已衰而志未渝,事親既終喪,乃以甲子冬至,①定居兩亭溝之東二里許,與祠相望。乙丑春旱,②至五月弗雨,民恐且饑,遍走,群望余告以神之貞靈。適兵部郎中周郡監,鄉進士曹子繼參、趙子佩在余所,遂以月之十日同祈於神,而縣之耆舊狎至,共浚湫以還。乃北風化爲谷風陰澪,群然突起,至夜大雨,翌日乃晴。語具祭文云,故勒諸碑陰,以後思雨即雨,雨足即晴。八月之朔,余祗題朝那神祠加焉,方大澍即霽。縣官遵化謝君濟、縉紳劉子瑞等,咸共伐石志之,以傳諸後。且爲迎送神之歌,俾民歲以五月望、八月朔祀焉。歌曰:

神之來兮幽之西,金天燠兮霜霰虛。雲之旆兮飆之騎,奔迅霆兮騰潛螭。陽穆穆兮陰爲電,露瀼瀼兮雨徐徐。阜我兮百穀嘉蔬,育我兮孫子祁祁。衆角奔兮拜舞,鼓革兮脯脯。羞殽兮少牢之雞,酬清醑兮田之黍。春秋代兮徯神居,千百祀兮熄寇與虜。神之享兮瞻顏赭,倏雲揚兮騁天馬。佐少昊兮於穆,光陸離兮霞烏。兌之樞兮遨游,西海恬兮廣野。前文鳳兮後軒龍,彼妖氛兮何爲者。

朝那祈雨文　　前明　趙時春

嗚呼! 維大氣之分,莫尊於神,莫靈於人。故人知求庇於神,而賴神以惠民。今兹盛夏天中之日,薰風養物之辰,胡迺西風振厲,捲雨推雲,[10]宜茂者稿,宜潤者曘。原厥爽謬,在吾官吏,不在小民。雖然,某常學之矣。夫吏之心不在民,而惟私其家與身者,神固默相我君治砸之矣。如某等之恥與彼黨甘遯山林,志欲潔己以安人,宜蒙昭鑒於神。令敬誓約,托天地皇明之洪,造期以三日,請雨於神。如果三日而雨,[11]是正直之道尚存,而區區爲國爲民之志終伸也。敢不奮勵斯世,以報答天庥於神。如其不然,亦將卷懷藏密,[12]潛完葆真,以俟歸化於神。決此一幾,唯神明分。

①　甲子:嘉靖四十三年(1564)。
②　乙丑:嘉靖四十四年(1565)。

中夏報朝那湫神廟文① 前明 趙時春

美高之山，朝那之湫，實興雨露，奠我西周。慨周鼎之東淪，秦克修其戈矛，驅并戎狄，開闢阡疇。字養滌蕩，建縣視侯，威重如山，澤流如湫。社稷尸祝，萬古千秋。乃邁文獻之無徵，民雖不能知，而亦何莫不由。

詎期去冬絕雪，夏雲不留，幾七月餘，泉涸塵浮，偏走群望，亦莫我憂。時春乃諗於神，唯神是求，濬源增沛，回飆雲油，夜潦波暢，浹日霏游。不徐不疾，既沾既優。稿者盡起，占之有秋。萬姓謳歌，仰戴神休，敬薦肥腯，以充俎羞。神其克享，駿惠我儔，大沛靈雨，濡洽原丘。用終神惠，五穀豐收，永以夏中，報賽嘉庥。

五月望報朝那文 前明 趙時春

維神參佐天地，時若雨暘。阜植嘉穀，民物永康。又除其螟蟊，陰罰不良。敬陳歲報，永永爲常。伏望消釋冰雹，收剪蚼蚄，一盜必犯，九月始霜。四境兆人，永庇休光。

中秋報朝那文 前明 趙時春

維神奠位西土，時若雨暘。災沴屏息，百穀呈祥。育我民物，阜大吉昌。式修秋祀，以社以方。神之聽之，庶幾來享。千秋永永，惠我以康。

按：亭林顧氏《利病書》以朝那湫、瓦亭城均列入華亭縣界，而又指固原界內有東、西兩朝那湫，即東海、西海等語。今以固原轄境考之，瓦亭、朝那湫原屬華亭，從嘉慶中清理糧賦案內，將瓦亭所統各莊堡，一律劃歸固界，載入《賦役全書》，曰縣歸州堡。由西海越嶺而南即瓦亭，以方向言，居瓦亭西北，正顧氏所云西朝那湫是。浚谷中丞生當嘉靖，其記朝那廟於華亭屬境，係就明時而言，今瓦亭界既歸固，則其文載入州志，理所宜然，非掠美也。爰識數言，以見地界之沿革耳。

萬曆中重修固原州庫記 前明訓導 吳遂

庫之爲言固也，謂其所藏者固，而不得假借於其間也。州庫歲納鹽茶馬穀各帑，既繁且巨，而悉由陝征運。計口授食，爲軍需備，顧敢玩視乎哉？曩以攢掾出入弗謹，流弊滋多，司事者致干極典。太守徐公有鑒於此，乃剔奸靖蠹，亟起而釐正之。置管鍵，慎巡守，嚴定其額，則較量其錙銖。下令曰：繼自今，非關白不得啟秘鑰，非公符尤不得輕關白，勾稽無稍溢，記簿無稍訛。由是庫儲平允，而實際悉蠲。更出俸錢若干貫，採礱磚石，大興土木，內砌以重垣，外施以鎖柵，復置檔匭，俾貯冊籍。是地址雖仍其舊，而闤闠則煥然改觀耳。譬之治水，築堤堰，疏溝

---

① 《趙時春文集校箋》卷十載此文小序曰："廟西去硯峽六里，峽西溪兩亭溝水之源。"

潏，引導在我，而水無不治也；譬之治兵，堅壁壘，嚴刁斗，調度在我，而兵無不治也。太守之爲斯舉者，上以重國帑，下以裕軍食，經營佈置，盡善盡美。始以萬曆二十二年秋興工，於二十四年冬告成。至其料量之周匝，監修之勞瘁，雖寒至裂膚，暑至眩汗，而不稍輟。蓋臣謀國，殆有非可以尋常擬議者，即此亦僅見太守勤求吏治之一斑云爾。太守名昌會，字際卿，粤之臨桂人。時同官者，同知張赤心，吏目王言。庫既成，僉以記，文屬吳遂，而書丹則委之學正張問行。

萬曆十四年創修太白山寺上梁文　　前明副使　党馨

懿惟山名白嶽，位正金方。作鎮配天，奠宏基於百二；興雲致雨，澤大地之三千。有感必通，其應如響。在昔壬午之歲，①已罹恒暘；茲及甲申之春，②猶然屯膏。嘉穀嗟其弗登，遺民殆哉靡孑。維時制府部公，念民飢之猶己，夙夜弗遑；思天意之可回，精誠自誓。聿勤步雩，祝神睨將浹三旬，乃肅耆民，汲靈湫不遠千里。俄一靈之將至，倏四野之油然。若倒天瓢，溝澮泠泠奏響；克諧人願，郊原湛湛回春。有赫神功，可無昭報，乃卜乾方之盛地，創修廟宇之雄觀。貝闕琳宮，干青雲而聳峙；迴樓寶殿，共麗日以輝煌。遐邇競效子來，堂搆真如天相。般倕運巧，既徵魁斧神斤；蕃漢抒誠，爰聽衢謠壤舞。敬詹吉旦，虔上崇梁；善誦聿陳，群情胥暢。庶帝賚凝承於萬象，而賡颺宣播於三邊也，乃爲之文并繫以歌。歌曰：

建東梁兮梁之東，沛然尺澤地靈通。此間應是蛟龍窟，常作甘霖潤宇中。建西梁兮梁之西，平疇綠野望中迷。多黍多稌亦高廩，年年報賽萬家齊。建南梁兮梁之南，龍沙萬里聖恩覃。一簾春雨邊塵洗，喜聽三農笑語酣。建北梁兮梁之北，仁風遠被西王國。小民不識亦不知，鑿井耕田歌帝力。建上梁兮梁之上，大有同人占大壯。亭名喜雨古賢臣，太空冥冥神之睨。建下梁兮梁之下，功歸元老安民社。從來祝國願年豐，祀事孔明開大厦。

明志輿地記③　　前明總督　劉敏寬

固原州，古雍州域。天文井鬼分野，唐虞夏商之間，要荒制之，世居戎狄種落。其後強暴内侵，周武王放逐涇北。夫涇北者，涇水之北也，正屬茲境。在春秋爲朝那，秦爲義渠、烏戎。自秦昭王滅之，始開北地郡。

漢武帝析置安定，蓋兼有涇、邠、隴、會之地。晋仍舊。元魏太延二年，[13]置原州，尋改郡，屬太平。宇文周天和四年，築原州城已，置總管府隸焉。隋大業初

---

①　壬午：萬曆十年(1582)。
②　甲申：萬曆十二年(1584)。
③　明志地輿記：即〔萬曆〕《陝志》卷上《地理志第一》建制沿革部分。

廢府,又別置平涼郡屬之。唐復屬原州。元和中,陷吐蕃,元載、楊炎時謀復不
果。貞元初,吐蕃遂城故原州而屯之,大中三年始歸有司。宋至道三年,建鎮戎
軍。紹興元年没於金。金升軍爲州。元初仍爲原州。至元十年立開城府,以爲
安西王行都治。王誅,尋降州。我明降縣,以屬平涼府。今州南四十里有開城
云。按:史稱原州距張義堡三十里,宋咸平中,曹瑋築鎮戎軍城,周九里七分,今
内城雉數相符。而宋鎮戎軍外,别有原州,則原州疑當西偏,蓋安定者,總其凡
也。歷代分割、更置各異,惟原州、鎮戎大都幅幀境内。

　　國初,設巡檢司,以爲平涼衛右所屯地,續設廣寧苑。正統間,套虜阿酋入寇。
景泰二年,[14]城固原,改設守禦千户所。天順中,增設守備。成化二年,虜陷開城。
四年,平石城土達滿俊之亂。因集兵立固原衛,統左、右、中三千户所。五年,[15]增
設兵備。弘治十五年,用廷議開置制閫,秦公紘者,迺請徙開城之版爲今州治。東
距鎮原百六十里,西距會寧二百里,南距隆德高嶺八十里,北距寧夏韋州三百四十
里,西南距靜寧百八十里,東南距華亭馬蓿坡五十里。内韓、肅、楚三藩牧地,與廣
寧、開城、黑水、清平等苑監咸錯壤焉。大較藩牧軍屯,什居七八,租賦不給於公,而
當制鎮之衝,士馬蟻屯,供億蝟集。舊志稱"市井繁而閭閻衰",①蓋盡之已。

重修關帝廟三義祠記　　前明　解胤樾撰　劉含輝書

　　崇禎丁丑,②流火之月,兵憲劉公奉命治兵固原。維時虜寇交熾,兵食克艱,當
時者咸蒿目而盡。惟公忠義獨矢,其一切籌餉練兵,輯寧疆土,築塌城,修鼓樓,營
饗泮,建重關,種種創補,要皆於萬難措處之日,百廢俱舉。越明年,重修關帝廟。

　　溯廟之建,始於總戎劉公,因誓師而創。繼則大司馬喻公緣虜騎入犯,虔禱
獲捷,廟制因是益閎。其迤西原建三義祠,蓋欲驗奔在庭者,遠想三聖大義,并垂
不朽。後之君子,非無遞新是宇者,而於三義祠則未嘗過而問焉。頹垣敗楹,風
雨飄搖,三聖在天,能無恫乎!一日,公謁帝廟,慨然曰:"正殿則鐘鼓有節,而三
義祠黍稷弗馨,目擊心愴,殆遑遑弗寧。且夫三聖結義,非結以人,實結以天也。"
考《春秋》之訓"天有月,人有心",《大易》亦云:"與天地合其德,與日月合其明。"
斯皆結以天之義也。公忠義植乎天性,故異世而後,精誠之交感有如此。於是捐
貲竭鋗,庀材樸斲,不數月而正殿丹黄錯出,金碧交輝。三義祠雖仍舊基,而後構
寢室,前拱牌坊,龕幃、器皿,悉皆新美。功既竣而拜瞻之,儼然三聖之生氣,如睹
公之重斯廟也歟哉,蓋重斯義也。因思漢初年間,二十四帝之炎靈幾燼,三聖避

---

① 參見《平涼府志》卷九《固原州·建革》。
② 崇禎丁丑:崇禎十年(1637)。

迺盟心,同矢漢室。昭烈英名蓋世,燕涿龍從,荆襄虎踞。扶赤帝子之祚於再續,百世下聞者莫不興起。竊慨今之虜焰獷張,何獨無雄才豪士仗義殲滅者乎?公始以一己之忠義,仰追三聖,更以三聖之忠義,激發天下後世,意蓋淵穆也哉。滿腔悲壯,殆與三聖并峙而爲四矣。敬勒貞瑉以識。

涇源記　　國朝　武全文

按《地志》,涇水出原州百泉縣笄頭山。《山海經》則曰:“數歷山之西百五十里曰高山,涇水出焉。”①考高山在平凉郡西,水由瓦亭川而東。[16]笄頭山在平凉西南,下有百泉,流爲涇,皆匯於郡城之西數里。如以《地志》爲據,則百泉爲源,高山爲支;以《山海經》爲據,則百泉爲支,高山爲源。兩説并存,則涇水南、北有二源,與汭同矣。揆二水之形,[17]百泉諸水大,倍於瓦亭川水。經小水入大水,以大納小,不以小納大,則涇源當在笄頭。以地里計之,高山距平凉一百二十里,地頗遠;笄頭距平凉四十里,地較近。其瓦亭居空同之西北,笄頭出高山之東南,似又不當以遠者爲支、近者爲源,下者爲源、上者爲支也。無已,則隨山而度其勢,循流而考其源,百泉之水由空同而東下,山環水湧,其勢澎湃,於勢爲最順;高山之水,西出瓦亭川,地遠流細,北亂於涇,勢則少逆矣。

後世述河源者,曰昆侖,又曰星宿海。涇之大也,不及河而達於河。涇源人稱百泉者,謂其離奇湍瀉,不可狎視,幾與星宿海同。《禹貢》涇水兼屬渭、汭,綿亘八百餘里,爲雍、梁之間巨浸,則其發源必有神靈瑰異非常之觀,高山諸流固不可與百泉深廣同日而語也,[18]故《山海經》雖出於前,而紀涇源者必毅然屬笄頭。禹治水必隨山,順其勢也;禮祭海者必先河,神其源也。然則《山海經》稱涇水出高山,何以故?曰高山支接終南,原本太華,雄峙隴山西北。笄頭密邇高山,視之如太山培塿然。故志山者舍卑而從高,猶志水者舍小而從大,統笄頭於高山而涇水因之。朱子注汭源曰吳山,義固與高山同也。

重修上帝廟記　　國朝知州　程棟

稽《緯書》,黑帝汁光紀,立冬之日,祭於北郊,蓋郊祀之一,未聞以祠祀也。自漢高祖入關,立黑帝祠,命曰“北畤”,祀之所自始。

固原城東北隅,舊建玄天上帝廟,蓋沿漢北畤遺意,其所由來者久矣。惟星霜閲歷,漸即傾圮。嘉慶十八年,楊少保時齋提兵蕭關,始捐廉補修,殿宇屹然。適有滑逆之變,賊勢猖獗,撲攻道口,城鄉爲之驚懼。少保往禱,乞神力助軍威。忽見黑氣凝鬱,自空盤旋而降,若有風旄雲馬聚其中,直指賊寨。而前臨敵者,莫

---

① 參見《山海經》卷二《西山經》。

不駭眳,而道口遂一鼓而捷,誠神之神者也。

嗣少保晉秩制府,由京度隴,道經瓦亭,備述靈異。復出白金雙百,飭前署牧羅公、中軍張公督葺之,一時踴躍輸將者,更僕難數。於是獻殿成焉,樂樓建焉,鐘鼓分列焉,圍幔增新焉。廈楹四十餘間,結構壯且麗焉,都人士稱頌弗置。

是役也,棟自攝篆鹽茶,及移斯郡,先後釀金以助。逎者竭誠展謁,瞻視輪奐,心竊喜之。廟祝郡紳乞爲文以識,棟爰進而告之曰:"上帝明威,昭昭赫赫,無地不存,無時不見,夫豈獨爲一郡生民佑哉。惟以少保篤矢忠勤,身先士卒,誓滅此而朝食,以紓朝廷西顧之憂。宜乎,天鑒其衷而隱有以相之也。滑逆之平,理固如是。竊願官斯土者,體少保之志,以俯恤軍民。爾軍民亦服少保之誠,[19]以仰事君上。庶神人以和而降福孔皆乎!"用敢薰沐濡毫,勒諸貞珉,以示不朽。若夫捐輸姓氏,悉載碑陰,不贅言。

重修固原提署奎星閣記　　國朝總兵　石生玉

堪輿之說,君子不取,然地靈人傑,昔人嘗言之。提署異辰之交,前明建有高閣,爲崇祀奎星之所,蓋以啟文明而振邊鄙也。彼時文學之士,連鑣奮蹟者不知凡幾。洎乎聖朝定鼎,以逮於今,前事者類尚武功,而文教則漠焉弗講。以故奎星祀典,春秋疏闕,而閣之椽瓦木石,又爲風雨所剝落。地靈無托,人傑何存? 無惑乎高第巍科,闃寂無聞也。堪輿之說,信耶? 否耶?

嘉慶間,楊忠武公提兵,時生玉甫入伍,嗣由兵而弁居是邦者二十有一年。父老子弟,皆予故人,凡人情風俗,無不洞悉於懷。今能恝然置之耶? 道光乙巳,①由湖南提督簡調來此。講武之餘,詢及文事,將欲大其振興,以挽近百年嫿陋之習,思非重建神閣不可。於是捐俸金,遣僚屬庀材鳩工,衣磚礱石,金碧錯雜,丹漆塗施,凡兩閱月而工告成。僉以記文爲請,予曰:奎星位居斗杓,職司文衡,雖鴻鈞之橐籥,誠藝府之觀瞻。自今以往,都人士材徵械樸,化啟菁莪,雖非予所能操其券,而斯閣之巍峨矗立,俾神明之。以妥以侑,俎豆千秋,庶默牖此邦之文教蒸蒸日上者,則予之志也。是閣也,上建三層,有階可循,有梯可升。閣之下有方臺,高二丈四尺,仍其址,臺四圍原闊五丈六尺,今更闊八丈餘,非踵事增華也,亦以示堅固、垂久遠之意耳。是爲記。

重修固原城碑記②　　國朝總督　那彥成

蘭郡迤東,形勢莫如隴,隴之險莫若六盤。六盤當隴道之衝,蜿蜒而北折,有堅城

---

① 道光乙巳:道光二十五年(1845)。
② 原碑現藏於寧夏固原博物館。參見《固原歷代碑刻選編》,第187頁。

焉,是爲固原州治。州本漢高平地,即史所稱“高平第一”者也。北魏於此置原州,以其地險固,因名固原。城建自宋咸平中,明景泰三年重築,疑就高平第一舊址爲之。今年遠不可考,然觀其城内、外二重,内周九里,外周十三里許,規模閎闊,甲於他郡。國初特設重鎮。康熙庚寅、①乾隆己卯修葺者再。② 歲久日傾圮,有司屢議修而未果。

嘉慶庚午,③余奉命再蒞總制任。甫下車,有司復以請。時州苦亢旱,民艱於食,余方得請賑貸兼施,爲之焦思徬徨。頒章程,剔賑弊,俾饑民沾實惠,顧敢用民力修作致重困。既而思之,城工事固不可緩,且來歲青黄不接時,民食仍未足,奈何? 莫若以工代賑,爲一舉兩得計。會皋蘭亦給賑,情形相同,因并縷陳其狀以聞,得旨如所請行已。乃遴員董工役,相度版築,以十六年閏三月興工,次年秋工竣。計是役募夫近萬人,用帑五萬餘金。民樂受僱而勤於役,向之傾者整,圮者新,垣墉屹然,完固如初。

方余之議重修也,或疑爲不急之務,謂是州之建在明,時套虜窺伺,率由此入,惟恃一城以爲守禦。州境延袤千里,北接花馬池迤西徐斌水諸處,又與敵共險,無時不告警。當時之民懍甚,故城守不可不講。若我國家,中外一統,邊民安享太平之福百有餘年,城之修不修似非所急。余曰不然。夫城郭之設,金湯之固,本以衛民,體制宜然。猶人居室,勢不能無門户。守土者安可視同傳舍,任其毀敗,致他日所費滋多。使其可已,余曷敢妄爲此議。況地方每遇災祲,仰蒙聖天子軫念痌瘝,有可便吾民者入告,輒報可,立見施行。民氣得以復初,歡忻鼓舞,若不知有險歲者。兹非其幸歟? 救荒之策既行,設險之謀亦備。從此往來隴西者,登六盤而北眺,謂堅城在望,形勢良不虛稱矣。雖然在德不在險,保障哉無忘艱難。余願與賢有司共勗之。是爲記。

重修文廟記　　國朝總督　魏光燾

燾曩歲防剿慶陽,覬學宮闕狀,籌建大成殿,俾釋菜有所。迨至固原,學宮傾圮更甚。惟時軍書旁午,思重建之未暇也。同治辛未春,④金積堡戡定,餘霾湮潦,尚煩輯撫,制府左伯相急欲立學,飭循慶陽舊章,以事修復。乃商之提戎雷少保,以權知州蕭明才、訓導魏興萬司其事,督工者,即監修慶學副將劉洪勝也。經始於夏四月,落成於秋八月。噫! 斯道之在天下,文武不可偏廢。昔炎宋抑武右文,群賢迭出,學術遠邁漢唐。然立國不競,終宋之世,西夏一隅不能定。而其他

---

① 康熙庚寅:康熙四十九年(1710)。
② 乾隆己卯:乾隆二十四年(1759)。
③ 嘉慶庚午:嘉慶十五年(1810)。
④ 同治辛未:同治十年(1871)。

尚武力不尚道德之朝，又往往學廢民亂，二者均失。我朝學校，同符三代，每征弗庭，必告先師，勒石太學。在泮獻馘之典，周以後二千餘年獨能舉行。化愚頑於聖武神功之中，意深遠也。固原古蕭關，關中北鎮。河隴銀夏，數爲内患，晋永嘉以後，没於氐羌。唐廣德、廣明間，爲吐蕃陷。明河套犯邊，時有門户之虞。外寇迭乘，治日桓少。我朝德威所暨，北越瀚海而遥，此方敉謐二百年，近小醜跳梁，今復轉亂爲治者，夫亦曰維之以道而已。道也者，人心之存亡所繫，即天下之盛衰所關。昧忠孝節義之大，不務實修，徒知文騁詞章，武矜技勇，雖承平無事，君子隱以爲憂甚，負國家作育人才之意，願以告後之學者。

重修瓦亭碑記　　國朝總督　魏光燾

自來守土，先保障之策，關隘爲重。瓦亭者，據隴東陲，爲九塞咽喉，七關襟帶。北控銀夏，西趨蘭會，東接涇原，南連鞏、秦，誠衝衢也。漢建武初，隗囂攻來歙於略陽，使牛邯屯瓦亭以拒援。晋太元十二年，苻登與姚萇相持，軍於瓦亭。唐至德元年，肅宗幸靈武，瓦亭爲牧馬所。宋建元年間，金陷涇原，劉錡退屯瓦亭整軍伍。吴玠及金人瓦亭會戰，皆在於此。近年戡靖西、北兩路，亦嘗設重防，通饋運，又用兵扼要之地也。群峰環拱，四達交馳，屹爲雄鎮。

燾忝巡隴東，百廢漸舉。光緒三年二月，爰及斯堡，請帑重修，并出廉俸佽之。募匠製器具，飭所部武威後旂、新後旂，伐木鎚石，偕工匠作。舊制周七百四十七步，坍塌五百四十餘步，甕洞垛樓，悉傾圮無存。迺厚其基址，增其寬長，新築六百九十五步有奇，補修一百八十八步有奇。依山取勢，高二丈七八尺至三丈六七尺不等。面闊丈三尺，底倍之。爲門三：曰鎮平，曰鞏固，曰隆化。上豎敵樓，雉堞五百二十四，墩臺大小八座，水槽七道。越明年四月告成，役勇二十餘萬工。凡以通郵驛、聚井閭、塞險要也，豈惟是壯觀瞻也已哉！

夫德政不修，徒憑山川之阻，負隅自固幾何？不爲地利，愚而侈談仁義，棄險不守，俾寇乘其疏長驅深入。在昔失策者，更不知凡幾。是故先生疆理天下，亦未嘗不嚴司管鍵，隱樹藩籬，崇關山之險，爲閭閻之衛也。瓦亭之城，由來已久。兹因其陋而完之，蓋亦爲國家重其守云爾。

司是役者，後旂管帶彭參將桂馥、新後旂管帶翁參將經魁。功垂成，翁歸。接理者鄒副將冠群。例得備書。

增修三關口車路記①　　國朝總督　魏光燾

岨矣，巇斯關口也。峭壁夾流，石徑聳立。蛟龍出没之藪，豺狼叢伏之區也。

---

① 原碑現藏於寧夏固原博物館，刻於光緒三年(1877)，青石質，長113釐米，寬70釐米。參見《固原歷代碑刻選編》，第207、208頁。按：本志所載碑文與原碑出入較大，本志或係改寫，若文意近似，則不一一出校。

春冬則冰凌滑折,夏秋則雨潦洶湧。而地當衝要,往來如織,馬蹄車輪,輒事傾陷,是以行者苦之。

　　光緒乙亥春,[①]余捐廉庀具,督勇鳩工。自安國鎮南岸西上,鑿石闢山,陒者坦修,陘者凸平,[20]蜿蜒而達關口者三十里。頻堰水道,踵修至瓦亭而止,凡四閱月落成。出塞入關者差免阻滯之患。前督學使吳公以"行人蒙福,去就安穩"原碑作"隱",以隸法,用"隱"代"穩"也。[②]摩崖記之。余慚甚。歲丁丑,[③]余復策馬乘檩,周歷上下,相度險崎。跋涉者恐猶有憚心,謀整軍隊,增治涂軌。或曰是路也,亂石錯雜,視蜀道爲倍難。或又曰旁崖逼水,欲求順轍甚非易。余曰唯唯。凡爲民役者,必恤民力而順民情,難易非所計也。[21]爰於關口循北傍南,闢其石根,疊石爲欄,順其水性,依水成澮,而是路將成康莊焉。以總兵朱正和任其事,龍恩思副之,役勇傭匠,通力合作。始仲於事春,[22]竣工於孟冬,[23]費白金千兩,[24]悉取俸錢助之。路長二百尋,高及二尋,溝深逾四尺。[25]繚以護垣,兩軌并驅裕如也。

　　吁磋乎!世路多出於艱險,人情每忽於安處。今勉增築之,俾毋阻前行,不敢謂恤民力、順民情,使艱險而歸於安處也,將吳公所謂"去就安穩"者,亦聊以塞責焉耳。惟捷徑臨流,歷久莫恃。余甚願後之人順軌而驅者,有以繼長增高,而毋忘前之人締造苦辛,斯已矣。是爲記。

重修三關口關帝廟記　　國朝總督　魏光燾

　　自平涼而西七十里,有三關口焉。關舊有寺,圮於烽火,殘碑斷碣鮮可指者。父老告余曰:"此古關帝廟也,昔以兩楊將軍附祀之。"因肅然思所以興之。適固原提督雷緯堂少保,與有同志以木石自任,而以工役委燾。旋阻於軍役,未葳事。歲丙子,[④]燾更巡隴東,率部下治峽路。路既治,乃捐廉興修,令彭副將蘭亭督士卒力作,斯廟以成。俾神明顯翼於關隘間,以抒燾志,而并以慰少保之志。客謂燾曰:"關帝精忠貫日月,祠祀遍瀛寰,洵足萬古也。若楊將軍者,土人悉多附會,果何說之是從?"燾應之曰:"嘗考之《宋史》矣,楊瓊知安國軍,戰功最偉,故壘猶存。吳涪王麾將楊政戰於瓦亭,父子同殉,適當其地。所謂"兩楊將軍"者,當瓊與政之屬,其他未易臆度也。土人殆未能質其名蹟而實之。然此關帝廟也,浩氣攸歸,百露效命。使兩將軍者冥承帝君英威,潛昭臨察,正者扶之,邪者黜之,亦

----

　　① 光緒乙亥:光緒元年(1875)。
　　② 原碑:指吳大澂隸書之《書三關口修路碑記》,本志題作《重修三關口峽道記》,文詳下。
　　③ 丁丑:光緒三年(1877)。
　　④ 丙子:光緒二年(1876)。

天地福善禍淫之道。上帝無私,視所簡在。若能捍大患,禦大災,數著靈異,固於世道人心大有補救,尤亟宜崇祀也,又何必鑿求其解,致疑爲無名之歆格耶?"客唯唯而退。因記之。

重修六盤山關帝廟記　　國朝總督　魏光燾

天下事始於創者艱於作,復於因者貴乎成。有其舉之,莫敢廢也。六盤雄據隴東,蜿蜒聳拔,上下峻坂,危險視蜀道倍蓰。其巔曲有廟兒坪焉,余按騎詢之,知坪以廟名,而廟以關帝祀也。廟毀於兵燹,亦不知創自何年。今雷緯堂軍門欲因舊址修之,經營方始,與余謀終厥功。迺捐廉庀材,磚石土木,料量合度,以武威後旅鄒鎮軍冠群督其事。增以厦房六間,山門一座,茶壘鐘鼓悉備。而復以後旅彭協戎桂馥率瓦亭防軍助工,期完固焉。是役也,雷軍門始之,光燾繼之,鄒、彭二將領實成之。然則廟之修也,創耶,因耶,創而因耶? 蓋以因爲創也! 天下當爲之事,有舉而不可廢也,大抵如是。雖然六盤衝要,隆替何常,今日之因乎前以爲創者,安必他日之創乎後者不以爲因耶? 則繼此式廓修葺,踵事增華,當有不僅享其成者。吾方將慮其後,惕惕焉,屬望於後之人。是爲序。

重修三關口峽道記[①]　　國朝學政　吳大澂

三關口爲古金佛峽,山石犖确,雜以潢流,夏潦冬雪,行者苦之。坡南舊通小道,西出瓦亭驛,亂石齟路,車騎弗前。慶涇平固觀察使邵陽魏公,始以光緒元年二月開通此路。爲道廿餘里,鑿隘就廣,改高即平。部下總兵官蕭玉元,副將魏發沅、楊玉興,參將鄒冠群、彭桂馥、[26]岳正南、羅吉亮、徐有禮等,分督興作。凡用工八千餘人,役勇丁四萬餘工,炭鐵畚鍤,器用功費,[27]縻白金千兩有奇,是年五月訖功。行人蒙福,去就安隱。[②]督學使者吳縣吳大澂,採風過此,美公仁惠,勒石紀事,以示來者。謹按:吳公名大澂,字經卿,有文望,善篆隸。此碑純用漢碑頭法,石刻完美,與那文毅公修城碑,當爲固原金石巨麗,識之。

整頓書院義學記[③]　　國朝御史　安維峻

從來人才之盛衰,視乎學校之興廢。無以培植之,猶不耕而欲其獲,無米而

---

①　重修三關口峽道記:《固原歷代碑刻選編》題作《書三關口修路碑記》。按:原碑現藏於寧夏固原博物館,立於光緒元年(1875)三月,共四件,青石質,四塊碑均高 127 釐米,寬 76 釐米,厚 10 釐米。正文由吳大澂書用隸書撰寫。參見《固原歷代碑刻選編》,第 202—206 頁。

②　隱:本志卷九《藝文志三·增修三關口車路記》注曰:"原碑作'隱',以隸法,用'隱'代'穩'也。"即可注此。

③　《望雲山房文集》卷中題作《固原州書院義學經費碑記》。按:本志所載文字與《望雲山房文集》有出入,若文意相同,則不一一出校。

使之炊也。固原,漢高平地。前明三邊總督建牙所在。國朝改設提督,與州牧同城,州治遼闊。光緒初,析置西北境爲海城、平遠二縣,仍隸本州。升州爲直隸州。州地廣袤,尚數百里。生斯土者,良將材官,後先相望。獨文學中,以科第起家者落落如晨星,豈山川形勝宜武不宜文歟?毋亦培植之方猶未至也。

回逆之亂,城社爲墟。戡定後復設有書院。[28]凡束脩膏火之費,暨城鄉義學賓興之需,均由地方籌措,雷緯堂少保復兩次捐廉助之。惟是款項既繁,出納宜慎,不由定章,曷昭恪守。歲辛卯,[①]李松舟刺史條議程規,將爲經久計。旋移官去。匡策吾使君甫下車,以振興文教爲先務,延訪紳耆,增利剔弊。即於是年秋,以添籌書院經費,酌議考課及義學、文社條規,歷詳上臺批准立案。而余適以次年應聘,來主講席,齋長南、鄭兩明經合諸生謀,刻石以垂久遠,請爲文記其事。

竊維文教之興,有開必先。昔文翁勸學,蜀人以文章、經術著者,[29]若司馬相如、張寬世輩,固一時傑出。歐陽修所見翁弟子石柱題名,尚一百有八人,[30]何其盛也!近年吾秦隴南書院之設,掇甲科、預館選者,聯翩接踵出其中。何地無才,顧所以培植者何如耳!諸生果爭自濯磨,無負賢使君教養兼權之意,他日成就,必有可觀。由是轉相引翼,蔚然成文物聲明之邦。飲水思源,當如何感激。至於經理文社,出入款項,則尤冀後之人,公而忘私,以無墜地方善舉,斯又使君之志也。爰樂爲之記,以諗來者。[31]

三忠祠祝文　　國朝舉人　左孝成湘陰人,字子重。

同治十年秋七月宜祭之辰,陝甘總督左宗棠,謹以羊一、豕一,香楮清酌之禮,致祭於宋涪王吳公、信王吳公、武穆劉公之神位前,曰:

嗚呼!宋自徽欽,至於高宗,金源爲虐,爭戰自雄。燕雲淪陷,汴洛塵蒙。舉族北轅,渡江一龍。臨安駐蹕,中原爲戎。維時涪王,舊起隴右。偕弟信王,且戰且守。實搤敵吭,嚴軍蜀口。金人善騎,性堅且久。公以疊陣,弱前彊後。仙人戰場,地與不朽。凶鋒屢挫,乃舍而走。武穆劉公,赴官東京。東京不守,順昌是爭。銳斧如墻,聚馬如城。殺人如麻,慘不聞聲。八字之軍,強虜所輕。順昌旂幟,一見而驚。三公桓桓,闞如哮虎。韓岳東來,整我旂鼓。飲馬濘淲,抵黃龍府。胡丁屢朝,不究厥武。雄敕上游,以庇南土。亦綿國祚,其歷百五。我去公世,閱七百年。獫狁孔熾,持節臨邊。道出隴干,故老攸傳。城東公廟,昔輯豆籩。城北公里,今仰遺阡。昔在順治,叛將控弦。神霧覆城,賊驚而旋。乾隆中葉,田五背命。巨炮城頭,大聲莫震。忽三童子,奉鐵丸進。試以轟賊,煙開賊

---

① 辛卯:光緒十七年(1891)。

瀞。驚爲神降，理固可信。神眷梓桑，訶護宜競。英風浩然，得氣之正。神無弗之，況茲郡姓。隴水湯湯，隴山峨峨。三忠式憑，于彼卷阿。自我徂西，鬐以旛旛。以我懷忠，知公靡他。朝馳羽檄，夜枕雕戈。神克相予，惠我民和。殲除醜虜，洗甲天河。遂平西戎，永奠岷嶓。尚饗。

按：雷緯堂少保於固原和尚鋪山麓，捐廉建修宋吳公玠、吳公璘、劉公錡祠，合三忠爲一龕。而以哨官匡文玉董其事，并函囑湘陰左襲侯記之。時襲侯居蘭州節署。稟於侯，遂命爲祝文以祭，兼泐諸石。旋少保督師遼東，未及付鐫，而以原稿附檔。今伊檢得，莊誦迴環，覺英風浩氣，躍然几席間。是蓋以三公之忠，襲侯之文，少保之捐金建祠，足光邑乘而昭示於不朽云。至文内"神霧覆城""童子鐵丸"二事，皆三忠顯應助戰實蹟，鬼神之爲德，其盛矣乎。

悼子胥屈原賦　　漢　梁竦

彼仲尼之佐魯兮，先嚴斷而後弘衍。雖離讒以鳴邑兮，卒暴誅於兩觀。
殷伊尹之協德兮，暨太甲而俱寧。豈齊量其幾微兮，徒信己以榮名。
雖吞刀以奉命兮，抉目眥於門閭。吳荒萌其已殖兮，可信顏於王廬。
圖往鏡來兮，[32]闕此在篇。[33]君名既泯没兮，後辟亦然。
屈平濯德兮，絜顯芬香。句踐罪種兮，越嗣不長。
重耳忽推兮，六卿卒強。趙隕鳴犢兮，秦人入疆。
樂毅奔趙兮，燕亦是喪。武安賜命兮，昭以不王。
蒙宗不幸兮，長平顛荒。范父乞身兮，楚項不昌。
何爾生不先後兮，惟洪勲以遐邁。服荔裳如朱紱兮，聘鸞路於犇瀬。
歷倉梧之崇丘兮，[34]宗虞氏之俊乂。臨衆瀆之神林兮，柬敕職於蓬碭。
祖聖道而垂典兮，褒忠孝以爲珍。既匡救而不得兮，必殞命而後仁。[35]
惟賈傅其違指兮，何揚生之敗真。[36]彼皇麟之高舉兮，熙太清之悠悠。
臨岷川以愴恨兮，指丹海以爲期。

《觀宇篇》巨賦略①　　前明　文在中

由扶風至於安定三百里，水土雜於河西，人煙接於北地。咽喉靈武，襟帶西涼，黃流在其北，崆峒阻其南。隴山環拱，渭波夾繞，此漢之朝那，介於涇源、環慶之間，又一大都會也。惟崆峒之杳冥而赫旷兮，清煙與玉繩而齊浮。軒轅既柴岱宗兮，遂陟崆峒之別峰曰雞頭。廣成子處於東砦之陰穴兮，外慮不足滑其靈修。屈至尊而稽顙請益兮，峭壁幽洞垠堮屹其猶留。涇發源於城之白岩兮，汭自華亭而上流。揖渭水而會陂兮，至龍門而洪河投。殷之妲己尚有川兮，秦王馬跑之泉

---

① 此爲節録，詳見（雍正）《陝志》卷八九《藝文五》。

亦湑湑而成湫。皇甫謐讀書之處,青草橚槮於靈臺兮,《三都賦序》體裁何容與而儵憁。烽火動於蕭關兮,動漢文之西憂。武帝登崆峒而出兹兮,亮羌夏之襟喉。王母垂五色雲而來降兮,漢帝聽昆丘之謠於西州。煙雲鎖於臺館兮,問道之所下於重巘,有洞穴之可求。此蓋古之密國兮,頃聞康公與其王游。西北不必秉斧鉞兮,入我版圖已定千秋。[37]皇甫規恥不與黨人兮,自繫廷尉而罔知愁。厥妻草書而屬文兮,罵羌人而不爲夫子貽羞。[38]皆溪山之秀氣兮,邈古昔而寡儔。璘與玠之戰功兮,亦彪炳而可蒐。按:《觀宇篇》巨製,遠勝《三都》《兩京》。若通篇備錄,無關邑乘。兹謹節其略,亦全豹之一班耳。

項公平虜頌①　　前明副使　宋有文

成化戊子夏,②平凉逆虜猾夏。上命都臺項公忠總督三軍討之,③直搗巢穴。出奇策,冒矢石,凡百餘戰,而酋虜就擒,巢穴尋平。時有文執事帳下,[39]目擊成功,故喜而集句以頌之:[40]

　嗟嗟烈祖,受天之祜。綱紀四方,奄有下土。
　明明天子,繩其祖武。柔遠能邇,民之父母。

　玁狁匪茹,敢拒大邦。[41]内奰中國,陟往高岡。
　多將熇熇,如蜩如螗。曾是疆禦,亦孔之將。

　六月棲棲,我征徂西。是類是禡,建旐設旟。[42]
　薄伐玁狁,方何爲期。既破我斧,民之方殿。

　王赫斯怒,乃眷西顧。王命卿士,文武吉甫。
　陳師鞠旅,深入其阻。左右陳行,仍執醜虜。

　檀車煌煌,駟介旁旁。鋈以觼軜,旂旐央央。
　愷悌君子,[43]時維鷹揚。有虔秉鉞,玁狁于襄。

　我師我旅,如霆如雷。我徒我御,維熊維羆。

①　(嘉靖)《固志》卷二《詩》題作《送項都憲平虜凱還集句》。
②　成化戊子:成化四年(1468)。
③　項公忠:(嘉靖)《固志》卷二《詩·送項都憲平虜凱還集句》作"大人項公",(萬曆)《固志》卷下《文藝志第八·項公平虜頌》作"項公"。

式遏寇虐,無縱詭隨。是伐是肆,獫狁于夷。

赫赫業業,無競維烈。桓桓于征,一月三捷。
孔淑不逆,[44]無俾作慝。寵綏四方,惠此中國。

勿事行枚,[45]載櫜弓矢。振旅闐闐,垂轡濔濔。
執訊獲醜,言旋言歸。無大無小,云胡不喜。

入覲于王,佩玉鏘鏘。以奏膚功,萬民所望。
天子是若,載錫之光。實維阿衡,天子之邦。

禦虜異捷頌　　前明郎中　楊宗震

　　嘉靖壬戌,[①]喻公時持節來督斯邦,[46]維時俺答倡謀,吉能糾衆,欲圖深犯。公相機度敵,併力夾擊,虜勢潰北。斬獲首級陝八十有八,延三百一十有五,寧一百四十有三,成殊功於俄頃,漫頌以紀其盛云。

　　赫赫元臣,嵩嶽匯祥。握瑾抱琦,廊廟珪璋。
　　簡控三陲,天鑒煌煌。振威萬里,風紀乃颺。
　　蠢兹黠奴,慣爲猖狂。連屯十萬,來犯朔方。
　　我甲我械,秘論出常。我揚我武,奇正相將。
　　一戰而東,搗于遐荒。再戰而西,敵慄凌霜。
　　三戰而南,縛虎捕狼。[47]龍譽四合,虜顧徬徨。
　　蕭蕭夜遯,大哭空囊。視我室廬,秋毫匪傷。
　　伊誰戮力,帥閫騰驤。伊誰伐謀,撫公胥匡。
　　撫公不有,於翁之張。翁辨不有,迺讚上皇。
　　皇曰嘉績,爾安爾攘。翊我廟社,續我邊疆。
　　迺優以幣,麒麟之章。迺錫以金,日月之光。
　　厥有延賞,廷議則揚。臣勞君賚,曠遇馳芳。
　　爰綴俚言,備採旂常。

總督唐公朔方破虜頌[②]　　前明會元　趙時春

　　皇翼其武,耆靖萬方。肇酉區夏,覃及紘荒。

_____

①　嘉靖壬戌:嘉靖四十一年(1562)。
②　《總制唐公朔方破虜頌》共八首。

北貉南蠻，西底戎羌。崦嵫之東，罔不來享。

敦彼韃靼，鹽螫相將。鳳于大瀚，不命而王。
弦騊維票，其來穰穰。爰自營并，盜于秦凉。

帝矜齊氓，罔敉逤疆。馴師千旅，往屏之防。
大遜獻臣，夷我有邦。錫命遹遹，胡對休光。

河海員綴，獿獢之場。洸洸尚書，九伐用張。
蒐于絶野，我武孔揚。翳而宴藪，靡敢獧狙。

或自斗辟，覷爲不臧。偏師虔討，其元一戕。
徒燔而逋，如彪驅狼。反決其眥，云噬而羊。

峙我鋋戕，筱我矜常。屬我征夫，厥率聿良。
迅掃朔漠，賣於欃槍。珍殲梟獍，賀蘭之陽。

厥初西師，或莩以僵。帝命尚書，往哺之糧。
既飽而逸，無庸不昌。撻彼朔野，其容煌煌。

我師之强，百蠻震降。肆哉天龍，宇内溥康。
奄受多祉，執共維厖。何以紹之，曰虞與唐。

明志建置志跋[1]　　前明兵備　董國光

余惟地靈人傑，人勤地秀，此交勝之説也。要之貞勝則恒在人，蓋地道不可知，而人事不可誣，故在德不在險。前哲明言，有人此有土。[2] 至聖光訓，有如堯舜之心常存，文武之道不墜。則秦晉山川方且無改，何古蹟之足吊哉。鸞鳳翔而鴻雁載詠，虎豹在而戎馬不生，輿圖永奠，應地無疆，守土者得無意乎？

---

① 此段文字出於(萬曆)《固志》卷上《地理志第一》後，例當作“明志地理志跋”。按：下文“明志某跋”者，均爲(萬曆)《固志》“某志”最後之總結性文字。
② 《禮記・大學》：“是故君子先慎乎德。有德此有人，有人此有土，有土此有財，有財此有用。”

明志祠祀志跋　　前明兵備　董國光

余惟大事在祀，夫豈無稽而漫爲是鄭重哉？禮樂神明幷提，慢神虐民互戒。體物不遺，尤侈其盛，非欺我者。顧神享於誠而歆於德，誠德不孚，神其吐之。彼不祀者放，非祭者諂，敬而遠之，鼎訓固在。

明志田賦志跋　　前明兵備　董國光

余惟則壤成賦，古今通義也。民窮斂急，損下而責在上；民惰國虚，損上而責在下。所恃幹濟，惟牧職耳。動植紛紜，一體咸若，豈異人任。[48]撫字催科，撙節愛養，田疇易而府庫充，民物亨而凋耗杜。[49]良哉牧也，無忝任使矣。

明志兵戎志跋　　前明兵備　董國光

余惟帥府握兵，中權四鎮，綢繆經畫，規制斯全。但將玩於内寧，士驕於不戰，弊竇百出。簡閲十寒，技謝屠龍，囂成市虎。地軍土達，[50]脆涣逸悍，幾無兵矣。近稍振揚，頗湔舊習，不競不絿，無厭無斁，執此以往，其庶幾有制之兵乎。

明志人物志跋　　前明兵備　董國光

余惟獨先覺能啓後覺者，感之妙也。不自善與人爲善者，[51]化之神也。故周有文王而凡民興，魯多君子而賢人衆。人物示範，焉可誣哉！彼圓不規方不矩者，上所願見也。生麻叢入蘭室者，次所嘉與也。自聖自賢、自暴自棄者，其風斯下，亦莫如之何也已矣。

明志文藝志跋　　前明兵備　董國光

余惟文獻足而禮制徵，《詩》《書》厄而經義晦。文藝之爲世資，尚矣。朝那開鎮，玉樹交輝。含章鬱爲國華，絶響洩爲天籟。泠泠森森，曷可勝筆。惟是述往昭來，標勳紀勝，勢難散逸，不得不掛一以漏萬耳。至若縟旨星羅，芬蕤綺合，鏤砥繡梓與五緯争光者，自有在焉。然典謨訓誥，闡載鴻猷；日露風雲，流連光景。此摛文游藝者所當早辨，固有志而未能也。

三關口峽道碑跋　　國朝　楊重雅

雅於同治辛未入隴，①其時金積初平，河湟未靖。恪靖伯即文襄公。甫從平凉

---

① 同治辛未：同治十年（1871）。

進營安定,以午莊觀察魏公字。留鎮平涼。治軍嚴蕭,行旅如歸,心竊韙焉。抵郡之次日,道出蕭關,北宋時用兵處也。山石連澗,碥僅容車。覺王陽蜀道,殆有以過之。光緒丙子,①奉移桂檄,重出是關,見夫平平蕩蕩,向之巉岩崎仄者,今且如砥如矢矣。讀吳學使《摩崖記》,知觀察以治軍之暇,用軍士平之,益嘆觀察之善將兵,且益嘆伯相之善將將也。今年冬,觀察重刻其族祖默深先生名源,官中書。《海國圖志》告成,不遠數千里,遣价致贈。可見觀察所志之大,而視天下事之可平一如此關也。因以向所藏於中而不能置者,書以相質。丁丑十月記。②

種樹興利示　　　國朝總督　　陶模字子方,秀水人。

勸諭各屬廣種樹木,預弭災祲而興地利事。

照得《周禮》重虞衡之職,《孟子》論斧斤以時。自古體國經野,樹藝與農功并重,近來東西洋各國,無不講求林政,爲致富之一策。

蓋樹木繁滋,有六利焉:山岡斜倚,坡陀迴環,古時層層有樹,根枝盤亙連絡,百草天然成籬,凝留沙土,不隨雨水而下。後世山木伐盡,泥沙塞川,不獨黃流橫溢,雖小川如灞、滻諸水,亦多淤塞潰決。故種樹於山坡,可以免沙壓而減水害。一利也。

平原旱地,大半荒廢,生氣毫無,泉源日窒。若有密樹,則根深柢固,能收取水氣,互相灌輸,由近及遠,土脈漸通。故種樹於瘠土,可以化鹵爲沃,引導泉流。二利也。

炎日薰蒸,易成旱暵。惟樹葉披拂空中,能呼吸上下之氣。故塞外沙漠,無樹不雨。終年樹密之區,恒多時雨。衡以格致之理,種樹於曠野,可以接洽霄壤,調和雨澤。三利也。

赤地童山,陰陽隔閡,其民多病弱。惟樹木之性,收穢氣放清氣,扶疏匝地,潤澤常滋。種樹遍於僻壤荒村,可以上迓天和,驅疫癘而養民生。四利也。

山峻地寒,陰瘴騰起,雨變爲雹,傷敗嘉禾。然雹隨風至,勢必斜行。凡田連阡陌者,每隔數畝,商同種樹,成一長排,可以改風勢而阻冰雹。五利也。

機炮日奇,飛空懸炸,各國深知城郭無用,皆撤毀垣墻,掘溝種樹,環繞數重,以代堅壁。叢林高矗,混目迷形,測準易乖,飛丸多阻,可以設險而禦彈。六利也。[52]

安邑種棗,富比列侯;襄陽收橘,歲易多縑。試觀《貨殖》一篇,大率羡稱千

---

① 光緒丙子:光緒二年(1876)。
② 丁丑:光緒三年(1877)。

樹。與其博鎡銖於異地，何若話桑麻於故鄉。七利也。[53]

以故中外通人，纂富國之策，首推樹藝。去年御史華輝奏稱：開利源以種植爲大端。有能增種至五萬株以上者，官給獎賞。有無故戕樹一株者，罰種兩株，富民罰錢一千文，曾奉部咨通行在案。惟小民昧於遠圖，每謂樹能害田，因噎廢食，甚至不能播穀之荒地，亦任其廢棄，不思酌量種樹，以博無窮之利。

本督部堂目擊其弊，心實傷之。除通飭各廳州縣遵照辦理外，應再由本督部堂通行勸諭：凡各屬紳耆鄉民講求樹藝，有力者種佳果美材，無力者種尋常易生之樹。凡磽确地宜松、柏，潮鹼地宜椿、枸、白楊，山坡地宜榆、槐、棗、杏之類。各就土性，辨其所宜。除自有地土外，能將無主官荒各地，開種各項樹木者，准其報明本管地方官立案，作爲永業，免納銀糧。其有主荒地，自此次勸諭後，應勒令本主隨時種植。如遲至五年尚未種植者，即以無主論，有人取以種樹者聽，勿許舊時地主出而阻撓。各該地方紳民，務須實力講求，以興美利，毋負本督部堂諄諄教誡至意。特諭。

按：陶勤肅公此文，原係通飭全省。今因固原地方種樹爲第一要政，用專錄之，以告來者。

勸種樹株示光緒丙午春[①]　　　國朝知州　王學伊

爲出示曉諭，勸種官樹，以興地利事。

竊維孔子云："人道敏政，地道敏樹。"《孟子》云："斧斤以時入山林，材木不可勝用。"而且先儒有入國瞻喬之訓，西人有種樹致雨之説。林政之利，洵非淺鮮已。固郡自迭遭兵燹以來，元氣未復，官樹砍伐罄盡，山則童山，野則曠野。民間炊爨，悉賴搜闢荊榛，并無煤礦可以開採。當承平之時，薪已如桂，設有機警，何以聊生。此種樹一節，尤爲此間百萬生靈命脈所繫也。本州於二月間，會商防營，在南路官道兩旁栽插楊柳，已得五千五百餘株。而他處尚屬缺如，自應普行勸種，以宏樹政。茲擬自瓦亭鎮起，黑城鎮止，凡有開城、嶺渠、大灣、清水河、冬至河一帶，可以資其灌溉之處，兩旁分界，一律補栽楊柳。川原地畔，如有土性滋潤，宜種桃、杏、棗、梨各色果木者，亦應察度辦理。其能種百株以上者，獎給花紅銀牌，種千株以上者，獎給匾額，萬株以上者，稟請獎給頂戴。

自種之後，一不准居民私伐，二不准牧豎動搖，三不准往來行人隨時攀折，四不准拉駝腳户任駝擦癢。該各莊堡約，務宜實心勸辦，認真稽查。其勤於種植不遺餘力者，及故違示禁、懶惰從事之徒，均准隨時稟明，以便勤者獎之、惰者懲之。

---

①　光緒丙午：光緒三十二年(1906)。

是則本州冀興地利，不憚諄諄誥誡者也。合行出示曉諭，爲此示仰閤屬軍民、各莊堡約人等，一體遵照，務須各按地段，乘時栽種，毋得觀望，坐失美利。一俟栽齊，先由各堡約開具清單，分別村莊、樹株名色、數目，報明查考。嗣後按年將某村成活樹株若干、某村補種樹株若干，仍宜隨時呈報。慎勿負本州講求樹政之至意，切切毋違。特示。

提充戒煙同仁兩局公費批答　　國朝提學　陳曾佑

稟悉。該牧擅著作之才，馳循良之譽，四知素懍，金以暮夜而辭；三惑全消，錢以送迎而卻。鄧攸飲吳江之水，漫比貪泉；蘇瓊留梁上之瓜，遑希新果。處脂膏而不潤，本清白以相遺。此該牧之所自信，而亦本司之所共信也。至該州紳董恭以前人之潛德，非鴻筆無以表揚，又以名世之文章，非薄物所能酬報，律以李邕妙技，金帛自豐；王勃天才，珍奇恒積。則千餘字之作，八百金之饋，出者爲有名，受者諒無愧矣。然而官紳相接，取與宜嚴。投贈之禮雖隆，嫌疑之隙易起，必返伊重寶，何以協於人情，若飽汝私囊，轉懼滋乎物議。薏苢之謗言將至，苞苴之形蹟何殊。是又該牧所早籌及者也。

當此新政頻興，公帑漸竭，時艱誰濟，民困莫蘇，乃取潤筆之資，悉充辦公之用。該州戒煙局之丸藥、同仁局之寒衣，均以是銀給之。挹彼注茲，救貧賑乏，信權衡之悉當，俾政事之咸修，該牧可謂分人以財，愛民如子矣。昔楊長孺捐俸代租七千緡，概周下戶；司空圖撰碑得絹三千匹，盡散鄉人。方之前賢，亦何多讓。是知四境稱其德惠，當共置桐鄉之祠；一時播其芬芳，或猶尋寒陵之石，本司不勝嘉予之至。此批。

籌提戒煙同仁兩局公費牘　　國朝知州　王學伊

竊查迭奉憲札，飭令舉辦同仁公局以衛民生，戒煙公局以除民病各等因。奉此卑職自乙巳九月蒞任後，[①]遵將創設同仁局，每年散放寒衣。又本年設立戒煙局，施給丸藥，均係捐廉辦理情形，迭經稟報在案。查固原地方瘠苦，民氣凋零，凡局所公項，籌勸維艱。今歲已屆冬令，窮黎麕集，號寒可憫。而吸食洋煙者來局領藥，又復踵接於路。是非得有巨款，不足以圖厥成。民事睽懷，殷憂正切。迺有邑紳董恭者，以其祖逝後，懇卑職爲之銘墓，忽於八月初旬，該紳踵門而謝，并送到湘平銀八百兩。卑職不禁詫異，以爲文字之勞，何須鎰金之贈，且忝膺牧令，不得擅取民財，操守所關，遂舉大義拒之。而該紳再三堅請，不容見卻。卑職

---

① 乙巳：光緒三十一年(1905)。

衡情論事,辭受兩難,若必辭之,則該紳之心不安;若必受之,則卑職之心不安。於是斟酌其間,以同仁、戒煙兩局經費既形支絀,莫如化私爲公,作挹彼注茲之計。當即以三百兩爲寒衣之需,以五百兩爲煙丸之用,牌示署門,俾衆周知。庶該紳盡心致謝,不妨博分惠之名,而卑職藉手辦公,或可免拮据之慮矣。

頒發耆民奬件札　　國朝布政　毛慶蕃

爲札飭事,案奉督憲札,准禮部咨開:奉上諭"李生潮著於例賞外,加恩多賞一倍,并加賞御書匾額一方,用昭嘉惠耆民至意,欽此"等因。除行固原州外,札仰該司知照到司。奉此。

查該州壽民李生潮,五世同堂,百齡上壽。家傳柱史,重繪香山九老之圖;壤擊堯衢,親見純廟十全之盛。笑絳老人爲後輩,呼張元始爲同年。值膺符受籙之初,兆地久天長之慶,洵屬熙朝人瑞,宜邀盛世褒嘉。除例賞、加賞銀緞,聽候部發,其建坊銀叁拾兩應由司庫發給,該州即補具文領外,茲由本司加送青、藍布各貳端,羊酒、花紅等件,尚員齎送,以示優崇。合行札飭。爲此,札仰該州傳諭該家屬,將建坊銀兩及各表裏,一併如數領回,藉伸養老引年之意。該壽民際遇昇平,涵濡德化,飲荊州之菊水,頤養天龢;餐商嶺之芝英,益徵精爽。百忍玩張公之字,知和厚可享大年;三樂聞啟期之歌,冀仁壽蒸爲善俗。爰伸禮義,仰即傳知。此札。

旌表耆民牘　　國朝知州　王學伊

竊於光緒三十四年十一月初九日,恭讀電傳恩詔"軍民年至百歲以上,給與七品頂戴、建坊銀兩"等因。欽遵之下,仰見登極之懋典,實爲環宇所同瞻。帝德如天,莫銘欽感。當即親詣勸學公所,謹敬宣佈,使回漢紛厖之地,效君國忠愛之忱。并飭查報去後,茲據邑紳等稟稱:查有州屬西鄉乾陽河莊回民李生潮者,生於乾隆五十九年八月十五日,現年一百一十六歲,五代同堂,均務農業。是翁矍鑠,計將花甲之兩周;入室雍諧,更見萊衣之重舞。洵屬耆年在望,理合結報轉詳等情前來。覆將該民李生潮傳至州署,詳察年貌,備悉其一子、四孫、曾孫五人、元孫二人各情形,均與原稟相符,并賞以冠履、衣料、銀牌、羊米,以示優異。

伏惟祈淪縣算,徵多祜於壬林;絳奐演籌,紀奇文於亥字。重上庠之養老,翔洽太和;稽鄉飲之引年,敦崇茂俗。自來耆耇,式足稱揚。今李生潮生當乾隆承平之際,已徵盛世嘉麻;恭逢宣統開治之初,益頌聖人有道。服田力穡,勤作苦於三農;扶杖觀型,卜承歡於五世。雖列花門之族,雨露均沾;上邀芝陛之恩,風雲幸會。窮檐弱幹,儼然喬木之聲;擊壤含飴,許拜宮壺之賜。是誠熙朝上瑞,用爲

專牘臚陳，庶幾仰答憲懷，慰壽世壽身之至意；俾得增榮鄉社，重尚德尚齒之常
經。所有州民年逾百齡，同居五世，籲請例獎緣由，自應造具册結，仰乞鑒核
示遵。

周柱國大將軍田弘神道碑① 　　南北　庾信

公諱弘，字廣略，原州長城縣人也。本姓田氏。虞賓在位，基於揖讓之風；鳳
皇于飛，紹於親賢之國。論其繼世之功，則狄城有廟；序其移家之治，則長陵有
碑。況復高廟上書，小車而對漢主；聊城祭鳥，長岳而驅燕將。公以胎教之月，歲
德在寅；載誕之辰，星精出昴。是以月中生樹，童子知言；水上浮瓜，青衿不戲。
而受書黃石，意在王者之師；揮劍白猿，心存霸國之用。

魏永安中，任子都督，[54]翻原州城，受隴西王節度。于時洛邑亂離，當途危
逼，禮樂征伐不出於天子，舉賢誅暴實在於强臣。太祖文皇帝始創霸功，初勤王
室，秣馬蒐乘，誓衆太原，公仗劍轅門，粗謀當世。[55]隨何遠至，實釋漢帝之憂；許
攸夜來，即定曹王之業。[56]

永熙中，奉迎魏武帝入關，封鶉陰縣開國子，邑五百户。太祖以自著鐵甲賜
公云："天下若定，還將此甲寡人。"白水良劍，罷朝而贈陳寵；青驪善馬，回軍而
賜李忠。[57]并經輿服，足爲連類。

大統三年，轉帥都督，進爵爲公。十四年，授使持節都督原州諸軍事、原州刺
史。仙人重返，更入桂陽之城；龍種復歸，還尋白沙之路。公此衣錦，鄉里榮之。
侍從太祖，[58]戰河橋，復弘農，解華山圍，平沙苑陣。每有元勳，常蒙別賞。太祖
在同州，文武并集，號令云："人人如紇干弘盡心，天下豈不早定。"即授車騎大將
軍、儀同三司。

前魏元年，轉驃騎大將軍開府。祁連猶遠，即授冠軍之侯；沙漠未開，先置長
平之府。[59]梁信州刺史蕭韶、寧州刺史譙淹等，猶處永安，稱兵漁陽。公受命中
軍，迅流下瀨，遂得朝發白帝，暮宿江陵，猿嘯不驚，雞鳴即定。西平返羌，本有漁
陽之勇；鳳州叛氐，又習仇池之氣。公摧鋒直上，白刃交前，萬死一決，凶徒多潰。
身被一百餘箭，傷肉破骨者九瘡，馬被十槊。露布申上，朝廷壯焉。葛屨糾糾，魏
有去舊之歌；零露瀼瀼，周受惟新之命。乃晋爵封雁門郡公，食邑通前二千七
百户。

保定元年，授使持節都督岷州諸軍事、岷州刺史。隴頭流水，延望秦關；川上
峨眉，猶通蜀道。公不發私書，不燃官燭，獸則相負渡江，蟲則相銜出境。四年，

---

① 《庾子山集注》卷十四《碑》題作《周柱國大將軍紇干弘神道碑》

拜大將軍,餘官如故。衛青受詔,未入玉門之關;竇憲當官,猶在燕山之下。公之
此授,[60]差無慚德。渾王叛換,梗我西畺,岩羌首竄,藩籬攜貳。公受服于
社,[61]偏師遠襲,揚旍龍涸,繫馬甘松。二十五王靡旍亂轍,七十六柵鶍奔雉竄。
既蒙用命之賞,乃奉旋師之樂。

天和二年,被使南征,帶甲百萬,舳艫千里,江源水起,海若乘流。船官之城,
登巢懸爨,吳兵習流,長驅戰艦,風灰箭火,倏忽凌城。公以白毛麾軍,[62]朱絲度
水,七十餘日,始得解衣。朝廷以晋剋夏陽,先通滅虢之政;秦開武遂,始問吞韓
之謀。是以馳傳追公以爲仁壽城主。齊將段孝先、斛律明月出軍定隴,以爲宜揚
之援。公背洛水而面熊山,陣中軍而疏行首,乘機一戰,宜陽衙壁。增封五百户,
進柱國大將軍,司勳之册也。

建德元年,拜大司空。二年,遷少保。姬朝三列,少保爲前;炎正五官,冬官
爲北。頻煩寵命,是謂賢能。三年,授使持節都督襄郢昌豐唐蔡六州諸軍事、襄
州刺史。江漢之間,不驚雞犬,樊襄之下,更多冠蓋。既而三湘遼遠,時遭鵬入,
五溪卑濕,或見鳶飛。舊疾增加,薨于州鎮。天子畫凌煙之閣,[63]言念舊臣;出
平樂之宮,實思賢傅。有詔贈某官,禮也。即以四年四月二十五日,歸葬於原州
高平之鎮山。屬國玄甲,輕車介士,一依霍驃騎之禮、衛將軍之葬。嗚呼,盛哉!

公入仕四十五年,身經一百六戰。通中陷刃,疾甚曹參;刮骨傅藥,[64]事多
關羽。而風神果勇,儀表沈雄,事親無隱無犯。[65]學不專經,略觀書籍;兵無師
古,自得縱横。青鳥甲乙之占,白馬星辰之變,九宮推步,三門伏起,天弧射法,太
乙營圖,并皆成誦在心,若指諸掌。虜青犢之兵,甚有秘計;燒烏巢之米,本無遺
策。西零賊退,屈指可知;南郡兵回,插標而待。常願執金鼓而問吳王,横雕戈而
返齊地。有志不就,忠貞死焉。世子仁恭等孝惟純深,[66]居喪過禮,對其苦寢,
則梓樹寒生;聞其悲泣,則巢禽夜下。嗚呼! 哀哉。乃爲銘曰:

天齊水合,日觀山連。[67]兵强東楚,地遠西燕。五卿咸正,三王并賢。靈龍
更起,燧象還燃。自天之德,乃祖乃父。維嶽降神,生申及甫。北門梁棟,西州雲
雨。勇嚳燕城,名題漢柱。公始青衿,風神世載。猛獸不驚,家禽能對。劍學千
門,書觀六代。有竭忠貞,無違敬愛。乃數軍實,乃握兵謀。[68]澆沙成壘,聚石成
圖。風雲順逆,營陣孤虛。靈雨鉦鳴,[69]燧火飛狐。[70]淮陰受册,車騎登壇。公
爲上將,有此同官。下江燒楚,下地吞韓。推功玉案,定策珠盤。天有三階,公承
其命。國有六卿,公從其政。台曜偕輝,槐庭重映。匡贊七德,謨猷八柄。腹滿
精神,心開明鏡。伏波受賑,樓船推轂。東道未從,南征不復。飲丹有井,澆泉無
菊。[71]功存柳林,身在檽木。[72]移茵返葬,提柩山行。芻靈隴水,哀挽長城。山
如北邙,樹似東平。[73]松門石起,碑字金生。渺渺山河,煢煢胤子。泣血徒步,奔

波千里。孝水先枯,悲雲即起。世數存没,哀榮終始。

隋柱國弘義明公皇甫府君碑　　唐　于志寧撰　歐陽詢書

夫素秋蕭煞,勁草標於疾風;叔世艱虞,忠臣彰於赴難。銜須授命,結纓殉國,英聲焕乎記牒,徽烈著於旂常。豈若釁起蕭墻,禍生蕃翰;强逾七國,勢重三監。其有蹈水火而不辭,臨鋒刃而莫顧,澈清風於後葉,抗名節於當時者,見之弘義明公矣。

君諱誕,字玄憲,安定朝那人也。昔立效長丘,[74]樹績東郡。太尉裂壤於槐里,司徒胙土於斫門。是以車服旌其器能,茅社表其勳德。銘功衛鼎,騰美晉鍾。盛族冠於國高,華宗邁於樂郤,備在史牒,可略言焉。曾祖重華,使持節龍驤將軍、梁州刺史。潤木暉山,方重價於趙璧;媚川照闕,曜奇采於隨珠。祖和,雍州贊治,贈使持節散騎常侍、車騎大將軍、儀同三司,膠、涇二州刺史。高衢將騁,遽友追風之足;扶搖始搏,早墜垂天之羽。父璠,使持節驃騎大將軍、開府儀同三司、隨州刺史、長樂恭侯,橫劍梐枑,威重冠軍,扴瑞蕃條,聲高渤海。

公量包申伯,禀嵩山之秀氣;材兼蕭相,降昴緯之淑精。據德依仁,居貞體道。含章表質,詎待變於朱藍;恭孝爲基,寧取訓於橋梓。鋒剸犀象,百練梃於昆吾;翼淹鵷鴻,九萬奮於溟海。博韜骨产,文瞻卿雲,孝窮温清之方,忠盡匡救之道。同何充之器局,被重晉君;類荀攸之宏圖,見知魏主。斯固包羅衆藝,[75]囊括群英者也。起家除周畢王府長史,榮名蕃牧,則位重首寮;袨服睢陽,則譽光上客。既而蒼精委馭,炎運啟圖。作貳邊服,寔資令望。授廣州長史,悅近來遠,變輕訬於雕題;伐叛懷柔,漸淳化於緩耳。蜀王地處維城,寄深磐石,建旂玉壘,作鎮銅梁。妙擇奇材,以爲僚佐,授公益州總管府司法。昔梁孝開國,首辟鄒陽;燕昭建邦,肇徵郭隗。故得馳令問於碣館,播芳猷於平臺,以古方今,彼此一也。尋除尚書、比部侍郎,轉刑部侍郎。趨步紫庭,光映朝列;折旋丹地,譽重周行。俄遷治書侍御史。彈違糾慝,時絶權豪;霜簡直繩,俗寢貪競。隨文帝求衣待旦,志在恤刑,咒綱泣辜,情存緩獄。授大理少卿,公巨細必察,同張季之聽理,寬猛相濟,比于公之無冤。但禮闈務殷,樞轄寄重,允膺此職,寔難其人。授尚書右丞,洞明政術,深曉治方,臧否自分,條目咸理。丁母憂去職,哀慟里閭,鄰人爲之罷社;悲感衢路,行客以之輟歌。孝德則師範彝倫,精誠則貫徹幽顯,雖高曾之至性,何以加焉。尋詔奪情,復其舊任。

于時山東之地,俗異民澆,雖預編民,未行聲教。詔公持節,爲河北、河南道安撫大使,仍賜米五百石,絹五百匹。公軿軒布政,美冠皇華之篇;擁節觀風,榮甚繡衣之使。事訖反命,授尚書左丞。然并州地處參墟,城臨晉水,作固同於西蜀,設險類於東泰,寔山河之要衝,信蕃服之襟帶。授公并州總管府司馬,加儀同三司。公贊務大邦,聲名藉甚,精民感化,黠吏畏威。屬文帝劍璽空留,鑾蹕莫反。楊諒率太原之甲,擁河朔之兵。方叔段之作亂京城,同州吁之挺禍濮上,雖無當璧之兆,[76]乃懷奪宗之心。公備説安危,具陳逆順,翻納魏勃之榮,反被王悍之災。

仁壽四年九月,溘從運往,春秋五十有一。萬機起殲良之嘆,百辟興喪予之悲;切孔氏之山頹,痛楊君之棟折。贈柱國左光禄大夫,封弘義郡公,食邑五千户,謚曰明公,禮也。喪事所須,隨由資給,賜帛五千段、粟三千石。

惟公温潤成性,夙秉白虹之珍;黼黻爲文,幼挺雕龍之采。行已窮於六本,蘊德包於四科。延閣曲臺之奇書,鴻都石渠之秘説,莫不尋其枝葉,踐其隩隅。譬越箭達犀,飾之以括羽;楚金切玉,加之以磨礱。救乏同於指囷,親識待其舉火。進賢方於推轂,知己俟以彈冠。存信捨原,黄金賤於然諾;忘身殉難,性命輕於鴻毛。齊大小於沖襟,混寵辱於靈府,可謂楷模雅俗,冠冕時雄者也。方當亮采泰階,參綜機務,豈謂世逢多故,運屬道消。未展經邦之謀,奄鍾非命之酷。

世子民部尚書、上柱國滑國公無逸,以爲邢山之下,莫識祭仲之墳;平陵之東,誰知子孟之墓。乃雕戈勒石,騰實飛聲,樹之康衢,永表芳烈。庶葛亮之隴,鍾生禁之以樵蘇;賈逵之碑,魏君嘆之以不朽。乃爲銘曰:

殷后華宗,名卿胄系。人物代德,衣冠重世。逢時翼主,膺期佐帝。運策經綸,執鈞匡濟。門承積慶,世挺偉人。夜光愧寶,朝采慚珍。雲中比陸,日下方荀。抑揚元輔,參贊機鈞。王葉東封,貳圖北啟。伏奏青蒲,曳裾朱邸。[77]名馳碣石,聲高建禮。珥筆憲台,握蘭文陛。分星裂土,建侯開國。輔藉正人,相資懿德。中臺輟務,晋陽就職。望重府朝,譽聞宸極。亂階蔓草,災生剪桐。成師搆難,[78]太叔興戎。建德效節,夷吾盡忠。命屯道著,身殁名隆。牛亭始卜,馬鬣初封。翠碑刻鳳,丹斾圖龍。煙横古樹,雲鎖喬松。敬銘盛德,永播笙鏞。

曹協戎墓表　　國朝　隆德知縣郭亮撰　固原知州郭之培書

驃騎將軍曹公,以順治九年壬辰正月朔日卒於家,得壽七十有七,於四月葬固鎮東北紅山之陽。其子謀所以垂後世者,持狀請表於亮。嗚呼! 松楸在望,九冥懷德,人子之情至此,誠有不容已者。

按:公諱進安,號龍泉。其先世居米脂,天啟中,始遷固原治兵事,遂以爲籍。公父諱素,其性慷慨好施,户稱中裕。常散粟穀,製藥餌,濟飢與疾者。人或計其值,素曰:"天之予人以富貴,正所以使之救貧賤,值何計哉。"鄉里以長者稱之。公生而英偉,及長,技擅穿札,喜讀孫、吳書,以軍功拔千總,歷榆林衛、西安協營、山海關密雲營等處中宣平戎官。所任率繁要,奪隘扼奇,屢保危城。擢密雲營守備,洊督標奇兵營參將,領團練五營兵馬使。維時餉絀軍單,在邊者多譁潰。公毀產傾囊以佐帑需,兵民無庚癸呼,自是名振列鎮。會西秦寇作,檄公駐防平涼,授副總兵。適闖賊夜犯來撲暖泉堡城,公率健卒急禦擊劫之,擒斬數百,涇、固賴以安堵。論者取鄭猛虎藜藿之喻以贈,公領焉。嗟呼!隴東數十萬戶,得全性命,以保有家室,公之功固不偉哉!制府鄭公奇其才,重其任,使權固原右總兵。公既授篆,諭軍校曰:"目下西北風氣尚勇無怯,將若得士心,而以忠義激勸之,便可所向無前。"由是整器械,嚴紀律,不數月而精悍之氣勃勃於行間。公斁歷軍旅四十餘年,所戰必捷者,良以寬嚴交濟,部下樂為用耳。嗣以年老乞歸,制府孟公擢其子為固原副總兵,以便奉養。而每有寇患,必與公議,以決可否,籌畫邊防,遠邇詟服。

往者歲大饑,民食艱鮮,胔骼彌野。公捐貲採備藜黍、棺木,得以存活、掩葬者,不可勝算,時人謂有父風,繼志述事尤足徵焉。至於撫猶子如己出,貸鄉人不責償,特餘德耳。及公之卒,涇、固老幼識與不識,咸為遙祭哭泣,環相謂曰:"自今而後,歲有弗登,誰復餉濟我者?時有不靖,誰復捍衛我者?"公之死,吾民之不幸也。亮聞之"君子賢其賢而親其親,小人樂其樂而利其利,是以沒世不忘",如公者殆無愧歟!公弟進忠,官守備。子志,官副總兵。附記之。至公之先代爵秩,悉詳憲副胡公撰志,亮不贅言。

馬提督墓銘　　國朝舉人　李蘊華

公姓馬氏,諱維衍,字椒園,甘肅固原州人。世以回籍居浙江,前明中葉有官指揮者,始遷於此,而以武功承其家。祖自善,隨征西藏,著戰績。父成,入楚蜀軍,薦官循化參將。以公貴,均晉振威將軍。

公幼魁偉,有膂力,銳志武科,弓馬刀石,悉擅勝場。而箭法命中,尤有奇能,蓋所謂貫甲穿楊技也。年甫弱冠,選邑庠,以嘉慶丙子領鄉薦。[①] 丁丑,[②]戎闈登進士。皇上臨軒校射,遴其材藝,賜榜眼及第、花翎侍衛、乾清門行走。時大學士松公、協辦大學士王公,以驍健樸誠亟相引重,擢山西撫標中軍參將,權太原鎮總兵。會趙城流犯亂作,中丞鄂公以兵事倚任之。公督師赴敵,痛剿兜攻,旬日就平,犯首歸順。趙城之民歌頌載道,為建生祠以祀。由是威名所播,赫然於太行、蒲阪間矣。旋以父憂去官。服既闋,入覲,授浙江樂清副將。海疆衝要,洋舶往

① 嘉慶丙子:嘉慶二十一年(1816)。
② 丁丑:嘉慶二十二年(1817)。

來，絡繹不絕，奉特旨鎮守防範。適磽吉利來侵，公整隊嚴肅，梭緝無停晷，磽人慴其先聲，未敢騷動，遂轉攻定海、鎮海各處。微公之力，樂清一隅，其奚以安堵無恐乎？迺簡放處州鎮總兵，調湖北鄖陽鎮總兵。道光丙午春，[①]詔授湖北全省提督。次年丁未三月朔日卒於穀城，春秋六十有一。無有遠邇，莫不銜哀，蓋公之德澤及於人者，深且至也。

方公在太原時，其封翁與其太夫人猶稱矍鑠。公迎養於署，克循子職，而杖必扶，饌必嘗，藥品必親奉，玩好必先旨，尤非尋常等倫所能企及。太夫人鍾愛少子維蕃，公曲意友睦，怡怡藹藹，不使有違詞，此所謂養志而非以養口體者也。若夫創築營壘，完葺祠寺，慷慨好施，則猶其末行焉耳。

嗚呼！吾人以藐然之躬，中處天地，惟忠孝兩大端，有以自立於不朽。今公之治軍也，一鼓撲滅，毋使蔓延，而異域之師，望風而退，君子曰忠矣；公之治家也，百行之原，躬承色笑，而鬩牆之漸，畢世弗聞，君子曰孝矣。嗚呼！公亦人傑也哉！兹以月日將卜葬於城之西郊，其弟維蕃乞爲納幽之文，藴華因紀其實而繫以銘。其詞曰：

維公降靈象緯，秀孕崆峒。豪哲繼起，修髯偉躬。鷹揚上選，卓然元戎。恒岳雲紫，越海波紅。帝嘉乃績，袞馬雕弓。門承通德，入孝出忠。蕭關髦嶺，華胄崇隆。騎箕去矣，傴步英風。寒陵片石，莫罄厥功。吾銘不渝，質之太空。

馬協戎墓表　　國朝　總督瑚松額撰　同知馬百齡書

道光二十七年六月初五日，陝西西安城守協副將馬公卒於官。其戚馬君拱辰持公軍功册，屬余爲文表其墓。余覽之慨然曰：“從古以戰功垂名竹帛者，其始不必皆由閥閱。自設武闈以來，由科目者易，由行伍者難。公起家馬兵，以敢戰屢列上等，歷擢至副將，非忠勇何克及此。”謹據其行略，益以余所見聞，詮次而賥言之。

公諱輔相，字變堂，平涼府固原州人。曾祖順波羅副將，祖華朝，父三印，姓皆氏何。昆弟四，公爲之季。生有至性，膂力過人，入本州提標營伍。嘉慶元年，從征湖北，在孤山塘圍戰七晝夜，衝鋒擒賊，腹帶矛傷。賊分逸，越陝西之興安，追殲之。拔補固原提標前營經制外委。二年，進征川楚，殺賊於金峨寺，右面帶石傷。力剋太平、東鄉、夔州屬諸處，右臂帶槍傷。時首逆齊王氏自巫山、巴州以東入楚，或竄入陝，方尾追之，調由陝西平利一路進剿。是時賊勢蔓延，所在聲應，甫於唐封壩破滅新起之匪，齊王氏忽乘間至平利城下，放火攻城。星夜分兵

---

① 道光丙午：道光二十六年(1846)。

馳救,賊敗走。至興安之新鋪灣夾擊,大破焉。拔補紅山堡把總。在漢中洋、沔諸縣沿江堵剿,三年,賊別支從柳林鋪踹淺過江,移軍邀擊,輾轉二十餘戰,斬獲甚眾,口角及胸際各帶矛傷。尋尾至南山之新街,截其眾爲兩段,一走川,一走興安。遂分防紫陽各要隘。四年,拔補河州城守營千總。賊東竄西擾,出没無常,隨處防禦,隨處報捷,節年之中,關隘、山坪殆遍。於是賊渠以次就滅,改補提標千總,從剿川、陝一帶餘匪。十年,凱歸。越五年,補寧夏鎮標左營守備。十餘年間,以伍卒而官鎮撫,同僚皆艷羨,公則欿然加勉,惴惴焉如不勝者。十八年,河南教匪滋事,調赴滑、濬二縣剿捕。敗賊於濬縣之中市,又敗之於滑縣之胡家營。時賊據道口,分眾焚掠村莊,遂攻剿道口,直搗巢穴,毁賊房幾盡。已復剿靈縣之司寨,燒斃巨匪李文成等。十二月,大軍壓臨滑城,奮勇登陴,率眾鏖鬥,生擒首逆牛亮臣并其餘黨,豫省遂以肅清。復督兵赴西鳳,剿辦三材峽逆匪,連奪賊營,獲其酋楊二、袁友才於西駱峪、孟家灘,時十二月二十七日也。次年春,進追麻大旃等至秦州之柏楊嶺,悉擒之,而苗小一支,亦旋即撲滅。乘勢窮搜,偵賊在大寧溝,合攻之。逆首龔貴夫婦俱就戮,餘賊遂平。敍功賞戴藍翎,二十四年題補橫城堡都司。

道光三年,派往烏什換防。六年,逆夷張格爾叛,調同參將張鴻儀、守備常明保帶兵三百會剿。途次聞四城被陷,勢甚猖獗,抵至阿克蘇、都寄特臺紮營策應。時出哨探,行十餘里,遥望山梁,即知有伏。方遣騎歸報,忽賊數千突出,乃徐引其騎走密林,賊遲疑不敢入。次日,萬餘賊來撲營,併力卻之,殺數十人,賊悉潰。時賊巢在喀什噶爾。七年二月,合軍進取,二十三日,於洋阿爾巴特交仗,四戰及七里河,斬擒不可以數計,賊聞風狼奔豕突。二十九日,大軍乘勝渡河,直抵喀城,越日剿之。捷聞,以屢次前敵出力,賞換花翎。未幾,各城收復,張逆授首。仍留築修阿克蘇城堡、烏什山卡、察哈喇克軍臺,九年事竣歸伍,補階州營游擊。

公老成幹練,任事實心。余督陝甘時,曾調署中軍副將。既以陝西營務不振,題補撫標中軍參將,嗣升西安城守協副將。在陝十年,整肅戎政,增修營學,而於兵丁疾苦尤加意體恤。常籌款至一萬五千三百有奇,發商生息,爲隨時操演及婚喪等事之費,闔伍銜感,鐫其實行於石。此余所稔聞者。

公生於乾隆三十八年八月二十八日,享年七十有八。妻何氏、馬氏,子彪。其他瑣事不備書。且夫人生天地間,委贄事君,可終身不見兵革。即或邊裔不靖,荷戈從役,所謂大丈夫效命疆場,以馬革裹尸者,亦分之所不容辭。公身經百十餘戰,摧鋒陷陣,深入死地,仰賴國家鴻庥,永寄干城,壽登大耄。使後之過其里者,咸式之而想見其人,曰"此馬將軍之墓也"。嗚呼!難矣。

董參戎墓銘 　 國朝 　 舉人程學孔撰 　 翰林羅經權書

岳武穆論平天下之本,曰"文臣不愛錢",即又曰"武臣不惜死"。余幼讀之,確然信其言之不誣而肅然起敬焉。迄於今海疆多事,邊患頻仍,見有殺敵致果,身屢瀕危而卒不危,而卒地方賴以靖、上下賴以安者,竟得諸故武功將軍厚庵公其人也。

公姓董諱寬,固原乃其舊郡,牛邯營其居里也。生而英毅,貌魁梧。少覽《漢書》,慨然有投筆定遠志。然髫齡失怙,與孀母相依為命,不忍朝夕離。迨終養事畢,而公年已逾弱冠矣。遂投效固原伍,從征鄂渚,轉戰金陵,剋復堅城,獲保薦藍翎外委,此為有官之始。既而晋階守備,嗣經督帶炮隊,進剿金積堡,有大功,疊保游參、加副將銜,給勃勇巴圖魯號,賞戴花翎。旋蒙借補金鎖關都閫府,仍令帶隊防守瓦亭。歷署固原提標前營游擊、涇州營都司、西鳳營參將,所至以威武嚴翼著聲名,而平涼、金積之役最險,功亦最偉。

當同治初元,陝之花門變起也。賊巢渭城,焚畢郢,殺掠三輔,蹂躪秦川。尋率種類陷固原,折而圍平涼,慶陽府和太守率隊鏖戰死。維時,原野厭人之肉,川谷流人之血。他軍皆戰敗無鬥志,疇復於骨肉血淵中敢進跬步者。俄報有人短刀入陣,所向無前,望如虎,賊不敢逼視。卒得和太守忠骸,負之出。熙部堂使人偵之,乃公也,驚詫不已。或疑公受太守私恩重,故報亦重。公曰:吾初從王事時,即盟死心。今幸不死,他非所知也。熙部堂聞之謂:知有君而不知有身,知有君命而不惜己命,倘所謂盡忠報國者非耶。由是敬禮如神明。

三年,環攻金積,身先士卒,遇悍賊,交刃下,遍體血沾衣,而尤掉臂大呼,督隊開炮,雷轟電掣,師驟如雨,遂獲大勝。從此先聲奪人,有戰皆捷,賊聞"董鬍子"來,即驚駭走如獸散,蓋公固長鬍丈夫也。賊嘗饋巨金,乞緩須臾死,嚴郤之不受。連破巢穴,人爭獲子女、玉帛,公則一無所取。世知公之驍勇,而不知由不貪成之也。邊要若耀州、若瓦亭、若固原暨涇州與鳳翔,營制久廢馳,幾不堪戍守,公至則築炮臺,修戰具,閱伍校械,助餉捐賞,而關防以固,秦雍亦賴以安堵焉。故左文襄公論功行賞,推公為第一,賞給千金,俾為藥餌需,公百辭不獲,始受之。夫忠君若左文襄而器重如此,可以知公之為人矣。

十二年,由金鎖關本任調署西鳳參將,途次受暑,觸動舊傷,旋卸篆回籍調養,病體稍痊。壬辰春夏交,秦隴久不雨,民情洶洶,咸歸咎電桿。糾聚千餘人,一日夜謠惑十數縣,惟涇州幾成巨變。大吏揀員往查,以公素智勇,且久官陝土,得民心,令單騎往諭之,事立解,任勞任怨,全活甚眾。是役也,公帶疾往,以勇於遏亂,星夜奔馳,傷復發,病遂不起。嗚呼! 公期死王事而竟死於王事矣! 不死則國難不紓,而民之瘡痍難復。今死矣,誠得死所也。

公生平嫺於武事,而持論尤能見其大。彌留之際,語其子鳳墀曰:"今日致太平之術,不在邃深西學,而在激發吾良。忠義廉恥之道喪,訟獄多而干戈起矣。髮、回踵亂,屠毒天下,中原糜沸,島夷憑之。天子憂於上,公卿將吏瘁於下。推厥禍胎,實有由始。汝宜矢廉潔,奮忠勇,以爲士大夫倡。則報國在此,即孝親亦在此。"語畢遂逝。今六月,鳳墀書來,泣丐納幽之文,余不忍辭。謹按狀:公曾祖考妣、祖考妣、考妣,皆以覃恩封贈如其官。配孫夫人有淑德,性樂善好施。側室許勤儉善持家。子三:長升官,即鳳池總戎也,孫夫人出。次升傑,以軍功保守備;季升猷,選用縣丞,均許出。女三:長適静寧千總同郡余珍,次適董志經制慶陽郭滋,三適青家驛把總長安包吉。元孫一:冬至。女孫一,待字。鳳墀少嗜詩書,氣度灑然,喜與耆英交,論者謂有父風。童年即受雷少保知。光緒乙未,[1]從董少保剿河湟叛回,解河州圍,屢薦膺上賞。其進剿西寧也,漫坪賊築巨巢三,俟官軍半度,突出擊其後,軍幾潰,且援絕。鳳墀以百餘騎搗其穴,督師血戰,盡殲之。論功以巨憝既誅,西北底定,歷保至副將,晋總兵銜。制軍於關內外肅清案内,擬保總兵,晋銜提督,雖未遽奉綸音,然交章推薦,知天下無異詞也。而鳳墀乃不敢以自多也。伏念先將軍文武兼備,智勇并施,忠義遺囑,流出肺腑。惟有殫竭血誠,以廉勵忠,永作聖清萬里之長城而已。

公生於道光六年九月初六日,卒於光緒十八年六月初十日,享壽六旬有七。是年即擬安厝,以鳳墀隨師入都,反斾西征,故遂遲公葬期數歲耳。今將以光緒廿三年七月廿六日,扶父櫬卜葬於本村外之吉壤新塋,余取公功烈最著者銘之,以塞鳳墀兄弟之悲。銘曰:

將軍其一代之儒將耶,何思通風雲之變化,而氣符天地之英雄耶。其卻金也,人祇慕伯起之清白;其報國也,公獨勉武穆之精忠。一奯安秦定隴,卓哉偉烈豐功。從王事方期有終,胡爲爲民請命,又占匪躬。北有大河,南崆峒,一壟巋然奠厥中。硯磅礴蜿蜒之不盡,知豪傑代起於無窮。他日太史氏追原所自始,當淋漓筆之於書曰:矍鑠哉,是翁!

張壯勤公墓碑　　國朝侍郎　劉永亨秦州人。

光緒二十六年三月,北洋各軍翼長、喀什噶爾提督張公卒於南苑軍中。遺疏上,天容震悼,禮遇惟隆。予謚壯勤,事蹟宣付史館立傳,子若孫各有加恩,

---

① 光緒乙未:光緒二十一年(1895)。

飭詞臣撰擬祭文、碑文，以光勳舊。永亨承乏清秘，得濡毫而藻揚勞烈，典至盛也。公病時，公子儒珍方分統甘軍，駐紮薊州段家嶺，乞假來侍醫藥，而王夫人已先公十日卒於里第。訃報既至，公正垂危，及歿後，儒珍將擇於四月下旬遵旨奉柩西還。瀕行，泣持兩狀來徵合葬之銘。余固陋，然交公最久，知公最深。公之功在巖疆，名在史策，歌詠在人口，抑豈壙石之文所能敘述，所能增重？獨念公卒僅逾月，喪歸甫數日，而民教肇事，中外釁端紛起，時局自此愈棘。天雖隱以完人終始與公，永亨固知公憂國之忱，抱憾於九原，爲無極偉人，身繫安危，舉世無智愚皆知，公之幸、世之不幸，公在泉下不自以爲幸。此則永亨所獨諒，益徵夫猛士之歌，其於今日，仰瞻九重，爲尤可悲已。不獲辭，謹按狀：公姓張氏，諱俊，字杰三，甘肅固原州人。世爲著姓，三世皆以公貴贈一品封。公生而孝友，凝重寡言笑，不阿流俗。同治初元，關、隴逆回叛亂，公起自田間，贊今統武衛後軍董少保團保鄉人子弟，往隸劉忠壯、襄勤叔侄，隨原大學士左文襄殺賊圖報，誓殲逆黨。其間，蕩金積，靖河湟，戡定天山南北兩路，功冠諸軍。

公本屏息大樹遺意，不自論功。其見於奏牘者十僅三四，國史立傳，亦止大概，茲不載及以重違公意。敘次歷官所至，初由監生出山，累淯記名提督、倭欣巴圖魯，賞穿黃馬褂，授西寧鎮總兵，調伊犁鎮總兵，擢新疆喀什噶爾提督，調署甘肅提督。奉召詣京師，派充北洋各軍翼長，賜紫禁城騎馬，以逮身後諸異數重君恩禮也。

公治軍嚴整，撫士卒如家人，以是得其死力，爲世宿將，與董少保齊名。元配王夫人，母族與公同鄉井，賢淑重於里黨，事姑以孝著。于歸數載，遭值兵戈，公逐賊遠役，夫人艱難險阻，負子避賊山中，僅而獲免。自寒素以迄貴重，服勤如一日。當公鎮邊陲時，夫人至節署，織箔襄助籌邊，爲將士所感。凶耗至軍，部曲多泣下者，於以見其相夫及人之澤，若合符節。子一：儒珍，即夫人負以避難，而以統兵殺賊世其家者也。以任子帶隊，從董少保再定河湟，積功至花翎二品頂戴，記名道、武能依巴圖魯。公歿，加恩，仍以道員請旨簡放。孫一：超，賞員外郎。服闋後，分部行走。曾孫一：耀宗。

公生於道光二十一年正月十三日寅時，終於光緒二十六年三月十一日申時，享壽六十。王夫人生於道光二十四年六月十一日未時，終於光緒二十六年三月初一日未時，享年五十有七。儒珍奉公櫬還自京師，將迎王夫人之柩於靈州新第，合葬於故里毛曲井之原。迺爲銘曰：

妖星將見，大星是沉。桴鼓聲絕，後先歸神。隴山在望，松柏森森。嗚呼！天不厭亂，世將太息，永念夫斯人。

【校勘記】

［1］南郊三畝許：《渼陂集》卷十《記·陝西固原州新建總制秦公祠堂記》作“南二畝許”。

［2］坐坎面離：《渼陂集》卷十《記·陝西固原州新建總制秦公祠堂記》作“坐震面兑”。

［3］創：《渼陂集》卷十《記·陝西固原州新建總制秦公祠堂記》作“造”。

［4］預望城：《渼陂集》卷十《記·陝西固原州新建總制秦公祠堂記》作“豫望城”。

［5］三千七百五十：《渼陂集》卷十《記·陝西固原州新建總制秦公祠堂記》作“三千七百餘”。

［6］兩廡：《浚谷先生集》卷十《記·固原書院置祠堂記》作“廊廡”。

［7］咸：原作“先”，據《浚谷先生集》卷十《記·固原書院置祠堂記》改。

［8］成：此字原脱，據《浚谷先生集》卷十《記·固原書院置祠堂記》補。

［9］趾：原作“距”，據《浚谷先生集》卷十二《碑表·朝那廟碑》改。

［10］摧雲：《趙時春文集校箋》卷十作“摧雲”。

［11］如果：《趙時春文集校箋》卷十“如”字前有“神”字。

［12］密：《趙時春文集校箋》卷十作“秘”。

［13］太延：原作“大延”，據（萬曆）《陝志》卷上《地理志第一》及北魏太武帝拓跋燾年號改。

［14］二年：原作“元年”，據《明英宗實録》卷二〇四改。

［15］五年：原同《平涼府志》卷九《固原州》、（嘉靖）《固志》卷一《創建州治》、（萬曆）《陝志》卷上《地理志第一》作“六年”，據《明憲宗實録》卷六八、（嘉靖）《固志》卷一《文武衙門》等改。

［16］瓦亭川：此同（乾隆）《甘志》卷四八《藝文》，（康熙）《陝志》卷三二《藝文·辨》作“瓦亭山”。

［17］二水：此同（乾隆）《甘志》卷四八《藝文》，（康熙）《陝志》卷三二《藝文·辨》作“三水”。

［18］諸：原作“之”，據（康熙）《陝志》卷三二《藝文·辨》、（乾隆）《甘志》卷四八《藝文》改。

［19］誠：（宣統）《甘志》卷三〇《祠祀志·寺廟》作“誠”。

［20］凸平：《增修三關口車路記》（拓片）作“曲續”。

［21］計：原作“記”，據《增修三關口車路記》（拓片）改。

［22］始仲於事春：《增修三關口車路記》（拓片）作“始於仲春”，疑當作“始事於仲春”。

［23］竣工於孟冬：《增修三關口車路記》（拓片）作“蕆事秋季”。

［24］費白金千兩：《增修三關口車路記》（拓片）作“費金近千”。

［25］溝深逾四尺：《增修三關口車路記》（拓片）作“根深三尺餘”。

［26］彭桂馥：原倒作“彭馥桂”，據《書三關口修路碑記》乙正。

［27］功：原作“公”，據《書三關口修路碑記》改。

［28］書院：《望雲山房文集》卷中《固原州書院義學經費碑記》作“五原書院”。

［29］經術：《望雲山房文集》卷中《固原州書院義學經費碑記》作“德業”。

［30］有八：《望雲山房文集》卷中《固原州書院義學經費碑記》作“十八”。

［31］來者：《望雲山房文集》卷中《固原州書院義學經費碑記》此後有“其經費條目例備於碑

陰”十字。

[32] 鏡：原作“今”，據《東觀漢記》卷十二《梁竦傳》改。

[33] 此：《東觀漢記》卷十二《梁竦傳》作“北”。吳樹平校注本注曰：“北”字姚之駰本作一方格。

[34] 丘：原作“邱”，據《東觀漢記》卷十二《梁竦傳》改。

[35] 仁：原作“亡”，據《東觀漢記》卷十二《梁竦傳》改。

[36] 敗：此同武英殿本《東觀漢記》卷十二《梁竦傳》，《後漢書》卷三四《梁竦傳》李賢注引《東觀漢記》作“欺”。

[37] 定：(雍正)《陝志》卷八九《藝文五》作“成”。

[38] 貽：(雍正)《陝志》卷八九《藝文五》作“遺”。

[39] 有文：此同(萬曆)《固志》卷下《文藝志第八·項公平虜頌》，(嘉靖)《固志》卷二《詩·送項都憲平虜凱還集句》作“某”。

[40] 集句：(嘉靖)《固志》卷二《詩·送項都憲平虜凱還集句》、(萬曆)《固志》卷下《文藝志第八·項公平虜頌》此二字下有“九章”二字。

[41] 拒：此同(萬曆)《固志》卷下《文藝志第八·項公平虜頌》，(嘉靖)《固志》卷二《詩·送項都憲平虜凱還集句》作“距”。

[42] 旂：(嘉靖)《固志》卷二《詩·送項都憲平虜凱還集句》、(萬曆)《固志》卷下《文藝志第八·項公平虜頌》作“旗”。

[43] 愷悌：此同(萬曆)《固志》卷下《文藝志第八·項公平虜頌》，(嘉靖)《固志》卷二《詩·送項都憲平虜凱還集句》作“愷弟”。

[44] 淑：此同(萬曆)《固志》卷下《文藝志第八·項公平虜頌》，(嘉靖)《固志》卷二《詩·送項都憲平虜凱還集句》作“叔”。

[45] 事：此同(萬曆)《固志》卷下《文藝志第八·項公平虜頌》，(嘉靖)《固志》卷二《詩·送項都憲平虜凱還集句》作“士”。

[46] 來督斯邦：(萬曆)《固志》卷下《文藝志第八·禦虜異捷頌》作“以來總督”。

[47] 虎：(萬曆)《固志》卷下《文藝志第八·禦虜異捷頌》作“虜”。

[48] 異人：(萬曆)《固志》卷上《田賦志第四》作“畢人”。

[49] 亨：(萬曆)《固志》卷上《田賦志第四》作“恬”。

[50] 土達：原作“上達”，據(萬曆)《固志》卷上《兵制志第五》改。

[51] 與：(萬曆)《固志》卷上《人物志第七》作“取”。

[52] 六：原作“五”，據文意改。

[53] 七：原作“六”，據文意改。

[54] 子都督：“子”字原脫，據《庾子山集注》卷十四《碑·周柱國大將軍紇干弘神道碑》、《周書》卷二七《田弘傳》補。

[55] 粗：原作“精”，據《庾子山集注》卷十四《碑·周柱國大將軍紇干弘神道碑》、《文苑英華》卷九〇五《職官十三》等改。

[56] 即：此同《文苑英華》卷九〇五《職官十三》，《庾子山集注》卷十四《碑·周柱國大將軍紇干弘神道碑》作"遂"。

[57] 軍：原作"車"，據《庾子山集注》卷十四《碑·周柱國大將軍紇干弘神道碑》、《文苑英華》卷九〇五《職官十三》等改。

[58] 侍：原作"時"，據《庾子山集注》卷十四《碑·周柱國大將軍紇干弘神道碑》、《文苑英華》卷九〇五《職官十三》等改。

[59] 先：此同《文苑英華》卷九〇五《職官十三》，《庾子山集注》卷十四《碑·周柱國大將軍紇干弘神道碑》作"元"。

[60] 此：原作"次"，據《庾子山集注》卷十四《碑·周柱國大將軍紇干弘神道碑》、《文苑英華》卷九〇五《職官十三》等改。

[61] 服：此同《文苑英華》卷九〇五《職官十三》，《庾子山集注》卷十四《碑·周柱國大將軍紇干弘神道碑》作"脈"。

[62] 毛：《庾子山集注》卷十四《碑·周柱國大將軍紇干弘神道碑》、《文苑英華》卷九〇五《職官十三》均作"羽"。

[63] 凌煙：原作"凌雲"，據《庾子山集注》卷十四《碑·周柱國大將軍紇干弘神道碑》、《文苑英華》卷九〇五《職官十三》等改。

[64] 傅藥：原作"傅染"，據《庾子山集注》卷十四《碑·周柱國大將軍紇干弘神道碑》、《文苑英華》卷九〇五《職官十三》等改。

[65] 事親無隱無犯：此六字原脱，據《庾子山集注》卷十四《碑·周柱國大將軍紇干弘神道碑》、《文苑英華》卷九〇五《職官十三》等補。

[66] 仁恭：《周書》卷二七《田弘傳》、《庾子山集注》卷十四《碑·周柱國大將軍紇干弘神道碑》均作"恭"。

[67] 山：原作"三"，據《庾子山集注》卷十四《碑·周柱國大將軍紇干弘神道碑》、《文苑英華》卷九〇五《職官十三》等改。

[68] 謀：此同《文苑英華》卷九〇五《職官十三》，《庾子山集注》卷十四《碑·周柱國大將軍紇干弘神道碑》作"符"。

[69] 鉦：原作"鉅"，據《庾子山集注》卷十四《碑·周柱國大將軍紇干弘神道碑》、《文苑英華》卷九〇五《職官十三》等改。

[70] 燿：原作"燿"，據《庾子山集注》卷十四《碑·周柱國大將軍紇干弘神道碑》、《文苑英華》卷九〇五《職官十三》等改。

[71] 無：原作"有"，據《庾子山集注》卷十四《碑·周柱國大將軍紇干弘神道碑》、《文苑英華》卷九〇五《職官十三》等改。

[72] 橢木：原作"橋木"，據《庾子山集注》卷十四《碑·周柱國大將軍紇干弘神道碑》、《文苑英華》卷九〇五《職官十三》等改。

[73] 似：原作"以"，據《庾子山集注》卷十四《碑·周柱國大將軍紇干弘神道碑》、《文苑英華》卷九〇五《職官十三》等改。

〔74〕長丘：原避孔子名諱作"長邱"，據《初拓皇甫君碑》回改。

〔75〕固：《初拓皇甫君碑》作"故"。

〔76〕璧：原作"壁"，據《初拓皇甫君碑》改。

〔77〕朱邱：原作"朱邸"，據《初拓皇甫君碑》改。

〔78〕成師：原倒作"師成"，據《初拓皇甫君碑》乙正。

新修固原直隸州志〔卷十〕

藝文志四

銘碣詩聯各文類

吳提督墓銘　　國朝　周銘旂撰　李盛和書

　　光緒三十年歲甲辰七月戊子，漢中鎮雨舟吳軍門卒於官，春秋六十有四。其子本植匍匐奔喪，扶其柩歸省門，將以十一月壬辰葬咸寧東鄉大吉坪新阡，配韓夫人祔焉。以狀來請銘，且踵門告曰："往者，吾母即世，賜之文而納諸幽，唯先生是賴。先生與先君相知久，丐一言俾不沒其生平，敢重以爲請。"其可以辭？

　　按狀：公姓吳氏，諱雲伍，字錦堂，雨舟其號也。先世安徽桐城人。曾祖學義，官固原，遂以爲籍焉。祖秀，父仕連，皆以公貴贈振威將軍。公生而岐嶷，家縈貧。父母相繼逝，世父仕珍公撫養之，奉教令惟謹，然獨不喜呫嗶，督責之弗能從。仕珍公官西安城守營副將，公隨侍，暇輒與帳下兒習弓馬，雖驍將不逮也。仕珍公辭官歸，公投固原提標。

　　咸豐間，髮逆亂作，蹂躪半天下。河南捻匪繼起，東擾海邦。徵兵秦隴，提標派隊赴援。時西陲承平已久，挑選成軍者，舉家哭泣。公慨然曰："男兒從事戎行，即便以身許國，效兒女子悲涕何爲？"遂同大隊東剿，搴旂斬馘，所在爭先。同治初，花門肇釁，隴坂空虛。公奉調回防，未至家，州城失陷，村落爲墟，公以從軍獲免，然家屬已無一存者。未幾，大亂稍平，公以累年戰績，拔利橋外委，升洛川把總、潼關神道嶺千總。歷署陝安鎮標中營、宜君中營、固原提標左營守備，補西安協右營守備。歷保參將，賞戴花翎、捍勇巴圖魯。

　　光緒甲申，①中法之役，隨雷少保正縮赴山海關外駐防。既而旋秦，升安西

---

① 光緒甲申：光緒十年(1884)。

協都司,調署西安城守協都司。時張中丞煦方撫陝,以公才堪治劇,委署撫標中衡參將。旋以秦地平原千里,游匪出沒不常,奏請設騎兵以資追捕。檄公召募訓練,迭獲要匪,境賴以安。故秦中馬隊得力自公始。蓋是時已補撫標右營游擊矣。

甲午,①河湟構亂,全隴震驚。公統領陝西永興軍馬步八營,赴甘助剿。旋奉旨歸董少保福祥節制。先飭左右翼馬隊,迅赴前敵,迭著戰功。兩載以來,軍書旁午,卒底蕩平。朝廷行賞論功,加提督銜,納恩登額巴圖魯,旋署商州協副將,復以海氛不靖,入衛京畿,戎馬崎嶇,沉痾頓發。己亥秋,②請假回陝就醫。

庚子,③京津驟變,兩宮駐蹕西安,公力疾馳赴潼關迎駕。時董少保邀公總理甘軍營務處,旋蒙軍機大臣奏派總理各軍營務處。辛丑,④大局奠定,兩宮回鑾。公隨扈東邁,行抵洛陽、正定等處,迭蒙召見。擢漢中鎮總兵,加提督,特賞"福"字一方,江綢衣料四大卷、白金六百兩及官燕食物果品等事。

壬寅春,⑤赴漢中任所。漢中營務廢弛,而將校狃主故常,謂土炮儘能迎敵。公教以新法,改洋炮以資訓練,風氣為開。曾不二年,溘然竟逝。聞先日尚與故人夜話,客去移時,一眠不起。嗚呼! 余與公闊別久矣,猶憶叩送乘輿,相逢潼關旅邸,傾談近事,悲憤填胸,聞者泣下,意其中有鬱鬱不能釋者。方今中外多故,歷年癥結,隨觸而深有由然已。

公體貌雄偉,有智略,軍律森嚴。然馭下有恩,士卒樂為之用。所至以整頓營伍為先。今大軍機鹿尚書傳霖撫秦時,嘗亟稱之。公纔逾中壽,時事方艱,未罄厥抱,論者惜焉。子三:本植,以知府官湖北;本鈞,丁酉拔貢,⑥舉人,員外郎銜,官工部主事;本芝,二品蔭生,尚幼讀,有雋才。公亦可以無憾也已。是宜銘其辭曰:

公之隆隆,不階而起。氣作山河,臣心不死。歸於是而藏於是,世守雕弓,有賢孫子。

張觀察墓銘　　國朝知州　王學伊

固原張氏,望族也,世以武功著,余耳熟焉。及牧是邦,公餘諮訪,益知張氏

---

① 甲午:光緒二十年(1894)。
② 己亥:光緒二十五年(1899)。
③ 庚子:光緒二十六年(1900)。
④ 辛丑:光緒二十七年(1901)。
⑤ 壬寅:光緒二十八年(1902)。
⑥ 丁酉:光緒二十三年(1897)。

之忠貞世守,德澤逮於閭里,如雅軒觀察者,都人士尤樂稱之。歲丙午,[1]觀察疾終京師,其冢君超扶櫬歸來謁,手狀涕泣而請曰:"先大夫甫筮仕,以軍次積勞遽卒,將安窀穸,謀志諸壙。"余以闡幽發微,守令責也,奚取以媲陋辭。

謹按狀:公張氏,諱儒珍,字雅軒,前喀什噶爾提督、予謚壯勤公之令子也。其先世爵秩里居,載《壯勤公志》,不贅錄。公爲王太夫人出,幼年就傅,穎悟冠里塾。通六經大義,善懸腕作書,深得顏魯公宗旨。及長,於兵學尤力,具有四方之志。性慷慨,好施與,論者謂有父風,洵能繼志而述事者也。

同治甲戌,[2]回逆擾關隴,公以文童入左文襄公戎幄,湟中戰捷,疏請懋獎六品翎頂。嗣以全隴肅清,洊官貳尹,分隸陝西,鬱鬱然弗屑就。復隨文襄大軍,度玉關,達北庭,戎馬倥傯,枕戈而食,弗告瘁焉。

洎乎光緒戊寅,[3]烏魯木齊、瑪納斯各城報剋。己卯,[4]達坂城、托克遜賊酋就擒。未幾而吐魯番回漢兩城,新疆南北各路大股賊匪一舉蕩平。時公佐理文牘,籌畫戎機,藥雲彈雨中,手揮草檄,昕夕忘倦,洵有上馬殺賊,下馬作露布之概。以積功聞於朝,晉秩縣令。督兵使劉襄勤公知公名,延至幕中,倚重之。以新疆南路諸軍五次剿平,建設行省,得邀賞戴花翎,加同知銜,給五品封典。塔爾巴哈臺大臣富參贊聞公舉善後政,亦交章保薦。特旨以直隸州用,彰勞勩也。

庚寅春,[5]公以屯軍日久,歸籍營里事。適寧靈回目馬濬奎擅創教寺,民多疑駭。公見機於先,防患於後,迺集鄉耆正色而言曰:"若漢若回,皆朝廷赤子,今干戈甫戢,正百姓休養生息時也。區區蠢類,何得擅自建寺,以貳吾民。若必抗拒,當請王師以爲民衛。"濬奎懼,寺議罷,由是漢回翕然。微公之力,郡民其奚以安堵無恐乎?

乙未,[6]河湟兵事起,新疆提督董少保奉命援剿。公毅然應檄,統騎兵六營,一月三捷,河州圍解。奉旨獎敘知府,加鹽運使銜。旋以全湟報捷,總督陶勤肅公奏保,以道員留陝,加二品頂戴。丁酉,[7]關內外一律肅清,疏上論功,賜予武能依巴圖魯名號,同軍事者爭相艷羨。公曰:"受恩愈重,報稱愈難耳。"

戊戌,[8]壯勤公率師北衛,公隨之分防薊州。薊民畏威懷德,倚若長城。庚

① 丙午:光緒三十二年(1906)。
② 同治甲戌:同治十三年(1874)。
③ 光緒戊寅:光緒四年(1878)。
④ 己卯:光緒五年(1879)。
⑤ 庚寅:光緒十六年(1890)。
⑥ 乙未:光緒二十一年(1895)。
⑦ 丁酉:光緒二十三年(1897)。
⑧ 戊戌:光緒二十四年(1898)。

子,①壯勤公逝金台,遺疏進,天顏震悼,飾終優嘉。詔公以道員交軍機處存記,孫超給員外郎職,聖主之篤念藎臣,蔑以加諸。遂奉壯勤公靈輿以旋,廬墓側三載,葺家廟於吳忠堡,奉敕建專祠於靈州。孝思不匱,信有徵已。

甲辰,②恭遇慈禧太后七旬慶典,公詣京祝嘏,加一級。維時冢君超簽分戎部,公意以年方強仕,父子稱官,報國恩,揚先烈,殆其時矣。丙午春,③將列銓次,乃偶侵寒疾,感發舊傷,卒於京師,春秋五十有五。嗚呼!悲哉。天之相公也,奇其才,厚其遇,知必有以畀大任,宏施濟,上輔聖明之治,下貽孫子之謀,庶造物意歟。而公之樂善爲懷,設粥廠,散寒衣,以爲民惠,積德累仁,固已至矣。胡爲乎靳其數而天不假之以年也?嗚呼!悲哉。

公配雷氏、篷室石氏,里人稱賢淑焉。子超,兵部員外郎。公生於咸豐壬子年四月二十八日亥時,④卒於光緒丙午年正月二十四日午時。以十月朔日葬於固原毛居士井新阡。未山丑向,從形家言也。繫以銘曰:

崆峒之陽,華胄孔彰。英風步武,豸繡翱翔。運籌決勝,戎幄贊襄。花門弭患,捍衛梓桑。忠藎世守,邑乘騰芳。臺星忽賫,怒焉神傷。豐碑屹立,松楸蒼蒼。泐銘珉石,用闡幽光。

董少保墓銘　　國朝知州　王學伊

光緒三十有四年,歲戊申,少保董公疾終金積堡寄廬。其孫恭奉輿歸,葬固原。手狀踵門,涕泣而請曰:"先大父崛起戎行,垂四十載,武功卓然,示子孫毋忘。今將安宅窆矣,乞爲文銘諸壙。"伊以媚陋固辭之,弗獲,迺薰楮濡毫而紀實焉。

謹按狀:公諱福祥,字星五,姓董氏,隴東固原人也。世居王朝山陽。曾祖萬隨,祖煥章,父世猷,曾祖母石氏,祖母高氏,母王氏,均以公貴贈一品秩。昆季三,公其仲也。少家貧,以農爲業,讀書未竟厥志。齠齡嬉戲,率陳矛戟演戰隊,時人異之。相者矜其貌魁梧壯偉,謂與班定遠等。既長,慨然有大志,卓越不羈,喜談兵法。贈公勖以力田,公曰:"男兒志在四方,安能鬱鬱耕鑿間乎?"

咸豐中,回逆馬化漋輩肆擾秦隴,遷避者踵相接。公曰:"避之而生,寧捍之而死。"遂集團練,馳驅環、慶、固、寧諸路,助官軍所不及,一時豪士如張壯勤諸

---

① 庚子:光緒二十六年(1900)。
② 甲辰:光緒三十年(1904)。
③ 丙午:光緒三十二年(1906)
④ 咸豐壬子:咸豐二年(1852)。

君,皆隷部伍。同治己巳,①劉忠壯公督師剿寧夏,檄公赴前敵,號曰“董字三營”。薄肉迎戰,迭剋金積堡等處三十餘所,生擒巨酋,手刃數百級,巢穴蕩平,分軍屯之。公之居金積堡也,實肇於此。

壬申,②剿西寧下大小峽、桌子山諸寨。癸酉,③河回米澂臣叛,馳往堵截,報剋。臚績聞於朝,獎花翎,洊保提督。光緒丙子,④劉襄勤公率忠壯舊部,治新疆伊犁軍事,倚公如左右手。疊復天山、木里河、瑪納斯諸名城。疏上,以裹創力敵,敘頭等軍功,召免騎射,賞黄馬褂、阿爾杭阿巴圖魯,襲騎都尉兼雲騎尉職。公之征天山也,削壁千尋,平沙萬里,會天大風,晝黑如夜,諸將莫敢進。公曰:“治敵攻不備。”竟鼓行而前,退縮令斬。敵驚潰,殲其魁而歸。丁丑,⑤節次剿古牧地、烏魯木齊、達坂城、托克遜、伊犁南八城諸匪,所向無前,望幟來降,而董軍之名震於西域。安集延乞撫,羈縻之,復踞寨里河。公曰:“犬羊之性,動事反側。”力制之,遂以授首。左文襄公奇其才,舉湘楚恪靖各營,西四城防務,賴以提調,留守葉爾羌等處。時有巨逆白彦虎者,猛且黠,公襲追之,身不停轡,一晝夜行四五百里,將就擒,逆竄俄界得脱。公曰:“狡哉,賊乎! 彼之幸,吾之憾也。”餘逆至是不復逞,邊境肅清,公猶嚴守,繕爲戒備。統新疆馬步全軍,軍律無稍弛。洎乎丙戌,⑥授阿克蘇總兵。庚寅,⑦擢喀什噶爾提督。甲午,⑧述職北上,召對大悅,加尚書銜,賞福壽字、決拾、佩玉諸品。命練甘軍,駐河西,務爲保衛計。

乙未,⑨河州回亂復作,奉命援剿,兼程行逾洮河,直搗王家嘴、邊家灣、康家崖匪巢,而太子寺、河州城圍立解。丙申,⑩轉征西寧,力奪米拉溝、大通、漫坪、多巴要隘。既奏捷,蒙恩晋太子少保,調甘肅提督。丁酉,⑪入覲,迭頒克食。旋領武衛後軍,屯薊州,賜紫禁城騎馬,肩輿、如意、綢緞、銀兩悉備,至如帶縢貂褂,爲貴胄服。公以武臣膺懋典,則尤臣工所艶羨者也。

庚子,⑫變起倉猝。會聖駕西狩,授隨扈大臣,節制滿漢各軍。比回鑾,天意厭兵,修好鄰國,公自以引疾乞歸里。及陛辭,皇上出手詔一封,嘉其忠勇,慰其

<hr>

① 同治己巳:同治八年(1869)。
② 壬申:同治十一年(1872)。
③ 癸酉:同治十二年(1873)。
④ 光緒丙子:光緒二年(1876)。
⑤ 丁丑:光緒三年(1877)。
⑥ 丙戌:光緒十二年(1886)。
⑦ 庚寅:光緒十六年(1890)。
⑧ 甲午:光緒二十年(1894)。
⑨ 乙未:光緒二十一年(1895)。
⑩ 丙申:光緒二十二年(1896)。
⑪ 丁酉:光緒二十三年(1897)。
⑫ 庚子:光緒二十六年(1900)。

艱難。公跪而讀之，感泣不置。由是解兵柄，講屯墾，仍金積堡而居焉。

公之所以荷主知，與所以識時務者，倜乎遠矣。甲辰夏，[①]皋蘭黃水爲災，出金巨萬以賑。孫恭獎道員，加二品銜，甚盛事也。今年春正月，有寒疾，觸舊傷，憊甚。人日，忽肅衣冠，北向展拜，捧詔莊誦，揮涕漬襟。既而曰："休短有數，吾疾不瘳，天也！惟自憾無以報朝廷耳。吾聞之'子孫賢而多財則損其智，愚而多財則益其過'。吾俸所贏約四十萬，誠天恩之高厚也。今新政迭行，需款孔亟，悉舉以助帑，毋違吾言。子孫自食其力可耳。"言訖端坐，家人叩之，亦不復與語，旋於初九日亥時溘然而逝。公既歿，孫恭檢遺書，報大府上其事，得旨嘉獎。孫恭仍以道員存記，世澤弗替。

嗚呼！如公者，其始也，爲鄉里謀；其終也，爲國家謀。而其賦性如汲黯，戰功如李廣，[1]輸財如卜式，既明且哲，知進知退，實有超出尋常萬萬者。古人云："關東出相，關西出將。"如公者，洵兼之哉。配張氏、趙氏。嗣子天純，一品蔭生。媳張氏，生孫恭，二品銜、候選道。公生於道光己亥十二月初五日酉時，[②]歿於光緒戊申正月初九日亥時，[③]春秋七袠。是年八月，葬固原南鄉十里墩官山新阡。辛山乙向，從形家言。繫以銘曰：

大河之南，空同之北。碩輔篤生，功在社稷。四十餘年，橫戈邊域。矯矯虎臣，威儀不忒。用行舍藏，順帝之則。文孫繩武，天眷有德。大星隕矣，寒淚拔拭。斯銘不渝，貞珉永勒。

董少保神道碑文[④]　　國朝知州　王學伊

古人有言曰："大變出大材，小變出小材，不變出庸材。"大材者濟天運之窮，戡人心之亂，維國祚於不敝，非小且庸者希萬一也。今得之，少保董公矣。公諱福祥，字星五，甘肅固原人也。少家貧，未克力學。既長，修偉勁贛，喜談兵法，有不可一世之概。而困而在下，勞筋骨，餓體膚，曾益不能，識者知大任將降已。

同治紀元，回逆囂張，人民簸蕩，兵戈饑饉相仍。浸假而陝西變矣，浸假而甘肅變矣，浸假而新疆伊犁又變矣。公憤而起之，振臂大呼，力衛桑梓。豪士數十人，悍徒數千衆，馳禦環、慶、平、固間，義團之名以昉。歲戊辰，督兵使劉忠壯公檄佐軍事，留強汰弱，號曰"董字三營"。未逾年，迭復金積堡、寧夏等城寨，凡三十餘所。先是金積堡爲酋目馬化漋所踞，忠壯殉於陣。諸軍以前敵讓公，血戰

---

①　甲辰：光緒三十年（1904）。
②　道光己亥：道光十九年（1839）。
③　光緒戊申：光緒三十四年（1908）。
④　原碑現藏於寧夏固原博物館，參見《固原歷代碑刻選編》，第262頁。

得捷。

　　壬申，①馬貢沅等據西寧，勢極驕悍，群師莫攖其鋒。劉襄勤公率忠壯部與公密約以進，奪大小峽、桌子山要隘，獻俘告功。癸酉，②河回米澱臣叛。公曰："河州爲全省形勝，速撲之猶易圖也，毋使滋蔓。"迺以孤軍扼阬路，截尾道，設奇報剿。天子嘉之，獎花翎，洊提督，彰勞勳也。

　　洎乎光緒丙子、丁丑之際，③劉襄勤公、左文襄公相繼領新疆伊犁軍，公往焉。時安集延擾於西，纏族聚於東，羌戎諸部落縱橫於南北，將所謂漢州六國者，無尺寸樂土。公曰："是役也，儲軍實，度地勢，揆敵情，則醜虜入吾彀中，舍是鮮濟。今將爲國家效命時乎！"襄勤、文襄咸倚重之，軍略纖巨，悉以諮議。天山之圍，木里河之征，公決以步步兜攻之法，使寇無所遁。惟天山一役，大風晝晦，崎嶇萬狀，公身先士卒，弗爲眩迷，殲其魁而歸。巨逆白彥虎者驚竄走，公單騎襲追，一晝夜行五百餘里，尤神勇也。於是軍聲所及，望幟以降，如疾風之摧枯朽。而古牧地、烏魯木齊、托克遜、達坂城、瑪納斯諸路之匪，節次肅清。疏上，賞黃馬褂，免騎射，敘頭等軍功，阿爾杭阿巴圖魯，襲騎都尉兼雲騎尉職。文襄更舉恪靖湘楚馬步營隊，以葉爾羌等處資其留守，邊境乂安。

　　丙戌，④簡授阿克蘇鎮總兵。庚寅，⑤擢喀什噶爾提督。公力挽綠營積習，軍容一新，饒健有譽。甲午，⑥述職北上，召對大悅，加尚書銜，統練甘軍，爲京畿衛。乙未，⑦河州撒回亂，奉命援剿，迺兼程度隴，至王家嘴、康家崖、邊家灣匪巢，剋期攻之。太子寺、河州城圍因以立解。丙申，⑧旋剋西寧，群酋授首。蒙恩晉少保，調甘肅提督。既凱還，賜紫禁城騎馬、貂縢褂、福壽字及白金數鎰，磁玉、緞繡，爲諸臣冠。丁酉，⑨領武衛後軍，屯薊州。

　　庚子之役，⑩兩宮西狩，授隨扈大臣，節制滿漢軍。比回鑾，天意厭兵，將與海内謀休養生息，公引疾乞歸。皇上諭曰："董福祥知悉，爾忠勇性成，英姿天挺，削平大難，功在西陲。近以國步艱難，事多掣肘，朝廷不得已之苦衷，諒爾自能曲體。現在朕方屈己以應變，爾亦當降志以待時。決不可以暫時屈抑，隳卻初心。

　　① 　壬申：同治十一年（1872）。
　　② 　癸酉：同治十二年（1873）。
　　③ 　光緒丙子、丁丑：光緒二年（1876）、光緒三年（1877）。
　　④ 　丙戌：光緒十二年（1886）。
　　⑤ 　庚寅：光緒十六年（1890）。
　　⑥ 　甲午：光緒二十年（1894）。
　　⑦ 　乙未：光緒二十一年（1895）。
　　⑧ 　丙申：光緒二十二年（1896）。
　　⑨ 　丁酉：光緒二十三年（1897）。
　　⑩ 　庚子：光緒二十六年（1900）。

他日國運中興,聽鼓鼙而思舊,不朽之功,非爾又將誰屬也。尚其勉旃!"公跪讀之,感泣不置。由是解兵柄,旋里閒,仍金積堡而屯墾焉。甲辰,[1]皋蘭黃水爲災,出金以賑。文孫恭,獎道員,加二品銜,典至渥也。

今年春正月九日,聞公星隕之耗,遠近舊部,莫不瞻望太空而同聲一哭也!宜哉。公既逝,知公彌留時,神智弗瞀,忠悃躍然,猶有挪擋遺產四十萬兩,堅囑助帑一事,其睠睠焉心乎國計民生者,豈尋常等倫所可同日語耶?嗚呼!悲哉。

公之崛起也,易人所難,敢人所畏;公之治軍也,嚴人所寬,安人所危;公之籌國也,慎始慎終,知進知退。其心蹟,其勳名,則爲天下後世所共聞見。嗚呼!悲哉。"大變出大材",古之言信有徵哉!古之言信有徵哉!

碑碣

按:固原歷朝金石文字,得之採訪者什無一二。余悉爲之考證成籍,竭力蒐羅,始將藝文志都爲一帙。茲錄其殘闕剝落及摩崖碑石,亦拾遺綴微之意耳。

明朝

敕賜圓光禪林碑
按:碑刊於明正統八年,禮部敕建,在須彌山。其略云:陝西平涼府開城縣,舊景雲寺僧綽吉汪速山場奏:照得本寺原有石碑,係崇寧三十五年九月敕賜名爲"景雲寺",朝暮領衆,祝延聖壽,毋庸僧俗軍民人等褻慢。正統八年,對同都吏俞亨。

須彌圓光寺石壁橫碑
按:碑刊於明朝正統十年,禮部敕建,在須彌山。其略云:體天地保民之心,刊印大藏經典賜天下,用廣流傳。茲以安置陝西平涼府開城縣圓光寺,永充供養,上與國家延釐,下與生民祈福。

三邊形勝圖碑
按:碑刊於明嘉靖中,總制唐公龍建,在州城鎮鼓樓前。兩亭巍然,中立四大碑,高三丈餘。橫聯三節,中節爲圖,上、下節均隸書。原係沙石,模胡莫辨。惟據總制事實考之,知爲唐公繪建耳。

開通東嶽山嶺道碑
按:碑刊於明嘉靖十七年,都督曹世忠建,在山頂。其略云:山路崎嶇,石磴

---

① 甲辰:光緒三十年(1904)。

險滑，民間展祀而來者恒苦之。因集資鑿山通道，以利行人。副使沈圻督工，與
有勞焉。

東嶽廟感應碑

按：碑刊於明嘉靖二十八年，總制王公以旂、知州倪公雲鴻建，在東嶽山。
其略云：提兵過境，神靈呵護，因紀其事。

大禹廟碑

按：碑刊於明嘉靖時，總制唐公龍建，在東郊里許。字蹟剝落，不可辨識，惟
苔花如堆，尚有別致。

城隍顯應碑

按：碑刊於明嘉靖三十八年，邑貢生陳玥建，在隍廟内。其略云：嘉靖壬子
夏，①玥被同族巨紳誣控於官。官屈於勢，未能平其情。玥與族紳同誓於隍神。
族紳忽得暴病，在床呻吟，自語曰：“吾不合欺陳玥也，神譴誠可畏！”不數日而卒。
玥因勒石，而以“顯應”名其碑。

八陣圖碑

按：碑刊於明嘉靖中，總制張公珩建，在大校場。其略云：鳥、蛇、龍、虎爲四
奇，天、地、風、雲爲四正。師武侯法也。固原開府重地，持此練士，爲諸鎮倡。總
兵王緝請刻於校場之壁，因泐石。

瓦亭聖母廟碑

按：碑刊於明萬曆時，在瓦亭鎮。僅有“平涼府華亭縣瓦亭鎮”九字，餘悉
剝落。

雷神感應碑

按：碑刊於明萬曆十二年，紳民公建，在東鄉楊家河。其略云：雷聲山屢著
靈應，禱雨祈晴，捷於影響，列有王志玉、古天德二生員名。

新建太白山神祠碑

按：碑刊於明萬曆十五年，巡撫李公汶建，在太白山。其略云：壬午以
來，②歲歲旱歉，鄉民流離，赤地千里。汶偕總制部公同禱，甘霖溥沛，轉歉爲豐。
因集資建祠，以隆報饗焉。

創修菩薩院碑

按：碑刊於明崇禎四年，邑人督糧道陳舜典建，在東山。其略云：祈禱雨澤，
轉歉爲豐，民懷神德，因集貲崇建，以答天庥也。

---

① 嘉靖壬子：嘉靖三十一年(1552)。
② 壬午：萬曆十年(1582)。

令公神道碑

按：碑在大營川城西。其刊立年月、姓氏均無考，僅存"令公神道"四字。土人云明末時古塚也。

國朝

創修武廟碑

按：碑刊於順治戊子年，[1]總兵李公茂率文武官紳公建，在閱城廟內。

孟公兩世生祠碑

按：碑刊於順治八年，紳民公建，在東嶽山頂。三原王太保鐸撰文。其略云：孟公國用，字筱府，前明官都督，仁惠廉明，舊有生祠在城南。孟公喬芳，字心亭，官三邊總督，安民除暴，威德兼施。殲賀逆，靖回氛，尤著偉績，民思建祠。而總制爲都督裔，因合祠崇祀於東山，號曰"兩世生祠"。

玄天上帝廟碑

按：碑刊於順治十一年，總兵李公茂建，在州城上帝廟。其略云：祈福感應，捐廉重修。

坤元聖母廟碑

按：碑刊於康熙辛亥年，[2]城守中軍潘繼賢率紳民公建，在東城門外。其略云：瓜瓞綿祥，桂蘭兆夢，民間祈福，屢著靈應。

重修東嶽山碑

按：碑刊於康熙二十六年，奮威將軍王公進寶建，在東嶽山頂。其略云：禱雨逐疫，特著靈奇，文武紳民，合力重修。

重修三清宮碑

按：碑刊於康熙二十九年，紳民公建，在州城三清宮。

創修城隍司碑

按：碑刊於康熙癸未年，[3]紳民公建，在隍廟。其略云：隍神呵護，城垣安堵，用紀其實。

重修十閻羅殿碑

按：碑刊於康熙戊子年，[4]紳民公建，在東山。其略云：近年疫厲爲災，民心惶惶，因共議集貲，補葺殿宇。乃大雨數日，時疫以清，四境安謐焉。

---

[1] 順治戊子：順治五年(1648)。
[2] 康熙辛亥：康熙十年(1671)。
[3] 康熙癸未：康熙四十二年(1703)。
[4] 康熙戊子：康熙四十七年(1708)。

增修東嶽山嶺路碑

按：碑刊於康熙三十一年，提督何公傅、知州吳公季芳全建，在山巔。其略云：四海昇平，百僚雍濟，洵治世也。惟兹山巉峻嶔崎，舉步皆險，風雨冰凌，難於蜀道。因率文武合力修之，不勞民，不傷財。俾老幼士女，登山禮神者，無阻止之嘆。用勒片石，以示久遠。

八營鎮碑

按：碑刊於康熙戊子年，汛兵公建，在八營。其文剝落，僅存“襲拖沙喇哈番加五級潘大老爺提督陝西軍務總兵官都督僉事”二十六字。

孫封翁碑

按：碑刊於雍正五年，其子提督繼宗建，在西郊。蜀中翰林朱曙蓀撰文。其略云：封翁仁恕爲懷，樂善好施，是以繼宗勳名赫卓，方興而未有艾也。

錢封翁碑

按：碑刊於雍正六年，其子游擊自發建，在西郊。上谷郎兆龍撰文。其略云：錢氏家傳忠厚，封翁尤極好善。故子孫武功濟濟，光大門楣也。

萬鳳山國圓寺碑

按：碑在東鄉，刊立年月無考，土人指爲乾隆時碑。其略云：虞舜之世，鳳凰來庭。聖人在位，文明之時。山以萬鳳名，其意有然矣。老安少懷，民享有道。

楊氏封贈碑

按：碑刊於乾隆三年，邑紳提督楊珫建，在西鄉。其略云：楊自成、楊才、楊茂功俱以楊珫著，有武功，膺一品封典、榮禄大夫。

左營五聖祠碑

按：碑刊於乾隆十一年，閤營公建，在城東北隅。列有“游擊任舉撰守備陳瑄書”等字。

重修閻羅殿碑

按：碑刊於乾隆十三年，州紳提督王能愛建，在東嶽山。其略云：閻羅功妙轉輪，感應昭著，捐資重修。

回教先仙碑

按：碑刊於乾隆十九年，回教公建，在南鄉二十里鋪。其略云：先仙不傳其名。康熙中，鄉人每見有在山諷經者，近而視之，杳無踪蹟。後有西域老叟至此，曰：“此山有先仙遺塚，吾教宜禮奉焉。”啟土視之，得墓志一方，泐於成化二年，亦未列姓氏。

重修大禹廟碑

按：碑一刊於乾隆二十三年，一刊於道光甲辰，①均紳民公建，在東郊里許。

---

① 道光甲辰：道光二十四年(1844)。

玄帝殿碑

按：碑刊於乾隆二十七年，紳民公建，在東嶽山。其略云：神靈顯赫，禱雨尤應。

重修無量佛殿碑

按：碑刊於乾隆三十七年，紳民公建，在東嶽山。其略云：祈福佑民，理宜供奉。

隍神顯應碑

按：碑刊於乾隆三十七年，紳民公建，在隍廟廊下。其略云：清平監民喬天倉，因攜錢入城，寄於店內，原一千文，店夥誤書一千五百文。閱二日，天倉取錢，店夥以誤書實情告之。天倉生誣賴計，云：“我本寄錢千五。”店夥付之，心不平，因鳴誓於廟，遂各散。又閱一日，天倉赴城，途中忽見皂衣人，與語曰：“奉命傳質。”天倉遂直入隍廟，跪階下，若庭訊狀，以手自批其頰，號呼曰：“不應昧良。”里人以爲神之靈也，遂泐石。

重修太白山神祠碑

按：碑刊於乾隆三十八年，知州郭昌泰建，在太白山。其略云：旱魃爲虐，得雨逾尺，四野欣然。遂捐廉五百金，以爲修葺之需。

分立廳民定案碑

按：碑刊於乾隆四十八年，州民公建，在大堂東側。其略云：鹽茶廳遷於海剌都，廳民差徭應與州民一律勻派，以免偏枯。

重修屹嵈寺碑

按：碑刊於乾隆五十四年，紳民公建，在州城。寺自兵燹後，改爲文昌宮。

瓦亭隍廟鐵碑

按：碑鑄於乾隆年間，紳民公建，在瓦亭城隍廟內。字體方古，經同治兵燹，祇存半截，其文義零落，不相聯貫，惟官銜有“城守營駐防千總孟儀、華亭縣瓦亭驛丞茹江、生員龔潞、住持劉來運”共二十七字，尚整齊可識耳。

賈氏碑

按：碑刊於乾隆年間，賈姓自建，在西郊。其略云：內治勤儉，提筐挽車。分火佐讀，相夫克家。胡天不弔，遽爾乘槎。余思其義，蓋贊氏之賢也。

廣寧監碑

按：碑在南二十里鋪。其文爲“鹽茶同知廣寧監地”云，每字五寸許，惜其半截爲土所掩，而石有藍色，土人指爲乾隆時建。又北有“廣寧監”三字短碑一方，僅三字，土人亦謂乾隆時同建。

山西會館鐵碑

按：碑在張義堡之西城根下。鎮花掩映，鏽色斑斕。土人云：當乾隆時，商賈輻輳，晋人甚多，此館蓋當商議事處。同治兵燹後，僅存一鐵碑矣。噫！

李公遺愛碑

按：碑刊於嘉慶初，紳民公建，在瓦亭城内。其碑陽列"固原州李大老爺德政"九字。其碑陰爲"採買驛草，秉公給價，農畯不得剋扣"等語。惜李公未載其名。

創修厲壇碑

按：碑刊於嘉慶十二年，知州翟方震建，在北郊二里許。其略云：惟神贊司幽冥，燮理陰陽。禱晴祈雨，有感而通。每遇出壇利孤，不可無供養之所，遂捐廉以爲民倡，工告成焉。

天一靈祠碑

按：碑刊於嘉慶十八年，提督楊公遇春建，在州城上帝廟。其略云：是祠也，創修於明嘉靖、萬曆間。兹因祈雨有應，合文武官吏捐貲重修。

朝陽庵碑

按：碑刊於嘉慶十九年，紳民公建，在東鄉。其略云：能禦大災則祀之，能捍大患則祀之。

李台卿教澤碑

按：碑刊於道光乙未年，[①]其門下生徒徐登甲、王佐清等仝建，在西北郊。其略云：隴西望族，師資久著，品端膠庠，百行無缺。查李台卿名輔弼。

古城川關帝廟碑

按：碑刊於道光十九年，紳民公建，在東鄉。其略云：東山寨樓爲州形勝，祀關帝以鎮之。

固原筆峰山碑

按：碑刊於道光二十三年，平慶涇道姚公建，未刊官名。在蓮花山麓。其略云：堪輿之説，固不可信，然亦不可不信。文風屢弱，多關地脈缺陷。余觀察斯土，他務未遑，首興文教，訪其宜加培植之道。幸有先我而爲之者，前任萬荔門先生，素精地學，於此山巔欲建寶塔，以補文風。余聞之，輒樂從，乃爲先築土峰，以植多士上達之基。

五女孝行碑

按：碑刊於道光中，鄉民公建，在西大道旁。其略云：胡張氏有五女而寡。

---

① 道光乙未：道光十五年(1835)。

女長均適人,五婿公議,分月供養。及卒,五女執紼送葬,哭泣甚哀。人皆謂胡張氏之有女,遠勝他人之有子也。

七營鎮漢回分界碑

按:碑刊於光緒四年,紳民公建,在七營。其略云:七營距州一百二十里,河朔衝途,人煙輻輳。向無回民,即有回族貿易者,朝來夕歸。同治亂後,田地悉爲回民所佔。迨承平,漢民無地可耕,因迷控於左文襄公軍次。蒙派委員,會州連訊,判定十里内不准回民居住,佔領、置買田地一概退還。同事出力,八莊亦有回民居住者,一時發還殆盡,而後漢、回得相安焉。

楊善士碑

按:碑刊於光緒九年,回教及楊姓族人建,在羊圈堡。其略云:善士名保元,好詩書,通天經,遍游於新疆、雲貴諸省,論者謂其天真爛熳,有古人風。

建修昭忠祠碑

按:碑刊於光緒十五年,雷少保正綰建,在王字街。其略云:祠爲協戎熊公觀國專祠,因固原昭忠祠兵燹後無款修理,遂以多忠勇公、沈提督并殉難官民,一律附祀,而仍顔曰昭忠祠。

裁撤里車碑

按:碑刊於光緒十六年,紳民公建,在城隍廟廊下。其略云:陝甘總督譚公鍾麟以里車困民,奏請於涇州、蘭州、肅州設立車局,由官僱車供差,將里車裁撤。查原奏官署均有檔册可稽,兹省録之。

雷公去思碑

按:碑刊於光緒二十二年,紳民公建,在州城南關城武廟門左。其略云:公印正綰,字緯堂,四川中江人。同治初蒞提督任,三十餘年,德威并著,立石以紀之。

重修無量殿碑

按:碑刊於光緒二十九年,邑紳董少保福祥建,在東山鐵繩嶺。其略云:殿宇自兵燹後,傾圮久矣。少保統兵歸里,登山展拜,惻然憫之。遂慨捐銀六百兩,大興土木,稱巍焕焉。

董少保故里碑

按:碑刊於光緒三十四年,知州王學伊書,紳民公建,在南鄉官道。

三關口摩崖碑

按:碑一曰"峭壁奔流",無年月可考,惟下款有"晋江明題"四字。一曰"涇汭分流",下刊"丙子季秋晋江"六字。一曰"山光水韻",無年月可考,下刊"龍光氏"三字。一曰"蕭關鎖鑰",無年月、姓氏可考,僅存"鎖鑰"二字,土人云早年見之,知爲"蕭關鎖鑰"。一曰"控扼隴東",道光二十二年壬寅首夏,知固原州山東鈕大紳題。一曰"山水清音",道光二十九年歲次己酉仲春,知平涼縣事歸安沈啟曾題。一曰"山明水秀"。

八營殘碑

其詞曰"鎮戎古堡"。按:此石在八營山坡側,於頹垣敗壘中僅橫一石,刊此四字,或即鎮戎遺址歟。

古今體詩

隋帝飲馬長城窟示從征群臣

蕭蕭秋風起,悠悠行萬里。萬里何所行? 橫漠築長城。[2]
豈台小子智,先聖之所營。樹茲萬世策,[3]安此億兆生。
詎敢憚焦思,高枕於上京。北河秉武節,[4]千里捲戎旌。
山川互出沒,原野窮超忽。搉金止行陣,鳴鼓興士卒。
千乘萬騎動,飲馬長城窟。秋昏塞外雲,霧暗關山月。
綠岩驛馬上,乘空烽火發。借問長城侯,[5]單于入朝謁。
濁氣靜天山,晨光照高闕。釋兵仍振旅,要荒事方舉。
飲至告言旋,功歸清廟前。[6]

陳後主雨雪曲

長城飛雪下,邊關地籟吟。濛濛九天暗,霏霏千里深。
樹冷月恒少,山霧日偏沉。況聽南歸雁,切思胡笳音。[7]

陳後主飲馬長城窟行

征馬入他鄉,山花此夜光。離群嘶向影,因風屢動香。
月色含城暗,秋聲雜塞長。何以酬天子,馬革報疆場。

飲馬長城窟行　　漢　陸士衡

驅馬陟陰山,山高馬不前。往問陰山候,勁虜在燕然。
戎車無停軌,旌旆屢徂遷。仰憑積雪岩,俯涉堅冰川。
冬來秋未反,去家邈以綿。獫狁亮未夷,征人豈徒旋。
末德爭先鳴,凶器無兩全。師克薄賞行,軍沒微軀捐。
將遵甘陳蹟,收功單于旃。振旅勞歸士,受爵槁街傳。

飲馬長城窟行　　南北　王褒

北走長安道，征騎每經過。戰垣臨八陣，旌門對兩和。
屯兵戍隴北，飲馬傍城阿。雪深無復道，冰合不生波。[8]
塵飛連陣聚，沙平騎蹟多。昏昏隴坻月，[9]耿耿霧中河。[10]
羽林猶角觚，將軍尚雅歌。臨戎常拔劍，蒙險屢提戈。
秋風鳴馬首，薄暮欲如何。

飲馬長城窟行　　南北　陳琳

飲馬長城窟，水寒傷馬骨。往謂長城吏，慎莫稽留太原卒。
官作自有程，舉築諧汝聲。男兒寧當格鬥死，何能怫鬱築長城。[11]
長城何連連，連連三千里。邊城多健少，內舍多寡婦。
作書與內舍：便嫁莫留住。善侍新姑嫜，時時念我故夫子。
報書往邊地：君今出語一何鄙！身在禍難中，何爲稽留他家子。
生男慎莫舉，生女哺用脯。君獨不見長城下，死人骸骨相撐拄。
結髮行事君，慊慊心意間。明知邊地苦，賤妾何能久自全。

飲馬長城窟行　　南北　張正見

秋草朔風驚，飲馬出長城。群驚還怯飲，地險更宜行。
傷冰斂凍足，畏冷急寒聲。無因度吳坂，[12]方復入羌城。

詠霍將軍北伐　　南北　虞羲

擁旄爲漢將，漢馬出長城。長城地勢險，萬里與雲平。
涼秋八九月，胡騎入幽并。飛狐白日晚，瀚海愁雲生。
羽書時斷絕，刁斗晝夜驚。乘墉揮寶劍，蔽日引高旍。
雲屯七萃士，魚麗六郡兵。胡笳關下思，羌笛隴頭鳴。
骨都先自讋，日逐次亡精。玉門罷斥堠，甲第始修營。
位登萬庾積，功立百行成。天長地自久，人道有虧盈。
未窮激楚樂，已見高臺傾。當令麟閣上，[13]千載有雄名。

使至塞上　　唐　王維

單車欲問邊，屬國過居延。征蓬出漢塞，歸雁入胡天。
大漠孤煙直，長河落日圓。蕭關逢候吏，都護在燕然。

胡笳歌送顏眞卿使赴河隴　　唐　岑參

君不聞胡笳聲最悲,紫髯綠眼胡人吹。吹之一曲猶未了,愁殺樓蘭征戍兒。
凉秋八月蕭關道,北風吹斷天山草。昆侖山南月欲斜,胡人向月吹胡笳。
胡笳怨兮將送君,秦山遙望隴山雲。邊城夜夜多愁夢,向月胡笳誰喜聞?

同餞陽將軍兼原州都督御史中丞[14]　　唐　蘇頲

右地接龜沙,中朝任虎牙。然明方改俗,去病不爲家。
將禮登壇盛,軍容出塞華。朔風搖漢鼓,邊月思胡笳。
旂合無邀玉,冠危有觸邪。當看勞旋日,及此御溝花。

送都尉歸邊①　　唐　盧綸

好勇知名早,爭雄上將間。戰多春入塞,獵慣夜燒山。
合陣龍蛇動,[15]移軍草木閑。[16]今來部曲盡,白首過蕭關。

塞上曲②　　唐　王昌齡

蟬鳴桑樹間,八月蕭關道。出塞入塞寒,[17]處處黃蘆草。
從來幽并客,皆共沙塵老。[18]莫學游俠兒,矜誇紫騮好。

飲馬渡秋水,水寒風似刀。平沙日未没,黯黯見臨洮。
昔日長城戰,咸言意氣高。黃塵足今古,白骨亂蓬蒿。

出蕭關懷古　　唐　陶翰

驅馬擊長劍,行役至蕭關。[19]悠悠五原上,永眺關河前。
北虜三十萬,此中常控弦。秦城亘宇宙,漢帝理旌旃。
刁斗鳴不息,羽書日飛傳。[20]五軍計莫就,三策議空全。
大漠横萬騎,[21]蕭條絕人煙。孤城當瀚海,落日照祁連。
愴然苦寒奏,懷哉式微篇。更悲秦樓月,夜夜出胡天。

使過彈箏峽　　唐　儲光羲

鳥雀知天雪,群飛復群鳴。原田無餘粟,日暮滿空城。

---

① 《全唐詩》卷二七六題作《送韓都護還邊》。
② 《塞上曲》詩共二首。

達士憂世務,鄙夫念王程。[22]晨過彈筝峽,馬足凌競行。
雙壁隱靈曜,[23]莫能知晦明。皚皚堅冰白,漫漫陰雲平。
始信古人言,[24]苦節不可貞。

開府行　　前明總督　楊一清

旌旟晝拂煙塵開,鉦鼓動地聲如雷。路傍群叟暗相語,不道我公今又來。
當年從公玉關道,我是壯夫今已老。似聞軍令尚精明,頗覺容顏半枯槁。
弓刀萬騎如雲屯,多是當年鞭策人。部將生兒還拜將,部卒亦復稱將軍。
自公入朝佐天子,功成身退誠善矣。胡爲乎來復此行? 遠涉沙場千萬里。
聖皇求舊溫旨褒,君臣之義安所逃。不然七十二衰叟,豈任絕塞風塵勞。
黃河水深金城高,我士酣歌馬騰槽。亦知保障乃良策,忍使赤子塗脂膏。
瑩平經略不無意,定遠功高歸彼曹。[25]羽書飛騎捷如鳥,獵獵西風捲沙草。
劍氣晴橫紫塞秋,角聲寒咽黃雲曉。不用彎弓射虜營,坐銷氛祲回光晶。
將軍帳前但飲博,士女自織農自耕。直遣羯胡齊北渡,我軍旋指江南路。[26]
經過到處要題名,他日知吾來幾度。

固原重建鐘鼓樓①　　前明總督　楊一清

西閣風高鼓角雄,南來形勝倚崆峒。青圍瞑睨諸山繞,綠引潺湲一水通。
擊壤有歌農事足,折衝多暇虜塵空。登樓不盡籌邊意,渺渺龍沙一望中。

設險真成虎豹關,層樓百尺枕高寒。重城列戍通三鎮,萬堞緣雲俯六盤。
絃誦早聞周禮樂,[27]羌胡今著漢衣冠。分符授鉞知多少,誰有勳名後代看。

千里關河入望微,四山煙雨翠成圍。蒹葭淺水孤鴻盡,苜蓿秋風萬馬肥。
聖主不教勤遠略,書生敢謂議戎機。[28]狂胡已撤穹廬遯,體國初心幸不違。

偕寇中丞登固原鼓樓　　前明總督　王瓊

隴北新州地勢雄,城南百里峙崆峒。秦關農父供輸困,河朔單于堠火通。
春盡荒山圍四野,天高寒日墮晴空。徘徊不盡登臨意,世態相忘一醉中。

過預望城　　前明總督　王瓊

原州直北荒涼地,靈武臺西預望城。路入葫蘆細腰峽,苑開草莽苦泉營。

---

① 《固原重建鐘鼓樓》詩共三首。

轉輸人困頻增戍，[29]寇掠胡輕散漫兵。我獨徵師三萬騎，揚威塞上虜塵清。[30]

紅石峽歌　　前明總督　唐龍

黃河十月風獵獵，天馬黯淡水聲咽。　蛟黿攣拳縮如蝟，波濤震蕩湧爲雪。
牛心山前百草腓，羊圈津口冰山結。　羌戎十萬聲雄唬，[31]赤睛黃髮呼天驕。
竿頭直指武花月，革帳斜捲狼山飇。　踏冰渡河如走坂，須臾千里騰腥臊。
黃沙熒熒獵火發，皂雕矯矯胡雲歇。　千騎萬馬馳且突，長兵短兵相摩擊。
口吹牛角生捉軍，頭插鶡毛死攻壁。　將軍忙解黃金印，半夜開門傳羽檄。
老幼抽身匿草間，壯丁守埤無顏色。　奏書朝達明光宮，天子特命司馬龍。
提兵早向玉塞中，震懾胡虜斯爾功。　微臣敢不奮孤忠，彭彭十乘當元戎。
分合疊張貔虎陣，出入不避豺狼鋒。　健兒鼓行一當百，猛將橫槊氣如虹。
再接再厲虜膽落，屢戰屢剹邊塵空。　紅石峽對駱駝蜂，朱岩丹嶂凌蒼穹。
雲屯密結細柳營，日出高掛扶桑弓。　中侍鑊鑠冠峨貂，中丞慷慨車蟠熊。
佛閣神壇列虎帳，從來樽俎能折衝。　玉關嶺崒天險設，[32]雪瀾澎湃軍聲洪。
寒草青青六馬秣，耕牛渴飲長城窟。　禾黍萬頃連秋雲，邊城三月狼煙滅。[33]
直欲上取一丸泥，應弦落閉陰山穴。　單于大旆不敢東，年年沙場息戰伐。

固寧延官軍擊虜獲捷①　　前明總督　唐龍

十萬胡雛敢鼓行，嫖姚諸將按西營。　提刀直斫陰山虎，奮戟橫穿瀚海鯨。
三路捷聲飛羽檄，九秋勝氣溢霓旌。[34]　腐儒尚覓干城策，願得沙場長罷兵。

月明胡騎邀沙場，諸路交馳羽檄忙。　共有膚功騰幕府，喜將三捷獻明光。
帳前鶴唳榆陰碧，轞上鷹飛草色黃。　聞道虜中飢食馬，人人驚說漢兵強。

防秋②　　前明總督　張珩

紅山返照堪圖畫，戍堞悲笳動客懷。　戎馬十年雙鬢白，深秋孤興與誰偕。

興武營西清水河，牧童橫笛夕陽過。　逢人報道今年好，戰馬閑嘶綠草坡。

將士河邊飲馬回，元戎正在望高臺。　揚鞭隊隊如熊虎，欲縛單于俺不孩。

---

① 《固寧延官軍擊虜獲捷》詩共二首。
② 《防秋》詩共四首。

黃河影倒賀蘭山，紅柳灘頭奏凱還。月色轅門寒劍戟，忽聞鴻雁度雲間。

登長城關瞻眺有懷①　　前明總督　魏謙吉

長城關外是呼韓，萬馬嘶風六月寒。傳語胡兒休近塞，新來大將始登壇。
東臨瀚海擒閼氏，西出蘭山覓可汗。聞報虜營宵欲遁，卻防乘夜渡桑乾。

長城關外賀蘭東，白草黃沙日日風。漢武當年經略地，仁愿曾築受降宮。
膏腴萬頃今何在，煙火千家入望空。直欲憑高吞黠虜，華夷一統奏元功。

喜諸將大捷　　前明總督　喻時

塞上誰言汗馬稀，營中不厭羽書飛。戍樓煙動連紅幟，戰壘風高拂翠微。
狼狽胡兒乘月竄，咆哮漢將踏雲歸。敢言一掃清天府，唯喜三軍仗帝威。

元夜鎮西樓觀煙火有感　　前明總督　喻時

瓊樹瑤花錦一叢，紛綸光焰片時風。乾坤事事皆飄忽，不必勞心覓楚弓。

別館　　前明總督　喻時

池橋零亂小波灣，塞圃蕭疏老樹環。步賞不知風物陋，塵勞暇處一開顏。

防秋至花馬池　　前明總督　石茂華

障亭直與塞雲班，入望盈盈白草屛。河界龍沙趨砥柱，地連陸海擁秦山。
征夫遠出蕭關戍，胡騎初從麥垛還。無奈邊人耕牧鮮，綏懷何計慰疲艱。

中秋登長城關樓　　前明總督　石茂華

戍樓危處一雄觀，大漠遙通北溟看。月色初添沙磧冷，秋風直透鐵衣寒。
雖非文酒陪嘉夕，剩有清暉共暮歡。且喜休屠今款塞，長歌不覺露溥溥。

九月九日登長城關　　前明總督　石茂華

朔風萬里入衣多，嘹唳寒空一雁過。魚澤灘頭嘶獵馬，省嵬城畔看黃河。
香醪欲醉茱萸節，壯志還爲出塞歌。騁望因高雲外盡，鄉關回首愧煙蘿。

---

① 《登長城關瞻眺有懷》詩共二首。

復登長城關　　前明總督　石茂華

擁傳提兵兩歲過，朔城戎幕動鳴珂。茫茫大野飛鴻度，漠漠平沙晚照多。
萬古塞愁沈戍壘，千年征怨付煙蘿。而今已報欃槍掃，飲馬遥看瀚海波。

防秋過八營牧兒苑　　前明總督　石茂華

萬騎如雲野徑微，孤鴻遥過塞垣飛。[35]那堪朔氣侵征幰，更際秋風上客衣。
牧馬苑中思騄耳，硤城門外敞牙旗。壯心直逐伊吾北，駐節郵亭對晚暉。

提兵防秋宿平虜所　　前明總督　石茂華

城名預望是何時，莅率戎行暫駐斯。莫計旋期歌暮止，肯緣塞意動淒其。
邊烽直接渠搜野，戍道遥通瀚海涯。頡利已收南牧馬，窮荒日日獵狐麛。

秋日登鎮西樓①　　前明總督　石茂華

年來邊障燧煙休，況有兹樓足眺游。拂面長風連漠野，迎眸青草帶荒陬。
徘徊日影移山色，高下砧聲動客愁。安得羽衣乘鶴者，超然同坐説丹丘。

擁麾萬里愧儒生，騁望因高思轉清。雲入賀蘭天欲盡，山連函谷氣猶橫。
樓頭更際浮雲斂，秋色何偏遠塞平。寰海不波金甲靜，長歌休惜酒尊傾。

早發三山經饒陽抵紅德城　　前明總督　郜光先

樓頭鼓角動雞聲，早夢驚回戒夙征。月掛旌旗頻烱爍，煙籠燈火半昏明。
扶桑日旭三山曉，饒水冰凝一綫橫。古戍蕭關何處是，僕夫遥指在紅城。

提兵皋蘭　　前明總督　郜光先

秉鉞迢遥秋届期，材官貔士簇征旌。金風引節關河迥，[36]寶劍凌空星斗移。
馬繫柳營霜肅肅，柝鳴月夜漏遲遲。氛消瀚海天威遠，何向燕然費品題。

出塞次張公韻②　　前明總督　李汶

暮商颯颯雁橫秋，淒切拍歌暗戍樓。百部旄墻屬漢節，倚天長掛隴雲頭。[37]

---

① 《秋日登鎮西樓》詩共二首。
② 《出塞次張公韻》詩共五首。

危堞遥傳塞外筯，羽麾不動静胡沙。健兒投石渾閑事，滿目驚秋蘆荻花。

旂展蒼龍陣列繻，[38]貔貅天策喜相將。泥丸封後銷金甲，瀚海青山盡括囊。

蒼茫朔野遍胡雲，指顧華夷界此分。眼底椎牛同燕喜，軍中筯鼓競宵聞。

一帶黃流去九灣，賀蘭山外盡胡山。獨憐征戍沙場客，倦倚刀頭尚未還。

癸未視師原中逢重九日① 　前明總督　李汶

佳節欣逢自好懷，露華已歇遍霜皚。菊英殞後騷多恨，餻字題成句有裁。
青對朝那雲外岫，白浮鑿落掌中杯。灑然倚劍登高處，十二饒歌奏凱來。

遮莫黃花映翠微，恰無風雨亂朝暉。瘁心斿虜年纍矢，得意材官日策肥。
視草每驚螭陛迴，插茱偏與雁行違。此身未老乾坤在，萬里龍沙辟六飛。

甲申防秋有感② 　前明總督　李汶

蕭關倚劍又年華，鹿鹿川原走傳車。白草遥逢秋氣變，青山況是暮雲遮。
羽幢羅拜匈奴種，榮戟高臨上將才。[39]夜半啼雞支枕覺，躊躇往事倍咨嗟。

昨朝羽檄動封疆，萬縷胡塵下大荒。喜有彎弧多彍騎，漫傳獻質舊降王。
驥聲嘶落樓頭月，旌影搖連塞外霜。閑眺陰山虜哭處，將軍尚憶隴西强。

防秋過預望城 　前明總督　黃嘉善

邊程催客騎，曉起攬征衣。野徑隨山轉，紅塵傍馬飛。
天連雲樹遠，霜冷幕庭微。極目南歸雁，雙雙憶故扉。[40]

閱武③ 　前明總督　劉敏寬

元戎春閱武，藝苑繡旂開。猿臂争投石，龍駒怒蹴苔。
紅山留使宿，紫霧隱轟雷。薄試長纓技，氈裘繫頸回。

---

① 《癸未視師原中逢重九日》詩共二首。癸未：萬曆十一年(1583)。
② 《甲申防秋有感》詩共二首。甲申：萬曆十二年(1584)。
③ 《閱武》詩共四首。

細柳東風織,依依漢將營。鐵山獰虎豹,玉笋列干城。
走甲凝霜重,揮戈幌日明。聖神觭耀德,邊塞自觀兵。

羽檄風霆迅,雄師捲地來。驕騰欲破壘,寂靜不銜枚。
駐蹕滄溟匯,衝鋒泰華摧。先聲天地震,萬里息氛埃。

四方需猛士,惟昔壯關中。健舞斑絲稍,雙彎神臂弓。
鷹揚奔疾電,魚貫動長虹。糾糾蒼蒙外,誰收破虜功。

北魚池　　前明總督　劉敏寬

山下蒙泉壯塞頭,憑高一攬入清幽。濯纓可是滄浪曲,澣俗何須閬苑洲。
特地風雲神物待,漫天星斗瑞湍收。聖明應借銀灣潤,滌蕩妖氛億萬秋。

固原杜總兵文煥剿虜獲級①　　前明總督　劉敏寬

曙色祥開細柳營,元戎十乘啟邊城。投鞭叱吒洪流斷,破壘追奔華嶽傾。
群醜降心歸漠北,名王唾手繫長纓。鐃歌喧雜金飆送,露布翩翩帶月明。

堂堂幕府盡長籌,鼎沸妖氛一鼓收。鞠旅幾曾先漢過,除凶誰復玩夷酋。
巍峨雁塞西風競,寂寞龍沙暮靄愁。共效忠歊期報主,策勳端不覓封侯。

頻年寰寓頌昇平,叵奈天驕數弄兵。震疊風霆三鎮合,留連塗炭一朝清。
豐碑紫塞聲靈遠,京觀青山崒嵂并。聖主無煩西顧念,行看瀚海伏長鯨。

如林飛將遍龍堆,胡馬驕嘶動地來。大纛高揮白日暗,長車怒踏彩雲開。
百年王氣伸河朔,九死游魂散草萊。群力總由群策屈,帥師原自冠軍才。

同祁冠軍司馬劉公觀魚池②　　前明布政　董國光

北郊誰爲闢芳塘,一鑒澄澄貝闕傍。原上山光極目迴,座中潭影逼人凉。
亂流時見鳧鷗狎,斷岸風來蘆荻香。好景天呈共嘯詠,側聞司馬賦濠梁。

① 《固原杜總兵文煥剿虜獲級》詩共四首。
② 《同祁冠軍司馬劉公觀魚池》詩共三首。

碧波浩淼擁兼葭,神物若憑蕩日華。潤世何當爲澍雨,洗兵直欲净胡沙。
龍宮近鎖潛虬宅,魚穴遥通泛海槎。我自臨淵念遺子,雲雷悵望起天涯。

佳陂匯注關西頭,長日清風萬象幽。對面開軒閑野照,忘機浴鳥集沙洲。
晴嵐遠黛插天起,古戍荒煙匝地收。爲向靈源探吐納,陰陰水樹欲生秋。

朝飲馬送陳子出塞　　前明尚書　李夢陽

朝飲馬,夕飲馬,水鹹草枯馬不食,行人痛哭長城下。
城中白骨借問誰?[41]云是今年築城者。但道辭家別六親,寧知九死無還身。
不惜身爲城下土,所恨功成賞別人。去年賊掠開城縣,黑山血迸單于箭。[42]
萬里黃塵哭震天,城門晝閉無人戰。今年下令修築邊,丁夫半死長城前。
城南城北秋草白,愁雲日暮鳴胡鞭。[43]

胡馬來再贈陳子　　前明尚書　李夢陽

冬十二月胡馬來,白草颯颯黃雲開。沿邊十城九城閉,賀蘭之山安在哉?
傳聞清水不復守,游兵早扼黃河口。即看烽火入甘泉,已詔將軍屯細柳。
去年穿塹長城裏,萬人齊出千人死。陸海無毛殺氣蒸,五月零冰凍河水。
當時掘此云備胡,[44]胡人履之猶坦途。聞道南侵更西下,韋州固原今有無?
從來貴德不貴險,英雄豈可輕爲謨。尚書號令速雷電,將士誰敢前號呼。[45]
遂令宵旰議西討,兹咎只合歸吾徒。我師如羆將如虎,九重按劍赫斯怒。
惜哉尚書謝歸早,不覩將軍報平虜。

蕭關北作　　前明太保　楊巍

塞路山難斷,胡天雲不開。[46]遥驚戍火起,數見羽書來。
周室朔方郡,唐家靈武臺。客心正多感,羌笛暮堪哀。

總督唐公擊虜獲捷[47]　　前明御史　黃臣

令嚴如雷皎如電,萬騎争先樂酣戰。屈指年來勝已多,膚功未若青沙峴。

連山殺氣棱棱起,胡淚亂零西海水。風雨長陰漠漠時,今日光天開萬里。

月高雲净空山夕,對壘官兵縮矢石。旄頭星隕壓天狼,[48]砦上霜刀紅一尺。

龍劍騰光萬縷青，逗魂匿魄懾雷霆。誰磨琬琰三千尺，欲勒燕然一段銘。

胡天日落亂山低，[49]血染空營斷徑蹊。山鳥亦能知順逆，歸來恥向舊巢棲。

秋滿胡山草樹肥，飛花紅白點征衣。中丞揮塵傳新令，不許狂奴片甲歸。

出塞[①]　　前明御史　張瀚

涇原北望塞門秋，漠漠沙塵暗戍樓。羽檄不來氈帳遠，前軍夜獵海西頭。

邊城夜月聽胡笳，戍卒寒眠萬里沙。征馬驕嘶飛將出，晶晶劍甲凜霜花。

披甲鞬鞾控驌驦，霓旌羽纛奮干將。分麾百道蕭關下，何處飛來赤白囊。

賀蘭山後騎如雲，接地風塵慘不分。觱篥聲隨征雁過，烏氏獨夜夢中聞。[50]

已散胡群赤水灣，秦雲漢月滿關山。翩翩羽騎歡聲近，麾下偏裨較獵還。

重九總督高公同飲南池　　前明御史　蕭廩

五原秋日駐干旄，萬里風煙拭寶刀。把菊無心頻望遠，攜觴有客共登高。
飛鴻不逮思鄉夢，倚棹偏驚駕海舠。惆悵隴山空勝賞，知公王事獨賢勞。

原州九日　　前明　趙時春

秋聲咽塞笳，邊氣蕭霜華。九日登高處，群山入望賒。
蒼兼仍碧水，綠酒對黃花。鴻鵠歸何處，長天空落霞。

彈箏峽　　前明　趙時春

箏峽唐時道，蕭關漢代名。連山接玉塞，列戍控金城。
形勝雙流合，乾坤一望平。憑高瞻斗柄，東北是神京。

聞固原告急[②]　　前明　趙時春

聞道白羊騎，猶穿花馬池。故園烽火急，上苑帛書遲。

---

① 《出塞》詩共五首。
② 《聞固原告急》詩共六首。

涇汭思雲鳥，蕭關入鼓鼙。何由請一隊，直搗向燕支。

慈母倚門日，君王按劍時。壯心驚白馬，血淚灑丹墀。
邊月侵關冷，胡笳帶雪吹。茫然塞宇宙，雲繞漢旌旗。

自得山西信，常疑關內兵。案形翻批亢，掃穴爲橫行。
誰使蹕林馬，輕過細柳營。墮歸尤作意，掌劍莫虛鳴。

三千唐勁騎，八百漢精兵。形勝張群策，飛騰振一鳴。
百金招駿骨，萬馬避先旌。白面何爲者，優游頌太平。

昭代崇儒雅，壯夫恥甲兵。殷勤憐紫塞，隱惻爲蒼生。
愁見烽煙黑，喜聞官吏清。閑過半甲子，俛仰愧生平。

岳子憂三關，棄捐長草泖。許郎籌九邊，騰踏自温飽。
天意亦憐才，人情若執拗。飛黃不著鞭，太白空凌昂。

和胡大參六盤山　　前明　趙時春

六盤盤踞何峥嵘，勢壓華夷掩赤城。羽斾迎風煙塞静，星軺過雨漢關明。
百年蕪没元王殿，千古雄蟠魏國營。遥想登高成賦處，臨風三嘆有餘情。

固原南池泛月　　前明　趙時春

四郊芊靄夏容多，玉關無事遍笙歌。原州城南青草碧，流澌澹蕩生微波。
波光澂灩浸塘苔，芳辰樂景仍相摧。尚書既攜二妙至，戎司亦領三驅來。
遂使炎蒸化時雨，忽於蒼莽聽殷雷。殷雷時雨何浩渺，衆峰突兀雲徘徊。
煙水茫茫同一色，凌風始覺臨高臺。彩虹欲射青海石，赤霞初映白龍堆。
須臾長空净如拭，萬山洗盡無塵埃。黃鴨花鳧池頭集，放舸解纜旋相及。
宛轉中流簫鼓鳴，沿洄兩岸兼葭濕。天清地静悄無聲，一輪明月當空立。
桂影光吞玻璃寒，金波隱映鷁鶄急。金波桂影寂無濤，綠漪玉鏡兩争高。
勢傾斗柄迴南極，中涵太虛沉碧霄。祇疑蟾宮失雪兔，翻於水殿踏冰綃。
池裏潛虯徒偃蹇，野外還飆吹沕寥。沕寥鶴駕去仍還，時時此地會群仙。
君看南池泛舟夜，豈減蘭亭修禊年。

固原南池月夜陪劉松石尚書　　　前明　趙時春

朱明初送夏，黃葉已驚秋。絕塞金光蕩，中天玉鏡浮。
開簾翻寶曆，鼓枻送蘭舟。花底星河動，尊前鳧雁悠。
張筵溥露下，轉席清風流。輕淺抵雲漢，飄颻上斗牛。
高情同謝傅，發興自庾樓。喜接龍門會，叨陪濠上游。
百篇慚擬李，一紙固稱劉。角鼓喧初夜，旌旃滿上游。
豈須橫槊賦，已辦折衝謀。他日鳳池去，還看伊呂儔。

隴山歌① 　　國朝　徐乾學

隴山高高隴水流，隴西六月如清秋。蕭關朝那接北地，酒泉張掖連涼州。
諸葛戰爭餘故壘，隗囂宮殿成荒丘。繡衣按部求名馬，都護行宮擢錦裘。
數聲羌笛落梅怨，一曲秦箏邊月愁。許侯分符萬里去，曉發青門擁驦御。
虞詡成名在此時，王尊叱馭看前路。京華故人折楊柳，欲行不行日漸暮。
我歌爲作隴山詞，目極輪臺鳥飛處。

送朱遂初同年憲副固原② 　　國朝　吳偉業

銜杯落日指雕鞍，渭北燕南兩地看。士馬河湟征戰罷，弟兄關塞別離難。
荒祠黑水龍湫暗，絕坂丹崖鳥道盤。錯認故京還咫尺，幾人遷客近長安。

邊上 　　國朝　李因篤

蕭關城堞望中分，鹿苑干戈道上聞。野霽卷蘆吹白日，霜清驅馬下黃云。
征西盡撤三千戍，鎮朔還歸十萬軍。誰抱遺弓攀鶴表，賜冠空滿駿蟻群。

舊邊九章之一固原 　　國朝　方還

秋入平原動鼓鼙，弓鳴風勁塞雲低。漢家營壘沿山後，秦郡川原盡隴西。
征調頻年憂戍士，逃亡何計復烝黎。徘徊險阻誰爲守，花馬池邊落日迷。

題邊城插柳圖 　　國朝　伊秉綬

張侯爾盡一杯酒，好向邊城插楊柳。柳色依依二月中，蘆溝萬里休回首。

---

① 此詩未見載於徐乾學《憺園文集》。
② 《吳詩集覽》卷十三《七言律詩三》題作《送同年江右朱遂初憲副固原》。按：據《梅村家藏藁》卷十六《詩後集八》載，此詩共四首，此爲第一首。

西風天馬入蕭關,老樹荒原未可攀。邊吏精神酒泉郡,詩人藻耀胭脂山。
三年報最長安道,棠舍猶思長官好,入廐寧知馬似羊,浚渠早獲蟬鳴稻。
流沙誰識水泉甘,未老桓公感漢南。即看蘇武祠前月,萬縷搖風色勝藍。

六盤山　　國朝　何道生

秦隴分山脈,開通走傳車。六盤名最重,[51]廿里路何賒。
溪澗重重繞,峰巒面面遮。轉輪生四角,循轍少三叉。
詰曲穿珠蟻,行回赴壑蛇。[52]修途方坦蕩,怪石忽嶔崢。
蜒蜿龍騰脊,參差虎礪牙。要應推鎖鑰,險合并褒斜。
斥堠迷村樹,琳宮繡野花。半途休馬足,暫憩得山家。
木榻聊敷坐,瓷甌罷喚茶。篷篍新結構,餺飥小生涯。
羨爾心無礙,慚余念早差。宦游多錯迕,岐路一嗟呀。

閱兵固原并紀拔電桿事　　國朝　楊昌濬

奉詔蒐兵此地過,濃陰緑樹影婆娑。愚氓拔電干王法,大將威風掌太阿。
經略江淮權墨敕,防維回準扼黃河。八營尚説楊家事,古戍荒涼感慨多。

途中雜詠　　國朝　何福堃

歲星周一紀,四過六盤山。路闢蠶叢險,人歌馬足屢。
時危多戰壘,將猛守蕭關。追溯前朝事,今來喜客閑。

光緒丁未季春奉題王平山賢弟刺史勸耕新墅并紀種樹①即固原農業試驗場
　國朝　徐承頤揚州附生

憶昔逢兵燹,全無喬木存。旅車悲廣漠,樵斧憾新村。
獨闢蒿萊徑,思成桃李園。今朝春有信,廿四紀風番。

策馬蕭關道,新陰似緑天。耕雲開老圃,致雨潤連阡。西人有種樹致雨之説。
欲貢千章木,還資百斛泉。通西海水以資灌溉。河陽花一縣,端合步前賢。

過黑城白骨塔　國朝　徐承頤

巍然一塔崅平原,碧草離離長墓門。痛哭西征諸將士,至今猶作未歸魂。

---

① 光緒丁未:光緒三十三年(1907)。

抵海城　　國朝　王學伊

峻嶺危坡裏，孤懸斗大城。漢回分種落，防綠扼連營。
野有狐狼伏，庭多雀鼠爭。勖哉賢令尹，蠲賦慰輿情。張令時熙賑關橋堡。

過黃羊坪　　國朝　王學伊

块莽無垠際，行行坪上望。塞鴻銜草白，驛騎踏沙黃。
劈面新屯地，蒼頭古戍場。歸程纔四十，海喇本岩疆。

六月赴鄉相驗輿中口占　　國朝　王學伊

出署匆匆待曉天，歸來皓月當空懸。萬山盤鬱馬蹄瘁，麥禾高接輿人肩。
計程往轉百一十，役衣揮汗如雨濕。嗟予寧不畏炎陽，無那官書星火急。
兩造情詞胡所假，鹿兮未許呼爲馬。悲哉此老不復生，此老何緣墜崖下。
當場一鞫情皆吐，崖南崖北觀如堵。頭上青天不可欺，指點傷痕飭刑仵。
傷痕輕重辨顏色，毫釐千里毋差忒。婆心一片恤吾民，不容鄰證誣羅織。
大呼吾民狡且愚，鼠牙雀角胡爲乎。同鄉共井小不忍，乃滋訟蔓難爲圖。
爾身不惜頂踵滅，爾妻爾子空嗚咽。圂圉泉壤總銜悲，一重生離一死別。
予思宥爾赭衣囚，一冊爰書費校讎。百身應悔贖無及，犴門嚴鎖風啾啾。
公餘緬懷古循吏，鸞鳳文章靖鴉鶩。此邦民俗何悍強，謂予不善爲之治。
吁嗟乎！謂予不善爲之治。

丙午中秋與平涼阮鏡珊大令印士惠，山陽人。同游崆峒，①阻雨二日，宿西峰棲雲寺，和鏡珊題壁原韻。時胡玉疇觀察亦同往小飲
####　　國朝　王學伊

言尋名勝到空同，勢壓秦關百二重。鐘磬有聲通上界，岡巒無限拱中峰。山有東、西、南、北、中五峰，中峰頂獨圓。

天機活潑隨飛鳥，根節盤深種老松。問道軒皇誰復見，前峽有黃帝問道宮，老僧指爲廣成子昇仙處。惟留丹竈耐塵封。

天爲留人不放晴，朋軒坐話雨中聲。從頭流水分清濁，山爲涇水發源。到眼青山作送迎。

---

①　丙午：光緒三十二年（1906）。

元鶴一雙思所止，山有元鶴洞，棲鶴二，老僧云，住山四十年，見鶴二次。野花千萬不知名。老僧乞得摩崖字，余爲書"翔龍、飛鶴、棲雲"六字。證我風塵鴻爪情。

塞上春用放翁梅花下韻　　國朝　王學伊

昔游江南廿載許，吳山淮水春多嫵。今來塞上又十年，羌雲隴月知其所。
有時中酒遣新愁，尺幅蠻箋千萬語。蕭關寒鎖楊柳煙，空同冷滴莎苔雨。
邊陲萬里開冥茫，有意尋春信未妨。恨余不受清閑福，一問蒼天百轉腸。
塞上無花且慵臥，挑燈猶惜燈花墮。吁嗟春日何遲遲，孤負年華彈指過。

丙午迎春和錫仁山明府原韻　　國朝　王學伊

東郊雪霽頓忘寒，拂拂春風輭繡鞍。千隊歡聲騰竹馬，九重新詔捧芝鸞。
書香累葉承貉珥，先曾祖兵備甘凉。秸政勞新薦豸冠。更喜兗東共西隴，伯兄時授歷城。弟兄同日作春官。
星庵雲纛壓春寒，無限風光入彎鞍。綵勝千門誇剪燕，塵清四野聽和鸞。
柳枝戲綰芒神帶，梅蕊薪簪學士冠。聞道衢童偕壞叟，聲聲笑説少年官。

丁未二月固郡大雪，[1]積地五尺有餘。益以苦雨交作，春耕恐不及佈種，心焉憂之。爰與提督張雲亭軍門并同城文武設壇禱之城隍暨火神，凡三日，忽開新霽。農民忭舞，僉謂趁此晴和，當獲多稼，迺作祈晴、喜晴二章以紀之　　國朝　王學伊

怨雨咨寒不忍聽，心香一瓣許通靈。田夫蹙額呼庚癸，術士空談誤丙丁。
有祝惟知光日月，來威終待走雷霆。常懸霄漢心如見，莫使沉雲沍野坰。

晨興不復雨廉纖，捧得紅輪上畫檐。卻掃陰霾空眼界，好留春色到眉尖。
天心似慰爲霖望，人語猶符樂歲占。更有山衙新景物，靈蛛一一網絲添。

驗瓦亭官樹　　國朝　王學伊

綠楊青柳望中連，畫斷橫流闢大阡。將舊渠改築涸出廿畝種樹。萬樹合圍渾一樹，百年生計在三年。凡種樹必三年始見成效。
謾期潘岳成花縣，且效王維築輞川。寄語邊氓好持護，清風贏得六盤巔。

---

[1] 丁未：光緒三十三年(1907)。

登固原鎮鼓樓① 　　國朝　歐陽震湘鄉人,字獻廷。

好水川前路,當時盛寇氛。一韓能節制,已出鎮戎軍。

蕭蕭邊馬嘶,何處笛橫吹。河套今無患,羌戎不敢窺。

一鼓竟論功,不愁有伏戎。崛强西夏主,宋室肯成終。

度隴復徵兵,回烽漸掃平。三邊銷隱患,終賴漢家營。

自抱請纓願,誰同升斗謀。壁間詩句好,懷古一登樓。

東山秋月　　國朝　錫麒字仁山,瀋陽人。

蕭關萬里净無塵,秀聳東峰倚鳳閽。
漫把防秋談戰事,且邀新月作詩鄰。
蓮花似滴平巒翠,右側爲蓮花山。楊柳猶懷舊苑春。俗呼東山爲楊柳巷道,明時馬苑在山後。
南望絡盤北海剌,年年照徹遠行人。

西海春波　　國朝　王兆駿字遹聲,臯蘭人。

飛來萬朵玉芙蓉,中匯流泉列五峰。地據朝那通朔漠,天開靈境接崆峒。
頻將秋草肥屯馬,旁有各營馬廠。信有春雷起蟄龍。光緒丙午,②土人相傳有龍破空而去,鱗甲隱雲際,其色蒼碧,亦奇徵也。聞道當年兵備使,分渠猶自利三農。

雲根雨穴　　國朝　梁濟西字華峰,臯蘭人。

三峰太白望巍然,誰闢山陰百丈泉?濺玉跳珠空色相,瞻蒲望杏動機先。
甘霖儻許占盈尺,閭澤還宜遍大千。信是蛟龍爲窟宅,靈通地脈助風煙。

瓦亭煙嵐　　國朝　韓國棟字伯隆,撫彝人。

六盤俯瞰接三關,斗大孤城萬仞山。不斷雲根橫雁齒,每當雨霽擁螺鬟。

---

① 《登固原鎮鼓樓》詩共五首。
② 光緒丙午:光緒三十二年(1906)。

畫圖猶待倪迂寫，旌旂常逢漢使還。瓦亭當衝途，冠蓋絡繹。試向蕭關一回首，依依楊柳水潺潺。州牧王公新種楊柳。

營川麥浪　　國朝　韓謙字益三，咸寧人。

馬髦西望盡平疇，多稼年年祝有秋。比戶胥忘鋒鏑險，屯田自遂稻粱謀。
一犁紅雨鴉鋤足，萬頃黃雲犢背浮。喜共邊氓耕鑿者，雙岐百穗頌來牟。

須彌松濤　　國朝　李毓驤字仲臣，皋蘭人。

古刹巍然近石城，蒼松萬樹自縱橫。維摩有室搜靈偈，逢義題山問舊名。此山古名逢義，見《綱目》。[1]
一幅雲屏開界畫，半天風鐸助邊聲。宵深惟聽龍吟曲，隨在參禪百慮清。

六盤鳥道　　國朝　金希聲字杉園，湘鄉人。

虎牙龍脊自嶙峋，絕巘排空扼隴秦。塹道崎嶇通一綫，征車迢遞轉雙輪。
雲封遠隔鼉叢月，風勁橫飛馬足塵。漢史絡盤搜舊蹟，東衝鎖鑰鎮蘭岷。

七營駝鳴　　國朝　王學周字仲篾，文水人。

參橫月落夜遲遲，絡繹鳴駝任所之。朝飲長城環毳幕，遠來瀚海識羌旂。
鹽茶春暖開屯際，水草秋高出塞時。明驛漢營今尚在，籌邊何以策安危。

禹塔牧羊　　國朝　韓慶文字筱三，咸寧人。

浮圖七級峙郊原，遺蹟都從劫後存。半嶺寒雲橫斷堠，一灣流水繞孤村。
苔花莫辨明臣碣，苜蓿猶肥漢將屯。最是池阿歌上下，鞭聲遙送月黃昏。

蓬沼聽鶯　　國朝　劉繼銘字新甫，皋蘭人。

芳塘十畝北城隈，無限嵐光到眼來。且喜青驄行款短，時聞黃鳥語低佪。
香清蔬圃饒詩味，城外菜畦多依沼側。影落蓮峰入酒杯。沼與蓮花山相對。四面荻花三面柳，斯游合紀小蓬萊。

讀王太守平山新修《州志》　　國朝　錢作楨字柳邨，仁和人。

釋褐來蕭塞，時欽太守賢。尊陽廣舊德，班馬衍宏篇。

---

[1]　"逢義山"名參見《後漢書》卷八《孝靈帝紀》和《資治通鑑》卷五六。《通鑑綱目》未載，不知何據。

咳唾皆珠玉，文章足管弦。遐思褒貶意，上下五千年。

登固原昭威臺　　國朝　張華齡字晋三，富平人。

昭威臺上延清秋，昭威臺下環河流。將軍功烈在霄漢，此臺高鎮隴山頭。
大邦古爲義渠國，赤髮黃鬚矯且力。一從漢使天上來，冠裳旌旆風雲色。
分茅裂土蠻夷信，版圖北地名安定。無那隗囂輕啟戎，坐使邯軍屯上郡。
紛紛南北易干戈，朝飲馬兮夕鳴駝。李唐邊臣疏計畫，斯城奈陷吐蕃何。
籌邊有策惟炎宋，鎮戎一軍能操縱。有明歲歲重防秋，建牙開府平酋種。
洪維我朝勤遠馭，車書文軌開荒戍。星雲糾縵靖欃槍，蕭關億萬歌春煦。
我來臺上一縱觀，清風颯颯隨征鞍。王郎高談驚四座，酒酣漏盡不知寒。
王郎志乘儲文囿，鸞鳳諧洽蛟龍走。我將擊節發長吟，敢云題柱臺之右。

光緒丁未春，①隨張雲帥閱常備、續備、防緑各軍，因以紀事，兼頌德政　　國朝　齊柄字鳳山，長安人。

聖主當陽日，元戎閱武年。疆圻通九塞，鎖鑰鎮三邊。
華嶽英靈毓，清河譜系延。弓裘承碩德，戈印證名詮。
纓許終軍請，鞭宜祖逖先。橫矛馳大漠，單騎走于闐。
帳列天山北，沙量瀚海前。樓蘭稱帖服，葛亮運籌全。
肜矢殊恩沛，犁庭懋績宣。休應揚虎拜，銘早勒燕然。
倏以花門變，頻將節鉞遷。玉關崇砥柱，銀夏整刀鋋。
枹罕占奇捷，臨洮賦凱旋。氛消千萬族，喜洽九重天。
鵝鸛排雄旅，驊騮奮錦韉。盾磨蓬島浪，旂捲薊門煙。
柳幄風聲壯，芝綸日下傳。全湟資保障，專閫信衡權。
鄯善瞻旄戟，羌番貢毳氈。獂酋今負版，牛酒已開筵。
奏績金甌鑄，論功玉笋聯。龍光廣載錫，麟纛頌高騫。
帷幄霞標迥，崆峒月鏡圓。軍容欣鵠立，清節比魚懸。
庚幕徵材士，秦關闢廣阡。有嚴誠有翼，無黨更無偏。
令肅東西隴，忱輸大小开。金湯郵驛鞏，鐵券姓名鐫。
歐亞搜新法，孫吳理舊篇。春臺歌抶纊，秋塞靖飛弦。
巍煥如茶火，優游及狩田。牙璋分列五，甲胄羨盈千。
化戢萑苻患，勤思杕杜賢。起桓同校藝，步伐聽鳴鼙。

---

① 光緒丁未：光緒三十三年（1907）。

歸馬長城窟,和鸞太白巔。提封歌赫赫,王道詠平平。
我愧庸駑策,君徵茀鹿縣。燕巢思庇蔭,鴉隊共翩躚。
仰止尊山斗,謳吟竭壤涓。經文兼緯武,嘉譽遍垓埏。

登固原鎮鼓樓　　國朝　王恩培字崇九,韓城人。

我本華山一樵者,無端策馬至蕭關。丈夫當學班定遠,書備豈肯蒼吾顏。
蕭關道,何岧嶢,南望空同西馬髦。中有一樓雄且傑,俯瞰萬壑凌穹霄。
大開此樓納宙宇,雲歛霞斂生風雨。標名鎮鼓問何年,漢營宋壘渾難語。
惟聞父老走相告,有明禦虜嚴河套。防秋歲歲轉軍書,塵沙士卒悲秋老。
秋馬肥,秋鷹飢,裹甲長征動鼓鼙。鼓齋齋,兵行先;鼓坎坎,兵行緩。
元戎樓上若指揮,龍泉在腰弦應腕。雄師百萬攖鋒鏑,鳴金進伐增於邑。
忽聞蒼頭報捷來,鐃歌驀地歡聲洽。凱歸犒士饗椎牛,旌旂風勁森戈矛。
試與抽毫一題柱,乃以鎮鼓名其樓。噫嘻! 此樓距今五百年,巍然矗立蕭
關前。

豈少登臨賢豪客,茫茫雲樹含蒼煙。張將軍、王太守,今日相逢笑攜手,我且
酣歌且飲酒。

醉餘潑墨在樓頭,好為蒼生書大有。邊庭臥鼓誰之功,功與此樓同不朽。

楹聯

列祀壇謹奉社稷、神祇、先農、城隍牌座。

天地位而萬物育,陰陽和則百穀成。

光緒三十四年知州王學伊撰書

提署

恭頌雷緯堂少保提署告成
作鎮雄關,自吳楚轉戰而來,大樹高撐新棟宇。
勳銘上隴,看回漢輸誠之下,干城永固舊山河。

同治癸酉諸將士撰[①]

恭頌雷緯堂少保德政
二百年名將數西川,前有威信,後有忠武,得我公接踵比肩。平皖江,剋荊

---

① 同治癸酉:同治十二年(1873)。

楚,竹帛垂鴻烈,豈獨增閭里輝光,并堪與河山帶礪。

　　三十載大勳收北鄙,貴能持盈,虛能善容,遇屬若推心置腹。任勞怨,共安危,花門靖狼胥,不徒作邊陲砥柱,洵可爲將相表坊。

同治癸酉同知王兆槐撰　易上達書

恭頌鄧景亭軍門德政

揮戈殺賊,磨盾作書,合武緯文經,風雅上追羊太傅。

匹馬降蕃,椎牛犒士,統春温秋肅,勳名再覯郭汾陽。

光緒丁酉景字達春精選馬步各軍撰①

州署

恭頌廖曉東太守新署告成

重望埒長城,幾經力起瘡痍,洽頌神君尊泰岱。

新猷丕大厦,從此民登衽席,閑聽父老話桑麻。

同治甲戌湖北尹翊湯撰書②

爲政在人,要撫字催科,每念不教民隱隔。

誥爾多士,無奇冤異屈,回頭莫向此間來。

光緒庚寅知州李瀛撰書③

當思那百姓群黎,仰之若父母;可對得青天白日,以保我子孫。

光緒庚寅知州李瀛撰書

書院講堂

奉先王詩書禮樂以造士,作斯民忠孝節義之完人。

光緒丁丑皋蘭李宗翰撰書④

中學堂大門

聖學昌明,以四子六經爲根柢;英才樂育,合一州二縣之人文。

---

① 光緒丁酉:光緒二十三年(1897)。
② 同治甲戌:同治十三年(1874)。
③ 光緒庚寅:光緒十六年(1890)。
④ 光緒丁丑:光緒三年(1877)。

中學堂講堂

立學重明倫，曰校，曰庠，曰序；升堂須入室，希賢，希聖，希天。

光緒戊申知州王學伊撰書①

【校勘記】

［1］李廣：《董公(福祥)墓志銘》(拓片)作"馮翊"。

［2］橫漠：原作"橫溪"，據《文苑英華》卷二〇九《樂府十八》、《樂府詩集》卷三八《相和歌辭十三》等改。

［3］萬世：此同《樂府詩集》卷三八《相和歌辭十三》、《漢魏六朝百三家集》卷一一四《隋煬帝集》、《文苑英華》卷二〇九《樂府十八》作"萬代"。

［4］北河：此同《樂府詩集》卷三八《相和歌辭十三》、《文苑英華》卷二〇九《樂府十八》、《漢魏六朝百三家集》卷一一四《隋煬帝集》均作"兩河"。

［5］長城：此同《文苑英華》卷二〇九《樂府十八》、《漢魏六朝百三家集》卷一一四《隋煬帝集》，《樂府詩集》卷三八《相和歌辭十三》作"長安"。

［6］功歸：此同《樂府詩集》卷三八《相和歌辭十三》、《漢魏六朝百三家集》卷一一四《隋煬帝集》，《文苑英華》卷二〇九《樂府十八》作"歸功"。

［7］胡笳：此同《漢魏六朝百三家集》卷一〇二《陳後主集題詞》，《樂府詩集》卷二四《橫吹曲辭四》作"朝笳"。

［8］冰：原作"水"，據《文苑英華》卷二〇九《樂府十八》、《漢魏六朝百三家集》卷一一三《王褒集》改。

［9］坻：原作"坂"，據《漢魏六朝百三家集》卷一一三《王褒集》改。《文苑英華》卷二〇九《樂府十八》作"底"。

［10］霧：原作"露"，據《文苑英華》卷二〇九《樂府十八》、《漢魏六朝百三家集》卷一一三《王褒集》改。

［11］佛鬱：原作"拂鬱"，據《樂府詩集》卷三八《相和歌辭十三》、《漢魏六朝百三家集》卷二八《魏陳琳集》改。

［12］隴坂：《樂府詩集》卷三八《相和歌辭十三》、《漢魏六朝百三家集》卷一一六《陳張正見集》均作"吳坂"。

［13］令：原作"今"，據《文選》卷二一《詠史》改。

［14］陽：原作"楊"，據《文苑英華》卷三〇〇《軍旅二》、《全唐詩》卷七四改。

［15］合陣：此同《唐詩品彙》卷六五《五言律詩》、《瀛奎律髓》卷三〇《邊塞類》、《全唐詩》卷二

---

① 光緒戊申：光緒三十四年(1908)。

七六《送韓都護還邊》作“陣合”。

[16] 移軍：此同《唐詩品彙》卷六五《五言律詩》,《瀛奎律髓》卷三〇《邊塞類》、《全唐詩》卷二七六《送韓都護還邊》作“軍移”。

[17] 入塞寒：此同《唐詩品彙》卷十《五言古詩》,《樂府詩集》卷九二《新樂府辭三》作“入塞雲”,《古今詩删》卷十《唐五言古詩》作“復入塞”。

[18] 皆共沙塵老：此同《唐詩品彙》卷十《五言古詩》,《樂府詩集》卷九二《新樂府辭三》作“皆向沙場老”。

[19] 役：原作“復”,據《河嶽英靈集》卷上、《全唐詩》卷一四六改。蕭關：此同《河嶽英靈集》卷上、《全唐詩》卷一四六,《文苑英華》卷三〇八《悲悼八》作“蕭邊”。

[20] 飛：《河嶽英靈集》卷上、《全唐詩》卷一四六均作“夜”。

[21] 騎：《河嶽英靈集》卷上、《全唐詩》卷一四六均作“里”。

[22] 征：《河嶽英靈集》卷中、《全唐詩》卷一三六均作“王”。

[23] 壁：此同《全唐詩》卷一三六,《河嶽英靈集》卷中作“璧”。

[24] 古人：此同《全唐詩》卷一三六,《河嶽英靈集》卷中作“故人”。

[25] 功高：(萬曆)《固志》卷下《文藝志第八·行·開府行》作“功名”。

[26] 軍：(萬曆)《固志》卷下《文藝志第八·行·開府行》作“車”。

[27] 絃：此同(萬曆)《固志》卷下《文藝志第八·詩·固原建鐘鼓樓》,(嘉靖)《固志》卷二《詩·題固原鼓樓》作“弦”。

[28] 議：原作“識”,據(嘉靖)《固志》卷二《詩·題固原鼓樓》、(萬曆)《固志》卷下《文藝志第八·詩·固原建鐘鼓樓》改。

[29] 頓：此同(萬曆)《固志》卷下《文藝志第八·詩·過預望城》,(嘉靖)《固志》卷二《詩·嘉靖己丑夏五月兵過預望城》作“頓”。

[30] 揚：原作“楊”,據(嘉靖)《固志》卷二《詩·嘉靖己丑夏五月兵過預望城》改。

[31] 羌戎：(萬曆)《固志》卷下《文藝志第八·歌·紅石峽歌》作“胡虜”。

[32] 嶺岑：原作“嶺岑”,據(萬曆)《固志》卷下《文藝志第八·歌·紅石峽歌》改。

[33] 邊城：(萬曆)《固志》卷下《文藝志第八·歌·紅石峽歌》作“邊頭”。

[34] 瀚：原作“蓊”,據《唐漁石集》卷四《七言律詩》改。

[35] 孤鴻：(萬曆)《固志》卷下《文藝志第八·詩·防秋過八營牧兒苑》作“驚鴻”。

[36] 迴：原作“過”,據(萬曆)《固志》卷下《文藝志第八·詩·提兵皋蘭》改。

[37] 掛：(萬曆)《固志》卷下《文藝志第八·詩·出塞次張公韻》作“柱”。

[38] 緗：(萬曆)《固志》卷下《文藝志第八·詩·出塞次張公韻》作“驪”。

[39] 才：原作“牙”,據(萬曆)《固志》卷下《文藝志第八·詩·甲申防秋有懷》改。

[40] 雙雙：(萬曆)《固志》卷下《文藝志第八·詩·防秋過預望城》作“雙勞”。

[41] 城中：《空同集》卷十九《七言歌行四十首·朝飲馬送陳子出塞》、《明詩綜》卷二九《李夢陽·朝飲馬送陳子出塞》作“城邊”。

[42] 單于：此同《空同集》卷十九《七言歌行四十首·朝飲馬送陳子出塞》,《明詩綜》卷二九

《李夢陽·朝飲馬送陳子出塞》作"鴉翎"。

[43] 鳴胡鞭：此同《空同集》卷十九《七言歌行四十首·朝飲馬送陳子出塞》，《明詩綜》卷二九
《李夢陽·朝飲馬送陳子出塞》作"聞鳴鞭"。

[44] 備胡：原作"胡備"，據《空同集》卷十九《七言歌行四十首·胡馬來再贈陳子》、《石倉歷代
詩選》卷四四七《明詩次集》乙正。

[45] 將士：《空同集》卷十九《七言歌行四十首·胡馬來再贈陳子》、《石倉歷代詩選》卷四四七
《明詩次集》均作"抱玉"。

[46] 胡天：《夢山存家詩稿》卷三《五言律·蕭關北作》、《明詩綜》卷四三《楊巍·蕭關北作》均
作"天愁"。

[47] 總督：（萬曆）《固志》卷下《文藝志第八·詩》作"總制"。按：《總督唐公擊虜獲捷》詩共
六首。

[48] 旄頭星隕壓天狼：（萬曆）《固志》卷下《文藝志第八·詩·總制唐公擊虜獲捷》作"毛頭星
殞壓天驕"。

[49] 胡天：原作"胡大"，據（萬曆）《固志》卷下《文藝志第八·詩·總制唐公擊虜獲捷》改。

[50] 烏氏：（萬曆）《固志》卷下《文藝志第八·詩·出塞》作"烏氏"，疑誤。

[51] 重：《雙藤書屋詩集》卷十二《六盤山》作"著"。

[52] 行回：《雙藤書屋詩集》卷十二《六盤山》作"紆回"。

新修固原直隸州志〔卷十一〕

庶　務　志

時清民熙，庶事其康。百度修乂，翊翼贊襄。守成之世，率由舊章。開通旁達，冠帶梯航。一郡千里，新政周行。朝令夕發，判朱簽黃。毋逐末務，而遺大綱。抒衷竭悃，承休對揚。爰志《庶務》，列卷第九。①

統計

按：統計，即《周禮》司徒歲終會政致事之遺意，今師其意而行之。論者以爲從新法，余則以爲復古制也。其調查要旨：

凡隸於外交者，曰傳教，曰游歷，曰置産，曰聘用外人，曰外人詞訟，曰交涉案件，曰交際禮文。

凡隸於民政者，曰境域，曰户口，曰巡警，曰工程，曰善舉，曰災賑，曰選舉，曰自治。

凡隸於財政者，曰田賦，曰地租，曰鹽課，曰關稅，曰統捐，曰倉庫，曰差役，曰地稅，曰畜稅，曰煙酒稅，曰契稅，曰印花稅，曰平餘，曰攤捐，曰協餉，曰雜捐。

凡隸於教育者，曰學務公所，曰高等學堂，曰各級師範學堂，曰實業學堂，曰陸軍小學堂，曰中學堂，曰高等小學堂，曰兩等小學堂，曰初等小學堂，曰半日學堂，曰傳習所，曰勸學所，曰教育會，曰學會，曰游學。

凡隸於軍務者，曰新軍，曰駐防，曰綠營，曰巡防，曰馬廠。

凡隸於司法者，曰案件，曰裁判，曰監獄，曰囚糧，曰罰鍰，曰習藝所，曰待質

---

① 本志《藝文志》共三卷，包括卷八、卷九、卷十。此處"卷九"是從類目統計，而非從卷次統計。

所,曰自新所。

凡隸於實業者,曰農業,曰墾務,曰森林,曰畜牧,曰鹽業,曰漁業,曰工藝,曰商業,曰礦務,曰物產。

凡隸於交通者,曰電綫,曰郵政,曰驛站,曰道里,曰河流,曰輪船,曰鐵路,曰電話。

選舉

按:選舉,即三代鄉舉里選之遺意。考試既興,其制已廢。然每遇制科,猶有舉孝廉方正以爲民式者。今師其意而行之,法誠良善。惟三代下之人心,而欲從三代上之政令措施,洵非易易也。

至其要旨,用爲摘録:曰選舉資格,曰選舉區域,曰辦理選舉人員,曰選舉年限,曰初選舉,曰投票區,曰人名册,曰當選人額數,曰選舉告示,曰投票所,曰投票紙,曰投票簿、投票匭,曰投票方法,曰開票所,曰檢票方法,曰當選票額,曰當選知會及執照,曰復選舉,其辦理與初選略同。曰選舉無效,曰當選無效,曰改選及補選,曰選舉訴訟,曰罰則,曰專額議員選舉辦法。

郵政

按:郵政之設,所以通寰海之函報,而周行無阻者也。取於民者甚微,利於民者實巨。固原雖處荒陬,而東達平涇,西通蘭會,南控秦鞏,北聯寧夏,置郵誠爲扼要。自光緒三十二年設郵政局後,商界中悉稱便益。

至其辦法:曰郵政處所,曰辦公時刻,曰發售郵票,曰信件類,曰明信片,曰新聞紙類,曰印刷物類,曰貿易契類,曰貨樣類,曰掛號郵件,曰包裹類,曰保險章程,曰代貨主收價,曰匯寄銀鈔,曰郵政責成及賠抵之法,曰投遞郵件辦法,曰郵件存局候領,曰無法投遞郵件,曰郵件轉他處,曰撤回郵件辦法,曰欠貲郵政,曰指誠要覽,曰探問呈訴各節,曰代郵政局發收郵票。

礦務

按:固原東北鄉,距城七十里丁馬堡有炭山一區。產煤不旺,悉用土法開採,不敷居民炊爨,每年納課甚微。

商務

按：固原土産，僅羊皮、羊毛爲大宗，華商運至津、滬，轉售洋商，然較寧夏各屬，究成弩末。至民間需用布疋，來至三原，産於鄂省。從前銷場尚稱踴躍，近年鹽務衰，百貨因之減色。若夫典當，以全郡之大，衹下則一所，舉此可概其餘已。

電政

電學創自泰西，源流久遠。其摩電報信，研精於列邦者，如英人羅那之古克、回特孫，意人伏勒他尼科孫、楷拉特，法人拉普拉司、安配、兒烈起門克，美人可克司諸格致家，而陸綫、海綫各極靈妙，洵有不可思議者。

固原爲隴東衝要，於光緒十六年始爲設局，又於二十九年增設寧綫官書、商務，僉稱利便。兹備録之，亦科學中所宜留心也。而其名，或曰千里信，又曰法通綫。

一、路程　村落　按：綫路皆以鳥道計里，因與驛程大有盈縮。今局在固城，自應以城爲中權而分四境。

由固原城南行：三十五里至開城，又四十里至瓦亭，又二十里至蒿店，又九里至莧麻灣。東折抵河，入平涼縣界。

由固原城西行：二十里至寇家莊，又二十三里至大灣店，即西海子峽口。又二十四里至張義堡，又二十九里至硝河城分州所屬之馬蓮川，又三里至隆德縣界。

由固原城北行：二十三里至沈家河，又二十八里至楊老莊，此莊係固、海錯壤。又十三里至三營，又四十八里至七營，又十四里至界牌堡，即固、海交界牌。又二十二里至海城縣屬之李旺堡，又四十五里至高崖子，又二十九里過河至平遠縣屬之同心城，又五里過河至寧靈廳界。

一、委廉銜名

談長褆，字篤生，江蘇人，分省知州。

官懋德，字進軒，四川人，甘肅同知。

談開泰，字子元，江蘇人，甘肅典史。

張克寬，字濟村，天津人，甘肅知縣。

陳恩福，字錫五，廣東人，分省從九。

王謨，字炳生，湖南人，甘肅主簿兼辦保甲。

梁濟西，字華峰，皋蘭人，分省通判兼中學堂英文教習。

鹽釐

鹽策之利，長蘆、兩淮、浙江、廣東、河東皆巨區也，至甘肅微矣。而蒙鹽列藥中上品，前明徵課於陝，以資固鎮兵餉，歲十餘萬，不免取厚用奢。迨國朝以恤商爲重，裁之又裁，而引地以鳳、邠爲限。固原設卡始於道光初年，以徵阿拉善旂之蒙鹽、惠安堡之土鹽，而花馬池土鹽偶有之。惟同治兵燹後，徵課之數日衰一日，雖兼收百貨，亦薄乎云爾。從前局檔已爲灰燼，茲就光緒十九年起，可識者略識之。

一、局卡處所　查從前鹽釐，悉解平涼道庫，局卡有從道轅委員者。自光緒三十三年，改辦統捐作爲專局，所徵逕解蘭省總局。今局卡悉按三十三年以後開列。

本城大局、東城分卡、西城分卡、南城分卡、硝河城分卡、同心城分卡、中水河分卡、毛居士井分卡、以上均常年專派司巡稽收。甘鹽池卡、小紅溝卡。以上二處，自改辦統捐後，於春、夏、冬產鹽時派司巡經理，秋冬撤回。

一、委廉銜名

尹翊湯，字聘三，湖北人，知府。

沈模，字少襄，浙江人，直隸州。

郭成禮，字敬初，陝西人，撫彝廳通判。

單元亨，字伯昆，直隸人，大挑知縣。

張家驥，字子青，安徽人，知縣。

馮景煦，字紹儒，河南人，通判。

萬慶昌，字慕文，江西人，進士，知縣。在差時，捐銀貳百兩，助修學堂，士林德之。

李潤藩，字樹蒼，湖南人，縣丞。屢蒙奏保，升知縣。

陳光在，字舜甫，四川人，縣丞。

張錫堃，字葆田，陝西佛坪廳附貢生，即補府經歷。

農林

樹木十年，言稽《管子》。種竹千畝，利擅渭川。古人於農林一事，鄭重若此者，凡以爲民耳。固原自同治兵燹後，幾成荒墟，非講求林政，不足以興地利。而土性祇宜楊、柳。惟種樹易，保樹難，竊願毋翦毋伐，毋私侵損，俾其滋長，則司牧者所厚望也。另有告示二則，載於《藝文志》，①都人士當共鑒之。

---

① 參見本志卷九《藝文志三》載陶模撰《種樹興利示》、王學伊撰《勸種樹株示》。

楊德明,管帶精選營總兵。於同治十年,在南二十里鋪起,大灣止,栽種楊柳。

蔡光武,管帶精選左營提督。於同治十二年,在清水溝、瓦亭、六盤山頂止,栽種楊柳。

李萬貴,管帶精選營游擊。於同治十三年,在清净溝、隆德界,西至大灣,栽種楊柳。

成光裕,中營參將。於光緒六年,會同前、左、右、後城守各營,在五里鋪、牛營、青石嘴等處,分段栽種楊柳。

張大雄,管帶楚軍右旂總兵。光緒八年,在瓦亭以南,莧麻灣、平凉交界等處栽種楊柳。

胡起雲,管帶精選右旂參將。於光緒九年,在六盤山、和尚鋪一帶栽種楊柳。

魏恭斌,管帶精選右旂都司。於光緒十五年,在蒿店以西六盤山根栽種楊柳。

劉璞,管帶精選左旂總兵。於光緒十五年,在舊六盤廟兒坪栽種楊柳。

凌維翰,管帶精選中旂都司。於光緒十六年,在蒿店大路兩旁,接平凉界内,栽種楊柳。

張祥會,知州。於光緒二十三年,諭令各堡農約,及時栽種楊柳。

蕭承恩,知州。於光緒二十五年,會同城守營,在清水河一帶栽種楊柳。

張元溓,知州。於光緒二十六年,在北海子栽種楊柳。

金恒林,管帶常備軍金塔協鎮。於光緒三十年,在東嶽山大路兩旁栽種楊柳。

吳燦昭,管帶巡防馬隊游擊。於光緒三十一年,在黑城堡一帶栽種楊柳。

張廷棟,瓦亭守備。於光緒三十二年,在瓦亭南門外河灘,闢荒地十餘畝,栽種楊柳。

王學伊,知州。於光緒三十二、三、四年,在州城内外、附郭、東嶽山、大小校場、北海子、十里鋪及四鄉各堡,栽種楊柳。飭巡警員張廷棟、祁元清,督同巡兵經理林政,以擴地利。

楊春和,瓦亭守備。於光緒三十四年,在瓦亭山根河畔栽種楊柳。

劉尚忠,管帶巡防步隊游擊。於光緒三十四年,在瓦亭峽、三關口峽栽種楊柳。

馬觀成,巡防軍哨長都司。於光緒三十四年,在和尚鋪、廟兒坪一帶栽種楊柳。

巡警局

　　光緒十六年，固原創辦保甲。至三十一年，遵奉通章，將保甲改爲巡警。惟斯郡居萬山之中，漢、回叢錯，地廣人稀，鮮有連莊大堡，甚且一二家、三五家，自成寨落。或十餘里，或數十里，僅見一村。風氣殊尚，聯絡維艱。因於三十二年春，先就本城設局，其兵丁、口食、器械、局費，均係知州王學伊捐廉試辦。次年始就地籌款，以資兵餉，而四鄉即飭堡約，不准招留閑人，以儆宵小，爲守望相助之意。

　　一、設立處所。本城南閱城關帝廟，設立巡警總局。南關龍王廟，設立東南巡警分局。南關火神廟，設立西南巡警分局。

　　一、官紳兵目。知州督辦官、分巡官二員，總局漢巡紳二員，東南局漢、回巡紳各一員，西南局漢、回巡紳各一員，護兵二名，兵目二名，巡兵十八名，更夫一名，收款鄉約一名。

　　一、籌款辦法。商捐分一、二、三、四等，每戶按月呈繳。遇閏如之。每月約收錢七十餘千文。

　　一、局費、兵餉。知州，不支薪。分巡官，正支銀八兩，副支五千文。各局巡紳，不支薪。護兵二名，每名三千三百文。兵目二名，每名三千五百文。巡兵十八名，每名三千文。更夫一名，支一千文。收款鄉約一名，支三千文。冬季加給炭火及每月油燭，均係活支之數。

　　查局內所收商捐，除每月開支薪水、兵餉一切外，惟正巡官每月銀八兩，無從籌措。仍係知州王學伊捐廉送給，良以警務殷繁，不得不勉力贊成也。

同仁局

　　光緒三十一年秋九月，知州王學伊涖此，考察民艱，元氣未復，顛連疾苦者踵於道，爲之惻然。因以設立同仁局爲請。次年，奉署平涼道憲胡公名宗湛，字玉疇，安徽人。札飭各屬均應設立，以恤窮黎等因。惟本地無款可籌，所有局內一切開支，悉係州牧捐廉辦理，必如何而可持久，是所望於後事者。

　　一、設立處所。本城南閱城關帝廟，其局名曰固原同仁公局。至於局內實行事務，開列如左。

　　一、傳送善書。如《朱子家訓》《孝經》《弟子規》《勸戒録》《陰騭文》《教子訓女歌》及一切有關風俗之書。計從設局迄今，已散二千六百餘部。

一、施散丸藥。如純陽救苦丹、藿香正氣丸、七珍丹、玉珍散、刀傷藥、時症丸之類。計每年散藥五六十勣，及八九十勣不等。

一、備捨棺木。凡路斃極貧、乞丐病死者，隨時報明請領，以免暴露。即竊盜伏法者，亦領棺一具，加意掩埋。蓋竊盜生前雖自干駢首，而死後究不忍拋骸也。計從設局迄今，已捨八十餘棺。

一、散發寒衣。每年冬，令採購羊毛製造氈衣。飭巡警局先爲查明人數，示期給條來署驗領。計光緒三十一年散衣四百五十六套，係知州王捐辦。三十二年散衣七百九十三套，係提督張、知州王與同城文武合力捐辦。三十三年散衣四百九十五套，三十四年散衣五百五十套。以上二年均知州王捐辦。

一、保全孤貧。查孤貧口糧，額設二十八名，每名每月給以倉麥二斗，鹽、菜錢三百文。無論土著、客民，衹視其老弱殘疾極貧者爲準，隨開隨補，均領有腰牌在案。

一、敬惜字紙。查本地原有收字紙老叟二人，并無養贍。計自設局後，每月發給錢文，來署自取，以津貼之。

戒煙局

鴉片之害，流毒中國久矣。光緒三十三年，遵奉諭旨"力圖自强，首以禁食鴉片爲宗旨"等因。知州王學伊當即設局清查，按名發藥。惟願吾民共挽沉痼，仁壽同登，毋爲朝廷貽償金之患，毋爲身家留弱種之憂，則司牧者所切望也。

一、設立處所。本城南關城關帝廟，其局名曰固原戒煙施藥公局。

一、配藥資本。知州王學伊捐廉銀五百兩，以成斯舉。

一、配製方藥。甘草戒煙丸，每料加以党參、黃芪，培補氣血。

一、散藥日期。每五日散發一次，每名五丸。領藥姓名，按旬通報。

試驗場

已見《圖説》。[1]

習藝所

已見《圖説》。[2]

---

① 參見本志《圖説·試驗場》。
② 參見本志《圖説·習藝所》。

養濟院

　　按：養濟院，舊在城東常平倉巷，屋宇湫隘，雨洩風穿，殊堪憫惻。光緒三十四年，邑紳張廷棟以建地爲請。迺擇地於南城外之宋家巷道崖頭，坐西向東，鑿石刈草，新開土窰十五隻，外立圍垣，門扉悉備，以便棲止。凡同城文武紳商，均各捐助而成斯舉。

　　院中老弱廢疾極貧者，額設二十八名。每月小麥、錢文，照章按名給發，詳見"同仁局"。悉由知州捐廉，滿年一切經費約需三百金之多。顧此煢黎，良宜撫恤，惟願後事者同保護之，庶以上廣皇仁而下矜民瘼歟。

監獄

　　按：固原監獄，居州署之坤方，①圍築棘墻，佔地約一畝三分。內設獄神廟一座，禁卒房二間，內圍墻一道，更房二間，囚房六間，厨房二間。

　　監禁罪囚多寡不一，禁卒八名。罪囚每名每月例支銀壹錢五分、倉斗糧貳斗四升，禁卒每名每月例支銀五錢，均照章由司減平扣建，請領支銷。惟例設口食不敷養贍，經知州王學伊於罪囚每名每月加發鹽菜銀貳錢四分，於禁卒每名每月加發銀五錢、倉斗糧貳斗，共發燈油銀四錢。此監獄之情形也。至現審、暫管、待質之人，如有案情關重，而無家屬送飯者，每日早、午兩餐，給以乾粥、蒸饅，俾其不受飢累。悉係捐廉備辦，忝司民牧，我盡我心而已。

軼　事　志

　　大哉聖言，多聞闕疑。後之學者，索隱探奇。黃龍白鹿，典瑞攤詞。靈異所寄，輶採攸資。蒐羅徵引，乃免珠遺。經餘史碎，光怪陸離。以餉博洽，毋曰無稽。載弄柔翰，可以自怡。爰志《軼事》，列卷第十。

---

　　① 坤方：西南方。

祥異

西漢初,朝那湫泉湧産靈芝,因祀湫神。

東漢桓帝建和三年秋,廉縣雨肉,形如羊肺。注:廉縣即今固原州。

晋武帝太康二年六月,大風折木。

晋元帝太興三年,高平郡界山崩,出雄黄數千斤。

唐玄宗開元二年正月,原州獻肉角羊。

宋真宗景德四年,渭州瓦亭寨地震四次。

宋真宗景德四年七月,渭州瓦亭寨早霜殺稼。

宋哲宗元祐七年,蘭州、鎮戎軍、永興軍地震。

宋徽宗政和七年秋,熙河、環慶、涇原地震。

宋徽宗宣和五年夏,秦鳳路旱。

元成宗大德十年秋八月,開城地震。注:開城在今固原州。

金宣宗興定三年四月,陝右黑風,晝夜有聲如雷,地大震。平涼、鎮戎州、德順軍尤甚,廬舍傾,壓死者以萬計。

明世宗嘉靖六年,總督王瓊奏,固原甘露降。

國朝康熙十六年,歲大熟。

康熙二十年,日蝕,不食。

乾隆元年,歲大熟。

乾隆三十二年,有白鹿游於郊。

嘉慶三年,歲大熟。

道光十八年,歲大熟。

道光二十八年,陰雨四十日,清水河漲溢。

道光二十九年,歲大熟,斗米百錢。

咸豐八年三月十五日,晝黑,至次午始明。

同治元年,彗星見於西方。

同治四年,山崩。

同治七年,歲大歉,斗米二十五六千文不等。

同治八年,歲大熟。

同治十一年春,日月合璧,五星聯珠。見鎮原貢生馬文炳筆記。

同治十二年五月初六日午時,雷雨大風,至申始晴。城西南隅有回寺一座,其門扉、殿壁、片瓦無存。土人謂此寺已破空而去,飛入滇山、洱海間,異矣。

光緒五年五月十二日，地震崖崩。

光緒八年，彗星見於東北。

光緒十六年八月十五日，大風拔樹。

光緒十九年，歲大熟。

光緒二十六、七兩年，大旱。

光緒三十二年五月，驟雨，有龍騰於西海。教習周文炳言之。

光緒三十二年十月，白晝見大星隨日以行。

光緒三十四年四月朔，大雪尺餘，溝澮堅冰，樹葉盡落。

光緒三十四年秋，桃李華。

宣統元年春，公舉一百十六齡老叟，里人稱爲熙朝人瑞。

風俗

凡城關各廟演戲祀神之日，必請文武官長前往上香，各致香資，謂之"散會帖"。廟祝分送油饊，亦散神胙之意。祀神多有用羊者。

凡祈晴雨，各廟擇地設壇，文武官必齋沐恭詣，具祝文。延陰陽、道士，諷經祈雨，有"五方壇""八卦壇"之名。州牧率紳耆、陰陽、道士人等，至太白山後汲泉水以驗雨之多寡，謂之"請靈湫"。其禮用皂旂一桿，老者持之；銅鑼一面，少者擊之；淨瓶一具，童子抱之。均頭帶柳圈，手舉香枝。凡鑼一聲，衆念"南無佛"一句，謂之"念雨記"。

凡漢、回民俗，尚武而不尚文，好爭而不好讓。回民尤輕視儒書，習於悍狠，亦教有異同耳。

春季正月元旦，漢民各家祀神。門首貼春聯，富者張燈結彩。拜年：卑幼爲尊長叩首，道路相逢必以揖。元宵節：城中各戶，門皆懸燈，玻璃、紗絹有差。各鄉有社火、秧歌。鐵行有"打鐵花"之俗，尚有別致。民間新婦，必先一日歸寧，節後方回，謂之"躲燈"。三月清明，公迎城隍出城至厲壇，演戲諷經。士女即於是日掃墓。

夏季五月五日端午節，各家蒸食角黍，門前插楊柳枝。六月六日，游東嶽山，謂之"登高山"。

秋季七月十五日，漢民各家祀祖。八月中秋，蒸食月餅。新婦亦有歸寧者。

冬季十月朔日，漢民公迎城隍出城至厲壇。各家掃墓，如清明禮。其富家有燒紙衣者，謂之"送寒衣"。十二月八日，各家食"臘八粥"。二十三日祀竈。除夕，祀神及其先祖焉。

冠禮

　　漢民子弟，年至二十歲爲初度。仕紳之家，凡宗族親友，多有贈冠之禮。贈冠後，遇有酬酢，著冠以示敬。惟禮節核之士冠禮有差。

　　回民子弟，多誦回經，有舉爲滿拉、黑提布、乙麻木等名目。若《天經》三十本，講通即舉阿訇，由各莊頭人公送四角尖頂冠、長領袍，尚綠色。入寺所行禮節，直伏其身，叩首者三，舉手及胸，拱揖者三，誠爲自成風氣，名曰穿衣禮。而回民尋常帽式，則多用白色者，亦習俗囿之也。

婚禮

　　漢民議婚，先請媒妁通姓氏。議妥，備酒瓶二，花紅布果，媒妁送至女家，立庚帖。或用耳鬟，或用項圈，令女子佩帶之以示信，名曰掛采禮，又名拴占。更擇日，請媒妁送衣料、奩物，告以婚期。至期，媒妁引婿至女家親迎，富者用車、轎，貧者用馬、驢。女至婿家，婿迎於門，三揖。旋行告天地禮，告祖先禮。次日，見翁姑、尊長、鄰佑，必叩首。核其禮節，與古婚禮同。

　　回民議婚，先請媒妁通姓氏，惟不避同姓。議妥，納茶果、耳鬟，祇告寺神，不立庚帖。更擇日，送衣料、奩物，告以婚期。至期，媒妁至女家接婚，送羊、麥、清油等物，多不親迎。其用車、轎、馬、驢，視富貧有差。婚之夕，先告上天，必請阿訇念回經，然後合巹。次日，子、婦均先盥沐，用水壺自頂至足以水直盥。畢，見翁姑、尊長、鄰佑以揖，吃筵喜、油香，并分送戚黨。

喪祭禮

　　漢民凡遇喪事，始死，其子、夫先告知舅、岳之家來視。備棺木、衣衾，富貧有差。擇日而殮，三日、七日必延陰陽、道士諷經。葬必選吉。殮之夕，家人哭於門外，名曰燒黃昏紙。每周年必祭，各視其力。民間多用羊祭，以水淋羊頭，如死者受其享，則羊必搖首動尾，名曰領羊禮。凡親喪三年釋服，其餘期功等服均如例。

　　回民凡遇喪事，始死，其子、夫必告知舅、岳之家來視。以水洗屍，請阿訇誦經。殮不用棺，不著衣，惟以布纏之。纏畢，各莊清真寺有公置木匣一具，名曰塔布兒，葬於各寺公地。有名望者或建拱拜。每祭日、周年，必請阿訇誦天經，散油香。祭用羊。葬不擇期，不得逾三日。請阿訇，多各從門宦。其葬，首必北枕，面必西向。親喪三年釋服,期功均如例。至助葬費,名曰念經錢。更請阿訇寫經字一幅橫貼屍前者,名曰都娃。

社會

漢民每春二月、秋八月,村莊間演戲酬神,謂之"過會"。更有"青苗會""羊頭會"諸名色,所以儆絡竊及踐踏田禾之徒。或數小村爲一社,或一大堡爲一社。每社事以會首、堡頭、鄉約、農畯經理之。惟東鄉有跳神之事,七營有降棹之習,亦陋已。

回民歲時均用回回曆,按三百六十日爲一歲,不計閏。其每歲之二月、八月,過"大聖祭",必宰牛。每月十四日過"小聖祭",必宰羊。均誦天經,每七日一"住麻"。扣足一歲,先期必封齋一月,晝不炊飪,見星而食。請阿訇誦經,謂之"而的"。開齋百日後,入寺行禮,謂之"小而的"。其敬奉者爲天,不祀他神。呼天曰"戶大",尊崇者爲穆罕默德。門宦有四:曰虎飛,曰苦布,曰尕的任,曰直黑任。是以誦經時,有端躬長跪兩掌合舉者,有搖頭擺身兩掌分舉者,亦各有信從耳。其村莊中亦有堡頭、鄉約、農畯、戶首各名目。至其幫助人錢者,則謂之"送業帖"。

雜錄

《文獻通考》云:原州,春秋時屬秦,始皇屬北地郡,漢屬安定郡,後漢因之。[1] 晋屬新平郡。後魏太武置高平鎮,後爲太平郡,兼置原州,後置總管府。隋初廢郡,而原州如故。煬帝初,原州廢,置平凉郡。唐武德初,平薛仁杲,置原州。或爲平凉郡,屬關內道,統縣五。平高、[1]平凉、蕭關、百泉、他樓。廣德元年没吐蕃,太中二年收復。廣明後,復没吐番,乃以涇州臨涇縣僑置原州。五代因之。宋至道三年,以寧州彭陽來屬,屬秦鳳路。其地羌戎雜居,北捍蕃境。神宗時,[2]置十一鎮寨守之。建炎後,没於金。紹興三十二年,姚仲收復,[3]尋復陷。金隸陝西慶原路。貢甘草,領縣二,治臨涇。臨涇,隋縣,有陽晉水、朝那水。彭陽。唐豐義縣,宋改。有蒲川河、大胡河。

鎮戎軍,本故原州平高縣之地。山川險阻,旁扼夷落,爲中華襟帶。宋至道三年建爲軍,[4]領三寨。[5]後置彭陽縣,屬秦鳳路。建炎後没於金,紹興三十二年

① 參見《文獻通考》卷三二二《輿地考八·古雍州》。

收復,隨失。貢白氈。領縣一:彭陽。

懷德軍,本平夏城,宋大觀二年,升爲懷德軍,以蕭關等寨隸之,於西安、鎮戎互爲聲援,應接蕭關,爲邊面之壯。蓋唐之武州蕭關縣地也,屬秦鳳路,領堡寨十八。

《方輿紀要》云:寧夏,本朔方地,賀蘭山環其西北,黄河襟其東南,誠關隘重鎮也。[1]當河套未失時,沃野千里,屯可四百萬頃,轉輸省而邊陲固。東至大同,西接寧夏,虜患蓋寡焉。自棄套以後,深山大河,勢反在虜。靈夏外險,轉居河西,而花馬池一帶爲其利涉之衝矣。姑就圖而論,平虜其一路也,而險在新興、靈武、監山等處;寧夏其一路也,而險在赤水、玉泉、馬跑泉等處;中衛其一路也,而險在東園、柔遠、舊安等處;花馬池其一路也,而險在定邊、楊柳、清水、興武、鐵柱泉、靈州等處,而靈州尤要焉。靈州北臨虜套,西控大河,實寧夏之咽喉,中原之門户。靈州不守,則寧夏隔爲外境,環固勢孤無援,無環固則無寧夏,此防禦之大略也。然則四路虜情,花馬池最急,寧夏次之,平虜、中衛又次之。何也?平虜徙自鎮遠,已失地百里,而扼塞猶可憑。中衛偏在西隅,塹山埋谷,有險足恃也。寧夏當賀蘭之衝,乃前後山賊出入之徑。花馬與套虜爲鄰,沿河三百里盡敵衝也。是故虜窺平固,則直犯花馬;掠環慶,則出花馬;東入靈州,則清水營一帶是其徑矣。

吾又聞之清沙峴以北,紅寺堡以南,周環曠阻殆數百里,水泉四十五處,草木繁茂,虜入寇必休於此,呼爲"小河套",乃其間所恃者紅寺堡也。而堡勢孤懸,汲水甚遠,外高内下,四面受敵。外有梁家泉,虜據水頭駐守,害非淺矣。有識者議於徐斌水築邊,至鳴沙州止百四十里,設險扼要,包水泉四十五處,沃土阡陌不下百餘頃。較之舊邊,自徐斌水西南至靖邊黄河岸六百五十里,近而且利,又無青沙峴土疏易塌之苦,爲虜深入之患焉,誠老謀也。乃若慮中衛之孤懸,則在修觀音口鎮關墩抵黄河百八十里之邊,邊修而廣武、玉泉、大壩諸外户亦得所捍矣。慮平虜之單弱者,則在復黑山營、鎮遠關之險,二者不復,平虜未爲固,而寧夏之屏蔽未修,河東之貽謀未遠也。

至於固原,亦雄鎮也。記曰:陝以延寧爲籬蔽,花馬池爲門户,固原爲堂奥。而蘭靖實爲固原要隘地,濱河冰合則虜至,故有冬防。而定火城又爲蘭州之要害,裴家川又爲靖虜之要害。棄定火城則無屯銀,棄裴家川則無以爲營田。藉田卒以守河南,藉銀以守河北,此兵食交足之源,何可不講也。

固原州,秦北地郡地,漢屬安定郡,晋爲雍州徼外地,後魏爲高平郡地,隋屬

---

[1] 參見《讀史方輿紀要》卷六《陝西十一·寧夏鎮》。

平涼郡，唐屬原州，宋屬鎮戎軍，金屬鎮戎州。元置開城路於此，至治中降爲州。明初復廢爲縣。弘治十五年，改置固原州，"固"本作"故"，時以此城爲故原州城，謂"故"爲"固"，後遂以名州。是時寇套侵逼，因建爲州，又增置固原衛，且以靖、蘭、甘三衛隸焉，後又以洮、河、岷三衛隸焉。尋建爲重鎮，州編户九里。屬平涼府。今仍曰固原州。州據八郡之肩背，綰三鎮之要膂。元《開城志》云："左控五原，右帶蘭會，黃流繞北，崆峒阻南，稱爲形勝。"今自州以東則翼慶、延，自州以西則衛臨、鞏，自州而南則瞰三輔矣。乃其邊境，則東接榆林，西連甘肅，北負寧夏，延袤蓋千有餘里。三鎮者，其固原之門墙；固原者，其三鎮之堂奧歟？

　　成化八年，撫臣馬文升言："平鞏爲關陝藩籬，而固原爲平鞏屏蔽。平鞏有警，則關陝震驚，而固原一帶尤不可無備。"弘治十五年，制臣秦紘言："禦戎之道，以守備爲本。平涼北四百餘里，舊有豫望城，固、靖北'靖'當作'靜'，謂靜寧州。三百餘里舊有石峽口及雙峰、臺城三處，皆蒙古入寇總路，修完成守，東接環、慶，北接韋州，此第一隘也。稍南有西安州、鎮戎所、海剌都、打剌赤、見靖遠衛。黑水口、乾鹽池、亦見靖遠衛。撒都城，'城'一作'川'。犬牙參錯，此第二隘也。又南有固原衛、靖鹵衛、平灘堡、見靖遠衛。一條城、同上。東山城、白楊城，或曰即陽武城。分佈守禦，此第三隘也。又進而益南，則有火龍溝、虎山溝、二溝當在平涼縣西北。金佛峽、見平涼縣。麻張溝、海子口，此二溝當在慶陽府環縣西南。乃賊深入腹裏之路。緣山傍溪，築墙立營，分兵防護，一夫守險，百人莫過，此第四隘也。賊路雖多，如此處置，曲折艱遠，賊勞我逸，賊難我易，庶幾得守備之策云。"嘉靖十五年，制臣劉天和言："固原爲套部深入之衝。前尚書秦紘修築邊墙，延袤千里，然彼大舉入寇，尚不能支。及楊一清築白馬城堡，而後東路之寇不至。王瓊築下馬房關，而後中路之患得免。惟西路自徐斌水至黃河岸六百餘里，地勢遼遠，終難保障。今紅寺堡東南起徐斌水，至鳴沙州河岸，可二百二十里，總兵任傑議於此地修築新邊一道，遷紅寺堡於邊內，撤舊墩軍士使守新邊，舍六百里平漫之地，守二百二十里易據之險。又佔水泉數十處，斷朔馬飲牧之區，而召軍佃種，可省饋餉，計無便於此。"議者以舊邊不可棄，遂格不行。許論等亦嘗言："固原舊邊縣徐斌水西南至靖遠衛黃河岸，凡六百五十里，其間有青沙峴者凡八十里，隨風流走，不可築墙。寇若竊發，必假途於此。縣青沙峴以北，紅寺堡以南，周環曠阻，有地數百里，水泉四十五處，草木繁茂。當入寇，每駐牧焉，呼爲'小河套'。紅寺堡雖當其衝，而堡勢孤懸，且外高內下，四面受敵，又去水甚遠，取汲必於堡西之梁家泉，若據水頭駐守，則立斃矣。誠築新邊於徐斌水東北，直接鳴沙州黃河岸，所築不滿三百里，土堅易守，內包梁家泉等水泉數十處，又有林木之饒，耕屯可數百頃。惟至河凍則復守舊邊。"此爲固原西路計利至厚也，而議者以棄地擾民沮之，誤矣。又花馬池一帶，固原與寧夏分險處也。往者套內充斥，嘗爲固原門户之禍，故防維戍守於此急焉。要以固原一鎮，控扼要領，聯屬指臂，張皇詰毖，有繇來矣，豈區區爲一隅之計哉。

《廿一史約編》云：固原，自寧鎮起，西至甘肅界二百餘里。成化以前，套人未熾，平、固、安、會之間得稍休息，所備者，靖邊一面爾。自弘治中火篩入掠後，遂當極衝，始即州治爲鎮城，以固、靖、甘、蘭四衛隸之，與寧夏稱唇齒焉。[①] 又云：極衝，蘭州、河州、固原城、靖遠衛、西安所、環縣。

《郡國利病書》云：[②]固原鎮，弘治十四年，火篩由花馬池寇平、鳳、臨、鞏，兵部建議設大臣開府固原，總制三邊軍務。每歲六月至九月，巡撫陝西都御史駐紥於此。弘治十八年，兵部建議移陝西鎮守都兵於鎮，[6]操練防禦，兵備游擊及守備亦駐於此。固原守備所守地方，自下馬關至西安州，蘭靖參將分駐於此。靖虜守備地方，[7]自乾鹽池至平灘堡。蘭州千總官所管地，[8]自條城至積灘堡，[9]其分守之參將駐紥於蘭州城，守備官則駐紥於靖虜衛。洮岷參將駐紥於洮州衛，分守地方自臨鞏以至於歸德者，[10]守其岷州衛邊備及守備，[11]撫治番夷。河州衛亦駐守備官。

《固原州行軍輿圖説》云：查固原，《禹貢》雍州之域，秦北地郡，漢屬安定郡，晉爲雍州徼外地，後魏爲高平郡地，隋屬平涼郡，唐屬原州，宋屬鎮戎軍，金屬鎮戎縣。元置開城路於此，至治中降爲州。明初廢爲縣。弘治十五年改置故原州，乃因套虜侵逼，諱“故”改爲“固”，又增置固原衛。尋建爲重鎮，屬平涼府。國朝因之。前因花門之亂，於同治十二年，左文襄公奏升固原爲直隸州，仍以陝西提督駐節焉。

兹查固原之地，左控五原，右帶蘭會，北負寧夏，南衛臨鞏、崆峒、六盤雄峙於前，黃河、清水遠繞於後，其形勝真可謂之雄矣。在昔套虜入寇其地，固爲要衝，今則形勢變遷，似可稍緩。然咸、同間花門叛亂，金積爲巢穴，又以其境爲衝途。土回勾串陝回西竄，不能力爭此地，即思抄掠其境，以爲牽制官軍之計。雖有雷正綰、曹克忠、陶懋林等勇謀兼優，而以餉絀之故，困於回者屢矣。迨後左軍西征，始蕩平之。今花門種族遍於境內，肘腋之間，恐其動生不測，又兼山谷糾紛，爲赴靈、寧之要道，亦不得不以重兵鎮之也。

昔人佈置之蹟尚多有可考者，如李俊堡、開城嶺、黑城子、海子峽、六盤山、清水河而已。除將開城嶺、六盤山、李俊堡、黑城子、海子峽、瓦亭峽驛均爲各繪分

<hr>

① 參見《廿一史約編》卷首《歷朝方域・九邊要害》。
② 參見《天下郡國利病書》第 18 册《陝西上・固原鎮》。

圖,并繪附近形勢外,再將馬毛山、在州西南四十里,昔爲平凉之要險。六盤關、在六盤山上,唐爲原州七關之一,今與隆德縣接壤。制聖關在州東南,亦唐原州七關之一,舊名大振關,控帶隴山以西之路。宋廢,置安化縣。元又廢之。今關與華亭縣接界。若有一處可考,即另繪分圖一幅,兹由本處仿照前辦原稿,繪就草圖,到日確切查考,將山脈蜿蜒之勢繪出,俾山上現出平原,山下現出平川。再將山河、川原、海子,亦必詳其高、深、寬、廣、長之里丈。至於歷代戰守之處,尚有關於今之要者,亦宜另繪分圖。其餘一切,須照下列總、分各圖式分別繪畫,總期備查不遺,庶幾免於再查之虞。按:此説係光緒三十四年奉全省輿圖局所發,其圖由省咨部。兹録其説,以便查考。

【校勘記】

[1]平高:原作"高平",據《新唐書》卷三七《地理志》、《元和郡縣圖志》卷三《原州》等乙正。下同。

[2]神宗:原作"祖宗",據《文獻通考》卷三二二《輿地考八·古雍州》改。

[3]姚仲:原作"姚中",據《文獻通考》卷三二二《輿地考八·古雍州》改。

[4]三年:此同《宋史》卷六《真宗本紀》、卷八七《地理志》,《元豐九域志》卷三、《輿地廣記》卷十六等均作"元年"。

[5]三寨:《宋史》卷八七《地理志》、《元豐九域志》卷三均作"七寨"。參見中華本《文獻通考》卷三二二《輿地考八·古雍州》校勘記[六七]。

[6]兵部建議移陝西鎮守都兵於鎮:《天下郡國利病書》第18冊《陝西上·固原鎮》作"總制建議暫移陝西鎮守總兵於鎮"。

[7]靖虜:原作"靖邊",據《天下郡國利病書》第18冊《陝西上·固原鎮》改。下同。

[8]千總官:原作"於總管",據《天下郡國利病書》第18冊《陝西上·固原鎮》改。

[9]條城:原作"條戴",據《天下郡國利病書》第18冊《陝西上·固原鎮》改。

[10]者:《天下郡國利病書》第18冊《陝西上·固原鎮》作"著落寺"。

[11]守其岷州衛邊備及守備:《天下郡國利病書》第18冊《陝西上·固原鎮》作"其岷州衛駐紮邊備及守備"。

讀固原州志書後

　　光緒三十有四年夏六月既望，琥奉檄稽驛傳事，驅車至固原。溯七關之舊，覽六盤之勝，慨然曰："大哉，郡乎！隴東鎖鑰也。"一夕更闌，披衣步驛次，仰見角、亢二宿，光映炯炯，琥異焉。夫角、亢，壽星也，今見之，必有瑞徵。比至固廨，與刺史王公平山晤談之際，知公適纂《耆瑞志》，琥心以爲驗而未敢輕白。越一歲，聖上御極，爲宣統元年，琥需次蘭會。方伯毛公召琥於庭，謂琥曰："子其束裝往固原，齎賞賚。"賞賚者，乃王公所舉固原百十六齡耆民李生潮也。琥循命而來，以前歲見壽星事白諸王公。公囑琥曰："今州志告成，子既瞻其異，躬其盛，盍識數言爲下郡光乎？"琥取全志讀之，知王公於耆民事已大書特書，不一書。而并知固原漢爲安定郡治，歷唐、宋、元、明，洎我國朝，統隸秦、隴，以重鎮稱。其間人物，在古如傅介子、梁商、皇甫嵩、皇甫謐諸人，在今如王恭恪、豆壯節、張壯勤諸人，品操功烈，彪炳史冊，山川鍾毓，洵非偶然。更進而謂王公曰："琥曩者讀數十郡縣志矣，若名宦，若鄉賢，若孝子，若節婦，所在多有，而武功之盛，則鮮與固原爲伯仲者。今海上群雄，侵食環伺，論者注意於海陸各軍，以圖自強。琥兩次過此，見此間民氣勁悍，追思昔時名將，竊願厝斯土者，整飭武備，而以詩書化其頑梗。他日將材林立，禦外侮，弭內患，當亦賢使君所深望。至於表章耆民一事，朝庭獎之，大吏重之，其殆以養老引年，行鄉飲酒禮，爲教孝教忠、移風易俗之權輿乎！"王公唯唯，欣然曰："子其知我者！今舉耆民，非徒爲瑞徵也，亦使鄉曲子弟知敬老尚齒之意。教孝教忠，庶有同心乎！"琥因贊其盛，記其異，以報王公而書數言於簡末有如此。

　　　　　　　　宣統元年歲在己酉六月上浣，甘肅候補府經歷、
　　　　　　　　中州陳庭琥西墊甫謹識於固原且住南樓

附　　固原州憲綱事宜册①

一、州城壹座。裏城土築磚垛，周圍玖里叁分，底厚叁丈捌尺，頂厚貳丈貳尺。共伍門。[1]外城土築，外面磚砌磚垛，[2]周圍拾叁里柒分，底厚肆丈，頂厚貳丈貳叁尺不等。[3]裏外均高叁丈肆伍尺不等。[4]東、西、北各壹門，[5]南門貳處。[6]城垣基址平坦，居民稠密。肆門關廂，亦開鋪面。[7]南城外有過客店壹處，以安行旅。

一、州治在省城東北，距柒百陸拾里。平涼府西北，距壹百柒拾里。

一、形勝：在衆山之中，地接泉流之繞，北達朔方，南距蕭關。環慶爲東壁藩籬，隴干作西肱保障。重兵鎮守於原城，漢回雜居於鄉里。惟地秉純乾之氣，故人多敢勇之樸，妙選竟虛，干城往著，誠隴右大州，河東巨鎮。[8]

一、州境：東至慶陽府屬環縣虎家灣交界，距州城貳百伍拾里；南至華亭縣頓家川交界，距州城壹百貳拾里；西至鹽茶廳尖山堡交界，距州城壹百柒拾里；北至鹽茶廳李旺堡交界，距州城壹百柒拾里；東北至寧夏府韋州交界，距州城叁百叁拾里；東南至鎮原縣開邊交界，距州城壹百柒拾里；又至平涼縣劉家溝門交界，距州城壹百柒拾里；西南至隆德縣張節寨交界，距州城壹百叁拾里；西北至鹽茶廳楊名堡交界，距州城壹百柒拾里。

一、州境拾里：曰在城里、固原里、東昌里、永豐里、興仁里、開城里、清平里、萬安里、廣寧里、黑水里。

一、州境拾捌堡：曰大營堡、樊西堡、西牛營堡、偏城堡、石河堡、楊忠堡、紅寨堡、彭敖堡、白家堡、大灣堡、南牛營堡、黑馬圈堡、天聖山堡、小河川堡、紅崖堡、白馬城堡、永固堡、下馬關堡。

一、州境肆所伍寨：曰中所、左所、右所、鎮戎所、南川寨、東山城寨、黑石頭寨、楊旅廟寨、韓家寨。

一、州境市鎮：張高集，李家嘴，毛居土井，瓦亭鎮，蒿店鎮，南牛營子，張易堡，什字路，開頭、二、三、七、八營，黑城子，黃花灣。地土充廣，人民繁卓，地方遼

---

① 固原州憲綱事宜册：國圖藏《事宜册》題作“平涼府固原州憲綱事宜册”。

閣,[9]撫綏匪易。漢柒回叁,并無番民。

一、州境山地陸分,川地肆分。山高水寒,風勁土燥。地性瘠薄,并無水田。歲賴雨暘,時若亦無水渠灌溉之利,更無可以開墾之處。

一、民間每歲貳月春社佈種夏禾麥豆,叁月穀雨種秋禾、粟穀、莜麥,[10]肆月小滿種藦子,伍月芒種植蕎麥,陸月中伏收麥豆,柒月中收莜麥,捌月秋分收粟、[11]藦、[12]蕎麥。田禾之外,別無園圃、桑麻,業農營計,資生居多。

一、額徵地丁銀壹萬壹千捌百貳拾捌兩貳錢肆分陸厘,每兩加耗羨銀壹錢伍分。起運銀伍千壹百壹兩壹錢伍分柒厘,[13]留支驛站銀伍千捌百肆拾捌兩陸錢叁分叁厘,官役存留經雜俸工銀捌百柒拾捌兩肆錢伍分陸厘,額外課程銀貳拾壹兩貳錢捌分,地稅銀玖兩。歲徵當稅銀壹百壹拾伍兩,磨課銀陸拾叁兩肆錢陸分,[14]牙帖稅銀壹拾貳兩玖錢捌分,無額商畜契稅銀貳千壹百貳百兩不等。額設鹽課銀貳千伍百玖拾肆兩零,商民自行赴鹽捕廳交納。

一、額徵糧伍千叁百陸拾捌石叁斗柒升陸合陸勺,內撥存支給監犯口糧壹拾捌石。城內常平倉壹座,瓦亭、三營、黑城子倉廒各壹座。

一、城內:文廟壹所,三清宮壹所,萬壽宮壹所,關聖廟伍所,文昌宮壹所,[15]上帝廟壹所,城隍廟壹所,凌雲寺壹所,眼光寺貳所,大悲寺壹所,小悲寺壹所,普救寺壹所,真慈庵壹所,菩薩閣殿肆所,無量殿貳所,[16]三聖廟柒所,九皇宮貳所,磨針觀壹所,白衣堂壹所,鐘鼓樓壹座,閃門壹座。

一、文官:平慶涇道壹員,衙門壹所;知州壹員,衙門壹所;吏目壹員,衙門壹所;儒學學正壹員,衙門壹所。[17]

一、武官:陝西提督壹員,衙門壹所。城守營游擊壹員,衙門壹所;守備壹員,衙門壹所。中營參將壹員,衙門壹所;守備壹員,衙門壹所。左營游擊壹員,衙門壹所;守備壹員,衙門壹所。右營游擊壹員,衙門壹所;守備壹員,衙門壹所。前營游擊壹員,衙門壹所;守備壹員,衙門壹所。後營游擊壹員,衙門壹所;守備壹員,衙門壹所。

一、學校歲貢,叁年額出兩貢。歲科連考,額取文生叁拾貳名,[18]額取武生拾伍名,[19]額廩叁拾名。[20]

一、文舉:李蘊華。

一、拔貢:白啟華、李承昀。

一、歲貢:朱承烈等拾名。[21]

一、文生:趙殿魁等貳百陸拾叁名。

一、監生:賈世榮等柒拾叁名。

一、武榜眼:馬維衍。

一、武進士：田玉春。[22]

一、武舉：陳祥等拾名。[23]

一、武生：周夢熊等壹百貳拾名。

一、貢士生員俱各安分肆業，[24]訓蒙恪守臥碑，咸知立身砥行。本城設有文昌書院壹處，延師教習。士子按月考課，敦本務學，以崇經術，共奮於真才實學之域，以振文風。

一、闔屬陰陽學典術壹員，醫學典科壹員，僧正司僧正壹員，道正司道正壹員。

一、文廟崇祀：本朝名宦葉公，諱映榴，江南人；明臣劉公，諱宗周，山陰人；明臣黃公，諱道周，漳浦人；明儒湯公，諱斌，河南雎州人。

一、崇祀鄉賢：本朝誥封、承德郎、工部屯田清吏司主事馬公，諱從龍，奉文置主入祠。

一、旌表節婦：柴氏、吳氏、韓氏、蔡氏、王氏、劉氏、梅氏、常氏、陳氏、趙氏、郭氏、田氏、賈氏。烈婦：段氏、黃氏。

一、旌表監生陳舜，拾世同居。

一、旌表耆民海伏棠，伍世同堂。

一、東城外：娘娘廟壹所，夏禹王廟壹所，先農壇壹所，興福寺壹所，石佛寺壹所，東嶽山壹座，文昌山壹座，藥王洞壹座，鐵繩山壹座，均有殿宇。

一、南城外：社稷壇壹所，龍神祠壹所，火神祠壹所，三皇祠壹所，鄭侯祠壹所，雷壇壹所，蚍蜡廟壹所，北帝寺壹所，九龍山壹座，太白山壹座，靈湫泉肆眼。

一、西城外：雷神廟壹所，西海子壹處，北濫池壹處。

一、北城外：風雲雷雨山川壇壹所，關聖廟壹所，厲壇壹所，太白廟壹所，[25]養魚池壹處，境北須彌山壹座，篙竹林壹處。

一、扼要隘口：下馬關駐紮守備壹員，瓦亭汛千總壹員，黑城子汛把總壹員，分守八營駐紮守備壹員。

一、塘汛：[26]南貳拾里鋪壹處，開城堡壹處，牛營子壹處，高塢堡壹處，和尚鋪壹處，東清水溝門壹處，[27]蒿店鎮壹處，蕁蔴灣壹處，北臨洮營壹處，平涼營壹處，蘑菇灘壹處，馬家店子壹處，頭營衚衕壹處，平灘墩壹處，紅溝口壹處，四營壹處，七營壹處，雙井子壹處，平路溝壹處，沙河嘴壹處，下馬關南拾伍里鋪壹處，北拾伍里鋪壹處，打狼衚衕壹處。

一、通衢官路：東至沙窩、二灣子、四耳川、東官亭、張打溝、李唐家岔、廟兒莊、元城子、二條澗、磚城子、丁家嶇峴，南至貳拾里鋪、開城堡、牛營子、瓦亭鎮、六盤山、蒿店鎮、劉家溝門，[28]西至廟兒溝、紅崖堡、大灣店、張易堡、什字路，[29]

北至臨洮營、[30]沈家河、頭營、二營、[31]三營、四營、五營、黑城子、[32]李旺堡。地當孔道,重山環繞,阡陌疏通於南北,崎嶇連岠於東西。

一、永寧驛及北三營、[33]李旺堡貳站,并撥安鹽茶廳之鄭旂堡、海喇都貳處,共額馬叁拾肆匹,馬夫叁拾貳名。

一、華亭縣歸併固原管轄之瓦亭驛,原額新續共馬玖拾伍匹,馬夫伍拾叁名,額設所車拾輛,牛拾隻,夫拾名。

一、恤設養濟院壹所,額孤貧叁拾伍名。每名每月給口糧叁斗,折銀叁錢。每年冬,加花布銀壹拾壹兩捌錢伍分捌厘。

一、每年命案壹貳件至叁肆件,竊案每月叁肆件不等。[34]或數月并無壹件,[35]更無盜案。[36]民間詞訟,叁、陸、玖日放告。每次數張,隔日批發差喚。限日投審,隨到隨訊,曲衷剖斷,不致拖延。如遇人命賊情,旋即辦理,[37]不拘告期。

咸豐伍年叁月　　日

【校勘記】

[1]共伍門:國圖《事宜册》無此三字。

[2]外面:國圖《事宜册》作"外皮"。

[3]不等:國圖《事宜册》無此二字。

[4]裏外:國圖《事宜册》無此二字。

[5]東:國圖《事宜册》此字前有"外城"二字。

[6]處:國圖《事宜册》作"座",此字後有"裏城共伍門其"六字。

[7]開:國圖《事宜册》作"開張"。

[8]巨鎮:國圖《事宜册》作"劇地"。

[9]地方:國圖《事宜册》作"疆圉"。

[10]莜麥:國圖《事宜册》作"燕麥"。下同。

[11]粟:國圖《事宜册》作"粟穀"。

[12]蘪:國圖《事宜册》作"蘪子"。

[13]起運:國圖《事宜册》此二字前有"應解"二字。

[14]陸拾叁兩肆錢陸分:國圖《事宜册》作"柒拾貳兩陸錢肆分"。

[15]文昌宮:國圖《事宜册》作"文昌祠"。

[16]無量殿:國圖《事宜册》作"無量閣殿"。

[17]衙門:國圖《事宜册》作"官署"。

［18］文生：國圖《事宜册》作"文童"。

［19］額取武生：國圖《事宜册》作"歲考額取武童"。

［20］額廩：國圖《事宜册》作"儒學額廩"。

［21］朱承烈等十名：國圖《事宜册》作"朱丞烈等伍名"。

［22］武榜眼馬維衍武進士田玉春：此十二字原無，據國圖《事宜册》補。

［23］陳祥：國圖《事宜册》作"紀祺"。

［24］貢士：國圖《事宜册》此二字前有"固原"二字。

［25］太白廟：國圖《事宜册》作"太白行宫"。

［26］塘汛：國圖《事宜册》作"駐兵塘汛"。

［27］東：國圖《事宜册》無此字。

［28］門：國圖《事宜册》無此字。

［29］西至廟兒溝紅崖堡大灣店張易堡什字路：國圖《事宜册》作"西至廟兒溝大營中水河紅崖堡"。

［30］臨洮營：國圖《事宜册》此三字後有"平凉營"三字。

［31］二營：國圖《事宜册》此二字後有"馬家店子"四字。

［32］黑城子：國圖《事宜册》作"七營"。

［33］北：國圖《事宜册》無此字。

［34］叁肆件：國圖《事宜册》作"壹貳件肆伍件"。

［35］壹件：國圖《事宜册》作"呈報壹件者"。

［36］更無盗案：國圖《事宜册》作"而固原地方更無盗案"。

［37］旋即：國圖《事宜册》作"旋時"。

參 考 文 獻

一、古代文獻

（一）陝甘寧舊志

《陝西通志》：（明）馬理、吕柟等纂，明嘉靖二十一年（1542）刻本；三秦出版社 2006 年版董健橋等校注本。簡稱（嘉靖）《陝志》。

《陝西通志》：（清）賈漢復、李楷等纂，清康熙六至七年（1667—1668）刻本。簡稱（康熙）《陝志》。

《陝西通志》：（清）劉於義等纂，清雍正十三年（1735）刻本；文淵閣《四庫全書》本，（臺北）商務印書館 1986 年版。簡稱（雍正）《陝志》。

《甘肅通志》：（清）許容等纂，清乾隆元年（1736）刻本。簡稱（乾隆）《甘志》。

《甘肅新通志》：（清）升允、長庚修，安維峻等纂，清宣統元年（1909）刻本。簡稱（宣統）《甘志》。

《光緒海城縣志》：（清）楊金庚等纂，《中國地方志集成·寧夏府縣志輯》影印清光緒三十四年（1908）抄本，鳳凰出版社、上海書店、巴蜀書社 2008 年版；寧夏人民出版社 2007 年版劉華點校本。簡稱《海城縣志》。

《固原州志》：（明）楊經編纂，《原國立北平圖書館甲庫善本叢書》影印明嘉靖十一年（1532）刻本，國家圖書館出版社 2013 年版；寧夏人民出版社 1985 年版牛春生、牛達生整理本。簡稱（嘉靖）《固志》。

《固原州志》：（明）劉敏寬編纂，《原國立北平圖書館甲庫善本叢書》影印明萬曆四十四年（1616）刻本，國家圖書館出版社 2013 年版；寧夏人民出版社 1985 年版牛春生、牛達生整理本。簡稱（萬曆）《固志》。

《固原州憲綱事宜册》：甘肅省圖書館藏清抄本，簡稱甘圖《事宜册》；中國國家圖書館藏清抄本，簡稱國圖《事宜册》。

（二）經部

《尚書正義》：（漢）孔安國傳，（唐）孔穎達等正義，北京大學出版社 2000

年版。

《毛詩正義》：（漢）鄭玄箋，（唐）孔穎達等正義，北京大學出版社 2000年版。

《論語注疏》：（魏）何晏集解，（宋）邢昺疏，北京大學出版社 2000 年版。

（三）史部

《史記》：（漢）司馬遷撰，中華書局 2013 年版。

《漢書》：（漢）班固撰，中華書局 1962 年版。

《後漢書》：（南朝宋）范曄撰，中華書局 1965 年版。

《晋書》：（唐）房玄齡等撰，中華書局 1974 年版。

《魏書》：（北齊）魏收撰，中華書局 1974 年版。

《北齊書》：（唐）李百藥撰，中華書局 1972 年版。

《周書》：（唐）令狐德棻等撰，中華書局 1971 年版。

《隋書》：（唐）魏徵等撰，中華書局 1973 年版。

《北史》：（唐）李延壽撰，中華書局 1974 年版。

《舊唐書》：（後晋）劉昫等撰，中華書局 1975 年版。

《新唐書》：（宋）歐陽修、宋祁撰，中華書局 1975 年版。

《宋史》：（元）脱脱等撰，中華書局 1977 年版。

《元史》：（明）宋濂等撰，中華書局 1976 年版。

《明史》：（清）張廷玉等撰，中華書局 1974 年版。

《清史稿》：（近代）趙爾巽等撰，中華書局 1977 年版。

《資治通鑑》：（宋）司馬光編撰，中華書局 1956 年版。

《續資治通鑑長編》：（宋）李燾撰，中華書局 2004 年版。簡稱《長編》。

《資治通鑑綱目》：（宋）朱熹撰，日本東洋文化研究院藏明成化九年(1473)刻本。簡稱《通鑑綱目》。

《御批歷代通鑑輯覽》：（清）乾隆敕撰，文淵閣《四庫全書》本，（臺北）商務印書館 1986 年版。簡稱《通鑑輯覽》。

《廿一史約編》：（清）鄭元慶撰，清康熙刻本。

《通鑑紀事本末》：（宋）袁樞撰，中華書局 1965 年版。

《宋史紀事本末》：（明）陳邦瞻撰，中華書局 1977 年版。

《元史紀事本末》：（明）陳邦瞻撰，中華書局 1979 年版。

《明史紀事本末》：（清）谷應泰撰，中華書局 1997 年版。

《遼史紀事本末》：（清）李有棠撰，中華書局 1980 年版。

《金史紀事本末》：（清）李有棠撰，中華書局 1983 年版。

《三藩紀事本末》：（清）楊陸榮撰，中華書局 1985 年版。

《鴻猷録》：（明）高岱撰，孫正容、單錦珩點校，上海古籍出版社 1992 年版。

《平定準噶爾方略》：（清）傅恒等撰，文淵閣《四庫全書》本，（臺北）商務印書館 1986 年版。

《明實録》：臺灣"中央研究院"歷史語言研究所校印，1962 年版。

《清實録》：中華書局 1985 年版。

《通志》：（宋）鄭樵撰，浙江古籍出版社 2000 年版。

《東觀漢記》：（漢）劉珍等撰，《武英殿聚珍版叢書》本；中州古籍出版社 1987 年版吴樹平校注本。

《弇山堂別集》：（明）王世貞撰，中華書局 1985 年版。

《西征石城記》：（明）馬文升撰，《續修四庫全書》影印明嘉靖間袁氏嘉趣堂刻《金聲玉振集》本，上海古籍出版社 2002 年版。

《國朝諸臣奏議》：（宋）趙汝愚編，《原國立北平圖書館甲庫善本叢書》影印宋淳祐十年（1250）史季温福州刻本，國家圖書館出版社 2013 年版。簡稱《諸臣奏議》。

《歷代名臣奏議》：（明）黄淮、楊士奇編，上海古籍出版社 2012 年版。

《滿漢名臣傳》：清國史館編，菊花書屋刻本。

《漢名臣傳》：清國使館編，《三十三種清代人物傳記資料匯編》影印京都榮錦書坊刻巾箱本，齊魯書社 2009 年版。

《清史列傳》：王鍾翰點校，中華書局 1987 年版。

《國朝先正事略》：（清）李元度撰，《三十三種清代人物傳記資料匯編》影印中華書局《四部備要》本，齊魯書社 2009 年版。

《國朝名臣言行録》：（清）王炳燮編，《三十三種清代人物傳記資料匯編》影印清光緒十一年（1885）刻本，齊魯書社 2009 年版。

《甘肅省忠義録》：（清）楊昌濬撰，《中國西北文獻叢書》影印清光緒十六年（1890）刻本，蘭州古籍書店 1990 年版。

《元和郡縣圖志》：（唐）李吉甫撰，賀次君點校，中華書局 1983 年版。

《元豐九域志》：（宋）王存撰，王文楚、魏嵩山點校，中華書局 1984 年版。

《大明一統志》：（明）李賢等撰，影印明天順藍刻本，三秦出版社 1990 年版。

《大清一統志》：文淵閣《四庫全書》本，（臺北）商務印書館 1986 年版。

《嘉慶重修一統志》：（清）穆彰阿、潘錫恩等纂修，《續修四庫全書》影印《四部叢刊續編》本，上海古籍出版社 2002 年版。

《肇域志》：（清）顧炎武撰，上海古籍出版社 2004 年版。

《天下郡國利病書》：（清）顧炎武撰，《續修四庫全書》影印民國八年（1919）商務印書館《四部叢刊》本，上海古籍出版社 2002 年版。

《讀史方輿紀要》：（清）顧祖禹撰，賀次君、施和金點校，中華書局 2005 年版。

《欽定皇輿西域圖志》：（清）劉統勳等奉敕撰，文淵閣《四庫全書》本，（臺北）商務印書館 1986 年版。簡稱《西域圖志》。

《水經注校證》：（北魏）酈道元注，陳橋驛校證，中華書局 2007 年版。

《括地志》：（唐）李泰等撰，賀次君輯校，中華書局 1980 年版。

《宋會要輯稿》：（清）徐松輯，中華書局 1957 年版。簡稱《宋會要》。

《文獻通考》：（元）馬端臨撰，上海師範大學古籍研究所、華東師範大學古籍研究所點校，中華書局 2011 版。

《欽定八旗通志》：（清）鄂爾泰等奉敕撰，文淵閣《四庫全書》本，（臺北）商務印書館 1986 年版。

《千頃堂書目》：（清）黃虞稷撰，瞿鳳起、潘景鄭整理，上海古籍出版社 2007 年版。

《傳是樓書目》：（清）徐乾學編，《續修四庫全書》影印清道光八年（1828）劉氏味經書屋鈔本，上海古籍出版社 2002 年版。

《八千卷樓書目》：（清）丁仁撰，《續修四庫全書》影印民國十二年（1923）鉛印本，上海古籍出版社 2002 年版。

《初拓皇甫君碑》：（唐）于志寧撰，濟南市圖書館藏拓本。

《咸豐同治兩朝上諭檔》：第一歷史檔案館編，廣西師範大學出版社 1996 年版。

《光緒宣統兩朝上諭檔》：第一歷史檔案館編，廣西師範大學出版社 1996 年版。

《固原歷代碑刻選編》：固原博物館編，寧夏人民出版社 2010 年版。

（四）子部

《靈臺秘苑》：（北周）庾季才撰，《原國立北平圖書館甲庫善本叢書》影印抄本，國家圖書館出版社 2013 年版。

《管窺輯要》：（清）黃鼎撰，《四庫全書存目叢書》影印清順治九年（1652）黃氏家刻本。

《日知錄集釋》：（明）顧炎武撰，黃汝成集釋，欒保群、呂宗力點校，上海古籍出版社 2013 年版。

《册府元龜》：（宋）王欽若等編，周勳初等校訂，鳳凰出版社 2006 年版。

《玉海》：（宋）王應麟撰，江蘇古籍出版社、上海書店出版社 1987 年版。

《圖書編》：（明）章潢撰，文淵閣《四庫全書》本，（臺北）商務印書館 1986年版。

《廣博物志》：（明）董斯張撰，文淵閣《四庫全書》本，（臺北）商務印書館 1986 年版。

《歷代地理志韻編今釋》：（清）李兆洛撰，《續修四庫全書》影印清同治九年(1870)刻本，上海古籍出版社 2002 年版。

《皇朝輿地韻編》：（清）李兆洛撰，《續修四庫全書》影印清同治九年(1870)刻本，上海古籍出版社 2002 年版。

《敦煌天文曆法文獻輯校》：鄧文寬整理，江蘇古籍出版社 1996 年版。

（五）集部

《漢蔡中郎集》：（漢）蔡邕撰，明嘉靖二十七年(1548)楊賢刻本。

《庾子山集注》：（北周）庾信撰，許逸民點校，中華書局 1980 年版。

《王維集校注》：（唐）王維撰，陳鐵民校注，中華書局 1997 年版。

《范仲淹全集》：（宋）范仲淹撰，李勇先、王蓉貴點校，四川大學出版社 2007年版。

《青谿漫稿》：（明）倪岳撰，文淵閣《四庫全書》本，（臺北）商務印書館 1986年版。

《渼陂集》：（明）王九思撰，《四庫全書存目叢書》影印清華大學圖書館藏本，齊魯書社 1997 年版。

《空同集》：（明）李夢陽撰，《原國立北平圖書館甲庫善本叢書》影印明萬曆刻本，國家圖書館出版社 2013 年版。

《涇野先生文集》：（明）吕柟撰，《四庫全書存目叢書》影印明嘉靖三十四年(1555)于德昌刻本，齊魯書社 1997 年版；西北大學出版社 2015 年版米文科點校整理本。

《夢山存家詩稿》：（明）楊巍撰，《原國立北平圖書館甲庫善本叢書》影印明萬曆三十年(1602)楊岑刻本，國家圖書館出版社 2013 年版。

《浚谷先生集》：（明）趙時春撰，《原國立北平圖書館甲庫善本叢書》影印明刻本，國家圖書館出版社 2013 年版。

《趙時春文集校箋》：（明）趙時春撰，趙志强整理，天津古籍出版社 2012

年版。

　　《聖祖仁皇帝御製文集》：（清）玄燁撰，文淵閣《四庫全書》本，（臺北）商務印書館 1986 年版。簡稱《聖祖文集》。

　　《御製詩集》：（清）弘曆撰，文淵閣《四庫全書》本，（臺北）商務印書館 1986 年版。

　　《吳詩集覽》：（清）吳偉業撰，清乾隆間刻本。

　　《梅村家藏藁》：（清）吳偉業撰，《清代詩文集彙編》影印清宣統三年(1911)董氏誦芬室刻本，上海古籍出版社 2010 年版。

　　《憺園文集》：（清）徐乾學撰，《四庫全書存目叢書》影印清康熙冠山堂刻本，齊魯書社 1997 年版。

　　《雙藤書屋詩集》：（清）何道生撰，《清代詩文集彙編》影印清道光元年(1821)靈石何氏刻本，上海古籍出版社 2010 年版。

　　《左宗棠全集》：（清）左宗棠撰，劉泱泱等點校，嶽麓書社 2009 年版。

　　《望雲山房文集》：（清）安維峻撰，《清代詩文集彙編》影印民國三年(1914)刻本，上海古籍出版社 2010 年版。

　　《文選》：（梁）蕭統編，（唐）李善注，上海古籍出版社 1986 年版。

　　《河嶽英靈集》：（唐）殷璠編，王克讓注，巴蜀書社 2006 年版。

　　《文苑英華》：（宋）李昉等編，中華書局 1966 年版。

　　《樂府詩集》：（宋）郭茂倩編，中華書局 1979 年版。

　　《瀛奎律髓》：（元）方回選編，清康熙五十二年(1713)黃葉村莊刻本。

　　《瀛奎律髓彙評》：（元）方回選編，李慶甲集評點校，上海古籍出版社 1986 年版。

　　《古今詩删》：（明）李攀龍編，文淵閣《四庫全書》本，（臺北）商務印書館 1986 年版。

　　《石倉歷代詩選》：（明）曹學佺編，文淵閣《四庫全書》本，（臺北）商務印書館 1986 年版。

　　《唐詩品彙》：（明）高棅編，文淵閣《四庫全書》本，（臺北）商務印書館 1986 年版。

　　《東漢文紀》：（明）梅鼎祚編，明崇禎刻本。

　　《文章辨體彙選》：（明）賀復徵編，文淵閣《四庫全書》本，（臺北）商務印書館 1986 年版。

　　《漢魏六朝百三家集》：（明）張溥編，文淵閣《四庫全書》本，（臺北）商務印書館 1986 年版。

《全唐詩》：（清）彭定求等編，中華書局 1960 年版。

《明詩綜》：（清）朱彝尊選編，中華書局 2007 年版。

二、現當代文獻

（一）著作

《隴右方志録》：張維編，《中國西北文獻叢書》據北平大北印刷局 1934 年版影印，蘭州市古籍書店 1990 年版。

《寧夏方志述略》：高樹榆等編撰，吉林省圖書館學會 1985 年内部發行。

《中國地方志聯合目録》：中國科學院北京天文臺編，中華書局 1985 年版。

《賀蘭集》：陳明猷撰，寧夏人民出版社 1994 年版。

《中國地方志總目提要》：金恩暉、胡述兆編，（臺北）漢美圖書有限公司 1996 年版。

《甘肅省圖書館藏地方志目録》：甘肅省圖書館編，蘭州大學出版社 1996 年版。

《明清進士題名碑録索引》：朱保炯、謝沛霖編，上海古籍出版社 1989 年版。

《中國恒星觀測史》：潘鼐撰，學林出版社 1989 年版。

《寧夏歷史地理考》：魯人勇等撰，寧夏人民出版社 1993 年版。

《傳統典籍中漢文西夏文獻研究》：胡玉冰撰，中國社會科學出版社 2007 年版。

《寧夏歷史地理變遷》：吳忠禮、魯人勇、吳曉紅撰，寧夏人民出版社 2008 年版。

《方志與寧夏》：范宗興等撰，寧夏人民出版社 2008 年版。

《寧夏地方志研究》：胡玉冰撰，中國社會科學出版社 2012 年版。

《陝甘地方志中寧夏史料輯校》：胡玉冰、韓超、邵敏、劉鴻雁整理，上海古籍出版社 2015 年版。

（二）論文

《寧夏方志考》：高樹榆撰，《寧夏圖書館通訊》1980 年第 1 期。

《評寧夏舊志有關回族記述的史料價值》：余振貴撰，《寧夏史志研究》1985 年第 2 期。

《清代的〈固原州志〉》：牛達生、牛春生撰，載高樹榆等編《寧夏方志述略》，吉林圖書館學會 1985 年内部發行。

《寧夏方志錄》：高樹榆撰，《寧夏史志研究》1988 年第 2 期。

《清末固原輪廓——評介〈宣統固原直隸州志〉》：陳明猷撰，《固原師專學報》1990 年第 3 期。

《寧夏方志評述》：高樹榆撰，《圖書館理論與實踐》1993 年第 3 期。

《王學伊與固原》：胡迅雷撰，載《寧夏歷史人物研究文集》，寧夏人民出版社1993 年版。

《寧夏回族自治區地方志述評》：高樹榆撰，載金恩輝、胡述兆編《中國地方志總目提要》，(臺北) 漢美圖書有限公司 1996 年版。

《清代〈宣統固原州志〉與固原歷史文化集成》：薛正昌撰，《西北第二民族學院學報》(哲學社會科學版)1997 年第 1 期。

《固原地區舊志考述》：劉佩撰，2010 屆寧夏大學漢語言文字學專業碩士研究生畢業論文(胡玉冰指導)。

《甘肅舊志中的寧夏史料述考》：韓超撰，2014 屆寧夏大學漢語言文字學專業碩士研究生畢業論文(胡玉冰指導)。

後　記

胡玉冰

　　作爲《寧夏珍稀方志叢刊》主編，筆者非常感謝對本叢書出版給予支持的各位領導、學界同仁、研究生、責任編輯及家人們。感謝原自治區副主席姚愛興先生特批本叢書爲自治區成立 60 周年獻禮項目，解決了叢書出版費用的問題，感謝寧夏地方志辦公室給予的項目平臺，感謝崔曉華、劉天明、負有强等先生的大力支持。2011 年爲寧夏大學“學科建設年”，2016 年又逢“雙一流”建設期，感謝金能明、何建國、許興、謝應忠等校領導，感謝王正英、李學斌、李建設、陳曉芳、趙軍等職能部門領導，在你們的關心與支持下，以筆者爲學術帶頭人的學術團隊才能不斷推出新成果。合力出版本叢書，當是本團隊對學校的最好回報。邵敏、柳玉宏、蔡淑梅等寧夏大學人文學院青年教師作爲本叢書首批成果的作者，盡心盡力，不厭其煩，堅持不懈，保證了書稿的學術質量，爲完成好本項目帶了個好頭。田富軍、安正發等青年教師在本叢書計劃框架内會陸續出版高質量的學術成果。人文學院研究生韓超等同學在本叢書出版過程中也貢獻良多。孫佳、韓超、孫瑜、曹陽等是本叢書首批成果的作者，張煜坤、何玫玫、馬玲玲、魏舒婧、穆旋、徐遠超、孫小倩、李甜、李榮、張倩、曲絨、張娜娜、劉紅、蒲婧、王敏、韓中慧、付明易、何娟亮、姚玉婷等同學在舊志整理、書稿校對過程中也付出了辛勤的勞動。同學中有的已畢業離校，有的還將繼續求學。筆者想，無論他們將來身處何方，從事何種工作，大家共同追求學術的這段經歷應該是難忘的。研究生同學的青春朝氣讓筆者更加堅信：薪火相傳，學術常新。中國社會科學出版社張林等本叢書第一批成果的責任編輯、上海古籍出版社王珺等本叢書第二批成果的責任編輯，精心審讀、編輯，也讓本叢書學術質量得到了提升，謹致謝忱。本叢書的順利出版，也要感謝筆者及各位作者家人的理解與支持。你們默默無聞的奉獻精神，已幻化成萬千文字，在作者的成果中熠熠生輝。

　　學術成績從來就不是無源之水，無本之木。有了巨人的肩膀，我們才會看得更高、更遠。在寧夏，有一批從事地方文獻整理與研究的學者，他們的探索和努力爲我們今天的成績奠定了堅實的基礎，陳明猷、高樹榆、吳忠禮等老一輩學者更爲我們樹立了治學的榜樣。因篇幅所限，對學界各位同仁，恕不一一列舉大名。

　　此次全面整理寧夏地方舊志，主要由筆者策劃并組織實施。舊志整理的每一個環節，由筆者提出具體建議，各舊志底本的選擇、《總序》《前言》《整理説明》《後記》的撰寫等也皆由筆者完成。具體整理過程中，各團隊成員所取得的注釋或校勘等學術成果大家互享，這也體現了我們團隊合作的特色。宋朝沈括在《夢溪筆談》卷二五《雜志二》記載："宋宣獻博學，喜藏異書，皆手自校讎，常謂：'校書如掃塵，一面掃，一面生。故有一書每三四校猶有脱謬。'"宋綬（諡曰"宣獻"）家藏萬卷，博校經史，猶有"校書如掃塵"的感概，我輩於整理寧夏地方舊志而言，只能説："盡心而已！"更如《詩經·小雅·小旻》所詠："戰戰兢兢，如臨深淵，如履薄冰。"我們從主觀上力求圓滿，但因學識水平所限，成果中訛誤之處肯定在所難免，敬請學界同仁批評指正。

二〇一五年七月二十三日於寧夏銀川
二〇一七年八月三日修改於寧夏銀川

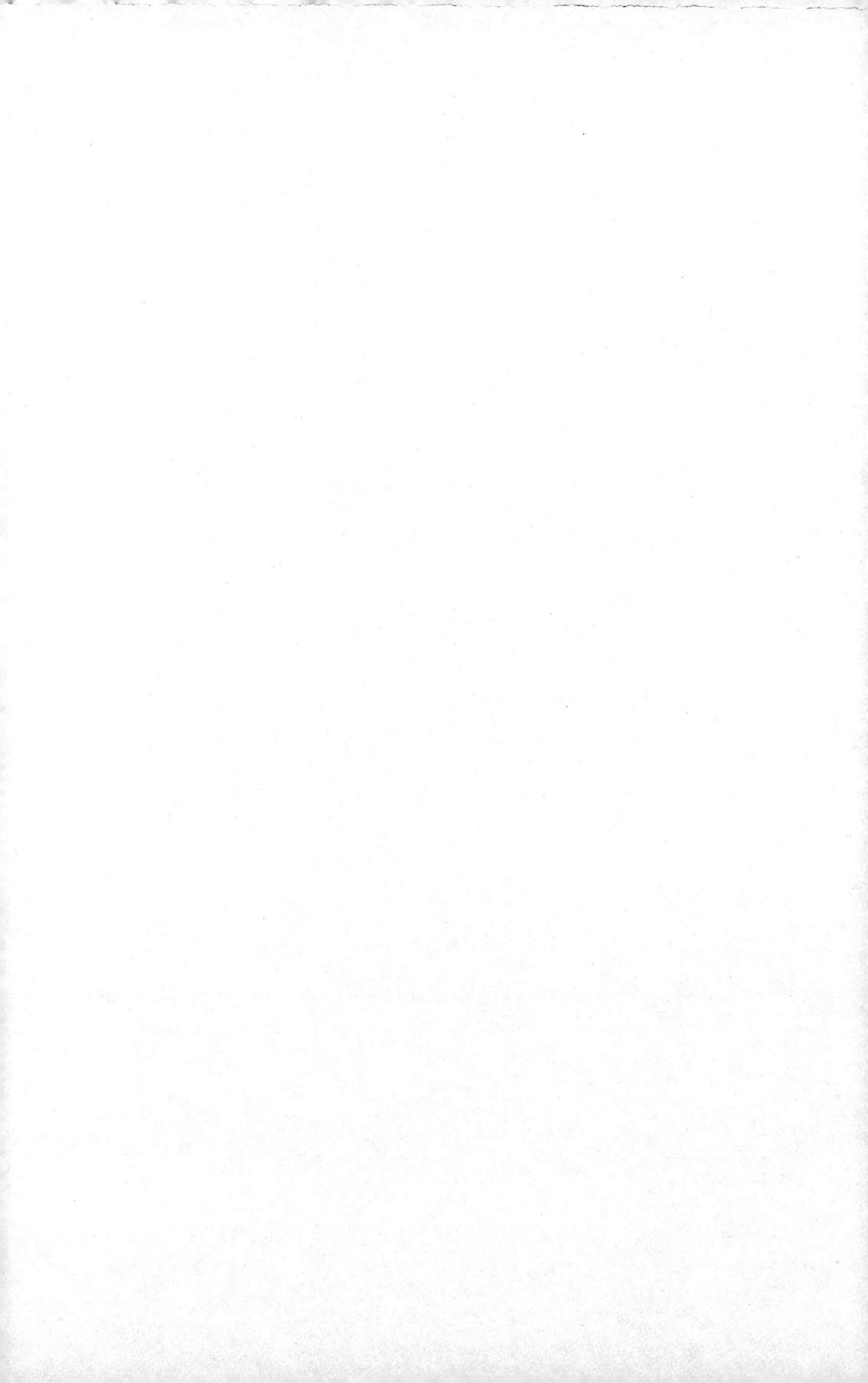